“十三五”国家重点出版物出版规划项目

新中国经济史论

洪银兴　杨德才　等著

中国财经出版传媒集团

经济科学出版社
Economic Science Press

图书在版编目（CIP）数据

新中国经济史论/洪银兴，杨德才等著．—北京：经济科学出版社，2019.10
ISBN 978-7-5218-1062-2

Ⅰ.①新… Ⅱ.①洪…②杨… Ⅲ.①中国经济史-研究-现代 Ⅳ.①F129.7

中国版本图书馆 CIP 数据核字（2019）第 242868 号

责任编辑：于海汛
责任校对：杨 海
责任印制：李 鹏

新中国经济史论
洪银兴 杨德才 等著
经济科学出版社出版、发行 新华书店经销
社址：北京市海淀区阜成路甲 28 号 邮编：100142
总编部电话：010-88191217 发行部电话：010-88191522
网址：www.esp.com.cn
电子邮件：esp@esp.com.cn
天猫网店：经济科学出版社旗舰店
网址：http://jjkxcbs.tmall.com
北京季蜂印刷有限公司印装
710×1000 16 开 39.75 印张 750000 字
2019 年 10 月第 1 版 2019 年 10 月第 1 次印刷
ISBN 978-7-5218-1062-2 定价：118.00 元

《新中国经济史论》撰写者

洪银兴　杨德才　葛　扬
尚长风　安礼伟　耿　强
武志伟　夏　江　赵　华

目　录

中篇　富起来时代的中国经济

下篇　强起来时代的中国经济

第一章

导　论

中华人民共和国成立 70 周年，也是中国特色社会主义探索和发展的 70 年。中国特色社会主义经济制度已经形成并日臻完善，中国经济发展的奇迹令世人信服，中国特色的经济发展道路彰显优势。系统梳理并总结新中国 70 年经济发展的进程，知道中国今天经济发展的成就是从哪里来的，可以进一步增强对中国特色社会主义经济制度和经济发展道路的理论自信、制度自信、道路自信和文化自信，而且也能够为正在构建的中国特色社会主义政治经济学提供史实的支持。

第一节　新中国经济史论的研究体系

一、新中国经济史论的研究对象

所谓历史就是已经过去了的客观存在。人类社会的今天，是由它的昨天和前天发展而来的。人们为了更好地认识人类社会的今天、预见明天，一个重要的条件，就是要了解它的昨天和前天。古人所谓“所贵乎史者，述往以为来者师也”，讲的就是这个意思。马克思主义的唯物史观认为，只有站在“现实历史的基础上”，对历史的研究才可能成为“关于现实的人及其历史发展的科学”[①]。习近平指出：“重视历史、研究历史、借鉴历史是中华民族 5000 多年文明史的一个优良传统。当代中国是历史中国的延续和发展。新时代坚持和发展中国特色社会主

① 《马克思恩格斯文集》第 4 卷，人民出版社 2009 年版，第 295 页。

义，更加需要系统研究中国历史和文化，更加需要深刻把握人类发展历史规律，在对历史的深入思考中汲取智慧、走向未来。”①

研究中华人民共和国经济史，就是为了更好地分析总结中华人民共和国成立70年来经济发展的经验教训，以利于未来中国更高水平、更高质量的发展。所以，从这个角度来讲，中华人民共和国经济史论的研究对象，就是运用经济学理论与方法研究中华人民共和国成立以来的经济发展史。要研究中华人民共和国的经济发展史，就要研究中华人民共和国成立70年来的生产力和生产关系、经济基础和上层建筑，要研究经济体制与资源配置方式，要研究具体的制度变迁、制度安排与制度绩效，而这其中，尤其要研究生产力和生产关系、经济基础和上层建筑以及它们之间的关系。在社会主义初级阶段突出研究发展生产力及相应的生产关系的调整。

马克思主义理论认为，一方面，物质生产的发展，是整个社会生活以及整个现实历史的基础，“物质生活的生产方式制约着整个社会生活、政治生活和精神生活的过程。”② 这里的“物质生活的生产方式”指的就是生产力和生产关系的统一。在生产力与生产关系的关系中，生产力起决定性作用，生产力决定生产关系，生产关系反作用于生产力。从新中国70年社会经济发展的历史可以看出，新中国的生产力获得了极大发展，而生产关系也经历了巨大的变动，有时生产关系的变动促进了生产力的发展，有时生产关系的变动又严重阻碍了生产力的发展。另一方面，“人们在自己生活的社会生产中发生一定的、必然的、不以他们的意志为转移的关系，即同他们的物质生产力的一定发展阶段相适合的生产关系。这些生产关系的总和构成社会的经济结构，即有法律的和政治的上层建筑竖立其上并有一定的意识形式与之相适应的现实基础。”③ 也就是说，生产关系的总和构成了一个社会的经济基础，而上层建筑则是建立在经济基础之上的。虽然经济基础决定上层建筑，但上层建筑也会反作用于经济基础，甚至某些上层建筑（如意识形态）还“能在某种限度内改变经济基础”④。在新中国70年的发展历程中，对比改革开放以前的30年和改革开放以后的40年，应该说，我国的经济基础还是发生了不小的调整变动的，与此相适应，上层建筑也发生了比较大的变化。这是因为“随着经济基础的变更，全部庞大的上层建筑也或慢或快地

---

① 《习近平致信祝贺中国社会科学院中国历史研究院成立》，载于《人民日报》2019年1月4日，第1版。

②③ 《马克思恩格斯文集》第2卷，人民出版社2009年版，第591页。

④ 《马克思恩格斯文集》第10卷，人民出版社2009年版，第598页。

发生变革。"①

经济体制对资源配置效率的影响是显而易见的，不同的经济体制必将产生出迥异的资源配置效率。一般而言，现代社会主要的经济体制类型无非就是两种：计划经济体制和市场经济体制。从新中国 70 年的经济发展历史来看，我国的经济体制经历了计划经济体制的建立、调整、改革——到逐步建立社会主义市场经济体制——再到不断完善社会主义市场经济体制的发展过程。在这一过程中，主要涉及究竟采取什么方式来对待、处理经济学的几个基本问题：生产什么、生产多少、怎样生产和为谁生产等问题。如果生产什么、生产多少、怎样生产和为谁生产由政府来安排，那么，这种资源配置方式就是计划经济方式，相应的经济体制就是计划经济体制；如果生产什么、生产多少、怎样生产和为谁生产由市场来安排，这种资源配置方式就是市场经济方式，相应的经济体制就是市场经济体制。新中国 70 年的经济体制改革发展史已经昭示：市场经济配置资源的效率是大大高于计划经济的。这是因为，市场经济体制有三个系统推动资源配置效率的提高：一是动力系统，也就是利益关系。在生产者有自身利益的条件下，只有收益大于成本商品生产者才会接受某种资源的配置，而且市场竞争压力可以转化为市场参与者提高效率的内在动力。二是决策系统，面对千变万化的市场供求，经济决策权分散于直接从事生产经营和消费活动的经济主体手中，更为灵活和有效。三是信息系统，市场上的经济主体横向得到市场价格和供求变化的信息反馈，能迅速对市场供求变化做出反映。当然，改革开放以来我国市场经济体制的逐步建立与完善、资源配置效率的不断提高，是与我国不断扩大对外开放分不开的，我们充分利用国内国外的"两个市场"和"两种资源"，使中国的经济发展速度与效益都得到了不断改善。

实际上，任何一项经济体制都是由许多具体的制度及其制度体系来构成的。总体的经济体制影响到一个社会总体的投入产出绩效（即经济增长），而每一项具体的制度也具体影响到与这一制度有关的行业、产业或相关主体（如企业等）的投入产出绩效。诺贝尔经济学奖获得者道格拉斯·诺思通过研究西方经济发展史指出："制度安排的发展才是主要的改善生产效率和要素市场的历史原因。更为有效的经济组织的发展，其作用如同技术发展对于西方世界增长所起的作用那样同等重要。"② 诺思认为，制度决定经济增长绩效并发挥基础性的作用，"制度

① 《马克思恩格斯文集》第 2 卷，人民出版社 2009 年版，第 592 页。

② ［美］道格拉斯·诺思：《制度变迁与经济增长》，柳红译，引自盛洪主编：《现代制度经济学》上卷，北京大学出版社 2003 年版，第 290 页。

在社会中具有更为基础性的作用，它们是决定长期经济绩效的根本因素。”① 分析新中国成立之初的经济恢复与经济发展、分析改革开放以来的经济快速发展，都无法排除制度安排、制度变迁在其中所发挥的重要作用。从改革开放以前的计划经济体制及其相配套的一些具体制度安排到改革开放以后的市场经济体制及其一系列具体机制体制的变革，我们看到，几乎所有的制度都发生了渐进式的变迁，而正是这些制度变迁构成了改革开放以来中国社会经济发展波澜壮阔的画卷。生产资料所有制在变迁、分配制度在变迁、国有企业制度在变迁、财税制度在变迁、外资外贸制度也在变迁……一切制度都在变迁。这些制度究竟是如何变迁的？其又是如何影响经济绩效的？这些问题都是本书的研究内容或研究对象。

中华人民共和国经济史不仅涉及经济发展的方方面面，而且还涉及政治制度、上层建筑等内容，是一个系统的、有机的整体。然而，整体又是由若干个局部构成的，如果不了解“足以说明构成这幅总画面的各个细节”，那么就不可能看清总画面。而“为了认识这些细节”，就不得不把它们从“历史的联系中抽取出来，从它们的特性、它们的特殊的原因和结果等等方面来分别加以研究”②。所以，把对历史的专题研究和局部研究结合起来，是十分重要的。正是由于包括中华人民共和国经济史在内的一切历史都是由具体的细节、事件、主体构成的，所以，研究中华人民共和国经济史就不能主观地、片面地、随性地、碎片化地去进行研究，而应该全面地、客观地、普遍联系地去进行研究。列宁指出：“要真正地认识事物，就必须把握住、研究清楚它的一切方面、一切联系和‘中介’。我们永远也不会完全做到这一点，但是，全面性这一要求可以使我们防止犯错误防止僵化。”③

二、新中国经济史论的研究任务

经济史典型地属于经济学与历史学的交叉学科，因此，既可以说经济史是经济学科，也可以说经济史是历史学科。

从经济学的角度而言，经济学与经济史的关系不外乎两个方面：一是利用已有的经济学理论与方法，对过去的经济发展史作出更加科学、更加深刻的分析与解释，如经济增长理论、制度变迁理论、经济周期理论等，对研究经济史就具有

---

① ［美］道格拉斯・诺思：《制度、制度变迁与经济绩效》，杭行译，格致出版社、上海三联书店、上海人民出版社 2008 年版，第 147 页。

② 《马克思恩格斯文集》第 3 卷，人民出版社 2009 年版，第 539 页。

③ 《列宁选集》第 4 卷，人民出版社 1995 年版，第 419 页。

很强的指导意义与运用价值。二是通过研究经济史推动经济学理论的不断发展。经济学家罗伯特·W. 福格尔指出："经济史对经济理论的形成有显著贡献。经济学家中发现历史是他们的思想一个重要来源的如斯密、马尔萨斯、马克思、马歇尔、凯恩斯、希克斯、阿罗、弗里德曼、索罗和贝克。西蒙·库兹涅茨着重指出，不考虑历史常使研究人员误解当前的经济问题，他们没有觉察到他们的推论建筑在暂时的情况上。"① 著名经济学家 N. 格里高利·曼昆更认为，经济史为经济学家研究现实经济问题免费提供了"自然实验"。他说："虽然经济学家像其他科学家一样运用理论与观察，但他们面临使他们的工作更具挑战性的障碍：在经济学中试验通常是困难的。研究万有引力的物理学家可以在他们的实验室里扔下许多物体以得到检验他们理论的数据。与此相比，并不允许研究通货膨胀的经济学家仅仅为了得到有用的数据而控制一国的货币供给。经济学家和天文学家与进化论生物学家一样，通常不得不使用这个世界碰巧向他们提供的数据。为了寻找实验室试验的替代品，经济学家十分关注历史所提供的自然实验。……因为它们（指这些历史自然实验）使我们能了解过去的经济，更重要的则是因为它们使我们可以说明并评价现在的经济理论。"②

从历史学的角度而言，历史学与经济史的关系也不外乎两个方面：一是经济史作为历史学的一个分支，必须把经济发展史中的点点滴滴、方方面面的真实情况以及它们之间的真实联系弄清楚，即弄清经济发展基本史实、弄清经济发展来龙去脉。"那就是不要忘记基本的历史联系，考察每个问题都要看某种现象在历史上怎样产生、在发展中经过了哪些主要阶段，并根据它的这种发展去考察这一事物现在是怎样的。"③ 二是通过研究经济发展史发现经济史的演变规律。马克思主义认为，"一切依次更替的历史状态都只是人类社会由低级到高级的无穷发展进程中的暂时阶段"④。诺贝尔经济学奖获得者西奥多·舒尔茨说："研究的目的在于加深对经济行为的理解。而完全依靠从标准理论推出的假说是不够的。……经济史的作用不是重写历史。它应该分辨特定的历史经济环境，以达到拓展我们关于经济行为的知识的目的。"⑤

---

① ［美］罗伯特·W. 福格尔：《经济增长，人口理论和生理学：长期过程对制订经济政策的意义》，引自《诺贝尔经济学奖金获得者讲演集》下册，中国社会科学出版社 1997 年版，第 227 ~ 228 页。

② ［美］曼昆：《经济学原理》（第二版），梁小民译，生活·读书·新知三联书店、北京大学出版社 2001 年版，第 22 页。

③ 《列宁专题文集·论辩证唯物主义和历史唯物主义》，人民出版社 2009 年版，第 283 页。

④ 《马克思恩格斯文集》第 4 卷，人民出版社 2009 年版，第 270 页。

⑤ ［美］西奥多·舒尔茨：《由经济史拓展经济学》，李海明译，引自《报酬递增的源泉》，北京大学出版社 2001 年版。

对包括经济史在内的人类社会发展史进行研究，不仅有利于我们认识过去、总结过去，而且也有利于我们前瞻未来开拓未来。培根说的“读史使人明智”、司马迁说的“通古今之变，究天人之际”，讲的都是这个道理。1993 年的诺贝尔经济学奖获得者道格拉斯·诺思指出：“我把经济史的任务理解成解释经济在整个时期的结构和绩效。所谓‘绩效’，我指的是经济学家所关心的、有代表性的事物，如生产多少、成本和收益的分配或生产的稳定性。在解释绩效时，最初强调的是总产量、人均产量和社会收入分配。所谓‘结构’，我指的是被我们认为是基本上决定绩效的一个社会的那些特点。这里，我把一个社会的政治和经济的制度、技术、人口统计学和意识形态都包括在内。‘整个时期’表示经济史应能解释结构和绩效的短暂变化。最后，‘解释’是指明晰的推理和潜在的可驳性。”① 同样，我们研究中华人民共和国经济史，也要对中华人民共和国 70 年来经济发展的“结构与绩效”进行“解释”。

习近平总书记 2016 年 5 月 17 日在全国哲学社会科学工作座谈会上就构建中国特色哲学社会科学的讲话中指出：我国哲学社会科学应该以我们正在做的事情为中心，从我国改革发展的实践中挖掘新材料、发现新问题、提出新观点、构建新理论。新中国经济史论属于所要构建的中国特色经济学的一个分支，要根据习近平总书记关于构建中国特色哲学社会科学的要求，不仅从历史的角度讲好中国故事，还应对此做出科学的理论说明。

70 年来，新中国的经济发展并不是一帆风顺的。1949 年 10 月刚刚成立时的中华人民共和国一穷二白、内外交困，如何在较短的时间内尽快恢复生产、发展经济，以不断改善人们的物质文化生活水平，成为新中国执政者们面临的最大问题。也就是从那个时候起，发展经济一直成为中国社会的头等大事。至于如何发展经济，从新中国 70 年的发展史实来看，不仅存在着指导思想的不同，而且显然还存在发展方式、方法的不同。虽然一切政策措施的出发点都是为了强盛国家、富裕人民，但历史事实告诉我们：出发点良好，并不等于结果一定良好，而极有可能是背道而驰、事与愿违。因此，通过分析、总结中华人民共和国经济发展史，我们要探讨究竟哪一种体制机制更有利于经济的增长与发展，哪一种方式方法更有利于经济发展的成效最优化。因此，我们将本着实事求是的研究态度，以新中国 70 年经济发展的脉络为主线，以新中国经济发展的数据、史实为依据，以马克思主义经济学、毛泽东思想（社会主义经济建设思想）和中国特色社会主义理论体系（尤其是习近平新时代中国特色社会主义思想）为指导，探寻新中国

---

① ［美］道格拉斯·诺思：《经济史上的结构和变革》，厉以平译，商务印书馆 1992 年版，第 5 页。

70 年经济发展的特征规律、经验教训。

英国经济学家约翰·内维尔·凯恩斯曾经指出："经济史学的更具体的功能可以大略地列出下述几种：第一，证明和检验那些本身不依赖历史材料的研究结论；第二，提醒人们注意经济学说的现实应用性的局限性；第三，为理论化的经济学说的逻辑结论提供一个基础。"① 中华人民共和国经济史的研究，不仅要将中国发展的经验抽象化、理论化（如中国模式、中国道路）以为世界各国的发展贡献中国的智慧，而且还要用中国发展的生动史实为经济学的发展尤其是发展经济学、制度经济学的发展提供充分的证实或证伪的素材。

三、新中国经济史论的体系安排

习近平总书记在党的十九大报告中指出："中国特色社会主义进入新时代，意味着近代以来久经磨难的中华民族迎来了从站起来、富起来到强起来的伟大飞跃，迎来了实现中华民族伟大复兴的光明前景"。据此，本书的体系安排分为三篇：上篇即 1949 ~ 1978 年，站起来时代的中国经济；中篇即 1978 ~ 2012 年，富起来时代的中国经济；下篇即 2012 年党的十八大以来，强起来时代的中国经济。

尽管中国经济发展三个阶段跌宕起伏，但总体上是前进的、发展的，是在探索和发展中国特色社会主义。新中国在半殖民地半封建社会和多年遭受战争之苦的基础上建立起来，经过国民经济恢复、国家工业化、社会主义改造，基本上建立起社会主义经济制度，即使是建立起的计划经济体制成为后来改革的对象，在当时也是没有经验条件下的探索和试验。以毛泽东为首的中国共产党人针对逐步暴露的计划经济体制弊端开始了对中国特色社会主义的艰难探索。在那个并不富裕的时代，原子弹爆炸成功、南京长江大桥建成，独立自主的国民经济体系建成，中国人民在世界之林站了起来。

1978 年起在邓小平同志领导下党的十一届三中全会果断结束"以阶级斗争为纲"，转向以经济建设为中心，根据"贫穷不是社会主义"的科学论断，拉开了改革开放大幕。经过一个时期的"摸着石头过河"的探索，明确了市场化的改革方向，以社会主义市场经济体制取代计划经济体制，充分调动了各个方面发展经济的积极性，到 2010 年中国成为世界第二大经济体，人均 GDP 达到中等收入国家水平，中国人民进入了富起来的时代。

---

① ［英］约翰·内维尔·凯恩斯：《政治经济学的范围与方法》，党国英、刘惠译，华夏出版社 2001 年版，第 178 页。

2012 年党的十八大以后，在习近平新时代中国特色社会主义思想的指引下，推进全面深化改革，不断完善社会主义市场经济体制下，明确“两个 100 年”奋斗目标，在决胜全面小康的同时启动现代化建设新征程，开启了强起来的新时代。

从经济史论的视角追溯新中国 70 年三个阶段经济发展历程，研究从站起来到富起来再到强起来的伟大飞跃可以说是本书的主线。本书在各阶段的具体章节布局上基本上遵循着突出重点、专题分析的原则。具体而言，在 1949 ~ 1978 年“站起来时代”这个阶段，安排了计划经济体制建立、工业化曲折推进、农业制度变迁与农业发展等 6 个专题研究；在 1978 ~ 2012 年“富起来时代”这个阶段，安排了农村改革、国有企业改革、市场经济体制建立等 10 个专题研究；在 2012 年以来“强起来时代”这个阶段安排了新发展理念、加快完善社会主义市场经济体制、基本经济制度的进一步完善、开放发展新举措等 10 个专题研究。

第二节　新中国 70 年的经济发展

一、经济发展的初始条件

马克思说过：“人们自己创造自己的历史，但是他们并不能随心所欲地创造，并不是在他们自己选定的条件下创造，而是在直接碰到的、既定的、从过去继承下来的条件下创造。”① 新中国成立以后，虽然具备了一个创造全新历史的政治条件，但是新中国要创造一个全新的历史同样是摆脱不了初始条件约束的。1949 年新中国成立时的经济、政治和社会状况，就是新中国即将开始的经济建设所面对的初始条件。

首先来看新中国成立之时的初始经济条件。当时，不论是从经济总量还是从经济结构而言，初始经济条件都是十分不利于经济发展。

一是通过横向比较来看，与当时最发达的国家美国相比，中国几乎处于微乎其微、微不足道的地步。即使在世界经济总量中，中国也是无足轻重的一个角色。从表 1 – 1 可以看出，1950 年，中国占世界人口的 22%，但 GDP 只占世界的 5%，只相当于美国的 16. 48%；人均 GDP 仅分别相当于世界平均水平和美国水

① 《马克思恩格斯选集》第 1 卷，人民出版社 1972 年版，第 603 页。

平的 20.8%、4.59%。另据经济学家麦迪森计算，1952 年中国人均 GNP（1990 年国际美元）低于 1820 年的水平，降至世界人均水平的 1/4，1820～1952 年期间中国人均 GNP 年均增长率为 -0.08%，而这一期间印度人均 GNP 年均增长率为 0.10%、世界人均 GNP 年均增长率为 0.92%。[①] 经济总量的过于弱小，反映到现实中便是整个国家及其人民的积弱积贫。

表 1-1　　中国与美国在世界经济中的地位（1700～1950 年）

国家及指标	1700 年	1820 年	1900 年	1950 年
	人口（百万）			
中国	138	381	400	547
美国	1	10	76	152
世界	603	1042	1564	2521
中国占世界比重（%）	23	37	26	22
	GDP（10 亿 1990 年国际元）			
中国	83	229	218	240
美国	0.5	13	312	1456
世界	371	696	1973	5326
中国占世界比重（%）	22	33	11	5
	人均 GDP（1990 年国际元）			
中国	600	600	545	439
美国	527	1257	4091	9561
世界	615	668	1262	2110
中国/世界（世界 =1）	0.98	0.90	0.43	0.21

资料来源：*The World Economy*：*Historical Statistics*，OECD，2003。

二是通过纵向比较来看，即使到 1949 年新中国成立前后，中国的经济依然处在持续下滑的运行中。与 1936 年相比，1949 年中国的重工业生产大约下降了 70%，轻工业生产大约下降了 30%，农业则下降了 25%。[②] 与此同时，通货膨胀则如脱缰的野马。例如，上海的批发物价，如果以 1937 年 1～6 月的批发物价指

① ［英］安格斯·麦迪森：《中国经济的长远未来》，楚序平等译，新华出版社 1999 年版，第 8 页。

② 于景森：《振荡中发展——新中国经济 30 年》，中央文献出版社 2006 年版，第 1 页。

数为1，则1948年8月为1.64、12月为35.84，1949年1月为128.76、2月为897.78、3月为4053.20、4月为83820.00。① 严重的通货膨胀，使新生的共和国面临着市场动荡、人心不稳的严峻经济形势。

三是经济结构极其低下，基础设施十分落后。由于长期战争，1949年，中国工业总产值占工农业生产总值的比例为30.1%，而其中，近代工业则只占23.2%。② 若从GDP的构成来看，1949年农业产值占GDP的58.5%；③ 1952年农业劳动力占全社会总劳动力的83.5%。④ 这种经济结构比同期的印度还要低下（见表1-2）。与此同时，发展经济的基础设施也十分落后。一般而言，基础设施是一个国家或地区经济发展的前提条件。自1872年中国就创建了招商局，经过70多年的缓慢发展，1949年铁路营运里程为2.18万公里，内河通航里程为7.36万公里，公路里程为8.07万公里。中国国土面积是印度的3倍，是日本的20多倍，但是1950年中国的铁路总里程还低于印度和日本，分别相当于印度的40%、日本的81%（见表1-3）。在全国范围内有福建、贵州、甘肃、青海、宁夏、新疆、西藏等7个地区不通铁路，广大内地普遍处于十分闭塞的状态中。畜力车和木帆船等民间运输工具仍然在大量使用。⑤

表1-2　　1950年前后中国和印度经济结构比较　　单位：%

类别	中国			印度		
	一次产业	二次产业	三次产业	一次产业	二次产业	三次产业
就业构成	83.5	7.4	9.1	73.6	10.2	16.2
GDP构成	58.6	11.6	29.8	53.6	16.0	30.4

注：印度的资料为1950年的统计数据，中国的资料为1952年的统计数据。

资料来源：①［印］迪帕克·拉尔：《印度均衡：公元1500-公元2000年的印度》，赵红军译，北京大学出版社2008年版，第198~199页；②［英］安格斯·麦迪森：《中国经济的长远未来》，楚序平等译，新华出版社1999年版，第84页；③刘仲藜主编：《奠基——新中国经济五十年》，中国财政经济出版社1999年版，第41页。

① 吴冈：《旧中国通货膨胀史料》，上海人民出版社1958年版，第162~163页。

② 杨坚白：《我国八年来的经济建设》，人民出版社1958年版，第13页。

③ 国家统计局编：《国民收入统计资料汇编（1949-1985）》，中国统计出版社1987年版，第3页。

④ 国家统计局编：《新中国五十年：1949-1999》，中国统计出版社1999年版，第23页。

⑤ 胡鞍钢：《中国政治经济史论（1949-1976）》，清华大学出版社2007年版，第112页。

表 1-3　　中国、印度、日本、美国和英国通车铁路里程　　单位：公里

年份	中国	印度	日本	美国	英国
1870	0	7678	0	85170	21500
1890	10	26400	2349		
1913	9854	55822	10570	401977	32623
1930	13441	68045	21593		
1950	22238	54845	27401	360137	31352

资料来源：①［英］安格斯·麦迪森：《中国经济的长远未来》，楚序平等译，新华出版社 1999 年版，第 77 页；②［英］安格斯·麦迪森：《世界经济二百年回顾》，伍晓鹰、许宪春译，改革出版社 1997 年版，第 36 页。

其次来看新中国成立之时的初始政治条件。从国内来看，一个致力于经济发展的新生政权诞生了，它一改中国近代一百多年政府软弱、社会离散、军阀割据而各自为政的状态，新政权有足够的能力与凝聚力集聚社会资源、整合社会力量。“中华人民共和国的成立标志着中国政治上层建筑和政府管理模式的重大转折，较之清王朝和国民党统治时期，中央集权的程度加强了，控制深入到最基层政府，深入到车间、农场甚至家庭。党有很强的组织纪律性，并对常规官僚机构保持着密切的监督，军队也被牢牢控制在这种体制之中。”① 新中国成立之初，尽管中国共产党领导下的中国处于低收入水平，却具有相当高的社会整合能力以及社会一体化水平，这是中国推进现代化的独特的组织资源和政治资源优势。与任何一个发展中人口大国相比，中国这两大资源优势十分有利于工业化与现代化建设。概而言之，当时国内政治上“可资利用的本钱”有四个方面：“（1）一支在三四十年代经受了考验的纪律严明的庞大常备军；（2）一个干练而经验丰富的外交使团，虽然这个使团可能会大换班，但其后继者仍会受到相似职业规范的指引；（3）在废除了前任历届政府所欠下的外债以后，中国没有债务，而且不太依赖进口的原材料，以及（4）一批在国外受过教育的专家，他们掌握了基本的现代知识和实践，这大大减轻了中国日后向外国借鉴的难度。”②

从国际来看，一方面，随着共和国的成立，一个独立自主并致力于规划、保护和发展本国经济的主权国家已傲然屹立于东方，中国的国际地位得到较大改观。吉尔伯特·罗兹曼指出：“共产党人夺取政权之际，中国的国际地位已经有

① ［英］安格斯·麦迪森：《中国经济的长远未来》，楚序平等译，新华出版社 1999 年版，第 83 页。

② ［美］吉尔伯特·罗兹曼主编：《中国的现代化》，国家社会科学基金“比较现代化”课题组译，江苏人民出版社 1988 年版，第 591 页。

所改善，并具备长期与外国纵横捭阖的能力……新中国政府可以利用人民的自豪感、疆域的辽阔、大一统国家的遗产以及国际地位来为自己张本。”① 不仅如此，中国近代长期被欺凌的、人为刀俎我为鱼肉的境况也已不复存在。另一方面，中国发展经济的国际环境险恶，分散着中国政府发展经济的注意力，从而影响并延缓着中国的经济发展进程。虽然随着新中国外交“一边倒”政策的确立，新中国在国际上有一个社会主义国家阵营可资依靠，但以美国为首的西方资本主义国家在中国周边点燃战火、制造战争紧张氛围，都严重影响了新中国经济发展战略与策略的规划、运行。总体而言，国内与国际政治截然不同地影响着新中国的经济发展。

再次来看新中国成立之时的初始社会条件。除了人口众多、城乡二元经济差距很大之外，② 还有两个方面也是十分不利于当时经济发展的。一是地区发展不平衡。有的学者研究显示，③ 到新中国成立前，70% 的工业集中于占国土面积 12% 的沿海地区，除武汉、重庆等少数内地沿江城市外，广大内地，特别是边疆少数民族聚集地区，几乎没有近代工业。占国土面积 45% 的西北和内蒙古，其工业产值仅占全国总量的 3%；占国土面积 23% 的西南地区，工业产值也仅占全国总量的 6%。④ 此外，铁路、公路、航运等交通运输基础设施也偏重于东部地区，占全国土地面积 3/5 的西北、西南地区交通十分闭塞，1949 年两地区的铁路总里程仅占全国总里程的 5.4%，公路里程也只占全国通车总里程的 24.6%。⑤ 毛泽东曾在《论十大关系》中指出，中国全部轻工业和重工业约 70% 在沿海，只有 30% 在内地。二是人力资本严重不足。1949 年以前全国 80% 以上的人口是文盲，学龄儿童入学率只有 20% 左右。1949 年全国高等学校在校生人数为 12.6 万人，中等学校在校生人数为 126.8 万人，小学在校生人数为 2439 万人，各级各类学校在校生人数不足全国总人口（1949 年全国总人口数为 54167 万人）的 5%。⑥ 1950 年，中国 15 岁及 15 岁以上人口人均受教育年限仅 1.6 年，远低于同期的中国台湾地区以及韩国和日本（见图 1－1）。⑦ 较低的人力资本，不仅无法保证经济建设所需的各类人才的及时供给，而且也意味着中国社会技术创新、扩

---

① ［美］吉尔伯特·罗兹曼主编：《中国的现代化》，国家社会科学基金“比较现代化”课题组译，江苏人民出版社 1988 年版，第 591 页。

② 杨德才：《中国经济史新论（1840－1949）》，经济科学出版社 2004 年版，第 541、567 页。

③ 胡鞍钢：《中国政治经济史论（1949－1976）》，清华大学出版社 2007 年版，第 117 页。

④ 汪海波：《新中国工业经济史》，经济科学出版社 1994 年版，第 61 页。

⑤ 董辅礽主编：《中华人民共和国经济史》上卷，经济科学出版社 1999 年版，第 13 页。

⑥ 胡鞍钢：《中国政治经济史论（1949－1976）》，清华大学出版社 2007 年版，第 117～118 页。

⑦ ［英］安格斯·麦迪森：《中国经济的长远未来》，楚序平等译，新华出版社 1999 年版，第 96 页。

散等能力的弱化，不利于技术进步。

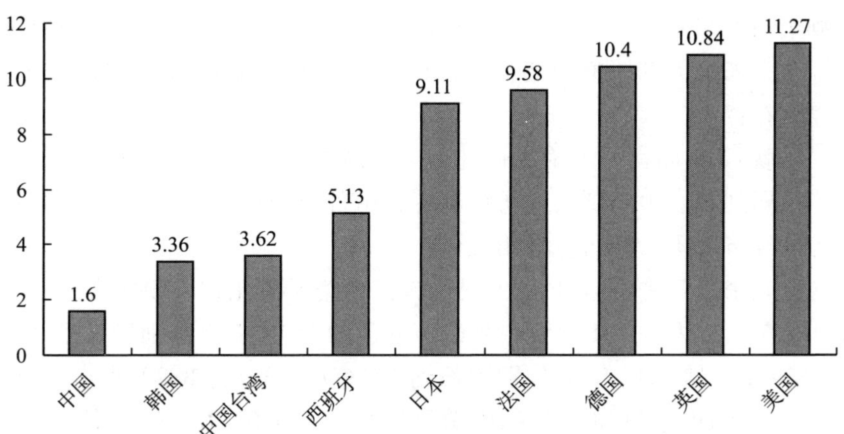

图1－1　1950年中国与其他国家以及中国台湾地区人均受教育年限比较

虽然共和国成立之初面对的初始条件总体上是十分不利的，但新政权只能无选择地面对这样一个不利的初始条件而担负起发展中国经济的沉甸甸的担子。新中国成立以后，中国共产党至少要面对这样四个棘手的经济难题：[①] 大多数人还生活在贫困线以下，如何解决他们的温饱问题？人民对中国共产党充满了感激和期冀，如何能在带领中国人民翻身作主人之后继续在经济发展的道路上跑步前进？如何抵御以美国为首的西方国家针对中国实行的国际经济封锁？如何应对美国的军事威胁，特别是如何抵御朝鲜战争对国内经济发展、社会稳定的威胁？确实，不利的初始条件使刚刚新生的共和国面临着严峻的困难与挑战。

二、经济发展的惊人业绩

与近代经济增长相比，新中国70年的经济增长是在主权完整、独立自主和社会稳定的背景下发生的。这70年的经济增长以内生变量为主要推动力，外生变量（如美国的威胁、对外开放等）虽然也有重要的影响，但显然是处于次要的位置。

70年的经济增长是伴随着中国社会一系列重大转变而同步进行的。这些重大转变是：由计划经济到市场经济的经济体制转变，由基本闭关到全面开放的对

① 龚刚：《当代中国经济——第三种声音》，高等教育出版社2008年版，第15页。

外经济战略转变，由以阶级斗争为中心到以经济建设为中心的社会重心转变等。70年的经济增长并非线性般地似直线上升，而是也有起伏曲折。但不论从哪个指标、哪个角度来看，70年间的中国经济都是不断增长的。70年的经济增长，给中国社会带来了天翻地覆的变化。根据统计资料，这70年经济增长的惊人业绩主要表现在：

第一，就GDP而言，不论纵向比较还是横向比较都有巨大的增长，明显经历了一个由弱到强、由小到大的历史渐变，由曾经的经济“小国”逐渐成长为具有影响力的经济大国，稳居世界第二位。

纵向比较来看：先将GDP由人民币转换为美元后比较，1949年中国GDP总量为540亿美元、人均101美元，到改革开放前的1977年分别增长到3730亿美元、379美元，[①] 到2017年又分别增长到122377亿美元、8827美元。2017年相对于1949年，GDP总量和人均GDP分别增长了226.62倍、87.4倍。从GDP的人民币计量比较，1952年中国的GDP总量和人均GDP分别为679亿元、119元，1978年分别增长到3645亿元、381元，到2017年更进一步增长到824828.4亿元和59660元。[②] 2017年相对于1952年，GDP总量和人均GDP分别增长了1214.77倍、501.35倍。

横向比较来看：根据经济学家麦迪森估算，1950年中国的GDP总量分别相当于世界和美国GDP总量的4.5%、16.46%，而到2017年对应的比例分别增长到15.17%和63.11%。按照世界银行统计，2009年，中国GDP总量超过日本，成为世界第二大经济体；2017年，中国的GDP总量为122377亿美元，在世界上仅次于美国的193906亿美元，但高于日本的48721亿美元、德国的36774亿美元、英国的26224亿美元和法国的25825亿美元，继续处于世界第二位。[③] 也就是说，不论是按照哪种计算口径，中国经过70年的经济增长之后，从经济总量上确确实实已经成长为世界经济大国了。

第二，从经济增长速度来看，70年间的中国经济基本上保持着正增长的趋势，尤其是改革开放以来，经济增长率总体上维持在年均10%左右的速度，成为世界主要经济体中增长最快的地区。

从统计资料来看，在长达70年的经济增长历程中，中国经济只在6个特殊的年份里出现了负增长（分别是1960~1962年、1967~1968年和1976年），而

① ［日］宫崎犀一等编：《近代国际经济要览》，陈小洪等译，中国财政经济出版社1990年版，第421页。

② 《中国统计年鉴（2018）》，中国统计出版社2018年版，第938~939、56~57页。

③ 《中国统计年鉴（2018）》，中国统计出版社2018年版，第938页。

有 20 个年份的经济增长率都在两位数以上。正是长期的经济正增长，不断缩小着中国与世界主要经济体国家的经济差距。统计资料显示，1953～1978 年中国实际 GDP 年均增长 6.1%，而 1979～2007 年年均增长为 9.8%。按照世界银行的计算，在 2000～2007 年间，中国经济年均增长率为 10.2%，而同期的美国为 2.7%、英国为 2.6%、日本为 1.7%、德国为 1.1%、法国为 1.7%。① 进入 21 世纪以后，中国经济增长依然在世界各大国中名列前茅，具体如表 1－4 所示。

表 1－4　　2005～2017 年中国与世界主要经济体经济增长比较

地区	2005 年	2010 年	2015 年	2016 年	2017 年
世界	3.8	4.3	2.9	2.5	3.2
中国	11.4	10.6	6.9	6.7	6.9
美国	3.3	2.5	2.9	1.5	2.3
日本	1.7	4.2	1.4	0.9	1.7
德国	0.7	4.1	1.7	1.9	2.2
英国	3.1	1.7	2.3	1.9	1.8
法国	1.6	2.0	1.1	1.2	1.8

资料来源：《中国统计年鉴（2018）》，中国统计出版社 2018 年版，第 938 页。

第三，人均可支配收入增长迅速，恩格尔系数急速下降，全社会从 1949 年新中国成立初期的极度贫困饥饿状态发展到现在即将全面摆脱贫困、全面建成小康社会阶段，人民生活水平极大改善。

1949 年，城镇居民人均可支配收入不到 100 元人民币，到 1952 年上升为 156 元，改革开放后更进一步提升，1978 年为 343 元、2000 年为 6280 元、2005 年为 10493 元、2010 年为 19109.4 元、2015 年为 31194.8 元、2017 年为 36396.2 元。与此同时，农村居民人均可支配收入从 1949 年的 44 元，升至 1978 年的 134 元和 2000 年的 2253.4 元、2010 年的 5919 元、2015 年的 11421.7 元和 2017 年的 13432.4 元。② 在城乡居民可支配收入增长的同时，城乡居民人均可支配收入差距也在不断缩小，2012～2016 年间，城乡居民收入差距由 2.88 倍下降至 2.72 倍，如图 1－2 所示。

① 世界银行：《2009 年世界发展报告：重塑世界经济地理》，清华大学出版社 2009 年版，第 356 页。

② 《中国统计年鉴（2018）》，中国统计出版社 2018 年版，第 178、181 页。

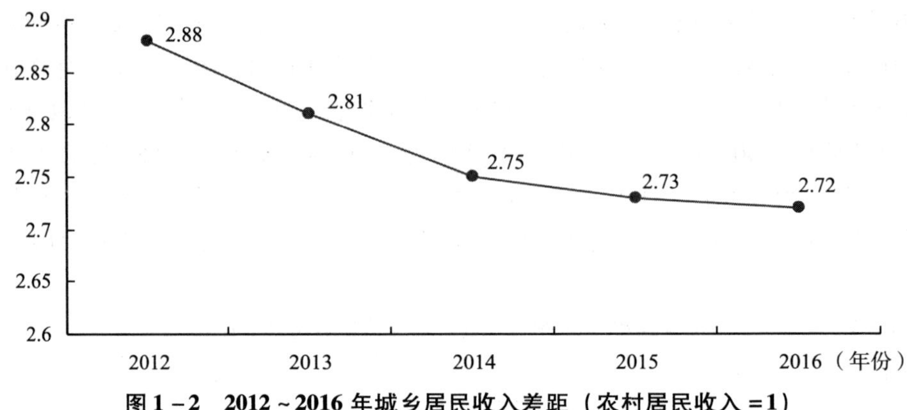

图 1－2　2012～2016 年城乡居民收入差距（农村居民收入＝1）

资料来源：编写组：《砥砺奋进的五年——从十八大到十九大》，中国统计出版社 2017 年版，第 52 页。

经济增长与居民收入增长使得中国社会的贫困人口不断减少，一个全面摆脱贫困、全面建成小康社会的阶段即将到来。按照 2010 年国家农村贫困标准（每人每年 2300 元）测算，从 1978 年到 2016 年，全国农村贫困人口减少 7.3 亿；贫困发生率从 1978 年的 97.5% 下降至 2017 年的 3.1%。[①]

在人民收入水平不断提高的同时，反映人们生活水平高低的恩格尔系数也在剧烈地发生变化。由于 1949 年到改革开放前的数据缺乏，只能从改革开放后的统计数据中探寻，以管中窥豹。根据统计，1978 年中国城乡居民的恩格尔系数分别为 57.5% 和 67.7%，2007 年分别下降为 36.3% 和 43.1%，到 2016 年更进一步下降为 28.6%、31.2%。[②] 恩格尔系数的下降反映了人们开始有更多的收入用于非食物方面的消费支出，也就是说，人们由原来的维系生存发展到追逐生活质量的较高发展阶段了。

第四，对外贸易随着中国从基本闭关到全面开放的转变而急速增长，由曾经的贸易小国演变成世界上的贸易巨人，利用外资方面由曾经的拒绝外资外援到 21 世纪初成为世界上引进利用外资最多的国家。

从对外贸易额来看，从 1950 年的 12.1 亿美元增长到 1978 年的 206.4 亿美元，[③] 再进一步增至 2014 年的 43015.3 亿美元（新中国历史上最高数值）、2017

① 《中国统计年鉴（2018）》，中国统计出版社 2018 年版，第 15 页。

② 《中国统计年鉴（2018）》，中国统计出版社 2018 年版，第 178、181 页。

③ ［日］宫崎犀一等编：《近代国际经济要览》，陈小洪等译，中国财政经济出版社 1990 年版，第 426 页。

年的41071.6亿美元，[①] 成为世界上最大的贸易国之一。相关资料显示，2010年，中国出口超过德国，成为世界第一大出口国；2013年，中国进口加出口的贸易总量超过美国，成为世界第一大货物贸易国。[②] 根据世界贸易组织（WTO）发布的《2016年全球贸易统计报告》，2016年，全球货物贸易出口额为15.5万亿美元，其中中国出口额为2.1万亿美元，占全球份额13.2%，中国继续保持出口第一大国地位；全球货物贸易进口额为15.8万亿美元，其中中国进口额为1.6万亿美元，占全球份额10.1%。中国连续8年保持全球第一大货物贸易出口国和第二大进口国地位。

在利用外资方面，由于新中国成立之初选择了“一边倒”的外交方针，当时除了接受来自以苏联为首的社会主义国家阵营的一些外资外，非社会主义国家的外资都被阻止在中国的国门之外。改革开放以后，外资进入中国的步伐加快，1979~2007年，中国实际引进外商直接投资7602.19亿美元；[③] 2008~2017年引进外商直接投资继续不断增长，共引进11363.01亿美元。也就是说，1979~2017年我国累计引进外商直接投资18965.2亿美元，[④] 成为世界上引进外商直接投资最多的国家之一。

第五，生产能力迅速扩大，工农业产品的总产量持续增长，其中许多工农业产品的产量居世界前列，不仅彻底改变了中国长期作为落后农业国的地位，而且使中国既作为现代农业大国又作为现代工业大国跻身于世界民族之林。

1949年之前，中国是一个贫穷落后的农业国。到1949年止，主要工业品最高年产量分别为：纱44.5万吨，布27.9万吨，钢92.3万吨，原煤6188万吨，原油32万吨，发电量60亿千瓦小时。主要农产品的最高年产量，粮食1.5亿吨，棉花为84.9万吨。而到1949年时，由于之前连续战争的影响，主要工农业产品的产量大都仅相当于历史上最高年产量的一半左右。[⑤] 经过近70年的持续增长，到2017年，所有重要农产品的产量不仅远远超过1949年的水平，而且也远远超过1949年前的历史上的最高产量水平（见表1-5）。与此同时，所有重要工业产品的产量也增长迅速，截至2017年当年的产量，与1949年及其之前的最高产量水平相比，已增长了数倍。如原煤由6188万吨增长到35.24亿吨、原油由32万吨增长到19150.61万吨、钢材由92.3万吨增长到104642.05万吨、发电

---

① 《中国统计年鉴（2018）》，中国统计出版社2018年版，第353页。

② 林毅夫：《中国经济改革：成就、经验与挑战》，载于《人民日报》2018年7月19日，第7版。

③ 《中国统计年鉴（2008）》，中国统计出版社2008年版，第729页。

④ 《中国统计年鉴（2018）》，中国统计出版社2018年版，第375页。

⑤ 国家统计局编：《奋进的四十年》，中国统计出版社1989年版，第5页。

量由 60 亿千瓦小时增长到 64951.43 亿千瓦小时。①

表 1-5　　2017 年主要农产品产量与新中国成立前最高年产量比较

产品名称	新中国成立前最高年		指数（以新中国成立前最高年为 100）		
	年份	产量	1949 年	1952 年	2017 年
粮食（万吨）	1936	15000	75.5	109.3	441.1
稻谷	1936	5735	84.8	119.3	370.8
小麦	1936	2330	59.3	77.8	576.5
玉米	1936	1010	—	166.8	2565.1
大豆	1936	1130	45.0	84.3	163.0
薯类	1936	635	155.1	257.2	440.7
棉花（万吨）	1936	84.9	52.3	153.6	665.8
油菜籽（万吨）	1934	191	38.5	48.9	695.0
烤烟（万吨）	1948	17.9	24.0	124.0	1273.2
苹果（万吨）	1926	12.1	—	97.5	34206.6
柑桔（万吨）	1926	40.1	—	51.6	9518.2
香蕉（万吨）	1927	10.3	—	106.8	10844.7
牛（万头）	1935	4827	91.0	117.3	187.3
马（万头）	1935	649	75.1	94.5	52.9
驴（万头）	1935	1215	78.1	97.2	22.0
骡（万头）	1935	460	32.0	35.6	17.6
猪年底数（万头）	1934	7853	73.5	114.3	562.3
羊年底数（万只）	1937	6252	67.7	98.8	483.6
水产品（万吨）	1936	150	30.0	111.3	4296.9

资料来源：《中国统计年鉴（2008）》，中国统计出版社 2008 年版，第 476 页；《中国统计年鉴（2018）》，中国统计出版社 2018 年版，第 405～415 页。

产量的持续增长，使中国一些主要工农业产品产量跃居世界前列。相关统计显示，中国许多产品的产量早在 20 世纪八九十年代即已跃居世界第一（见表 1-6），进入 21 世纪以来，随着中国发展的不断加快，又有更多产品的产量

① 《中国统计年鉴（2018）》，中国统计出版社 2018 年版，第 454～455 页。

跻身世界前列。不仅如此，比众多产品产量跻身世界前列更令人振奋的是，中国经过 70 年的发展，已建立了十分完备并具有较强竞争力的产业体系，彻底改变了 70 年前中国农业不强、工业不全的落后状态。据世界银行数据，我国于 2010 年超过美国成为全球制造业第一大国。据联合国工业发展组织工业竞争力指数统计，我国与德国、日本、韩国、美国等国家一并成为全球五个最具工业竞争力的国家。另据德勤有限公司和美国竞争力委员会对全球制造业竞争力指数的研究结果，2016 年中国、美国和德国被列为世界最具制造业竞争力国家的前三位。①

表 1 – 6　　　　中国工农业主要产品产量居世界位次的变化

项目		1949 年	1957 年	1965 年	1978 年	1980 年	1985 年	1990 年	1996 年	1997 年	2007 年
农产品	谷物	—	3	2	2	1	2	1	1	1	1
	肉类	3	2	3	3	3	2	1	1	1	1
	棉花	4	2	2	3	2	1	1	1	1	1
	大豆	2	2	2	3	3	3	3	3	3	4
	花生	2	2	3	2	2	2	2	1	1	1
	油菜籽	2	2	2	2	2	1	1	1	1	1
	水果	—	—	—	—	10	8	4	1	1	1
工业品	钢	26	9	8	5	5	4	4	1	1	1
	煤	9	5	5	3	3	2	1	1	1	1
	原油	27	23	12	8	6	6	5	5	5	5
	发电量	25	13	9	7	6	5	4	2	2	2
	水泥	—	8	8	4	4	1	1	1	1	1
	化肥	—	33	8	3	3	3	3	1	1	—
	化学纤维	—	26	—	7	5	4	2	2	2	—
	棉布	—	—	3	1	1	1	1	1	2	1
	糖	—	—	8	8	10	6	6	4	4	—
	电视机	—	—	—	8	5	3	1	1	1	—

资料来源：刘仲藜主编：《奠基——新中国经济五十年》，中国财政经济出版社 1999 年版，第 19、21 页；《中国统计年鉴（2008）》，中国统计出版社 2008 年版，第 1026 页。

① 编写组：《砥砺奋进的五年——从十八大到十九大》，中国统计出版社 2017 年版，第 86 页。

70 年中国经济增长的惊人业绩，除了上述五个典型表现之外，还有许多令人瞩目的成就：如产业结构体系的不断健全完善、基础设施的明显改观、人力资本的全面提高、科技创新能力的持续提升等等。总之，70 年经济增长取得的业绩是十分丰硕且令人惊诧的！

第三节　经济发展各个阶段的典型性特征

从总体上说新中国 70 年的经济是中国特色社会主义经济的探索和发展的过程。前 30 年为探索过程，后 40 年为创立、发展并付诸实践的过程。

在分析经济发展各个阶段的阶段性特征区别时先要明确几代共产党人一以贯之的共同点。首先是为人民谋幸福的初心都是不变的；其次是建设和发展社会主义的初心都是不变的；再次是寻求中国特色社会主义发展道路的初心都是不变的；最后是建设现代化的社会主义国家的初心都是不变的。在此前提下我们分析三个阶段不同的重要经济特征，可以将这三个阶段分别称之为计划经济体制时期、改革开放时期和全面深化改革时期。综合比较来看，这三个阶段社会经济发展典型性特征的差异主要表现在三个重要方面。

一、各发展阶段的经济体制

学术界经常笼统地将 1949 ~ 1978 年称为计划经济体制时期。1949 年 10 月 1 日中华人民共和国成立后，经历了一个相对较长的过渡时期。[①] 在过渡时期，虽然自然经济占据社会经济的主体地位，但市场的成分与市场的作用却是对资源配置发挥着重要的导向性作用的。个体农民以及个体私营经济基于经济人本性而表现出了积极发展的态势，因而，在历经自 1937 年日本发动全面侵华战争以来中国历史上最强劲的、长达 12 年的战火之后，于 1952 年、1953 年国民经济恢复，中国许多产品的产量达到并超过历史最高水平。过渡时期的经济体制很难定性为哪一种经济体制，实际上，这个时期的经济体制属于很难界定的混合经济体制。

1956 年底社会主义改造的完成，标志着社会主义计划经济体制在中国的基本确立。在计划经济体制下，由于从投入到产出、从要素配置到产品分配都是由

① 学术界一般认为，所谓过渡时期，是指从 1953 年启动社会主义改造到 1956 年底社会主义改造完成的这个时间段。本书为了分析的方便，将 1956 年底社会主义经济体制建立之前的所有时间（指 1949 ~ 1956 年）统称为过渡时期。

政府计划来安排的，因此，社会全面排斥市场，并用计划全面替代市场。这样做的结果是整个社会经济效率遭受极大损失。相关研究表明，[①] 从 1957 年到 1978 年的 22 年间，农业部门的净产出增长率高于总投入增长率，但二者相差只有 0.592 个百分点，这说明虽然农业的产出大于投入而具有一定的效益，但这个投入产出的效益则是十分低下的。而同时期工业部门的投入产出情况是：净产出年均增长速度低于总投入年均增长速度，二者相差 0.7293 个百分点，这说明大多数年份里工业部门的增长主要是靠要素投入来推动的，属于典型的粗放式经济增长。而同时期整个国民经济投入产出效益比平均数为 1.40∶1，这说明整体国民经济的效益都是很低的。[②]

1978 年党的十一届三中全会以后，随着改革的不断深入推进，多种所有制经济迅猛发展，市场渐渐取代计划，在资源配置中起着基础性作用。市场配置资源主要是通过价格竞争机制来实现的，资源要素在市场价格这只“看不见的手”指引下，配置到那些能够承担得起使用成本并能从中获益的市场主体手中。资源的市场配置相对于计划配置而言，更能准确、及时地反映现实经济的运行情况，而不会出现计划经济体制下那种普遍出现计划制定与实施脱节、计划制定与实际需要脱节的现象。不仅如此，在市场经济体制下，市场主体的作用、信息传递的速度、所有制的构成以及社会经济制度的方方面面都迥异于计划经济体制，经济体制的不同决定了两个阶段有着根本性的差别。在 1978～2012 年的改革开放时期，社会主义市场经济体制逐步确立，市场的基础性作用得到充分发挥。

2012 年以来，在市场经济体制的建设与完善方面，有了更新的认识与更大的发展，市场在资源配置中由“基础性”作用转变为“决定性”作用，资源配置的效率得到了明显的改善与提高，中国经济发展也因此进入了一个新的阶段。习近平指出：“提出使市场在资源配置中起决定性作用，是我们党对中国特色社会主义建设规律认识的一个新突破，是马克思主义中国化的一个新成果，标志着社会主义市场经济发展进入了一个新阶段。”[③] 在市场对资源配置起决定性作用的同时，政府更好地发挥了作用，宏观调控机制更为完善。

---

① 王玉茹主编：《中国经济史》，高等教育出版社 2008 年版，第 276～278 页。

② 投入产出比等于 1，表明投入正好等于净产出；投入产出比大于 1，表明投入大于净产出，经济效率越低；反之，投入小于净产出，经济越有效率。

③ 中共中央文献研究室编：《习近平关于社会主义经济建设论述摘编》，中央文献出版社 2017 年版，第 59 页。

二、各发展阶段的主要矛盾

一定时期社会主要矛盾的表述直接决定了该时期的中心工作。

新中国成立以后到“文化大革命”的相当长的时间中，我国对社会主要矛盾的认识实际上一直是社会主义和资本主义谁胜谁负的问题，实践中表现为阶级斗争为纲。虽然在1956年9月，《中共八大关于政治报告的决议》提出“我们国内的主要矛盾，已经是人民对于建立先进的工业国的要求同落后的农业国的现实之间的矛盾，已经是人民对于经济文化迅速发展的需要同当前经济文化不能满足人民需要的状况之间的矛盾。这一矛盾的实质，在我国社会主义制度已经建立的情况下，也就是先进的社会主义制度同落后的社会生产力之间的矛盾。”① 然而，随着1957年的“反右”运动以及其后的一系列政治运动（尤其是“文化大革命”的发生），党的八大关于社会主要矛盾的规定没有被坚持。中国社会的主要矛盾事实上仍然被表述为无产阶级与资产阶级（或无产阶级与地富反坏右阶级）之间的矛盾。② 对社会主要矛盾的判断失误以及阶级斗争的扩大化，致使党的工作重点一直没有转到经济工作上，严重冲击并滞缓了这一时期的经济发展。

计划经济体制时期，虽然也强调经济建设的重要性，并多次提出经济建设的各种规划，但就这个阶段总体而言，则是以强调阶级斗争、继续革命为中心的。由于强调阶级斗争，由于扩大化阶级冲突，以致政治运动频繁爆发，弄得人人自危。因此，改革开放前的真正中心工作就是政治运动与政治斗争。

没完没了的政治运动，不仅使整个社会发展经济的注意力分散，而且也严重影响到每个社会成员从事生产的积极性。“政治挂帅”成为这一阶段一道独特的“风景线”。那些努力从事生产、发明和创造等生产性活动的人反而成为“经济挂帅”的典型而受到批判，因此，积极投身于非生产性的政治运动并摇旗呐喊自然成为这个阶段相当一部分人的理性选择。越来越多的非生产性活动影响到整个社会的实际产出，进而恶化了人们的生活水平。

1978年改革开放不久，以邓小平为核心的党中央明确提出我国处于社会主义初级阶段，并且提出了这个阶段的社会主要矛盾。1981年6月，党的十一届六中全会通过的《关于建国以来党的若干历史问题的决议》第一次明确指出“我

---

① 《中国共产党第八次全国代表大会关于政治报告的决议》，人民出版社1956年版。

② 1957年10月，毛泽东在党的八届三中全会上提出：“无产阶级和资产阶级的矛盾，社会主义道路和资本主义道路的矛盾，毫无疑问，这是当前我国社会的主要矛盾。”（郭希华：《毛泽东改变“八大”关于国内主要矛盾提法的动因与后果》，载于《党史纵览》1996年第4期）

国的社会主义制度还是处于初级的阶段”，并且明确提出：“在社会主义改造基本完成以后，我国所要解决的主要矛盾，是人民日益增长的物质文化需要同落后的社会生产之间的矛盾。”① 这一表述既是对党的八大关于中国社会主要矛盾认识的继承，又是对 1949～1978 年中国社会经济发展经验教训的总结。根据社会主义初级阶段社会主要矛盾的正确认识，服从于发展社会生产力的根本任务，改革开放突破了一系列的意识形态和条条框框的限制，公有制为主体多种所有制经济共同发展的基本经济制度，社会主义市场经济体制，按劳分配为主体多种分配方式并存的基本分配制度均得以建立，真正确保了“聚精会神搞建设，一心一意谋发展”。

根据上述社会主要矛盾的表述，以经济建设为中心的内容作为中国共产党的基本路线而写进中国共产党党章与《中华人民共和国宪法》等最威严的正式制度文件中。在这个阶段，“发展才是硬道理”“聚精会神搞建设，一心一意谋发展”“发展是第一要务”等是绝大多数人（从中央领导到基层群众）的共识，以致形成了一个十分有利于经济发展的非正式制度氛围。新制度经济学理论告诉我们，在社会经济发展过程中，意识形态起着重要的作用，成功的意识形态一般具有节省交易费用、克服“搭便车”等作用。道格拉斯·诺思指出，一种意识形态及其变革如果与现实中的经济变革相一致，它就会促进经济发展，这种促进作用表现为：一是能有效地发现或识别潜在利润；二是迅速达成制度变革的一致同意，减少谈判费用；三是迅速产生集体行为，降低组织费用；四是对新制度的认同，从而降低其运行成本。相反，如果意识形态与现实经济变革不相容，则会阻碍经济发展。②

进入新时代，伴随着改革开放 40 年的经济发展与社会转型，中国社会的主要矛盾也在悄悄地发生着转变。习近平总书记在阐述中国全面深化改革时指出：“中国改革经过 30 多年，已经进入深水区，可以说，容易的、皆大欢喜的改革已经完成了，好吃的肉都吃掉了，剩下的都是难啃的硬骨头。”③ 2017 年党的十九大报告指出：“中国特色社会主义进入新时代，我国社会主要矛盾已经转化为人民日益增长的美好生活需要和不平衡不充分的发展之间的矛盾。”④ 这个变化来

---

① 中共中央文献研究室：《关于建国以来党的若干历史问题的决议》，人民出版社 1985 年版。

② 杨德才：《新制度经济学》，南京大学出版社 2007 年版，第 193 页。

③ 中共中央宣传部：《习近平总书记系列重要讲话读本》，学习出版社、人民出版社 2016 年版，第 70 页。

④ 习近平：《决胜全面建成小康社会 夺取新时代中国特色社会主义伟大胜利——在中国共产党第十九次全国代表大会上的报告》，人民出版社 2017 年版，第 11 页。

源于我国几十年来的不懈努力、来源于我国社会生产的日益提高。在人民基本物质文化需要不断得到提高的同时，人民对于美好生活的向往也日益凸显出来，在经济和社会发展中暴露出来的不平衡和不充分的问题已经成为阻碍人民获得美好生活的主要矛盾。习近平指出："发展不平衡不充分的一些突出问题尚未解决，发展质量和效益还不高，创新能力不够强，实体经济水平有待提高，生态环境保护任重道远；民生领域还有不少短板，脱贫攻坚任务艰巨，城乡区域发展和收入分配差距依然较大，群众在就业、教育、医疗、居住、养老等方面面临不少难题。"① 所以，在新时代，必须紧紧围绕新时代的社会主要矛盾来进行方方面面的改革筹划、布局。就经济发展来说，着力点是解决发展的不充分不平衡问题。

2012 年以来，我国经济社会发展的中心工作依然是经济建设，但这一时期的经济建设与 2012 年以前相比发生了诸多变化，其主要表现在以"创新发展、协调发展、绿色发展、开放发展、共享发展"新发展理念为指导，更加注重经济增长的质量与效益、更加注重经济增长与绿色生态之间的协调平衡。正如习近平指出的："我国经济已由高速增长阶段转向高质量发展阶段，正处在转变发展方式、优化经济结构、转换增长动力的攻关期，建设现代化经济体系是跨越关口的迫切要求和我国发展的战略目标。必须坚持质量第一、效益优先，以供给侧结构性改革为主线，推动经济发展质量变革、效率变革、动力变革，提高全要素生产率，着力加快建设实体经济、科技创新、现代金融、人力资源协同发展的产业体系，着力构建市场机制有效、微观主体有活力、宏观调控有度的经济体制，不断增强我国经济创新力和竞争力。"② 全面深化改革时期，经济增长速度相对于以前虽然有所放缓，但投入产出的效率却提高了，整个经济也变得更加健康了。

三、各发展阶段经济增长的动力

计划经济体制时期，经济增长的动力主要是依靠政治动员与精神激励。应该说，在共和国成立之初，由于人们对新政权、新社会及新制度的新奇与期待，政治动员与精神激励确实激发了整个社会促进经济增长的积极性，然而，随着时间的推移，一个个政治动员和精神鼓励对经济的激励功能日益失灵。人为的阶级斗

① 习近平：《决胜全面建成小康社会　夺取新时代中国特色社会主义伟大胜利——在中国共产党第十九次全国代表大会上的报告》，人民出版社 2017 年版，第 9 页。

② 习近平：《决胜全面建成小康社会　夺取新时代中国特色社会主义伟大胜利——在中国共产党第十九次全国代表大会上的报告》，人民出版社 2017 年版，第 30 页。

争不断升级，政治斗争日益尖锐化，乃至造成严重的政治灾难并影响到经济发展，产生政治与经济问题的并发症。① 为了弥补经济增长动力的不足，在改革前阶段，“抓革命促生产”就成为那一时期动员人们努力生产的最重要号召。然而，虽然每天都在“抓革命”，但“革命”对生产的促进作用似乎并不太大。究其根源，是由于整个市场主体（企业和个人）动力严重缺失，企业（单一的公有制企业）成为政府部门的延伸，企业负责人只看首长（主管部门）不看市场，既不负亏也不负盈，企业的唯一功能就是完成上级主管部门下达的计划指标；个人更是充分利用当时制度安排的缺陷，以致搭便车、道德风险及机会主义等行为盛行。当整个社会都充斥着不讲效率时，经济增长的动力匮乏到何种程度就是不难想象的了。

改革开放阶段，随着市场化改革的持续深入，经济增长的边际动力不断得到补充和增强。这一阶段，经济增长的动力主要来自市场主体对利润最大化的追逐，每个市场主体从关心自身利益的角度出发而努力生产、发明和创造。在这个阶段，越是市场化程度高的地方，经济增长得就越快。在这个阶段，企业（尤其是民营企业）与个人作为市场主体的地位得到充分体现，一切市场约束对它们都是硬约束，因此，每个市场主体都在殚精竭虑地筹划着如何实现成本最小化收益最大化。在这个阶段，越来越多无效、低效的制度被变迁改进，制度变迁成为激励每个市场主体内在动力充分发挥的最重要因素。当然，我们还应该看到，这一时期，由于我国市场经济刚刚发育、建设，整个市场处在严重的供不应求的卖方市场状态，以致市场的需求十分旺盛，相当多的市场主体看到了市场不断发展、扩大带来的盈利机会，竭尽所能地增加投资、扩大产能，再加上地方政府“GDP崇拜”的推波助澜，从经济增长方式来看，这一时期的经济增长属于典型的粗放式经济增长、典型的投资推动型经济增长。

进入新时代以后，随着我国经济进入到新常态，我国经济增长的动力也发生了历史性的变化。我国经济新常态有三大特征：一是经济从高速增长转为中高速增长；二是经济结构不断优化升级，第三产业消费需求逐步成为主体；三是经济增长从要素驱动、投资驱动转向创新驱动。这个阶段，一方面，我国经济总量稳居世界第二、许多制造业产能居于世界首位，但“大而不强”、竞争力不强的状况还没有多大改观；另一方面，资源、环境的约束却日益加强，传统的增长、发展方式必须要改变。在这个阶段，我们应加大科技创新投入，使经济增长的动力逐渐转到创新驱动上来。习近平指出：“改革开放这三十多年，我们更多依靠资

① 周振华：《体制变革与经济增长》，上海三联书店、上海人民出版社1999年版，第79页。

源、资本、劳动力等要素投入支撑了经济快速增长和规模扩张。改革开放发展到今天，这些要素条件发生了很大变化，再要像过去那样以这些要素投入为主来发展，既没有当初那样的条件，也是资源环境难以承受的。我们必须加快从要素驱动发展为主向创新驱动发展转变，发挥科技创新的支撑引领作用。”①

① 中共中央文献研究室编：《习近平关于社会主义经济建设论述摘编》，中央文献出版社 2017 年版，第 125 页。

上篇　站起来时代的中国经济

1949 年中华人民共和国的成立，标志着“占人类总数四分之一的中国人从此站立起来了”。[①] 这是自鸦片战争以来中华民族前仆后继、艰苦奋斗，尤其是中国共产党成立后领导中国人民奋斗的结果，它宣告了一个旧时代的结束和一个新时代的开启。

一般而言，站立起来是一个过程，站稳、不再倒下也需要一个过程。就一个民族国家而言，国家实力和国防实力，是站起来并屹立不倒的基础和保障。新中国成立之初，当时国内经济落后、社会动荡，国外惊涛骇浪、黑云压城，面对极其严峻的形势，如何使新生的社会主义政权、新独立的中华民族和新解放的中国人民在中华大地和世界舞台上迅速而稳固地真正“站起来”，成为摆在以毛泽东同志为核心的党的第一代中央领导集体面前的首要任务。而要解决真正“站起来”这个首要任务，首先必须要弄清楚新中国当时的基本国情。早在民主革命时期，毛泽东就指出：“认清中国的国情，乃是认清一切革命问题的基本的根据。”[②] 在党的七届二中全会的报告中，毛泽东分析我国当时的基本国情，指出我国在抗战前近代工业只有 10%、农业和手工业占 90% 的情况，他说：这“是在中国革命的时期内和在革命胜利以后一个相当长的时期内一切问题的出发点。”[③] 新中国成立以后，毛泽东又进一步分析了我国一穷二白、人口众多和百分之八十是农民的基本国情，强调我国社会主义建设要从中国是一个农业大国的情况出发。

基于对当时基本国情、国际形势的分析判断，为实现中华民族真正“站起来”，以毛泽东为核心的党的第一代中央领导集体进行了多方面的探索与努力，社会主义经济建设虽跌宕起伏、坎坷曲折，但基本上实现了中华民族真正“站起来”这一重大使命。具体来讲，为了实现并确保中华民族真正“站起来”，党和国家领导人主要在三个方面采取了根本性的决策与行动。

一、生产关系的社会主义改造和计划经济体制的形成

在国民经济实现恢复的基础上，1952 年底，党中央制定的过渡时期的总路线，明确提出了“一化三改造”任务。所谓“一化”即国家工业化，“三改造”即对个体农业、手工业和资本主义工商业的社会主义改造。之所以在新中国成立不久就启动社会主义改造，就是要为新中国的社会主义建设与发展、为实现真正

---

① 《毛泽东文集》第 5 卷，人民出版社 1996 年版，第 343 页。

② 《毛泽东选集》第 2 卷，人民出版社 1991 年版，第 633 页。

③ 《毛泽东选集》第 4 卷，人民出版社 1991 年版，第 1430 页。

"站起来"提供制度基础与制度保障。

毛泽东曾特别指出：我们之所以要进行社会主义改造，"是因为只有完成了由生产资料的私人所有制到社会主义所有制的过渡，才利于社会生产力的迅速向前发展，才利于在技术上起一个革命，把在我国绝大部分社会经济中使用简单的落后的工具农具去工作的情况，改变为使用各类机器直至最先进的机器去工作的情况，借以达到大规模地出产各种工业和农业产品，满足人民日益增长着的需要，提高人民的生活水平，确有把握地增强国防力量，反对帝国主义的侵略，以及最后地巩固人民政权，防止反革命复辟这些目的"。[①]

1956年底，社会主义改造基本完成，以公有制为主导的社会主义基本经济制度基本建立起来。社会主义改造的基本完成，使我国社会经济结构发生了根本变化，社会主义经济成分已占绝对优势，社会主义公有制已成为我国社会的经济基础。据统计，在国民收入结构上，1956年同1952年相比，国营经济的比重由19.1%上升到32.2%，合作社经济由1.5%上升到53.4%，公私合营经济由0.7%上升到7.3%，个体经济由71.8%下降到7.1%，资本主义经济则由6.9%下降到接近于零，前三种经济合计占国民收入的92.9%。在工业总产值中，1956年同1952年相比，社会主义工业由56%上升到67.5%，国家资本主义工业由26.9%上升到32.5%，资本主义工业由17.1%下降到接近于零。在商品零售额中国营商业和供销合作社商业由42.6%上升到68.3%，国家资本主义商业和由原来的小私商组织的合作化商业由0.2%上升到27.5%，私营商业由57.2%下降到4.2%。[②] 这种情况表明，中国几千年来以生产资料私有制为基础的阶级剥削制度已经基本上被消灭，以生产资料公有制为基础的社会主义基本经济制度已经建立起来，我国实现了由新民主主义向社会主义初级阶段的过渡。

党在向社会主义过渡时期经济思想的最大贡献是走了一条中国特色社会主义改造道路。在我国进行社会主义改造时，已有的国际理论是剥夺剥夺者，已有的国际样板是苏联斯大林时代实行的资本主义企业的国有化和对农民和小资产阶级的强制集体化。其明显的代价是牺牲和破坏生产力。我们党在推进三大改造时吸取了这一教训，延续了在新民主主义时期对民族资产阶级和农民作为革命同盟军的认识，不走其他国家的强制道路，而是在保护和促进生产力的前提下推进社会主义改造。

首先，对资本主义工商业的社会主义改造。进入社会主义改造阶段，意味着

① 《毛泽东文集》第6卷，人民出版社1999年版，第316页。

② 胡绳主编：《中国共产党的七十年》，中共党史出版社1991年版，第333页。

工人阶级和资产阶级的矛盾上升为国内的主要矛盾。但我国的民族工商业具有两面性。党不是采取没收资本直接消灭的政策，而是进行和平改造和引导的政策，也就是马克思、恩格斯曾经提出但此前没有实现过的“赎买”政策。为此创造了委托加工、计划订货、统购包销、委托经销代销、公私合营、全行业公私合营等一系列从低级到高级的国家资本主义的过渡形式，实现了对整个民族资产资本的赎买。

其次，对个体农业和个体手工业的社会主义改造遵循自愿互利、典型示范和国家帮助的原则，创造了从互助组到半社会主义性质的初级生产合作社，再发展到社会主义性质的高级生产合作社的改造道路与发展形式。毛泽东当时还提出农业合作化的进程应同农业的技术革命（农业机械化）进程相适应的思想。

1956 年我国基本完成社会主义改造任务，建立起社会主义基本经济制度，为当代中国的发展进步奠定了制度基础。显然，中国的社会主义改造有明显的中国特色，“三大改造”的道路可以说是中国创造，其效果也非常明显。这么大的生产关系的调整，没有破坏生产力，而且能够得到广大人民群众的支持，也得到民族资产阶级的认同，并没有出现列宁所说的过渡时期阶级斗争更加尖锐和残酷的事实。这与我国在民主革命和社会主义革命中，始终没有把民族资产阶级作为阶级敌人对待有关。党把民族资本主义作为新民主主义经济的组成部分，把民族资产阶级作为团结的对象。

在党中央提出过渡时期总路线时头脑还是清醒的，毛泽东曾预计需要经过三个五年计划的过渡时间，应该说这种意见是符合我国当时实际的。可是在 1955 年夏季以后，由于党中央过高地估计了社会主义改造的形势，加速了社会主义改造的步伐，犯了要求过急、工作过粗、改变过快的错误，以致这种在过短时间内所完成的社会主义改造遗留了一些有长期消极影响的问题，也导致了后来发展的困难。特别是三大改造最终是要使公有制成为我国唯一的经济基础，急于搞单一的公有制，存在超越新民主主义制度的问题。当然，这些缺点和错误与社会主义改造的巨大成就相比，毕竟还是支流。社会主义改造的巨大成就便是消灭了剥削制度和剥削阶级，确立了社会主义制度。

在 1956 年社会主义改造基本完成，社会主义制度基本建立以后，党面临着如何继续前进，如何发展社会主义建设事业的问题。毛泽东 1956 年 4 月发表的《论十大关系》，在初步总结我国社会主义建设经验的基础上，吹响了探索适合我国国情的社会主义建设道路的号角。十大关系中与经济直接相关的有五个，即：重工业和轻工业、农业的关系；沿海工业和内地工业的关系；经济建设和国防建设的关系；国家生产单位和生产者个人的关系；中央和地方的关系等。该文实际上是针对苏联长期优先发展重工业之类的单纯追求速度的发展战略提出了不同的看法，强调部门之间、地区之间协调发展和统筹兼顾各方面利益关系的思想，试图在中国开辟一条同苏联道路有所不同的社会主义工业化道路。同年9月召开的党的八大明确提出：社会主义制度在我国已经基本上建立起来；国内主要矛盾已经不再是工人阶级和资产阶级的矛盾，而是人民对于经济、文化迅速发展的需要同当前经济、文化不能满足人民需要的状况之间的矛盾；全国人民的主要任务是集中力量发展社会生产力。在八大路线的指引下，1956年和1957年是新中国成立以来经济发展最好的年份之一。党的八大关于我国主要矛盾和主要任务的表述在党的经济思想史上具有开创性。

党的八大后不久，我们党就出现了指导思想上“左”的错误，工作重心偏离八大的精神。在1958年轻率地发动了“大跃进”和农村人民公社化运动，党的指导思想出现了以高指标、瞎指挥、浮夸风和“共产风”为主要标志的“左”倾错误，造成了重大损失。1960年冬，党中央开始纠正农村工作中的“左”倾错误，并且决定对国民经济实行“调整、巩固、充实、提高”的方针，从而使国民经济从1962年到1966年得到了比较顺利的恢复和发展。

当时，除了毛泽东，刘少奇、周恩来等党和国家领导人也对社会主义建设道路问题进行了探索。他们的艰辛探索及所形成的重要思想，对后来的社会主义经济建设以及未来的改革开放都有着极其重要的意义。由于这些探索都是在社会主义计划经济体制下进行的，因而它们可以部分地解决某个时段的某些经济问题，但却不可能从根本上解决制约经济发展的体制机制问题，以致社会主义计划经济体制下一直存在着劳动生产率不高、经济增长动力不足的问题。

二、国家工业化和完整的工业体系的建立

新中国刚刚成立的时候，我国的工业基础非常薄弱，在很多工业领域甚至还是空白。当时，毛泽东曾感慨道：“现在我们能造什么？能造桌子椅子，能造茶壶茶碗，能种粮食，还能磨成面粉，还能造纸，但是，一辆汽车、一架飞机、一辆坦克、一辆拖拉机都不能造。”① 1955年10月，毛泽东再次谈到：我国是个大国，但不是富国，也不是强国。飞机也不能造，大炮也不能造，坦克也不能造，汽车也不能造，精密机器也不能造，许多东西我们都不能造，现在才开始学习制造。我们还是一个农业国。在农业国的基础上，是谈不上什么强的，也谈不上什

① 《毛泽东文集》第6卷，人民出版社1999年版，第329页。

么富的。所以，全国各界都要努力，把我国建设成为一个富强的国家。我们一定要争这一口气。[①] 为此，早在社会主义改造进行之前的1952年，毛泽东就提出了党在过渡时期的总路线，明确提出“要在一个相当长的时期内，逐步实现国家的社会主义工业化”的任务。不改变这种落后状况，我国就不可能摆脱被动挨打的命运、就不可能实现真正的“站起来”。

从历史上看，实现工业化有两条道路：一条是资本主义工业化道路，另一条是社会主义工业化道路。毛泽东指出：“资本主义道路，也可增产，但时间要长，而且是痛苦的道路。我们不搞资本主义，这是定了的。”[②] 当时，为了弥补社会主义工业化经验的不足，我国学习和借鉴了苏联工业化的经验，可以说，新中国的工业化是在苏联的影响下起步的。也正是受苏联工业化模式的影响，我国一度过多强调重工业和基础设施的建设，影响了农业和轻工业的发展，造成了一定程度的比例失调，这就促使党和毛泽东思考如何走中国工业化道路的问题。毛泽东在《论十大关系》中论述的第一大关系，便是重工业、轻工业和农业的关系。在《关于正确处理人民内部矛盾的问题》一文中，毛泽东明确提出了中国工业化道路的问题，主要是指重工业、轻工业和农业的发展关系问题，要走一条有别于苏联的中国工业化道路。

鉴于中国社会生产力落后、经济基础薄弱的情况，毛泽东指出以工业为主导，把重工业作为我国经济建设的重点，以逐步建立独立的比较完整的基础工业体系和国防工业体系，这是维护国家独立、统一和安全，实现国家富强所必需的，是毫无疑义、必须肯定的。但同时必须充分注意发展农业和轻工业。他说，我国是一个农业大国，农村人口占全国人口的80%以上，只有农业发展了，工业才有原料和市场，才有可能为建立重工业积累较多的资金。更多地发展农业、轻工业，既可以更好地供给人民生活的需要，又可以增加资金积累和扩大市场。这不仅会使重工业发展得多些和快些，而且由于保障了人民生活的需要，会使它发展的基础更加巩固。

毛泽东提出了以农业为基础，以工业为主导，以农轻重为序发展国民经济的总方针，以及一整套“两条腿走路”的工业化发展思路，即重工业和轻工业同时并举，中央工业和地方工业同时并举，沿海工业和内地工业同时并举，大型企业和中小型企业同时并举，等等。

走中国工业化道路，正确处理重工业和轻工业、农业的关系，是符合中国人

---

① 《毛泽东文集》第6卷，人民出版社1999年版，第495～500页。

② 《毛泽东文集》第6卷，人民出版社1999年版，第299页。

口多、工业基础薄弱的实际的，是党探索我国社会主义建设道路的一个重要思想。这样，经过 20 多年的工业化建设，到改革开放之前的 1978 年，中国已经建立了一个独立的比较完整的工业体系，特别是拥有了旧中国所极度缺乏的重工业，而没有重工业就不可能有巩固的国防，没有巩固的国防“站起来”就缺乏保障。不仅如此，国防科技领域内取得的以“两弹一星”为标志的一系列骄人成就更奠定了中国的大国地位。

三、独立自主、自力更生

新中国成立之初，在帝国主义对新生的人民政权实行敌视政策的情况下，我国实行了“另起炉灶”“打扫干净屋子再请客”“一边倒”的外交政策，整个外交、对外开放都倒向社会主义阵营一边。一方面，基本关上了与以美国为首的西方资本主义国家外交、外贸往来的大门；另一方面，全面开放了与以苏联为首的社会主义国家的政治、经济等多方面往来的大门。1950 年中苏签订《中苏友好同盟互助条约》，苏联开始对中国提供大量技术援助（如援建武汉长江大桥等），输出各种技术、人才与资本。1953 ~ 1957 年我国第一个五年计划期间，苏联援建了新中国工业领域 156 个项目，这些项目对后来我国进行工业化建设以及构建我国完整的产业体系意义非同凡响。正是苏联的这些援助及相关重要项目的开建，成为新中国成立后我国经济发展、工业化建设的重要基础。

新中国成立之初，虽然关闭了向西方资本主义国家开放的大门，但对以苏联为首的社会主义国家大门的开放，使得新中国在刚刚成立之初可以充分利用来自社会主义国家的资本、技术、人才等，从而促进我国经济发展与工业化快速取得成就。倘若没有这个开放，新中国成立之初的经济快速发展将是不可想象的。然而，由于各种原因，1958 年之后，中苏关系开始恶化，并逐渐走到了边境陈兵、兵戈相向的地步。为此，中国对外开放（主要是对苏联开放）的大门也渐渐地关上了。虽然还有对苏联之外的其他几个社会主义国家以及亚非拉国家的开放或贸易往来，但对当时世界主要国家（无论苏联还是美国）的开放大门则都是基本关上了，我国开始走上一条独立自主、自力更生、完全依靠国内资源来发展的道路。

实际上，走独立自主、自力更生的发展道路，对毛泽东和中国共产党来讲，是最熟悉不过的事情。从井冈山到延安、从延安到北京，中国共产党一路走来、一步步走向胜利，所依赖的主要就是独立自主、自力更生。早在 1945 年 1 月，毛泽东在延安的一次讲话中就强调指出：“我们是主张自力更生的。我们希望有外援，但是我们不能依赖它，我们依靠自己的努力，依靠全体军民的创造力。”① 在对外交往的大门关上以后，为做到独立自主、自力更生并应对外部（国际上）可能发生的冲突，主要做了以下几件事情：

一是加速推进经济建设。促进经济快速增长，是新中国成立之后相当长时期的政策追求目标。从“多快好省”的社会主义建设时期的总路线提出到“全民大炼钢铁”的“超英赶美”、从庐山会议“反‘反冒进’”到后来的“洋跃进”……其实质都是为了在对外交往大门关上的背景下追求尽快实现经济增长，以赶超美苏，实现经济上的真正翻身，实现国家的独立自主、自力更生。

二是集中力量搞科技（尤其是国防尖端科技）研发。1957 年反右派斗争扩大化，虽然一大批知识分子“靠边站”、“进牛棚”，但党和国家对科技研发的重视基本上还是继续着的。1960 年 3 月，毛泽东指出：“技术革新和技术革命运动现在已经成为一个伟大的运动，急需总结经验，加强领导，及时解决运动中的问题，使运动引导到正确的、科学的、全民的轨道上去。”② 即使在“文革”十年内乱的极其困难时期，我国国防尖端科技研发也没有停止，取得了原子弹和氢弹试爆成功、卫星成功发射等一系列重大成果。正如邓小平所说：“如果 60 年代以来中国没有原子弹、氢弹，没有发射卫星，中国就不能叫有重要影响的大国之一，就没有现在这样的国际地位。”③

三是调整产业区域布局，进行三线建设。由于历史原因，我国的工业过度集中于沿海大城市，14 个 100 万人口以上的大城市集中了近 60% 的主要民用机械工业、50% 的化学工业、52% 的国防工业。④ 为了应对美苏可能挑起的对华战争，自 1964 年之后，我国开始有意识地主动调整产业的区域布局，在内地的十几个省、自治区开展了一场以战备为中心，以工业交通、国防科技工业为基础的大规模基本建设（即“三线建设”）。这场三线建设是当时构建独立自主、自力更生经济体系的重要举措，虽然成本很高、成效没有达到预期，但对我国当时及未来区域经济发展的影响则是十分深远的。

新中国成立以后，在进行国家建设和经济建设时，党和国家领导人一直在思考着如何让中华民族真正“站起来”的问题，而这个思考始终是伴随着时刻提防被开除“球籍”的危机感与紧迫感而存在的。毛泽东 1956 年就曾指出：“你有

① 《毛泽东选集》第 3 卷，人民出版社 1991 年版，第 1016 页。
② 《毛泽东文集》第 8 卷，人民出版社 1999 年版，第 152 页。
③ 《邓小平文选》第 3 卷，人民出版社 1993 年版，第 279 页。
④ 金冲及主编：《周恩来传》下册，中央文献出版社 1998 年版，第 1768 页。

那么多人，你有那么一块大地方，资源那么丰富，又听说搞了社会主义，据说是有优越性，结果你搞了五六十年还不能超过美国，你像个什么样子呢？那就要从地球上开除你的球籍！"① 只有尽快实现新中国真正“站起来”以致“富起来”的目标，才能从根本上解除被开除“球籍”的危机。以毛泽东为代表的中国共产党人明确将“站起来”以致“富起来”目标的实现与社会主义相挂钩，即通过社会主义革命与建设的方式实现新中国的富强，在社会主义制度框架内推动上述目标的实现。然而，由于主客观原因，中国的社会主义建设经历了一个颇为曲折的过程，其建设及其发展十分艰辛。在过渡时期中，虽然中国共产党创造性地开辟了一条适合中国特点的社会主义改造的道路，但由于“改造要求过急，工作过粗，改变过快，形式也过于简单划一，以致在长期间遗留了一些问题。”② 在1956~1966年开始全面建设社会主义的10年里，我国社会主义建设“取得了很大的成就”，但“党的工作在指导方针上有过严重失误，经历了曲折的发展过程。”③ 而1966~1976年的“文化大革命”不仅使党、国家和人民遭受到新中国成立以来最严重的挫折和损失，而且“‘文化大革命’十年内乱导致我国经济濒临崩溃的边缘”。④

总体上看，新中国成立后至改革开放前的社会主义建设并不是一帆风顺的，而是跌宕起伏的。经过30年的努力，虽然实现了中华民族的真正“站起来”，但离“富起来”却依然十分遥远。正如邓小平后来所言：“如何发展生产力，这件事做得不好。主要是太急，政策偏‘左’，结果不但生产力没有顺利发展，反而受到了阻碍。”⑤

① 《毛泽东文集》第7卷，人民出版社1999年版，第89页。

② 《关于建国以来党的若干历史问题的决议》，中共党史出版社2010年版，第70页。

③ 《关于建国以来党的若干历史问题的决议》，中共党史出版社2010年版，第73、75页。

④ 习近平：《在庆祝改革开放40周年大会上的讲话》，http：//www. xinhuanet. com/2018 - 12/18/c_1123872025. htm。

⑤ 《邓小平文选》第3卷，人民出版社1993年版，第277页。

第二章

新中国成立与计划经济体制的建立

引言　计划经济体制的选择与反思

中华人民共和国成立以后，新中国首先面临着采取何种经济体制来组织经济建设、发展经济的选择问题。从历史史实来看，以毛泽东为核心的中央政府很快选择了计划经济体制。至于选择的原因，则主要是由当时国内外客观环境决定的。

就外部环境来说，主要有两大影响因素：一个是苏联模式的影响；另一个是朝鲜战争的影响。

首先来看苏联模式的影响。新中国成立以后，在中国这样一个经济十分落后的大国里，如何进行经济建设是一个很大的难题，在马克思恩格斯的书本中是不可能找到具体方法的。在这样的情况下，苏联成功的经验无疑具有极大的榜样作用。毛泽东曾说："苏联共产党就是我们的最好的先生，我们必须向他们学习。"① 后来毛泽东在阅读苏联《政治经济学教科书》时批注指出："在全国解放初期，我们缺乏管理全国经济的经验。因此，在第一个五年计划期间，我们只能仿效苏联的做法。"② 除了缺乏一个大国经济建设的有关经验外，中苏关系的日益密切也是影响新中国领导人在感情上更加愿意接纳苏联的而非美国的经验或模式的一个极其重要因素。

---

① 《毛泽东选集》第4卷，人民出版社1991年版，第1481页。

② ［美］费正清主编：《剑桥中华人民共和国史（1949－1965）》，王建朗译，上海人民出版社1990年版，第68页。

其次来看朝鲜战争的影响。朝鲜战争的爆发及新中国的快速卷入，进一步助推了新中国选择计划经济体制来配置资源。1950 年 6 月 25 日，朝鲜战争爆发；10 月 19 日，中国人民志愿军跨过鸭绿江，开始全面参战。1950 年 11 月，在第二次全国财经会议上，确定 1951 年的财经工作方针是：战争第一，市场第二，其他第三。所谓“战争第一”，就是一切服从战争、一切为了战争，就是要在人力、物力、财力等方面予战争以充分、优先的保证。那么，如何做到集中一切力量并优先满足战争需要呢？为此，中国领导人选择了集中动员和配置资源的制度安排，以便把有限的资源运用到以军事工业为核心的重化工业中去。也就是说，只有集中地计划配置资源才能真正应对战争的需要，而这一点对于刚刚从战火中走过来的中国共产党人是再熟悉不过的了。

虽然当时外部的国际形势对中国政府选择何种经济体制产生了比较大的影响，但真正起决定作用的依然是国内的内部因素。

首先，对中国共产党而言，其自己的历史远远长于新中国的历史，而共产党在长期征战中所形成的就是高度集中的管理体制，所以，计划经济体制对共产党而言是再熟悉不过的制度了。在面临着严峻战争考验的时期，正是这种体制有效地保障了战时供给，保证了共产党最终顺利地夺取政权。到新中国成立之后，一方面，由于四边战火犹未平息，政权尚未稳定，所以这种战时体制自然仍有其用武之地；另一方面，对于初期的中华人民共和国来说，新政权赖以巩固和发展的庞大的中层干部大多军人出身，他们熟悉的是以命令和服从命令为特征的军事组织。毛泽东依靠自己在长期革命斗争中形成的崇高威望，使得中国社会的绝大多数都愿意接受计划经济体制，而所有这些却正是新中国能够在短短几年内完成社会主义改造和施行计划经济制度的政治基础。可见，面对这样一种丰厚的组织资源，最合理的利用途径恐怕就是“命令式”的计划体制。①

其次，中国承受过一百多年的半殖民地、半封建屈辱，中国领导人和人民普遍怀有赶超西方发达国家的强烈愿望，认为按马克思理论采取计划经济体制，依靠已经取得的国家权力，充分动员和集中使用人力、物力、财力，中国将能够在很短的时间内实现中国的现代化。新中国在成立之初便确立了以赶超西方发达国家为目标的“重工业优先发展战略”，而在一个落后的农业国通过国家力量强制实行工业化，其选择的结果只能是计划经济体制。②

特别需要指出的是当时的经济基础，虽然有一部分市场经济，但主体还是自

---

① 何帆：《传统计划体制的起源、演进和衰落》，载于《经济学家》1998 年第 2 期。

② 林毅夫等：《中国的奇迹：发展战略和经济改革》，上海三联书店、上海人民出版社 1994 年版，第 18 ~ 54 页。

然经济，市场经济很不发达。正是在上述内外部因素的冲击及其影响下，新中国迅速选择了计划经济体制。

传统的社会主义计划经济体制在初期取得巨大成功的同时，也逐渐遭遇到重重困境。究其原因，则是非常复杂的。根据已有的研究成果，学术界普遍认为，计划经济体制的选择者们之所以认为计划经济能够最优配置资源并最具效率，是因为基于这两个假定：（1）计划制定者知道或能发现需要什么，能按需要分配生产资料，并发布命令协调这些需要，所以能最经济地满足需求。[①]（2）计划制定者能够很好地激励计划的具体执行者，以节约成本增加产出。也就是说，如果能满足这两个假定，即能够解决信息问题与激励问题，计划经济可以取得同市场经济一样的绩效。然而，计划经济运行的现实揭示：其根本无法解决这两个问题。[②]而正是这两个难以克服的关键性问题导致了传统计划经济体制的失败。

首先来看信息问题。为维持计划经济的运转，不仅需要付出极高的信息成本，而且“实施这些计划所需的信息往往也是不准确的”[③]。现代生产的特点是：（1）技术飞速进步，产品结构、工艺路线、生产方案等选择的可能性极多；（2）消费结构十分复杂，而且变化极为迅速；（3）随着社会分工的不断深化，社会成员和经济单位之间必然发生日益广泛和复杂的联系。在这种情况下，就出现了有关需求和生产的信息“爆炸”的问题。为了准确、及时地取得在社会各个角落分散发生的、数以亿万计的数据，及时地加以处理，求解有几千万个未知数的均衡方程，编制出无所不包的计划，并层层分解下达到执行单位，没有一个极其灵活而又极其有效的信息系统，是根本不可能实现的。在采取计划经济制度的情况下，生产者和消费者之间缺乏横向的联系和有效的反馈机制，经济信息要靠行政体系内上级对下级的命令和下级对上级的报告纵向传输，不但传输距离很远，通道狭窄，不免经常发生延误和拥塞，而且由于传输经过的环节太多，信息不免扭曲；生产单位由于不能直接取得需求和技术信息，导致不能对复杂多变的需求状况和技术可能性做出灵活的反应。[④] 因此，在中央计划机关掌握和处理各种微观事务的情况下，为及时取得保证经济系统畅通运作所必需的全部信息，其成本几乎是无限大的，即便如此，其获得的信息往往要么不是其所需的要么就是

---

① ［英］约翰·伊特韦尔等编：《新帕尔格雷夫经济学大辞典》第3卷，陈岱孙等译，经济科学出版社1996年版，第944页。

② ［美］约瑟夫·E. 斯蒂格利茨：《社会主义向何处去》，周立群等译，吉林人民出版社1998年版，第228页。

③ ［美］约瑟夫·E. 斯蒂格利茨：《社会主义向何处去》，周立群等译，吉林人民出版社1998年版，第229页。

④ 吴敬琏：《当代中国经济改革》，上海远东出版社2004年版，第23页。

无效的。

其次来看激励问题。一切经济增长、发展的核心问题就是激励问题。在计划经济体制下，资源配置决策由代表社会整体利益的中央计划机关集中做出，并通过按层级制原则组织起来的社会全体成员加以执行。这就要求社会的一切成员和所有组织的目标只是绝对忠实地完成上级规定的计划任务，而没有自己的任何特殊利益；同时在向计划机关提供数据、报告工作和在执行社会统一计划时，也不会发生任何偏离。也就是说，计划经济体制下，每个人必须是公而忘私、心底无私的，要狠批"'私'字一闪念"。由于不允许存在任何个人利益与本位利益，而且每个人也可以做到不想私、不念私，但最后的结果却由于"工人缺少激励、计划制定者缺少有效配置资源的激励以及厂商缺少有效使用资源的激励"[①]，以致计划经济的效率每况愈下。虽然实行计划经济的社会主义国家比较注重精神激励，但物质利益却是人们最关心的，所以，这种精神激励并没有直接作用于提高经济效率，相反，缺乏直接的物质激励的影响却显得越来越突出。[②]总之，由于计划经济体制无法解决激励问题，所以计划经济缺乏效率、低效率也就不可避免。

由于计划经济体制的本质属性决定了它不可能解决经济运行中的信息与激励问题，所以计划经济体制就不可能是高效率、高质量的。长此以往，选择计划经济体制的国家对计划经济体制进行改革也就在所难免。

第一节　新中国经济制度的最初设想

一、为稳定、恢复经济而努力

1949 年 9 月 21 ~ 30 日，中国人民政治协商会议在北京召开。会议根据毛泽东《在中国共产党第七届中央委员会第二次全体会议上的报告》和《论人民民主专政》的精神，制定了《中国人民政治协商会议共同纲领》。共同纲领规定了中华人民共和国的国家性质，是工人阶级领导的、以工农联盟为基础的人民民主

① ［美］约瑟夫·E. 斯蒂格利茨：《经济学》下册，梁小民译，中国人民大学出版社 1997 年版，第 377 页。

② ［美］约瑟夫·E. 斯蒂格利茨：《社会主义向何处去》，周立群等译，吉林人民出版社 1998 年版，第 232 页。

专政；系统地制定了中华人民共和国的政治、军事、经济、文化、民族、外交各方面的基本政策。会议还通过了《中国人民政治协商会议组织法》和《中华人民共和国中央人民政府组织法》，确定了国旗、国歌，决定将北平改为北京，并以北京为中华人民共和国首都。会议一致选举中国人民的伟大领袖毛主席为中华人民共和国中央人民政府主席。中华人民共和国的成立，标志着中国民主革命阶段的任务已基本完成。中国的历史从此进入了一个新的时期。

为了稳定和恢复经济，刚刚成立的共和国的领导者们做出了许多努力。

第一，稳定市场和物价的努力。

据史料记载，新中国成立后，在投机资本的驱动下，在不到 5 个月的时间里，便发生了两次极其严重的威胁新国家安全的涨价风。一次发生在 1949 年 10 月，另一次发生在 1950 年 2 月。其中，1949 年 10 月的涨价风尤为严重。据石家庄、张家口、北京、郑州、济南、天津、太原、汉口、南昌、青岛、南京、杭州和上海 13 个城市的统计，其批发物价的综合指数，若以 1948 年 12 月为 100，1949 年 12 月即上涨为 7484. 2。最高的是石家庄，1949 年 12 月物价指数上涨为 8600. 6，较低的为郑州，也上升为 6683. 3。①

再以上海为例，1949 年 5 月 27 日上海解放后的半个月之内，银元对人民币的价格就由 600 元上涨到 1800 元，并带动其他物价的猛涨。在物品短缺、人民币不被看好的情况下，上海物价节节攀升，以 1949 年 6 月上海批发物价指数为 100，1950 年 2 月就迅速上涨到 2097. 9，上涨了近 21 倍，这样的价格走势足以把人民币驱逐出市场。

物价猛涨，市场不稳，不仅成为新政权恢复和发展国民经济的一个重大障碍，而且还直接威胁着新政权的生存安全。为了夺取市场的领导权，更为了维护新生国家的安全，新政权便采取了一系列非常规的制度安排来干预混乱的市场。这些非常规的制度安排有：（1）加强金融管理。1948 年 12 月 1 日成立中国人民银行，并于 12 月 1 日起发行人民币，作为全国统一货币。为了维护金融市场秩序和人民币的正常流通，先后在上海、武汉和广州等城市发动了著名的“银元之战”，对扰乱市场、投机货币的行为进行坚决的打击和镇压，借助国家机器来予以强力维护。（2）整顿市场秩序，加强市场管理。如普遍实行工商业登记办法，规定物资集中交易，政府监督大宗物资交易等。（3）集中抛售主要商品，打击投机资本。（4）回笼货币，紧缩通货，抑制通货膨胀。（5）发展国营商业，收购

① 中国社会科学院、中央档案馆编：《中华人民共和国经济档案资料选编：1949 – 1952（工业卷）》，中国物资出版社 1996 年版，第 805 ~ 806 页。

物资，增加储备，计划投放。

从事后的绩效来看，这些制度对当时的物价稳定是起到了决定性作用的，但同时它们也为新中国的领导人在后来全面推行计划经济体制奠定了基础。

第二，统一财经工作的制度安排。

1950 年 3 月 3 日，中央政府颁布《关于统一国家财政经济工作的决定》，决心改变之前各项主要财政收入归各个解放区地方政府征收、使用的情况，而对全国财政收支、物资调度、现金使用实行统一管理。具体来讲，统一财经工作主要在三个方面做出了制度安排：（1）统一全国财政收支。全国主要财政收入集中于中央财政，地方财政支出需编制预算，经批准由中央财政拨给经费。（2）统一集中全国贸易。各地国营贸易机构的资金、业务计划、商品调度统一由中央贸易部掌握，地方政府不得干预。（3）统一全国现金管理。指定中国人民银行为国家现金调度的总机构，代理国库。一切公营事业单位及机关、部队的现金一律存入国家银行，它们之间的现金来往，使用转账支票进行结算。

稳定市场的努力和统一财经工作的制度安排，迅速收获了巨大成功。从物价方面看，若以 1950 年 3 月全国批发物价指数为 100，1950 年 12 月为 85.4，1951 年 12 月为 92.4，1952 年 12 月为 92.6。而一些主要商品价格上涨的速度也得到了明显遏制（见图 2 - 1）。① 回想 1949 年前，国民党政府之所以迅速失败，一个重要的原因便是无法控制物价飞涨、财政赤字和通货膨胀，② 然而，国民党政府

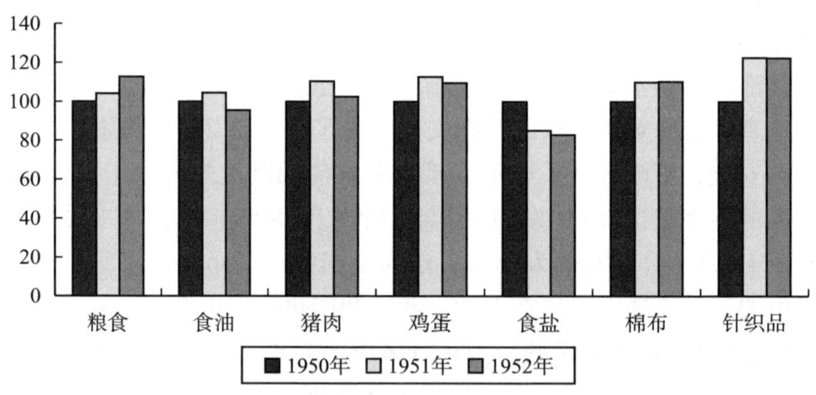

图 2 - 1　1950 ~ 1952 年主要商品零售价格指数变动趋势

① 中国社会科学院、中央档案馆编：《中华人民共和国经济档案资料选编：1949 - 1952（商业卷）》，中国物资出版社 1996 年版，第 558 页。

② 杨德才：《中国经济史新论（1840 - 1949）》，经济科学出版社 2004 年版，第 519 页。

做不到的事情，共产党政府却在较短的时间里做到了。再从财政收支状况看，其成效也是十分明显的，基本上做到了收支平衡，甚至在 1951 年、1952 年连续出现了财政盈余（见表 2－1）。

表 2－1　　1950～1952 年国家财政收支状况　　单位：亿元

年份	收入总额	支出总额	收支差额
1950	65. 2	68. 1	－2. 9
1951	133. 1	122. 5	＋10. 6
1952	183. 7	176. 0	＋7. 7

资料来源：国家统计局编：《中国统计年鉴（1983）》，中国统计出版社 1983 年版，第 445 页。

第三，建立国营经济的努力。

中国共产党人国营经济的历史最早可以追溯到在井冈山根据地时期。国营经济的最大优点在于最高领导人对国家可以控制的物资或商品数量有一个相对比较完全的信息，从而有利于其宏观调度并干预、控制市场。新中国成立后，为了在较短的时间里建立起国营经济的领导地位，主要采取了两大措施：一是没收国民政府留存的官僚资本，以致被没收的官僚资本的企业和财产，成为新中国成立初期国营经济最主要的来源。二是管制或收购外资在华企业。通过上述两大措施，国营经济基本上已经控制了国家经济的命脉，其在国民经济中的领导地位也因此而得以确立。从后来的发展历史来看，国营经济领导地位的确立，不仅对新中国的生存安全起到了重要的保护作用，而且也为后来新中国走以国营经济为主导的计划经济道路做了一次很好的尝试。也就是说，几年后的中国选择计划经济体制实际上也就理所当然了。

为了维护新中国的安全，新中国还对土地制度、私营工商业制度等进行了调整，并且还发动了“三反”“五反”等运动，虽然有些制度调整、变迁的力度较大，运动的程度也较激烈，但总体上还是按照新中国成立前所构建的制度框架来进行的，并没有背离毛泽东所阐述的“新民主主义”经济制度。这样，经过上述努力，在新中国成立之后的 3 年时间里，不仅经济形势得到了明显改进，而且新民主主义经济制度的框架也基本形成。

二、新中国制度构建：从设想到实践

一般而言，经济体制是一个社会中最重要的制度，因为它直接决定并影响着其他社会经济制度的产生、发展及社会经济组织的性质、演变。在新中国逐渐稳固之后，国家领导人决定中国的经济发展走计划经济体制的道路。那么，计划经济体制究竟如何来构建呢？

1940 年 1 月，毛泽东在《新民主主义论》一文中对未来新国家的制度及发展蓝图进行了比较详尽的阐述。他提出了中国革命分“两步走”的思想，在民主革命取得胜利以后，将建立“中国各革命阶级联合专政的新民主主义社会”，而新民主主义社会的经济基础是新民主主义的经济。毛泽东论述的新民主主义经济的主要内容为：

（1）发展“国家所有”的国营经济与“不能操纵国民之生计”的私人资本主义相结合的混合经济。[①] 第一，大银行、大工业、大商业，归共和国的国家所有。凡本国人及外国人之企业，或有独占的性质，或规模过大为私人之力所不能办者，如银行、铁道、航空之属，由国家经营管理之。共和国的国营经济是社会主义的性质，是整个国民经济的领导力量。第二，“节制资本”，但并不没收其他资本主义的私有财产，并不禁止“不能操纵国民生计”的资本主义生产的发展。

（2）实行“耕者有其田”与“平均地权”的方针，在个体农民经济发展起来的基础上，再发展各种合作经济。第一，没收地主的土地，分配给无地和少地的农民，实行“耕者有其田”，扫除农村中的封建关系，把土地变为农民的私产。第二，容许农村的富农经济存在。第三，首先实行“耕者有其田”，发展个体农民经济，然后再逐步发展各种合作经济。

毛泽东总结指出：“中国的（新民主主义）经济，一定要走‘节制资本’和‘平均地权’的路，决不能是‘少数人所得而私’，决不能让少数资本家少数地主‘操纵国民生计’，决不能建立欧美式的资本主义社会，也决不能还是旧的半封建社会。”[②]

1945 年，毛泽东在中共第七次全国代表大会的政治报告《论联合政府》中把《新民主主义论》的许多观点更进一步往前推进了，指出在新民主主义社会里，要使资本主义有一个广大的发展。他说，“有些人不了解共产党人为什么不但不怕资本主义，反而在一定的条件下提倡它的发展，我们的回答是这样简单：拿资本主义的某种发展去代替外国帝国主义和本国封建主义的压迫，不但是一个进步，而且是一个不可避免的过程。它不但有利于资产阶级，同时也有利于无产阶级，或者说更有利于无产阶级。现在的中国是多了一个外国的帝国主义和一个

---

① 吴敬琏：《当代中国经济改革》，上海远东出版社 2004 年版，第 35 页。

② 《毛泽东选集》第 2 卷，人民出版社 1991 年版，第 678 页。

本国的封建主义，而不是多了一个本国的资本主义，相反地，我们的资本主义是太少了。”① 毛泽东还在解释这个报告时指出：“这个报告与《新民主主义论》不同的，是确定了需要资本主义的广大发展，又以反专制主义为第一。……资本主义的广大发展在新民主主义政权下是无害有益的”。②

1949 年 3 月，在新中国成立前夕的中共七届二中全会上，毛泽东重申了中国建设新民主主义的经济制度纲领及发展战略，进一步详细地勾勒出新中国经济建设、经济发展的蓝图。就经济而言，要点有三：

（1）工作重点和工作重心问题。

“从一九二七年到现在，我们的工作重点是在乡村，在乡村聚集力量，用农村包围城市，然后取得城市。采取这样一种工作方式的时期现在已经完结。从现在起，开始了由城市到乡村并由城市领导乡村的时期。党的工作重心由乡村转移到了城市。”③

（2）新民主主义经济形态，即多种经济成分并存的问题。

①国营经济。它是国民经济的领导成分，掌握着共和国的经济命脉，是通过没收帝国主义及中国官僚资本而形成的，具有社会主义性质的经济。②私人资本主义工业。在中国革命胜利以后一个相当长的时期内，还需要尽可能地利用它，以利于国民经济向前发展。“在这个时期内，一切不是于国民经济有害而是于国民经济有利的城乡资本主义成份，都应当容许其存在和发展。这不但是不可避免的，而且是经济上必要的。”与此同时，要“对于资本主义采取恰如其分的有伸缩性的限制政策”，但“决不可以对私人资本主义经济限制得太大太死，必须容许它们在人民共和国的经济政策和经济计划的轨道内有存在和发展的余地”。③个体农业经济和手工业经济。它们占国民经济总产值的 90%，必须谨慎地、逐步地而又积极地引导它们向着现代化和集体化的方向发展。必须发展以私有制为基础的各种合作社经济。④“国营经济是社会主义性质的，合作社经济是半社会主义性质的，加上私人资本主义，加上个体经济，加上国家和私人合作的国家资本主义经济，这些就是人民共和国的几种主要的经济成份，这些就构成新民主主义的经济形态。”④

（3）新中国的战略发展目标问题。

新中国的战略任务与发展目标就是使中国稳步地由农业国转变为工业国，把

---

① 《毛泽东选集》第 3 卷，人民出版社 1991 年版，第 1060 ~ 1061 页。
② 《毛泽东文集》第 3 卷，人民出版社 1996 年版，第 275 页。
③ 《毛泽东选集》第 4 卷，人民出版社 1991 年版，第 1426 ~ 1427 页。
④ 《毛泽东选集》第 4 卷，人民出版社 1991 年版，第 1431 ~ 1433 页。

中国建设成为一个伟大的社会主义国家。

1949 年 9 月，中国人民政治协商会议根据中国共产党的建国方略，制定了《中国人民政治协商会议共同纲领》（以下简称《共同纲领》）。《共同纲领》进一步详细、明确地规定了新中国经济建设的根本方针：以公私兼顾、劳资两利、城乡互助、内外交流的政策，达到发展生产、繁荣经济之目的。国家应在经营范围、原料供给、销售市场、劳动条件、技术设备、财政政策、金融政策等方面，调剂国营经济、合作社经济、农民和手工业者的个体经济、私人资本主义和国家资本主义经济，促使各种经济成分在国营经济领导下，分工合作，各得其所，以促进整个社会经济的发展。

作为具有临时宪法性质的《共同纲领》，其所制定的经济政策典型地属于新民主主义性质。从当时而言，这种制度选择及其安排具有非常大的包容性和灵活性，它可以吸纳并集中一切有利于新国家经济建设的力量，对于动员一切社会资源进行新国家的经济建设是有百利而无一害的。《共同纲领》的制定和颁布，标志着中国共产党人为建立新国家所做的一切工作都已准备就绪。1949 年 10 月 1 日，随着毛泽东宣布中华人民共和国的成立，一个崭新的国家和政权出现在了世界人民面前，从此，中国进入了一个崭新的时代。

第二节　计划经济体制的初步建立

一、社会主义改造的启动

1952 年 9 月以后，毛泽东曾多次讲到过渡时期总路线问题；1953 年 6 月 15 日，毛泽东在中央政治局扩大会议上第一次对党在过渡时期的总路线、总任务等内容作了比较完整的表述。“过渡时期总路线”的核心内容是：“在一个相当长的时期内，逐步实现国家的社会主义工业化，并逐步实现国家对农业、对手工业和对资本主义工商业的社会主义改造。”① （即“一化三改造”）

在过渡时期总路线提出后开始的社会主义改造，主要是围绕农业、手工业和资本主义工商业进行的。按照设想，农业合作化要经历由互助组、初级社向高级社的过渡；手工业合作化首先应建立生产小组，再从供销合作社发展到手工业生

① 《中共党史学习文献简编（社会主义革命时期）》，中共中央党校出版社 1983 年版，第 29 页。

产合作社；对资本主义工商业的改造则主要采取公私合营的形式，但原则是应当按照国家的需要、企业改造的可能性和资本家的意愿进行。

社会主义改造最先从农业部门开始。1953 年 2 月，中共中央正式通过《关于农业生产互助合作的决议》，农业互助组、合作初级社进入试行阶段，对个体经济的改造得到循序渐进的发展。仅到年底参加互助合作组的农户就达到全国农户总数的 40%，加入初级合作社的农户占到总体的 0. 23%。① 1953 年中共中央又出台《关于发展农业生产合作社的决议》，全面加强农业集体化，大办初级合作社。截止到 1956 年底，96. 3% 的农户加入了生产合作社，其中加入高级合作社的农户占到全体的 87. 8%。② 农业合作化的具体做法是将农户的所有生产资料和生产经营活动统一收归和编排到农业合作社中，由国家统一指挥。这样，到 1956 年 12 月底，农业合作化运动就将全国 1. 1 亿多农户合并到 76 万个农业生产合作社中去了③。

与此同时，从 1953 年 12 月起，中共中央决定正式对粮食、植物油等主要农产品实行统购统销政策。1956 年 10 月，国务院公布《关于农业生产合作社粮食统购统销的规定》，将统购统销任务分配给各个合作社，使统购统销制度能够低成本、高效率的运行。该规定要求："国家对农业社的粮食统购、统销的数量，不论高级社或初级社，一般以社为单位，根据 1955 年分户、分社核定的粮食定产、定购、定销数字，统一计算和核定"；"农业社在进行社内粮食分配的时候，必须保证完成国家核定的粮食征购任务，和保证不突破国家核定的粮食供应指标"。④

在手工业的改造方面，首先是由相当一部分个体劳动者萌发了参与合作的想法，他们认为只有组织合作才能得到国家的扶持。因此，在 1954 年 6 月，为了加强手工业的发展，中共中央指示各地可采取手工业者代表会议的形式将广泛的手工业者组织起来。到 1955 年底，全国手工业合作组织已发展到 6. 46 万个，参与人数 220. 6 万人，占到全体手工业者人数的 29. 1%；产值达到 20. 16 亿元，占手工业总产值的 29%。⑤ 随后，在毛泽东"手工业的社会主义改造速度问题，在 1956 年上半年应该谈一谈"的促进下，1956 年底，参与手工业合作社的比例已

---

① 程连升：《筚路蓝缕：计划经济在中国》，中共党史出版社 2016 年版，第 53 页。
② 程连升：《筚路蓝缕：计划经济在中国》，中共党史出版社 2016 年版，第 54 页。
③ 董辅礽主编：《中华人民共和国经济史》上卷，经济科学出版社 1999 年版，第 162 页。
④ 转引自程连升：《筚路蓝缕：计划经济在中国》，中共党史出版社 2016 年版，第 54 页。
⑤ 程连升：《筚路蓝缕：计划经济在中国》，中共党史出版社 2016 年版，第 55 页。

上升到91.7%，同时合作化手工业的产值占总产值的比重也达到92.9%。[①]

社会主义“三大改造”的重头戏则是资本主义工商业的改造，从1953年下半年开始进行。其实行计划是将10个工人以上的资本主义工业基本上改造为公私合营企业，有步骤地扩展公私合营，将私人企业改造为国家资本主义的形式；同时，将私营批发商和零售商逐步改造为各种形式的资本主义商业，对商品实施计划收购和供应。

在1953～1955年间，工作重点是单个企业的公私合营。1955年11月，中共中央通过《关于资本主义工商业改造问题的决议（草案）》，要求把私营工商业的社会主义改造从单个企业的公私合营向全行业的公私合营过渡，有计划地将若干个同类小企业合并为一个大的专业企业。同年12月，毛泽东在《中国农村的社会主义高潮》序言中，批判了中国整体经济工作中的“右倾保守思想”，要求“中国的手工业和资本主义工商业的社会主义改造，也应当争取提早一些时候去完成，才能适应农业发展的需要”[②]。而到了1955年底，公私合营产值在全部私营工业中占到49.7%，加工订货占41%，自产自销占到9.3%。[③]

二、计划经济体制的建立

1953年10月，毛泽东在一次讲话中指出：“总路线也可以说就是解决所有制的问题。国有制扩大——国营企业的新建、改建、扩建。私人所有制有两种，劳动人民的和资产阶级的，改变为集体所有制和国营（经过公私合营，统一于社会主义），这才能提高生产力，完成国家工业化。”[④]

1953年11月，毛泽东再次讲话指出：“要搞社会主义。‘确保私有’是受了资产阶级的影响。……有句古语，‘纲举目张’。拿起纲，目才能张，纲就是主题。社会主义和资本主义的矛盾，并且要逐步解决这个矛盾，这就是主题，就是纲。”[⑤] 他接着说：“总路线就是逐步改变生产关系。斯大林说，生产关系的基础就是所有制。这一点同志们必须弄清楚。现在，私有制和社会主义公有制都是合法的，但是私有制要逐步变为不合法。在三亩地上‘确保私有’，搞‘四大自由’，结果就是发展少数富农，走资本主义的路。……中央现在百分之七八十的

---

① 周太和主编：《当代中国的经济体制改革》，中国社会科学出版社1984年版，第29页。

② 转引自程连升：《筚路蓝缕：计划经济在中国》，中共党史出版社2016年版，第55页。

③ 程连升：《筚路蓝缕：计划经济在中国》，中共党史出版社2016年版，第55页。

④ 《毛泽东文集》第6卷，人民出版社1999年版，第301页。

⑤ 《毛泽东文集》第6卷，人民出版社1999年版，第302页。

精力，都集中在办农业社会主义改造之事上。改造资本主义工商业，也是办社会主义。各级农村工作部的同志，到会的人，要成为农业社会主义改造的专家，要成为懂得理论、懂得路线、懂得政策、懂得方法的专家。”①

从公布的史料可以看到，“三大改造”之初，也有不少农民、手工业者和资本家是起来反对甚至抵抗的，但作用是微乎其微的。在“三大改造”之初，毛泽东等人估计需要用15年甚至更长一点时间才能实现对个体农业和私人资本主义工商业的社会主义改造任务，他们认为：“我国是一个大国，情况是复杂的，国民经济原来又很落后，有1.1亿多农户的小农经济（1955年7月），有很大数量的手工业，而且资本主义工商业在国民经济中还占相当大的比重。因此，我国的社会主义工业化和社会主义改造的工作很艰巨很繁重，也就需要比较长的时间。按照我国的实际情况，完成这个过渡时期的总任务，除了恢复时期的三年以外，大概还需要十五年左右的时间，即大概需要三个五年计划。”② 然而，“三大改造”一旦启动，结果却是仅仅用了3年左右的时间便实现了目标。

“三大改造”的完成，为新中国全面建立苏联式的计划经济体制准备好了一切条件。关于计划经济，毛泽东在1949年1月指出：“一方面不要以为新民主主义经济不是计划经济，不是向社会主义发展，而认为是自由贸易，自由竞争，向资本主义发展，那是极端错误的。”“另一方面，必须注意，必须谨慎，不要急于社会主义化。”③ 毛泽东在新中国成立前的这个讲话其意思是十分明确的，新民主主义经济（更何况社会主义）就是计划经济，只不过在建立计划经济体制的过程中要特别谨慎。

经过“三大改造”，实现了以国有制和准国有的集体所有制为主要形式的公有制成为国民经济的唯一基础之后，在刚刚成立的新中国进行新的制度变迁并选择苏联式的集中计划经济体制便是水到渠成的事了。

第三节　计划经济体制的基本特征

一、计划经济体制的基本特征

计划经济体制实行以公有制为基础、以产品经济为理论的中央集权指令性经

① 《毛泽东文集》第6卷，人民出版社1999年版，第305页。

② 《中华人民共和国发展国民经济的第一个五年计划》，人民出版社1955年版，第167页。

③ 薄一波：《若干重大决策与事件的回顾》上卷，中共中央党校出版社1991年版，第24页。

济管理模式，国家对社会生产的各个环节，从计划制定到投资、采购、生产、流通和消费环节实施直接控制。虽然中国在计划经济体制的建立过程中曾“以苏为师”而向苏联学习、借鉴，但中国的计划经济体制并不完全等同于或照抄于苏联，而是有所不同，有自己的特征。具体而言，计划经济体制所具有的鲜明特征有：①

第一，所有制结构上是单一的公有制。

新中国单一的公有制结构是通过“三大改造”而建立起来的。农业和手工业通过改造，把小生产者组织起来，不断提高公有化程度，搞“一大二公”，进而实行政社合一的公社化，实际上连两种公有制（全民所有制和集体所有制）的界限也打破了。城市工商业通过改造，经过短暂的全行业公私合营，基本上消灭了私有制，个体工商业缩小到无足轻重的地步；同时，对集体企业不断升级，由小集体到大集体，由大集体到国有，越来越单一化，都以最终过渡到国有企业为归宿。1956 年，各种经济成分占国民收入的比重为：国营经济占 32.2%，合作社经济占 53.4%，公私合营经济占 7.3%，个体经济占 7.1%。1957 年，个体经济的比重又进一步下降为 2.8%。② 国营经济和集体所有制经济占绝对统治地位。

第二，经济决策体系上是高度的集中化。

经济决策是经济主体对其经济行为的一种选择，能否正确决策，关系到能否获得最好或较好的经济效益和社会效益。这又分为从微观到宏观的若干层次，形成一个决策体系。计划经济体制的经济决策体系是高度集中的。主要表现在：计划决策的范围极广，决策选择基本上集中于中央；决策过程越来越非程序化，缺乏自我约束和自我调节，带有很大的不确定性；决策的实施采取指令性的行政强制方式。在这种决策体系中，不论是关于国民经济发展计划的宏观决策，还是关于企业生产经营的微观决策，都是由中央计划部门或各个主管部门做出的。

第三，经济利益体系上是浓厚的平均化。

在不同的经济体制下有不同的经济利益体系，决定着经济刺激、动力机制和约束机制的结构和运行。在传统体制下，强调了整体利益的一致性。虽然也讲要正确处理国家、集体（企业）、个人三者之间的利益关系，但是在承认上述三者利益时，缺乏进一步的细分，忽视了工农、城乡、地区之间的利益差别；在承认个别利益时，又过分强调了政治热情，而缺乏利益刺激，实际上未能充分调动广大群众的积极性。由于忽视多元利益主体或群体的存在，以行政命令为手段，往

① 刘国光等：《中国经济的两个根本性转变》，上海远东出版社 1996 版，第 54～58 页。

② 国家统计局：《伟大的十年》，中国统计出版社 1959 年版，第 36 页。

往使利益结构受到扭曲，如把个人财产局限于消费领域；加上缺乏利益约束，中央和地方政府对其计划、投资等决策的失误不承担任何责任，企业对亏损也不负责；结果是利益界限模糊，具有浓厚的平均分配倾向，突出表现为职工吃企业的“大锅饭”、企业吃国家的“大锅饭”。

第四，经济调节体系上是资源配置的计划化。

经济调节是经济运行的核心，其功能在于资源配置，也就是通过一定的手段和方式，把人力、物力、财力等生产要素配置在各种产品和服务的生产和流通上，实现整个经济运行的协调，以促进经济的增长于发展。传统体制下调节体系的特征是计划调节、行政调节、直接调节，不是通过市场和市场机制，而是借助计划尤其是指令性计划来配置资源。在具体运行时，配置资源的权力集中于政府，企业基本无权；配置资源按行政系统和行政层次，采取行政办法；调节主体的职责、权力与利益脱节，没有动力和约束；调节信息按照纵向传输，不讲时效，难免失真。有所谓“三位一体”，即统一指令、统购统配、统收统支。实际上存在更多的“一统天下”，包括用指令性计划统一安排生产、统一安排投资、统一调拨物资、统一财政收支、统一银行信贷、统一安排就业甚至统一生活消费（凭票证供应生活必需品）等。这种调节体系的特征还表现在以指令性计划作为唯一的、至尊的信号上，而不像在市场经济体制下以价格（包括工资、利率、地租等要素价格）为调节信号；相反，这些价格不由客观存在的市场供求关系决定，却由有关当局的计划规定，与供求脱节，也不随供求变化而上下浮动。

第五，经济组织体系上是企业管理的行政化。

国民经济是一个多层次、多要素、多单元的大系统，由千百万个生产、流通、服务等企业所组成，分别属于不同的部门和行业，并分布于不同的地区和城市，相互之间发生千丝万缕的联系。这些经济单位的运行，要有一定的组织机构和组织形式，成为整个经济体制的骨架。传统经济组织体系的特征，主要是政企职责不分，政府代替企业在产供销、人财物上实行直接控制；在政府内部，则是条块分割，各自为政，即所谓“条条专政”和“诸侯经济”；在政府与企业之间缺少中介组织，企业成为主管部门的附属物；企业之间的组织度也差，如同一盘散沙。这些都是计划经济体制所决定，并为计划管理、计划调节、计划运行服务。为了适应此一需要，又形成“大政府”、“强政府”与“小企业”相对应。

在计划经济体制下，计划支配一切，商品和市场黯然失色。商品的范围本来主要限于消费品，而在凭票证供应后，部分消费品也失去了商品属性；市场的范围本来也只限于消费品，但在现实中几乎所有商品的市场活动空间都越来越小；除少数生产资料外，其他生产要素都被剥夺了商品属性，更没有相应的要素市场。因此，在计划经济体制下，其总趋势不是商品化、市场化。相反，却是所有制结构越来越单一化，经济决策越来越集中化，经济利益越来越模糊化，经济调节越来越生硬化，经济组织越来越行政化。此外，在收益分配上，虽然讲的是按劳分配原则，但实际执行的是平均主义，尤其是长期冻结工资，又禁止其他分配形式，为传统体制增加了另一特征。

二、计划经济体制的运行与管理

计划经济体制在新中国的建立绝不是偶然的，事实上，早在发动“三改造”之前，新政权已经在构建贯彻、实施经济计划的各个行政部门了。作为具体规划经济计划的中央财政经济委员会成立于 1949 年 7 月（后被国家经济委员会取代）①、国家计划委员会成立于 1952 年 11 月。这两个委员会负责协调与经济有关的各部委的活动。国家计划委员会全面负责经济计划，包括起草五年计划和其他中期经济计划。财政经济委员会审查年度经济计划完成的情况，以及制定经济改革方案。当时共有 27 个部委和 13 个局管理着不同的经济部门（见表 2 –2）。

表 2 –2　　计划经济体制下管理经济的各部委（局）设置情况

职能界定	部委（局）名称
管理经济的27 个部委	农牧渔业部、水利电力部、林业部、煤炭部、劳动部、石油工业部、铁道部、化学工业部、交通运输部、冶金部、邮电部、轻工业部、城乡建设环境保护部、纺织工业部、机械工业部、财政部、电子工业部、贸易部、核工业部、对外贸易部、航空工业部、中国人民银行、兵器工业部、计划生育办公室、航天工业部、国家科学技术委员会、地质矿产部
管理经济的13 个局	中国银行、国家物资局、建设银行、旅游总局、中国农业银行、药物管理局、海关总署、进出口管制局（属于对外贸易部）、国家统计局、国家标准局、工商管理局、国家外汇管理总局（从 1982 年起属于中国人民银行管理）、商品价格管理局
不管理经济的11 个部委	外交部、文化部、国防部、教育部、国家民族事务委员会、卫生部、国家体育运动委员会、公安部、对外文化联络委员会、内务部、司法监察部

资料来源：《中国经济年鉴（1981 年）》，中国经济出版社 1982 年版，第 57 ~58 页。

表 2 –2 所列出的计划经济的各个职能管理部门已经是经过多次改革调整后的 20 世纪 80 年代初期的情况了，而在新中国成立初期的各个管理部门的分工情

① 1954 年 9 月第一届全国人民代表大会第一次会议决定撤销中央财政经济委员会，而增设国家建设委员会；1956 年 5 月第一届全国人民代表大会常委会第 40 次会议决定增设国家经济委员会。

况还要复杂得多。管理计划经济工作的各个部委组建完成后，中央计划部门通过中国政府的三个中间级别给各个经济单位下达指令。第一个级别由 21 个省份、5 个自治区和 3 个直属中央政府的直辖市组成。[①] 省和自治区下面的第二个级别是大城市和专区。第三个级别是大城市和专区下面的县和小城市。公社是县下面的行政管理单位，全国共有 2000 多个县和 50000 多个公社。在第三个级别和每个大城市下面，还有街道。工厂通常由县、市一级的政府单位控制，但是较小的生产分配单位（如餐馆和零售商店）通常由街道一级控制。若干大型工业企业由相应的工业各部委直接控制，或由直属于各部委的公司控制，也有一些企业由省政府控制。

与市场经济运行显著不同的是，计划经济主要是进行纵向管理的。一条是由上而下的纵向管理。中央政府准备和实施其经济计划，总是通过各级行政管理单位来进行的。重要消费品和生产品的生产与分配由中央计划确定，这些商品包括食品、食油、猪肉、牛肉、羊肉、鸡蛋、耐用消费品、工业原材料以及资本货物。为了达到其年计划的物资平衡，国家计划委员会审查各省对中央计划商品的需求和供给；一些省的赤字由另一些省的盈余或进口加以平衡。通过县、市一级的行政管理单位，从各省的经济单位汇集情况形成省计划。为了实施其计划，国家计划委员会通过各部委下达指令。在属于公社控制的农业、森林、商业和轻工业领域，相应各部委的指令通过省、县的行政管理单位传达到公社。在城市工业领域，相应各部委的指令通过省、市和县的行政管理单位传达到工厂或企业。由各部委直接控制的大型企业和由省政府控制的企业属于例外。像餐馆和零售商店这样非常小的企业，则由市一级以下的单位控制，如街道。这种纵向管理可以绘成图 2 -2。

另一条纵向管理线路是自下而上的（见图 2 -3）。国家计划委员会制定计划（尤其是年度计划）所依赖的可能只是单纯汇集由各个公社或企业通过县、市和省级行政管理机构提交的生产目标。在这里，各个最最微观的生产经营单位基于各自不同动机而是否如实通报信息、申报计划，就成为影响中央计划部门所定计划是否可行、切实的一个重要影响因素。当然，国家计划委员会也可能运用其巨大的权力，命令有的公社或企业改变其生产目标。正因为如此，所以许多工商企业从两种来源——国务院的部委或省政府的行政管理单位——接受指令。一般而言，省政府对供地方消费的商品的生产和分配拥有较多的权威，但是这个一般规

① 21 个省份是安徽、福建、甘肃、青海、广东、贵州、河北、黑龙江、河南、湖北、湖南、江苏、江西、吉林、辽宁、山西、山东、陕西、四川、云南和浙江。5 个自治区是广西、内蒙古、宁夏、西藏和新疆。3 个直辖市是北京、上海和天津。

则并不包括省政府在任何特定形势下的影响。此外。在新中国的经济活动中，由于党委的角色以及党委深入到中国各级政府组织中，党委要比企业的厂长经理更有权威，所以使得中国的经济活动被深深地打上了政治烙印。

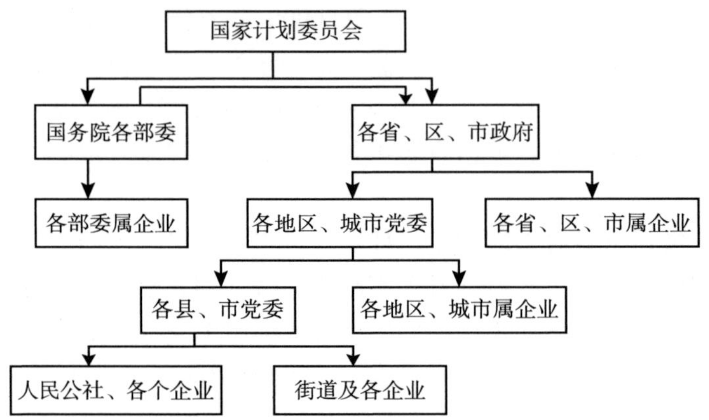

图 2－2　计划经济体制下由上而下的计划传达、执行线路

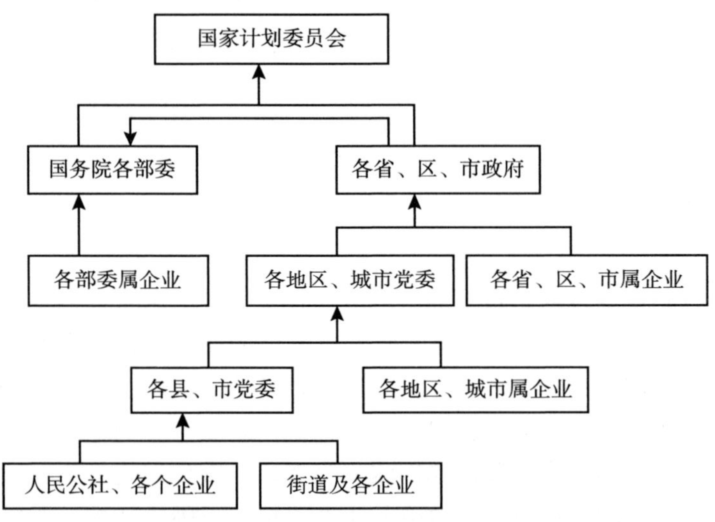

图 2－3　计划经济体制下自下而上的信息传递与计划申报线路

在现实中，计划经济体制运行主要是通过七个具体的体制来实施的，它们分别是国民经济计划管理体制、财政体制、金融管理体制、流通体制、对外贸易管理体制、物资供应体制和劳动工资制度。这七个具体的体制虽然各自管理的范围不同，但其本质内核却是基本相似的，都是集中、统一管理，由中央政府或计划部门大包大揽，下一级的政府和各个微观企业几乎都是被动地接受并执行着上一级权力（计划）部门下达的计划指标。

但是，在今天的经济学家眼中，计划经济体制运行的许多细枝末节仍然是一个难以解开的谜。他们认为，计划经济体制有其与生具有的缺陷，计划经济能够运行实在是一件百思不得其解的事情。这具体表现为中央计划当局有三项难以履行的任务：① 第一项是获取大量有关其控制的全部企业的生产条件，以及千百万消费者的需求条件的信息。第二项是其能够知道每个企业的经济条件，进行适当刺激以利于生产。第三项是确定物资、产品及工资等价格问题。

虽然如迷雾一般的计划经济让今天的市场经济学家们难以理解，但其在运行初期的高绩效则是十分令人瞩目的。罗兹曼说："一个整齐划一的中央政府建立起来之后，最直接的后果就是为经济增长而动员了技术和资源。……与 20 世纪前 50 年相比，中国的经济发展是迅速的。重工业的增长最为迅速，但在其他制造业和农业方面，中华人民共和国终于使政策和实践正常运转起来，在近代史上首次为中国的经济发展确定了相当恒稳的步伐。"②

第四节 计划经济体制的运行效果

中华人民共和国的成立，既破除了阻碍中国经济社会发展的制度障碍，又清除了帝国主义、封建主义和官僚资本主义势力，为尽快实现国家工业化、国强民富做好了铺垫。而在当时，人们普遍认为计划经济体制可以把有限的财力、物力集中起来办大事，从实际的运行效果来看，其在这方面取得的成绩是十分显著的。

一、提高了经济积累率，突破"贫困陷阱"

新中国成立之后，通过计划经济体制的建立，对稳定市场物价、改善人民生活和实现工业化起到了重要作用。然而，在此过程中要将分散的农业剩余都集中到国家手中以加快工业化的发展，推动中国经济发展模式的转型，就需要建立一个高积累率的体制，以此实现中国经济的腾飞。

① ［美］邹至庄：《中国经济转型》，徐晓云等译，中国人民大学出版社 2005 年版，第 27 ~ 28 页。

② ［美］吉尔伯特·罗兹曼主编：《中国的现代化》，国家社会科学基金"比较现代化"课题组译，江苏人民出版社 1988 年版，第 598 页。

“贫困陷阱”这个概念，从广义上讲它是指处于贫困状态的个人、家庭、群体和区域等主体因贫困而不断再生出贫困，以致长期处于贫困的恶性循环中无法自拔。对于落后国家来讲也是如此，它贫穷的原因是因为每个人的平均收入太低，在需求方面低收入意味着低购买力，无法刺激更多的投资；在供给方面低收入意味着低储蓄能力，导致资金投入不足，生产力低下。因此，国家会长期陷入贫困之中。新中国成立之初，就深陷“贫困陷阱”的泥潭。一方面，中国仍属于传统的农业国家，经济发展水平远远低于西方国家。1949 年 7 月 30 日，美国国务卿艾奇逊在《美国与中国的关系》一书中就说过：“每一个中国政府必须面临的第一个问题，是解决人民的吃饭问题，到现在为止，没有一个政府是成功的。”① 1952 年国民经济基本恢复，农业就业人员已高达 83.5%，然而农业人均生产资料依旧十分匮乏。据 1954 年国家统计局的调查，“全国农户土地改革时平均每户拥有耕畜 0.6 头，犁 0.5 部，到 1954 年末也才分别增加到 0.9 头和 0.6 部，加上人多地少，全国人均粮食产量低于二百多年前的雍正时期，农业能够为工业化提供的剩余非常少。”② 另一方面，新中国的工业基础十分薄弱，国民积累能力也非常有限，工业产值仅占国内生产总值的 17.6%。“旧中国经济最好的 1931～1936 年，资本积累率 6 年中有 4 年为负数，最高的 1936 年也仅为 6%。1952 年，中国大陆工业总量仅是美国的 1/57，人均水平仅为美国的 1/224。当年人均 GDP 仅为 119 元人民币，城乡人均储蓄存款仅为 1.5 元人民币，国家外汇储备仅为 1.39 亿美元，财政总收入 183.7 亿元，用于经济建设的资金尚不足 100 亿元。”③

根据发展经济学的观点，经济发展的基本动力就在于积累，高的积累率有助于国家经济的飞速发展。对一个国家和地区来说，在“贫困陷阱”的恶性循环中，最主要的制约因素就是资本积累。事实上，许多国家发展不起来就是因为经济积累率过低。新中国成立之初，生产力非常落后。从农业国转变成为工业国是需要非常厚重的资本积累的，而中国此前在经济上遭受过十分严重的创伤，资本的原始积累十分薄弱。因此，中国要想实现经济高积累、建设工业化就需要从制度下手，走内部积累的道路。

首先，要加强集中财政建设。1950 年 3 月，中央政府发布《关于统一国家财政经济工作的决定》，将全国财政收入的主要部分集中到中央调度使用，由国家统一掌握和调拨重要的物资，中国人民银行负责统一货币发行和集中调度的工作。这一政策的执行稳定了市场物价，增强了国家的汲取能力。国家汲取能力是

①②③ 程连升：《筚路蓝缕：计划经济在中国》，中共党史出版社 2016 年版，第 125 页。

指政府获取财政资源的渗透能力，它是评价国家制度建设成果的重要指标。在新中国成立之前，政府收入占 GDP 的份额非常小，即使在民国时期，政府汲取的国民收入也只占 GDP 的 8.8%。而在新中国成立以后，在全国范围内建立了统一的财政和税收体系。“1950 年政府收入占国民收入的比例就接近 16%。1951 ~ 1953 年，中国政府收入占国民收入的比例分别达到 25.1%、29.5% 和 30.1%。这个比例之高，不仅在国内史无前例，而且远远高于同期与中国人均收入相当的其他国家。”①

其次，在全国范围内推行中央和地方分级管理的体制。中国地域广阔、人口众多，而各地区的发展却又十分不均衡，在这种情况下实行分级管理有利于调动各地方的管理积极性，对中央和地方经济的蓬勃发展起到促进作用。在“一五”建设期间，政府在财政上实行统支统收，对国营企业通常实行直接计划，统一调拨物资、收购产品等；对私营企业和部分集体企业一般以引导为主，间接下达任务指标。随着计划经济体制的有序运行，中央政府的汲取能力日益加强，由国家直接控制的国有企业不断增加，财政收入占 GDP 的比例逐步稳定在 30% ~35% 之间。

最后，对农产品实行统购统销政策。这一举措进一步扩大了计划经济的覆盖面，在满足人民群众基本需求的基础上，有利于加速农业剩余向工业积累的转变，为工业化建设奠定坚实基础。统购统销制度将经济发展领域从农业领域扩大到工业领域，又从生产领域不断扩大到消费领域，这些都加速了现代工业的发展。“据统计，1950 ~ 1957 年，农业为国家提供的税收累计达 298.18 亿元，农业的净贡献达 191.38 亿元，相当于同期全国经济建设投资的四分之一。”②

二、调整了产业结构，发展规模经济

近代中国的工业化及其相关产业结构的发展其实是比较缓慢的，据中国著名经济史学家巫宝三研究，即使是在新中国成立前经济发展最好的 1933 年间，中国的第一、二、三产业在经济总量中所占的比重仅为 61.0%、11.4% 和 27.6%。③

新中国成立以后的 1949 ~ 1952 年，属于国民经济恢复期，随着计划经济体制的推进，产业结构发生了明显的变化。这三年间，第一产业占国民收入的比重

① 程连升：《筚路蓝缕：计划经济在中国》，中共党史出版社 2016 年版，第 129 ~ 130 页。

② 郭书田：《变革中的农村与农业》，中国财经出版社 1993 年版，第 114 页。

③ 巫宝三：《中国国民所得》（上），中华书局 1947 年版，第 12 页。

由 68.4% 下降到 57.7%；作为第二产业重要支柱的工业和建筑业的占比分别由 12.6% 上升到 19.5%、由 0.3% 上升到 3.6%；而第三产业的占比则由 18.7% 上升到了 19.2%。[①] 同时，三年内全国职工的平均工资提高了约 70%，农民收入提高了 30% 左右。1952 年全国居民、农村居民和城镇居民的消费水平分别达到了 80 元、65 元和 154 元。[②] 这些都反映了工业化过程中产业结构的不断变化，也表明了这一时期第一、二、三产业在高速发展着。

到了“一五”计划期间，第一产业在国民收入中所占比重由 51.0% 下降到了 40.6%；第二产业中的支柱——工业和建筑业分别由 17.6% 上升到 25.3%、由 3.2% 上升到 4.3%；而第三产业占比则由 28.2% 上升到了 29.8%。[③] 从以上数据可以看出，1953～1957 年这一时期第一产业在经济总量中的占比是趋于下降的，而第二、三产业的占比则趋于上升，这也说明了中国的产业结构显著优化了，为工业化的快速发展奠定了基础。正如吉尔伯特所说，“‘一五’期间中国建设成就斐然，中央政府力量不断加强、现代经济不断增长、人口死亡率也在下降，这些都说明了计划经济体制的实行开始缩短了现代化长期落后于日俄两个邻居的距离。”[④]

在“一五”期间，政府组织了大规模的经济建设，推动了中国规模经济的发展。大规模的经济建设主要集中在基础建设、农业建设和工业建设等方面。首先，在基础建设方面，5 年内完成了 550 亿元的投资总额。其中，在经济和文教部门的投资总额达到 493 亿元，比原计划多投入了 15.3%。与 1952 年相比，新增固定资产 460 亿元。同时，新增工矿建设项目 1 万多个，其中，在苏联帮助下建设的项目有 156 个，截至 1957 年底，已经有 68 个全部建成和部分投入使用了。其次，在农业方面，5 年内农业总产值超额完成任务，比 1952 年增长了 25%。截至 1957 年底粮食总产量已达到 3900 亿斤，比 1952 年增长了 19%，年平均增长率为 3.7%；棉花产量比 1952 年增长了 25.8%，达到 3280 万担，年平均增长率为 4.7%。最后，在工业建设方面，5 年内工业总产值达到 783.9 亿元，比 1952 年增长 128.3%，年平均增长速度达到 18%。其中，生产资料的年平均增长率为 25.4%，与 1952 年相比增长了 210%；消费资料的年平均增长率为

---

① 《中国统计年鉴（1986）》，中国统计出版社 1986 年版，第 55 页。

② 国家统计局：《伟大的十年》，人民出版社 1959 年版，第 187 页。

③ 《新中国六十年统计资料汇编》，中国统计出版社 2010 年版，第 10 页。

④ ［美］吉尔伯特·罗兹曼主编：《中国的现代化》，国家社会科学基金“比较现代化”课题组译，江苏人民出版社 1988 年版，第 641～642 页。

12.9%，比1952年增长了83%。[①] 而手工业的总产值1957年与1952年相比增长了83%，年平均增长率达到了12.8%。表2－3反映了1949～1957年各年度的工农业总产值指数，从中可以看出这一时期我国经济建设取得的成就。

表2－3　　1949～1957年工农业总产值指数

年份	社会总产值	工农业总产值	农业总产值	工业总产值	工业总产值中	
					轻工业总产值	重工业总产值
1949	50.4	56.3	67.4	40.8	46.6	30.3
1950	66.2	69.5	79.3	55.7	60.6	46.7
1951	79.4	82.7	86.8	77.0	81.0	69.7
1952	100.0	100.0	100.0	100.0	100.0	100.0
1953	118.7	114.4	103.1	130.3	126.7	136.9
1954	128.8	125.2	106.6	151.6	144.8	163.9
1955	136.6	133.5	114.7	160.0	144.8	187.7
1956	161.1	155.5	120.5	204.9	173.3	262.3
1957	170.9	167.8	124.8	228.6	183.3	310.7

注：以1952年总产值实数为100，实数分别为社会总产值960亿元，农业总产值1241亿元，工农业总产值510亿元，工业总产值450亿元，轻工业总产值282亿元，重工业总产值168亿元。

资料来源：《光辉的三十五年》，中国统计出版社1984年版，第9～10页。

总体来看，这一时期的大多数任务提前完成了。工农业总产值持续增长，国民收入也不断增加，规模经济取得显著成效。计划经济体制下优先发展重工业的政策为中国突破“贫困陷阱”做出了巨大贡献。

三、改变了所有制结构，协调区域经济发展

中共中央提出过渡时期总路线之后，国家制定了“一五”计划来发展国民经济。这一时期是公有制经济全面建设的时期，也是中国所有制结构变革的起步阶段。国家通过废除封建土地所有制，没收官僚资本，形成了以国有经济为主导、私营经济为主体、多种所有制经济并存的混合所有制结构。据有关统计数据，截

① 胡绳：《中国共产党的七十年》，中共党史出版社1991年版，第326页。

至 1952 年，国有经济占整个国民经济的 19.1%，集体经济占 1.5%，公私合营经济占 0.7%。各经济成分的比重分别为：国家所有制企业占 41.5%，集体所有制企业占 3.3%，公私合营工业企业占 4.0%，私营企业占 30.6%，个体手工业占 20.6%。①

“一五”计划逐步将“三大改造”项目纳入了正轨，发展了部分集体所有制的农业生产合作社和手工业生产合作社，基本上将资本主义工商业纳入了各种形式的国家资本主义道路。而“三大改造”的加速完成也使中国的所有制结构发生重大改变。1956 年，国有经济在国民经济中占比达到 32.2%，集体所有制经济占 53.4%，公私合营经济占 7.3%，私营经济占 1%，个体经济占 7.1%。② 所有制结构的改变，使政府对经济发展的统筹能力明显增强。政府投资比重随着汲取能力的加强而提高，同时，随着工矿企业的兴办，中国的工业布局也逐渐得到改善。

国民经济中国有经济占比不断上升，有利于国家实施统筹兼顾、协调发展的政策。这些宏观政策可以指引政府正确协调第二产业与第一、第三产业的配比；充分利用外国资源，吸收国外先进经验等；在优先发展重工业的同时，注重生产规模与经济发展速度协调发展。

新中国成立初期，不仅国内生产能力薄弱，而且产业分布也极不合理。生产力主要集中于东南沿海及对外贸易较方便的东北地区，广大内陆及边疆少数民族地区发展普遍落后。这种生产力布局导致工业分布与资源分布不适配，因而这种不合理的经济布局也不利于新中国工业化建设。

为了恢复和发展国民经济，中共中央逐步开始改善不合理的经济布局。1950 年 8 月，中财委召开会议，计划编制 1951 年计划和三年奋斗目标，提出调整和恢复经济是未来 3 年的主要目标，并针对这些问题提出建议。会议要求：“将一部分工厂迁移到接近原料、市场的地区，改变工业生产过分集中于沿海地区的不合理现象；三年内在工业方面新的建设应放在加强国防力量上等。”③ 通过这 3 年的努力，生产力不合理的布局有所改善。然而，区域经济不合理的问题依旧突出。1952 年，沿海地区在全国工业总产值中占比高达 69.4%，内陆仅为 30.6%。④ 因此，“一五”计划就将平衡工业布局作为发展国民经济的重要任务

① 《中国统计年鉴（1984）》，中国统计出版社 1984 年版，第 194 页。

② 程连升：《筚路蓝缕：计划经济在中国》，中共党史出版社 2016 年版，第 134 页。

③ 程连升：《筚路蓝缕：计划经济在中国》，中共党史出版社 2016 年版，第 138 页。

④ 国家统计局工业交通物资统计司：《中国工业经济统计资料（1949－1984）》，中国统计出版社 1985 年版，第 137 页。

之一。中央将建设项目主要集中在东北、中部和西部地区，其中，106 个民用工业企业分布在东北地区 50 个，中部地区 32 个，西部地区 24 个；44 个国防企业分布在中部和西部地区 35 个。①

总体上，“一五”期间的工业布局是较为合理的。截至 1957 年，内陆地区投资在全国投资总额中所占比重达 49.7%，比 1952 年上升 10.4%，而东部沿海地区则从 1952 年的 43.4% 下降至 41.6%。②

---

① 薄一波：《若干重大决策与事件的回顾》（上），中共中央党校出版社 1991 年版，第 298 页。

② 薄一波：《若干重大决策与事件的回顾》（上），中共中央党校出版社 1991 年版，第 299 页。

第三章

对社会主义建设的探索与传统体制的变迁

引言　对 1956～1965 年社会主义建设与发展的思考

随着社会主义改造的基本完成，社会主义制度逐渐确立起来，中国实现了由新民主主义社会向社会主义社会的历史转变，从此，中国进入社会主义建设及其探索时期。1956～1965 年的 10 年，既是中国共产党领导全国人民开始全面建设社会主义的 10 年，也是中国共产党开始全面探索社会主义建设道路的 10 年。反思这 10 年的历史，既有成功经验，也有失败教训。

1956～1965 年，中国共产党领导全国人民进行的经济建设，尽管因“大跃进”运动而造成了重大损失，但却仍然取得了很大的社会经济发展成就，从而为后来的社会主义建设奠定了重要的物质技术基础。这 10 年间，党在领导全面的大规模的社会主义建设的过程中，形成了一系列正确的认识成果，积累了宝贵的经验。关于社会主义经济建设，提出要把党和国家的工作重点转到技术革命和社会主义建设上来；关于社会主义经济体制，提出生产关系的变革不能超越历史发展阶段；关于教育、科技、文化工作，提出在繁荣文艺、发展学术方面实行“百花齐放、百家争鸣”的方针；关于我国社会主义发展的目标，提出要独立自主、自力更生，建立独立的比较完整的工业体系和国民经济体系，提出实现“四个现代化”的总任务和两步走的发展战略步骤。对于这 10 年社会主义建设取得的伟大成就，《关于建国以来党的若干历史问题的决议》评价指出：“我们现在赖以进行现代化建设的物质技术基础，很大一部分是这个期间建设起来的；全国经济文化建设等方面的骨干力量和他们的工作经验，大部分也是在这个时期培养和积累起来的，这是这个期间党的工作的主导方面。”①

10 年建设期间虽然取得了巨大成就，留下了宝贵的历史经验，但由于党在探索的过程中发生指导方针上的严重失误，加上当时复杂多变的国际形势和自然灾害的影响，这 10 年的建设又遭受严重挫折。10 年社会主义建设期间之所以会出现一些波折，主要是由于国家领导人对一些问题缺乏科学的认识，没有很好地完成从革命党向执政党的转变，不能对一些问题和事件进行正确的认识和处理，致使出现了重大的失误，留下了深刻的历史教训。邓小平在总结这段历史的经验教训时认为，社会主义建设经历曲折发展的主要原因是“一九五七年后，‘左’的思想开始抬头，逐渐占了上风”②。在进入 20 世纪 60 年代以后，尽管对国民经济实行调整并取得很大成效，但“左”倾错误在经济工作的指导思想上并未得到彻底纠正，并且在政治和思想文化方面还有发展。从整个 10 年的情况来看，在社会主义改造胜利完成后，一方面由于对社会主义建设长期性地缺乏认识和骄傲急躁情绪的滋长使得急于求成的思想迅速发展起来；另一方面要求工业部门，由于缺少对现实国情和时代特征的全面把握和深刻认识，既未科学把握社会主义发展规律，又对资本主义世界出现的新变化缺乏深入的了解和研究，从而违背了客观的经济规律。

第一节　对中国式社会主义建设道路探索的开始

一、毛泽东与其他领导人的探索

社会主义改造基本完成，标志着社会主义基本制度在中国基本建立起来了。社会主义基本制度的建立是中国进入社会主义初级阶段的基本标志，也是探索中国特色社会主义建设道路的起点和基础。新中国成立之初的社会主义经济建设主要是模仿苏联的计划经济模式，这主要是由当时主客观条件决定的。

毛泽东一贯反对教条主义，他对这种照搬照抄苏联模式的状况是十分不满意的。在 1956 年 4 月中央政治局扩大会议上，毛泽东提出：“特别值得注意的是，最近苏联方面暴露了他们在建设社会主义过程中的一些缺点和错误，他们走过的

① 《关于建国以来党的若干历史问题的决议》，人民出版社 1981 年版，第 18 页。

② 《邓小平文选》第 3 卷，人民出版社 1993 年版，第 115 页。

弯路，你还想走？过去我们就是鉴于他们的经验教训，少走了一些弯路，现在当然更要引以为戒。”① 毛泽东在对中国社会主义革命和建设的开始8年进行总结时又说：“不论在革命方面和建设方面……那时候有这样一种情况，因为我们没有经验，在经济建设方面，我们只得照抄苏联，特别是在重工业方面，几乎一切都抄苏联，自己的创造性很少。这在当时是完全必要的，同时又是一个缺点，缺乏创造性，缺乏独立自主的能力。”② 后来，在读斯大林的《苏联社会主义经济问题》和《马克思、恩格斯、列宁、斯大林论共产主义社会》这两本书时，毛泽东向党的干部提出：“要联系中国社会主义经济革命和经济建设去读这两本书，使自己获得一个清醒的头脑，以利指导我们伟大的经济工作。现在很多人有一大堆混乱思想，读这两本书就可能给予澄清。有些号称马克思主义经济学家的同志，在最近几个月内，就是如此。他们在读马克思主义政治经济学的时候是马克思主义者，一临到目前经济实践中某些具体问题，他们的马克思主义就打了折扣了。”③ 上述表明，毛泽东不仅不满意照搬照抄的状况，而且还认识到苏联模式的局限，看到了苏联社会主义建设中存在的缺点和错误，强调从苏联已经走过的道路中吸取有益的经验和教训，积极探索中国自己的社会主义经济建设的道路。

1956年4月25日，毛泽东在中央政治局扩大会议上作《论十大关系》的报告，通过对“十大关系”的论述确定了一个基本方针，即“尽量争取化消极因素为积极因素”，“努力把党内党外、国内国外的一切积极的因素，直接的、间接的积极因素，全部调动起来，把我国建设成为一个强大的社会主义国家。”④ 在《论十大关系》中，毛泽东对社会主义建设道路中的发展问题，特别是社会主义经济发展问题作了多方面的开拓性探索，提出了社会主义建设道路中发展问题的一些根本性思想，形成了中国特色社会主义政治经济学中关于发展问题的一些基础性命题。

“十大关系”包括：重工业和轻工业、农业的关系，沿海工业和内地工业的关系，经济建设和国防建设的关系，国家、生产单位和生产者个人的关系，中央和地方的关系，汉族和少数民族的关系，党和非党的关系，革命和反革命的关系，是非关系，中国和外国的关系。“十大关系”涉及生产力和生产关系、经济基础和上层建筑各方面，对十大问题的理论探讨就是“马克思列宁主义的普遍真

---

① 《毛泽东文集》第7卷，人民出版社1999年版，第23页。

② 《毛泽东著作选读》下册，人民出版社1986年版，第831页。

③ 《毛泽东书信集》，人民出版社1983年版，第552～553页。

④ 《毛泽东文集》第7卷，人民出版社1999年版，第23、44页。

理同中国革命的具体实践相结合"①。"十大关系"前三条的理论探讨实际上是思考开辟出一条不同于苏联的中国工业化道路。毛泽东认为，苏联在社会主义建设过程中之所以出了不少缺点和错误，主要是因为苏联的一系列做法是不对的。其主要表现为忽视轻工业和农业，片面注重发展重工业，造成农业、轻工业和重工业发展的极度不平衡，粮食产量长期达不到十月革命前的最高水平。对农、轻、重发展的关系问题涉及的是产业结构的调整问题，在这一关系的探讨中，毛泽东指出"要适当地调整重工业和农业、轻工业的投资比例"，以重工业为投资重点，但也要加重农业和轻工业的投资比例，这样既可以"更好地供给人民生活的需要"，也可以"更快地增加资金的积累"，因为从长远来看，更多发展农业轻工业才能使重工业的发展有更加稳固的基础。② 对于沿海工业和内地工业的关系以及经济建设和国防建设关系的探讨，毛泽东强调要根据形势和经验进行适当调整，要更多地利用和发展沿海工业，降低军政费用的比重，多搞经济建设，经济建设的发展是国防建设发展的基础和保障。"十大关系"第四、五条的理论探讨强调的是国家、生产单位和生产者个人三者关系的协调以及中央和地方权利的分配，这是就经济体制改革问题进行的深刻理论探讨。对这两大关系的探讨也鉴于苏联对此的具体做法和经验教训，结合我国自己的经验，毛泽东提出要处理好国家和工厂、合作社的关系，工厂、合作社和生产者个人的关系，必须兼顾各方面的关系，而不能只顾一头；同时提出要处理好中央和地方的集权和分权的关系，应当在巩固中央统一领导的前提下，扩大一点地方和工厂的权力，给地方和工厂更多的独立性。

"十大关系"后五条的理论探讨着重于政治关系，从政治生活和思想文化生活等方面着眼调动各种积极因素，初步提出了中国特色社会主义政治建设的若干新方针。关于汉族和少数民族的关系，毛泽东指出，在苏联，俄罗斯民族同少数民族的关系很不正常，我们应该接受这个教训，着重反对大汉族主义，同时也要反对地方民族主义。关于党和非党的关系，毛泽东在报告中提出还是几个党好，不但过去如此，而且将来也可以如此，就是长期共存、互相监督。关于革命和反革命的关系，毛泽东在肯定过去镇反、肃反的必要性的前提下，指出反革命是消极因素、破坏因素，但又强调在我国的条件下，他们中间的大多数将来会有不同程度的转变。关于是非关系，毛泽东重申处理党内党外矛盾都要分清是非，要反对那种幸灾乐祸的宗派主义，对待犯错误的同志要坚持"惩前毖后，治病救人"

① 《毛泽东文集》第7卷，人民出版社1999年版，第42页。

② 《建国以来毛泽东文稿》第6册，中央文献出版社1992年版，第83~84页。

的方针，一要看，二要帮。关于中国和外国的关系，毛泽东提出“向外国学习”的口号，强调“我们的方针是，一切民族、一切国家的长处都要学，政治、经济、科学、技术、文学、艺术的一切真正好的东西都要学”，包括“学习资本主义国家的先进的科学技术和企业管理方法中合乎科学的方面”；同时也指出，必须有分析有批判地学，不能盲目地学，不能照抄一切，机械搬运。《论十大关系》的发展理念是党在探索社会主义建设初期形成的一个初步的然而又是比较系统的发展思路。

《论十大关系》是中国共产党探索中国自己的建设社会主义道路的良好开端，在党的八大前后，除了毛泽东之外，党和国家其他领导人如周恩来、刘少奇、陈云等也对社会主义建设作了许多有益的探索。

周恩来认为，社会主义经济结构要以全民所有制和集体所有制成为国民经济的基本形式，以保证国民经济的社会主义性质，要允许个体所有制经济存在和发展，作为公有制经济的补充。这既是我国落后生产力水平决定的，又是迅速改变这一落后面貌的客观需要；既是促进生产力发展的需要，也是解决人民生活问题的需要；是协调生产方式的需要，也是协调社会关系的需要。在当时的生产水平条件下，人民群众的生活水平并不高，要改善这种状况，使人民群众安居乐业，国家安定团结，社会和谐发展，离开了一定程度的私有制肯定是不行的。周恩来清醒地意识到这一问题，所以他在八大会议的报告中明确指出：由于社会主义改造事业的胜利，社会主义经济已经在我国占据了绝对的统治地位，这就使我们有可能在适当的范围内，更好地运用价值规律，来影响那些不必要由国家统购包销的、产值不大的、品种繁多的工农业产品的生产，以满足人民多样的生活需要。为此我们要采取的措施是今后不论在城市居民区或者广大农村中，都应该保持相当数量的小商贩。与此相适应，“在国家统一市场的领导下，将有计划地组织一部分自由市场”①，这样，将会对国家的统一市场起有益的补充作用。1957 年 4 月 6 日，周恩来在国务院第四十四次全体会议上进一步阐释了在各行各业保留和发展小量私有经济的好处。他说：“主流是社会主义，小的给些自由，这样可以帮助社会主义的发展”，“工业、农业、手工业都可以采取这个办法。我看除了铁路不好办外，其他的都可以采取这个办法。三轮车、摊贩等都可以采取自负盈亏的办法。合作社占百分之九十六，其余的个体就让它个体。有些私人办的小学，也可以让它办下去。大概工、农、商、学、兵，除了兵以外，每一行都可以来一点自由，搞一点私营的。文化也可以搞一点，这样才可以百家争鸣嘛！在社会主

① 《建国以来重要文献选编》第 9 册，中央文献出版社 1994 年版，第 203 页。

义建设中搞一点私营的，活一点有好处。”①

刘少奇关于党和国家根本任务是发展生产力、中心工作是经济建设的思想是一以贯之的。刘少奇代表党中央在党的八大上所作的政治报告明确指出：“现在，革命的暴风雨时期已经过去了，新的生产关系已经建立起来，斗争的任务已经变为保护社会生产力的顺利发展。”②

1956 年 9 月，作为新中国经济工作主要负责人的陈云在党的八大上所作的《社会主义改造基本完成以后的新问题》发言中明确提出，要对经济政策做出若干调整，以形成一种“三为主，三为辅”的社会主义经济格局，这就是：（1）在工商经营方面，国家经营和集体经营是工商业的主体，但是附有一定数量的个体经营，这种个体经营是国家经营和集体经营的补充；（2）在生产计划方面，计划生产是工农业生产主体，按照市场变化而在计划许可范围内的自由生产是计划生产的补充；（3）在社会主义的统一市场里，国家市场是它的主体，但是附有一定范围内国家领导的自由市场，这种自由市场是在国家领导之下，作为国家市场的补充。③

二、党的八大的召开及其历史性贡献

1956 年 9 月 15 ~ 27 日，党的八大在北京举行。这次大会是党在全国执政条件下召开的第一次全国代表大会，是在我国即将进入全面建设社会主义时期的历史转折关头召开的一次具有重要历史意义的会议。

党的八大不仅就中国的发展道路、主要矛盾和主要任务、发展目标和战略步骤、经济政治建设方针、经济政治体制改革及执政条件下党的建设等方面做出了有益探索和正确决策，而且还“为新时期社会主义事业的发展和党的建设指明了方向”④，充分体现了以毛泽东为主要代表的中国共产党人对中国社会主义建设道路进行的探索所取得的重要的积极成果。

党的八大的重大历史贡献主要体现在正确地分析了我国社会主要矛盾的变化、提出了党与国家工作重心转移的任务。大会通过的《关于政治报告的决议》明确指出：由于社会主义改造已经取得决定性的胜利，我国无产阶级同资产阶级之间的矛盾已经基本上解决，几千年来的阶级剥削制度的历史已经基本上结束，

---

① 《周恩来年谱》中卷，中央文献出版社 1997 年版，第 31 页。

② 《刘少奇选集》下卷，人民出版社 1985 年版，第 253 页。

③ 《陈云文选（1956 - 1985）》第 3 卷，人民出版社 1986 年版，第 1 ~ 13 页。

④ 《三中全会以来重要文献选编》下卷，人民出版社 1982 年版，第 802 页。

社会主义制度已经基本上建立。“我们国内的主要矛盾，已经是人民对于建立先进的工业国的要求同落后的农业国的现实之间的矛盾，已经是人民对于经济文化迅速发展的需要同当前经济文化不能满足人民需要的状况之间的矛盾。”因此，“党和全国人民的当前的主要任务，就是要集中力量来解决这个矛盾，把我国尽快地从落后的农业国变为先进的工业国”①。虽然还有阶级斗争，还要加强人民民主专政，但是“国家的主要任务已经由解放生产力变为保护和发展生产力”②了。党的八大对我国社会主要矛盾的分析，为实行党与国家工作重心的转移提供了根据。明确今后的工作重心就是社会主义经济建设，这是党的八大的一个十分重要的贡献。

1957 年 2 月，毛泽东在《关于正确处理人民内部矛盾的问题》一文中指出：“现在的情况是：革命时期的大规模的急风暴雨式的群众阶级斗争基本结束，但是阶级斗争还没有完全结束”。我们要“团结全国各族人民进行一场新的战争——向自然界开战，发展我们的经济，发展我们的文化，使全体人民比较顺利地走过目前的过渡时期，巩固我们的新制度，建设我们的新国家”。③

第二节　1958～1960 年计划经济体制改革的探索

一、社会主义建设总路线的提出及其影响

为了推进社会主义建设的全面展开，1958 年 5 月 5～23 日，党的八大二次会议在北京召开，会议正式提出了“鼓足干劲、力争上游、多快好省地建设社会主义”的总路线。

总路线确定了中国社会主义现代化建设的宏伟目标。总路线中的“多快好省”中的“快”字，提出“速度是总路线的灵魂”，追求“多”“快”实际成为经济发展的唯一目标。由于这条总路线是在批评反冒进的过程中形成的，是在急躁冒进、急于求成的思想指导下制定的，因而片面强调了经济建设的发展速度，过分夸大人的主观意志和主观努力的作用，忽视了经济建设所必须遵循的客观规律和量力而行、实事求是的原则。

① 《建国以来重要文献选编》第 9 册，中央文献出版社 1994 年版，第 341 页。
② 《建国以来重要文献选编》第 9 册，中央文献出版社 1994 年版，第 350 页。
③ 《毛泽东文集》第 7 卷，人民出版社 1999 年版，第 216 页。

之所以会提出以“多快好省”为主要内容的总路线，主要是与当时整个社会主义阵营盲目乐观、好大喜功的大背景有关的。1957 年 11 月 2 日，毛泽东率领中国代表团赴苏联参加十月革命胜利 40 周年庆典。随后，中国共产党代表团又于 11 月中旬参加在莫斯科召开的 12 个社会主义国家共产党、工人党代表会议和 68 个共产党、工人党代表会议，即第一次莫斯科会议，直到 11 月 21 日回到北京。作为国际共产主义运动史上的一次盛会，莫斯科会议是成功的，但也暴露出对社会主义认识和对国际形势认识的许多不足。对于国际形势的认识，莫斯科会议做出了“社会主义在向上发展，而帝国主义却在衰退”[①] 的乐观估计。毛泽东也在会上提出：“国际形势到了一个新的转折点”，“目前形势的特点是东风压倒西风”，社会主义在人口众多和最重要的科学技术等方面已经“占了压倒的优势”[②]。在这种对国际形势和社会主义发展的乐观估计下，会议提出了赶超式的发展战略，部分社会主义国家的领导人也提出了各自的赶超目标。苏共领导人赫鲁晓夫提出，苏联要在 15 年的时间，在工农业最重要产品的产量、某几项工业产量方面赶上和超过美国。毛泽东也在会上指出，中国在 15 年后可能赶上或者超过英国；提出 15 年后在钢铁和其他重要工业品的产量方面赶超英国的设想。

正是在这样的背景下，“大跃进”运动便于 1958 年在中国大地上轰轰烈烈地开展起来了。根据 15 年赶上或者超过英国的要求，从中央到地方纷纷修改原定的发展计划，制订各自的“跃进”计划，提出了新的高指标。1958 年 5 月，党的八大二次会议的召开和社会主义建设总路线的制定，标志着“大跃进”运动的开始。社会主义建设总路线公布后，全国人民以高度的政治热情和革命干劲儿投入到社会主义建设中去。以群众运动的方式进行经济建设，片面追求工农生产的高速度，修改生产计划指标并追求不切实际的高指标，成为经济领域“大跃进”的重要表现。在“大跃进”的浪潮中，国家计划部门逐步提高计划指标，从中央到地方普遍推行三本账制度，导致各地区、各部门在制订计划时层层加码、追求高指标。在这种“大跃进”的氛围下，各地区、各部门竞相修改和提高指标，超过了正常发展所能达到的增长幅度。党的八大二次会议后，高指标风和浮夸风迅速蔓延全国，在农业和工业的发展中出现了严重的浮夸现象。在农业“大跃进”中，各地争相制订不切实际的高指标计划，不仅带来了浮夸虚报的高估产，而且引发了各地竞放所谓高产“卫星”的浪潮。在农业生产和实际经济工作中的虚报

① 《1957 年 11 月 14 日至 16 日在莫斯科召开的社会主义国家共产党和工人党代表会议宣言》，载于《人民日报》1957 年 11 月 22 日，第 1 版。

② 《毛泽东文集》第 7 卷，人民出版社 1999 年版，第 321、325 页。

浮夸风蔓延的同时，对农业的估产过高引发了高征购，进而导致了市场供给严重不足、供求关系严重失衡。在工业“大跃进”中，高指标风和浮夸风表现为钢产量指标的不断提高和开展“大炼钢铁”运动。在“以钢为纲，全面跃进”的口号下，全国掀起大炼钢铁的热潮，钢铁产量的高指标促使各地竞相开展大放“高产卫星”活动。

在农业和工业的“大跃进”过程中，国民经济的发展遭受了严重挫伤。国民经济的严重损失表现在四个方面：人力、物力和财力的极大浪费；基本建设规模和职工队伍的急剧膨胀；投入大产出少，国民经济大伤元气；全民炼钢严重冲击和挤占了农业、轻工业的生产。“大跃进”运动是在国际共产主义运动赶超浪潮下，中国共产党试图通过群众运动来实现经济高速增长的探索。由于急于求成和过分强调人民群众的积极性，“大跃进”违背了客观的经济规律，虽然取得了部分建设成就，但也导致了国民经济的严重比例失调和严重困难。

二、“体制下放”与行政性分权（1958 ~1960 年）

为了尽快实现地方工业产值超过当地农业产值、建立地方独立的工业体系，1957 年 11 月，经过一届全国人大第八十四次常委会批准，决定自 1958 年始在传统体制内进行“体制下放”式的行政性分权改革。这次体制内改革的力度很大，究其内容，主要有以下几个方面：①

1. 下放企业管辖权。

1958 年 4 月，中共中央和国务院发布《关于工业企业下放的几项规定》，②提出：“国务院各主管工业部门，不论轻工业或者重工业部门，以及部分非工业部门所管理的企业，除开一些主要的、特殊的以及‘试验田’性质的企业仍归中央继续管理以外，其余企业，原则上一律下放，归地方管理。”同年 6 月 2 日，中共中央又发布《关于企业、事业单位和技术力量下放的规定》，把体制下放问题进一步具体化。该《规定》对各部门的具体要求是：轻工业部门所属单位，除 4 个特殊纸厂和 1 个铜网厂外，全部下放；重工业部门所属单位大部分下放；铁道部所属工程局、管理局，实行中央和地方双重领导；邮电局除保留北京通信枢

① 董辅礽主编：《中华人民共和国经济史》上卷，经济科学出版社 1999 年版，第 329 ~341 页。

② 下放企业管辖权的工作实际上从 1957 年就开始了。1957 年 11 月，轻工业部第一批下放了 43 个纸厂和胶鞋厂，接着又下放了食品工业各厂。同年 12 月，纺织工业部下放了其在 11 个省、自治区、直辖市的 59 个大中型纺织企业，分别由所在地领导。1958 年 3 月继续下放了 143 个纺织企事业单位，把棉、毛、麻、丝纺织企业全部下放，改由地方管理。

纽以及北京通各省的长途通信干线和邮政干线的管理权以外，其他单位全部下放；交通部除保留必要的援外单位外，全部下放；农垦部除3个直属国营农场外，其余都交给地方管理；粮食部、商业部所属的加工企业全部下放。6月6日，中共中央正式批转了冶金、第一机械、化学工业、煤炭、水利电力、石油、建筑、轻工、纺织9个工业部门关于企业下放问题的报告，并要求："下放企业、事业单位和技术力量的交接工作，应该一律于6月15日以前完成。"从1957年底开始到1958年6月15日止，上述9个工业部门陆续下放了8000多个单位。中央各工业部所属企业事业单位80%以上交给了地方管理。中央各部所属企业和事业单位，从1957年的9300个减少到1958年的1200个，下放了88%。中央直属企业的工业产值占整个工业总产值的比重，由1957年的39.7%，下降到1958年的13.8%。[①]

2. 下放计划决策权。

1958年2月，中共中央转发毛泽东在1958年1月召开的南宁会议上提出的《工作方法六十条（草案)》，其中要求生产计划的制定应该有三本账。实行三本账制度，实际上是放弃了统一的国民经济计划的原则，把计划权限下放，为计划指标层层加码开了绿灯。

1958年9月，中共中央、国务院在《关于改进计划管理体制的规定》中要求，将原来由国家计委统一平衡、逐步下达的计划管理制度改变为"以地区综合平衡为基础的、专业部门和地区相结合的计划管理制度"，实行以地区为主、自下而上地逐级编制和进行平衡，使地方经济能够"自成体系"。这份文件还规定，地方政府在保证完成国家规定的生产建设和财政收入任务以及重要物资调拨计划的前提下，可以对本地区的工农业生产指标进行调整；可以对本地区的建设规模、建设项目和投资使用进行统筹安排；可以对本地区的物资进行调剂使用；可以对本地区的超收分成和支出结余的资金以及其他资金自行支配使用；可以对本地区的劳动和技术力量、地方交通、邮电、文教卫生、城市建设进行统筹安排。

实行这一规定后，国家计委管理的工业产品，从1957年的300多种减少到1959年的215种，按产值计算，仅占全国工业总产值的58%；国家财政收入由中央直接征收的比重也从40%降至20%；中央统配、部管物资减少到132种，减少了75%，供销工作也改由地方为主组织。[②]

---

① 董辅礽主编：《中华人民共和国经济史》上卷，经济科学出版社1999年版，第330页。

② 周太和主编：《我国经济体制改革的历史经验》，人民出版社1983年版，第71页。

3. 下放基本建设项目审批权。

1958 年 4 月，中共中央在关于协作和平衡的几项规定中决定，放松基本建设项目的审批程序，放手让地方扩大基本建设规模。其主要内容有：地方兴办限额以上的建设项目，除了提出简要的计划任务书报送中央批准外，其他设计和预算文件，一律由省、自治区、直辖市自行审查批准；某些与中央企业没有协作关系、产品不需全国平衡的限额以上的建设项目，其计划任务书也可先经省、自治区、直辖市批准，再报中央有关部门备案；限额以下的项目，完全由地方自行决定。同年 7 月，国务院又发布《关于改进基本建设财务制度的几项规定》，提出对地方基本建设投资实行包干制度。即把年度国民经济计划和国家预算核定的基本建设投资（包括储备资金），在保证不降低生产能力、不推迟交工日期、不突破投资总额和不增加非生产建设比重的条件下，交由各有关建设部门和单位统一掌握，自行安排，包干使用。建设工程竣工以后，资金如有结余，可以留给建设部门和单位另行使用在其他生产建设上。据不完全统计，1959 年全国实行投资包干的建设单位达 5000 多个，占全国投资总额的 40% 左右；其中冶金、煤炭、水电、石油化工等系统实行包干的投资额占本部门投资总额的 75% ~80%。①

4. 下放物资分配权。

1958 年 9 月，中共中央和国务院发布《关于改进物资分配制度的几项规定》，提出要实行全国统一计划下的、以地区管理和地区平衡为主的物资调拨制度，规定除主要原材料和设备由中央统一分配外，其余物资都由各省、地、县分级统一调度；中央各部所属的企业、事业生产、基本建设需要的物资，除了军工、出口、援外和储备所需外，② 都向所在地的省、直辖市、自治区提出申请供应。实行这一制度后，中央统配、部管物资由 1957 年的 532 种减少到 1959 年的 285 种，减少了 3/4。③ 对保留下来的中央统筹、部管物资，也由过去的“统筹统支”，改为“地区平衡，差额调拨”，中央只管物资的调出、调入。

5. 下放财权和税收权。

为了扩大地方财权，增加地方财力，国务院决定将中央与地方间的财政收支划分从“以支定收，一年一变”改为“以收定支，五年不变”。从 1958 年开始，其具体做法是：第一，在财政收入方面，实行分类分成的办法。把地方财政收入

① 董辅礽主编：《中华人民共和国经济史》上卷，经济科学出版社 1999 年版，第 332 页。

② 薄一波：《若干重大决策与事件的回顾》（修订本）上卷，人民出版社 1997 年版，第 472 页。

③ 中国物资经济学会编：《中国社会主义物资管理体制史略》，物资出版社 1983 年版，第 91 ~ 92 页。

分为三种：一是地方固定收入，包括原有地方企业收入、事业收入、7 种地方税收和其他收入。二是企业分成收入，包括中央划分地方管理的企业和虽然仍属于中央管理但地方参与分成的企业的利润，20% 分给企业所在省市作为地方收入。三是调剂分成收入，分成的项目包括商品流通税、货物税、营业税、所得税、农业税和公债收入。第二，在财政支出方面，扩大地方的财政支出权限。属于地方财政的支出有两种：一是地方的正常支出。由地方根据中央划给的收入自行安排。二是由中央专案拨款解决的支出。包括地方基本建设投资和重大灾荒的救济、堵口、复堤和大规模移民垦荒等特殊支出，这些专案拨款，每年确定一次，由中央拨付，列入地方预算。另外，地方国营企业和地方公私合营企业需要增加的流动资金，30% 由地方财政拨款，70% 由中央财政拨款或者由银行贷款。第三，为了满足地方正常支出的需要，以省、自治区、直辖市为单位，按以下 4 种情况，分别划定地方的收入项目和分成比例：第一种情况，地方用固定收入能够满足正常支出需要的，不再划给别的收入，多余部分按照一定的比例上缴中央；第二种情况，地方用固定收入不能满足正常支出需要的，划给企业分成收入，多余部分按一定比例上缴中央；第三种情况，地方用固定收入、企业分成收入仍然不能满足正常支出需要的，划给一定的调剂收入；第四种情况，用上述三种收入仍不能满足地方正常支出的，由中央另行专案拨款补助。确定地方正常支出和划分收入的数字，都以 1957 年的预算数作为基数。收入项目和分成比例确定后，原则上五年不变，地方多收了可以多支。

在税收管理方面，简化税制，扩大地方对税收的减免权。1958 年 3 月，中央决定减少税收的种类，把商品流通税、货物税、营业税和印花税等 4 种税合并为一种，叫“工商统一税”。同时简化征税办法，把原来的多次征税改为工业品在工厂一般只征一道税。同年 6 月，国务院发布《关于改进税收管理体制的规定》，把印花税、利息所得税、屠宰税、牲畜交易税、城市房地产税、文化娱乐税、车船使用牌照税等 7 种税收，划为地方固定收入。有关这些税收的管理，包括税目、税率的调整以及减税、免税或者加税，完全由地方掌握。中央管理的商品流通税、货物税、营业税、所得税等 4 种税收，作为中央和地方的调剂分成收入，地方有权根据当地的实际情况，采取减、免税或者加税的措施。对于工商统一税的征收环节和起征点的规定，地方也可以机动处理。

6. 下放劳动管理权。

1958 年 6 月，中共中央决定放松国家对招收新工人的审批管理，各地招工计划经省、自治区、直辖市确定之后即可执行，不必经过中央批准。①

7. 下放商业管理权。

1957 年 11 月，国务院做出了《关于改进商业管理体制的规定》，根据“统一领导、分级负责”的原则，决定下放一些商业管理权限，具体内容是：第一，撤销公司，合并商业机构。从 1958 年开始，商业部撤销各专业公司，改组为商业部内部的专业贸易局。这些局除直接领导一级站外，对各省、直辖市、自治区相应的公司不再保持领导关系。接着，各省的专业公司也改组为省商业厅内部的专业处，各县的公司改为县商业局的经理部。如此便取消了专业公司系统“条条”的领导关系，使各级商业行政部门成为“政企合一”的机构。同时，对商业行政部门进行合并。1958 年 2 月，商业部改为第一商业部，城市服务部改为第二商业部，并将供销社并入第二商业部。同年 9 月，又将第一、第二两个商业部合并为一个商业部。各省和县商业行政部门也进行了合并。第二，下放商业管理权限。1958 年 4 月，中共中央和国务院颁布《关于物价管理权限和有关商业管理体制的几项规定》，将地方商业的设置和人员编制权、工农业产品的收购权、冷背残伤商品的降价权、生产资料分配权、工商利润分配的调整权等，下放给各省、直辖市、自治区。在财务管理工作上，除一级站和直属事业单位外，商业部所属全部企业、事业和归口领导的公私合营企业，一律下放给各省、直辖市、自治区管理。各省、自治区、直辖市又层层下放，不少权限下放到县。第三，改变农村商业管理体制。从 1958 年 12 月开始，改进农村商业管理体制，实行“两放、三统、一包”。“两放”，指下放人员、下放资产，即把国家在农村的商业、粮食机构的人员和资产，全部下放给人民公社。“三统”，指统一政策、统一计划、统一流动资金的管理，即人民公社必须服从国家统一的方针政策，执行国家的市场物价政策、统购统销政策和其他有关政策；要服从国家的统一计划，按计划交售国家统购和收购的产品，配售统销物资给社员；流动资金只用于商品流转，不得用于基本建设和其他方面。“一包”，指包财政任务。第四，小商小贩向国营商业过渡，关闭自由市场。

8. 下放信贷管理权。

1958 年 12 月，中共中央决定财政、银行部门的基层机构，除了为几个公社或更大范围服务的以外，全部下放到人民公社，由其管理使用。人民公社的信用部既是人民公社的组成部分，又是人民银行在当地的营业所。同时，中国人民银行总行撤并了 4 个司、局级单位，各省、市分行也纷纷精简机构，下放

① 国家劳动总局政策研究室编：《中国劳动立法资料汇编》，工人出版社 1980 年版，第 17 页。

工作人员。

在“大跃进”的推动下，中国人民银行还着手改革信贷体制，下放信贷管理权限。1958年6月，全国财贸工作现场会议提出，银行要迅速改变管理体制，特别是信贷管理体制，要更多地下放信贷权，便于各地党委全面安排工作，统一领导；银行干部要在地方党委领导下，积极主动地做好为生产服务的工作。1958年11月，中国人民银行又决定农村信贷计划实行“差额包干，一年两算，半年差额，基本不变”的管理方法。即银行对人民公社只管一个信贷差额，上半年和下半年各算一次账，在核定的差额范围内，人民公社可以自行安排信贷计划。此外还决定，从1959年起，国营企业和公私合营企业所需要的流动资金，全部改由银行贷款解决。即过去由国家财政部门拨给的自有流动资金，全部转作银行的贷款；以后国营企业需要增加的定额流动资金，仍然由各级财政从年度预算中适当加以安排，交当地中国人民银行统一贷放。这种方法称作“全额信贷”。1959年，银行信贷管理体制又改为“存贷下放，计划包干，差额管理，统一调度”。除中央财政存款、中央各工业部直属管辖的大企业放款及必须由中央管理的一部分存、贷款由中国人民银行统一管理外，其他存、贷款的权力一律下放到地方，实行差额包干。地方存款大于放款的差额上交中国人民银行总行；地方贷款大于存款的差额由中国人民银行总行补给。在计划差额包干范围内，多吸收的存款可以多发放贷款。

9. 扩大企业管理权。

在扩大企业管理权限方面，除了1957年有关文件外，1958年5月，国务院又颁发了《关于实行企业利润留成制度的几项规定》。根据这些规定，国营企业管理体制发生了如下改变：第一，减少指令性指标，扩大企业的计划权。国家向国营工业企业下达的指令性指标，由原来的12项减为4项，即主要产品产量、职工总数、工资总额和利润留成。其他8项（总产值、新产品试制、重要的技术经济定额、成本降低率、成本降低额、年底工人到达数、平均工资、劳动生产率）作为非指令性指标，企业可以根据实际情况进行修改。另外，国家只下达年度计划，季度、月度计划由企业自行制定。同时改变计划程序，过去的计划是两次下达、两次上报，现在改为两次下达、一次上报。第二，国家和企业实行全额利润分成，扩大企业的财权。规定把过去实行的企业奖励基金制度改为企业利润留成制度。分成基数按“一五”时期预拨的4项费用（技术组织措施费、新产品试制费、劳动安全措施费、零星固定资产购置费），加上企业奖励基金，再加上40%的超计划利润计算。留成比例一定，5年不变。企业利润留成所得，要把大部分用于生产方面，用于奖金和福利补助的不得超过职工工资总额的5%。

另外，企业的事业费由企业调剂使用，企业的固定资产也由企业增减或者报废。第三，扩大企业的人事管理权。规定除厂长、副厂长、主要技术人员外，其他人员由企业负责管理。企业在不增加职工总数的条件下，可以自行调整机构和调配人员。

10. 建立经济协作区。

经济管理体制的改进，把大量管理权限下放给地方。这就要求中央与地方、地方与地方之间要协调好人、财、物和产、供、销的关系，避免相互掣肘，给企业和经济发展造成困难。为此，中央于1958年2月做出《关于召开地区性的协作会议的决定》，把全国划分为东北、华北、华东、华南、华中、西南、西北7个协作区，分区"举行定期性的和不定期性的会议"，"使各省、直辖市、自治区互通情报，交流经验，互相协作，彼此支援，调节矛盾，互相评比，以便在中央方针政策和统一规划的领导下，促进社会主义建设事业的共同发展。"同年6月，中共中央又做出《关于加强协作区工作的决定》。决定指出："为了适应社会主义建设事业发展的新形势，除了充分发挥中央各部、委和省、直辖市、自治区的积极性以外，还必须充分发挥协作区的积极作用，以便根据我国幅员广大、资源丰富、人口众多的特点，进一步地在中央集中领导下，按照全面规划，逐步形成若干个具有比较完整的工业体系的经济区域，保证农业以较快的速度发展，巩固工农联盟。""不但对于财政经济工作要实行分级管理的制度，而且对于建设计划，特别是经济计划工作，还应当采取全面规划、分级平衡、点面结合、以点带面的方针。"决定成立7个协作区委员会，由有关省、直辖市、自治区党委第一书记和其他必要人员组成，每年至少开4次会议。协作区委员会下设经济计划办公厅，作为其办公机构，并接受国家计委和国家经委指导。各协作区的一般工作任务：在几个省、直辖市、自治区范围内对大型企业的建设和产、供、销等方面统一规划，进行协作平衡；组织工业基础较强的省、直辖市、自治区帮助工业基础较差的地区，实行重点和全面相结合，以点带面的方针；坚决贯彻集中领导、全面规划、分工协作的原则，更加合理地使用各地人力、物力、财力，避免某些基建项目不应有的重复和缺漏；通过协商方式，互相支援、统一步调、千方百计地解决各省、直辖市、自治区之间的矛盾和问题，并注意防止和克服本位主义，以便共同发展。各协作区的主要计划任务是，组织区内各省、直辖市、自治区采取积极措施，保证完成和超额完成国家计划，并在"二五"计划内，根据具体情况建立本协作区比较完整的工业体系。8月中旬，毛泽东在视察天津工作时，又进一步提出：地方应该想办法建立独立的工业体系，首先是协作区，然后是许多省，只要有条件，都应建立比较独立的但是情况不同的工业体系。中央预计，经过5年时间，即到1962年，全国就能建成比较完整的、不同水平的和各有特点的工业体系。[①]

“体制下放”的初衷是为了调动地方的积极性，进而依靠地方实现中国经济发展的“大跃进”，但就其实际的绩效来看，这次“体制下放”则是“一次不成功的尝试”。[②] 之所以说“不成功”，是因为从“体制下放”后实际的运行绩效来看，它不仅没有理顺各种关系、节约交易成本，反而引发了经济混乱，致使经济建设的绩效不是提高而是倒退，经济发展的环境不是和谐而是紧张。

例如，基建项目审批权下放后，地方掌握了一定财力、物力、人力和基建项目审批权，它们并不严格执行基本建设程序，而是片面追求地方工业自成体系，盲目建厂上项目，不仅拉长了基建战线，而且使投资总额急剧增长。根据统计，全国施工的大中型项目，1958年有1589个、1959年有1361个、1960年有1815个，这3年中每一年的施工项目都相当于或超过“一五”时期五年的总和1384个。[③] 计划外施工也十分普遍。仅1960年，计划外施工的大中型项目有380多个，占全国施工项目的20%以上；计划外施工的小型项目更多，约占全部小型项目的1/3。基建投资总额，也由1957年的143.22亿元增加到1960年的388.69亿元，增长了1.71倍；这3年投资总额达1007.41亿元，比“一五”时期5年的总和588.47亿元还多71%。在投资规模急剧膨胀的同时，投资效益大幅度下降。这3年基本建设平均周期为9年，比“一五”时期平均拉长了4年。1960年末，基本建设占用流动资金达84亿元，比1957年增加了50亿元；固定资产交付使用率降到68.8%，比1957年降低24.6%。由于人力、物力、财力严重不足，许多基建项目难以为继，仅1960年以前即已停建下马、后来也无法利用的投资损失就达150亿元以上，损失浪费严重。[④]

再如，劳动管理权下放后，中央和各级有关部门还放松了对招工的方针、职工总数和工资总额计划等方面的控制，使得职工人数和城镇居民人口急剧膨胀。仅1958年一年，职工人数就增加了2093万人，比1957年增长了67.5%，其中全民所有制职工增加2081万人，增长84.9%。1960年职工总数达到5969万人的高峰。城镇人口也由1957年的9949万人增加到1960年的1.3亿人，增加

① 赵德馨主编：《中华人民共和国经济史（1949－1966）》，河南人民出版社1988年版，第525～526页。

② 刘国光主编：《中国经济体制改革的模式研究》，中国社会科学出版社1988年版，第661页。

③ 《中国统计年鉴（1983）》，中国统计出版社1983年版，第354页。

④ 董辅礽主编：《中华人民共和国经济史》上卷，经济科学出版社1999年版，第332页。

3134 万人。[①] 伴随着职工人数和城镇人口的大幅度增加，吃商品粮的人口也大幅度增加，其占全国总人口的比例，由 1957 年的 15% 左右，提高到 1960 年的 20% 。国家为此不得不提高粮食征购率，增加城市粮食供应。在 1959 年、1960 年两年粮食产量连续减产的情况下，粮食净征购量仍然提高到占粮食总产量的 28% 和 21% ，远高于 1957 年 17. 4% 的水平，严重挫伤了农民的生产积极性。职工人数和城镇人口的急剧增长，还使市场供求矛盾尖锐。与 1957 年相比，1960 年全民所有制职工工资总额增长 68. 5% ，社会商品购买力增长 49. 2% ，而零售商品货源只增加 23% ，致使所有商品（特别是粮食和副食品）供应都呈现紧张之势。[②]

导致这次“体制下放”出现混乱的原因在于分权太快、分权太多、分权太滥，从而造成“下放”过度了。由于中央几乎下放了所有的权力，由于允许地方对中央制定的各项指标进行调整和突破，由于地方权力过大，从而造成地方各自为政、自成体系、盲目发展。这不仅妨碍了重点建设和重点企业生产的顺利进行，而且使计划外的重复建设、盲目生产等现象十分严重，人力、物力、财力损失浪费严重。

第三节　1960 ~ 1965 年社会主义建设的探索与制度调整

一、毛泽东在《十年总结》中的理论探索

“大跃进”运动、人民公社化运动的影响，再加上自然灾害以及与苏联政府合作关系的破裂，使我国国民经济在 1959 ~ 1961 年出现了严重困难。为摆脱困境，中共中央在对国民经济政策和组织管理制度进行调整的同时，继续对社会主义建设进行探索。

1960 年 6 月中共中央政治局扩大会议期间，毛泽东根据国内政治经济形势，写了《十年总结》一文。《十年总结》是“大跃进”那个特定历史时期党在探索中国社会主义建设道路过程中产生的一个比较重要的文献。

《十年总结》从认识论的高度概括了十年社会主义建设的思想递进历程，分

① 《中国统计年鉴（1983）》，中国统计出版社 1983 年版，第 103、123 页。

② 董辅礽主编：《中华人民共和国经济史》上卷，经济科学出版社 1999 年版，第 335 ~ 336 页。

析了这个历程的得失利弊，并引出如何认识社会主义建设规律的问题。毛泽东在文章一开头就明确指出："前八年照抄外国的经验。但从一九五六年提出十大关系起，开始找到自己的一条适合中国的路线。一九五七年反右整风斗争，是在社会主义革命过程中反映了客观规律，而前者则是开始反映中国客观经济规律。"①这里有两个重要判断，第一个是对我国从照搬苏联模式到开始独立自主地探索中国社会主义建设道路所作的判断；第二个是反右派斗争反映了中国社会主义革命的客观规律。随后，毛泽东又对社会主义建设总路线、"大跃进"运动以及人民公社化运动给予正面的评价。在肯定成绩的同时，毛泽东谈到了社会主义建设中存在的问题，毛泽东在文章中总结说："我们对于社会主义时期的革命和建设，还有一个很大的盲目性，还有一个很大的未被认识的必然王国，我们还不深刻地认识它。"② 毛泽东还比较详细地回顾了1959年钢产量指标从3000万吨逐渐降为1300万吨的过程，并肯定了1956年周恩来主持制订的第二个五年计划。对于所犯错误的原因，毛泽东认为主要是我们的指标定得过高，违背了实事求是原则，使我们丧失了主动权。他认为"主动权是一个极端重要的事情。主动权，就是'高屋建瓴'、'势如破竹'"③。他强调要实事求是，下决心把过高的指标改过来，变被动为主动。接下来，毛泽东重点指出：要学会驾驭社会主义建设的规律，就必须实事求是，获得"客观情况在人们头脑的真实的反映"。毛泽东认为，人们对于客观外界的辩证的认识过程，要经过反复，不能一蹴而就。

《十年总结》有力地阐明对客观世界的认识，绝不可能一次完成。在中国探索社会主义的建设道路，也是如此。只有坚持实事求是的原则，才能达到预想的目的；只有勇于纠正错误，勇于实践，尊重实事求是原则，锲而不舍地去发现真理，才能引导中国社会主义建设走向前进。在《十年总结》之后，毛泽东和全党逐步对错误进行了更深入的思索。

二、七千人大会与全面调整的决策

面对日益严峻的经济社会形势，允许在计划经济体制内进行适度的变迁调整，已成为毛泽东与中共中央无法规避的选择。

从1960年下半年起，党和政府开始采取调整措施，并对"左"倾错误作了一次比较集中的清理。9月30日，中共中央批转了经周恩来审定的国家计划委

---

① 《建国以来毛泽东文稿》第9册，中央文献出版社1996年版，第213页。

② 《毛泽东文集》第8卷，人民出版社1999年版，第198页。

③ 《建国以来毛泽东文稿》第9册，中央文献出版社1996年版，第215页。

员会党组《关于1961年国民经济计划控制数字的报告》，正式提出调整国民经济的“八字方针”，即1961年“把农业放在首要地位，使各项生产、建设事业在发展中得到调整、巩固、充实和提高”①。1961年1月，中共中央召开八届九中全会讨论1961年的国民经济计划。会议决定：从1961年起，在两三年内实行“调整、巩固、充实、提高”的方针，即调整各个部门已经变化了的相互关系，巩固生产力和生产关系在发展和变革中获得的巨大成果，充实新发展起来的一些事业的内容，提高那些需要进一步改善的新事物的质量。此次会议还专门对“八字方针”作了解释，指出：调整，指调整国民经济各方面的比例关系，主要是调整农业、轻工业和重工业的比例关系，调整积累与消费的比例关系。大力加强农业战线，缩小基本建设规模，压缩重工业生产，大量精减职工，使积累率由40%下降到20%以下。巩固，指巩固国民经济发展中所取得的经济成果，肯定已有的成绩，并使其向纵深发展。充实，指以少量的投资来充实一些部门的生产能力，使其成龙配套，以便收到更大的经济效果。提高，指提高产品质量、提高管理水平、提高劳动生产率。会议正式决定从1961年起对整个国民经济实行“调整、巩固、充实、提高”的方针，这样，在经历了庐山会议之后巨大的曲折后，传统体制内的变迁调整得以继续进行，失调的国民经济也因之而得以走上正常发展的轨道。

“八字方针”在提出后的一段时间内，并没有起到良好的调整作用，国民经济依然处于困难状态。主要原因是中共中央和各级领导干部对经济形势的分析判断存在严重分歧，“跃进”思想依然存在。1962年初，中共中央在北京举行扩大的工作会议，即“七千人大会”。会上，刘少奇代表中共中央初步总结了1958年以来经济建设的基本经验教训，认为经济困难的原因除了由于自然灾害造成农业歉收外，在很大程度上是由于工作中的缺点和错误引起的。这些缺点和错误主要有：工农业生产指标过高，基本建设战线过长，国民经济失调；农村人民公社推广过急，犯了刮“共产风”和平均主义的错误；在全国追求建立许多完整的工业体系，权力大规模下放犯了分散主义错误；不适当地大量增加了城市人口。报告还指出全党当前的主要任务，即踏踏实实地、干劲儿十足地做好调整工作。

1962年2月，刘少奇在中南海西楼主持召开中共中央政治局常委扩大会议，即“西楼会议”。会议进一步讨论了经济形势和如何调整问题，陈云提出了克服经济困难的六点意见：第一，把十年经济规划划分为两个阶段，前一阶段时恢复阶段，后一阶段是发展阶段，恢复阶段从1960年算起大体上要用5年时间；第

---

① 《中共中央文件选集》第35册，人民出版社2013年版，第157页。

二，减少城市人口，“精兵简政”；第三，要采取一切办法制止通货膨胀；第四，尽力保证城市人民的最低生活需要；第五，把一切可能的力量用于农业增产；第六，计划机关的主要注意力，应该从工业、交通方面，转移到农业增产和制止通货膨胀方面来，并且要在国家计划里得到体现。①

1962 年 5 月，中共中央在北京召开工作会议，做出了全面贯彻执行“八字方针”，进一步对国民经济进行大幅度调整的重大决策，要求切实地按照农、轻、重次序对国民经济进行综合平衡。会议进一步统一了思想认识，确定了进一步调整 1962 年计划的各项指标，并提出了全党的两项中心工作：一是精减职工和城市人口；二是从人力、物力、财力等方面切实加强农业。

三、经济的全面调整与对农业生产责任制的探索

根据“七千人大会”“西楼会议”和中央工作会议的精神，开始对国民经济进行全面调整，采取了一系列措施。第一，大力压缩基本建设战线。在 1961 年基本建设总额 129 亿元，即比 1960 年国家计划内投资 345 亿元减少 216 亿元的基础上，1962 年又压缩到 46 亿元。第二，降低工业生产发展速度，改善工业生产内部结构。与 1960 年实绩比较，1962 年工业总产值下降了 47%，重工业总产值下降了 57%，钢产量下降了 68%，原煤、木材和发电量等短线产品产量因采掘、采育比例失调的影响也大幅度下降。第三，继续大力精减职工和压缩城镇人口。从 1961 年到 1963 年 6 月，全国共精减职工 2887 万人，减少城镇人口 2600 万人。到 1963 年底，精减职工人数达到 2940 万人。第四，进一步调整农村政策，从各方面支援农业。1962 年 2 月，中共中央发出《关于改变农村人民公社基本核算单位问题的指示》，决定将基本核算单位由生产大队下降到生产队，“实行以生产队为基础的三级集体所有制，将不是短期内的事情，而是在一个长时期内，例如至少三十年，实行的根本制度”②。第五，安排人民生活，保障市场供给。1961 年 9 月，中共中央决定减少粮食征购量，适当压缩城市粮食销量，同时进口部分粮食以弥补国内供应的不足。压缩城市粮食销量的主要办法，除了减少城镇人口、节约工业用粮外，主要是适当减少城市口粮。

在国民经济全面调整的过程中，缩小投资规模、放慢发展速度、恢复工农业生产并制止通货膨胀、保证人民最低生活的同时，经济体制上也有相应的对策。③

---

① 《陈云文选》第 3 卷，人民出版社 1995 年版，第 200 ~ 205 页。

② 《中共中央文件选集》第 39 册，人民出版社 2013 年版，第 66 页。

③ 刘国光主编：《中国经济体制改革的模式研究》，中国社会科学出版社 1988 年版，第 661 ~ 663 页。

1. 调整农村的生产关系，改变农村的管理体制和管理制度。为了从根本上克服“共产风”，使集体所有制的规模、形式适应农业生产力的发展水平，必须从人民公社的“一大二公”大步“倒退”。当时决定改变其基本核算单位，实行“三级所有，队为基础”，大体上回到高级农业生产合作社的程度，但仍保留公社、大队两级，公社仍是政社合一。按照《农村人民公社工作条例（草案）》（即“六十条”），在经营管理方式上，可以划分固定或临时的作业小组，实行季节或常年的小段包工，并建立到组或到人的生产责任制。同时，要求废止供给制，按照社员劳动的质量和数量付给报酬，实行定额计分或评工记分等办法，力求体现按劳分配。此外，还恢复了自留地、家庭副业和集市贸易。这使农业生产得到了迅速恢复和一定发展。

2. 加强中央的集中统一，搞好综合平衡。为了克服无政府主义和分散主义，经济管理上强调集中统一。具体措施有：加强计划的集中统一管理，增加计划的种类和指标，这些计划多数带有指令性，要求遵照执行，加强对基本建设的管理，从投资总额到建设项目实行严格的分级审批；加强对商品、物资的管理，中央管理的商品零售额约占社会商品零售总额的70%左右，中央管理的主要生产资料的品种也增加，不少实行直接分配；加强财政、信贷的管理多国家预算从中央到地方一本账，并调低企业利润留成比例（从13.2%降低到6.9%），上收一批认为下放不当的企业，除铁路、交通等外，有重工业厂矿，还有部分轻工企业。集中统一的程度，不少方面超过了新中国成立初期。

3. 开始注意运用经济杠杆的调节作用。为了纠正否定价值规律的错误，注意运用经济杠杆来调节经济运行。主要是调整价格，适当提高粮、棉、油、猪的收购价格，敞开供应高价的食品和部分工业品，以促进生产恢复，缓和供求矛盾，回笼货币和紧缩银根。同时，还调整税收①，降低农民负担，发放农业贷款，扶助农业生产。

4. 制定各种管理条例，加强经济监督。为了制止几年中造成各经济领域的混乱现象，除了农业的“六十条”外，还先后制定了工业的“七十条”、商业的“四十条”、手工业的“三十五条”和高等教育的“六十条”、科学研究的“四十条”以及计划、财政等各项工作条例。这些条例，明确各方面经济工作的基本方

---

① 1961年6月，中央对农业税的税率加以调整。把农业税的实际负担率，即农业税正税加地方附加税的实际税额占农业实际收入的比例，全国平均由1957年的11.6%降为不超过10%。农业收入高的地区，以生产大队为单位，最高也不能超过13%。各地的地方附加相当于正税额的比例，由过去的15%～30%，一律降为不超过10%。调整以后的新税率，稳定3年不变。按照新税率计算，1961年农业税的征收额计划为粮食600万吨，比1960年减少245万吨，减少29%；比1957年减少382.5万吨，减少38.9%。

针和具体政策，规定了有关企业的任务、职责和相互关系、经营方式等，对于加强管理、指导运行摸到了一些规律，发挥了一定作用。

在调整过程中，还对体制改革进行了许多探索，例如，（1）试办托拉斯，用经济组织管理经济，在工业、交通部门，按照专业化协作的原则，办了一些全国性的、地区性的和地方性的公司。（2）改革企业管理体制，按照工业的“七十条”，要求国家对企业实行“五定”，企业对国家实行“五保”，并建立党委领导下的厂长负责制，等等。（3）改进物资管理，要求对生产资料参照商业部门的做法，合理安排流转环节，按照经济区设供应网点。（4）试行两种劳动制度和两种教育制度，即固定工与合同工、临时工、亦工亦农并存，全日制学校与半工半读、半农半读并存。（5）适当扩大地方管理权限，在继续加强集中统一的前提下，逐步把一些该由地方管理的事情下放给地方管理，包括计划留有机动和提高财政预备费的比例、给予调剂物资分配的权限等。调整时期的体制演变，针对以调整为主的任务，强调集中统一，取得了很大成绩，克服了困难，经济很快恢复，效益逐步提高，出现了以前少有的好形势。

在试办托拉斯的过程中，农业生产经营组织方式得到了创新，开始了对农业生产责任的探索。在国民经济调整过程中，对农业生产责任制的探索主要表现为安徽和四川等地农村出现了包产到户。为了生产自救，安徽少数农民自发搞起了在计划、分配、大农活、用水、抗灾等方面实行统一管理的（即“五统一”）下的“责任田”，实际上是包产到户的形式。虽然包产到户取得了比较好的效果，但因其突破了“农业六十条”确定的以生产队为基本核算单位的规定，最后被迫夭折。包产到户是对农业生产责任制进行探索和实践的重要举措，是开始全面建设社会主义时期中国共产党探索社会主义建设道路的一个重要组成部分，为后来改革开放时期的农村改革积累了经验，探索了道路，具有深远的历史意义。

四、在持续调整中的社会主义经济建设及其探索

1963 年 9 月，中共中央召开工作会议对经济形势作了分析。会议认为，1963 年国民经济出现了全面好转的局面，但仍然存在不少问题。因而，会议决定从 1963 年起再用 3 年时间继续进行调整、巩固、充实、提高工作，作为今后发展的过渡阶段。过渡阶段工作的主要目标是：农业生产达到或者超过 1957 年水平；工业生产水平在 1957 年基础上提高 50% 左右；国民经济各部门的经营管理工作走上正常轨道。为了实现上诉主要任务和目标，经济工作必须遵循的基本方针

是：第一，以农业为基础、工业为主导的发展国民经济的总方针；第二，自力更生，奋发图强，艰苦奋斗，勤俭建国的方针；第三，按照解决吃穿用，加强基础工业，兼顾国防、突破尖端的次序安排的方针；第四，继续实行调整、巩固、充实、提高的方针。①

从1963年开始的持续调整社会主义经济建设的阶段，工农业等各部门得到了较快的恢复和发展，国民经济调整取得了较大进展。1965年全国工农业总产值已达2235亿元，其中农业总产值833亿元，工业总产值1402亿元，同1957年相比，工农业总产值（1957年为1241亿元）增长了80%。其中农业总产值增长55%（1957年农业总产值为537亿元），工业总产值增长99%（1957年工业总产值为704亿元）。其中，主要工业产品产量大幅度增长：钢由1957年的535万吨增长到1965年的1223万吨；原煤由1.31亿吨增长到2.32亿吨；原油增长更大，由146万吨增长到1131万吨；农用化肥由15.1万吨增长到172.6万吨；化学农药由6.5万吨增长到19.3万吨；汽车从0.79万辆增长到4.05万辆；布由50.5亿米增长到62.8亿米。② 与此同时，农业生产也得到恢复和发展。农业生产基本条件有了改善，1965年国家给水利基本建设投资15.15亿元，比1957年增加1倍多。农业机械动力、机耕面积、化肥用量都有较大提高。1965年农业机械总动力达到1494万马力（1957年只有165万马力），农用大中型拖拉机有72599混合台（1957年只有14674台）。③ 粮食产量，1965年为3890亿斤，比1962年增加了690亿斤，已接近1957年水平（1957年为3900亿斤）；棉花超过1957年水平（1965年为4195万担，1957年为3280万担）。④ 工业部门除了继续加强支农工业外，还加快发展轻工业生产，使轻工业产值逐年增加，1963年为404亿元，1964年为476亿元，1965年达到703亿元。

中国人民在中国共产党和政府的领导下，经过5年的艰苦努力，国民经济调整取得了成功。1964年12月，周恩来在三届全国人大一次会议上所作的政府工作报告中宣布：现在，"调整国民经济的任务已经基本完成，工农业生产已经全面高涨，整个国民经济已经全面好转，并且将要进入一个新的发展时期。"⑤

国民经济调整任务基本完成后，中共中央及时地提出了实现四个现代化

---

① 《1958－1965中华人民共和国经济档案资料选编·工业篇》，中国财政经济出版社2011年版，第62～63页。

② 《中国统计年鉴（1983）》，中国统计出版社1983年版，第242～248页。

③ 《中国统计年鉴（1983）》，中国统计出版社1983年版，第186页。

④ 《中国统计年鉴（1983）》，中国统计出版社1983年版，第162页。

⑤ 《建国以来重要文献选编》第19册，中央文献出版社1998年版，第456页。

的战略目标。1964 年 12 月 21 日，周恩来在三届全国人大一次会议上，根据毛泽东的提议，向全国人民宣布了实现四个现代化的宏伟任务："今后发展国民经济的主要任务，总的来说，就是要在不太长的历史时期内，把我国建成一个具有现代农业、现代工业、现代国防和现代科学技术的社会主义强国，赶上和超过世界先进水平。"① 这样，以毛泽东为代表的中国共产党人正式确立了四个现代化的目标。

① 《周恩来选集》下卷，人民出版社 1984 年版，第 439 页。

第四章

国家工业化的曲折推进

引言　工业化战略的选择及其绩效

新中国的成立，标志着中国国内政治稳定和国际政治独立的真正实现，为工业化的启动和实现提供了政治条件、奠定了政治基础。

新中国工业化选择的是优先发展重工业的战略。当时，由中共中央宣传部制定颁发、经毛泽东亲自修改的党在过渡时期总路线宣传提纲指出："实现国家的社会主义工业化的中心环节是发展国家的重工业，以建立国家工业化和国防现代化的基础。"之所以这样做，第一，"只有建立了重工业，才能使全部工业、运输业以及农业获得为发展和改造所必须的装备。"第二，"因为我国过去重工业的基础极为薄弱，经济上不能独立，国防不能巩固，帝国主义国家都来欺侮我们，这种痛苦我们中国人民已经受够了。如果现在我们还不建立重工业，帝国主义是一定还要来欺侮我们的。"第三，"资本主义国家从发展轻工业开始，一般是花了五十年到一百年的时间才能实现工业化，而苏联采用了社会主义工业化的方针，从重工业建设开始，在十多年中（从 1921 年开始到 1932 年第一个五年计划完成）就实现了国家的工业化。苏联过去所走的道路正是我们今天要学习的榜样。"①宣传提纲还指出，由于工业化要以发展重工业为重点，而重工业需要资金多，盈利少而迟，产品不能直接满足人民消费的需要，所以在工业化时期，中国人民要艰苦奋斗、节衣缩食，以克服困难。由此可见，毛泽东等选择优先发展重工业的工业化战略，是非常理性而审慎的。

---

① 《建国以来重要文献选编》第 4 册，中央文献出版社 1993 年版，第 705 ~ 706 页。

1953 年，以工业化建设为中心的第一个五年计划的实施，便意味着新中国工业化建设帷幕的正式拉开。“一五”计划中，发展重工业成为最基本、核心的任务。虽然 1958 年的“大跃进”使得工业化进程遭受到挫折，但是经过 1961 年的“调整、巩固、充实、提高”八字方针以及 1963 ~ 1965 年的工业继续全面调整后，到 1965 年中国工业化进程取得了巨大的成就，中国已经建成了门类比较齐全、有相当生产规模、比较完整的工业体系。

随着重工业化战略的持续推进，中国一些主要工业品的产量增长是十分明显的。如汽车、冰箱、电视机都是从无到有。汽车产量从 1955 年的 0. 01 万辆增长到 1965 年的 4. 05 万辆；冰箱从 1956 年的 0. 03 万台增长到 1965 年的 0. 3 万台，增加了 10 倍；电视机从 1958 年的 0. 02 万台增长到 1965 年的 0. 44 万台；自行车从 1949 年的 1. 4 万辆增长到 1965 年的 183. 80 万辆；原煤、原油、天然气、发电量、生铁、钢和产品钢材分别从 1949 年的 0. 32 亿吨、12 万吨、0. 07 亿立方米、43 亿千瓦时、25 万吨、15. 8 万吨和 13 万吨增长到 1965 年的 2. 32 亿吨、1131 万吨、11 亿立方米、676 亿千瓦时、1077 万吨、1223 万吨和 881 万吨。[①] 由于主要工业产品产量的不断增长，在其强劲的拉动下，中国工业总产值增长也是十分迅速的（见表 4 - 1）。如果可以用工业产值增长率和主要工业产品增长率作为衡量工业化发展绩效的话，那么，应该说传统经济体制下的重工业化战略是取得了显著成就的。

表 4 - 1　　　　1949 ~ 1965 年中国工业产值及指数

（产值：亿元；指数：上年 = 100）

年份	产值	指数	年份	产值	指数	年份	产值	指数
1949	140	100. 00	1955	534	105. 58	1961	1062	61. 78
1950	191	136. 38	1956	642	128. 23	1962	920	83. 41
1951	264	137. 81	1957	704	111. 41	1963	993	108. 45
1952	349	130. 28	1958	1083	154. 83	1964	1164	119. 65
1953	450	130. 21	1959	1483	136. 15	1965	1402	126. 35
1954	515	116. 26	1960	1637	111. 19	—	—	—

资料来源：曾培炎主编：《新中国经济 50 年》，中国计划出版社 1999 年版，第 922 ~ 923 页。

① 曾培炎主编：《新中国经济 50 年》，中国计划出版社 1999 年版，第 924 ~ 927 页。

总体来看，虽然这一时期的中国工业化也出现了一些波折，但其取得的成绩却是任何人都无法视而不见的。从 1949 年工业恢复到 1953 年工业化启动，再到 1965 年“二五”计划结束，用了不到 20 年的时间，在基本上“关门搞建设”的背景下，独立自主地建立了比较齐全、完整的工业体系和国民经济体系，不仅将中国带进世界工业大国的行列，而且更为重要的是为 1978 年改革开放之后中国的更快更好发展奠定了比较厚实的工业基础。

第一节　新中国成立后工业化的全面启动

1949 年新中国成立的时候，中国是个经济非常落后、工业基础极其薄弱的农业国。在工农业总产值中，工业产值仅占 30%，农业产值占到 70%。1949 年中国工业总产值只有 140 亿元（以当年价格计算），工业净产值 45 亿元，在全部国民收入中仅占 12.6%；在全社会劳动力当中，工业职工只占 2% 左右。[①] 工业内部结构水平低，严重向轻工业倾斜，1949 年，在工业总产值 140 亿元当中，轻工业产值为 103 亿元，占 73.6%，重工业产值 37 亿元，仅占 26.4%。工业布局不合理，全国 70% 以上的工业集中于东部沿海地区、少数大城市。上海、天津、青岛、南京、无锡等 7 个城市的工业产值，占到除东北之外广大地区的工业产值的 94%。内地、边疆及少数民族地区几乎没有现代工业。正是在这样的背景下，新中国的工业化开始启动，并在曲折中向前推进。

一、新中国工业化启动的条件

新中国成立以后，当时发动工业化所需的经济条件是非常糟糕的，且十分不利于工业化的发动。

第一，经济结构极为落后，工业部门相对份额十分微小。

经济结构的极端落后可以从当时的工农业总产值及其比重方面看出来，据统计，1949 年工农业总产值为 466 亿元（以 1952 年价格为不变价格），农业、工业产值分别为 326 亿元（占 70%）、140 亿元（占 30%）；而在工业内部，轻、重工业总产值又分别为 103 亿元、37 亿元；若将整个社会产值结构按农业、轻工

① 曾培炎主编：《新中国经济 50 年》，中国计划出版社 1999 年版，第 263 页。

业和重工业划分，其各自占总产值的份额分别为70%、22.1%和7.9%。① 到工业化发动前的1952年，在工农业总产值中，工业的份额为43%；在工农业净产值中，工业的份额为25%；在国民收入的三次产业结构中，工业的份额只有23%，工业与服务业即全部非农产业的份额也只有42%。在劳动力就业结构中，农业的份额高达84%，工业只有7%，非农产业合计只有16%。在总人口结构中，农业人口份额高达86%，非农业人口份额只有14%。这些结构指标说明，新中国工业化起步时，国民收入的绝大部分来源于农业，劳动力的绝大部分就业于农业，人口的绝大部分分布在农村，工业部门的相对份额以及与此相联系的城市化水平都十分低下。

在既有的工业结构中，以纺织业为主的轻工业占绝大份额，重化工业只占很小比重。1952年，轻工业产值占全部工业产值的68.1%，重工业只有31.9%。而且，重工业中50.5%是原料工业，一些主要的重化工业产品的产量很低，如钢产量只有135万吨，金属切削机床只有1.37万台，发电设备只有0.6万千瓦，交流电动机只有64万千瓦，化肥3.9万吨。代表当时先进技术水平的汽车制造业、飞机制造业、石油化学工业和精密机床工业等，几乎都是空白。

就是这样薄弱的工业基础，其地域分布还极不合理，绝大部分工业在地理位置上集中在东部沿海一带，广大内地（除武汉、重庆外）的现代工业很少，尤其是土地面积占国土面积60%的西南、西北和内蒙古地区，其工业产值只有全国工业总产值的10%左右。②

第二，生产方式极为落后，生产力水平极为低下。

新中国刚刚成立时，以机器大工业生产方式为代表的先进生产方式在所有生产领域中采用都是极为有限，这可从几个方面来看：(1) 在工农业总产值中，机器大工业产值占的比重很低，1949年，机器大工业产值只占全部工农业总产值的17%，农业与手工业占83%。(2) 在全部工业中，机器大工业的比重也很低，据估计，1953年，在全部制造业总产值中，机器大工业仅占27%，手工业（包括独立的手工业和家庭手工业）占到73%。1954年，在民族资本主义工业中，工场手工业户数还占总户数的79.1%，产值占总产值的28.6%。(3) 在机器大工业中机械化程度也很低，技术水平低。据1946～1947年上海机械业同业公会会员登记表计算，在708家机器工厂中，平均每厂有职工21人，机床10.33台，其中拥有10台以下的厂家占总数的74%，50台以上的只占总数的2.26%。(4) 在农

① 《中国统计年鉴（1982）》，中国统计出版社1982年版，第17～18页。

② 李溦：《农业剩余与工业化资本积累》，云南人民出版社1993年版，第266～267页。

村，农民生产一直沿用古老的农具，依靠手工和畜力耕作，几乎没有现代农业机械。据统计，到1949年为止，旧中国累计进口拖拉机300~400台（自己不会制造），每亩耕地化肥平均施用量为0.2~0.3千克，生产技术极为落后。（5）现代机器大工业生产方式赖以生存的重要条件现代交通运输、邮电通讯，旧中国也极为落后。到1949年可通车的铁路只有1.1万千米，邮电业务量只有9717万元，市内电话用户只有21.77万户。（6）生产力水平极低，工业生产能力十分薄弱。其主要工业产品生产能力落后于以美国为代表的发达国家自不必说，但也落后于印度很多。仍以1949年为例，钢铁产量，美国、印度分别是中国的447.72倍、8.67倍；生铁产量，美国、印度分别是中国的199.28倍、6.56倍。纱、布产量，印度都是中国的1.83倍。①

综合比较中国与苏联、日本、印度等国工业化起步时的情况，中国几乎在各方面的条件都是最差的，如表4-2所示。

表4-2　　中国、苏联、日本和印度工业化起步时的经济水平比较

项目	苏联（1928年）	日本（1936年）	印度（1950年）	中国（1952年）
人均GNP（1952年美元）	240	325	60	50
人均煤（千克）	273	604	97	96
人均钢（千克）	22	29	5	2.8
人均生铁（千克）	29		4	2
人均发电量（千瓦时）	0.01	0.10	0.01	0.005
人均纱锭（枚）	0.05	0.17	0.03	0.01
人均水泥（千克）	13	63	9	4

资料来源：The World Bank，China：Socialist Economic Development，1983. Volume I，P. 43.

第三，人口众多，生活水平低，人均GNP低。

人多地少，始终是中国几千年经济中最鲜明的特点，新中国成立后的1950年，有人估计中国人口总量为5.52亿，② 而随着社会的稳定，人口自然增长率便直线上升，由1949年的16‰上升为1952年的20‰，再到1965年的26.99‰，

① 芮明杰：《社会主义工业化论》，学林出版社1993年版，第393~394页。

② 关于新中国成立初期的人口数量究竟是多少，学术界有很多种说法。但它们都认为人口数应该大于毛泽东所说的所谓“四万万五千万同胞”。

15 年间人口绝对量增加了近 2 亿，这一人口增量等于 60 年代初美国的全部人口，相当于日本总人口的 2 倍、英国总人口的 3.5 倍、法国总人口的 4 倍、加拿大总人口的 10 倍。人口的过快增长，使得经济增长中的新增长部分被新增人口消费掉了，一方面经济发展所需的大量资本难以积聚起来，另一方面人均收入水平及生活水平难以提高，并有可能跌入“马尔萨斯人口陷阱”而被“锁定”。

1949 年中国人均国民收入不到 100 元人民币，1952 年人均国民收入才达到 104 元人民币（当年价格），即使按 1965 年价格计算也只有 122 元。如果按 1965 年人民币与美元的官方汇率（1∶2.4618）进行折合，则只相当于 50 美元，即使按 30% 调整统计口径而不考虑人民币估值过高的问题，1952 年中国人均 GNP 按 1965 年美元计算也不过 65 美元。与西方国家工业化起步时相比（见表 4－3），中国的人均 GNP 水平大约只相当于英国的 1/4、法国的 1/5、德国的 1/6、丹麦的 1/7、加拿大的 1/10、澳大利亚的 1/20，也只是日本的近 1/3。① 人均 GNP 低水平，表明了新中国是在很脆弱的基础上开始进行工业化建设的。这意味着，要发动并实现工业化，新中国所要付出的艰辛比那些已经完成工业化的国家要大得多。

表 4－3　　中国工业化起步时人均 GNP 水平与西方国家的差距

比较国家	中国与比较国家的绝对差额（美元）	中国占比较国家的百分比（%）
英国	177	22.0
法国	192	20.7
比利时	433	10.4
荷兰	442	10.2
德国	252	16.6
瑞士	479	9.5
丹麦	320	13.5
挪威	237	17.4
瑞典	165	23.3
意大利	221	18.5

① 李溦：《农业剩余与工业化资本积累》，云南人民出版社 1993 年版，第 264～265 页。

续表

比较国家	中国与比较国家的绝对差额（美元）	中国占比较国家的百分比（%）
美国	424	10.5
加拿大	458	9.8
澳大利亚	880	5.4
日本	86	36.8

资料来源：李微：《农业剩余与工业化资本积累》，云南人民出版社1993年版，第265页。

由于人均收入水平低，所以到1952年城乡储蓄存款年底余额只有8.6亿元，其中绝大部分是城镇居民储蓄，农村人口的储蓄1953年总共才0.1亿元人民币。① 人均收入水平低、储蓄余额少，不仅意味着新中国工业化所需的启动资本筹措将困难重重，而且也意味着即使新中国能够启动工业化建设，其产品进入市场后也将遭遇人们因购买力有限而无法实现价值补偿的窘境。

二、新中国工业化在曲折中推进

自1949年中华人民共和国成立，到1953年工业化全面启动，再到1958年“以钢为纲”的工业“大跃进”和1965年“二五”计划结束之间的17年间，新中国工业化经历了若干大起大落的阶段，但总体上却是在曲折中始终向前推进的。

（一）工业化恢复和发展阶段（1949～1952年）

这一阶段是国民经济恢复时期，中国迅速修复了遭受长期战争严重破坏的工业设施，大多数产品的产量都恢复和超过了历史最高水平，工业劳动生产率也有较大幅度提高，一批新的项目开始上马，这一切都为以后的工业化启动奠定了基础。由于这一时期采取了正确的方针政策以及工业战线上广大管理人员和工人极高的劳动热情，使得新中国能够在短短的3年内全面实现工业的恢复并有所发展。1950～1952年，中国工业迅速恢复和发展，年平均增长34.8%。

一方面，生产能力恢复，产量大幅度提高。在国民经济恢复时期的3年里，工业生产能力恢复并超过历史最高水平，主要产品产量大幅度增加。由于社会变

① 芮明杰：《社会主义工业化论》，学林出版社1993年版，第395页。

革调动了广大职工的生产积极性，以及党和政府的正确政策和有效投入，工业恢复发展的速度令人吃惊。按可比价格计算，1950 年工业总产值比 1949 年增长 36.4%，1951 年比 1950 年增长 38.2%，1952 年又比 1951 年增长 29.9%，平均每年递增 34.8%。到 1952 年底，主要工业品产量大大超过 1949 年的水平，也超过新中国成立前的最高产量。其中钢产量增长最快，1952 年比 1949 年增加 7.54 倍，比历史最高水平增加 46.3%；生铁产量比 1949 年增加 6.72 倍，比历史最高水平增加 7.2%；原油、水泥、电力、原煤等都超过历史最高水平。平均来看，1952 年中国工业生产超过抗战前水平（1936 年生产水平）23%。①

例如，旧中国的最高年产量只有 92.3 万吨（1943 年），1949 年的钢产量仅有 15.8 万吨。但是经过国家和钢铁部门职工的努力，到 1952 年全国共恢复和扩建了高炉 34 座，平炉 26 座。钢铁工业产值，1949 年为 19179.8 万元，1950 年为 60952.1 万元，1951 年为 91178.4 万元，1952 年则达到 136959.4 万元，年增长率分别为 217.8%、49.6%、50.2%（见表 4－4）。

表 4－4　　1949～1952 年钢、生铁、成品钢材、铁矿石产量　　单位：万吨

年份	钢	生铁	成品钢材	铁矿石
1949	15.8	25.2	14.0	58.9
1950	60.6	97.8	40.9	235.0
1951	89.6	144.9	66.9	270.0
1952	134.9	192.9	112.9	428.7

资料来源：《当代中国的钢铁工业》，当代中国出版社 1996 年版，第 45 页。

另一方面，工业经济效益明显提高。1949～1952 年，工业全员劳动生产率平均每年增长 11.8%；在工业总产值增加额中，由于提高劳动生产率而增加的产值占 48.6%。另据中央重工业部报告，其直属的 151 个国营和公私合营企业，按 1950 年不变价格计算，全体生产工人的人均年产值：1949 年为 2362.4 元，1950 年为 5478.4 元，1951 年为 7833 元，1952 年为 10000 元。劳动生产率分别比上年提高：1950 年为 132%，1951 年为 43%，1952 年为 28%②（见表 4－5）。

① 吴承明、董志凯等主编：《中华人民共和国经济史（1949－1952）》，社会科学文献出版社 2010 年版，第 399、408 页。

② 《中国工业五十年》第二部，中国经济出版社 2000 年版，第 1810 页。

表 4 – 5　　1949 ~ 1952 年国营工业企业劳动生产率提高情况

指标	1949 年	1950 年	1951 年	1952 年
每个工人平均产值（千元）	4. 9	6. 2	7. 1	7. 9
增长指数（定比，以 1949 年为 100）	100	126	144	161
增长指数（环比，以上年为 100）	—	126	114	111

资料来源：《1949 – 1952 中华人民共和国经济档案资料选编 · 工业卷》，中国物资出版社 1996 年版，第 807 页。

在国民经济恢复时期，工业在国民经济中的地位也逐步提高。现代工业在工农业总产值中所占的比重，已经从站前的 10% 左右增长至 1952 年的 26. 7% 。国民收入中，工业所占的比重由 1936 年的 18. 4% 增长至 1952 年的 20. 2% ，国民经济各部门企业固定资产总产值中，工业所占的比重由 1949 年的 52. 6% 增长至 1952 年的 53. 4% 。

（二）工业化从启动到起飞的阶段（1953 ~ 1957 年）

这一阶段正是"一五"计划时期，其既是中国工业化起步及打基础的关键阶段，也是中国工业化从启动到振翅欲飞的阶段。在这个阶段，工业化的发展基本上呈线性上升的势头（见图 4 – 1）。这一时期工业化的基本任务是：集中力量进行以苏联帮助中国设计的"156 项工程"建设项目为中心（最后确定为 154 项，因为计划公布 156 项在先，所以仍称"156 项工程"）、由限额以上 694 个建设单位组成的工业建设，以建立中国的社会主义工业化的初步基础。

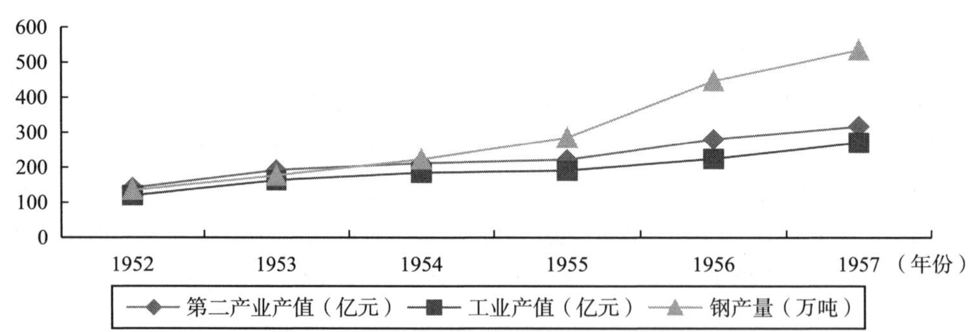

图 4 – 1　1952 ~ 1957 年工业发展产值变动曲线

资料来源：国家统计局综合司：《新中国五十年统计资料汇编》，中国统计出版社 1999 年版，第 37、38、41 页。

"一五"时期发展工业的具体任务是：第一，要建立和扩建现代化的钢铁工业、有色金属工业和基本化学工业；建立制造大型金属切削机床、发电设备、冶金设备、采矿设备和汽车、拖拉机、飞机的机器制造业。第二，随着重工业的建设，相应地建设纺织工业和轻工业，建设为农业服务的、新的中小型工业企业，以适应城乡人民对日用品和农业生产资料的日益增长的需要。这一个五年计划充分体现了优先发展重工业的要求。同时，"一五"计划时期也形成了集中的工业计划管理体制，这种集中管理的体制适应了"一五"时期集中力量进行资金、技术密集的重工业建设的需要。

"一五"计划要求：5 年中的工业总产值年均增长 14.7%，工业基建投资中制造生产资料的工业（重工业）投资占 88.8%，并要求重工业生产速度年均增长 17.8%，大大超过消费资料年均增长 12.4% 的要求。为了实现计划要求，"一五"计划首先把国民经济各部门的基本建设投资的大部分资金投入到了工业，把工业基本建设投资的绝大部分资金又投入了重工业。"一五"计划规定的工业基本建设投资指标是 248.5 亿元，就计划的执行结果来看，"一五"期间工业基本建设投资总额实际达到 250.26 亿元，虽然超过不多，但是也顺利完成了任务。到 1956 年，许多旧中国没有的工业部门先后建立了起来，特别是重工业部门更是如此。1953 年到 1956 年工业总产值年均增长达 19.2%，超过计划规定指标。"一五"期间在重点发展重工业的同时，也注意了轻工业的发展，1952～1957 年期间，重工业产值增长了 210.7%，轻工业产值增长了 83.3%。

"一五"期间不仅是中国工业化高歌猛进的时期，而且也是为新中国的工业发展打下坚实基础、使中国工业体系完备雏形初步形成的时期。"一五"时期的工业建设取得了很大成就，为中国后来的工业发展奠定了基础。这些成就包括：第一，重要工业产品的生产能力成倍增加。1957 年钢的产量达到 535 万吨，是 1949 年的 33.9 倍；原煤产量 1.3 亿吨，是 1949 年的 4 倍；发电量 193.4 亿千瓦时，是 1949 年的 4.5 倍。第二，新工业产品大量增加。以钢为例，新中国成立初期中国钢材只能生产 400 个品种，到 1957 年已能够生产 4000 个品种；高级合金结构钢、特殊仪表用钢、硅钢片、造船用钢板、无缝钢管、50 公斤重轨等过去不能生产的产品已批量投产；1957 年钢材的自给率达 86%。此外，像飞机、卡车、客轮、货轮等技术含量高的产品，更是中国历史上第一次能够制造的产品。第三，引进、消化了大批技术，建立起机电装备工业。新中国成立初期中国的技术装备工业基本空白。到 1957 年，中国已能够生产 200 多种新型机床、1.2 万千瓦火电和 1.5 万千瓦水电成套设备、1000 立方米的高炉设备、联合采煤机、自动电话交换机以及全套纺织、造纸、制糖设备。第四，培养了一支工业工程技术队伍。到1957年，中国工业工程技术人员达17.5万人，是1952年的3倍；另外还培养了大批技术工人，形成了从产品设计、开发工艺和设备到制造的、配套的技术力量。

"一五"时期最大的成就是形成了中国工业自主发展的能力和基础。其中关键的因素是引进技术、消化技术，并形成自己的技术力量。"一五"所形成的工业发展能力，支持了此后中国工业几十年的发展，直至改革开放初期。① 同时"一五"时期优先发展重工业而形成的集中经济管理体制，虽然有集中力量办大事的优点，但是也有其不可避免的局限性和弊病。这集中表现在：第一，束缚了地方、企业乃至个人等各个方面的积极性、创造性。一切要纳入计划，而计划又管得过死，并且很难适应变化，因此适应实际需要的经济活动反而受到限制。第二，集中管理人为地割裂了产业、地区之间的经济联系，经济目标变成了行政目标，进而形成了脱离经济的利益格局。这都不利于经济发展，直到现在，经济发展仍受到条块分割之累。

（三）工业化从起飞到重挫、再到调整的阶段（1958～1965年）

这一阶段前3年为"大跃进"时期，后5年是第二个五年计划时期，"大跃进"期间中国工业化和经济发展遭遇了第一次重大挫折，使得本来即将要起飞的中国经济不得不收敛起欲飞的双翅（见图4－2）。此后在1961年1月召开的党的八届九中全会精神的指导下，工业开始初步调整，但处于徘徊局面。1962年开始了工业全面调整的决定性阶段，毫不动摇地切实贯彻执行"调整、巩固、

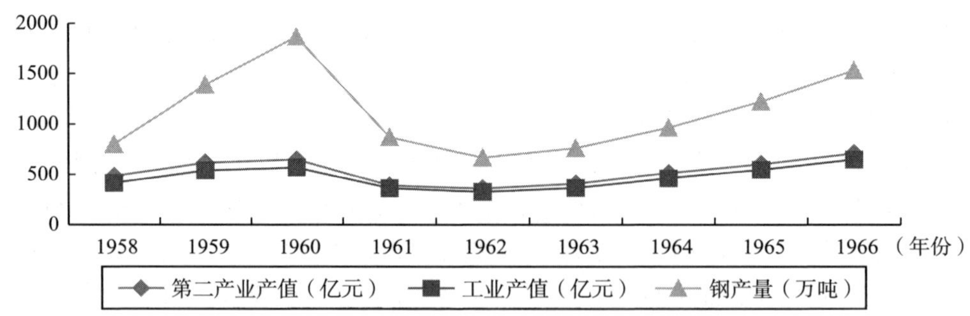

图4－2　1958～1966年工业发展产值变动曲线

资料来源：国家统计局综合司：《新中国五十年统计资料汇编》，中国统计出版社1999年版，第37、38、41页。

① 曾培炎主编：《新中国经济50年》，中国计划出版社1999年版，第280～281页。

充实、提高”的八字方针，经过一年多的艰苦奋斗，工业内部的比例关系以及与其他经济部门之间的比例关系得到调整，工业生产大踏步后退和退够的目标基本实现。1963 年 9 月中共中央召开工作会议，决定再用 3 年时间，即从 1963 ~ 1965 年，对国民经济继续实行“调整、巩固、充实、提高”的方针，在继续调整阶段，工业部门除了继续加强前一时期已经进行的支农工业外，还加快了轻工业生产，使得轻工业从 1963 年起产值逐年增加。同时，加快了燃料、原材料工业建设。

“一五”计划前 2 年，经济的持续高增长令新中国领导人十分的欢欣鼓舞，以致毛泽东认为中国的经济建设速度可以加快，应该比苏联搞得快一些、好一些，应该以尽可能高的速度向前发展。1955 年冬天，毛泽东在《中国农村的社会主义高潮的序言》中提出：中国工业化的规模和速度，已经不能完全按照原来所想的那个样子去做了，应适当地扩大和加快，也就是又多、又快、又省、又好地建设社会主义。此后，虽然历经毛泽东 1956 年 4 月《论十大关系》的论述和同年 9 月党的八大的召开，但毛泽东要“多快好省”地发展中国经济的理念却依然根深蒂固，并最终于 1958 年 5 月确立了“鼓足干劲、力争上游、多快好省地建设社会主义”的社会主义建设总路线。计划将超英赶美的时间大大缩短，争取 7 年赶上英国，再加上 8 年或者 10 年赶上美国。这样，从 1958 年开始，轰轰烈烈的“大跃进”运动便在广袤的中国大地上掀起了，不仅工业建设和工业生产要“大跃进”，而且农业生产要“大跃进”，文教卫生事业也要“大跃进”。

“大跃进”开始后，工业的中心是钢铁和机械的生产，由于机械生产的发展取决于钢铁生产的发展，因此钢铁生产的飞跃发展是重中之重，并提出 1958 年生产 1070 万吨钢铁的目标（即比 1957 年的产量 535 万吨增加 1 倍）。为了实现钢铁产量的飞跃式发展，提出了“以钢为纲”方针，要求其他部门“停车让路，让钢铁元帅升帐”。

为了追逐并完成 1070 万吨钢铁产量的年度任务，一场亘古未见、空前绝后的全民大炼钢铁的滑稽剧在中国有声有色地上演着。据不完全统计，截至 1958 年 10 月，全国竟有超过 6000 万的人在炼钢①，全国到处都是大炼钢铁的战场，各行各业从领导到干部、工人、农民、部队官兵、大中小学师生，甚至七八十岁的老人，夜以继日，奋战在矿山和炉旁。

虽然 1958 年 12 月 22 日《人民日报》以套红通栏标题宣传报道《1070 万吨钢——党的伟大号召胜利实现》，但是宣传毕竟掩盖不住事实，在 1958 年炼出的

① 董辅礽主编：《中华人民共和国经济史》上卷，经济科学出版社 1999 年版，第 322 页。

1108 万吨钢中，剔除小高炉、小土窑炼出的土钢 300 多万吨，比 1957 年实际增长 49.1%。“大跃进”对中国经济发展和工业化的损害并不仅仅在于炼出的这些土钢是毫无用处的废钢，而在于对本来颇有起色的中国经济的全面损害。

“大跃进”，农业自然灾害以及苏联政府背信弃义撕毁合同、撤退专家强迫中国还债等，使中国的工业化在 1959～1961 年间发生了严重困难。为了克服困难局面，中央正式决定从 1961 年起对整个国民经济实行“调整、巩固、充实、提高”的方针。其重点是搞好调整，改善整个国民经济的比例关系和生产关系，克服困难，争取经济形势的根本好转。就工业的调整而言，主要有：

一是降低工业生产计划指标。从 1961 年实际执行结果看，工业总产值只达到 1062 亿元，为原定计划的 46%，尚不足一半。[①] 后来，经过 1961 年 8 月庐山会议和 1962 年“七千人大会”“西楼会议”及 5 月的北京会议，对 1962 年工业生产建设计划，特别是原煤、钢、铁、木材等主要工业品生产指标，一再进行降低性调整，使它基本上落到实处。工业生产指标大幅度降低，为工业乃至整个国民经济的调整创造了一个较为宽松的环境。

二是压缩基本建设规模，调整方向。根据当时的财力和物力，特别是农业大幅度减产的情况，全国基建投资额从 1960 年的 388.69 亿元，减少到 1961 年的 127.42 亿元，1962 年又进一步减少为 71.26 亿元，[②] 砍掉了一大批建设条件差，建成后原材料和燃料动力没有保证而不能正常生产的项目。在压缩基本建设规模的同时，国家的投资方向有所改变。压缩重工业生产和投资，使 1962 年重工业产值比 1960 年下降了 58.6%，它在工业总产值中的比重，由 66.7% 下降至 53.5%[③]。同时在消费品方面尽量保证投资，增加生产，增加商品供给，以缓解轻、重工业比例严重失调的状况。

三是对没有原材料来源的企业，物资消耗大、成本高、质量差、长期亏损而在短期内又不能改变好的企业，区别不同情况，进行关、停、并、转。到 1962 年底，全国国营工业企业减少到 5.3 万个，比 1960 年减少 4.3 万个。全国工业企业总数，由 1959 年的 31.8 万个，减少到 1962 年的 19.7 万个，即减少了 38%。同时又用很大精力精减职工和城镇人口，到 1963 年 6 月，全国共减少职工 1887 万人，减少城镇人口 2600 万人。关、停、并、转是对经济结构进行存量调整的重要措施。[④]

---

① 《中国统计年鉴（1984）》，中国统计出版社 1984 年版，第 20 页。

② 《中国统计年鉴（1984）》，中国统计出版社 1984 年版，第 301 页。

③ 《中国统计年鉴（1984）》，中国统计出版社 1984 年版，第 25～27 页。

④ 芮明杰：《社会主义工业化论》，学林出版社 1993 年版，第 402 页。

四是加强支农工业。1962 年 10 月党的八届十中全会再次提出，工业部门的工作要坚决地转移到以农业为基础的轨道上来，要制订计划，采取措施，面向农村，支援农业。（1）大力抢修农业机械，为了抢修农业机械，所有拖拉机厂、动力机械厂都暂时停止生产农机主件，先集中力量生产修理拖拉机和排灌机械急需的配件。（2）充实中小农具和农业机械的生产能力，经过努力，1962 年农村小农具已经恢复到 1957 年的水平，每个劳动力有近 5 件农具。1961 ~ 1965 年共生产拖拉机 4. 21 万台，手扶拖拉机 5300 台。农业机械总动力 1960 年为 589 万千瓦，到 1965 年达到 1099 万千瓦，增加了 86. 5%。（3）加快化肥、农药工业的建设，1961 ~ 1964 年，化肥和农药投资占化学工业投资的比重由“大跃进”时期年平均 38. 8% 上升到 46. 0%，保证了许多大中型化肥厂的建设，并陆续建设了一批小型化肥厂，因而化肥产量迅速增加。1965 年全国化肥产量达到 172. 6 万吨，是 1960 年 40. 5 万吨的 4. 26 倍。农药产量到 1965 年年产量达 19. 3 万吨，比 1960 年增加了 19. 1%。[①]

五是尽可能地提高轻工业发展速度，积极恢复和发展日用工业品和手工业产品的生产。1960 年生产化纤 1. 06 万吨，到 1965 年达到 5. 01 万吨，比 1960 年增长近 4 倍，比 1957 年增长 250 倍。[②] 大量生产市场奇缺的锄、镰、锨、锹、锅、碗、罐、缸、盆、桶、勺等小农具和日用品。轻工业总产值在 1962 年为 395 亿元，下降到最低点，比 1957 年的 705 亿元还要低，但是从 1963 年就开始回升，1965 年达到 703 亿元，比 1962 年增长 78%。[③]

由于 1961 ~ 1965 年的调整、恢复与发展，到 1965 年国民经济状况有了根本的好转，1965 年，全国工农业总产值达 2235 亿元（当年价格）。综合来看，1958 ~ 1965 年的 8 年中，全国工农业总产值年均增长 6%，其中工业总产值年均增长 8. 9%；现代工业体系初步形成，新兴的电子工业、原子能工业、航天工业也逐步发展起来；经过 1961 年之后的调整，主要工业品产量出现了持续上升的势头，但工业内部比例关系有所协调，1962 年轻工业总产值中的比重由上年的 42. 5% 提高到 47. 2%，重工业的比重相应由 57. 5% 下降到 52. 8%；1962 年主要工业品产量，钢为 667 万吨，比上年减少 200 多万吨，原煤 2. 20 亿吨，减少 5800 万吨。在经济比例关系趋于协调的基础上，1965 年工业增加值由 1960 年的 568. 2 亿元下降到 546. 5 亿元，同比下降了 5. 3%，占国民生产总值的比重由 39. 0% 下降到 31. 8%。这些正是符合了这一时期经济调整的要求，即把工业

① 《中国统计年鉴（1984）》，中国统计出版社 1984 年版，第 169、229、247、349 页。

② 《中国统计年鉴（1984）》，中国统计出版社 1984 年版，第 220 页。

③ 汪海波等：《中国现代产业经济史》，山西经济出版社 2011 年版，第 199 页。

“大跃进”时期过高的速度和过高的比重降下来。①

第二节 “大跃进”时期的工业化建设

1958 年发动的“大跃进”运动，其主观愿望是加速工业化进程，但是在实际工作中采取了用主观意志取代客观经济规律、取代科学等错误做法，加上用行政手段管理经济所带来的浮夸风、瞎指挥等弊病，中国的工业建设在前进中出现失误和挫折。“以钢为纲”的工业“大跃进”大规模建设起来，钢铁工业在工业“大跃进”中起了带头作用，钢铁工业是国家工业化的基础，然而，直到 1957 年，中国的钢铁工业基础仍十分薄弱。这与中国工业化建设的要求相比，差距甚大。这样，实现钢铁工业“大跃进”，就成为实现社会主义建设“大跃进”的首要选择。为了保证“钢铁元帅”升帐，各项工业指标都不断加码，首当其冲的是机械工业、煤炭工业和电力工业。因此，除了钢铁工业以外，机械工业及作为钢铁工业主要燃料来源的煤炭工业和电力工业在“大跃进”中也处于重要的位置。为了实现工业“大跃进”，也寄希望于地方工业，全国各地出现了大办工业的“大跃进”高潮。

一、全民大炼钢与钢铁工业的突起

现代工业的一个重要特征就是以钢铁为原材料的相关工业产业的发展，钢铁工业是一个国家或地区工业化与现代化的基础，因此，钢铁工业的发展成为制约和提升一个国家或地区工业化水平的关键。新中国工业化启动之后，钢铁工业很快就被作为工业产业中的主导产业提到了至高无上的地位。究其原因，主要是由于“一五”期间钢铁的短缺成为中国经济快速增长的一个障碍（尽管当时中国进口了大量钢材）。因而要实现中国经济的快速增长，必须解决钢材供给不足这个瓶颈问题。

新中国钢铁工业的起点是比较低的，生产能力十分薄弱。1949 年仅 15.8 万吨，到“一五”计划完成时的 1957 年也只有 535 万吨。而 1955 年，英国钢铁产量为 1655 万吨、苏联为 4527 万吨、美国为 10617 万吨，中国的钢铁产量分别是

① 芮明杰：《社会主义工业化论》，学林出版社 1993 年版，第 402 ~ 403 页。

上述国家的 1/3、1/9 和 1/20。若按人均水平，差距就更大。[①] 然而，经过“大跃进”，到 1965 年时，钢铁的年产量就达到了 1223 万吨，而 1960 年钢铁的年产量更是达到 1866 万吨，这是“大跃进”期间中国最高的钢铁年产量（见表 4－6 和图 4－3）。根据格鲁奇的研究，中国钢铁产量的年均增长率在 1949～1965 年间为 129%，而在 1957～1965 年间则为 181.1%。[②]

表 4－6　　1949～1965 年中国钢铁产量统计　　单位：万吨

年份	产量	年份	产量	年份	产量	年份	产量
1949	15.80	1954	223.00	1959	1387.00	1964	964.00
1950	61.00	1955	285.00	1960	1866.00	1965	1223.00
1951	90.00	1956	447.00	1961	870.00	—	—
1952	135.00	1957	535.00	1962	667.00	—	—
1953	177.00	1958	800.00	1963	762.00	—	—

资料来源：曾培炎主编：《新中国经济 50 年（1949－1999）》，中国计划出版社 1999 年版，第 924～925 页。

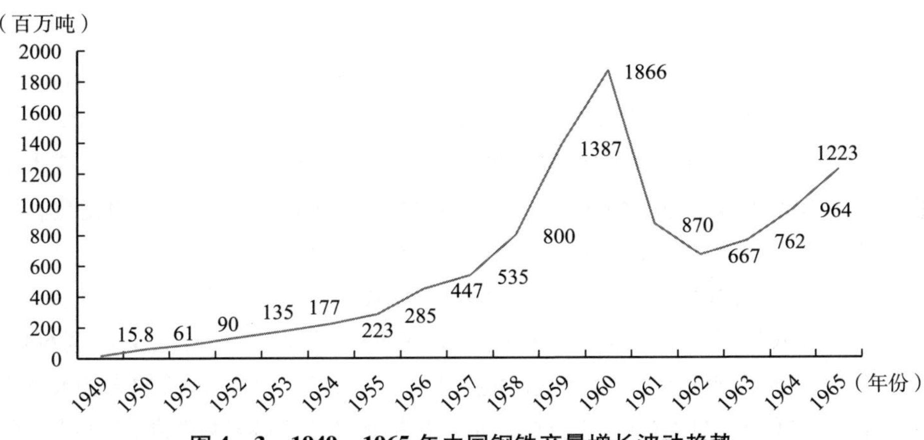

图 4－3　1949～1965 年中国钢铁产量增长波动趋势

在传统计划经济体制下，钢铁产量能够如此呈现快速增长，最重要的原因是以毛泽东为首的中共中央的坚强领导。毛泽东从其走上革命生涯开始，就始终以

① 国家统计局编：《中国工业的发展》，中国统计出版社 1985 年版，第 108 页。

② ［美］阿兰·G. 格鲁奇：《比较经济制度》，徐节文等译，中国社会科学出版社 1985 年版，第 791 页。

国家富强、实现工业化和现代化为己任，1956 年 2 月 16 日，毛泽东在听取重工业部汇报时提出了钢产量每五年翻一番的设想；1957 年 11 月 18 日，毛泽东在得知苏联将用 15 年超过美国后，就提出了中国用 15 年左右的时间在钢铁产量等方面赶上英国的目标；1958 年 5 月，15 年赶超英国的目标被毛泽东变更为“七年赶上英国，再加八年或者十年赶上美国”的新目标；1958 年 6 月 22 日，毛泽东又批示说：“赶超英国，不是十五年，也不是七年，只需要两年到三年，两年是可能的。这里主要是钢。只要 1959 年达到 2500 万吨，我们就在钢的产量上超过英国了。”① 1958 年 7 月赫鲁晓夫来华访问中国，毛泽东向他讲，中国今年产钢 1070 万吨。赫鲁晓夫不大相信，在华苏联专家总顾问阿尔西波夫也说恐怕实现不了。这些看法进一步激励了毛泽东等中国领导人实现计划的决心。为了突出工业中的钢铁和农业中粮食的重要性，分别提出了工业“以钢为纲，带动一切”与农业“以粮为纲，全面发展”的宣传口号，在这个口号的指引下，中国社会从上到下的重要制度安排几乎都是围绕着增产钢铁产量来进行的。

当时，把主要作业采用机械化方法生产的大、中型企业称为“大洋群”；把采用土法生产的，以农民为主体的小型企业（或生产点）称为“小土群”。对于“大跃进”的钢铁指标，单纯依靠正常地发展钢铁工业，在短短的时间内难以奏效。于是，完成指标的希望寄托于“小土群”，小高炉、土高炉的数量迅速增长，1958 年 7 月有 3 万多座；到 8 月，增至 17 万座；9 月底，猛增到 60 万座；10 月底，达到了几百万座。不但工厂、公社，而且部队、机关、学校也建起了土高炉、炼钢厂。虽然中国工业化的进行波动起伏，制度在执行中也发生过或大或小的调整，但钢铁作为工业化战略的重中之重实际上并未发生什么大的变化，所以钢铁工业不论是在顺境中还是在逆境中总是向前发展着。

为了推动全民大炼钢铁运动，1958 年 7 月底，用在钢铁生产上的劳动力有几十万人，8 月底增至几百万人，9 月底猛增到 5000 万人，10 月底又增至 6000 多万人。加上其他行业直接、间接支援的人员，全国投入大炼钢铁的人力超过了 1 亿人，占全国总人口的 1/6。这时报刊也不断报道各地钢铁“高产卫星”的情况，据报道，1958 年 9 月 9 日当天全国日产钢近 6 万吨，铁近 30 万吨，并出现了 9 个日产铁超过万吨的省和日产铁千吨的县。②

应该说，中国钢铁产业的发展不能不谓之为“快”，然而，产量的快速增长并不必然意味着钢铁产业的效率提高。1949～1965 年间，中国钢铁产量的增长显

① 薄一波：《若干重大决策与事件的回顾》下卷，中共中央党校出版社 1993 年版，第 699～700 页。
② 《人民日报》社论：《卫星齐上天，跃进再跃进》，《人民日报》1958 年 10 月 1 日，第 1 版。

然是依靠要素投入增加来获得的，属于典型的粗放式增长。从基本建设投资的部门结构看，投资的部门重点显然是重工业（其中又主要是钢铁业），如表4－7所示。由于重工业的持续、重点投资，导致为重工业发展提供原材料和动力源的工业（主要是采掘铁矿、煤炭的工业）投资比重也是异常的高（见表4－8）。

表4－7　　1965年前中国农业、轻工业和重工业基本建设投资比重　　单位：%

时期	农业	工业	轻工业	重工业
“一五”时期	7.1	42.6	6.4	36.2
“二五”时期	11.3	60.4	6.4	54.0
1963～1965年	17.6	49.8	3.9	45.9

注：本表指数以固定资产投资总额为100。
资料来源：《中国统计年鉴（1991）》，中国统计出版社1991年版，第156页。

表4－8　　1965年前中国采掘和原料工业基本建设投资比重　　单位：%

时期	占工业基建投资的百分比	占重工业基建投资的百分比
“一五”时期	53.0	62.4
“二五”时期	58.2	65.0

注：本表数字统计范围为全民所有制企业。
资料来源：《中国工业经济统计资料（1986）》，中国统计出版社1987年版，第195～196页。

重工业、钢铁业的高投入低产出的粗放增长还可以由许多实证资料来验证。如1958年，全国遍地开花的“小高炉”“小土群”炼钢，炼出了大量无用的废钢、浪费了大量资源。截止到1959年底，全国正常生产的“小洋群”也达到了1300多个，这些“小洋群”拥有高炉约6万立方米，转炉600余吨，矿山1000多个，炼焦炉400多个。1959年，“小洋群”和“小土群”生产的生铁占全国生铁产量的50%，铁矿石占45%，焦炭占70%。1960年，要求全国所有有煤铁资源的县、市至少要搞起一个以煤铁为中心的“小土群”“小洋群”，有条件的人民公社也要尽可能地举办“小土群”的采煤、采矿、炼铁企业。当时还提出要使小煤窑、小铁矿、小高炉、小转炉、小铁路“五小成群”。据统计，1960年全国21个省区市共有职工1820万人，其中“小洋群”占686.6万人，“小土群”占318万人，合计1004.6万人，占职工总数的55.2%。① 大量的人力、物力、财力

① 刘国良：《中国工业史（现代卷）》，江苏科学技术出版社2003年版，第411页。

被白白浪费，不少设备因超负荷运转招致严重损伤。为了生产土钢土铁，过量开采矿石，大量砍伐树木，砸掉大量铁锅铁器，破坏了矿产和森林资源，影响了人民生活。

二、机电工业加码建设与地方工业建设

为了保证“钢铁元帅升帐”，各项工业指标都不断加码，毛泽东在最高国务会议上提出关于“三大元帅、两个先行”的意见，两个先行官，一个是铁路，一个是电力。因此，在工业各部门中，除了钢铁工业意外，机械工业及作为钢铁工业主要燃料来源的煤炭工业和电力工业在“大跃进”中也处于重要的位置。

在“大跃进”的形势下，各部门、各地方纷纷加快生产建设速度，许多基建项目迫切需要大量的机械设备。为了适应各方面的急需，机械工业开始了加码建设，主要表现在三个方面：（1）生产建设的群众运动如火如荼。不仅强调老厂翻番，生产车间三班倒，工具、机修等技术后方上前线，拼体力、拼设备，而且省、地、县、社各级都大办机械厂，其他产业部门、施工部门，以及学校实习工厂也都大量制造机械设备，形成“遍地开花”。大部分是一些性能差、效率低、能耗高的设备，在生产上造成很大浪费。（2）突击式、群众性的普及和发展机械技术。为了实现机械工业的高速发展，提倡土洋并举，土法上马，大搞土简设备，1958 年 10 月，一机部在哈尔滨市机械厂召开现场会，推广大搞土设备的做法。“大跃进”中推广的 355 项重大革新，只有 30% 取得一定效果，有些革新违反了科学，严重影响产品的性能和质量。（3）为了适应高指标的要求，机械工业进行了大规模的基本建设。1958 ~ 1960 年的 3 年“大跃进”中，施工项目猛增到 2000 多个，其中大、中型项目 200 多个。经过大规模的基本建设，在西安、兰州、郑州、合肥、杭州、保定等地形成了新的机械工业基地。布局虽然展开了，但是没有处理好与专业化协作的关系，工厂“大而全”“小而全”，在省市、部门之间走自成体系，重复生产、重复建设非常严重。由于基建规模过大，超过了能力，致使一些国家急需的重点建设项目，反而没能按时完成。建设项目内部也不平衡，冷热加工不协调，前后左右不配套，大量项目没有建成就不得不停建缓建，造成很大浪费。①

煤炭工业作为保证“钢铁元帅升帐”的重要一环，为了配合当时全民大炼钢铁，煤炭工业部提出“全民大办煤矿”。1958 年 10 月在河南省宝丰县召开全民

---

① 汪海波等：《中国现代产业经济史》，山西经济出版社 2011 年版，第 145 页。

办煤矿现场会，1959 年 3 月，进一步要求全国每一个矿井都要做到“日日高产，月月高产”“大面积丰产”。计划产量和建井总规模指标越来越高，1958 年建井总规模达 2.5 亿吨，当年开工 1.7 亿吨，这个数字比 1957 年增加了 198%。结果只得简易投产，降低了工程质量和移交标准。地质勘探也片面追求进度，忽视质量和效果，对设计、施工造成了困难。为了适应大办钢铁的紧迫形势，煤炭工业部在短短几天内仓促定点建设 232 个与小焦炉配套的简易洗煤厂，并突击设计、施工，3 年中开工建设了 170 个，后来大部分报废。“大跃进”给煤炭工业造成了严重的后果，高指标导致了不顾水力采煤的严格适用条件，强行要求全国煤矿立刻普遍推广，生产矿井采掘关系失调，巷道和设备失修，生产能力受到严重破坏。从 1960 年 5 月开始，全国煤炭产量持续地大幅度下降。①

电力工业在“大跃进”中也受到高指标的严重影响。电力工业产量 1958 年达到 275.3 亿千瓦时，比 1957 年实际增加近 82 亿千瓦时，增长 42.3%。1958 年以后 3 年中不仅建成了一批“一五”计划期间开工建设的重要水、火电站项目，同时，在 1958 年 1 月提出的“水主火从”建设方针指导下，还开工兴建了不少大型水电项目，主要有：装机 50 万千瓦的丹江口枢纽，装机 29.97 万千瓦的富春江七里垄水电站，装机 44.75 万千瓦的拓溪水电站，装机 35.2 万千瓦的盐锅峡水电站和装机 122.5 万千瓦的刘家峡水电站等。但由于急于求成，这一时期在水电建设中也不顾条件，过早地上了一批大型项目，最后被迫下马。这批下马的项目共计 24 个，其中 1958 年下半年动工的就有 19 个，总装机容量达 867.8 万千瓦，造成损失近 6 亿元。② 尽管电力工业建设已尽力加快速度，但仍然赶不上需要，也实施了“全民办电”，一切可利用的动力资源都挖掘了出来，简易的土法设备也制造了出来。但这种不计经济效果、大量浪费资源的做法难以持久，造成了更大的浪费。

当时，为了促进并保证工业“大跃进”的实现，还寄希望于地方工业③。1958 年 6 月初，中共中央决定把全国划分为东北、华北、华南、华东、华中、西北、西南 7 个协作区，要求各协作区根据自己的资源条件，尽快建立大型的工业骨干和经济中心，形成若干个比较完整的工业体系的经济区域。6 月初到 15 日止，中央工业部门匆匆忙忙下放了 800 多个单位，中央各部门所属的企业、事业单位已有 80% 下放给地方管理，同时各地掀起了群众性大办工业的热潮。8 月 10 日，毛泽东在天津视察工作时又进一步指出，各省也应建立比较独

① 《当代中国的煤炭工业》，中国社会科学出版社 1989 年版，第 44、45、46、47 页。

② 彭敏主编：《当代中国的基本建设》，中国社会科学出版社 1989 年版，第 94、95 页。

③ 这里说的地方工业，是指省（自治区、直辖市）、地、县、各级地方政府管理的企业。

立的但是情况不同的工业体系。为了完成上述任务，全国各地出现了大办工业的“大跃进”高潮。1958 年国营工业企业由 1957 年的 4.9 万个增加到 11.9 万个，增长了 1.43 倍。①

这样做的结果，一方面地方工业有了迅速的发展，社办工业和街道工业的兴起为今后地方工业的发展奠定了基础；另一方面，各地基本建设迅速膨胀，职工队伍膨胀，社会购买力膨胀，而新建的一些小型企业却耗费资源很大，效益很差。

第三节　1960～1978 年间工业化建设与发展

这一时期工业化发展指导方针“以农业为基础，以工业为主导”。为了改变经济活动受到的“条条”限制，在工交领域组建和试办托拉斯，着手改善生产组织，改革管理制度，建立适合社会化大生产和专业化分工协作的经营管理方式，促进了设备的利用和生产技术水平的提高，收到了较好的经济效果。在经济调整的基础上，初步建立起了一个门类比较齐全、有相当生产规模和一定水平的、比较完整的工业体系，工业产品产量提高，品种增加，质量上升，成本降低，经济技术指标都创造了新中国成立以来的最好水平。同时引进世界先进技术，打破常规发展尖端技术，掌握了一批核心科技，研制出一批高精尖产品，又培养出一支高素质的科技队伍。

一、计划体制下组建与试办托拉斯

在单个企业内部的微观制度锁定之后，同属于国家所有的成千上万个国营企业，由于生产中的各种关联性，如产品的同一性、产品生产的上下游关系以及现实中由于条块分割而带来的对经济活动的限制，等等，催生了工业托拉斯的组建与试办。

就当时中国试验的托拉斯来看，效率的改进与提高是十分明显的，而这主要归因于试办托拉斯而带来的规模经济效益与范围经济效益。经济学家的研究表明，企业生产过程中是存在规模经济和范围经济效益的。一方面，由于企业生产不论规模大小，有一些成本却是固定的，在此种情况下，扩大生产规模，显然有

① 汪海波等：《中国现代产业经济史》，山西经济出版社 2011 年版，第 146 页。

利于降低单位产品成本而不断增进效益，而组建托拉斯，不仅有利于降低生产成本，更有利于减少交易成本。另一方面，托拉斯组建以后，由于托拉斯生产的多种产品本来就存在着上下游之间的关系，当工业托拉斯同时生产几种产品的支出比原来各个企业分别生产它们要更少时，实际上也就意味着范围经济效益出现了（见图4－4）。

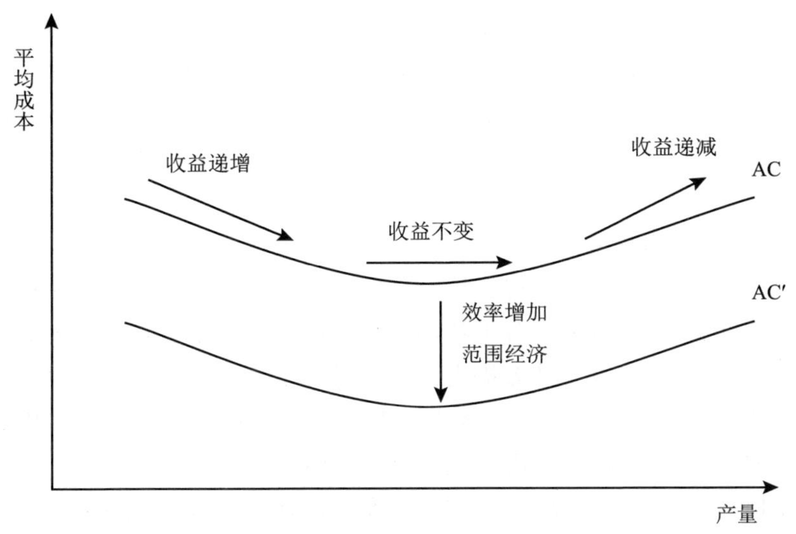

图4－4　规模经济与范围经济

组建并试办托拉斯主要发生在1964～1966年"文革"之前。1964年4月30日，中共中央批准试办华东煤炭工业公司，这是新中国试办的第一个托拉斯企业。6月，国家经委在反复调研的基础上，草拟了《关于试办工业、交通托拉斯的意见的报告（草稿）》，并得到中央的认同和批准。之后，正式的托拉斯纷纷组建起来。①

由于情况不同，它们各具特色。第一批获准试办的12个托拉斯中，烟草公司和医药公司具有全行业的性质，集中管理全国所有的烟厂和药厂；地质机械仪器公司仅限于管理原有的中央直属企业；其余6个全国性托拉斯，除管理原有中央直属企业外，还各自上收了数量不等的地方企业。如盐业公司集中了全国的大盐场和盐业销售机构；汽车公司从全国169个地方专业汽车配件厂中上收了42个，在全国汽车配件产量中占39%；橡胶工业公司成立后，从全国205个地方橡

① 汪海波等：《新中国工业经济史（1958－1965）》，经济管理出版社1995年版，第159～161页。

胶企业中上收了 103 个；拖拉机、内燃机配件公司从全国 122 个地方拖拉机、内燃机配件厂中上收了 23 个；纺织机械公司从全国 36 个地方纺织机械企业中上收了 3 个；制铝工业公司从地方铝厂中上收了两个较大的铝厂。先后共有 300 多个地方企业收归托拉斯管理。与此同时，部分省、市也试办了一些由地方管理的托拉斯。如黑龙江的糖业公司，辽宁省的柞蚕丝绸工业公司，北京的玻璃总厂和塑料总厂，天津机床工业公司、造纸公司和染料化学公司，上海的轻工业机械公司、标准件公司和丝绸公司，浙江的糖业公司，重庆的皮革工业公司等。1965 年，国务院又试办了石油工业公司、仪器仪表工业公司和木材加工工业公司等 3 个。同年 10 月，全国基本建设工作会议也决定把工交各部的专业安装队伍和专业性很强的土建队伍，按行业或联合相近行业，组成若干个全国性的建设托拉斯。

从托拉斯的组建及试办的情况来看，它们都取得了明显的经济效益。如组建于 1963 年 7 月的中国烟草工业公司，它对全部卷烟工业企业实行集中统一管理，统一经营烟叶的收购、复烤、分配和调拨，管理成本、交易成本大大下降，资源配置合理，分工协作明确，绩效提高显著。托拉斯组建后，卷烟厂由 104 个调整为 62 个，职工人数由 5.9 万多人减为 4.1 万多人，而卷烟生产能力却从 330 万箱提高到 480 万箱，卷烟牌号由杂乱的 900 多种减为 274 种。1964 年劳动生产率比 1963 年提高 42.4%，卷烟的加工费用降低了 21%。而且，烟草工业公司还协同农业部门抓烟叶的生产，开展科研工作，扩大高级烟原料基地，派技术员进行技术指导，提高农民种烟积极性，烟叶产量大幅度上升，质量也有所提高。由于上等烟叶比重增加，卷烟产品质量有明显提高，甲级烟的产量增加了 1 倍以上。

再如成立于 1964 年 10 月的中国汽车工业公司，将全国汽车行业初步组织起来。新接收的 38 个地方厂，加上原有的直属厂，共 75 个直属厂，占当时全国共有汽车制造和汽车配件的骨干厂 180 个的 42%。按地区组成了长春、北京、南京和重庆 4 个分公司，济南和武汉 2 个汽车制造总厂和以长春、北京、南京 3 个分公司为中心的，包括地方厂在内的专业化协作网。公司实行统一领导、统一规划，按专业化协作的原则，对企业进行了调整和改造，使汽车生产大幅度增长。1965 年全国汽车产量达到 4 万多辆，比 1964 年增长 40% 以上。同时，试制成功 15 种新型号汽车。汽车配件销售业务由公司统一管理后，配件供应情况也明显好转。

医药公司将全国 297 个药厂调整为 167 个，精减职工 4700 人，六大类原料药的产量 1965 年第一季度比上年同期提高 29%，同时提高了产品的质量，增加了品种。

盐业公司由于实行了托拉斯的管理，尽管在 1964 年遇到自然灾害，减产达 50%，但仍然保证了国内供应，出口量也超过历史最高水平。由于按照经济规律组织运输，1964 年节约铁路运力 1 亿多吨公里，节省麻袋 300 万条，实现利润比原定计划增加近 1 倍。

制铝工业公司成立以后，集中资金扩建山东铝厂、兰州铝厂，实施物资统一供应、统一调剂。这些措施于 1965 年初在山东铝厂试行两个月，调剂设备 50 余吨、钢材 140 吨，铜材 140 吨，铝材和其他物资 1.7 万吨。

华东煤炭工业公司实行统一管理以后，公司的经营管理得到了改善，1965 年第一季度开始扭转连续 4 年亏损的局面，盈利 500 万元。

托拉斯的组建与试办，实际上就是要解决资源配置中存在的行政（或行业、部门）条块分割、交易成本过高和企业效率低下等问题，虽然托拉斯的试办也证明了其是有利于效率改进的，但只要传统计划经济体制不改变，要真正实现资源、要素在行政区域间、行业间或部门间的顺利流通，事实上是不可能的。因为托拉斯的出现及其发展本来就是市场经济的产物，借助于行政的力量虽然可以促进效率一时的改进，但它却无法从根本上解决问题。后来，随着"文化大革命"的全面展开，新中国成立之后一直处于变动中的工业生产的制度与组织就进入到了一个相对稳定状态，而工业企业托拉斯的试办与组建也随之停顿下来。

二、初步建立门类比较齐全的工业体系

1965 年我国工农业总产值达到 1984 亿元，比 1957 年的 1241 亿元增长 60%，是 1952 年 827 亿元的 2.40 倍。全民所有制工业固定资产原值 1965 年达到 1445.8 亿元，比 1957 年增长近 3 倍。1965 年全部建成投产的大中型建设项目有 289 个。与此相适应，工业生产能力有了明显增长，生产水平有了很大提高。1965 年与 1957 年相比，金属切削机床从年产 2.8 万台增加到 3.96 万台，锻压设备从 0.29 万台增加到 0.75 万台。同期，全国日生产水平，原油达到 30986 吨，是 1957 年的 7.7 倍；钢达到 33507 吨，是 1957 年的 2.3 倍。①

石油工业有了长足进展。继组建成具有世界先进水平的大庆油田后，又建成了胜利油田、四川油气田，原油开采能力 1965 年比 1956 年增长 6.5 倍，达到 1131 万吨。我国国内消费的原油以及石油产品实现了全部自给，我国已由一个

---

① 李宗植、张润君编著：《中华人民共和国经济史（1949 - 1999）》，兰州大学出版社 1999 年版，第 235 页。

依赖进口的缺油国转变为石油输出国，结束了长期用洋油的时代。随着石油产量的增长，开始建立起自己的以石油、石油产品或天然气为原料的石油化学工业。

机械设备生产增长很快，万吨货轮、内燃机车、电气机车、大型电机、一万二千吨水压机等大型锻压设备及其他大型机床和精度机床都是这个时期造出来的。我国主要机械自给率大大提高。

这一时期轻工业的生产能力也有较快的发展，1965 年与 1957 年比，棉纺锭增长了 29%，机制纸及纸板生产能力增长 57.9%，机制糖生产能力增长了 84%，缝纫机生产能力增长 3.2 倍，自行车生产能力增长 1 倍多。①

工业产品质量普遍提高了很多。1965 年生铁合格率达到 99.85%，钢材合格率达到 98.39%，原煤灰分和含矸率分别降到 19.56% 和 0.64%，棉布一等品率达到 97.4%。有些机械工业产品性能、质量已接近或达到世界先进水平。

工业产品新品种大量增加。主要工业产品品种增加了近 3 万多种。在冶金工业中，据 1964 年统计，钢的品种达 900 多种，钢材的品种达 9000 多种，都比 1957 年增加了 1 倍多。已经能够炼制出高温合金钢、精密合金钢、高纯度合金钢、有色金属等。钢材自给率达到 95%。在机械工业方面，1964 年机床品种达到 540 种，比 1957 年增加了 1.8 倍。到 1965 年，已经能够制造大型的、复杂的、成套的和精密度要求很高的设备。我国主要机器设备的自给率由 1957 年的 60% 以上提高到 90% 以上。②

涌现出一批新型工业部门，拖拉机制造、电子工业、石油和化工设备制造、精密机床制造、精密仪表制造、原子能、有机合成等一些新型工业部门从无到有建立起来，填补了空白，使我国工业门类逐步齐全。

工业内部结构也有很大的改善。轻、重工业之间的比例 1957 年是 55.0∶45.0；1960 年为 33.4∶66.6；1965 年为 51.6∶48.4。这是一个可以兼顾国家建设和人民生活、基本适应客观需要的比例关系。采掘工业与加工工业的比例关系大体上恢复到 1957 年水平，改变了“大跃进”时期加工工业过重的不协调状况。各工业部门内部各环节之间的比例，如采掘业中的回采与掘进的关系，机械工业内部的主机与配套、制造与修理之间的关系，也趋于合理。

工业布局有了相对改善。各省（自治区、直辖市）特别是内地都建立了不同规模的现代工业，使生产能力的地区配置发生了较大的变化，边疆内地的资源得以开发利用。华东地区发展了冶金、煤炭工业，充实了机械、化学工业，加强了

① 汪海波等：《中国现代产业经济史》，山西经济出版社 2011 年版，第 244 页。

② 汪海波等：《中国现代产业经济史》，山西经济出版社 2011 年版，第 245 页。

重工业的基础。从 1964 年开始，钢铁工业的投资重点转向内地。新建的煤炭工业大多设在缺煤的西北、西南和华东地区，开始改变煤炭生产集中于华北、东北的状态。机械工业在进一步发展和利用原有基地的同时，又建设了武汉、湘潭、开封、洛阳、郑州、重庆、成都、昆明、贵阳、西安、兰州等 10 多个新的机械工业基地。我国广大腹地形成了不少工业中心，如以武汉、包头为中心的钢铁基地，山西、内蒙古、河南的煤炭基地，甘肃兰州的石油化工中心，四川成都、重庆的机械、钢铁基地等。内地工业的产值在全国工业产值中的比重，由 1957 年的 32.1% 提高到 1965 年的 35%。随着交通运输业的发展，特别是鹰厦、宝成、包兰、兰新等铁路的通车以及川黔、贵昆、成昆铁路的修筑，沟通了沿海、内地、边疆的经济联系，经济往来更加密切。

总之，在经济调整的基础上，我国已初步建立起了一个门类比较齐全、有相当生产规模和一定水平的、比较完整的工业体系，工业产品产量提高，品种增加，质量上升，成本降低，经济技术指标都创造了新中国成立以来的最好水平，奠定了实现社会主义现代化的物质技术基础，有力地支援了农业生产和国防建设。

三、发展工业科学技术和尖端技术

为了使工业科学技术迅速接近和超过世界先进水平，加速经济发展，在全面深入调整经济的时候，我国从 1963 年到 1965 年先后与日本、英国、法国、联邦德国等签订了 80 多项引进先进技术的工程合同，用汇 2.8 亿美元。同期，我国还从东欧各国引进成套设备和单项设备，用汇 2200 万美元，两者合计 3 亿多美元，其中填补空白的关键技术占有突出位置。这个时期的技术引进以提高产品质量和企业生产技术水平、努力改善产业内部结构为原则。这些项目有些填补了我国工业的空白，有些明显提高了相应行业的生产技术水平。经过这个时期的技术引进，我国石油化工和其他化学工业的生产能力有了迅速的发展，冶金工业的某些关键生产技术有了明显提高，半导体、原子能等工业也取得了较快的发展。①

这些引进项目是新中国成立后从西方国家引进技术的初始阶段，引进工作比较谨慎。引进项目从整体上看符合当时我国的实际需要，不少项目基本上做到投产顺利，较快地达到或超过设计能力，取得了比较好的技术与经济效果。

科技队伍在这个时期也迅速壮大，科技人员由 1957 年的 120 余万，上升到

① 李宗植、张润君编著：《中华人民共和国经济史（1949－1999）》，兰州大学出版社 1999 年版，第 224 页。

1963 年的 230 余万。我国有了一批第一流的科学家和工程师，在资源勘探、矿藏开采、工农业生产及医疗技术、原子弹、喷气和电子技术、基础科学等方面都取得了比较突出的成绩。

随着对领导中国社会主义建设和工业化建设经验教训的不断反思，以及国际形势的变化，特别是苏联撕毁合同，撤走专家，中国和美苏关系的日趋紧张并逐渐陷入敌对状态，1961～1965 年间，毛泽东关于中国工业化的战略构想依然是围绕工业化道路和速度的问题，提出要打破常规发展尖端技术。

在工业化道路上，毛泽东认真反思总结“大跃进”运动，强调要做好综合平衡，以农轻重为序安排国民经济计划，并进一步提出中国工业化应该走“以农业为基础，以工业为主导”、从国情出发的实事求是的发展道路。鉴于日益严峻的国际形势，在工业化建设速度上，毛泽东明确指出：“我们应当以有可能挨打为出发点来部署我们的工作，力求在一个不太长久的时间内，改变我国社会经济、技术方面的落后状态。”[①] 毛泽东果断做出抓紧进行对尖端武器的研究试制工作的指示，提出：“科学技术这一仗，一定要打，而且必须打好。”[②] 并要求：“我们的技术要赶上和超过国际水平……原子弹、氢弹，都要超过。”[③] 1964 年 10 月 16 日，中国成功地爆炸了第一颗原子弹，这表明中国的科学技术和自行制造的各种材料、燃料、设备、仪器都达到了较高的水平。

这一时期，在积极贯彻“调整、巩固、充实、提高”八字方针的同时，积极主动响应和配合毛泽东和党中央要求，发展以“两弹一星”为核心的国防尖端技术，提出“即使把裤子当掉，也要把导弹搞上去”。广大科技人员在“没有条件就自己创造，没有资料就自己摸索，没有设备就自己制造，没有技术力量就自己培养”的艰苦条件下，发扬自力更生、艰苦奋斗的精神，刻苦钻研，边学边干，依靠自己的力量，掌握了属于中国自己的核心技术，成功完成了导弹的试制任务。同时，也十分注重将研制国防尖端产品、攻克尖端技术与实现工业向“高、精、尖”方向发展有机地结合起来，将基础理论研究与发展新兴技术合二为一。

打破常规发展尖端技术，初步建设成了中国先进的工业和科学技术体系，掌握了一批核心科技，研制出一批高精尖产品，培养出一支高素质的科技队伍。电子工业、原子能工业、导弹工业从无到有、从小到大逐步发展起来，成为国民经济的重要部门，并为建设社会主义现代化强国打下了坚实工业科学技术和人才队伍基础。

---

① 《建国以来毛泽东文稿》第 10 册，中央文献出版社 1996 年版，第 348 页。

② 《毛泽东思想年编（1921－1975）》，中央文献出版社 2011 年版，第 925 页。

③ 《毛泽东思想年编（1921－1975）》，中央文献出版社 2011 年版，第 936 页。

四、1966～1978年间的工业化推进

1966～1978年的中国工业化推进最主要表现在两个方面：一个是开始于1964年而主体推进发生在1966～1978年间的“三线建设”①，另一个是“文革”结束后开始的“洋跃进”。

“三线建设”发生的时间段为1964～1980年。据董辅礽主编的《中华人民共和国经济史》一书研究：从1965年到1980年，中国在11个省、自治区开展的“三线”建设，历经了3个五年计划，共投入2050多亿元资金，几百万人力，安排了几千个建设项目。到20世纪70年代末，共形成固定资产原值达1400亿元，约占当时全国的1/3。其中，1967～1976年“文革”期间，基本建设的投资额为2907亿元（包括国家预算内投资2450亿元，地方、部门、企业自筹资金投资457亿元），相当于前17年总和的116%。1967～1976年中，新增固定资产1756.84亿元，建成大中型项目1355个。② 到1975年，“三线”地区的11个省、自治区全民所有制工业固定资产原值，在全国全民所有制工业固定资产原值总额中所占比重，由1965年的32.9%上升到35.3%；工业总产值占全国工业总产值的比重，由22.3%提高到25%。全国将近1500家大型企业，“三线”地区占到40%以上。“三线”地区主要工业品生产能力多数已占全国的30%以上。③“三线建设”的大规模投资，一方面极大地改善了“三线”地区的运输条件，加强了中国国防现代化建设，尽快建立了起坚实的战略后方；另一方面对于改善中国的工业生产布局，促进内地经济发展，都具有重大意义。

“洋跃进”主要发生在1977～1978年间。1977年4月19日，《人民日报》发表社论《抓纲治国推动国民经济新跃进》，重新提出“跃进”的口号，要求“赶超‘三个水平’”，即“首先达到和超过本单位历史最高水平；再赶超全国同行业的最高水平；进而赶超世界先进水平”。于是，一个新的“跃进”的局面（被后来的官方和学界称之为“洋跃进”）在中国再次出现了。其主要表现为：一是基本建设规模过大，超过了国家财力、物力的承受能力。1978年，全国国

---

① “三线”的范围，一般的概念是由沿海、边疆地区向内地收缩划分三道线，一线指位于沿海和边疆的前线地区；三线指包括四川、贵州、云南、陕西、甘肃、宁夏、青海等西部省区及山西、河南、湖南、湖北、广东、广西等省区的后方地区，共13个省区；二线指介于一、三线之间的中间地带。其中川、贵、云和陕、甘、宁、青俗称为大三线，一、二线的腹地俗称小三线。

② 《中国统计年鉴（1983）》，中国统计出版社1983年版，第33、348、354页；《中国统计年鉴（1984）》，中国统计出版社1984年版，第321页。

③ 董辅礽主编：《中华人民共和国经济史》上卷，经济科学出版社1999年版，第550～551页。

营单位固定资产投资为668.72亿元，比上年增长21.9%；其中，基本建设投资为500.99亿元（1976年为376.44亿元、1977年为382.37亿元），比上年增长31%。1978年用于工业的基本建设投资达273.16亿元，比上年增长55.8%。① 二是不顾国情地扩大引进外国资金和设备。仅1978年，就和国外签订了22个大型的引进项目，共需外汇130亿美元，折合人民币390亿元，加上国内配套工程投资200多亿元，共需人民币600多亿元。② 按照原规划，这些项目到1981年和1982年将进入建设高峰，届时每年需要投资130亿元。这样大的投资规模，这么多的大项目同时进入建设高峰，远远超越了当时国内配套能力和消化能力，对整个国民经济形成很大的冲击。③ 《中国共产党历史》一书在评价这场"洋跃进"时指出："在国民经济刚刚经历十年内乱的大破坏，亟须休养生息、总结经验教训之时，发动这样的'跃进'，无异于要一个大病初愈的人急速快跑，结果只能事与愿违。况且，片面突出钢铁、石油等重工业部门，追求高投资、高积累，这只能进一步加剧'文化大革命'中已经相当严重的国民经济各方面比例关系的失调。"④

① 《中国固定资产投资统计资料（1950－1985）》，中国统计出版社1986年版，第943页。

② 汪海波：《中国现代产业经济史（1949.10－2004）》，山西经济出版社2006年版，第317页。

③ 龚关：《中华人民共和国经济史》，经济管理出版社2010年版，第179页。

④ 中共中央党史研究室：《中国共产党历史》第二卷（1949－1978）下册，中共党史出版社2011年版，第1002页。

第五章

农业制度变迁与农业发展

引言　对农业生产经营制度变迁的评价

新中国成立以后，我国农地制度经历了农民所有制到集体所有制的变迁、农业生产经营经历了农户（或单个农民）经营到合作化经营再到集体经营的变迁。每一次变迁，都对我国的农民、农村和农业发展产生了重大影响。

新中国成立初期的土地改革，结束了我国2000多年的封建地主土地所有制，实现了集所有权、使用权、收益权、处置权于一体的农民土地所有制，这一制度极大地激发了农民的生产积极性，使新中国成立初期的农民、农村和农业发展取得了非常不错的成绩。

社会主义改造启动后，部分农村开始出现一种新型生产经营方式——农业生产合作社。农户加入合作社之后，农户原来拥有的土地、耕牛等重要生产资料的收益权、处置权则在合作社与农户之间进行了调整、分割。例如，在收益权方面，农户有按股分红的权利，但这种分红必须在做出公积金、公益金扣除后兑现；在处置权方面，合作社统一支配使用土地，但农户又可以在退社时要求退回其入社的土地。这种产权结构虽然因广泛的思想动员，使广大干部社员积极性较高，集中劳动和协作分工在刚刚开始的时候取得了一些好效果，但在计划管理、劳动组织、收入分配、财务管理等方面存在的诸多问题也不断暴露出来。

不久之后，合作社又被人民公社制度取代了。人民公社是以公有、集中统一经营为特征的产权结构类型和产权组织类型，社员除保留自留地（占土地的5%）的使用权外，土地及其他所有资产都实现了集体化。在这一产权结构下，私有产权基本消失，各项资产的所有权、使用权、收益权、处置权均归集体。在劳动组织方面，实施集中劳动；在分配方面，劳动成为农民获得收入的基本依靠。政社合一、规模庞大的人民公社下，私人生产性资产的产权被彻底否定，甚至生产大队、生产队的独立产权也受到限制和侵蚀。这种大而全的产权组织形式既不符合作业空间分散、生产周期长、作业质量难以度量的农业生产特点，更脱离农业生产手段仍然十分落后的现实，其后果是农业生产效率的大幅下降与人民公社制度的失败。

在“三级所有，队为基础”的产权结构下，人民公社作为国家政权机构，有行使行政职权的权利；而作为基层经济组织又有直接指导、管理和监督生产大队、生产队的生产、分配、交换的权利。因此，尽管公社一般不直接拥有土地等资产的所有权，但却具有直接左右资产使用权、收益权和处置权的权利。生产大队则是处于公社与生产队之间的一级组织，它对生产队的领导、指导及监督更为直接。大队的党政领导人充当着双重代理人的身份，一方面，他们是公社管委会的代理人，代表公社实施对生产队土地等产权的组织、指导和监督，特别是生产计划和收购计划的完成，起着“上传下达”的桥梁作用；另一方面，他们又是大队社区成员的代理人，负责社区内土地等公共产权的安全维护、有效管理和使用。在当时的产权结构下，生产大队的存在，节省了公社内部的交易费用，保证了国家政策、法规的有效执行；同时，对生产大队社区范围内产权的维护，生产队之间产权关系的协调，保证国家征、派购计划的完成等也起到了积极作用。生产队的权利更是微乎其微，其生产经营活动受到外部的严格限制和严重侵蚀。

由于1949～1965年间的农村制度变革总体上是不利于农民生产积极性最大化发挥的，因而，这一时期的农业产出效率基本上是不高的。粮食供给不足、以农产品为加工对象的商品严重短缺成为这个时期的基本色调。

第一节　土地改革与农业发展

一、土地改革的基本完成

中华人民共和国成立之初，约有2.64亿农业人口的新解放区尚未进行土地改革，农村中封建剥削的土地制度仍然存在。此外，新中国要实现财政收支平衡和物价稳定、实现财政经济的根本好转，也需要进行广泛的土地改革。

1950年6月，中国共产党召开七届三中全会，毛泽东在报告中向全党全国人民提出了八大任务，其中第一项就是要进行土地改革。同年6月28日，《中华人民共和国土地改革法》顺利通过，6月30日开始实施。

《中华人民共和国土地改革法》共六章四十条，基本精神与《中国土地法大纲》一致，其显著特征主要有：

一是对富农政策的改变。1947年的《中国土地法大纲》规定了征收旧式富农多余的土地财产。而《中华人民共和国土地改革法》第二章第六条规定："保护富农所有自耕和雇人耕种的土地及其他财产，不得侵犯。富农所有之出租的少量土地，亦予保留不动；但在某些特殊地区，经省以上人民政府的批准，得征收其出租土地的一部分或全部。半地主式的富农出租大量土地，超过其自身耕种和雇人耕种的土地数量者，应征收其出租的土地。富农租入的土地应与其出租的土地相抵计算。"①

二是只"没收地主的土地、耕畜、农具、多余的粮食以其在农村中多余的房屋。但地主的其他财产不予没收。"② 刘少奇在《关于土地改革问题的报告》中说："除开这些以外，地主的其他财产，包括地主所经营的工商业在内，不予没收。"③

三是增加了划出一部分土地收归国有的政策。"分配土地时，县以上人民政府得根据土地情况，酌量划出一部分土地收归国有，作为一县或数县范围内农事试验场所或国营示范农场之用。"④

四是增加了不没收、不分散使用进步设备耕种和技术性经营的农地的政策。"使用机器耕种或有其他进步设备的农田、苗圃、农事试验场及技术性的大竹园、大果园、大茶山、大桐山、大桑山、大牧场等，由原经营者继续经营，不得分散。但土地所有权原属地主，经省以上人民政府批准，得收归国有。"⑤

五是只建立农民协会，不再组织贫农团、雇工工会。"乡村农民大会，农民代表大会及其选举的农民协会委员会，区、县、省各级农民代表大会及其选出的农民协会委员会，为改革土地制度的合法执行机关。"⑥

《中华人民共和国土地改革法》公布以后，中央人民政府又颁布了几项重要法令，以作为对《土地改革法》的补充。这些法令主要有：1950年7月14日，

①② 《中国的土地改革》编辑部：《中国土地改革史料选编》，国防大学出版社1988年版，第643页。

③ 《中国的土地改革》编辑部：《中国土地改革史料选编》，国防大学出版社1988年版，第637页。

④ 《中国的土地改革》编辑部：《中国土地改革史料选编》，国防大学出版社1988年版，第644页。

⑤⑥ 《中国的土地改革》编辑部：《中国土地改革史料选编》，国防大学出版社1988年版，第645页。

中央人民政府政务院第四十一次政务会议通过的《农民协会组织通则》《人民法庭组织通则》；1950 年 8 月 4 日政务院第四十四次会议通过的《关于划分农村阶级成分的决定》。这些法令对保证土地改革依照法律、政策的规定进行有着重要的意义。

新解放区的土地改革，从广义上讲包括了清匪反霸、减租减息、划分阶级、没收分配地主土地等几个阶段。

所谓清匪反霸就是首先发动群众对那些横行霸道、谋财害命、借势压人、贪污致富的恶霸分子做斗争。打掉这些人的威风，使群众认识到自己的力量，提高群众的斗争勇气，并在斗争中发现积极分子和领袖人物，初步建立起农民协会。这些乡村恶霸往往与土匪有着或明或暗的勾结，因此清匪反霸往往是相互联系的。

在清匪反霸的基础上，农民增长了信心和才干，便开始减租减息。减租减息以及没收分配土地的重要前提是弄清减谁的租、分谁的地、谁是地主、谁是富农，这就需要根据有关的政策规定进行阶级划分。划分阶级是一项非常复杂的工作，在实际进行中出现过划错成分、把富农划为地主、中农划为富农、贫农划为中农、破落地主划分为贫农的情况。主要是因为有些地方的农民以家庭生活好坏、政治态度、田亩数量等作为划分阶级的依据。为此，中共中央曾对划分阶级成分的问题做过多次指示。

没收分配土地是土地改革的最后关键步骤。没收地主的土地分给无地、少地的贫雇农，消灭了地主高租、高息的封建剥削制度，改变了农村的社会经济面貌，遇到了地主阶级的强烈反抗。为了帮助农民和封建势力斗争，中国共产党和政府组织派遣了大批土地改革工作队深入各地农村，发动和领导农民起来改革不合理的土地制度。各地还颁布了相关惩治地主破坏活动的条例，充分发挥人民法庭的威慑力，严厉制止不法地主破坏土地改革行为，推动土地改革的顺利进行。到 1953 年春，除了中共中央决定暂不进行土地改革的一些少数民族地区外，中国大陆的土地改革基本完成。

二、土地改革后的农业发展和农村分化

土地改革，实际上是一场农业革命，这场革命的目的就是要培育出成千上万个作为独立经济主体的小农经济体，一方面通过均分土地、清晰产权以激励小农的产出、增加农产品的供给，另一方面以增强农民的购买力、促进工业化产品的市场实现。这场土地改革有这样几个明显的特点：第一，在中国历史上，第一次

大规模地在全社会范围内实行按人平均分配土地；第二，土地所有者对属于自己的土地拥有完整的所有权、使用权、处置权和收益权，“四权”高度统一；第三，土地产权的界定明晰、边界清楚，有利于节约土地交易成本，有利于农户合理把握土地经营的预期；第四，“耕者有其田”本质上是个体经济，从形式到本质都没有保留公有制经济的属性。①

从土地改革后的农业发展状况来看，成效是极其显著的。从 1949 年到 1952 年，我国粮食产量增长了 44.79%，年递增率为 13.1%；棉花产量增长了 193.69%，年递增率为 43.1%；农业产值增长了 49.0%，年递增率为 14.2%；其他如林业、牧业、渔业、副业等也呈现快速增长，各自的产值年递增率为 19.6%、11.3%、29.5%、14.7%。② 如表 5－1 所示。

表 5－1　　土地改革的绩效

类别	粮食产量	棉花产量	农业产值	林业产值	牧业产值	渔业产值	副业产值	耕地面积	大牲畜数
1949 年	11320 万吨	44 万吨	100	100	100	100	100	1.0 亿公顷	6002 万头
1952 年	16390 万吨	130 万吨						1.1 亿公顷	7645 万头
年增长率（%）	13.1	43.1	14.2	19.6	11.3	29.5	14.7	3.3	8.4
“二战”前最高数及年份	15000 万吨 1936 年	85 万吨 1936 年							7151 万头 1935 年
1952 年/“二战”前	1.093	1.535							1.069

资料来源：程漱兰：《中国农村发展：理论和实践》，中国人民大学出版社 1999 年版，第 69 页。

土地改革给中国农村带来的影响是重大而深远的。

政治上，随着土地改革的结束，中国农村的社会结构和政治结构发生了巨大的变化，突出的表现是：农村居民的社会地位和政治地位发生了急剧的变化，昔日生活在农村社会最低层、在政治上毫无地位可言的贫、雇农，一夜之间成了农村中的主人；而昔日把持农村社会、政治生活的地主、富农却一夜之间变得威风扫地，沦变为毫无地位可言的最低层。农村居民社会、政治地位的戏剧性变化，

① 杨德才：《我国农地制度变迁的历史考察及绩效分析》，载于《南京大学学报》2002 年第 4 期。

② 程漱兰：《中国农村发展：理论和实践》，中国人民大学出版社 1999 年版，第 69 页。

使农村中贫、雇农在政治上的优势逐步确立，这在中国的历史上可以说是前所未有的。

经济上，土地改革结束以后，以小块土地私有制为特征的一家一户的小农经济逐渐在中国农村的经济生活中占据了主体地位。作为独立小商品生产者主体的农民，对自己的生产和经营有比较充分的自主权。生产什么，生产多少，采取何种生产措施，产品留多少，出卖多少，都由农民自己决定；在生产、生活中需要购买什么工业品，购置多少，也由农户决定；要不要参加互助组、供销合作社和信用合作社，也由农民作出自己的选择。当时农民对生产的决策，一是考虑自己家庭的需要，二是考虑农业税征实和市场需要。政府只是号召和提倡，但不进行直接干预。当时，政府与农民的关系很好，农民认为人民政府是为老百姓办事的，能积极响应政府的号召。[①]

土地改革后，农村开始出现所谓的“两极分化”，实际上，这是中农化趋势、向中间集中，也就是农户总数中中农户数所占的比重越来越大。[②] 据1954年对21省14334户农家的调查，土改结束时，贫雇农占总农户57.1%，到1954年末下降为29%；中农在此期间由35.8%上升为62.2%，富农由3.6%下降为2.1%。[③]

在农村中农化趋势发展的过程中，借助于公平的市场手段，农业生产的重要生产要素如土地、劳动力以及资本等部分地出现了重新组合，这种组合是向着有利于生产力发展并进而实现农业生产要素优化配置、规模经济的方向变动的。当时，这种变动主要是通过土地的买卖与租赁、雇工经营以及民间借贷来进行的，但不管是土地的买卖与租赁、雇工经营以及民间借贷，其规模和比重都是比较小的。

如土地买卖。据调查，1952年以前，全国农村土地买卖数量约占土地总数的2%~6%，占买入户土地总数的10%。[④] 土地租赁与雇工经营之所以发生的最重要原因，则是由于出租土地的农户与雇工经营的农户因劳力不足无力经营所导致的。至于民间借贷，并不都是传统意义上的高利贷，而主要是资本要素在生产者之间的一种合理、有序的流动、组合。农民基于自身利益考虑而诱致的生产要素的加速流动，其主要方面都是有利于农业产出最大化的。

---

① 王贵宸：《中国农村经济改革新论》，中国社会科学出版社1998年版，第33页。

② 陈吉元等主编：《中国农村社会经济变迁（1949-1989）》，山西经济出版社1993年版，第86页；董辅礽主编：《中华人民共和国经济史》上卷，经济科学出版社1999年版，第139页。

③ 董辅礽主编：《中华人民共和国经济史》上卷，经济科学出版社1999年版，第140页。

④ 董辅礽主编：《中华人民共和国经济史》上卷，经济科学出版社1999年版，第137页。

至于因要素流动、组合而诱致的农村分化问题，是一个十分正常的现象。据21省对514户富农的调查，土改结束时共占有耕地12896亩，到1954年末下降到9486亩，占土改结束时的73.5%。土改后出现的新富农在各地的比重则约为0.18%～2%。据某些典型材料，土改后由原中农下降为贫农的比率在4%以下。如对河北省平山县等10个县10个村调查，原中农下降为贫农的约2.4%。察哈尔省深源等6个县13个村调查，原570户中农有17户下降为贫农，占2.98%。山西省称城等3个县5个村调查，原中农下降为贫农的占3.55%。在生活状况上，土改后各地农村中的困难户约占农户总数的10%。如对河北省9个村1704户调查，有100斤至1000斤存粮的农户占总农户的41.7%，够吃用者占48.3%。不够吃用者占9.85%。对山西省武乡县6个村1179户调查，存粮1石至10石的农户占总农户的33.46%，够吃用者占47.2%，不够吃用者占6.5%；全县一般情况估计，有余粮户占2%，少有剩余或够吃用户占65%，有困难户（孤寡、军干烈属、不善经营者及二流子等）约占10%。这些资料几乎都表明，土改后农村阶层分化占主导地位的趋势是中农化而非两极分化。①

第二节　农副产品统购统销制度的确立与终结

一、统购统销制度的确立与实施

新中国成立后，为了掌握足够的粮食并稳定粮食市场，中央决定实行“以征为主，以市场收购为辅”的粮食制度。

粮食征购制度安排中的“征”，是通过向农民征收农业税的方式来进行的。土地改革以后，每个农民都实现了“耕者有其田”的梦想，但“耕者”所耕之田是要交农业税的，而且农业税要用粮食来交纳。当时，在政府控制的粮食总量中，公粮征收和市场收购的比例，1951～1952年粮食年度为61:39，1952～1953年粮食年度为56:44。尽管征收的比重在逐步递减，但通过农业税征集粮食的办法仍然遭受到不少批评。为了改变这种状况，1953年5月25日中共中央关于彻底做好农业税工作给各级党委的指示中明确指出：今后国家掌握商品粮，实行“少征多购”的方针，几年之内公粮征收数目将稳定在1952年（即174亿公斤减

① 董辅礽主编：《中华人民共和国经济史》上卷，经济科学出版社1999年版，第140页。

去特殊灾情的减免数）水平的基础上。也就是说，中共中央下决心通过市场收购的方式来解决农业税征收及农业税过重的问题。

当时中共中央之所以敢于决定粮食制度由“多征少购”向“少征多购”转变，是基于对粮食总产量不断增长的判断。他们认为，在粮食总产量不断增多的情况下，市场上粮食供求状况也会随之宽松。然而，在政府决定“少征多购”的前后，粮食市场上购销紧张的局势已显现出来并有不断趋紧的迹象。1952 年 7 月 1 日至 1953 年 6 月 30 日的粮食年度内，国家共收入粮食 274 亿公斤，比上年增长 8.9%，支出 294 亿公斤，比上年增加 31.6%，收支相抵，赤字 20 亿公斤。6 月底的粮食库存由上年同期的 73 亿公斤减为 53 亿公斤。其中，北京由 1.2 亿公斤减为 0.65 亿公斤，天津由 1.55 亿公斤减为 0.8 亿公斤，上海由 1.95 亿公斤减为 1.45 亿公斤，广州由 0.6 亿公斤减为 0.3 亿公斤。为了补足不断减少的库存，1953 年 10 月初，中央下决心预定收购新粮 170 亿公斤，但实际仅收到 50.5 亿公斤，不到 1/3。而预定销售 62 亿公斤，却超了 9.5 亿公斤。最大的商品粮产区东北预定上调 21 亿公斤，这时改报只能上调 7 亿公斤。尤其是京津面粉供应已经肯定有硬缺口：原定供应两市 7.5 亿公斤小麦，实际仅有 5 亿公斤；这 5 亿公斤，新粮食年度的头 3 个月就销了 2.5 亿多公斤，剩下的 2 亿多公斤无论如何也满足不了其余的 9 个月的需要。①

结合当时的实际来看，导致粮食购销紧张的主要原因有两个：

第一，粮食生产供给有限能力与消费需求迅速扩大之间的矛盾。

从生产供给来看，虽然土地改革大大促进了农民生产积极性，粮食产量持续提高，但当时中国的人均占有粮食仍处在一个十分低下的水平，也就是说，粮食的生产供给能力还是比较低的，只能维持在一个较低水平上的运行。

与此相反的是，粮食的消费需求却在迅速增加。② 一是城乡粮食供应面迅速扩大，使销量大幅度增加。其直接原因就是国家工业化的启动。随着国民经济的恢复和大规模经济建设的开始，1953 年的城镇人口已达 7826 万人，比 1952 年增加 663 万人，增幅 9.3%，比 1949 年增加 2061 万人，增幅 35.8%。1949 年、1952 年、1953 年的城市化率分别为 10.6%、12.5%、13.3%。城镇人口的增加，除自然增长的以外，绝大部分来自农村。从农村进入城市的人口，过去粮食消费是生产自给，进城后则需要国家供应，这一正一反使国家的粮食销售量大增。同时，随着经济建设事业的发展，经济作物区也不断扩大，种植经济作物的农民和

① 程漱兰：《中国农村发展：理论和实践》，中国人民大学出版社 1999 年版，第 101～102 页。

② 陈吉元等主编：《中国农村社会经济变迁（1949－1989）》，山西经济出版社 1993 年版，第 166 页。

其他因灾减产或其他原因造成的缺粮人口，他们的粮食也需要由国家供应，这在当时大约有 1 亿人左右，需粮 150 亿公斤以上。所有这一切都造成了对国家供应的商品粮的巨大压力。二是农民自己增加了粮食消费。其直接原因是土地改革后农民生活的改善。1949 年农村人均消费粮食 185 公斤，1952 年增加到 220 公斤，增幅 18. 9%。按 1952 年中国农村总人口为 50319 万人计，则实际 1952 年中国农村居民比 1949 年多消费粮食 185 多亿公斤，这在当时来说是一个相当巨大的数字。

第二，私商与政府的不合作以及市场上粮食投机的风行。

在实行统购统销政策前，中国的粮食市场是一种自由市场，农民除缴纳农业税（即公粮）外，粮食可以自由上市。当时经营粮食的，除国营商业公司和供销合作社外，还有私营粮商。1952 年 7 月 1 日到 1953 年 6 月 30 日的粮食年度内，全国上市粮 174 亿公斤，国家和供销社收购 69. 9%，私商收购 30. 1%，由此可以看出，私营粮商在当时的粮食市场上还是很有力量的，因而当粮食购销形势紧张时，他们一般都是采取与政府不合作的态度，乘机抬价抢购，囤积居奇，以便搞乱市场，从中渔利。

当时，全国的大、中城市，由于国家采取保护措施，所以大体上还比较平静。但是，在一些受灾地区和粮食脱销地区，小城市和集镇已开始发生混乱现象。私商大肆活动，特别是粮食少的地方，他们的活动更为厉害，从事这种活动的，有时竟达几十万人。例如，在江苏省苏南地区，投机商利用变相提价、拦路收购等方式争购新稻，1952 年 10 月、11 月间，个别点私商收购比重高达 90% 以上。江西省吉安市，1952 年 12 月 18 日到 22 日 5 天内，上市的稻谷全被私商收去。1953 年，江苏省徐州专区各县，当黄豆上市时国营粮食部门和合作社即以合理的价格挂牌收购，而私商王雨农、马彦清、陈生、黄荣等从无锡、苏州等地赶来抢购。他们会同当地私商，深入农村抢购，其中王雨农在邳县、新沂等县的集镇上安排 10 多家“代理店”，抢购黄豆 50 多万斤；陈生则用抬高价格的办法，一次就抢购黄豆 6 万多斤。这些私商在农村还大肆买青苗和购禾花谷，1953 年青黄不接的时候，湖北省潜江县腰河乡被私商买去青苗谷 13 万多斤。浙江省温州专署粮食局在温州蒲江乡 36 个村调查，有 74% 的农民卖了青苗或禾花谷。粮食投机商预购青苗的价格，一般比牌价低 20% ~30%，有的则低达 40% 以上。[①] 各地私商抢购粮食还有一套与国营粮食部门做斗争的策略：从集中转向分散，从公

① 陈吉元等主编：《中国农村社会经济变迁（1949 - 1989）》，山西经济出版社 1993 年版，第 163 ~ 164 页。

开转向隐蔽，从城市转向农村。粮食私商的抢购、投机使粮食市场状况更加混乱，而这又引起许多群众的恐慌，也纷纷加入了抢购粮食的活动。由上述分析可看出，1952 年下半年到 1953 年春、夏，粮食购销紧张的根本原因是落后的农业生产力同迅速发展工业化的需要之间的矛盾，而私商在自由化粮食市场上的抢购、投机则对粮食购销紧张局势的加剧起了推波助澜的作用。

为了解决粮食购销问题，经过反复的讨论、调研，在 1953 年 10 月 10 日召开的全国粮食紧急会议上，主管财经工作的陈云在报告中详细地分析了当时的粮食购销形势，比较了各种方案，最后提出统购统销内容和所应掌握的政策。在比较各种方案时，他说：第一种方法：又征又配。即对农村征购，城市配售，是硬办法，涉及与农民关系，如果出问题，后果严重。第二种方法：只配不征。即只在城市配给，农村不征购，政府可能买不到粮食。第三种方法：只征不配。会出现边征边漏，你在农村购，他会到城市去买。第四种方法：原封不动。即用解放以来的办法，自由卖出，自由买进，可能造成混乱，再来征购就比今天更难。第五种方法："临渴掘井"。即先自由购买，到实在没有办法时，再到主要产粮区（占农村人口 15% ~20%）去征购。问题是：（1）自由买能不能完成收购计划？（2）到明年 2 ~4 月时粮食不够时，再搞征购，就会更难更被动，"临渴掘井"不如现在去搞好。第六种方法：动员认购。开会号召大家认购，不够数不散会，实际上是一种强迫。第七种方法：合同预购。这个办法也好，但今年来不及了。预购也有一个数量问题。第八种方法：各行其是。就是说各地根据自己情况采取不同办法。此方法可以试一试，但要考虑地区之间相互影响。①

陈云在比较上述各种方法之后，他说："如果继续采取自由买卖的办法，我看中央人民政府就要天天做'叫花子'，天天过'年三十'。"他认为"只能实行第一种……其他办法都不行"，因为不这样做，"只有把外汇都用于进口粮食，那么办，就没有钱买机器设备，我们就不会建设了，工业也不要搞了"。② 会议经过讨论同意陈云的报告。

10 月 16 日，中共中央发出了《关于粮食统购统销的决议》和《关于粮食统购宣传要点》等文件。11 月 19 日，政务院第 194 次政务会议通过《关于实行粮食的计划收购和计划供应的命令》。这样，粮食统购统销制度便正式确立了。

在说明实施统购统销制度的目的及依据时，政务院颁布的命令指出："为了保证人民生活和国家建设所需要的粮食，稳定粮价，消灭粮食投机，进一步巩固

① 《当代中国粮食工作史料》上卷，中共中央党校出版社 1991 年版，第 150 ~155 页。

② 《陈云文稿选编》，人民出版社 1982 年版，第 197 ~198 页。

工农联盟，特根据共同纲领第二十八条‘凡属有关国家经济命脉和足以操纵国民生计的事业，均应由国家统一经营’的规定，决定在全国范围内有计划、有步骤地实行粮食的计划收购（简称统购）和计划供应（简称统销）”。统购统销制度的具体安排为：①

对于向农民收购的规定是：“生产粮食的农民应按国家规定的收购粮种、收购价格和计划收购的分配数量将余粮售给国家。农民在缴纳公粮和计划收购粮以外的余粮，可以自由存储和自由使用，可以继续售给国家粮食部门或合作社，或在国家设立的粮食市场进行交易，并可在农村间进行少量的互通有无的交易。”

对于向需求者供应的规定是：“（甲）在城市，对机关、团体、学校、企业等的人员，可通过其组织，进行供应；对一般市民，可发给购粮证，凭证购买，或暂凭户口簿购买。（乙）在集镇、经济作物区、灾区及一般农村，则应采取由上级政府颁发控制数字并由群众实行民主评议相结合的办法，使真正的缺粮户能够买到所需要的粮食，而又能适当控制粮食的销量，防止投机和囤积。（丙）对于熟食业、食品工业等所需粮食，旅店、火车、轮船等供应旅客膳食用粮，及其他工业用粮，应参照过去一定时期的平均需要量，定额给予供应，不许私自采购。”

对于中间环节的规定是：“一切有关粮食经营和粮食加工的国营、地方国营、公私合营、合作社经营的粮店和工厂，统一归当地粮食部门领导。”“所有私营粮商一律不许私自经营粮食，但得在国家严格监督和管理下；由国家粮食部门委托代理销售粮食。各种小杂粮（当地非主食杂粮）原则上亦应由国家统一经营，在国家尚未实行统一经营以前、得在国家严格监督和管理下，暂准私营粮商经营。”“所有私营粮食加工厂及营业性的土碾、土磨，一律不得自购原料、自销成品，只能由国家粮食部门委托加工或在国家监督和管理下，代消费户按照国家规定的加工标准从事加工。”“城市居民购得国家计划供应的粮食，如有剩余或不足，或由于消费习惯关系，须作粮种间的调换时，可到指定的国家商店、合作社卖出，或到国家设立的粮食市场进行相互间的调剂。”

对于以上规定的保证是：“对于违犯国家法令的投机分子，必须严予惩处；对于进行投机和勾结、包庇投机分子的国家工作人员，应加重惩处；对破坏计划收购和计划供应的反革命分子，应依照中华人民共和国惩治反革命条例治罪。”

统购统销制度颁布后，在国家政权及国家机器的强大威慑下，政府成功地获

① 转引自程漱兰：《中国农村发展：理论和实践》，中国人民大学出版社1999年版，第107～108页。

得了其想控制的粮食数量。在粮食统购统销的第一年度内（即1953年7月1日到1954年6月30日），国家实际收到粮食392亿公斤，超过计划38亿公斤，比上年度多收89亿公斤，增长29.3%。购销相抵，库存有了较大幅度的增加。

二、统购统销制度的发展及其评价

通过统购统销制度虽然有利于政府控制粮食数量，但统购过程中出现的强迫命令、多购等肆意侵害农民利益的行为却恶化了政府与农民的关系，以致出现了农民因害怕统购而放弃耕地、放弃农业生产的现象。

为了避免政府与农民关系的进一步恶化，1955年3月3日，中共中央、国务院发出《关于迅速布置粮食购销工作安定农民生产情绪的紧急指示》，将465亿公斤的任务减为450亿公斤（后经两次核减，成415亿公斤），并决定在全国实行“三定”制度，即定产、定购、定销。并规定定产、定购指标自1955年起三年不变。8月25日，国务院又发布了《农村粮食统购统销暂行办法》，对定产、定购、定销作出详细规定：“国家向余粮户统购粮食，一般应占其余粮数量的80%~90%；按单一比例规定购率，不累进；对富农余粮的购率应适当提高”，国营农场“所有余粮应全部卖给国家”。与此同时，还发布了《市镇粮食定量供应暂行办法》，规定市镇居民应按劳动差别、年龄大小及不同地区的粮食消费习惯，分别确定每月口粮定量标准，并发放粮票。

农业合作化以后，仍然坚持实行统购统销制度，只是国家不再与农民发生直接关系，而是简化成几十万个合作社。1956年10月6日，《国务院关于农业生产合作社粮食统购统销的规定》出台，总体上维持原制度、原数量不变，仅仅将原先以户为单位的“三定”改为以社为单位统一计算核定，并规定合作社对国家的粮食义务高于内部自身的粮食需要。

在实行粮食统购统销制度的同时，其他农产品的统购统销制度也相继建立起来。1953年11月15日，中共中央做出《关于在全国计划收购油料的决定》，宣布油料的计划收购和食油的计划供应。1954年9月9日，政务院通过《关于实行棉布计划收购和计划供应的命令》《关于棉花计划收购的命令》，前一个命令规定棉布全部由国家统购，不准私营厂商及织户自由出售，扩大棉织品（包括针织品）的加工、订货，尽量压缩自由市场；后一命令规定棉农除缴纳农业税和必要的自留部分外，要按照国家的收购价格把棉花全部卖给国家，任何私营棉花商贩不得经营籽棉、皮棉的收购和贩运业务。从1954年9月起，城乡开始凭布票供应棉布。

随着计划经济体制的完善，国家依重要程度，将所有产品分为三类，实行分级管理。最重要的粮棉油属一类商品，实行统购统销，其购、销、调、存和进出口由国务院统一管理。次重要的属二类商品，实行派购，由主管部门和省市区政府管理。1955 年首先从生猪收购开始实行，1959 年后，逐步扩大到烤烟、麻类、茶叶、蚕茧、羊毛、牛皮等重要副食品和工业原料。与统购不同的是一般不实行全额收购，规定不同的购留比例；但与统购一样，派购数量和价格都是指令性的，必须保证完成。其余剩下的是三类产品，实行议购议销，价格数量均须与生产者议定。这类农产品的收购额一般仅占农产品收购总额的 20%。

统购统销制度由粮食而及油料、棉花，再到对农产品进行分类购销制度安排，从而形成了一个完整的农产品统购统销制度体系。统购统销制度从 1953 年底开始实施到 1985 年初全部终结，前后共实行了 30 多年，成为影响新中国农民、农业和农村发展的根本性制度之一。究竟该如何评价统购统销制度，学术界众说纷纭。在众多的评价中，董辅礽先生主编的《中华人民共和国经济史》对统购统销制度的评价是比较客观的，兹引述如下：①

第一，统购统销政策的实行，使我国指令性计划调节的覆盖面从工业生产领域扩展到农业生产领域，从生产决策扩展到消费决策，即农民们生产什么、居民们消费多少都受到国家直接的计划控制。使我国的计划经济体制更具有高度集中统一的特征。

第二，在生产的增长严重不能适应需求增长的情况下，对于保证供给、稳定市场、稳定物价，进而稳定整个社会秩序具有积极作用。因此，在 50 年代的“一五”建设时期保障工业建设、“大跃进”、“三年困难”以及“文化大革命”国民经济遭到严重破坏时期，社会没有发生大的动乱，统购统销政策无疑起到了重要作用。

第三，实现积累，筹措工业化资金。推行优先发展重工业的战略，薄弱的工业基础无法提供工业发展的初始资金。在传统的农业国里，通过价格机制转移农业部门创造的价值以进行积累是一种现实的选择。统购统销是实现这一目的的途径，农业部门每创造 100 元价值，通过价格机制转移到工商部门，1952 年为 17.9 元，1957 年为 23 元，1978 年为 25 元。

第四，统购统销政策严重违背了价值规律，农民从心里是反对的。陈云在 1953 年 10 月 10 日全国粮食会议讲话中就预见到这一点，他说：“我现在是挑着一担炸药，前面是黑色炸药，后面是黄色炸药。如果不搞到粮食，整个市场就要

---

① 董辅礽主编：《中华人民共和国经济史》上卷，经济科学出版社 1999 年版，第 257 ~ 258 页。

波动；如果采取征购的办法，农民又可能反对。两个中间要选择一个，都是危险的家伙。”① 正如陈云所预计的，“统购中国家同农民的关系是紧张的，强迫命令，乱批乱斗，逼死人命等现象都发生过。个别地方还发生了聚众闹事的事件。”② 经过政府的努力，虽然统购统销政策在执行过程中没有发生大的乱子，但是对农业生产发展的影响是深远的。因为这一制度割断了农民同市场的联系，排除了价值规律对农业生产的调节作用；农民种什么，不是来自于市场的信息，而是来自于政府的指示；农民对自己的产品也无权处置，即使有剩余也不能拿到市场去卖。农民们的生产积极性受到了极大的抑制。

第三节　农业的社会主义改造与农业发展

一、从家庭个体农业到互助合作社

新中国成立以后，通过土地改革，迅速地培育了成千上万个独立自主的农户主体，但农村地区的互助合作运动也随之逐步开展起来。到 1950 年底，我国农村中共有各类型的互助组 272. 4 万个，参加的农户有 1131 万户，占总农户的 10. 7%。

针对农村互助组发展中出现的问题，1951 年春中央人民政府政务院在《关于 1951 年农村生产的决定》（以下简称《决定》）中明确提出：各地要加强对互助组合作运动的领导，要加强互助组的发展和巩固工作，并以此来达到进一步提高生产的目的。③ 该《决定》下发后，各地普遍加强了对互助组发展和巩固工作的领导，互助组的发展开始在全国范围内逐渐展开。1951 年底，我国互助组达到了 467. 5 万个，比 1950 年增加了 71. 6%，参加的农户也由 1950 年的 1131 万户增加到 2100 万户，占总农户的比重提高到 19. 2%。④

1952 年，中共中央提出“老解放区今明两年把农村中 80% ~90% 的劳动力

① 《陈云文选》第 2 卷，人民出版社 1995 年版，第 208 页。

② 薄一波：《若干重大决策与事件的回顾》（修订本）上卷，人民出版社 1997 年版，第 279 ~ 280 页。

③ 中华人民共和国国家农业委员会办公厅编：《农业集体化重要文件汇编》（上），中共中央党校出版社 1981 年版，第 29 ~ 30 页。

④ 《1951 年上半年生产互助的情况和今后意见》，载于《中国农报》1951 年第 9 期。

组织起来，新解放区要争取三年完成这一任务”，并要求“在全国范围内应普遍大量发展简单的季节性的劳动互助组；在互助有基础的地区推广常年定型的农副业结合的互助组；在群众互助经验丰富而又有较强骨干的地区，应当有领导、有重点地发展土地入股的农业生产合作社”。① 这一年全国农业互助组发展速度明显加快，由 1951 年的 467.5 万个猛增到 802.6 万个，参加互助组的农户为 4536.4 万户，占全国总农户的 39.9%，比 1951 年上升了 40% 左右。但在这一年底的互助组运动发展中，也出现了一些单纯追求完成任务指标和盲目追求高级形式的倾向，一些地方甚至出现了强迫农民参加互助组的不正常做法，在农民群众中造成了严重的不良影响。

当时的互助合作形式多种多样，但归纳起来则主要有三种：

一是临时互助组。主要特点是，农民为克服困难而建立的临时组织，如当农户某项生产工作（如插秧、收割、修塘）来临的时候，为了克服困难抢农时而临时组织起来，一旦耕作完了就散了，而且参加的人员也不固定。此外，这种互助组还有一个小型的特点，一般为三、五户农民组织而成，而这些农户又多半是或历史上有换工关系，或农具相共，或田地相连，或居住相邻，或为近房、父子、兄弟等亲戚。这种形式由于群众固有的互助习惯和要求，要求的组织水平不高，而且又能克服生产上劳动力、耕牛、农具缺乏的困难，因而在初期的互助合作运动中发展很快，是当时主要的互助合作形式。

二是常年互助组。主要特点是，所属成员是比较固定的，有共同的生产计划和组织管理制度、分配制度。组织的目的以发展生产为主。在农业生产管理上，也开始出现初步的分工，即根据个人专长，适当进行临时的和固定的分工管理。有的常年互助组，在分工的基础上，开始进行分业，如有的兴办了运输组、茶叶生产小组、蚕丝小组等。一般的常年互助组都有一定的共有财产，如农具、水车、牲口等，在早期的常年互助组中，比较有名的有全国劳动模范李顺达创办的李顺达互助组等。

三是初级农业生产合作社。除了包括常年互助组的主要特点之外，其最主要的一个特点是它开始对土地实行统一经营。农民虽然还拥有土地的所有权，但使用权归农业生产合作社，在年终的分配时，农民可凭土地参加分红。因此，这种农业生产合作社有时也称土地合作社。

随着农业合作化推进，农业生产取得明显进步。1949 年我国粮食总产量

① 中华人民共和国国家农业委员会办公厅编：《农业集体化重要文件汇编》（上），中共中央党校出版社 1981 年版，第 54 页。

1132 亿公斤，棉花总产量 890 万担，到 1954 年，粮食总产量达到了 1695 亿公斤，棉花总产量达 2130 万担。互助合作运动无疑起到了重要推动作用，主要表现在三方面：一是克服了生产中牲畜、农具等不足困难，保证了生产的正常进行；二是提高了耕作水平，改进了生产技术、生产条件，增加了单位面积产量，并在防旱防涝和防治病虫害等自然灾害上获得了很大成效；三是激发了农民的集体主义精神，使生产经验、先进技术推广得更快，互助组开展的劳动竞赛，也激发了农民的劳动激情，促进了生产的发展。

二、由初级社向高级社转变

在各级政府的强烈推动下，以互助合作为特征的农业生产初级社便开始不断地涌现出来。1951 年，全国有 7 个省共试办了 129 个农业生产合作社；1952 年，试办的农业生产合作社增加到 3634 个，入社农户 57188 户，占总农户的比重为 0.05%；1953 年又增加到 14171 个，另有 4000 余个未经批准的自发社；1954 年进一步增加到 48 万个。[①] 到 1955 年夏，农业生产合作社已发展到 65 万个，参加农户为 1690 万个，约占全国总农户的 15%。[②]

1955 年 7 月，毛泽东在一篇题为《关于农业合作化问题》的报告中，批评在发展合作化方面“某些同志却象一个小脚女人，东摇西摆地在那里走路，老是埋怨旁人说：走快了，走快了。”[③] 此后，合作化运动进程便发生重大转变。结果，便使在 1955 年 6 月末还占全国总农户 85% 以上的个体农户（包括互助组农户），大都直接或经由初级社仓促地合并升级到高级社，这样，到 1956 年底，全国高级社已有 54 万个（1955 年底全国只有 500 个高级社），入社农户占全国总农户的 88%。[④] 1957 年冬，实现了高级合作化，全国有近 1.2 亿个个体家庭农户被组织成为 75.3 万个高级社。随着合作化由初级社到高级社，农地制度安排也发生了不小的变化。

具体而言，合作化高级社特征有：第一，农户对经过土地改革而获得的土地的所有权逐渐丧失，土地及其他所有财产都实现了集体化，参加高级社的社员只保留占土地总量 5% 的自留地的使用权；第二，社员的所得已不在与曾经属于自

---

① 陈吉元等：《中国农村社会经济变迁（1949－1989）》，山西经济出版社 1993 年版，第 122 页。

② 张庆中：《马克思主义的合作制理论与中国农业合作制的实践》，载于《中国农村经济》1991 年第 10 期。

③ 《毛泽东文集》第 5 卷，人民出版社 1999 年版，第 418 页。

④ 《经济大辞典·农业经济卷》，上海辞书出版社 1983 年版，第 84 页。

已的土地多少挂钩，劳动成为农民获得收入的基本手段；第三，与初级社相比，在高级社阶段，通过农户入社而集中起来的土地在更大的范围内使用，社员集中劳动，甚至社员的劳动力的使用、支配也不再由其自己决定，高级社已具有了集体经济的属性；第四，如果说加入初级社遵循了自愿的原则，是一种自下而上的需求型制度变迁的话，那么，加入高级社则是在大多数农户不情愿的条件下进行的，是一种自上而下的供给型强制性制度变迁。

由于高级社阶段的农地制度安排是自上而下强制性制度变迁，故不可避免出现脱离了实际的情况，对农民的积极性造成较大伤害，甚至一些地方高级社的推进引起农民的抵制甚至抵抗。农民抵制的高潮发生在 1956 年。据已经披露的资料，当年在广东、浙江与江苏等东南沿海省份的风潮最剧烈。广东灵山县有 7 个区、20 多个乡出现“混乱现象”，因闹退社而发生多起包围、殴打区乡干部和社主任的事件；中山县 16 个乡 600 多名农民到广州向省政府请愿；[①] 还发生了抬菩萨游行、殴打干部的“永宁、曹址事件”。[②] 江苏泰县农潮“在几个乡的范围内成片发生”，2000 多人到县里请愿，有的地方“由‘文’闹发展到‘武’闹”，并自发结盟，“提出‘有马同骑，有祸同当’，订出退社后互助互济解决困难的办法”。浙江是全国农潮最严重的省份，宁波专区有 5% 社员退社，想退社而未遂的达 20%，为全国之冠。

由于绝大多数农民是抵制合作化高级社的，所以从当时农业的经营绩效上来看，高级社也是很不理想的。据统计，粮食生产的增长速度，1950～1952 年平均年增长 13.1%，1955 年增长 8.5%，1956 年增长 4.8%，而 1957 年仅增长 1.2%。[③] 虽然粮食作物的总产量仍继续增加，但却是通过扩大耕地面积取得的，单产并未提高，反而还有所下降；与此同时，许多农户的收入也大大减少，据当时对 20 个省（自治区）564 个社总计 183489 户农户的调查，其中减收户占总数的 28.09%。[④] 关于这一点，从当时农业总产值的情况也能看出，据统计，中国农业总产值增长指数（以 1952 年为 100），1953 年为 103.1，1954 年为 103.4，1955 年为 107.6，而 1956 年则下降为 105.0，1957 年更降为 103.6。从农业总产值的绝对数字看，1953 年为 510 亿元，1954 年为 535 亿元，1955 年为 575 亿元，

---

① 中华人民共和国国家农业委员会办公厅编：《农业集体化重要文件汇编（1949－1957）》，中共中央党校出版社 1981 年版，第 649 页。

② 农业部农业经济研究中心：《中国农业合作化的理论和实践的研究》，1997 年自印本，50 页。

③ 李德彬：《中华人民共和国经济史简编》，湖南人民出版社 1987 年版，第 250 页。

④ 苏星：《我国农业的社会主义改造》，人民出版社 1980 年版，第 151 页。

1956年为610亿元，1957年则下降为537亿元。[①] 此外，高级社阶段的农地制度安排还带来了许多其他问题，如“搭便车”等机会主义行为进一步加剧、社员间和高级社内部的交易费用日益增大、生产资料的产权模糊、分配机制对促进生产积极作用的丧失等，因而，农业总体上呈现衰退趋势。

第四节　人民公社制度的确立及其调整

一、人民公社化运动

1958年8月4~9日，毛泽东先后视察了河北、河南和山东3省农村。在视察河南省新乡县七里营人民公社时，毛泽东说，人民公社是个好名字，包括了工、农、商、学、兵，管理生产，管理生活，管理政权。公社的特点是“一大二公”。在视察山东历城北园乡时，毛泽东又讲道：“还是办人民公社好。它的好处是：可以把工、农、商、学、兵合在一起，便于领导。”8月13日，毛泽东的讲话一经见报，“人民公社好”便传遍全国，从而正式掀起了人民公社化运动。9月份就迅速进入全面高潮，而在全国基本实现公社化。全国共建起人民公社23384个，加入农户112174651户，占总农户的90.4%，每社平均4797户。到10月底，参加人民公社的农民达到99.1%，组成了26500个人民公社。[②] 而人民公社化之前，全国共有高级社约79.8万个，平均每社才151户。到后来，人民公社则一般都在4000户以上，还有1万户甚至更大的社。[③]

人民公社体制方面可简述为“一大二公”和“政社合一”。

所谓“一大二公”，按照毛泽东当时的解释，大，就是人多、地大、生产规模大，各种事业大，工农商学兵，农林牧副渔，人多势众；公，就是社会主义高级社多，公有化程度高。在实践中人民公社出现了诸多问题。在管理方面，公社面积大人口众多给管理带来了极大困难，加上通讯落后，干部素质普遍偏低，缺乏有效的管理经验，而且在没有工业机械装备的情况下，实行如此大规模经营，过早废除家庭经营，只能造成贫富拉平，劳力物力浪费，瞎指挥泛滥，严重挫伤农民的生产积极性。在财产关系方面，采用了简单的“一调二平”的政策，即主

① 孙健：《中国经济通史》下卷，中国人民大学出版社2000年版，第1650页。

② 陈吉元等：《中国农村社会经济变迁（1949－1989）》，山西经济出版社1993年版，第302~303页。

③ 陈吉元等：《中国农村社会经济变迁（1949－1989）》，山西经济出版社1993年版，第309~310页。

要生产资料归全民所有，产品统一调拨使用，上交利润，生产开支和社员消费均由国家统一确定。办公共食堂、托儿所、缝纫组，实行供给制加工资制，破除资产阶级法权，把原来农村属于全民所有的银行、商店和企业下放到公社管理，兴办某些具有全民性质的工业和其他建设事业。这一做法严重脱离了我国农村社会生产力的实际水平，脱离了广大农民的实际觉悟，隔断了农民与农业活动直接的利益关系，造成农业生产力受到严重破坏。

“政社合一”是人民公社的又一主要特征。1962 年 9 月 21 日，中央关于《农村人民公社工作条例修改草案》规定：公社“是我国社会主义社会在农村的基层单位，又是经济组织，又是政权组织，既管理生产建设，又管理财政、粮食、贸易、民政、文教卫生、治安、民兵和调节民事纠纷及其他基层行政任务，实行工农兵学商结合，成为经济、文化、政治、军事等的统一体”。在这种政社合一的制度下，公社干部由国家委派。他们掌握着党、政、财、文大权，享受国家工资待遇，一方面他们是国家基层政权的代表，肩负贯彻落实国家法令、政策的职责；另一方面他们又是人民公社的领导者和管理者，是人民公社全体社员利益的代表，其职责是管理好公社的经济，为全体社员增进福利。但在实际中，由于公社干部不是由社员选举产生的，他们的任免与公社生产的好坏、社员经济收入的多少没有直接联系，无法激励公社领导者的积极性，从而违背了合作经济的基本原则，不利于生产发展。

在人民公社的生产活动中，作为生产活动主体的农民，自主权丧失，成为单纯的劳动力，在国家和社队的关系上，强调统一和服从，社队自身很少有主动权，社队干部出于种种考虑，成为国家意志和利益的执行者和代表者。在社队干部和社员个体的关系上，社员个人只是在名义上是集体的主人，在现实上对集体的生产和经营活动极少有发言权，致使社员关心集体生产的主动性和热情日趋丧失。人民群众将人民公社的生产方式形象比喻为“大呼隆”，即在这种集体劳动方式下，十几、几十甚至更多的男女劳动力，在同一指挥下，在同一时间内和同一地点，从事着基本相同的作业。劳动者在具体的作业活动中的自主权、主动权也就丧失了，什么时间出工和收工，做什么以及怎么做，田间休息安排在什么时候等都是生产队长来确定，社员的唯一义务是服从。其结果是，劳动成为一种不情愿的、被动的活动，大大降低了劳动效率。

社员分配形式，主要采用劳动日工分制。依据劳动情况，评定劳动日工分，再以工分计酬。人民公社体制下，每家每户都是按工分取得报酬。对于缺乏劳动力或完全丧失劳动力、生产没有依靠的老、弱、病、残社员，公社给予适当照顾，供给他们的吃、穿、用等。当时认为公社的这种分配制度，“具有共产主义萌芽”，特别是“吃饭不要钱”的供给制度，使广大农民得到了最重要最可靠的社会保障，可以满足社员迫切希望改善生活的要求。但是，在当时生产水平低下、物资匮乏、集体经济实力薄弱的情况下，这种割裂生活消费和劳动的关系，把个人消费品的分配与人的需求直接挂钩的分配制度，只能产生平均主义的大锅饭。这种小生产者的幻想，在实践中与广大农民的利益相矛盾，致使人民公社效率低下、难以维持。

二、“三级所有，队为基础”制度的确立

人民公社化运动的开展及其低效率，再加上连续出现的干旱，导致 1959 年春天，广大农村地区便深深地陷入了粮食危机。在 1959～1961 年期间，因粮食严重短缺而导致大批人员的非正常死亡，史称“三年严重困难时期”。

从表 5－2 可以看出，粮食总产出在 1959 年之前是呈现不断增长趋势的，而自 1959 年则开始下降，1960 年为最低点，直到 1966 年才又恢复到 1958 年的水平之上。与总产出变化呈现同步波动的便是人均粮食占有量的变化，1960 年也是最低点，后来人均粮食占有量虽然不断提高，但即使到 1966 年也没有恢复到 1956 年的最高水平。

表 5－2　　1952～1979 年中国人口、农业产出与粮食产出

年份	人口（百万）	农业产出（1952＝100）	粮食产出（百万吨）	上交量（百万吨）	上交量/产出（%）	净出口（百万吨）	人均粮食（千克/年）
1954	602.7	106.6	169.52	50.89	30.02	1.7	278.5
1955	614.7	114.7	183.74	47.54	25.87	2.1	295.5
1956	628.3	120.5	192.75	40.22	20.87	2.5	302.8
1957	646.5	124.8	195.05	45.97	23.57	1.9	298.7
1958	659.9	127.8	200.00	51.83	25.92	2.7	299.0
1959	672.1	110.4	170.00	64.12	37.71	4.2	246.7
1960	662.1	96.4	143.50	46.54	32.43	2.7	212.7
1961	658.6	94.1	147.50	36.55	24.78	－4.5	230.8
1962	673.0	99.9	160.00	32.42	20.26	－3.9	243.6
1963	691.7	111.5	170.00	36.99	21.76	－4.5	252.3
1964	705.0	126.7	187.50	40.14	21.41	－4.7	272.6

续表

年份	人口（百万）	农业产出（1952 = 100）	粮食产出（百万吨）	上交量（百万吨）	上交量/产出（%）	净出口（百万吨）	人均粮食（千克/年）
1965	725.4	137.1	194.53	39.22	20.16	-4.0	273.7
1966	745.2	149.0	214.00	41.42	19.35	-3.6	291.9

资料来源：（1）林毅夫：《制度、技术与中国农业发展》，上海人民出版社、上海三联书店 1994 年版，第 22 页；（2）林毅夫：《再论制度、技术与中国农业发展》，北京大学出版社 2000 年版，第 270 页。

粮食缺乏导致了大量人口非正常死亡。对 1959 ~ 1961 年“大饥荒”发生的原因，虽然解释各种各样、莫衷一是，但低效率的人民公社制度无疑是其中最重要的影响因素。大饥荒使得中共中央不得不对人民公社制度进行必要的修补和调整。

1958 年 11 月 2 ~ 10 日，中共党史上著名的“第一次郑州会议”召开。会议提出了“两个过渡”的观点（先从集体所有制过渡到全民所有制，然后从社会主义过渡到共产主义）。毛泽东还在讲话中强调指出，现在的人民公社仍然是集体所有制，即便是将来实现了向全民所有制的过渡，也不等于实现了共产主义；同时，还提出不能剥夺农民，不能消灭商品生产的观点。第一次郑州会议标志着中央最高层开始纠正、调整既往的制度安排。

1958 年 11 月 28 日到 12 月 10 日在武昌举行的党的八届六中全会上，通过了《关于人民公社若干问题的决议》（以下简称《决议》）。《决议》进一步论述了“两个过渡”的观点，批评了急于否定集体所有制和按劳分配原则的错误想法和做法。指出，“要在全国农村实现全民所有制，还需要一段相当的时间。……即使已经由集体所有制过渡到了全民所有制以后，由于社会产品还没有丰富到足以实现共产主义，人民公社在一个必要的历史时期内仍然将保留按劳分配的制度。”《决议》还强调指出，实现“两个过渡”必须以一定程度的生产力发展为基础。《决议》还对人民公社的有关政策作了具体规定。指出“在生产发展的基础上，同时应当使收入中用于社员个人消费和集体消费的部分（包括用于公共福利、文化教育等事业的部分）逐年有所增加，使人民的生活逐年有所改善。……供给范围目前不宜过宽。……社员个人所有的生活资料（包括房屋、衣被、家具等）和在银行、信用社的存款，在公社化以后，仍然归社员所有，而且永远归社员所有。……社员可以保留宅旁的零星树木、小农具、小工具、小家畜和家禽等；也可以在不妨碍参加集体劳动的条件下，继续经营一些家庭小副业。”同时，《决议》还提出要“对人民公社进行一些教育、整顿和巩固的工作，即整社的工作。”然而，这个《决议》对人民公社的一些原则性问题却并未提出纠正或调整，而是继续赞扬人民公社体制；继续肯定供给制和工资制，号召普遍成立县联社；强调要办好公共食堂，明确公社统一负责盈亏等等。

1959 年 2 月 27 日至 3 月 5 日，著名的“第二次郑州会议”召开。《会议记录》中规定十四句话作为当时整顿和建设人民公社的方针，即“统一领导，队为基础；分级管理，权力下放；三级核算，各计盈亏；分配计划，由社决定；适当积累，合理调剂；物资劳动，等价交换；按劳分配，承认差别。”[①] 从而初步确立了人民公社“三级所有”的体制。

1959 年 4 月 2 ~5 日，中共中央在上海召开了八届七中全会。会议讨论并通过了 3 月 25 日至 4 月 1 日举行的政治局扩大会议（即上海会议）制定的《关于人民公社的十八个问题》的会议纪要。会议纪要指出，“公社的三级所有制中，基本上是生产队所有制，这种情况不能很快改变。”[②] 具体确定了基本核算单位（生产大队），明确作为包产单位的生产小队也应当有部分的所有制和一定的管理权限，同时对于土地、耕畜、农具和劳动力有固定的使用权。会议纪要还要求各省开始制定人民公社示范章程的准备工作。这次会议进一步明确和完善了人民公社管理和经营体制，部分纠正了盲目实行“一大二公”和过分平均主义的倾向，但并未根本改正公社化时期出现的诸如举办公共食堂、实行供给制和工资制等，更未触及到人民公社体制更深一层的弊端。

上述一系列会议的召开，虽然始终没有涉及人民公社制度的根本性问题，但却清楚地显示中央最高层已开始自我纠正并调整人民公社制度存在的一些严重问题。然而，随着 1959 年 7 月 2 日至 8 月 16 日庐山会议的召开，对人民公社的错误制度安排的纠正一度被暂停，但由于人民公社制度下的农业产出确实在下降，因而，对人民公社制度的修正与调整也就并未结束。

1960 年 11 月 3 日，中共中央发出了《关于农村人民公社当前政策问题的紧急指示信》（以下简称《指示信》），明确强调“三级所有，队为基础，是现阶段人民公社的根本制度。”要求从 1961 年算起，至少 7 年不变。“在此期间，不再新办基本社有制和全民所有制的试点”。同时提出，即使将来变基本队有制为基本社有制，也是“队共社的产”，而不是“社共队的产”。《指示信》强调加强生产队的基本所有制，生产队不仅是基本核算单位，也是统一分配的单位。提出坚

① 中华人民共和国国家农业委员会办公厅编：《农业集体化重要文件汇编（1958 - 1981）》下册，中共中央党校出版社 1981 年版，第 139 页。

② 中华人民共和国国家农业委员会办公厅编：《农业集体化重要文件汇编（1958 - 1981）》下册，中共中央党校出版社 1981 年版，第 518 页。

持生产小队的小部分所有制，承认各小队之间在口粮标准、工资水平和劳动日分值上存在完全合理、必要和对于发展生产极为有利的差别并进一步明确允许社员经营少量的自留地和小规模的家庭副业的政策。《指示信》的发布，制止了以基本队有制向基本社有制为内容的“共产风”的再度刮起，维护了“三级所有，队为基础”的人民公社体制。

1961 年 3 月，中共中央在广州举行工作会议，由毛泽东主持制定了《农村人民公社工作条例（草案）》（以下简称《条例》）。针对公社内部在分配上的平均主义现象，公社的规模过大，公社对生产大队、生产大队对生产队管得过多过死，各级民主制度不够健全，党委包办代替公社各级行政的现象相当严重等一系列问题，《条例》做出了具体、详尽的规定。经过讨论和在部分地区的试行，6 月 15 日正式将《条例》发给全国讨论、试行。修改后的《条例》指出：“农村人民公社一般地分为公社、生产大队和生产队，以生产大队的集体所有制为基础的三级集体所有制，是现阶段人民公社的根本制度。……公社在经济上，是各生产大队的联合组织。生产大队是基本核算单位。生产队是直接组织生产和组织集体福利事业的单位。”

1961 年 10 月 7 日，中共中央就农村基本核算单位问题又发布指示，对《农村人民公社条例（修正草案）》中的有关规定做了最终修改。该指示指出：“就大多数的情况来看，以生产队为基本核算单位，是比较好的。它最大的好处，是可以改变生产的基本单位是生产队，而统一分配单位却是生产大队的不合理状态，解决集体经济中长期以来存在的这种生产和分配不相适应的矛盾。”① 1962 年 2 月 13 日，中共中央在《关于改变农村人民公社基本核算单位问题的指示》中，进一步肯定并论述了以生产队为基本核算单位的必要性和意义，并指出：“生产队，范围小，几十户为一个基本核算单位，社员对集体经济同自己的利害关系，对于自己的劳动成果，看得最直接，看得最清楚。”② 这在认识上又进了一步，终于有限度地承认了社员的自身利益。

1962 年 9 月 27 日，党的八届十中全会通过了《农村人民公社工作条例修正草案》。规定：“生产队是人民公社中的基本核算单位，它实行独立核算，自负盈亏，直接组织生产，组织收益的分配。这种制度定下来以后，至少三十年不变。”至此，人民公社“三级所有，队为基础”的一整套制度最终得以确定下来，并一直延续到 1983 年人民公社撤销为止。

---

① 从进：《曲折发展的岁月》，河南人民出版社 1996 年版，第 269 页。

② 中华人民共和国国家农业委员会办公厅编：《农业集体化重要文件汇编（1958 - 1981）》下册，中共中央党校出版社 1981 年版，第 518 页。

“三级所有，队为基础”的人民公社制度，虽然保留了人民公社的外壳，但其内部的内容却发生了重大的变化。仅从农地制度变迁来看，这些变化就有：[①] 其一，将原先集中起来归几千户农户共同所有的共同经营的土地，改为以生产队为基础的公社、生产大队、生产队三级所有，由生产队具体经营；其二，生产队是土地等资产的主要所有者，是独立核算、自负盈亏的基本经济单位，每个农户都隶属于相同的或不同的生产队，其收益直接与生产队的经营结果挂钩；其三，生产队成为土地的产权主体，它拥有了生产队范围内的土地所有权、使用权、收益权及有限的处置权；其四，由于生产队是一个非人格化的主体，现实中，涉及到生产队内土地的经营使用时，多数状况下是生产队内的农户共同商讨决定，因而，使用权、收益权及有限的处置权与农户的距离又缩短了，农户事实上拥有土地的生产经营权，但这种生产经营权是不完善的，只有生产队内的农户作为一个整体才拥有这样的权力；其五，虽然是生产队直接占有并经营着土地，但是公社、生产大队却也是土地的所有者之一，加上高度集中的计划经济体制，因而，生产队的产权不仅经常受到上面的干预、是很小的，而且还是残缺不全的；其六，农户除作为生产队的一分子间接享有生产队管辖的土地的权力外，还直接享有自留地、自留山、宅基地的使用权、收益权和部分处置权，实践证明，这一部分产权的明晰，极大地调动了农民的积极性。

“三级所有，队为基础”的体制形成后，呈现比较稳定的延续，一直到80年代初被联产承包责任制所取代。总体上看，这种体制是存在不少问题的，但如果分阶段来看，这种体制在初期和中后期的经营绩效则有着明显的差别。

第一阶段为1962～1965年左右，这期间，由于刚刚从“一大二公”的人民公社化体制调整到“三级所有，队为基础”的体制，农民部分拥有了曾经拥有而后来丧失的生产经营权力，农民的积极性有所提高，农业生产又有所发展。据统计，1965年全国农业机械总动力达到1494万马力（1957年只有165万马力），农用大中型拖拉机有72599混合台（1957年只有14674台）。[②] 粮食产量，1965年为3890亿斤，比1962年增加了690亿斤，已将近1957年的3900亿斤；棉花产量，1965年为4195万担，超过1957年3280万担。[③] 此外，其他农产品也有较大幅度增产。

第二阶段为1965年后至20世纪80年代初该体制的终结。这一阶段的农业绩效较差，如粮油都由合作化开始时的净出口国变为净进口国。粮食由“一五”

① 杨德才：《我国农地制度变迁的历史考察及绩效分析》，载于《南京大学学报》2002年第4期。

② 《中国统计年鉴（1983）》，中国统计出版社1983年版，第186页。

③ 《中国统计年鉴（1983）》，中国统计出版社1983年版，第162页。

时期的年净出口 200 万吨变为“五五”时期的年净进口 710 万吨，为同期年净征购数的 16%；29 个省区市中，有 11 个由粮食调出省区变为调入省区；到 70 年代末，只有 3 个省区能调出粮食。食油由“一五”时期年净出口 25.9 万吨变为“五五”时期年净进口 22.2 万吨，占国内年销售量的 21%。棉花由“一五”时期年净进口 3.1 万吨变为“五五”时期年净进口 42.5 万吨，占国内年收购量的 19%。[①] 农产品的由出口变为进口，一个重要原因是农业的经营绩效下降，满足不了不断增长的需求。“文革”期间一些主要农产品的人均产量也是下降的，如棉花人均 1965 年是 5.9 斤，1976 年减少为 4.4 斤；油料人均 1965 年为 10.1 斤，1976 年减少为 8.6 斤。[②]

“三级所有，队为基础”的制度是在对人民公社“一大二公”的制度基础上通过调整而做出的，但它仍然是自上而下的强制性制度变迁。实践已经证明，从总体上看，其效率依然是低下的。造成这一现象的原因是很复杂的，而从农地制度看，它显然也是一种无效率或低效率的制度安排。因为判断一种制度的有效或无效，关键是看它能否弥补原有制度的不足而激发制度被动接受者的内在潜力，而“三级所有，队为基础”的土地制度安排虽然也做了较大的调整，但在最大限度地发掘制度被动接受者的潜力方面却是失败的，劳动者的积极性并未被调动起来。因而，“三级所有，队为基础”的农地制度仍然存在许多问题。

---

① 农牧渔业部计划司：《农业经济资料（1949－1983）》，农业出版社 1983 年版，第 46、120、286～295、304、321、343、408、414、429～439 页。

② 《中国统计年鉴（1983）》，中国统计出版社 1983 年版，第 159 页。

第六章

工商业的社会主义改造和发展

引言　工商业经济发展的历史脉络及其反思

新中国关于商业发展的一切制度安排，都是与当时国家领导人对自由市场的性质、作用与地位的认识关联在一起的。

在对私营工商业进行改造之前，中央政府对发展自由贸易是加以鼓励的。当时，全国各地开办了土产交易会、物资交流会、庙会、骡马大会等。1952 年，为了促使市场在一定范围内发挥商品流通和吸纳就业的积极作用，国家强调国营商业以批发为主，国营商业和供销社减少对次要商品的经营，以更多地发挥其他市场主体的作用。

改造期间，国家也没有完全取消市场机制，而是在一定程度上承认和利用市场机制，继续鼓励并允许自由贸易的发展。陈云指出："社会主义社会，长时期还需要夫妻店。因为老百姓还要买小杂货、油盐酱醋，还要吃大饼、油条、馄饨、汤圆。"① 陈云在 1956 年还谈道："今后重要物资如粮食、布匹，还要统购，实行计划分配。有些供不应求的热销货，也要实行计划分配，其余的可以自由选购"。"既要实行计划经济，管好市场，反对投机倒把，又不要把市场搞死。"②

在改造基本完成而中国已经转变为社会主义国家以后，在社会主义经济制度下存在并受国家控制的自由市场，到底是什么性质？是社会主义经济应有的组成部分，还是存在于社会主义经济之外的资本主义经济因素？对于这个问题，当时

---

① 《陈云文选（1949－1956）》，人民出版社 1984 年版，第 305 页。

② 《陈云文选（1949－1956）》，人民出版社 1984 年版，第 333 页。

中央领导存在着两种不同的观点。

一种是以陈云为代表的观点。陈云认为："对一部分商品采取选购和自销，让许多小工厂单独生产，把许多手工业合作社划小，分组或按户经营，把许多副业产品归农业合作社社员个人经营，放宽小土产的市场管理，不怕有些商品的价格在一定范围内暂时上涨，改变对某些部门计划管理的方法，所有这些，是否将使我国退回到资本主义的自由市场呢？绝不会这样，采取上述措施的结果，在我国出现的绝不会是资本主义的市场，而是适合于我国情况和人民需要的社会主义的市场。……这种自由市场，是在国家领导之下，作为国家市场的补充，因此它是社会主义统一市场的组成部分。"①

刘少奇是赞同陈云观点的，主张允许少量的个体经济甚至私营经济存在和发展，认为社会主义有必要存在自由市场，认为在公有制经济外面存在一个私营经济对社会主义有好处。1957 年 4 月，刘少奇说：社会经济活动种类繁多，成千上万、甚至几十万种，计划不可能都有效地加以管理，"社会主义搞计划只能搞大的项目"，"自由市场开放，可以使经济生活组织得更好一些，计划经济更完善，有多样性。""如何使我们的社会主义经济同时具有这样几个特点：既有计划性，又有多样性，又有灵活性，这就要利用自由市场。一方面自由市场可以补充当前我们社会主义经济的不足，另一方面它可以帮助我们在经济上搞多样性和灵活性。"② 这个思想比陈云提出的为党的八大所接受的"主体""补充"思想又进了一步。同时，他又认为自由市场是私营性质的："自由市场需要发展，但是应该有所限制，有所调剂。限制就是用行政上的办法来限制。调剂有两个办法：一是私人在哪里发财，我们也到那里照着私人的样子搞，他挑一担，我们也挑一担，他挑两担，我们也挑两担。我们现在有一个迷信思想：'我是社会主义，就比私人资本主义先进'。这种迷信思想要不得，一定要去掉，实际上现在在某些方面社会主义比私人资本主义落后。……二是收税。"③

另一种是以毛泽东为代表的观点。毛泽东认为："现在我国的自由市场，基本性质仍是资本主义的，虽然已经没有资本家。它与国家市场成双成对。"④ 毛泽东的这个认识，对后来中国自由市场的发展命运产生了决定性的影响。既然自由市场是资本主义性质的，这样的市场自然无法导入并有利于社会主义建设，因而，抑制并取消自由市场也就是个时间问题了。当时，毛泽东的认识影响并主

① 《陈云文选（1949－1956）》，人民出版社 1984 年版，第 13 页。
② 《刘少奇年谱》下卷，中央文献出版社 1996 年版，第 395、399 页。
③ 《刘少奇论新中国经济建设》，中央文献出版社 1993 年版，第 333 页。
④ 《党的文献》编辑部：《共和国走过的路》，中央文献出版社 1991 年版，第 308 页。

导着实际政策与制度的制定，因而，自由市场的空间始终受到国家市场的挤压、价值规律的作用始终受到计划配置的限制。

社会主义改造完成以后，我国实际上已经开始实施限制自由市场、取消自由贸易的政策。这一政策使得几乎所有商品供应都出现了严重短缺的危机。为了消除危机、实现人们生活的正常化，1959 年，中央被迫做出重新开放集市贸易的决定，自由市场又开始活跃起来。据统计，到 1961 年底，全国开放农村集市 41437 个，相当于公社化以前的 99%。① 随着自由集市贸易的逐步开展，商品集市自由交易价格远远高出国家牌价的现象也开始有明显好转，由 1961 年高出 220% 下降到 1963 年的 129%。②

“文革”爆发后，市场秩序再次受到巨大冲击，商品交换被看成是资本主义性质的事物，自由市场更被看成是资本主义尾巴而遭到否定，一时间，割“资本主义尾巴”之声不绝于耳。集市贸易虽在形式上仍有所保留，但进入市场参与交易的主体与客体的数量呈现急速下降的趋势。随着对自由市场的资本主义尾巴的最后定性，中国商业发展一直遭遇着重重约束与障碍，事实上的商品经济市场已经基本消失。

第一节　新中国成立之初工商业经济的发展

一、新中国成立之初对私营工商经济的认识

按照毛泽东的论述，不论是在民主革命阶段，还是在社会主义革命阶段，私营工商业经济都是具有两重性的，“在社会主义革命时期，它有剥削工人阶级取得利润的一面，又有拥护宪法、愿意接受社会主义改造的一面。”③ 具体而言，私营工商业的经济活动一方面具有有利于国计民生的积极作用，另一方面又有不利于国计民生的消极作用。

关于私营工商业经济两面性的认识，尤其是过分看中并强调私营工商经济“消极的一面”，是导致对私营工商经济进行改造的根本原因。当时的国家主要领导人认为，私营工商经济以追逐利润最大化为目标，唯利是图，其生产经营将不

① 商业部商业经济研究所：《新中国商业史稿》，中国财政经济出版社 1984 年版，第 210 页。
② 商业部商业经济研究所：《新中国商业史稿》，中国财政经济出版社 1984 年版，第 211 页。
③《毛泽东著作选读》下册，人民出版社 1986 年版，第 758 ~ 759 页。

可避免地出现盲目性和无政府状态，而这必然将经常与社会主义计划经济相矛盾，并破坏社会主义经济计划，因此，必须对其进行社会主义的改造。

1949 年中华人民共和国成立之初，当时的中国政治、经济形势都严重不稳，市场投机风行，私营工商经济为了避免遭受雪上加霜的打击，也纷纷加入到囤积居奇的投机行列中，予刚刚成立的共和国以强烈的冲击，新生的共和国也第一次感受到了市场冲击的巨大威力。后来，中央政府通过采取建立国营经济等诸多措施，虽然稳定了市场，但这并不能改变私营工商经济追求高额利润、不接受国营经济领导的局面。再后来，为了规范并打压私营工商经济的市场活动范围，中央政府采取了对私营工商经济进行加工订货的契约约束，然而，私营工商经济在加工订货中却采取了“先私后公”“假公济私”，将合同内产品投向自由市场，宁愿违约罚款，也不履行合同等。① 这些消极作用随着大规模经济建设的全面展开，暴露得更加充分，中央政府是不能容忍这种消极作用无限发展、无限放大的，因此，只有改造之。

二、保护并有限制地发展民族资本主义工商业

新中国成立初期，社会主义国营经济刚刚建立，力量十分弱小，民族资本主义经济仍然是社会经济的重要组成部分。1949 年，私营工商企业约有 12.3 万家，职工达到 164 万人，占全国工业职工的 54.6%，私营工商业的生产总值为 68.3 亿元，占全部工业生产总值的 48.7%②。因此，如何处理民族资本主义经济成为关系到国计民生的大事。《共同纲领》指出：“中华人民共和国经济建设的根本方案，是以公私兼顾、劳资两利、城乡互助、内外交流的政策，达到发展生产、繁荣经济之目的。国家应在经营范围、原料供给、销售市场、劳动条件、技术设备、财政政策、金融政策等方面，调剂国营经济、合作社经济、农民和手工业者的个体经济、私人资本主义经济和国家资本主义经济，使各种社会经济成分在国营经济领导下，分工合作，各得其所，以促进整个社会经济的发展。”“凡有利于国计民生的私营经济事业，人民政府应鼓励其经营的积极性，并扶持其发展。”③ 即对民族资本主义工商业实行利用、限制的政策。

针对民族资本主义经济在发展国计民生方面的积极作用，国家采取的措施是

---

① 董辅礽主编：《中华人民共和国经济史》上卷，经济科学出版社 1999 年版，第 179 页。

② 《中国统计年鉴（1984）》，中国统计出版社 1984 年版，第 194 页。

③ 《1949－1952 中华人民共和国经济档案资料选编·工业卷》，中国物资出版社 1996 年版，第 201～202 页。

扶持有益的民族资本主义工商业。1949 年 4 月，在中财委党组会议上，陈云指出："我们既在经济上承认四个阶级，有利于国计民生的私人工商业就要让他发展，有困难就要帮助。"① 保护、扶持民族资本主义工商业，使得当时国民经济很快得到恢复。1949 年，各地人民政府对民族资本主义工商业的贷款，占国家对工商业贷款总额的 20% ~25%，其中上海达到 52.3%、天津达到 46.9%。天津 1949 年 1 ~12 月，私营工商企业由 9873 家增长到了 12311 家，职工从 71863 人增加到了 85385 人②。

针对民族资本主义经济在发展国计民生方面的消极作用，国家采取的措施是调整民族资本主义工商业。1950 年 6 月，在中共七届三中全会上，毛泽东强调："要获得财政经济情况的根本好转，需要三个条件，即：（一）土地改革的完成；（二）现有工商业的合理调整；（三）国家机构所需经费的大量节减。""人民政府对于合理调整工商业，改善公私关系和劳资关系已经做了一些工作，现正用大力继续做此项工作。"③ 调整工商业主要分为三个基本环节：（1）调整公私关系；（2）调整劳资关系；（3）调整产销关系。

调整公私关系是调整工商业的关键环节，主要是指调整社会主义国营经济和民族资本主义经济之间的关系，包括调整公私工商业关系和调整税负。在工业方面，国家通过扩大国营企业对私营企业的加工订货和产品收购，来帮助私营企业恢复生产。订货、收购的方式保证了国家对原材料供应过程和产成品销售过程的控制，使得私营企业根据国家的需要组织生产，切断了其与市场的联系，很好地将私营企业的生产活动纳入国家计划之中。在商业方面，国家对国营商业的经营范围和价格政策进行调整，为私营商业留出一定的发展空间，同时对私营商业的投机活动进行严格的限制。调整税负的目的主要是适当减轻私营工商企业的税收负担，促进生产力的发展。主要内容包括：减少工商税的税种，税种从 14 种降低为 11 种④；简化税目，货物税的税目由 1136 个减少为 358 个，印花税的税目从 30 个减少为 25 个⑤；降低税率，提高起征点，所得税的起征点由 100 万提高 300 万，累进技术由 14 级增加为 21 级⑥。

为了对劳资关系进行调整，1950 年 4 月劳动部发布《关于在私营企业中设

---

① 薄一波：《若干重大决策与事件的回顾》，中共中央党校出版社 1991 年版，第 102 页。

② 吴承明、董志凯：《中华人民共和国经济史（第 1 卷）（1949 - 1952）》，中国财政经济出版社 2001 年版，第 357 页。

③ 《毛泽东文集》第 6 卷，人民出版社 1999 年版，第 69 ~70 页。

④⑤ 吴承明、董志凯：《中华人民共和国经济史（第 1 卷）（1949 - 1952）》，中国财政经济出版社 2001 年版，第 367 页。

⑥ 李宗植：《中华人民共和国经济史（1949 - 1999）》，兰州大学出版社 1999 年版，第 41 页。

立劳资协商会议的指示》，要求设立劳资协商会议，根据民主和“劳资两利”的原则，以平等协商的方式解决劳资矛盾。调整劳资矛盾的基本思路为：必须保障工人阶级的民主权利，必须有利于发展生产，劳资问题通过协商解决，协商不成，由政府仲裁。一方面，调整劳资关系，确认了工人的民主权利，保护了工人的利益，从而提高了工人的生产积极性；另一方面，良好的劳资关系，有利于企业生产效率的提高和管理水平的改善，对恢复和发展生产力具有积极作用。

调整产销关系，是为了解决生产和销售之间不平衡的问题。基本原则是以销定产，首先计算出产品的市场需求量，再核定各地区、各企业的生产能力，根据公私兼顾的原则，合理分配生产任务。1950 年 6 月至 9 月，中央人民政府财经各部门，先后召开了粮食加工、食盐运输、百货产销、煤炭产销、火柴工业、橡胶工业、毛麻纺织、复制印染、卷烟工业、进出口贸易和金融业等全国性专业会议，具体规定了各行业的产销计划。调整产销关系，有利于克服生产活动中的“无政府状态”，缓解轻工业和重工业比例失调的问题，推动产业结构的调整，使之逐渐与消费结构相适应。

第二节　对民族资本主义工商业的社会主义改造

一、改造的制度选择：从“四马分肥”到定息

新中国关于私人资本主义（即私营工商业）的制度安排问题，经历了从七届二中全会的利用、限制到 1953 年 6 月利用、限制、改造的制度转变。虽然改造的终极目标是彻底消灭私营工商经济，但在改造的具体制度选择与安排上则经历了从“四马分肥”到定息制度的转变。

按照当时的说法，对私营工商经济的社会主义改造，主要是通过国家资本主义的形式进行。国家资本主义的发展，经过了初级形式和高级形式两个发展阶段。

初级形式的国家资本主义，基本上仍然是资本主义经济，但是它已经同社会主义国营经济建立了较密切的联系。这个阶段的制度安排是“四马分肥”。在这个阶段，社会主义国营经济通过对资本主义企业订立合同，在企业外部，即在流通过程建立了联系。社会主义国营经济控制了私营工商企业的原料购买和产品销售两个环节，因而造成了私营工商企业对社会主义经济的依赖。私营工商企业进

入国家资本主义轨道后，就在生产和经营方向、活动范围、剥削程度、产品价格和市场条件等方面都受到一定的限制，在不同程度上被纳入了国家计划之中。这些企业的盈余，按“四马分肥”的原则分配，即企业的盈余，按照所得税、企业公积金、工人福利基金和资本家的利润（包括股息和红利等）四个方面进行分配。资本家不能再得到全部盈余，而只能得到盈余的1/4。

初级形式的国家资本主义经济，其中已经带有一定的社会主义因素，私营工商企业获得的利润受到了比较大的限制，生产和销售在一定程度上也被纳入国家计划的轨道。虽然如此，但初级形式的国家资本主义则仍然是资本主义经济。

高级形式的国家资本主义是公私合营，它又经过了个别企业的公私合营和全行业公私合营两个阶段。在这两个阶段，国家主要是通过“赎买”私营工商企业的股份来进行公私合营的。当时，个别企业的公私合营，就是在原有私营企业中加入国家公股（即“赎买”）、并由国家派干部负责企业的领导和管理来进行的，这样，社会主义经济成分同资本主义经济成分的联系，就由企业外部进入到企业内部，从流通领域进入到生产领域，从而使企业的生产关系发生重大变化。公私合营企业的生产资料已经不是私营工商企业的资本家单独占有，而是国家和资本家共同占有；企业的生产资料支配权、经营管理权和人事调配权等，实际上已转到国家手中。资本家的私股虽然仍是资本，但已失去了独立的地位，企业的经营管理不再采取资本主义的方式，而是逐步地向国营经济看齐，以服从国家计划要求为指导方针；工人虽然还没有改变被资本雇佣的地位，但已开始成为企业的主人；在利润分配方面，虽然仍然按照“四马分肥”的原则进行，但由于企业是公私共有，资本家只能按照私股所占的比例取得股息和红利的一部分，而不能像在初级形式国家资本主义经济中那样占有企业盈余的1/4。资本家对利润的分割受到了更大的限制。由于这些变化，工人的生产积极性因之大大提高，企业的生产潜力得到了更大的发挥，再加上国家对企业的投资和扩建，所以企业的劳动生产率在改造的初期也表现出了提高的趋向。

但是，个别企业的公私合营并没有完全消除生产资料私人占有的状况，它还承认私股的所有权，承认资本家在利润分割中的优势地位，因此需要进一步改造，即实行全行业公私合营。全行业公私合营是对私营工商经济进行社会主义改造有决定意义的一步。全行业公私合营后，对资本家的赎买由分配利润制度改为定息制度，即资本家按照合营前的资本总额，在一定年限内，[①] 每年领取5%的

① 1966年，定息开始取消。据统计，从实行社会主义改造到1966年取消定息为止，国家付给资本家的赎买金共34.5亿元，超过了全国公私合营企业24亿元的私股股金。

定息。在实行定息制度后，资本家除了领取定息之外，对企业的生产资料已无权过问，企业的生产资料完全由国家统一使用和支配，企业的管理完全按照社会主义原则、按照国家计划进行。所以，实行全行业公私合营的企业，除了资本家还拿定息之外，已经和国营企业没有多大差别了。

中国的私营工商业全行业公私合营是从 1956 年初开始的，同年底私营工商业即全部变为公私合营企业。

二、改造起步：契约约束与替代改组

对私营工商经济的改造并非始于 1953 年，而是始于新中国刚成立之后。对私营工业最初的改造方式是加工订货。1949 年，国家向私营工业加工订货的产品价值即占到私营工业总产值的 12%，1950 年占 29%，1951 年占 43%，1952 年占 56%。[①] 1952 年“五反”运动以后，资本主义工业的主要部门大部分被纳入了国家资本主义的轨道。对私营商业的改造则采取了诸如委托经营、公私联营与完全替代等多种方式。

（一）对私营工业的初步改造

1953 年，与第一个五年计划同时进行的对私营工业的改造，国家有计划地进一步扩大了加工订货的规模，借助契约约束来改造私营工业。

首先，国家从 1953 年 7 月起采取措施对一些主要物资和工业原料进行控制，压缩私营工业企业市场自由采购生产原材料的空间，迫使私营工业经济不得不依赖国家。当时的措施主要有：（1）对粮食、食油、棉花和棉布等主要农产品实行统购统销政策；（2）对煤、铁、钢材、铜、硫酸、烧碱、橡胶、羊毛、麻、油料、烟叶等重要原料实行按计划控制和供应；（3）对进口原料加强管理；（4）对国家未统一控制的原料由各地政府根据加工订货计划掌握平衡，等等。由于国家掌握了工业原料并对原料实行统一分配，因此，国家就可以根据统筹兼顾的原则，对各种经济成分进行全面的生产安排。

其次，国家不断扩大对私营工业经济订货、包销的产品种类与数量，不仅很快实现了对私营工业的产品绝大部分实行加工订货、统购包销，而且还很快从一些主要行业扩展到一般行业，从大城市扩展到小城市，从大型企业扩展到中小型企业。对私营工业经济加工订货的全面实现，切断了私营工业经济因产品销售而

① 国家统计局编：《我国的国民经济建设和人民生活》，中国统计出版社 1958 年版，第 28 页。

发生的同市场的联系，使私营工业经济的市场活动空间继续萎缩。

最后，国家借助原料控制和加工订货加强了对私营工业企业的计划管理和契约管理，私营工业企业在计划与契约双重约束下的逐利增殖的行为与动机受到严重影响，而且为了维持企业正常的生产经营，其除了选择接受计划与契约的双重约束之外而别无他法。当政府计划因信息不对称而导致市场上某些产品供过于求或供不应求时，私营工业企业并没有扩大或收缩生产规模的权力，否则就将破坏计划与契约。因此，加工订货、统购包销后的私营工业企业事实上的市场活动空间已是微乎其微了。

在 1949～1955 年期间，工业中国家资本主义初级形式（即国家对私营工业企业的加工订货）发展情况如表 6－1 所示。

表 6－1　　1949～1955 年国家对私营工业企业的加工订货发展情况

指标	1949 年	1950 年	1951 年	1952 年	1953 年	1954 年	1955 年*
国家加工、订货、包销、收购的产品价值（亿元）	8.11	20.98	43.21	58.98	81.07	81.21	59.35
指数（%）	100	259	533	727	1000	1001	732
国家加工订货等产品价值占私营工业总产值的比例（%）	12	29	43	56	62	79	82

注：* 1955 年国家加工、订货等产品值比 1954 年减少较多，是由于自 1954 年起，大批私营企业已实现了公私合营，这些转变了经济类型的企业的数字已不包括在私营工业的统计范围内。如按可比部分计算，1954 年国家加工、订货等的产品值较 1953 年增加 19.3%，1955 年又较 1954 年增加 1%。

资料来源：国家统计局：《我国的国民经济建设和人民生活》，中国统计出版社 1958 年版。

由于国家对私营工业加工订货等数量迅速增长，这部分产品价值占全部私营工业总产值的比重已由 1949 年的 12% 上升到 1955 年的 82%；大型工业中这一比重更高达 91%，而私营工业自产自销部分却不到其全部生产的 9%。这种情况表明，私营工业的生产已经逐步纳入国家资本主义的轨道，受到国家计划与契约的影响越来越大。

（二）对私营商业的初步改造

对私营商业的初步改造主要是针对批发商、零售商等各自不同的特点，按照先批发、后零售的改造步骤，分别采取了替代、改组的方式，逐渐把私营商业改造成社会主义的国有商业。

1. 对私营批发商业的改造。批发商业是商品流通的重要环节，它决定着物价水平和市场供求。这些私营批发商有经营主要商品的大批发商，也有经营次要商品或零星小商品的小批发商；有直接与生产者联系的一级批发商，也有不直接与生产者联系的二批发商乃至三批发商。当时中国的私营批发商大多集中于沿海或内地口岸的一些大中城市。据 1953 年底调查，全国共有私营批发商 36300 多户、从业人员达 198000 人，资金 4.6 亿元。据上海、天津、广州等大城市调查，私营批发商在私营商业中，户数占 20%～30%，从业人员占 30%～40%，资金占 50%～70%。①

在国民经济恢复时期，国家对私营批发商的政策是打击其投机性、但更偏重于利用和限制。1953 年社会主义改造启动后，对私营批发商开始实行逐步代替政策。具体措施是：扩大对私营工业加工、订货、统购、包销，把大批产品掌握在国有商业手中；加强对大中城市采购物资的统一管理；摆脱私商插手经营大宗交易；对粮、棉、油等重要物资实行统购统销；对供应城市的煤炭等实行计划供应；采取“城城微利，城乡合理”，逐步缩小地区差价；对私营批发商恢复课征营业税等。总之，通过掌握货源，缩小地区差价，增加税收，缩小贩运所得利润等办法，把大批私营批发商从批发领域内逐步排挤出去。与此同时，还加大改造小批发商的力度，主要采取了“留”“转”“包”三种方式。“留”就是让一些批发商继续经营批发业务。具体办法是在国营商业领导下，由国营商业委托它们代理批发。“转”是把原批发商的经营和人员转到其他经济部门。“包”就是包人员，就是把私营批发商吸收到国营企业中来，使他们能发挥所长为国营商业服务。

经过改造，剩下来的大多是一些零星的小批发商业了。据 1955 年 8 月统计，当时全国仍有批发坐商 4.2 万户，从业人员 14 万人；行商 6.6 万户，从业人员 7.5 万人；批发摊贩 1.7 万户，从业人员 2.1 万人。户数虽然还不少，但在市场批发交易额中所占比重却大大下降，在 1955 年只占整个批发额的 4.4%。至此，对私营批发商业的社会主义改造已基本完成。一些小的批发商都在 1956 年初随同私营零售商实行了全行业公私合营。②

2. 对私营零售商业的改造。据 1955 年 8 月统计，全国私营零售商约 282.7 万户，其中属于商业资本家为 10.2 万户，只占 3.4%。

由于私营零售商业直接和广大老百姓相联系，从业人数众多，成员既比较复杂，又比较分散，所以对零售商的改造工作，既要逐步把它们纳入国家计划轨

---

① 商业部商业经济研究所：《新中国商业史稿》，中国财政经济出版社 1984 年版，第 82 页。

② 商业部商业经济研究所：《新中国商业史稿》，中国财政经济出版社 1984 年版，第 85 页。

道，逐步改变其所有制，又要充分发挥它们在商品流通中的积极作用，使之能维持其经营。国家根据统筹兼顾的方针，对它们采取了安排与改造相结合的政策，在步骤上采取逐行逐业进行改造的办法。改造的形式有：批购（即批购零销，私商以现款向国营商业批购商品，然后零售出去，赚取批零差价的收入）、经销（私商经销国营商业指定的商品，取得批零差价的收入）、代销（受国营商业委托代销商品，取得规定的代销手续费）、专业代销（与代销不同，其全部货源都由国营商业供给，无自营业务）等等。

经销、代销是初级国家资本主义形式。私商通过经销、代销从批零差价中得到一定利润，来维持自己生存和发展。从 1953 年下半年开始，对粮、棉、油等实行统购统销政策后，对私营零售商实行全行业代销。到 1955 年 8 月，全国私营零售商连同公私合营商业共有 295 万多户，其中实行经销、代销的约 70 万户，占全部零售商的 1/4。①

在 1953 年 11 月国家实行统购统销制度以后，国家掌握了全部货源，经营这些商品的私商即全部纳入经销和代销形式。从 1954 年起，社会主义商业不论在批发方面或零售方面，都占有统治地位，私营商业大大削弱。到 1955 年 8 月底止，全国私营商业中已有 71 万户（占私营总户数的 24%），112 万从业人员（占私商从业人员总数的 28.7%）纳入了各种形式的国家资本主义和合作化轨道。

三、改造升级：从公私合营到全面国营

尽管通过契约约束和替代改组等方式已在很大程度上将私营工商业纳入了国家计划管理的轨道，但对私营工商业进行的改造并没有结束，直至最终实现全面国营。

国家有计划地发展公私合营经济是从 1954 年开始的。1954 年 9 月国家公布了《公私合营工业企业暂行条例》，规定了公私合营企业的性质、任务和公私关系、劳资关系、经营管理、盈余分配等各方面的原则，这标志着公私合营企业在全国范围内有计划地发展起来了。到 1955 年，公私合营工业已经有了很大的发展。如按总产量计算，1955 年较 1949 年增加了 31.7 倍，即平均每年增长 78.8%。如以公私合营工业和私营工业总产值为 100，则 1949 年公私合营部分为 3，1952 年为 11，1953 年为 13，1954 年为 33，1955 年为 50。就是说，到 1955 年底，已有相当于总产值一半的私营工业企业被改造为公私合营企业了。以 1955

---

① 商业部商业经济研究所：《新中国商业史稿》，中国财政经济出版社 1984 年版，第 86 页。

年为例，在总产值中，公私合营部分占50%，国家加工订货部分占41%，而私营工业自产自销部分只占9%，① 如图6－1所示。

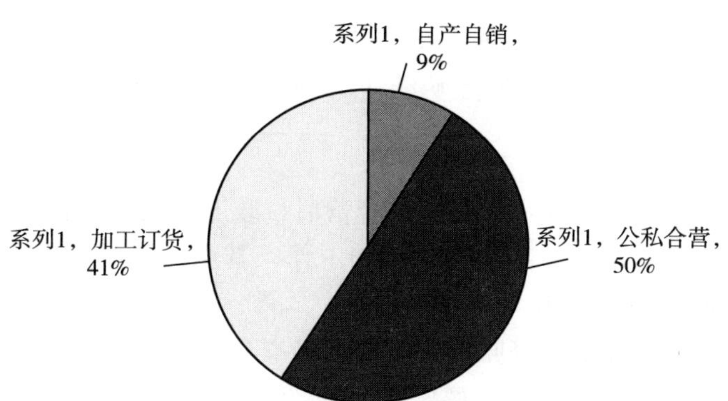

图6－1　1955年全国工业产值分布比例

到1955年末和1956年初，对私营工商业的社会主义改造，在全国范围内就形成了高潮。由以国家资本主义初级形式为主，发展到以高级形式为主；从过去的一个厂店实行公私合营，发展到全行业的公私合营，这就大大扩大了改造的规模，加速了改造的进度。到1956年底，已经实现公私合营的工业企业，占年初原有私营工业企业户数和职工人数的99%，占生产总值的99.6%。如表6－2所示，1949～1956年工业总产值中各种所有制类型比重发生了巨大变化，1949年资本主义工业的产值占工业总产值的55.8%，1956年时该比重几乎下降至零，工业企业的性质基本上是社会主义的。在全部私营商业中，已纳入各种改造形式的户数、从业人员和资本额的比重分别达到82.2%、85.1%和93.1%。② 这样，对私营工商业的社会主义改造也就基本上完成了。

表6－2　　1949～1956年我国工业总产值中各种所有制类型的比重　　单位：%

类型	1949年	1950年	1951年	1952年	1953年	1954年	1955年	1956年
社会主义工业	34.7	45.3	45.9	56.0	57.5	62.8	67.7	67.5
国家资本主义工业	9.5	17.8	25.4	26.9	28.5	31.9	29.3	32.5
其中：公私合营	2.0	2.9	4.0	5.0	5.7	12.3	16.1	32.1

① 孙健：《中国经济通史》下卷，中国人民大学出版社2000年版，第1571页。

② 柳随年等主编：《中国社会主义经济简史（1949－1983）》，黑龙江人民出版社1985年版，第144页。

续表

类型	1949 年	1950 年	1951 年	1952 年	1953 年	1954 年	1955 年	1956 年
加工订货	7.5	14.9	21.4	21.9	22.8	19.6	13.2	—
资本主义工业	55.8	36.9	28.7	17.1	14.0	5.3	3.0	—

资料来源：汪海波：《中华人民共和国工业经济史（1949 年 10 月 ~1998 年）》，山西经济出版社 1998 年版，第 142 页。

在私营工商业改造进入全行业公私合营后，政府开始对私营工商企业进行清产核资、定息和人事安排等一系列具体的工作，其中，资本家所得的股息红利，便由“四马分肥”制度改为“定息”制度。

清产核资，确定股份。对原私营企业的资产和负债，根据“公平合理，实事求是”的原则，进行清理估价，核定私股股额。据统计，截至 1956 年底，全国公私合营企业的私股共为 24 亿元，其中工业 17 亿元，商业、饮食业和服务业 6 亿元，交通运输业 1 亿元。

定息制度。所谓定息，就是把私营工商企业所有者的生产资料估价折成股份，每年按照股份分给资本家固定的红利。国家对公私合营企业定息办法规定：全国公私合营企业的定息户，不分工商、不分大小、不分盈余户亏损户、不分地区、不分行业、不分老合营新合营，统一规定为年息 5 厘，即年息 5%。定息自 1956 年 1 月 1 日起算，国家每年为定息付出的资金约 1.2 亿元，领取定息的私股股东共有 114 万人。实行定息制度后，资本家对企业生产资料的所有权就只能表现在定息上。资本家对企业的生产资料既不能直接掌握，也不能变卖。企业的全部生产资料完全由国家统一调配、管理和使用。

人事安排。对私营企业原有在职私方人员根据“量才使用，适当照顾”的原则，安排他们的工作。据 1957 年统计，全国拿定息的 71 万在职私方人员和 10 万左右的资本家代理人，全部安排了工作。据几个大城市的安排情况大体上是：直接参加生产经营的占 60% ~65%，企业管理人员占 35% ~40%。[①]

全行业公私合营和定息制度的实行，名义上是国家资本主义的最高形式，实际上，它同完全意义上的社会主义国营经济已没有多大的区别了。1955 年 11 月，中共中央在讨论的《关于资本主义工商业改造问题的决议（草案）》指出，这种全行业公私合营，“是资本主义所有制过渡到完整的社会主义公有制的具有决定意义的重大步骤。在这样的情况下的公私合营企业，那就不仅是半社会主义的，

① 柳随年等主编：《中国社会主义经济简史（1949 - 1983）》，黑龙江人民出版社 1985 年版，第 145 页。

用列宁的话来说，那就是四分之三的社会主义了。”①

第三节　对个体手工业和个体商业的社会主义改造

一、个体手工业合作化的普遍发展

手工业在社会经济中扮演着很重要的角色，是发展工业生产、满足人民生活需要的重要保障。1952 年国民经济恢复时期结束时，手工业产值为 73.17 亿元，占工业总产值的 21.36%，占工农业总产值的 8.84%，手工业从业人员达到 736.4 万人，加上兼营手工业生产的农民，约有 2000 万人②。

1953 年 12 月，《关于党在过渡时期总路线的学习和宣传提纲》指出：“分散的个体手工业的生产是十分落后的，不能使用新的技术，在生产和销售中会遇到许多不可克服的困难，并且也是不稳固的，如果听其自然的发展，也会走资本主义的道路，就是少数人发财，大多数破产的痛苦的道路。因此，必须对个体手工业进行社会主义改造，引导手工业劳动者走社会主义道路。”“手工业者一方面是劳动者，但同时又是私有者，因此，必须经过说服、示范和国家援助的方法，提高手工业劳动者的社会主义觉悟，使他们自觉自愿地组织到手工业合作社中。”③由此，我国的个体手工业合作化进入普遍发展阶段。

1953 年 11 月，第三次全国手工业生产合作会议召开，会议确定了“积极领导、稳步前进”的手工业社会主义改造的方针，并提出了“从供销入手实行生产改造，由小到大，由低级到高级”的改造步骤，以及与改造步骤相对应的合作形式。合作形式主要有手工业生产小组、手工业供销合作社和手工业生产合作社。

手工业生产小组是个体手工业合作化的低级形式，采取向国营商业和供销合作社购买原料、接受加工订货和销售产成品的方式，将个体手工业者组织起来。在这种形式下，生产和核算仍然是独立的，但是手工业者与社会主义经济发生联系，能够摆脱商业资本的剥削。手工业供销合作社是由多个个体手工业者或手工业生产小组联合形成的，供销合作社统一向国营企业购买原料、承接加工订货和

---

① 董辅礽主编：《中华人民共和国经济史》上卷，经济科学出版社 1999 年版，第 197 页。

② 国家统计局：《伟大的十年》，人民出版社 1959 年版，第 30 页。

③ 中华全国手工业合作总社、中共中央党史研究室：《中国手工业合作化和城镇计提工业的发展》第一卷，中共党史出版社 1992 年版，第 144 ~ 145 页。

销售产品，很好地解决了小生产者资金不足、技术落后的问题，逐渐增加了社会主义的因素。手工业生产合作社是个体手工业合作化的高级形式，分为两种形式：一是完全社会主义性质的生产合作社，生产资料归合作社所有，集中生产，统一核算，对劳动者实行按劳分配；二是半社会主义性质的生产合作社，生产资料不完全归集体所有，实行工具入股，部分收入按股分配，部分收入按劳分配。从手工业生产小组，到手工业供销合作社，再到手工业生产合作社，对个体手工业的社会主义改造，逐步将个体手工业者的生产资料私有制变为了集体所有制，将分散的个体生产变为了集体生产。

随着对个体手工业的社会主义改造逐渐纳入国家的计划指导，个体手工业合作化得到了迅速发展。截至 1954 年底，全国的手工业合作组织达到 4. 1 万个，比 1953 年增长 8 倍；社员达到 113 万人，比 1953 年增长 2. 7 倍[①]。在个体手工业合作化的发展过程中，供产销之间的矛盾逐渐显现出来。1954 年 12 月，第四次全国手工业生产合作会议召开，会议提出了对个体手工业进行社会主义改造的方针“统筹兼顾，全面安排，积极领导，稳步前进”，陈云指出：“对手工业合作社生产的发展，要加以管理和控制。手工业合作社是一定要发展的，但要防止产量超过需要，并注意原料是否有保证。”[②] 这次会议还决定了 1955 年对个体手工业社会主义改造的核心任务：详细调查手工业的基本情况，拟订手工业的各项计划，特别是产销计划，统筹兼顾，综合平衡，解决大工业与手工业之间、合作化手工业和个体户之间的矛盾，为手工业的进一步社会主义改造奠定基础。通过将手工业纳入地方工业计划，以及对手工业合作组织的全面整顿，供、产、销不平衡的混乱情况得到了明显的改善。

1955 年 12 月，第五次全国手工业生产合作会议召开，会议提出了“全面规划，加强领导”的方针，要求加速对手工业的社会主义改造。由此，手工业的社会主义改造进入高潮，到 1956 年底，全国的手工业合作组织达到 9. 91 万个，是 1954 年的 2. 4 倍[③]。如表 6 – 3、表 6 – 4、表 6 – 5 所示，1952 ~ 1956 年，合作化手工业的生产总值、从业人数和劳动生产率有明显上升，1956 年的手工业生产总值为 117. 03 亿元，提前完成第一个五年计划。至此，手工业实现了从个体经济到集体经济的改造，我国初步建立起社会主义集体工业经济。

---

① 中华全国手工业合作总社、中共中央党史研究室：《中国手工业合作化和城镇计提工业的发展》第 1 卷，中共党史出版社 1992 年版，第 239 页。

② 《陈云文选（1949 – 1956）》，人民出版社 1984 年版，第 269 页。

③ 中华全国手工业合作总社：《手工业合作化后的主要任务》，财政经济出版社 1958 年版，第 5 页。

表 6－3　　**1952～1956 年我国手工业生产总值**　　单位：亿元

类型	1952 年	1953 年	1954 年	1955 年	1956 年
手工业	73.12	91.19	104.62	101.23	117.03
合作化手工业	2.55	5.06	11.70	20.16	108.76
其中：手工业生产合作社	2.45	4.86	8.56	13.01	100.93
个体手工业	70.57	86.13	92.92	81.07	8.27

资料来源：汪海波：《中华人民共和国工业经济史（1949 年 10 月～1998 年）》，山西经济出版社 1998 年版，第 164 页。

表 6－4　　**1952～1956 年我国手工业从业人数**　　单位：万人

类型	1952 年	1953 年	1954 年	1955 年	1956 年
手工业	736.4	778.9	891.0	820.2	658.3
合作化手工业	22.8	30.1	121.3	220.6	603.9
其中：手工业生产合作社	21.8	27.1	59.6	97.6	484.9
个体手工业	713.6	748.8	769.7	599.6	54.4

资料来源：汪海波：《中华人民共和国工业经济史（1949 年 10 月～1998 年）》，山西经济出版社 1998 年版，第 164 页。

表 6－5　　**1952～1956 年我国手工业劳动生产率**　　单位：元/人

类型	1952 年	1953 年	1954 年	1955 年	1956 年
手工业	992.9	1170.8	1174.2	1234.2	1777.8
合作化手工业	1118.4	1681.1	964.6	913.9	1801.0
其中：手工业生产合作社	1128.4	1793.4	1436.2	1333.0	2081.5
个体手工业	988.9	1150.2	1207.2	1352.1	1520.2

资料来源：汪海波：《中华人民共和国工业经济史（1949 年 10 月～1998 年）》，山西经济出版社 1998 年版，第 164 页。

二、个体商业合作化的展开

个体商业又称小商小贩，是个体经济的一种形式，规模较小，分散经营，散布于城镇和广大农村，对商品流通起着重要作用。对个体商业进行社会主义改造之前，小商小贩占我国私营商业总户数的 95%，从业人员占 85%，资金占 46%[①]。个体商业主要有开设店铺、摆摊和挑肩叫卖三种形式，一般不雇佣劳动力。一方面，从事个体商业的主要是旧社会的城市贫民、失业工人、失学的知识分子和失地农民，他们只有少量的资金，依靠辛勤的商业劳动来维持贫困的生活，属于个体商业劳动者；另一方面，小商小贩是个体经济的私有者，属于小资产阶级和半无产阶级。我国的小商小贩具有商业劳动者和私有者的双重性，又有接受社会主义改造和对资本主义道路留恋不舍的双重可能，因此，国家对个体商业主要采取团结帮助和支持教育的方法，引导他们走上合作化道路，实行社会主义改造。

对个体商业进行社会主义改造所采取的具体办法有三种：第一，成立经销小组。在业务上与供销合作社发生联系，赚取一定的批零差价，使他们的业务活动纳入供销社计划，便于供销社进行价格管理。第二，成立代购代销小组。就是让小商小贩与供销社订立合同，交纳一定保证金，按规定价格代供销社购销指定商品，赚取手续费。采取经销或代购代销的形式，既能够适应个体商业分散经营、自由灵活的特点，又能使个体商业和社会主义经济发生联系，从而纳入国家的计划指导。第三，建立合作商店，实行统一经营、统一核算，走合作化道路，将个体经营变为集体经营，逐步改变私有制性质。

最能体现对个体商业管控的是国家能够调节小商小贩的收入水平。1956 年 7 月，《国务院关于对私营工商业、手工业、私营运输业的社会主义改造中若干问题的指示》指出，必须保证各地各类小商贩都能获得必需的收入。一方面，要确保小商小贩的收入能够维持其正常生活水平和改善必要的经营条件；另一方面，小商小贩属于劳动者，其收入水平和生活水平应当和工人、农民、手工业者保持一致。调节收入水平的主要手段有：对个体商业制定营业额计划、分配货源、规定经营范围；调整零售的差价或代销手续费；通过营业税和所得税的增加、减少或免除来调节收入水平。

1955 年，全国 500 多万从事小商小贩者（包括城镇中从事饮食服务业约 170 万人）中，大约有 60 多万半农半商的小商贩在该年下半年停业务农，留下来还剩 440 万人。1956 年，随着社会主义高潮的到来，这 440 万小商小贩的出路是：直接参加国有商业、合作社商业即“一步登天”的有 30 万人；参加公私合营的企业而实行定股定息者 30 万人；参加合作商店统一经营共负盈亏的 117 万人；

① 林青：《关于我国小商小贩社会主义改造的几个问题的研究》，载于《经济研究》1958 年第 3 期，第 15 ~28 页。

参加合作小组分散经营各负盈亏的 156.5 万人；单干的还有 95.5 万人。由此可见，对小商小贩的改造从 1955 年下半年掀起高潮到 1956 年时，有 40% 走上了合作化道路，但仍有 60% 保持单独经营状态，没有与国有、合作社商业合并，这种个体经营方式对活跃城乡市场有一定积极作用。[①]

到社会主义改造完成时，我国逐步建立起以国营商业为主导、供销合作社为辅助、个体商业为补充的社会主义流通体系。

第四节　社会主义改造完成以后的工商业发展

一、手工业和商业合作组织的全民化

（一）手工业组织的全民化

1956 年 11 月，中共中央批转手工业管理局、全国手工业合作总社筹委会党组在《关于全国手工业改造工作汇报的报告》中提出："为了发展生产，在现有的手工业合作组织中有相当一部分要逐步地由集体所有制发展为全民所有制，这是手工业改造方向。"[②] 手工业转厂任务提出后，1957 年开始付诸实施。转厂是指手工业合作组织的重新改组，主要有两种形式：一是由手工业合作社转为联社经营的合作工厂，可以由一个合作社单独转成，也可以由几个合作社合并转成。二是手工业合作社转为或并入地方国营工厂，同样的，可以由一个合作社单独转厂，也可以由一个合作社转为国营工厂的一个车间。手工业合作社不论转入国营工厂还是转为合作工厂，都意味着合作社由集体所有制转变为全民所有制。转厂后，退还了社员的股金，取消了劳动分红，改为工资制。

1958 年中共中央提出"鼓足干劲，力争上游，多快好省地建设社会主义"的总路线，在"左"的思想的支配下，党中央在所有制问题上追求"一大二公"，认为所有制越纯越好，级别越高越好。对于个体手工业户，除不适合组织集体生产的某些特殊手工业品允许继续进行个体生产外，都应当加入手工业合作社，并把集体工业并入或转为国营企业，由此手工业合作组织进入了转厂的高

---

① 商业部商业经济研究所：《新中国商业史稿》，中国财政经济出版社 1984 年版，第 97 ~ 98 页。

② 中华全国手工业合作总社、中共中央党史研究室：《中国手工业合作化和城镇集体工业的发展》第 1 卷，中共党史出版社 1992 年版，第 18 页。

潮。截至1959年，全国有10万多家手工业生产合作社，升级为全民所有制地方国营工厂的占37.8%，转为地方联社经营合作工厂的占13.6%，调整为人民公社所有生产工厂的占35.3%，只有13.3%保留了原有的组织形式。[①] 转厂以政治运动的方式突击进行，大量企业在短时间内被下放，严重违背了生产关系要适应生产力发展的规律，导致集体经济的基础遭到严重破坏。转厂完成后，企业完全采用全民所有制的经营管理方法，生产、供给、销售全部纳入国家计划，企业丧失了自主性和自负盈亏、灵活多样的产销方式。社员大会被取消，理事会和监事会形同虚设，严重打击了工人的生产积极性。

面对手工业生产急剧萎缩和市场供不应求的局面，1959年8月，中共中央制定了《关于迅速恢复和进一步发展手工业生产的指示》，提出了包括所有制调整在内的十条改进措施："鉴于人民生活方式是多样化的，手工业产品的花色品种也是多样化的，服务方式也应当多样化，所有制形式也应当多样化，要有全民所有制，也要有部分必要的个体经营"，"有些手工业合作社转为国家所有制后，对生产不利，对居民是不便的，应该采取适当地步骤再退回来。有的可以退回到联社经营的大集体所有制的合作工厂，有的可以恢复到原来的合作社，个别还可以退回到合作社领导下的自负盈亏"[②]。1961年1月，党的八届九中全会召开，确定了"调整、巩固、充实、提高"的八字方针，国民经济进入调整阶段。1961年5月，全国农村工作会议讨论通过了《中共中央关于城乡手工业若干政策问题的规定》，明确提出社会主义阶段手工业的三种所有制形式：全民所有制、集体所有制和个体所有制，其中集体所有制是主要形式，全民所有制只能是部分，个体所有制是必要补充。

（二）商业合作组织的全民化

1958～1960年，在"左"倾思想的影响下，商业领域也掀起了"大跃进"的热潮。为了尽快实现商业合作组织的全民化，国家将公私合营、合作商店、合作小组和个体商业并入供销社，实行统一指导、统一经营、统一核算、共负盈亏。接着，供销社被合并到国营商业之中，由集体所有制转变为全民所有制，基层供销社被下放到人民公社中。

为了适应政社合一的组织形式，农村商业实行"两放三统一包"。"两放"

---

① 中华全国手工业合作总社、中共中央党史研究室：《中国手工业合作化和城镇集体工业的发展》第2卷，中共党史出版社1992年版，第187页。

② 汪海波：《中华人民共和国工业经济史（1949年10月～1998年）》，山西经济出版社1998年版，第299页。

是指下放人员、下放资产，把设立在农村的粮食、商业、财政、银行等部门的基层机构，下放给人民公社，这些单位的职工和资产都由人民公社负责管理。“三统”是指统一政策、统一计划、统一流动资金，人民公社必须执行国家制定的政策，包括价格政策和统购统销政策；人民公社必须按照国家的计划，上交国家统购的产品，配售国家统销的商品；人民公社必须根据国家的规定，管理流动资金。“一包”是指人民公社按照收支差额包干上缴。人民公社建立供销部，作为国营商业的基层机构。人民公社按照国营商业机关的计划，对供销部进行指导，确保供销部完成国家的收购任务。供销部的营运资金和职工工资由国营商业机关拨付，营业利润全部上交给国营商业机关。商业合作组织和国营商业合并以后，供销社在资金构成、经营方式和利润分配方面，受到国营商业的管控，削弱了上下级供销社之间的联系。

在“大跃进”开始之前，商业合作组织作为国营商业的有益补充，在推动城乡间商品流通、平衡城乡市场价格、满足人民生活需要、促进工农业发展等方面发挥着非常重要的作用。商业合作组织并入国营商业之后，国营商业机关成为城乡市场间唯一的流通渠道，却丧失了通过购销业务促进工农业生产、满足人民生活需要的作用。对于农副产品的收购，国营商业机关的收购价格很低，严重地打击了农民的生产积极性；对于工业品的收购，国营商业机关采取统购包销的方式，没有将产品质量、收购价格和销售情况纳入考虑；对于销售，国营商业机关将重点放在重工业原材料和工具的供应上，忽视农业生产所需的农具的供应，和生活必需品的供应。1961 年国民经济实行“调整、巩固、充实、提高”八字方针以后，同年 3 月，党中央工作会议提出恢复供销合作社，并开始试点工作。1962 年 4 月，国务院发布《关于国营商业和供销合作社分工的决定》，指出国营商业和商业合作组织按照城乡分工和商品分工的原则进行划分，逐渐恢复到“大跃进”之前的分工状况。

二、“文革”中市场的加速收敛

“文化大革命”全面爆发前后，中国市场再次以加速前进的方式急剧收敛，商业经济在中国的发展遭遇到空前严峻的阻碍。

“文革”中市场加速收敛的具体表现如下①：

第一，老的名牌商店遭受严重破坏。

① 王相钦主编：《中国民族工商业发展史》，河北人民出版社 1997 年版，第 812～814 页。

过去，中国商店的名称，一般按店主姓名或合作经营者的意思起名，也有用吉利字眼起名的。如具有传统特色的私营商店胡开文笔墨店、盛锡福帽店、内联陞鞋店、胡庆余堂、四合理发店、丽影照相馆、普兰德洗染店、亨得利钟表店、天福号酱肘子等。这些商店在公私合营后，仍按旧店名经营。“文化大革命”开始后不久，这些商店的招牌、店名、匾额、抱柱、画锦、广告牌、霓虹灯等，统统被砸掉，一律更名为“工农兵”“红旗”“文革”“红卫”“东方红”等。据统计，仅上海市一商局所属 8 个公司 3700 多个零售商店被改换招牌的达 3000 多家。而更换的新名称又严重重复，例如上海市鞋帽服装公司有零售商店 417 家，改换新招牌后有 349 家名称重复，仅“红卫”商店就有 32 家；北京市王府井一条街就有 6 个“红旗”商店。不同地区、不同行业店名重复的现象更为严重。由于商店名称严重重复，加之商店的橱窗一律改为陈列“红太阳”、毛主席著作、毛主席语录和红色的政治标语口号，使广大顾客在“红海洋”中很难辨认出商店的经营分工，给购买者增加了很多麻烦。[①]

第二，大量“有问题”的商品被停售。

所谓“有问题”的商品包括三类：一类是商品本身“有问题”。如中高档化妆品、工艺美术品、金银饰品、西装裙、舞袜、高跟鞋、绣花枕头、机动玩具、扑克牌、象棋、军棋以及高级烟酒、高级食品，等等。因为这些物品都是“为封、资、修服务和享用的”，必须一律扫除。再一类“有问题”的商品是指医药、纺织品类。如使君子、相思子、五灵脂、天王补心丹、乌鸡白凤丸、太乙紫金锭、阿斯匹林、盘尼西林等医药类和维尼龙、派力司、卡其布、乔纱、华达呢等绸布类，还有东坡肉、贵妃鸡、元宝鞋、夹克衫、巧克力、威士忌等这些带有封、资、修色彩的物品。第三类是指“有问题”的商标、图案等。如帝王将相、才子佳人、天女散花、鸳鸯戏水、长命富贵、福禄寿喜、观音送子、如意吉祥、花好月圆、吉庆有余、八仙过海、龙凤呈祥、王麻子剪刀、麻婆豆腐等。据典型调查，仅北京王府井百货大楼被停售的商品就达 6800 多种，占原经营品种的 22%；武汉市武汉商场（原名叫友好商场）被停售“有问题”商品达 4200 多种，占原经营品种数的 24%，其中，化妆品柜台原经营 207 种，后只摆散装雪花膏、痱子粉、蚊香等 15 种；工艺品柜台原经营品种 600 多种，后只摆石膏像、镜框、台灯、羽毛扇等几种。沈阳市铁西区百货商店停售“有问题”的商品达 1700 多种。少数民族特需商品，传统风味食品都被一扫而光。[②] 大批被停售商品

① 商业部商业经济研究所：《新中国商业史稿》，中国财政经济出版社 1984 年版，第 317 页。

② 商业部商业经济研究所：《新中国商业史稿》，中国财政经济出版社 1984 年版，第 318 页。

积压，有的被改换名称，有的被撕毁商标后降价出售，有的被加工改制，个别地区甚至采取销毁了事，经济损失重大。

第三，传统服务项目被取消。

在“文化大革命”中，有许多好的传统服务项目在红卫兵冲击下被取消了。如高级饭馆一律改为普通饭店，一律“大众化”；在饭馆内规定一律停止供应酒水，酒馆改作卖水果糖、糕点铺；在饭店内一律取消雅座，把服务员服务到桌，一律改为“自我服务”即自己找座位，自己取饭菜，自洗碗筷；理发馆取消吹风、洗头、刮边、烫发；浴池取消擦背、搓澡、修脚；照相馆规定不照“全家福”，男女合照不能靠近，不照斜体、歪头；旅店取消单间，房间自我清扫，开水自己打，厕所自我清扫。总之，取消一切服务，都由顾客自己调理。①

大量中高档商品被禁售、大批传统民族品牌被禁用和许多服务项目被禁止，使得市场上的商品变得十分单调和匮乏，市场交易规模呈现显著萎缩的特征，并进而对社会进步与经济发展产生严重的负面影响。一方面，市场的加速收敛抑制了消费对生产的诱导作用，以致消费需求引导生产供给的作用完全丧失，再生产（尤其是扩大再生产）的动力严重不足；另一方面，生产的动力不足又反过来进一步遏制消费水平和消费欲望的增长，使得生产供给创造消费需求的作用也完全丧失，整个社会的发展因之而缺乏活力。

三、商品短缺、人情化交易与票证供应制度

私营工商业、个体小商贩被改造后，国营商业和供销社系统分别控制并垄断着广大的城乡市场，而商品的短缺却更加膨胀着国营商业和供销社作为卖方的特权，买方（消费者）的权益受到严重的损害。匈牙利经济学家亚诺什·科尔内针对短缺经济状态下买者态度的主要成分进行了排列，依次为：初始需求函数、强制替代倾向、搜寻倾向、排队倾向和争取卖者的努力。由于商品短缺、由于卖者知道他的产品有许多买者，因而其便对买者加以选择。而买者也知道卖者将从他们中进行选择，因而他便尽力争取卖者，以便先于其他买者得到产品。有许多方式可以用于达到这个目的，而用于达到这个目的的众多方式却是与市场的发达、完善相悖的，促使交易倒退到最低水平的层面——人情化交易。

表6－6为1961～1963年中央政府支持农村集市贸易时期的各种交易情况，从该表中可以清楚地看出，即使到1963年，人情化交易在整个农村集市贸易总

① 商业部商业经济研究所：《新中国商业史稿》，中国财政经济出版社1984年版，第319页。

额中所占的比重依然很高，占到近60%。人情化交易越居高不下，市场越加速收敛；而市场越加速收敛，又反过来进一步助推人情化交易的增长。与人情化交易比重较高相对应的是，农村集市的交易总额却呈现下降的趋势，由1961年的137亿元降为1963年的105亿元①。

表6－6　　1961～1963年中国农村集市贸易中各种交易额所占比重　　单位：%

项目	1961年	1962年	1963年
成交总额	100	100	100
其中：农民互相调剂（人情化交易）	68	60	56
城镇居民购买	22	15	14
国营、合作社商业收购	10	9	12
其他	—	16	18

资料来源：商业部商业经济研究所：《新中国商业史稿》，中国财政经济出版社1984年版，第211页。

由于商品总是处于短缺、供不应求的状态，所以，在日常交易过程中，消费者主权总是受到严重侵犯，这种侵犯不仅不可能遭到买者的反抗，而且反而更进一步助长了卖者“奇货可居”的心态，从而也进一步诱致商品供应的更加严重短缺。虽然消费者并没有进行强烈的反抗，但社会正常秩序的维护则是以人们基本生活的正常运转为前提的，若此，则必须要保证人们能够得到基本的生活必需品。在商品供应短缺日渐严重的情况下，能够保证人们得到基本生活必需品的唯一制度选择就是计划配给制度，这样，票证供应制度便应运而生了。

在商品短缺的年代里，各式各样的票证不仅是物资分配的重要手段和形式，而且也是计划经济的重要标志。最初的票证发行并依据票证来供应商品开始于计划经济体制全面建立之前的1953年前后。当时发行的商品供应票证，既有在全国范围流通使用的，也有仅局限于某一区域内流通使用的。

从发行的票证来看，其种类多、范围广，几乎涉及所有基本消费品和生活必需品。以成都市为例，其先后发放的票证就达数十种之多，有粮食票（如米票、面票、搭伙证、粗粮票）、布票、肥皂票、煤票、食油票；肉票、棉花票、副食品票、烟票、煤油票、糖果糕点票、日用工业品票及购货券；特需供应的产妇婴儿票、结婚糖果票；民主人士的蔬菜购买证，领导干部的理发洗澡优先券以及集中统一发票、临时分配供应的手表、自行车票等，还有针对农村地区超额交售任

① 商业部商业经济研究所：《新中国商业史稿》，中国财政经济出版社1984年版，第211页。

务后的奖售票。林林总总，不一而足（这还不包括全国发行，在成都市流通使用过的知青票、军用票。全国粮票以及四川省发行的省粮票。）在票证集中的年度里，仅固定发放的票证就达十种以上。老百姓一年的生活要从点数手中这些繁杂的票证开始安排。国家是计划供应，老百姓则是计划消费。据 1961 年的统计，不包括临时供应及特需供应，成都市仅固定发放的票证就达十多种，不同面值及号数的票每人多达 180 张。票证之多，几乎涵盖所有社会成员，介入生活的所有层面。

票证供应制度虽然有助于对部分商品实行了计划供应，保证了生产和人民生活的基本需要，保证了社会和市场的基本稳定，但从总体上而言这种制度安排则是不利于经济发展和社会进步的，既抑制了消费者的消费（尤其是适度超前消费）对生产的刺激、引导作用，又抑制了生产者为消费者而生产、为市场而生产行为的发生，从而从需求与供给两个方面压抑并收敛着市场的扩张，放大并提高了市场交易成本。

中篇　富起来时代的中国经济

富起来的时代从1978年12月党的十一届三中全会到2012年的党的十八大。

党的十一届三中全会毅然摒弃了“以阶级斗争为纲”这个不适用于社会主义社会的“左”的错误方针，作出了改革开放、以经济建设为中心的重要决定。这标志着我们党在新的历史条件下开辟了探索中国特色社会主义的历史进程，开始了“富起来”的新时代。

中国开始富起来时代的背景是，新中国基本上完成了社会主义改造，基本上建立起了社会主义基本经济制度，同时也建立了一个独立的比较完整的工业体系，但是新中国毕竟是在一穷二白的、半殖民地半封建社会的基础上站起来的，再加上在指导思想和工作指导方针上出现了一系列失误，尤其是“文革”十年的影响。中国经济发展水平在世界上处于低收入国家水平，相应的人民生活也处于低水平状态。1978年，我国GDP总量为3679亿元，人均GDP 385元（按当时的汇率仅相当于156美元）。这种低发展水平，正如1979年邓小平所说的：“现在中国仍然是世界上很贫穷的国家之一。中国的科学技术力量很不足，科学技术水平从总体上看要比世界先进国家落后二三十年。”①

富起来时代的理论创新是从准确认识什么是社会主义开始的。我国改革开放初期，邓小平鲜明地指出贫穷不是、也不应该是社会主义的代名词。“贫穷不是社会主义，经济长期处于停滞状态不能叫社会主义，人民生活长期处于很低的水平也不能叫社会主义，社会主义就是要消灭贫穷。”② 因此，社会主义的本质，是解放生产力，发展生产力，消灭剥削，消除两极分化，最终达到共同富裕。

在1978年12月召开的党的十一届三中全会上，邓小平指出：不讲多劳多得，不重视物质利益，对少数先进分子可以，对广大群众不行，一段时间可以，长期不行。革命精神是非常宝贵的，没有革命精神就没有革命行动。但是，革命是在物质利益的基础上产生的，如果只讲牺牲精神，不讲物质利益，那就是唯心论。在同期召开的中共中央工作会议上，邓小平最早提出了允许一部分地区一部分人先富起来的大政策：“在经济政策上，我认为要允许一部分地区、一部分企业、一部分工人农民，由于辛勤努力成绩大而收入先多一些，生活先好起来。一部分人生活先好起来，就必然产生极大的示范力量，影响左邻右舍，带动其他地区、其他单位的人们向他们学习。这样，就会使整个国民经济不断地波浪式地向前发展，使全国各族人民都能比较快地富裕起来。”邓小平明确指出：“这是一个大政策，一个能够影响和带动整个国民经济的政策。”③

---

① 《邓小平文选》第2卷，人民出版社1994年版，第163页。

② 《邓小平文选》第2卷，人民出版社1994年版，第312页。

③ 《邓小平文选》第2卷，人民出版社1994年版，第152页。

基于上述富起来的理论创新，改革开放开启了富起来的时代。富起来的路径主要有三个方面：一是改革；二是开放；三是发展。

一、市场化取向的经济体制改革

富起来时代的改革以市场化为取向，突出表现在三个方面：

第一，以农村改革为突破口发展多种所有制经济。

中国的改革是从农村打开突破口的。1978 年党的十一届三中全会，拉开了中国改革开放的序幕，从农村基本经营制度入手，废除人民公社体制，实行政社分开，实行家庭联产承包责任制，初步形成和基本确立了家庭承包经营制度，农村改革取得突破性进展。1982 年 1 月 1 日，中央下发了关于农村改革的第一个一号文件。文件不但肯定了联产承包制，而且从理论上说明它是社会主义农业经济的组成部分。从 1983 年开始在全国广大农村全面推行。到 1983 年底，98% 左右的农户都实行了包干到户，家庭承包经营的土地面积占耕地总面积的 97% 左右①，实现了土地所有权与使用权的分离。联产承包责任制的建立极大的推动了农村生产力的发展，中国在较短的时间内解决了 10 多亿人口的温饱问题。农业中生产关系的调整，解放了生产力，农业剩余劳动力转移出来，创办乡镇企业，也就在乡镇建起了个体私营经济。

农村改革的成功为城市多种非公有制经济的发展打开了缺口，紧接着城市发展个体私营经济。中国发展多种非公有经济的初始阶段特征是在国家提供宽松的政策环境的条件下，未被计划经济动用的资源（在当时数量是相当大的）被自发地用于发展多种所有制经济。因此在相当长的时期中非公有经济的发展是无阻碍的，从而发展的速度相当迅速。到 1997 年底，全国私营企业总数已达 96 万户。②

城乡多种所有制经济的蓬勃发展增强了经济的活力提高了经济效率。推动了我国所有制结构的调整，从而在理论上明确我国所处的发展阶段是社会主义初级阶段。所谓社会主义初级阶段，不是泛指任何国家进入社会主义都会经历的起始阶段，而是特指我国在生产力落后，商品经济不发达条件下建设社会主义必然要经历的特定阶段。这样社会主义初级阶段所要解决的主要矛盾，是人民日益增长的物质文化需要同落后的社会生产之间的矛盾。因此，根本任务是发展生产力。邓小平强调不能只讲发展生产力，应该把解放生产力和发展生产力两个讲全了。

---

① 《中国农村统计年鉴（1985）》，中国统计出版社 1985 年版，第 3 页。

② 黄孟夏主编：《中国民营经济发展报告（2007－2008）》，社会科学文献出版社 2008 年版，第 40 页。

根据社会主义初级阶段理论，在富起来的时代，毫不动摇地巩固和发展公有制经济，毫不动摇地鼓励、支持、引导非公有制经济发展，既不搞单一的公有制，又反对搞私有化。非公有制经济的迅猛发展，使发展生产力增添了新的要素和活力。面对非公有制经济的竞争，以国有制经济为主导的公有制经济，一方面进行有进有退的战略性调整，退出缺少竞争力的竞争性领域，壮大国民经济命脉部门中的国有资本；另一方面对国有经济中实行两权分离和多种实现形式的改革，发展股份制经济。其效果，既搞活了国有经济并保持国有经济的主导地位。在此基础上有效加强并改善国家运用国有经济对经济运行的宏观调控。

第二，建立社会主义市场经济体制。

上述发展多种所有制经济实际上就是发展市场经济。进一步的要求是市场机制对经济活动起调节作用。这方面是以价格改革为起步的。1985 年起，中国开始放开价格，逐步放开农副土特产品和工业品价格，使商品市场迅速活跃起来和出现繁荣景象，上百种票证相继被取消，到 1998 年终于出现了人们期盼已久的买方市场格局。到 2008 年，社会商品零售总额、农副产品收购总额、工业生产资料销售总额中，市场调节价格的比重均已达 95% 以上，各种服务价格也已大部分放开，绝大部分商品和服务价格均已实现了市场化。进入新世纪后，中国价格改革的重点已转向资源产品和生产要素价格的市场化。水、煤炭、石油、天然气、电力、铁矿石等矿产品、劳动力、资金、土地等价格市场化改革逐步推开并取得进展。

就整个经济体制来说，改革开放之初，就提出了“计划经济为主、市场调节为辅”，而替代了原来完全的计划经济模式；随着市场因素的不断增多以及经济效率的持续改进，市场配置资源的强大功能及其高效率得以充分彰显。1992 年，党的十四大做出了建立市场在国家的宏观调控下对资源配置起基础性调节作用的社会主义市场经济体制的重大决定。这种经济体制由于把社会主义制度的优越性同市场经济的灵活性和效率性结合起来，从而形成了充满活力富有效率的经济体制与机制。

再就要素市场的放开进程来说，以股票市场为例：1984 年 11 月，中国第一股——上海飞乐音响股份公司成立。1985 年 1 月，上海延中实业有限公司成立，并全部以股票形式向社会筹资，成为第一家公开向社会发行股票的集体所有制企业。1986 年 9 月 26 日，新中国第一家代理和转让股票的证券公司——中国工商银行上海信托投资公司静安证券业务部宣告营业，从此恢复了我国中断了 30 多年的证券交易业务。1987 年 5 月，深圳市发展银行首次向社会公开发行股票，成为深圳第一股。1990 年 11 月 26 日，上海证券交易所成立。1991 年 4 月，深圳证券交易所成立。股票市场的开放进程是我国市场开放的一个缩影。

第三，建立按劳分配为主体多种分配方式并存的收入分配体制。

改革一开始就明确了允许一部分地区一部分人先富起来的大政策。与公有制为主体相对应，实行按劳分配为主体；与多种所有制共同发展相对应，实行多种分配方式并存。

1987 年党的十三大确认社会主义初级阶段。与此相适应，首次确认多种分配方式。当时所明确的多种分配方式，除了按劳分配这种主要方式和个体劳动所得，主要是指：企业发行债券筹集资金，就会出现凭债权取得利息；随着股份经济的产生，就会出现股份分红；企业经营者的收入中，包含部分风险补偿；私营企业雇用一定数量劳动力，会给企业主带来部分非劳动收入。

1992 年初邓小平肯定了市场经济。当年召开的党的十四大在确认社会主义市场经济同时明确在分配制度上，以按劳分配为主体，其他分配方式为补充，允许属于个人的资本等生产要素参与收益分配。后来又与确认社会主义市场经济相配套，明确提出劳动、资本、技术、管理等生产要素参与收入分配并按贡献取得报酬。所有这些体制的改革和政策的实施，充分动员了各种要素参与财富创造，激发了各种要素的效率。

二、发展成为第一要务

1979 年改革开放之初，邓小平就说如果中国还不改革开放还不尽快发展生产力，中国就真的要被开除“球籍”了。所以，在决定我国进行改革开放的党的十一届三中全会上，中国共产党做出了“以经济建设为中心”的重大决策，实现了从“以阶级斗争为纲”到“以经济建设为中心”的重大转折。邓小平指出：“离开了经济建设这个中心，就有丧失物质基础的危险。其他一切任务都要服从这个中心，决不能干扰它，冲击它。”①

改革开放以来，我们靠聚精会神搞建设、一心一意谋发展，取得了骄人的成就。经济发展的脉络主要表现在以下方面：

第一，中国特色的现代化道路选择。

周恩来在“文化大革命”还没有结束的困难条件下，明确提出“四个现代化”的发展目标，在当时的背景下这个目标无法实施。党的十一届三中全会以后，经济建设成为工作重心，现代化成为经济发展的目标。发展中国家的现代化

① 《邓小平文选》第 2 卷，人民出版社 1994 年版，第 250 页。

有必要遵循现代化的一般规律，既遵循先行现代化的国家所经过的基本路线，但又必须结合本国的国情及新的国际国内经济社会政治环境，走出具有自己特色的现代化道路。邓小平从我国人口多、底子薄的国情出发，提出现代化建设具有阶段性，这就是“三步走”战略步骤。1987 年，邓小平设计了分“三步走”、基本实现现代化的宏伟蓝图：第一步，从 1981 年到 1990 年国民生产总值翻一番，解决人民的温饱问题；第二步，从 1991 年到 20 世纪末使国民生产总值再增长一倍，人民生活达到小康水平；第三步，到 21 世纪中叶人均国民生产总值达到中等发达国家水平，人民生活比较富裕，基本实现现代化。然后，在这个基础上继续前进。邓小平用“温饱”“小康”“富裕”作为经济发展的三步战略目标，使人民能够生动地、直观地认识和切身感受到这个目标的实现过程。党的十六大报告明确提出本世纪中叶基本实现现代化，其中头 20 年全面建设惠及十几亿人口的全面小康社会。全面小康社会作为现代化进程中的一个阶段意义非常重大。将全面小康社会建设包含在现代化的进程中，并作为现代化的具体阶段来推进，是中国特色的现代化道路的重要组成部分。

第二，中国特色的新型工业化道路、农业现代化道路和城镇化道路。

城乡二元结构是发展中国家的典型特征，我国更为突出。因此改变三农的落后状态是中国经济发展的重点。加强农业的基础地位，是我们党的一贯思想。我国从 1979 年起，先是推进以农民家庭承包责任制为内容的农村改革，从家庭财产和经营制度上推动农民的生产和经营的积极性。紧接着对苏南农村出现的乡镇企业，邓小平称为“异军突起”。由此在全国广大农村开始了在农村推进工业化和以城镇化推进城市化的进程。这是与其他国家明显不同的工业化、城市化道路。2002 年党的十六大提出的坚持以信息化带动工业化，以工业化促进信息化，走出一条科技含量高、经济效益好、资源消耗低、环境污染少、人力资源优势得到充分发挥的新型工业化道路。实践证明，这条道路符合中国国情，不但加快了工业化和城市化的进程，避免了其他国家的城市病，而且明显带动了农业和农村的发展。在此基础上党的十七大根据科学发展观提出了在新的历史起点上“统筹城乡发展，推进社会主义新农村建设”的要求。由此提出中国特色的城乡统筹推进农业现代化道路。其重要路径是，建立以工促农、以城带乡长效机制，形成城乡经济社会发展一体化新格局。

第三，转变经济发展方式。

党中央早就在 1995 年所制定的“九五”规划中，提出实现经济体制和经济增长方式两个转变的思想，强调经济增长由粗放型转为集约型。2005 年中共中央关于制定“十一五”规划的建议再次强调要转变经济增长方式。党的十七大报告将转变经济增长方式改为转变经济发展方式，具有重要理论和实际意义。经济增长是经济发展的前提和基础，而经济发展涵盖更多的内容。根据科学发展观，转变经济发展方式包括如下转变：经济增长要由主要依靠投资、出口拉动向依靠消费、投资、出口协调拉动转变，由主要依靠第二产业带动向依靠第一、第二、第三产业协同带动转变，由主要依靠增加物质资源消耗向主要依靠科技进步、劳动者素质提高、管理创新转变。党的十七届五中全会关于“十二五”规划的建议进一步明确了转变经济发展方式的内涵。一是将经济结构战略性调整作为主攻方向，二是将科技进步和创新作为重要支撑，三是将保障和改善民生作为根本出发点和落脚点，四是将建设资源节约型、环境友好型社会作为重要着力点。转变经济发展方式，是实现科学发展的核心内容。科学发展，是以人为本，统筹兼顾，全面协调可持续发展。发展的成果要惠及广大人民。转变经济发展方式突出走“生产发展，生活富裕，生态良好”的文明发展道路。针对我国的经济发展速度明显加快，城市化、工业化取得明显进展，产业结构水准明显提升，人民收入水平明显提高的同时也产生了新的矛盾和问题：环境污染问题、收入差距过分扩大问题，地区和部门之间发展不平衡问题，等等。党的十七大根据科学发展观提出“生产发展，生活富裕，生态良好”文明发展道路，更为突出发展的质量和效益，突出保护生态和环境，突出又好又快，突出人民分享发展成果，突出可持续发展。

三、对外开放成为基本国策

1979 年改革开放以前，我国基本上是关起门来搞建设，实际上处于一种封闭和半封闭的状态，片面强调“独立自主，自力更生”，以致形成闭关自守的局面。改革开放以后，我国国门打开并逐步走向全面开放，邓小平说：“对外开放具有重要意义，任何一个国家要发展，孤立起来，闭关自守是不可能的，不加强国际交往，不引进发达国家的先进经验、先进科学技术和资金，是不可能的。”①

对外开放的矛盾是利用国际国内“两种资源”和“两个市场”推动中国经济的快速发展。对外开放空间的持续扩大。中国经济开始融入了全球化经济。1980 年，五届全国人大常委会批准深圳、珠海、汕头和厦门设立经济特区。接着开发开放沿海城市、发展外向型经济。20 世纪 90 年代初中央又决定开发开放上海浦东新区，在发展开放型经济上先行先试，带动了全国的全方位开放。各地

① 《邓小平文选》第 3 卷，人民出版社 1993 年版，第 117 页。

纷纷建立开发区，大力度引进和利用外资和扩大出口。1997 年党的十五大进一步明确对外开放是要更好地利用国内国外两个市场、两种资源，鼓励经济特区、上海浦东新区在体制创新、产业升级、扩大开放等方面继续走在前面，发挥对全国的示范、辐射、带动作用。特别是强调正确处理对外开放同独立自主、自力更生的关系，维护国家经济安全。党的十六大关于协调发展的五个统筹包括统筹对外开放和国内发展。党的十七大则明确提出了完善内外联动、互利共赢、安全高效的开放型经济体系，形成经济全球化条件下参与国际经济合作和竞争新优势的要求。这样我国的对外开放不仅对国际资源和国际市场予以充分利用，同时也使我国的经济在参与国际竞争中增强了国际竞争力。

我国于 2001 年 12 月成功加入了世界贸易组织（WTO）。此后，中国不论是在“引进来”还是在“走出去”方面都取得了重大进步，国内外双重力量推动着中国经济向前发展。例如，进入我国的 FDI，1979 ~1986 年总量累计只有 70.3 亿美元，而到 2012 年当年即达到了 1117.2 亿美元；我国对外贸易进出口总额，1979 年只有 514.37 亿美元，而到 2012 年则达到了 38671.2 亿美元。[①] 与此同时，我国的 GDP 则从 1979 年的 4100.5 亿元增长到了 2012 年的 540367.4 亿元。[②]

外商直接投资的大量进入以及对外开放深度的不断加强，使我国全方位地获取了对外开放的正溢出效应。这些溢出效应可能并不主要地表现在弥补资金短缺和促进技术进步等上，而是更主要地表现在制度贡献、市场贡献、就业贡献等方面。[③] 例如，大量 FDI 的进入，从制度需求和制度供给两个方面冲击着中国长期存在的“制度均衡”，使得中国社会的各项制度加快了变迁的步伐，促使中国的制度与世界接轨，加速中国融入世界的进程。

富起来时代的理论创新和改革开放的推进，中国经济创造了奇迹，实现了由“站起来”到“富起来”的重大飞跃。统计资料显示：改革开放初期，中国经济总量仅相当于美国的 6.5%、日本的 15.2%、西德的 20.6%，世界排名大约第 10 位，经过 30 余年发展，特别是加入世界贸易组织后，中国经济排名迅速提升，2010 年超过日本成为世界第二大经济体。2012 年我国 GDP 总量为 540367 亿元，人均 GDP 为 40007 元。1978 年中国经济总量仅占美国比重 6.5%，2012 年中国经济总量占美国比重达到 53.3%。人均 GDP 达 6337 美元。与国家富强同步进阶的是人民生活的改善。1978 ~2012 年，城镇居民人均可支配收入从 343 元提高到

---

① 《中国统计年鉴（2017）》，中国统计出版社 2017 年版，第 342 页。

② 《中国统计年鉴（2017）》，中国统计出版社 2017 年版，第 56 页。

③ 杨德才：《改革开放以来外商直接投资在我国的真实效应分析》，载于《当代经济研究》2010 年第 10 期。

24565 元，农村居民人均纯收入从 134 元提高到 7917 元。城镇居民恩格尔系数从 57. 5% 下降为 36. 2%，农村居民恩格尔系数从 67. 7% 下降到 39. 3%，达到相对富裕标准。按 1978 年农村贫困标准，我国贫困人口从 1978 年的 2. 5 亿人下降为 2007 年的 1479 万人，贫困发生率从 30% 下降为 1. 6%。按 2010 年农村贫困标准，我国贫困人口从 1978 年的 7. 7 亿下降为 2012 年的 9899 万人，贫困发生率从 97. 5% 下降为 10. 2%。[①]

我国作为发展中的大国一跃成为世界第二大经济体的奇迹，可归结为经济发展的中国道路和经济改革的中国模式的成功，表明不走西方国家的发展道路，不采用西方经济模式，走中国特色社会主义道路，同样能取得经济上的成功。

① http：//data. stats. gov. cn；《中国统计年鉴（2017）》，中国统计出版社 2017 年版，第 196 页。

第七章

农村改革与三农发展

引言　农村的制度变革

习近平总书记在庆祝改革开放40周年大会的讲话中指出，40年中国农村的改革涉及从实行家庭联产承包、乡镇企业异军突起、取消农业税牧业税和特产税到农村承包地“三权”分置、打赢脱贫攻坚战、实施乡村振兴战略。在富起来时代推进的改革主要涉及前三项。

我国是典型的存在二元结构的发展中大国。由于长期的计划经济体制，再加上自给自足的自然经济的残余，农业一直是弱势产业，贫困人口主要在农村。穷则思变，中国的改革从农村开始成为必然。1978年解放思想的东风吹到农村，以安徽小岗村为代表冲破人民公社体制束缚首创了包产到户的改革，当年就取得农业丰收。以邓小平为核心的党中央尊重农民的首创精神，冲破重重阻力迅速肯定小岗村的改革并推广到全国，由此开启了中国经济改革的大幕。

回顾中国农业和农村在富起来时代的改革历程，可以说是波澜壮阔，跌宕起伏。农业和农村的发展一靠制度，二靠政策，三靠建设。

就制度变革来说，第一步是废除人民公社、建立乡镇政府构，建立家庭承包经营为基础、统分结合双层经营的新型农村基本经营制度。改革极大地调动了农民的生产积极性，并由此揭开了农村改革的序幕，引发了农村经济体制的大变革。家庭联产承包责任制的实行，从集体所有的土地分离出承包经营权，这只是农村土地制度改革的开端。在改革的实践中农村土地制度改革不断深入，创造出了统分结合的双层经营体制，最为明显的进展是探索土地流转机制，以逐渐放活土地承包经营权。建立健全土地承包经营权流转市场，拓展“转包、出租、互换、转让、股份合作”等多种流转形式。为土地承包后的农业的集约化规模化经营提供制度基础。

农村制度变革的第二步是乡镇企业的异军突起。农民自发创造了在农村办乡镇企业吸收剩余劳动力的途径，不仅启动了农村工业化进程，而且创造了中国特色的城镇化道路。如果说第一步的农村改革解决了温饱问题，那么农村工业化改革解决了富裕问题。大量农业劳动力通过转入非农部门，拓展了收入来源，繁荣了农村城镇。至 20 世纪 80 年代后期，尤其是沿海地区外向型经济的繁荣，大量农业劳动力“离土又离乡”，以“农民工”的身份进入更远的大中城市就业，直接带动了我国东部沿海地区制造业的全球崛起。

农村制度变革的第三个方面是取消统购统销制度①。统购统销是农村计划经济的主要体现。市场化导向的农村改革，必然要改变这种计划经济的农产品流通体制。改革初期的基本方式是合同定购和市场收购并行的“双轨制”。即，粮食和棉花由统购改为合同收购，允许合同以外的部分自由进入市场。除此以外，其他各类农产品都自由进入市场，价格由市场供求调节。与此同时，农贸市场和农产品批发市场相继建立，农产品市场体系不断完善，极大地丰富了农产品供给。凭票供应农产品的时代结束，是流通领域市场化改革的历史性标志。2004 年推进的进一步改革，是放开粮食收购市场，国家对粮食价格的补贴由过去的补流通环节转向对种粮农民经营条件的直补。农产品流通领域改革后，市场对农业生产流通的调节作用越来越大，粮食连年丰收，不仅农民得益，全社会的粮食短缺也随之成为历史。

国家对农业的政策安排主要表现为支农惠农政策。政府推出的支农惠农政策，首先是价格改革，除了一部分农产品价格形成交给市场外，国家合同收购和后来定购的粮食又几次提价（特别是 2004 年粮食收购市场价格放开），价格改革使农民获益。其次是减免直至取消农业税。从 2001 年起我国各地开始减免农业税。2005 年 12 月 29 日全国人大表决通过决定，2006 年中央一号文件提出全面取消农业税，标志着在我国农业税从此退出历史舞台，是具有划时代意义的一件大事。第三是出台对农户的“三项直补”，提出工业反哺农业、城市支持农村的要求，并相应采取统筹城乡发展的政策。资本、技术等现代要素对农业投入的增加，提高了农民的生产能力和农产品的竞争能力。

农村在经过多次改革的基础上进一步的发展是新农村建设。2005 年党的十

① 此处之所以没有用农村制度变革“第三步”的表述，是因为其开始的时间与乡镇企业异军突起的时间几乎同步。

六届五中全会提出了推进社会主义新农村建设的重大战略任务。所谓社会主义新农村，中央提出的标准是生产发展、生活宽裕、乡风文明、村容整洁、管理民主。社会主义新农村建设，是进入全面工业化阶段之后的农业农村改革的再一次深化。农业农村改革的重点也相应由促进农业产出、解决温饱问题，向增加农民收入、实现全面小康转变。新农村建设的重点在三个方面：一是农村基础设施建设，二是依靠科技进步建设现代农业，三是基本公共服务城乡均等化。在现代农业建设方面的集体思路是：用现代物质条件装备农业，用现代科学技术改造农业，用现代产业体系提升农业，用现代经营形式推进农业，用现代发展理念引领农业，用培养新型农民发展农业，提高农业素质、效益和竞争力。

总的来说，中国的基本问题是农村问题。“富起来”时期的农村改革从实行家庭联产承包责任制开始，与市场化进程步步深入。农业发展从提高农业劳动生产率开始，由农业增产到农民增收。农业的市场化进程，从打破农产品统购统销开始，从粮食的合同收购到收购市场的完全放开。农村发展从发展乡镇企业、推进城镇化开始，到社会主义新农村建设。其中每一方面的改革和发展的重大措施始终体现尊重农民的首创精神。

党中央始终把农业农村作为国民经济的重中之重来抓。体现在中央每年发布的一号文件上。其中 1982～1986 年连续 5 年发布以农业、农村和农民为主题的中央一号文件，1987～2013 年虽然一号文件不是针对三农，但每年都有针对三农的中央文件下发，从 2004 年起恢复以三农（农业、农村、农民）为主题的中央一号文件，至 2019 年从未间断。

第一节　家庭联产承包经营责任制的产生和完善

一、家庭联产承包责任制的产生，开启农村改革的大幕

我国在 1978 年以前实行的计划经济体制，一直计划到农村生产队。“三级所有，队为基础”的人民公社制度严重压抑农民的生产积极性。以至于中国 80% 的劳动力搞农业不用说解决不了中国人的吃饭问题，连农民自己的温饱问题也解决不了。许多地区的农村长期吃粮靠返销，生产靠贷款，生活靠救济。

1978 年 11 月底，安徽凤阳县小岗村全村 18 名代表在队长严俊昌的带领下，悄悄地召开了一次“秘密会议”，决定分田到户大包干。最终签下了一份在中国

经济体制改革历史上具有划时代意义的协议。这一协议彻底改变了小岗村村民的命运，1979 年全村粮食生产就获得了大丰收。

小岗村的“大包干”，实际上是分成制：交完国家的，留足集体的，剩下自己的。包干制效果非常明显。对农民的自发创造，在当时高层领导虽然有不同看法，但中央总体上持支持态度。1979 年《中共中央关于加快农业发展若干问题的决定》提出，“除某些副业生产的特殊需要和边远山区、交通不便的单家独户外，也要包产到户”，表明了国家对“包产到户”的支持。1980 年 4 月 2 日，邓小平与胡耀邦、万里等党和国家主要领导同志谈到农业问题时说：对地广人稀、经济落后、生活贫穷的地区，政策要放宽，要使每家每户都自己想办法，多找门路，增加生产，增加收入。有的可包给组，有的可包给个人，这个不用怕，这不会影响我们制度的社会主义性质。在这个问题上要解放思想，不要怕。5 月 31 日，邓小平在同胡乔木等领导同志的谈话中，又进一步肯定了包产到户：“农村政策放宽以后，一些适宜搞包产到户的地方搞了包产到户，效果很好，变化很快。安徽肥西县绝大多数生产队搞了包产到户，增产幅度很大。‘凤阳花鼓’中唱的那个凤阳县，绝大多数生产队搞了大包干，也是一年翻身，改变面貌”。他同时谈道：“有的同志担心，这样搞会不会影响集体经济。我看这种担心是不必要的。我们总的方向是发展集体经济。实行包产到户的地方，经济的主体现在也还是生产队。”邓小平指出：“总的说来，现在农村工作中的主要问题还是思想不够解放。”①

1980 年 9 月 27 日，中共中央在北京召开了各省、市、自治区党委第一书记座谈会，专题讨论加强和完善农业生产责任制问题。经中央批准后印发了《关于进一步加强和完善农业生产责任制的几个问题》的通知，文件围绕农业生产责任制讲了 12 个问题，特别强调指出：“实行包产到户，是联系群众，发展生产，解决温饱问题的一种必要的措施……在生产队领导下实行包产到户是依存于社会主义经济，而不会脱离社会主义轨道的，没有什么复辟资本主义的危险，因而并不可怕”。文件进一步放松允许“包产到户”的范围：“在边远山区和贫困落后地区，长期‘吃粮靠返销，生产靠贷款，生活靠救济’的生产队，群众要求包产到户的，应当支持群众的要求，可以包产到户，也可以包干到户”，第一次明确提出用“包产到户”的方法解决农村贫困问题。至此，包产到户和承包责任制终于得到中央政策上的认可。在此之后，包产包干责任制的做法开始在全国普遍推广。由此揭开了农村改革的序幕，引发了农村经济体制的大变革。

---

① 《邓小平文选》第 2 卷，人民出版社 1994 年版，第 315 ~ 317 页。

1982 年元旦，我党历史上第一个农村工作一号文件《全国农村工作会议纪要》正式发布。文件突破了传统的“三级所有、队为基础”的体制框框，明确指出包产到户、包干到户或大包干都是社会主义生产责任制，提出联产承包制是不同于合作化以前的小私有的个体经济，而是社会主义农业经济的组成部分。联产承包制的运用可以恰当地协调集体利益与个人利益，并使集体统一经营和劳动者自主经营两个积极性同时得到发挥。从而为包产到户、包干到户正了名，为几年来无休止的关于农业生产责任制的争论画上了句号。到 1982 年 6 月，全国农村实行“双包”责任制的生产队已达到 71.9%，其中实行包干到户的生产队占全国生产队总数的 67%。1982 年五届全国人大五次会议通过的新宪法，把基层行政区域划分为县（市辖区）、乡（镇），并确立农村基层政权为乡、民族乡、镇政府。1983 年中央第二个一号文件《当前农村经济政策若干问题》高度评价了联产承包制的创造性与进步性，充分肯定了其“是在党的领导下我国农民的伟大创造，是马克思主义农业合作化理论在我国实践中的新发展”。

1983 年 10 月 12 日，中共中央、国务院联合发布了《关于实行政社分开建立乡政府的通知》，要求建立乡政府，其性质为国家政权在农村的基层组织，主管各方面基层工作；建立乡党委，负责农村党务工作。同年，中共中央、国务院再次通知要求：当前的首要任务是把政社分开，建立乡政府，并撤销生产大队和生产队，建立了村民委员会和村民小组。各地迅速开展撤社设乡工作，到 1984 年底，已有 99% 以上的农村人民公社完成了政社分开工作，建立了 9.1 万个乡（镇）政府，并建立了 92.6 万个村民委员会。至此，在中国历史上存在了 20 多年的原有的生产队、生产大队、公社三级所有的人民公社制度解体。农村组织形式发生巨大转变。

家庭联产承包责任制实际上是我国土地制度的重大改革。从集体土地所有权中分离出承包经营权，由农民家庭承包经营。这是集体所有土地的两权分离。农民家庭成为基本经营主体，与此相应在农产品收益分配上采取分成制方式极大调动了农民的生产积极性，解放了生产力。1983 年中央一号文件《当前农村经济政策的若干问题》提出“只要遵守劳动者之间自愿互利原则，接受国家的计划指导，有民主管理制度，有公共提留，积累归集体所有，实行按劳分配，或以按劳分配为主，同时有一定比例的股金分红，就都属于社会主义性质的合作经济”，肯定了农村合作经济是“整个社会主义经济的有机组成部分”。

表 7－1 显示，党的十一届三中全会之后的 3 年与之前的 3 年相比，农业劳动生产率由负变正，绝对值成倍提高。农业总产值由 1977 年的 950 亿元迅速提升到 1979 年的 1270 亿元和 1981 年的近 1560 亿元。特别是 1979～1981 年的两年

间，农业总产值的增长率分别是 23.6%、8% 和 13.7%，远远超过同期国民经济 7% 的增长率，成为动经济增长的主要动力。与此同时，农村居民纯收入水平也得到快速提高，城乡收入差距有所减小。

表 7-1　　十一届三中全会前后农业生产、农民收入变化

年份	农业总产值（万元）	农村就业人员（万人）	农业劳动生产率	农村居民收入（元）
1981	15594632	32672	57.5	223.4
1980	13715931	31836	31.9	191.3
1979	12701917	31025	78.2	160.2
年份	农业总产值（万元）	农村就业人员（万人）	农业劳动生产率	农村居民收入（元）
1978	10275345	30638	25.1	133.6
1977	9505501	30250	-8.3	117.1
1976	9756735	30142	-1.4	113.1
1975	9798102	29946	8.7	107.2

资料来源：根据《新中国 60 年统计资料汇编》相关数据整理。

二、家庭联产承包责任制在改革中完善

家庭联产承包责任制是我国农村改革的第一步。在突破旧体制解放生产力上迈进了一大步。但改革没有止境，随着农业的发展和全面改革的推进，需要进一步完善。其问题大致有：第一，需要在法律上对家庭联产承包责任制做出规定，使农民有制度的定心丸；第二，在承包土地期限上激励农民对土地投资；第三，土地的规模经营问题；第四，农业经营的社会服务问题。这些问题在农村不断深化的改革中逐步解决。

1. 在法律上的确认土地承包经营权。1986 年第六届全国人大常委会第十六次会议通过《中华人民共和国土地管理法》，第一次以法律的形式确立了家庭联产承包责任制度，明确规定“农民集体所有的土地由本集体经济组织的成员承包经营，土地承包经营权受法律保护”。1993 年第八届全国人大第一次会议又正式将“家庭联产承包责任制”写进《宪法》修正案，使之成为国家的一项基本经济制度。

2. 明确承包期限。承包期限直接影响土地投入。为了鼓励农民对土地投资，克服掠夺性经营，1984 年第 3 个中央一号文件将土地承包期明确规定为延长 15

年不变，同时规定，生产周期长的和开发性的项目，如果树、林木、荒山、荒地等，承包期应当更长一些。在延长承包期以前，群众有调整土地要求的，可以本着“大稳定，小调整”的原则，经过充分商量，由集体统一调整。1997 年中共中央明确将土地承包期再延长 30 年。这个期限规定，土地承包期的延长也就意味着农民家庭对承包地的投入所产生的收益归自己，大大提高了农民对承包地投资的积极性。解决了改革初期承包期过短、土地调整频繁问题，鼓励农民增加投资，培养地力，实行集约经营。

3. 土地规模经营。小块土地经营达不到规模经济。实现规模经济的路径，一方面推进股份合作制，另一方面允许土地经营权流转，1984 年第 3 个中央一号文件提出，鼓励土地逐步向种田能手集中。社员在承包期内，因无力耕种或转营他业而要求不包或少包土地的，可以将土地交给集体统一安排，也可以经集体同意，由社员自找对象协商转包。1994 年《中共中央、国务院关于 1994 年农业和农村工作的意见》指出，按照建立社会主义市场经济体制的目标，进一步深化农村改革的一个内容是明确提出“引导农村股份合作制健康发展”，在清晰产权关系、转变经营机制、形成有效的资产积累制度上，探索规范股份合作制的方法和途径。1998 年党的十五届三中全会提出“土地使用权的合理流转，要坚持自愿、有偿的原则依法进行”，2001 年中共中央下发《关于做好农户承包地使用权流转工作的通知》，明确“允许土地使用权的合法流转”。2004 年针对农村土地承包纠纷问题，国务院发布通知明确“要尊重和保障外出务工农民的土地承包权和经营自主权”，强调“流转土地承包经营权是农民享有的法定权利”。2008 年党的十七届三中全会通过《关于推进农村改革发展若干问题的决定》，指出“建立健全土地承包经营权流转市场”，第一次提出引入市场机制完善土地承包经营权流转管理，并拓展“转包、出租、互换、转让、股份合作”等多种流转形式。按照依法自愿有偿原则，允许农民以转包、出租、互换、转让、股份合作等形式流转土地承包经营权，发展多种形式的适度规模经营。土地承包经营权流转，不得改变土地集体所有性质，不得改变土地用途，不得损害农民土地承包权益。所有这些放活土地经营权，推动了土地适度规模经营、有利于提高农业集约化程度。

4. 建立统分结合的双层经营体制，在集体土地所有权和农村家庭承包经营权相分离的基础上建立新型合作经济。承包后的农户分散经营生产效率低，风险抵抗能力差，处于市场竞争中的弱者地位。因此，为解决个体农民与大市场之间的矛盾，改变农业弱质性问题，根据农民的创造中央提出了发展农村新型合作经济的要求。1983 年中央 1 号文件《当前农村经济政策的若干问题》提出，“只要遵守劳动者之间自愿互利原则，接受国家的计划指导，有民主管理制度，有公共提留，积累归集体所有，实行按劳分配，或以按劳分配为主，同时有一定比例的股金分红，就都属于社会主义性质的合作经济”的意见，确立了农村合作经济是“整个社会主义经济的有机组成部分”的认识。1984～1986年中央的几个一号文件连续提出在按照自愿互利和商品经济要求基础上，积极发展和完善农村合作经济。鼓励农民可以不受地区限制，自愿参加或组成不同形式、不同规模的各种专业合作经济组织。1987年中央发出《把农村改革引向深入》的通知，强调完善“乡、村合作组织实行分散经营和统一经营相结合的双层经营制”，动员和组织各方面的力量，逐步建立起比较完备的商品生产服务体系，满足农民对技术、资金、供销、储藏、加工、运输和市场信息、经营辅导等方面的要求。地区性合作经济组织应当把工作重点转移到组织为农户服务的工作上来。不仅要依靠本身的力量，更重要的是要扶持各种服务性专业户的发展。这样，所谓统分结合的双层经营体制，一层是实行联产承包、生产经营，建立家庭承包经营的分散经营层次，另一层是对一些不适合农户承包经营或农户不愿承包经营的生产项目和经济活动，诸如某些大型农机具的管理使用，大规模的农田基本建设活动，植保、防疫、制种、配种以及各种产前、产后的农业社会化服务，某些工副业生产等，由集体统一经营和统一管理的统一经营层次。这种统分结合的经营体制有效地解决了农业经营的社会服务问题，而且这些专业化服务本身也具有规模经济。随着多种经营的开展和联产承包制的建立，农村中大批承包专业户和自营专业户等商品生产者的出现，充分利用零散的资金和劳动力，促进了生产的专业分工和多样化的经济联合，体现了新型合作经济的优越性。

总的来说，长期稳定和不断完善农村基本经营制度，涉及切实保护农户的土地承包经营权，同时在依法、自愿、有偿基础上健全土地承包经营权流转机制。建立统分结合的双层经营体制，积极引导和支持农民发展各类专业合作经济组织。增强农村集体经济组织的服务功能。

第二节　乡镇企业的兴起和发展带动农村工业化和城镇化

一、乡镇企业的异军突起

发展乡镇企业可以说是继家庭联产承包责任制后，中国农村的第二次重大改革。

1978 年之前，“人多地少”的禀赋现实和壁垒森严的城乡户籍制度，导致过多的农业劳动力在有限的土地上耕作。按照刘易斯二元经济理论的分析框架，在这种情况下，大量以农业为生的农民，其劳动生产率极低，甚至趋近于零。而中国农业面临着尤其巨大的压力：由于粮食不足在 1978 年之前的 20 年里长期存在，导致农业劳动生产率长期停滞，其增长率在某些年份甚至是负数①。家庭联产承包责任制将农民与生产资料直接结合，极大地提高了农业劳动生产率，农业劳动力剩余问题就凸显出来了。数量越来越大的剩余劳动力需要寻找出路，当时市场化改革提供的宽松的环境，推动了乡镇企业的兴起，也为农业剩余劳动力找到了出路。

乡镇企业的前身是社队企业，即当时的公社生产队办的小工厂。在 1958 年“大跃进”运动和大办人民公社的浪潮中，一批农具厂、修配厂、小水泥厂等兴起，社队企业的发展经历了一个小高潮。至 1959 年底，全国社队企业超过 70 万家，从业人员达 500 万人，产值超过 100 亿元，占当时全国工业总产值的 10%②。但三年困难时期社队企业的发展受到了打压。1978 年党的十一届三中全会召开后，迎来了社队企业的再次发展。十一届三中全会通过的《中共中央关于加快农业发展若干问题的决定（草案）》要求：“社队企业要有一个大发展，逐步提高社队企业的收入占公社三级经济收入的比重”，“凡是符合经济合理的原则，宜于农村加工的农副产品，要逐步由社队企业加工”。1979 年，国务院紧接着颁布《关于发展社队企业若干问题的规定（试行草案）》，既肯定了社队企业是“逐步缩小工农差别和城乡差别的重要途径”，又对社队企业的经营范围、发展规划、资金来源、价格和税收政策等作出了进一步的指导。1981 年国务院再次发布《关于社队企业贯彻国民经济调整方针的若干规定》，针对社队企业发展中存在的问题作出了政策性的规定。在宽松的政策环境支持下，社队企业得到了快速发展，并在总体上初具规模，为下一阶段乡镇企业的高速增长奠定了坚实的基础。

1983 年后，伴随人民公社、生产大队逐步转化为乡、村合作经济组织，以及联户合办、跨区联办等形式的合作性质企业大量出现，农村人口逐步向小集镇集中。1983 年邓小平视察苏、浙等地时，江苏省的领导所描述的社队企业发展给江苏农民带来生活巨变的事实，引起了邓小平的极大兴趣，邓小平用

---

① 卢锋、刘晓光等：《当代中国农业革命——新中国农业劳动生产率系统估测（1952－2011）》，北京大学中国经济研究中心讨论稿系列，No. C2014001，2014 年 2 月。

② 国家统计局：《新中国 50 年系列分析报告之六：乡镇企业异军突起》，1999 年 9 月 18 日，http://www.stats.gov.cn/ztjc/ztfx/xzg50nxlfxbg/200206/t20020605_35964.html。

“异军突起”四个字作了肯定。[①] 于是发展乡镇企业成了中央农村改革的又一目标。1978～1983年，全国社队企业总产值从493亿元增加到1017亿元，超过3200万农村劳动力在社队企业就业。

图7－1以城乡居民收入差距的变化为指标，对改革开放初期，农村改革的发展效应进行了回顾。1978年以后，在家庭联产承包责任制、发展乡镇企业以及农产品流通体制市场化改革等重大改革措施的共同作用下，全国农民家庭人均纯收入由1978年的133元快速增长到1985年的397元，8年增长近3倍，[②] 城乡收入差距在20世纪80年代初期有显著下降。

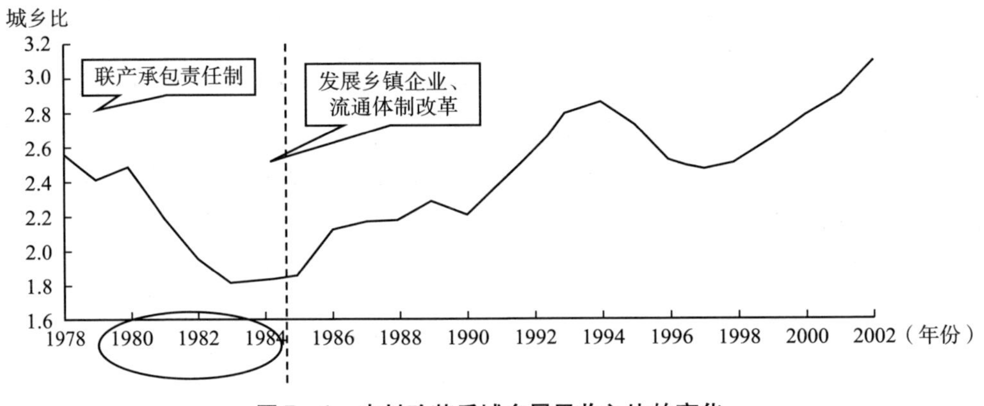

图7－1　农村改革后城乡居民收入比的变化

资料来源：作者根据《中国统计年鉴》各年版数据整理而得。

1984年的中央一号文件确认了越来越多的农村人口“转入小工业和小集镇服务业”的历史进步性：既可促进农业生产向深度广度进军，也为改变人口和工业的布局创造条件。同年，中共中央、国务院转发《关于开创社队企业新局面的报告》，首次将“社队企业”正式改名为“乡镇企业”，要求地方各部门积极支持乡镇企业的发展。由此，开创了我国乡镇企业蓬勃发展的新局面。1985年中央一号文件进一步指出“对乡镇企业信贷、税收优惠”，鼓励乡镇企业发展。在国家政策支持下，20世纪80年代初期，乡镇企业迅速崛起。1986年一号文件提出“将在‘七五’期间开发一百类适用于乡镇企业的成套装备”，并建立500个技术示范性乡镇企业；1987年中央5号文件《把农村改革引向深入》提出鼓励

① 《邓小平文选》第3卷，人民出版社1993年版，第24、238页。

② 同期城镇居民家庭的人均可支配收入由343元上升到749元。数据来自《中国统计年鉴（1998）》，国家统计局网站：http：//www. stats. gov. cn/yearbook/1999/j17c. htm。

乡办、村办、户办和联办的乡镇企业“四轮驱动”。

发展形式和组织机制上的多样性，是中国乡镇企业发展的另一个重要特征。20 世纪 80 年代之后，以东部沿海地区的一些市镇为代表，在发展中逐渐形成了苏南模式、温州模式、珠江模式、晋江模式等多种形式，每一种“模式”都与当地产业基础、治理特点和禀赋传统密切相关。在组织方式、管理方式、产品类别等方面，上述多样化的“模式”，不但是各地在当时改革僵化体制，推进农村工业化和追求富裕时集体智慧的反映，在更深的层面上也对相关地区在后续的改革开放中，形成各自的发展特色和发展优势，奠定了基础。

乡镇企业在短短几年时间内为我国农村克服耕地有限、劳力过多、资金短缺的困难，构建符合中国国情的现代工业化道路，找到了一条有效的途径。随着农村经济开始朝专业化、商品化、社会化方向发展，大批剩余劳动力逐渐从土地上转移出来从事工业和加工业，使乡镇企业异军突起，一批新型中小城镇随之出现。到 1987 年，乡镇企业从业人数已达到惊人的 8805 万人，产值达到 4764 亿元，第一次超过农业总产值①。10 年后的 1998 年，乡镇企业不仅成为提升农民收入、农村工业化以至农业现代化的重要力量，这一具有中国特色的产业组织形式，已发展成为中国经济的重要组成部分。1998 年当年，全国乡镇企业为包括农民工在内的 12537 万人提供就业岗位，而且平均工资超过 4000 元，比 1978 年翻了四番。也在这一年，全国乡镇企业实现增加值为 22186 亿元，占当年国内生产总值的比重达 27. 9%。上交国家税金 1583 亿元，占全国税收总额的 20. 4%！

随着乡镇企业的成长壮大，为提高企业竞争能力和规模效益，中央及相关部委相继出台了若干鼓励政策：农业部 1992 年发布《乡镇企业组建和发展企业集团暂行办法》，推动乡镇企业集团的发展；1994 年发布《乡镇企业产权制度改革意见》，完善股份合作制、股份制、承包制等多种经营方式；1996 年 1 月印发《关于引导乡镇企业适当集中连片发展和加快乡镇企业小区建设的若干意见》，10 月又联合国家计委发布《关于促进大中型乡镇企业发展的意见》，要求加速扩大对外开放，进一步提高企业整体素质。1996 年 10 月，第一部规范乡镇企业发展的法律《中华人民共和国乡镇企业法》出台，标志着发展乡镇企业有法可依，保障了乡镇企业的合法权益。针对全国乡镇企业发展的区域分布不平衡现象，1993 年国务院颁布《关于加快发展中西部地区乡镇企业的决定》，指出“把加快发展乡镇企业作为中西部地区经济工作的一个战略重点”，提供人才、资

① 转引自中共中央党史研究室：《中国共产党简史》，中共党史出版社 2010 年版，第 133 页。

金、技术支持。

乡镇企业的异军突起，是继推行家庭联产承包制之后，中国农村经济发展中的又一个历史性变化。广大农民在党的领导下，用自己的伟大创造和改革实践，为农村致富、推进工业化和逐步实现现代化开辟了一条新路。这就是邓小平同志高度评价的："农村改革中，我们完全没有预料到的最大收获就是乡镇企业发展起来了"①。

二、工业化进入农村工业化阶段

新中国成立后，工业化的推进也是集中在城市进行的，也可称之为城市工业化。乡镇企业由于植根于农村，农村工业化打破了以往城市发展工业、农村发展农业的传统格局。农民一定程度离开农业，在附近乡镇或乡村地区的非农产业企业工作——所谓"离土不离乡"的工业化，是中国基层政府和农民自发进行的一大创造。在上述四种主要的乡镇企业发展模式中，当时最为典型的模式有苏南模式和温州模式。两者的共同点都是农民在乡镇办企业，不同点在于苏南地区的乡镇企业更多地保有集体经济成分，而温州地区则多为家庭私有制经济。两地的乡镇企业在后续发展中都进行了改制，或者是股份制，或者是股份合作制。但无论如何，农村工业化的发展思路，在中国现代化进程中都具有深远的历史性意义。

农村工业化使中国发动新一轮工业化找到了新的能量。中国的工业化，无论过去城市工业的发展，还是现在农村工业的发展，都受资金短缺的限制。过去发动工业化，在相当程度上靠抽调农业部门的资金（借助工农业产品价格"剪刀差"）。现在发动农村工业化，靠的是吸引农业剩余劳动力。农业剩余劳动力通过进入乡镇企业转入非农产业，实际上替代了一部分发展非农产业所需要的资金。按照现代发展理论的视角，劳动力从边际生产率相对较低的农业部门转向边际生产率较高的非农产业部门，是消除二元经济的结构性调整。这一过程在中国的农村工业化背景下表现为在不增加城市部门就业和公共服务压力的同时，实现了工业化和农业生产效率的同步提升。

在人类社会工业化道路中创造了具有中国特色的农村工业化模式。1984 年的中央一号文件肯定了越来越多的农村人口"转入小工业和小集镇服务业"的历史进步性，既可促进农业生产向深度广度进军，也为改变人口和工业的布局创造条件。

---

① 《邓小平文选》第 3 卷，人民出版社 1993 年版，第 238 页。

依靠乡镇企业，农村中从事农、林、牧、副、渔业的劳动力占农村劳动力的比重已降到1991年的79.3%。截至1992年，全国乡镇企业职工总数达1.06亿人，占农村劳动力的24.6%，转移和消化了农村剩余劳动力的一半。大批农业剩余劳动力流出后，农业产量没有降低，农业产值还有所增长，全国农业产值从1978年到1992年平均每年增长5.9%。这表明，农村工业化通过消化吸收农业剩余劳动力产生了提高农业部门劳动生产率和农村劳动力配置效率的正效应。

乡镇企业发展带动了农村产业结构的结构性变化。1987年乡镇企业产值一跃超过农业总产值，占农村社会总产值比重达52.4%。1991年乡镇企业产值突破1万亿大关，达到11611.8亿元，占全社会总产值和农村社会总产值的比重分别达26.6%和59.2%。1992年，农业产值占国内总产值的比重降到35.79%，工业产值比重达到50.09%（见表7－2）。这表明，乡镇企业的发展已经打破了长期以来农村以农为主，农业以粮为主的传统结构，乡镇企业已经成为我国工业化的重要一翼，成为我国中小型企业的主体。

表7－2　　农业改革后的农村社会总产值及构成变迁　　单位：%

年份	总产值	农业	工业	建筑业	运输业	商业饮食业
1980	100.00	68.86	19.49	6.45	1.69	3.53
1983	100.00	66.69	20.04	7.78	2.00	3.49
1984	100.00	63.43	22.92	7.31	2.62	3.73
1985	100.00	57.09	27.60	8.05	3.00	4.25
1986	100.00	53.12	31.52	7.84	3.25	4.28
1987	100.00	49.57	34.83	7.67	3.55	4.38
1988	100.00	46.79	38.14	7.14	3.47	4.46
1989	100.00	45.13	40.65	6.35	3.56	4.31
1990	100.00	46.10	40.43	5.89	3.49	4.09
1991	100.00	42.92	43.50	6.01	3.48	4.09
1992	100.00	35.79	0.09	6.18	3.57	4.37

资料来源：《中国统计年鉴（1993）》，所有比重为以当年价格计算的GDP份额。

农业的工业化对整个中国的工业化也有特殊的意义。农村工业化已经成为中国工业化的重要方面。中国工业化形成了城市工业和农村工业两大体系。乡镇企业立足农村，服务农业，充分利用农村资源，以国家产业政策和市场需求为导向，推进与城市工业的联合和合作，在我国正在形成城乡一体化的体系。正因为如此，现在规划产业结构时，有必要将城市工业和农村工业作为统一体来规划。1989 年党的十三届五中全会通过《中共中央关于进一步治理整顿和深化改革的决定》指出，“按照调整、整顿、改造、提高的方针，积极引导乡镇企业健康发展”；“按照国家产业政策引导效益好的企业积极发展，下决心关停并转消耗高、质量差、污染严重以及与大企业争原料、争能源而效益又很差的乡镇企业”，以促进乡镇企业改进经营管理、提高技术和效益，从而持续释放活力。

三、城镇化道路的中国创造

城镇化水平与经济发达程度密切相关。伴随社会主义市场经济体制的建立和外向型经济的发展成熟，中央在统筹城乡发展和中小城镇与城市群建设协同进行的指导思想下，从制度上打破了计划经济时期严格的城乡人口分割政策，逐渐放松了对农村劳动力向城市、工业地带移动的管制。城乡间劳动力配置的合理化，既有利于农民收入的提升，同时也为东部沿海地区外向型工业的发展提供了坚实的要素支撑。农村剩余劳动力在城乡间的自由移动，成为 21 世纪之后我国城镇化水平快速提升的根本原因。

早在 20 世纪 80 年代中期，乡镇企业的异军突起，不仅发动了农村工业化，而且创造了离土不离乡的城镇化道路。我国农业和农村发展的客观压力是人多地少，平均每个农业劳动力占有的耕地、山地资源少；而农业人口基数大、比重高，农业人口增长速度远超农业自身对劳动力的需求。随着农村改革和农业生产技术的不断进步，农业生产水平和劳动生产率大幅提高，从而导致大量剩余农业劳动力闲置，对农村剩余劳动力转移提出了客观要求。由于当时城乡间严格的户籍制度约束以及城市部门就业容量的实际状况，过剩的农村劳动力难以直接套用刘易斯模型等新古典结构性二元理论自然流入到城市工业部门工作。而这一时期，农村基层经济组织已理顺关系，正是需要重组、优化农村内部的各生产要素，推动工业化和农业产业化，以实现经济起飞的关键时期。在“两权分离”的家庭联产承包责任制和乡镇企业兴起的共同带动下，越来越多的农村居民脱离耕地经营，转入小工业和小集镇从事工业和服务业生产。发展乡镇企业，一方面为农村剩余劳动力的转移提供渠道，另一方面能够给予农村富余劳动力以“离土不离乡”的方式，就地建设小城镇，从而创造了不进入现有城市的中国特色城镇化道路。

1979 年党的十一届四中全会通过《中共中央关于加快农业发展若干问题的

决定》指出，“有计划地发展小城镇建设和加强城市对农村的支援”，并明确“这是加快实现农业现代化，实现四个现代化，逐步缩小城乡差别、工农差别的必由之路。”由此，我国的城市化由被压制转为逐步松动和放开，改革前控制城市人口增长和城乡分割的制度被鼓励小城镇发展所取代。1980 年全国城市规划会议进一步提出“控制大城市规模，合理发展中等城市，积极发展小城市”的城市发展总方针。同时，为了鼓励城镇发展，国务院分别于 1984 和 1986 年两次修改了城镇建制标准，将设镇标准降为不足 2000 人时也可以建镇，将设市非农业人口由 10 万人降为 6 万人。小城镇的发展和城市化方面的制度创新和政策创新，为形成后来的以城市群为主体，大中小城市和小城镇协调发展的中国特色城市化道路和城镇格局奠定了坚实的基础。

1984 年的中央一号文件开始了对原先农村户籍制度的首次根本性调整。1984 年开始，政府允许务工、经商、办服务业的农民自理口粮到集镇落户；1985 年公安部颁发《关于城镇人口管理的暂行规定》，将“农转非”内部指标定在每年 2%；1994 年国家取消户口按照商品粮为标准划分农业户口和非农业户口的“二元结构”，而以居住地和职业划分农业与非农业人口。

1992 年邓小平同志的南方谈话和党的十四大的召开，确立了我国社会主义市场经济体制改革的总目标，标志着我国改革开放进入了新的发展阶段。1993 年党的十四届三中全会《中共中央关于建设社会主义市场经济体制若干问题的决定》指出，“我国农村经济的发展，开始进入以调整结构、提高效益为主要特征的新阶段”，必须“引导乡镇企业适当集中，充分利用和改造现有小城镇，建设新的小城镇”。这一决定表明中央开始从制度、体制上调整我国的城镇化发展方针。

1998 年党的十五届三中全会指出发展小城镇“有利于乡镇企业相对集中，更大规模地转移农业富余劳动力”。从发展现实看，乡镇企业及其生产经营所依托的小城镇，是中国具体国情下的工业化进程中，农村剩余劳动力转移的重要渠道。乡镇企业赋予农村居民“离土不离乡”的就业选择，创造更多的工业就业岗位，提高了农民的经济收益，吸引了大批农民流入。

2000 年中央出台第一个有关城镇化的专门文件——《中共中央、国务院关于促进小城镇健康发展的若干意见》，对发展小城镇的原则、机制做出了政策指导。同年 10 月党的十五届五中全会把实施城镇化战略第一次正式列入国民经济中长期发展计划，再次强调“发展小城镇是推进我国城镇化的重要途径”。且对大城市和中小城市的态度更加积极，对大城市，由“控制”改为“发挥”其辐射带动作用；对中小城市由“合理发展”改为“积极发展”。从空间框架到组织制度，基本实现了“十五”、“十一五”规划提出的“走符合我国国情的大中小城市和小城镇协调发展的多样化城镇化道路”的城镇化愿景。

2002年党的十六大评价，“农村富余劳动力向非农产业和城镇转移，是工业化的现代化的必然选择”，再次明确强调“走中国特色的城镇化道路”，进一步要求发展小城镇要“同发展乡镇企业和农村服务业结合起来”，消除不利于城镇化发展的体制和政策障碍，引导农村劳动力合理有序流动”。并且首次提出“统筹城乡经济社会发展”的战略思想，将对城镇化和城乡关系的认识推向了一个新的高度。

2006年党的十六届六中全会通过《中共中央关于构建社会主义和谐社会若干重大问题的决定》，提出“贯彻工业反哺农业、城市支持农村和多予少取放活的方针”，并“积极稳妥地推进城镇化，发展壮大县域经济”，从统筹城乡发展、以工促农的角度丰富了城镇化的内涵。2008年10月，党的十七届三中全会通过《关于推进农村改革发展若干重大问题的决定》，提出始终将“构建新型工农、城乡关系”作为加快推进现代化的重大战略，要求统筹工业化、城镇化和农业现代化建设。并要求“放宽中小城市落后条件，使在城镇稳定就业和居住的农民有序转变为城镇居民”，从保障进城农民权益方面推动城镇化向高质量发展。

图7－2显示的是21世纪以来中国城镇化水平的进展过程。从具体各年度的数据来看，2002～2011年的10年间，中国城镇化水平稳步提升。10年间，城乡

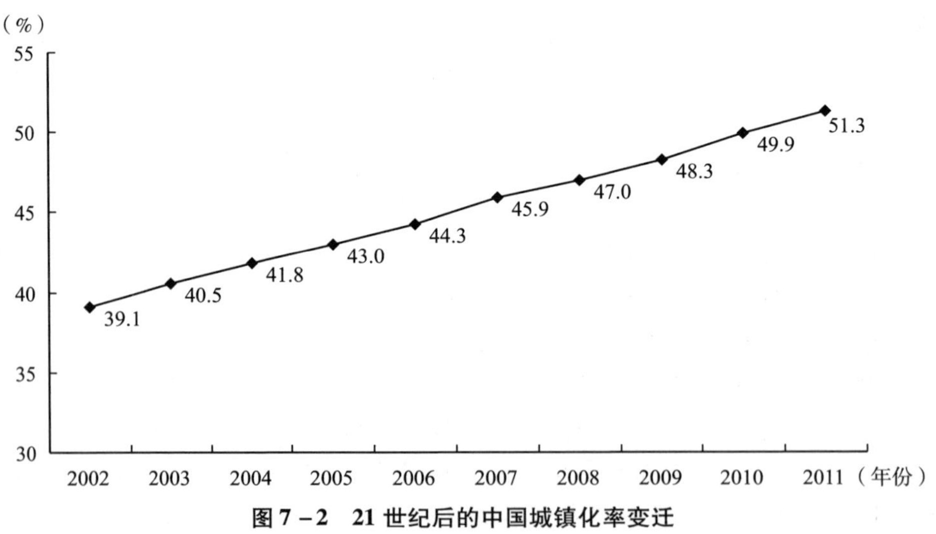

图7－2　21世纪后的中国城镇化率变迁

资料来源：笔者根据各年度《中国统计年鉴》的城乡人口统计推算而成。

间劳动力流动超过中国城镇化水平由 2002 年的 39.1%，跃升至 2011 年的 51.3%，年均增幅达到28%左右，远远超过同期 GDP 10.7%的增幅[①]，相当于每年新增城市人口超过 1700 万人——这一数字与荷兰的人口总量相当[②]。

20 世纪 90 年代之后，我国出现了大规模的农村剩余劳动力跨地区流动现象既离土又离乡。其原因：一方面，以乡镇企业为主的就地转移模式吸纳能力已近饱和[③]，远远无法满足数亿农业剩余劳动力的就业需求。另一方面，随着经济体制改革的中心转移到城市，东南沿海城市的对外开放，加速了工业化进程。一些大中小城市的三资企业和外向型制造业发展迅速，劳动力需求迫切，吸引农村剩余劳动力的大量流入。尤其是来自中西部地区农村地区的大量外出务工人员推动了沿海大中型城市的发展。同时，伴随城市地区进入快速工业化进程，城镇基建步伐加快，就业渠道拓宽，也吸引了大量农民进城务工，城镇化发展出现了巨大拉力。在这一新形势下，城镇化的施策重点由此前的打破城乡分割壁垒为重点，逐渐向推进城乡在公共服务、社会保障等方面形成一体化格局演变，以期进一步优化城乡经济结构、促进国民经济良性循环和社会协调发展提供了持久的动力。

顺应这种城市化的新趋势，2008 年党的十七届三中全会决定：统筹城乡社会管理，推进户籍制度改革，放宽中小城市落户条件，使在城镇稳定就业和居住的农民有序转变为城镇居民，建立促进城乡经济社会发展一体化制度，推动流动人口服务和管理体制创新。

大量农业劳动力通过转入非农部门，既拓展了收入来源，也活跃了城市经济和生活服务，促进了城乡、工农经济的良性发展。另外，伴随人口转移和 1985 年开始的城市、工业部门改革的启动，城市建设与产业经济快速发展，对土地的需求日益强烈。全国城市建成区面积从 1985 年的 0.94 万平方公里扩张到 2016 年的 5.5 万平方公里，全国城市建设用地从 1990 年的 1.16 万平方公里扩张到 2016 年的 5.28 万平方公里，平均每年有 2430 平方公里土地投入建设，每年建成面积扩张 1400 平方公里以上。

总的来说，1978 年农业改革之后的农村剩余劳动力转移，经历了从农业向非农产业的城镇就地转移，以及从农村向发达城市地区的跨户籍区域转移两个递

① 国家统计局综合司：《新世纪实现新跨越——从十六大到十八大经济社会发展系列报告之一》，2012 年 8 月 15 日，http://www.stats.gov.cn/ztjc/ztfx/kxfzcjhh/201208/t20120815_72837.html。

② 根据《中国统计年鉴》、《中国人口与就业统计年鉴》以及 OECD 统计数据库等综合测算的结果。

③ 根据国家统计局的统计，“六五”至“八五”期间，乡镇企业吸纳的农村劳动力年均增加超过 600 万人，但至“九五”时期，上述指标的数量仅为 94 万人。

进式的阶段。新中国成立 70 年来，特别是农村改革 40 年来的人口转移，可能是人类有史以来最大规模的城乡人口迁徙。其经济本质仍然是城乡间以劳动力为代表的资源要素的自由流动，既是改革破除体制性障碍和制度放开的结果，也是符合市场经济规律、追逐最大化利益的要素互动的必然过程。来自国家人力资源和社会保障部的统计数据显示①，2017 年，全国进入城市与工业部门工作的农民工达到 2.87 亿人，这相当于美国的全部人口。

第三节　统筹解决三农问题

一、准确判断我国的三农问题

1978 年底开始的农村家庭联产承包责任制改革，推动了农业的发展。中国以占世界 9% 的耕地供养了占世界 21% 的人口，基本上解决了 13 亿人口的温饱问题。发展乡镇企业，以非农化解决农业问题，以城市化解决农村问题，以劳动力转移解决农民问题。其效果也非常明显，工业化和城镇化进程加快，农业、农民和农村的发展水平也比过去大大提高。

在肯定伟大成就的同时，也应客观认识到，早期的农业改革，阶段性解决了粮食社会供给的长期短缺问题，但没有从根本上解决农业竞争力、农民增收、农村生产生活环境等农业现代化深层次问题——解决了“温饱”问题，但没有完全解决“小康”问题。首先，农业劳动生产率的提高基本上还只是剩余劳动力转移的效应，不完全是农业部门技术进步所产生的效应。其次，农民收入的增加主要靠的是农业经营以外收入的增长，农业收入仍然太低。农业收入低是农民劳动生产率低的本质表现。最后，与其他产业相比，农业仍然是弱势产业。其突出表现：第一，农业技术落后，农业生产主要依靠劳动技能，劳动的附加值低；第二，提供的农产品基本上是初级产品，不是最终产品，因此其市场价格低；第三，农业生产受自然条件影响大，市场不稳定，价格波动大。这些问题是不可能在短期内解决的。

在我国农业是弱势产业，有多方面原因，其中的一个重要原因是农业的比

① 人力资源和社会保障部，全国农民工工作暨家庭服务业工作办公室主任座谈会，南京，2018 年 4 月 12 日，新华网：http：//www. xinhuanet. com/2018 -04/12/c_1122674875. htm。

较收益太低。过去长期的工农业产品价格“剪刀差”导致农产品价格长期低估。20 世纪 80 年代初期，由于家庭联产承包责任制的改革以及国家对农产品收购价的提价，农民收入有过几年的快速增长，但好景不长，农业收入水平仍然徘徊在低水平。原因是随着乡镇企业兴起，经营农业与经营非农产业的比较收益差距显性化，非农收入明显高于务农收入。经营农业的积极性再次下降，农业要素的流出借助市场化的背景而加快。因此，虽然已有的非农化途径对三农发展有明显的带动作用，但是其对三农的负面作用也很明显：一是过度吸纳了土地、劳动力等农业发展基础要素（虽然相当多的是剩余的）；二是工业和城市由于得到三农的支持而发展更快，因此工农差距、城乡差距不但没有缩小，还在进一步扩大。

党的十六大将“全面统筹城乡经济社会发展”定位为实现全面小康的重要任务之后，2003 年 10 月召开的党的十六届三中全会对统筹发展思想进行了全面的深化，提出“五个统筹”的发展思想①。其中，“统筹城乡发展”作为重中之重，被置于“五个统筹”的首要位置。

面对农村工业化城镇化的新背景，需要统筹城乡发展，直接以三农为发展目标。从农产品流通体制和价格改革及取消农业税入手增加农民收入；从推进农业技术进步入手发展现代农业；从反哺农业和农村入手建设社会主义新农村。

二、农产品流通体制改革

党的十一届三中全会召开以后，解决中国的农业问题实际上有两手：一手是实行家庭联产承包责任制；另一手就是改革农产品流通体制，其中包括农产品价格改革和购销体制改革。

我国改革前的农业生产和流通体制是高度的计划经济，以农产品的统购统销为特征，而且存在自给自足的自然经济的残余，农产品的商品率很低。再加上工农业产品价格“剪刀差”。农民进入市场几无收益。因此在农业实行家庭联产承包责任制，提高农业劳动生产率后，必然要提出发展市场经济（当时称为商品经济）的要求。

另一方面，农业落后、农民收入过低也同农产品价格体制密切相关。中国的价格改革是从调整农产品收购价格开始的。1979 年 3 月开始，国家逐步大幅提高

① 十六届三中全会《中共中央关于完善社会主义市场经济体制若干问题的决定》指出，“按照统筹城乡发展、统筹区域发展、统筹经济社会发展、统筹人与自然和谐发展、统筹国内发展和对外开放的要求……为全面建设小康社会提供强有力的体制保证”。

了粮食、油料、棉花、生猪、鲜蛋、水产品等 18 种主要农产品的收购价格，平均提高 24.8%，超计划部分的收购价另行提高，或享受实物奖励。这次提价，打破连续 12 年粮食收购价格未动的局面，使全国农民增收达 70 亿元。1978 年之后，中央又陆续提高了烟叶、糖料等经济作物的收购价格。1979 年的农产品价格比 1978 年上升了 22.1%，1984 年的农产品价格比 1978 年提高了 53.7%。1979 年当年再次使全国农民增加收入 40 亿元①。

农产品价格大幅提高使得农民收入呈现出超高速的增长，农村居民人均纯收入从 1978 年的 133.6 元增加到 1984 年的 355.3 元，增长了 2.66 倍，年均增长率高达 16.5%②。1979～1981 年的 3 年间，中央对农副产品收购牌价的提升幅度达到 38.5%，加上议价范围的相继扩大，相关文献显示农民增收达到 204 亿元③。值得一提的是，1984 年前，全国价格改革主要是调整理顺价格，而广东从 1979 年开始就逐步放活蔬菜、水果、三鸟（鸡、鸭、鹅）、蛋品和水产品加工，到 1985 年年初，包括猪肉在内的主要副食品价格已全部放开。广东省的做法，为全国价格改革提供了可资借鉴的经验。

农业的出路还是融入市场（当时称为商品经济）。1984 年的中央一号文件，是改革初期第三个以农业为主题的中央一号文件。文件提出“在稳定和完善生产责任制的基础上，提高生产力水平，发展商品生产，抓好商品流通”。并强调：“由自给性经济向较大规模商品生产转化，是不可逾越的必然过程”。1985 年，中央第 4 个一号文件《关于进一步活跃农村经济的十项政策》，中心内容是调整农村产业结构，取消 30 年来农副产品统购派购的制度，对粮、棉等少数重要产品采取国家计划合同收购的新政策。这也标志着我国农村已进入商品经济发展的新阶段。

取消统派统购制度，是农业流通体制改革趋势的根本体现，是农产品流通体制改革开始成为改革重点的主要标志。粮食由统购转变为合同订购，并允许合同订购外的粮食到农贸市场销售，农民和收购商自由定价。粮食外其他农产品的市场自由交易逐步放开。这样，维持 30 年的农产品统派统购制度被合同定购和市场收购并行的“双轨制”所替代，除粮食和棉花以外，其他各类农产品的价格由

---

① 王振川主编：《中国改革开放新时期年鉴（1979 年）》，中国民主法制出版社 2015 年版，第 183～184 页。

② 根据历年《中国统计年鉴》的相关数据测算而来。

③ 刘伟：《改革开放初期中国开启价格改革的历程——以 1979－1984 年为考察时段》，引自《第十六届国史学术年会论文集》，2017 年 12 月。中华人民共和国国史网：http：//www.hprc.org.cn/gsyj/yjjg/zggsyjxh_1/gsnhlw_1/d16jgsxsnh/201712/t20171219_405679.html。

市场供求调节。使得这一阶段的农产品价格在产量供不应求的情况下大幅增长，年均涨幅为 13%。

在此之后，农产品流通体制以市场化为导向的改革，虽然在粮食领域有所反复，但在其他农产品流通领域基本上是不断推进的。1992 年，社会主义市场经济被确定，除粮食外其他农产品市场体系不断建立，农贸市场和农产品批发市场发挥越来越重要的作用。具有历史性标志的是，伴随改革的推进，粮票开始退出历史舞台，凭票供应农产品的时代结束。

国家对农产品（主要是粮食等大宗基础农作物）实行合同收购，同时允许在合同以外的部分自由进入市场。合同收购部分由国家定价，合同以外的可以自由定价，随行就市。这时农民开始具有了一定程度的市场主体的地位。在国家合同定购的部分，国家定的价格已经有了明显提高，相应的农民收入有了一定程度的提高。但是粮食合同收购部分的数量之大，使农民无法自由选择获利较粮食大的农产品生产，所以合同以外的自由生产随行就市部分在农民生产中只占很少一部分。

2004 年是农产品流通体制改革的关键一年。当年 5 月，国务院发布《关于进一步深化粮食流通体制改革的意见》（粮食流通体制改革总体方案），该意见按照粮食生产、流通四个“有利于”的原则①，决定国家全面放开粮食收购和销售市场，实行购销多渠道经营。并且为保护种粮农民利益，在总结前期试点省市经验的基础上，全面建立对种粮农民的直接补贴制度。这是农产品流通体制改革深入的新举措，在减少直至取消合同收购基础上实现粮食购销市场化和市场主体多元化。

在政府的合同收购部分逐步减少后，农民需要自己寻找市场。但对长期生活在计划经济体制下的农民来说，市场意识薄弱、市场经验不足、对现代市场规则几乎没有认知，这成为流通机制改革后农民融入市场的重要障碍。

同时，对于分散经营的农户而言，信息获得方面不仅是信息分布严重不完全，而且对市场行情的认知能力也很差，特别是没有能力预测和规避市场风险。在这种情况下，完善农民参与的农产品流通组织问题就被提到了日程。

农产品流通体制的市场化改革，丰富了农产品市场，不仅使农民受益，全国人民也受益，而且使得农产品市场长期短缺的状况得到了根本改变。市场价格机制取代计划调节成为农产品供求的主导因素。

---

① 即有利于粮食生产、有利于种粮农民增收、有利于粮食市场稳定、有利于国家粮食安全。

三、工业反哺农业、城市支持农村

我国的工业化，无论是过去的城市工业化，还是后来的农村工业化都得到了农业哺育和贡献①。尤其是20世纪80年代，农民利用农业的集体积累和家庭积累发展乡镇企业，启动了农业剩余劳动力向非农产业的转移的进程。需要肯定农业哺育工业是农业自身发展的要求，没有三农以外的发展也就很难真正实现三农的发展。但是当我国的工业化进入中后期时，一方面农业劳动力转移开始进入"刘易斯转折点"，其对工业化的支持力衰减，另一方面虽然劳动力转移也在一定程度上增加了农民收入，但城乡差距进一步扩大，农业成为全面小康社会建设的瓶颈。同时，考虑到中国作为发展中大国粮食安全的重大战略性问题，中国需要加快现代农业的建设。研究中国农业发展现状，光靠农业现有的要素不可能实现建设现代农业的目标，必须从城市和非农产业引入现代生产要素，于是提出工业反哺农业，城市支持农村的要求。

应该肯定乡镇企业发达的地区如苏南对农业的反哺：一是收入反哺，即在乡镇企业就业的工人反哺其农民家庭成员收入；二是乡镇企业承担农村社区建设的费用；三是为所在地区农业发展提供积累。然而在我国广大的农村像长三角这样的地区不多。许多地区非农产业的发展没有基础，相应的非农产业对农业要素的吸纳期长，等到非农产业有能力提供支农建农资金时，农业部门早就萎缩了。因此，反哺农业和农村需要成为国家层面的战略。在上述背景下，2004年1月，针对全国农民人均纯收入连续增长缓慢的情况，中央下发《中共中央国务院关于促进农民增加收入若干政策的意见》，成为改革开放以来中央的第6个一号文件。文件从国民经济发展和社会稳定的全局性高度看待农民收入增长缓慢的问题，认为扭转农民收入增长缓慢应从战略、体制、措施和方法上进行整合优化，采取综合性。在具体施策方面，重点突出"怎么办"的可操作性，推出了主产区编制、结构调整、增收渠道、市场流通、基础设施以及扶贫开发等九个方面22条意见，对农民增收进行了系统性部署。同时，国家开始实行"三项补贴"，对种粮农户进行直补。当年农村居民纯收入增长6.8%，达到2936元。

这一时期，农业发展的战略性思路也随着经济发展水平、发展阶段和城乡经济实力的增长而不断调整和创新。2004年党的十六届四中全会明确提出"两个

---

① 蔡昉：《"工业反哺农业、城市支持农村"的经济学分析》，载于《中国农村经济》2006年第1期，第11~17页。

趋向”论断：在工业化初始阶段，农业支持工业、为工业提供积累是带有普遍性的趋向；但在工业化达到相当程度以后，工业反哺农业、城市支持农村，实现工业与农业、城市与农村协调发展，也是带有普遍性的趋向。“两个趋向”重要战略论断，是中央在中国经济发展新阶段、新形势下对工农关系、城乡关系发展方向的基本判断，是科学发展观的重要体现。

2005 年第 7 个一号文件《中共中央国务院关于进一步加强农村工作提高农业综合生产能力若干政策的意见》要求，坚持“多予少取放活”的方针，稳定、完善和强化各项支农政策。2008 年党的十七届三中全会通过的《中共中央关于推进农村改革发展若干重大问题的决定》，进一步明确为坚持工业反哺农业、城市支持农村和多予少取放活方针。

多予少取放活最根本的是增加农民收入，其路径主要有两个方面。

首先，是价格保护。1997～2002 年农村居民家庭的农业经营性收入出现改革开放以来从未有过的负增长。农业等一产收入从 1997 年的 1220. 1 元下降到 2002 年的 1135 元，年均下降 0. 1%，相比于上一阶段，跌幅达 18 个百分点。国家从 2004 年开始全面放开粮食收购市场，逐步出台了稻谷和小麦的最低收购价政策，以及对农业生产四减免和四补贴的政策。在两种因素的推动下，2004 年，主要农产品大幅增产，农产品价格上涨 13. 1%，农民收入涨幅达 17%，农民收入由此开始转入恢复性上涨。农民家庭经营性收入从 2003 年的 1541 元增加到 2011 年的 3222 元①。

其次，是减免直至取消农业税。自古以来，农民的税赋是中央政府财政收入和维持国家正常运转的重要财源，而农业税也成为农民负担中最大的一块。新中国成立后，1958 年 6 月 3 日，第一届全国人大常委会第 96 次会议通过实施的《农业税条例》，也在我国实行了近半个世纪。但农业在本质上是弱势产业，受气候等环境因素影响大，同时由于其收成的季节性难以应对市场变化，致使农民农业经营性收入很不稳定。因此，要想农民增收，既需要价格支持，也需要减轻农民生产、经营中的税赋负担。从 2001 年起我国各地开始减免农业税，2001～2004 年，全国共减免农业税 234 亿元，免征除烟叶外的农业特产税 68 亿元，核定农业税灾歉减免 160 亿元，其中中央财政负担了 85 亿元，各级农业税征收机关共落实社会减免 50 亿元，落实种粮大户等其他减免 9 亿元。2005 年全国进一步减轻农民负担 220 亿元。已有近 8 亿农民直接受益。2005 年 12 月 29 日全国人

---

① 相关年度数据及详细构成可参见：国研网统计数据库（DRCNET SDS，http：//edu－data. drcnet. com. cn/web/），居民生活数据库项下《1978－2012 年农村居民家庭经营纯收入》统计表。

大表决通过的这个决定，把这项惠农政策上升为国家法律。2006年中央一号文件提出全面取消农业税，终结了延续2600多年农民种田交税的历史，标志着在我国，农业税从此退出历史舞台，这是具有划时代意义的一件大事，9亿中国农民将因此受益。与农村税费改革前的1999年相比，中国农民每年减负总额将超过1000亿元，人均减负120元左右。全面取消农业税改革作为系统性的制度改革，从根本上消除了农民的显性负担，减轻了农民生产生活的隐形成本，促进了农民收入增加和农业生产力进步。随着农业税的取消，原有农村公共产品的供给模式随之改变，因此取消农业税之后尚需进行相应的财税体制改革。

反哺农业和农村关键是要素的反哺，要在农业中引入生产要素特别是先进要素，涉及物质资本投入和人力资本投入。为此需要消除各种城乡市场分割的屏障，使农村在市场体制下处于与城市同等的竞争地位。针对各类生产要素的市场基本上集中在城市而不在农村的现状，需建立城乡一体的要素市场，创造包括农村市场主体在内的各类市场主体平等使用生产要素的环境，消除人才、资金、信息和生产资料等要素在城乡之间自由流动的各种体制和政策性障碍。2008年党的十七届三中全会决定明确允许农村小型金融组织从金融机构融入资金，允许有条件的农民专业合作社开展信用合作，建立现代农村金融制度，加强监管，大力发展小额信贷。2010年1月31日的《中共中央国务院关于加大统筹城乡发展力度进一步夯实农业农村发展基础的若干意见》明确要求在3年内消除基础金融服务空白乡镇；拓展了农业发展银行支农领域。

四、建设社会主义新农村

进入21世纪后的中国农业发展，不再仅仅是单一地以农业和农村发展为着力点，而是进入工业化中后期开始探索城乡共同发展，形成具有高度保障能力、竞争能力和收益能力的现代农业产业以及构筑城乡经济社会发展一体化的新格局。2001年12月11日我国正式加入世界贸易组织（WTO），这对我国农业发展是机遇也是挑战。面对新发展阶段下对三农发展的新要求，2005年党的十六届五中全会提出了推进社会主义新农村建设的重大战略任务。会议明确：建设社会主义新农村是我国现代化进程中的重大历史任务，要按照生产发展、生活宽裕、乡风文明、村容整洁、管理民主的要求，扎实稳步地加以推进。要在科学发展观指导下，统筹城乡经济社会发展，推进现代农业建设，全面深化农村改革，大力发展农村公共事业，千方百计增加农民收入。党的十六届五中全会通过的《中共中央关于制定国民经济和社会发展第十一个五年规划的建议》，部署的建设社会主义新农村的重大历史任务，为未来 10 年的农业发展奠定了新的基础，开辟了新的思路，也提出了新的要求。

2005 年中央农村工作会议和 2006 年中央一号文件都以推进社会主义新农村建设为主题，进行了全面的部署。明确提出，我国农业和农村的发展还处在艰难的爬坡阶段，农业、农村仍然是我国经济社会发展中最薄弱的环节，城乡差距扩大的矛盾依然突出，因此三农问题仍然是全党工作的重中之重，要使建设社会主义新农村成为全党全社会的共同行动。会议部署了推进建设社会主义新农村建设的具体措施。此后，2007 ~2008 年的中央一号文件，分别针对支农政策、促进农村基层治理和综合改革、农业科技创新以及农业生产组织制度现代化、农业信息技术革命等进行部署，全方位推进社会主义新农村建设。

2008 年 10 月召开的党的十七届三中全会审议通过了《中共中央关于推进农村改革发展若干重大问题的决定》，明确把建设社会主义新农村作为战略任务，把走中国特色农业现代化道路作为基本方向，把加快形成城乡经济社会发展一体化新格局作为根本要求，坚持工业反哺农业、城市支持农村和多予少取放活方针，创新体制机制，加强农业基础，增加农民收入，保障农民权益，促进农村和谐，充分调动广大农民的积极性、主动性、创造性，推动农村经济社会又好又快发展。

建设社会主义新农村，关键是由传统农业转变为现代农业，从根本上改变农业的落后面。2006 年中央农村工作会议提出，我国农业处于从传统农业向现代农业转变的关键时期，推进新农村建设首要任务是建设现代农业。同时，提出发展现代农业的思路和目标，即用现代物质条件装备农业，用现代科学技术改造农业，用现代产业体系提升农业，用现代经营形式推进农业，用现代发展理念引领农业，用培养新型农民发展农业，提高农业水利化、机械化和信息化水平，提高土地产出率、资源利用率和劳动生产率，提高农业素质、效益和竞争力。按此思路，2007 年第 9 个中央一号文件《中共中央国务院关于积极发展现代农业扎实推进社会主义新农村建设的若干意见》要求，发展现代农业是社会主义新农村建设的首要任务，并且对发展现代农业做出部署。

我国农村依然存在许多突出的问题和矛盾，例如，农业面临着资源短缺、生态脆弱等问题，农村面临着基础设施薄弱、公共服务滞后等问题，农民面临着收入水平低、致富能力弱等问题，城乡差距扩大的趋势没有根本改变。因此，建设现代农业突出抓了以下方面：

一是加强农业基础设施建设。2008 年的中央一号文件《中共中央国务院关于切实加强农业基础建设进一步促进农业发展农民增收的若干意见》要求，加快构建强化农业基础的长效机制；切实保障主要农产品基本供给；突出抓好农业基础设施建设；着力强化农业科技和服务体系基本支撑；逐步提高农村基本公共服务水平。2011 年的中央一号文件《中共中央国务院关于加快水利改革发展的决定》，是新中国成立 62 年来中央文件首次对水利工作进行全面部署。

二是加强农业中的科技进步。现代农业是利用工业投入物，采用科学管理方法所经营的专业化、社会化农业。在现有的科技水平下，农业现代化的技术包括两个方面：一是机械技术；二是生物化学技术。前者即机械化，用机器来代替人；后者包括以化肥、农药增加农业产量的技术，改良品种，提高产品质量的生物技术。根据第二次农业普查（2008 年）提供的数据，我国农业机械技术进步的速度比较快。2006 年大中型和小型拖拉机的台数分别比 1996 年增长 107.5% 和 116.4%；机耕面积达到 60%，机播面积 32.6%，机收面积 24.9%，分别比 1996 年提高 17.8%、16.4% 和 12.9%。与此相反，生物技术进步的速度低于机械技术。生物技术利用效率太低，造成农业生产严重缺乏优良品种，农业生态环境持续恶化。

在 1978 年后的 40 年里，土地制度改革、农村工业化以及涉农税费改革、城乡反哺与统筹发展、社会主义新农村建设等农业领域的重大制度改革，为中国农业构建了家庭经营为基础的统分结合的双层经营体制，农业生产、农民收入快速增长，为新时代以习近平同志为核心的党中央提出“四个全面”重大战略部署，实现从温饱到小康的飞跃奠定了坚实的基础。与此同时，改革在农业领域的率先启动，为我国通过工业化、城市化，实现经济起飞创造了基础条件。

在工业化、城镇化的深入发展中，同步推进农业现代化，成为世纪之交的中国三农发展的重大任务。农业改革所承担的历史使命，也由改革初期的路径探索与稳定发展的基础，向推动（构建）城乡一体协同的可持续发展新格局转变。经过社会主义新农村建设，三农现代化已经与工业化、城镇化以及先进技术、制度的创新紧密地联系在一起，形成推动国家现代化的四大支柱。“十二五”期间，这一协同发展的关系被以习近平同志为核心的党中央进一步深化为“四化同步”的框架——推动信息化和工业化深度融合、工业化和城镇化良性互动、城镇化和农业现代化相互协调，促进工业化、信息化、城镇化、农业现代化同步发展的新战略。

第八章

社会主义市场经济体制的形成和完善

引言　确认社会主义市场经济

改革前，我国经济体制是高度集中的计划经济体制，这一体制在新中国成立初期各种资源极端匮乏的条件下，有利于举全国之力集中发展关键经济部门，有利于加快奠定社会主义建设的物质基础。但是，随着经济总量的增长和经济部门的增加，高度集中的计划经济体制的弊端日益暴露出来。党的十一届三中全会以后，我国开始探索在社会主义制度下计划和市场的结合，1979 年 11 月邓小平指出："我们是计划经济为主，也结合市场经济，但这是社会主义的市场经济"。①

由于经济体制运行惯性，在改革开放之初，高度集中的计划经济体制仍然主导我国经济运行的方方面面。随着农村土地承包和乡镇企业建立，商品经济的活力和效率开始有所显现。1982 年 9 月，党的十二大明确提出"计划经济为主，市场调节为辅"的经济体制改革原则，强调"今后，要继续注意发挥市场调节的作用，但决不能忽视和放松国家计划的统一领导。"② 这是我党第一次肯定市场在国民经济中的地位，肯定市场调节的补充和辅助作用，打破了长期以来把计划与市场视为对立的、水火不相容的传统认识。随着市场作用的日益增大，1984 年 10 月，党的十二届三中全会在我党的正式文件中第一次将商品经济作为社会主义经济运行的基础框架，划时代地提出了"社会主义经济是有计划的商品经济"，商品经济首次写进党的决议，强调"要突破把计划经济同商品经济对立起

① 《邓小平文选》第 2 卷，人民出版社 1994 年版，第 239 页。

② 《十二大以来重要文献选编》（中），人民出版社 1986 年版，第 29 页。

来的传统观念”,[①] 从而开创了传统计划经济向社会主义市场经济逐步转轨的新时代。

1987 年 10 月，党的十三大进一步明确了经济体制改革的方向，提出新的经济体制“应该是计划与市场内在统一的体制”,[②] 特别强调要运用计划调节和市场调节两种手段，进而提出了“国家调节市场、市场引导企业”重大理论。[③] 这一重大理论观点，实际上是我国经济体制改革探索过程中的一个重大理论创新。

我国经济体制改革的决定性突破发生在 1992 年初。当年春天，邓小平“南方谈话”清楚地把计划和市场与社会主义基本制度区隔开来，明确计划和市场都是经济调节手段，强调我们的改革要坚持市场化取向。1992 年 10 月，党的十四大报告在明确提出我国经济体制改革的目标就是社会主义市场经济体制的同时，还特别强调“社会主义市场经济体制是同社会主义基本制度结合在一起的”[④]，这不仅“从根本上解除了把计划经济和市场经济看作属于社会基本制度范畴的思想束缚，使我们在计划与市场关系问题上的认识有了新的重大突破”[⑤]，而且也阐明了社会主义市场经济的实质是在国家宏观调控为主导的情况下搞市场经济，是社会主义性质的市场经济。党的十四大社会主义市场经济体制改革目标的确立，标志着中国改革开放进入到自觉推进体制转轨的新阶段，从而彻底解决了社会主义发展、改革实践中长期未能解决好的计划与市场的关系问题，实现了社会主义发展史上经济理论的根本性突破。

从 1992 年党的十四大到 2002 年党的十六大，是跨世纪的 10 年，我国经济改革主要围绕如何建立社会主义市场经济体制展开，是市场化改革全面推进时期。1993 年党的十四届三中全会将党的十四大确定的改革目标、要求与原则等加以具体化、系统化，勾画了社会主义市场经济体制的基本框架。1997 年党的十五大进一步就如何建立比较完善的社会主义市场经济体制作了具体部署，特别是在调整和完善所有制结构方面，明确提出了“公有制为主体、多种所有制经济共同发展，是我国社会主义初级阶段的一项基本经济制度”。[⑥] 其中，多种所有制经济共同发展就是把非公有制经济纳入社会主义初级阶段的基本经济制度之中，这反映出我们党在所有制问题认识上的深刻变化与提高。

---

① 《十二大以来重要文献选编》（中），人民出版社 1986 年版，第 568 页。

②③ 《中国共产党第十三次全国代表大会文件汇编》，人民出版社 1987 年版，第 31 页。

④⑤ 江泽民：《加快改革开放和现代化建设步伐，夺取有中国特色社会主义事业的更大胜利》，引自《十四大以来重要文献选编》（上），人民出版社 1996 年版，第 19、18 页。

⑥ 江泽民：《高举邓小平理论伟大旗帜，把建设有中国特色社会主义事业全面推向二十一世纪》，引自《十五大以来重要文献选编》（上），人民出版社 2000 年版，第 20 页。

进入21世纪之后，面对国内国际环境的新变化，2002年11月，党的十六大明确提出建成完善的社会主义市场经济体制和更具活力、更加开放的经济体系是21世纪前20年深化经济改革的主要任务。2003年10月，党的十六届三中全会具体提出了完善社会主义市场经济体制的目标和任务，明确了深化经济体制改革的指导思想和原则，并提出了包括基本经济制度、经济结构、现代市场体系、宏观调控体系等内容的完善，社会主义市场经济体制的7项主要任务。我国经济体制改革不断深入，在一系列重要领域和关键环节都取得新的进展。

2012年11月，党的十八大提出“经济体制改革的核心问题是处理好政府和市场的关系，必须更加尊重市场规律，更好发挥政府作用”。[①] 这一论断反映了社会主义市场经济的本质要求，具有很强的现实针对性。至此，社会主义市场经济体制得到了进一步的发展完善。

第一节　由计划经济转向有计划的商品经济

一、计划体制的松动和市场作用的肯定

1978年年底，党的十一届三中全会召开，邓小平同志在预备会议上指出：“一个党，一个国家，一个民族，如果一切从本本出发，思想僵化，迷信盛行，那它就不能前进，它的生机就停止了，就要亡党亡国。”十一届三中全会公报指出：“实现四个现代化，要求大幅度地提高生产力，也就必然要求多方面地改变同生产力发展不相适应的生产关系和上层建筑，改变一切不适应的管理方式、生活方式和思想方式……现在我国经济管理体制的一个严重缺点是权力过于集中，应该有领导地大胆下放，让地方和工农业企业在国家统一计划的指导下有更多的经营管理自主权；应该着手大力精简各级经济行政机构，把它们的大部分职权转交给企业性的专业公司或联合公司；应该坚决实行按经济规律办事，重视价值规律的作用，注意把思想政治工作和经济手段结合起来，充分调动干部和劳动者的生产积极性；应该在党的一元化领导之下，认真解决党政企不分、以党代政、以政代企的现象，实行分级分工分人负责，加强管理机构和管理人员的权限和责

① 胡锦涛：《坚定不移沿着中国特色社会主义道路前进　为全面建成小康社会而奋斗——在中国共产党第十八次全国代表大会上的报告》，引自《中国共产党第十八次全国代表大会文件汇编》，人民出版社2012年版，第19页。

任，减少会议公文，提高工作效率，认真实行考核、奖惩、升降等制度。采取这些措施，才能充分发挥中央部门、地方、企业和劳动者个人四个方面的主动性、积极性、创造性，使社会主义经济的各个部门各个环节普遍地蓬蓬勃勃地发展起来。"[①] 全会充分肯定了邓小平同志提出的经济民主的问题，要解决权力过于集中，应该有计划地大胆下放，充分发挥国家、地方、企业和劳动者个人四方面的积极性；要着手精简各级经济行政管理机构，应该坚决按经济规律办事，重视价值规律的作用，应该解决党政不分、政企不分等问题。[②] 党的十一届三中全会在坚持社会主义道路的前提下，为经济体制改革迈出了具有决定意义的一步。

党的十一届三中全会后，我国经济体制改革的序幕逐渐拉开，而农村则成为此次改革的先锋。1978 年发轫于安徽的农业包产到户制度，在时任省委书记万里的支持下，在全省迅速普及，粮食产量大幅提高。1979 年党的十一届四中全会正式通过了《中共中央关于加快农业发展若干问题的决定》，将包产到户以制度形式确定了下来。当经济体制改革在农村中率先实现突破后，国有企业也紧随其后，进行了扩大自主权为目的的改革。1978 年底，四川省首先对 6 个地方的国有工业企业进行了试点，确立了企业在增产增收的基础上可以提取保留一些利润，并且职工可以获得相应的奖金。由于取得了不错的改革成效，四川省便将试点从 6 个扩大到 100 个。次年 7 月，国务院下达了以逐步扩大企业自主权为基本精神的 5 个文件，[③] 之后分布于全国 26 个省、自治区、直辖市的 1590 个企业进行了试点。[④] 同期，在党的十一届三中全会改革思潮的影响下，集体经济和个体经济也都得到了恢复和发展，以公有制为主体、多种所有制结构共同发展的框架已经形成。

在各行各业改革实践的浪潮下，我国关于经济体制改革的制度构建也开始了自己的探索之旅。1979 年 6 月，五届人大二次会议上的《政府工作报告》指出，要逐步建立起计划调节与市场调节相结合的体制，以计划调节为主，同时重视市场调节的作用。1981 年 6 月，党的十一届六中全会通过的《关于建国以来若干历史问题的决议》中指出，必须在公有制基础上实行计划经济，同时发挥市场调

---

① 《中国共产党第十一届中央委员会第三次全体会议公报（一九七八年十二月二十日通过）》，引自《改革开放以来历届三中全会文件汇编》，人民出版社 2013 年版，第 5、7～8 页。

② 国家发展改革委经济体制综合改革司、国家发展改革委经济体制与管理研究所：《改革开放三十年：中国从历史走向未来》，人民出版社 2008 年版，第 15 页。

③ 五个文件分别是：《关于扩大国营工业企业经营管理自主权的若干规定》《关于国营企业实行利润留成的规定》《关于开征国营工业企业固定资产税的暂行规定》《关于提高国营工业企业固定资产折旧率和改进折旧费使用办法的暂行规定》以及《关于国营工业企业实行流动资金全额信贷的暂行规定》。

④ 汪海波：《中国经济体制改革（1978－2018）》，社会科学文献出版社 2018 年版，第 80 页。

节的辅助作用。同年 11 月，五届人大四次会议上的《政府工作报告》指出，我国经济体制改革的基本方向应当是，在坚持实行社会主义计划经济的前提下，发挥市场调节的辅助作用，国家在制订计划时要充分考虑和运用价值规律。1982 年 9 月，党的十二大报告指出："我国在公有制基础上实行计划经济。有计划地生产和流通，是我国国民经济的主体。同时，允许对于部分产品的生产和流通不作计划，由市场来调节，也就是说，根据不同时期的具体情况，由国家统一计划划出一定的范围，由价值规律自发地起调节作用。这一部分是有计划生产和流通的补充，是从属的、次要的，但又是必要的、有益的。国家通过经济计划的综合平衡和市场调节的辅助作用，保证国民经济按比例地协调发展。……今后，要继续注意发挥市场调节的作用，但决不能忽视和放松国家计划的统一领导。为了使经济的发展既是集中统一的又是灵活多样的，在计划管理上需要根据不同情况采取不同的形式。……正确贯彻计划经济为主、市场调节为辅的原则，是经济体制改革中的一个根本性问题。我们要正确划分指令性计划、指导性计划和市场调节各自的范围和界限，在保持物价基本稳定的前提下有步骤地改革价格体系和价格管理办法，改革劳动制度和工资制度，建立起符合我国情况的经济管理体制，以保证国民经济的健康发展。"① 尽管当时对市场的认识有很大的局限性，但是已经开始不再排斥市场机制，明确肯定市场调节的作用。在计划管理上根据不同情况采取不同的形式，将计划分为指令性计划和指导性计划两种类型。无论是实行指令性计划还是指导性计划都要自觉利用价值规律，运用价格、税收、信贷等经济杠杆引导企业实现国家计划的要求，给企业以不同程度的自主权。企业可以根据市场供求的变化灵活地自行安排生产。这些认识都是对传统计划经济理论的突破，一定程度上打破了计划经济的理论教条，标志着计划体制逐步松动、市场机制开始萌发。

随着对传统计划经济理论认识的不断突破，束缚改革前进的枷锁在不断松弛，改革的步伐在不断扩大。到 1984 年，我国国有工业产值比重从 1978 年的 77.6% 下降至 69.1%，集体工业产值比重由 22.4% 上升至 29.7%，个体工业和"三资"工业等其他经济类型工业的产值比重从零上升至 1.2%。非国有经济成分在整个国民经济中占据了约 1/3 的比重，已然成为国民经济的重要组成部分，而这在一定程度上促进了市场竞争格局的形成。② 国有部门的局部改革也使宏观管理体制出现不同程度的松动：国有企业在扩权中获得产品自销权，从而开辟了

① 胡耀邦：《全面开创社会主义现代化建设的新局面——在中国共产党第十二次全国代表大会上的报告》，引自《中国共产党第十二次全国代表大会文件汇编》，人民出版社 1982 年版，第 28～31 页。

② 汪海波：《中国经济体制改革（1978－2018）》，社会科学文献出版社 2018 年版，第 112 页。

物资流通的“第二轨道”——计划外轨道；市场流通体制改革，形成了最初的市场价格和市场竞争，逐步形成双轨制价格；国有企业计划外生产逐步扩大，为非国有制和非公有制的发展提供了生存空间。中国经济初步形成体制内与体制外两种经济并存，计划内与计划外“双轨制”运行的格局。[①] 这种体制的变化，一方面，带动了整个国民经济的发展。特别是农业改革的成功，从供给和需求两个方面有力地推动了整个国民经济的增长，支持了城市改革。另一方面，提出了进一步改革的要求。日益壮大的城乡非国有经济的发展，要求取消双轨制和建立统一的市场制度，要求对价格体制、流通体制、金融体制进行相应的改革；新一轮对外开放浪潮，要求国内经济作进一步的改革；国有企业严重缺乏活力的状况也要求突破“计划经济为主、市场调节为辅”的框架。

二、有计划的商品经济的提出

1982 年党的十二大提出的“计划经济为主、市场调节为辅”改革原则，虽然打破了长期以来将计划与市场视为水火不相容的传统认识，但是这一提法实际上仍强调计划经济的基础性作用，认为市场机制仅仅具有从属的补充作用。在对计划与市场关系探索的过程中，真正具有突破意义的是 1984 年 10 月党的十二届三中全会通过的《中共中央关于经济体制改革的决定》。

《中共中央关于经济体制改革的决定》中进行了如下论述：“社会主义社会在生产资料公有制的基础上实行计划经济，可以避免资本主义社会生产的无政府状态和周期性危机，使生产符合不断满足人民日益增长的物质文化生活需要的目的，这是社会主义经济优越于资本主义经济的根本标志之一。建国以来，我们实行计划经济，集中大量财力、物力、人力，进行大规模的社会主义经济建设，取得了巨大成就。同时，历史的经验也告诉我们，社会主义的计划体制，应该是统一性同灵活性相结合的体制。尤其是考虑到我国幅员广大、人口众多，考虑到交通不便、信息不灵、经济文化发展很不平衡的状况的在短期内还难以完全改变，考虑到我国目前商品经济还很不发达，必须大力发展商品生产和商品交换的实际情况，建立这样的计划体制的需要就更加迫切。……改革计划体制，首先要突破把计划经济同商品经济对立起来的传统观念，明确认识社会主义计划经济必须自觉依据和运用价值规律，是在公有制基础上的有计划的商品经济。商品经济的充

---

① 萧冬连：《1978 – 1984 年中国经济体制改革思路的演进——决策与实施》，http：//wemedia. ifeng. com/56900081/wemedia. shtml。

分发展，是社会经济发展的不可逾越的阶段，是实现我国经济现代化的必要条件。只有充分发展商品经济，才能把经济真正搞活，促使各个企业提高效率，灵活经营，灵敏地适应复杂多变的社会需求，而这是单纯依靠行政手段和指令性计划所不能做到的。同时还应该看到，即使是社会主义的商品经济，它的广泛发展也会产生某种盲目性，必须有计划地指导、调节和行政的管理，这在社会主义条件下是能够做到的。因此，实行计划经济同运用价值规律、发展商品经济，不是互相排斥的，而是统一的，把它们对立起来是错误的。”①

《中共中央关于经济体制改革的决定》确认中国社会主义经济是公有制基础上的“有计划的商品经济”，首次将商品经济作为社会主义经济运行的基础框架。“有计划的商品经济”的提出在社会主义经济理论上实现了一次重大突破，是经济体制改革目标探索中的一个重大理论创新，为全面展开经济体制改革提供了新的理论指导。邓小平同志对此给予很高评价，认为这个决定是马克思主义的基本原理和中国社会主义实践相结合的政治经济学。②

根据《中共中央关于经济体制改革的决定》，国家同时进行了多方面的制度变革，以期变革当时中国以指令性计划为特征的计划经济体制，为社会主义商品经济的发展开辟道路。具体改革措施有：（1）以下放计划管理权限，缩小指令性计划范围为主要内容的国家计划管控制度调整。一方面，将国家纪委审批的生产性建设项目的资金限额从1000以上上调为3000万元以上，限额以下的项目则由地方或部门自行审批；另一方面，国家管控的商品数量也大为减少。在生产方面，国家管控的商品水平从改革前的120多种减少为1984年的60多种，下降了50%。在流通方面，有国家统一收购调拨的商品由65种下降为20种，下降了约70%；在出口方面，国家统一供应出口的商品种类也由70多种降至36种，降幅在49%左右。③（2）以调整不合理比价与放开指令价格相结合、以调整不合理比价为主要方针的价格体制改革。一方面，对煤炭等重要生产资料的价格，开始实行以计划内国家定价，计划外企业定价的“双轨并行”制度；另一方面，下放大多数的生活用品及修理服务行业商品的定价权，实行了由计划到市场的“转轨”。（3）实行以利改税为主要内容的税收制度改革。在以利改税为主要内容的税制改革的过程中，还在不断完善已有的税制，同时建立诸如个人所得税、外资企

---

① 《中共中央关于经济体制改革的决定（中国共产党第十二届中央委员会第三次全体会议一九八四年十月二十日通过）》，引自《改革开放以来历届三中全会文件汇编》，人民出版社2013年版，第20～30页。

② 刘树成、吴太昌主编：《中国经济体制改革30年研究》，经济管理出版社2008年版，第4页。

③ 汪海波：《中国经济体制改革（1978－2018）》，社会科学文献出版社2018年版，第104～105页。

业所得税等新的税种，为将来以财政政策代替指令性政策的调控手段打下基础。(4) 在金融制度方面，确立了以中央人民银行为中央银行，为货币政策的使用奠定了基础。(5) 调整商业所有制结构，将适合集体、个体经营的国有小型商业、餐饮业和服务业，转为集体或个体所有，并鼓励集体和个体所有制商业的发展。同时改革国有商业企业管理体制，先后试行了经营责任制、经营承包责任制以及对小型国有商业企业试行的改（改为国家所有、集体经营、自负盈亏）、转（转为集体所有）、租（租给个人经营）、卖（卖给集体或个人）。(6) 改革以统包统配为特点的劳动制度，逐步改为劳动部门介绍就业、自愿组织就业以及自谋职业，同时开始在新招工人中实行劳动合同制，并允许企业在国家相关规定的范围内自行增减职工数量。除此之外提高了企业的工资管理权限，允许企业实施一些具有奖惩性的工资制度，将个体责任与工资挂钩，以改变“大锅饭”下职工缺乏劳动积极性的状况。(7) 为了配合劳动制度和工资制度的变革，国家同期也进行了社会保障制度的探索，并于 1982 年五届全国人大五次会议通过的《中华人民共和国宪法》中，专门对社会保障问题做了更为全面的规定。

从这一时期的改革内容不难看到，国家计划调控经济的范围和程度都在缩小，而由市场调控经济的范围和程度在不断增加。虽然市场调控仍不占主导地位，但是不难发现，市场调控的三大机制——价格机制、竞争机制与供求机制已初具雏形。总体来说，这一阶段的经济体制改革仍处于起步阶段，确实如目标制定的那样，是有计划的商品经济，但是这对于我国今后社会主义市场经济体制的形成和完善来说迈出了重要的一步。虽然市场经济体制改革在一步一步地进行，但是此时人们关于计划与市场的关系认识仍然不够清晰，仍然存在误区，仍有不少的人将计划与社会主义画等号，将市场与资本主义画等号。这种思想观念的存在，必然会阻碍我国经济体制改革的步伐，甚至可能会逼停或逼退经济体制改革的进程。

为了破除人们在观念认识上的偏差，为了能够更加顺利的推进我国社会主义市场经济经济体制改革的进程，1987 年 2 月，邓小平同志在一次谈话中再次谈到了计划和市场的问题。他有针对性地指出：“为什么一谈市场就说是资本主义，只有计划才是社会主义呢？计划和市场都是方法嘛。只要对发展生产力有好处，就可以用。它为社会主义服务，就是社会主义的；为资本主义服务，就是资本主义的。好像一谈计划就是社会主义，这也是不对的，日本就有一个企划厅嘛，美国也有计划嘛。我们以前学苏联的，搞计划经济。后来又讲计划为主，现在不要讲这个了。”① 根据邓小平这一思想，同年 10 月召开的党的十三大，在有计划商

① 《邓小平文选》第 3 卷，人民出版社 1993 年版，第 203 页。

品经济理论的基础上对社会主义市场机制问题进行了新的概括和说明。党的十三大报告指出："社会主义有计划商品经济的体制，应该是计划与市场的内在统一的体制。在这个问题上需要明确几个基本观念：第一，社会主义商品经济同资本主义商品经济的本质区别，在于所有制基础不同。""第二，必须把计划工作建立在商品交换和价值规律的基础上。""第三，计划和市场的作用范围都是覆盖全社会的。新的经济运行机制，总体上说应当是'国家调节市场，市场引导企业'的机制。"① 党的十三大提出的"国家调节市场，市场引导企业"的机制，是对有计划商品经济理论的一个重大发展，它的意义在于：明确提出区分不同社会制度下的商品经济不在于市场和计划的多少，而在于所有制的不同；在新经济运行模式中，市场是联结国家和企业的中间层次，国家借助市场对企业产生影响，企业通过市场接受国家的引导，市场的地位大大增强了。②

党的十三大社会主义商品经济改革目标的确立，掀起了我国新一轮的改革热潮。针对国有经济，实施了以企业承包经营责任制为特征的改革，以进一步提高国有企业自主权，利用市场引导企业，增强国有企业活力。在国有经济改革的同时，国家也继续推进集体经济的改革。进一步完善适应社会主义商品经济发展的集体经济运行机制为主要要求的改革，如市场导向的经营机制、自负盈亏的风险机制、优胜劣汰的竞争机制、多劳多得的分配机制等。与此同时，非公有制经济在政策的支持下也得到了较快的发展。从 1984 ~ 1992 年，个体工商户由 933 万户增加至 1534 户，增长了 64.4%；从业人员由 1304 万人增长至 2468 万人，增长了约 89.3%；注册资金由 100 亿元增长至 601 亿元，增长 501%。同期，私营企业户数从 90581 户增加至 139633 户，增长了 54.2%；从业人员数由 164 万人增长到 232 万人，增长了 41.5%；注册资金由 84 亿元增长至 221 亿元，增长了 163.1%；产值由 97 亿元增长至 205 亿元，增长了 111.3%；消费品零售额由 34 亿元增长至 91 亿元，增长了 167.6%。经过数年的改革，截至 1992 年，国有工业产值占工业总产值比重进一步下降至 51.5%，集体工业产值占比进一步上升至 35.1%，而非公经济工业产值占比快速攀升至 13.4%，增加了约 12 倍。在社会消费品零售总额中，国有和集体经济占比均在下降，而非公经济占比在不断提高。③ 以社会主义公有制为主体的、多种所有制共同发展的框架愈发清晰，现代市场体系、宏观经济管理体制改革都在稳步推进，市场化取向改革得到了全面发展。

---

① 《中国共产党第十三次全国代表大会文件汇编》，人民出版社 1987 年版，第 26 ~ 27 页。

② 杨德才：《中国经济史新论（1949 - 2009）》，经济科学出版社 2009 年版，第 318 ~ 319 页。

③ 汪海波：《中国经济体制改革（1978 - 2018）》，社会科学文献出版社 2018 年版，第 143 ~ 161 页。

第二节　社会主义市场经济体制的提出与改革方向的确定

一、"南方谈话"与社会主义市场经济体制的提出

传统的观念认为，市场经济是资本主义特有的东西，计划经济才是社会主义经济的基本特征。党的十一届三中全会以来，随着改革的深入，我们逐步摆脱这种观念，形成新的认识，对推动改革和发展起了重要作用。党的十二大提出计划经济为主，市场调节为辅；党的十二届三中全会指出商品经济是社会经济发展不可逾越的阶段，我国社会主义经济是公有制基础上的有计划商品经济；党的十三大提出社会主义有计划商品经济的体制应该是计划与市场内在统一的体制；党的十三届四中全会后，提出建立适应有计划商品经济发展的计划经济与市场调节相结合的经济体制和运行机制。

特别是邓小平从1992年1月18日至2月21日去武汉、深圳、珠海、上海等地视察调研，沿途就一系列重大问题发表了极为重要的谈话（被称为"南方谈话"）。邓小平南方谈话明确地回答了当时困扰和束缚人们思想的许多重大理论问题，他指出，计划经济不等于社会主义，资本主义也有计划；市场经济不等于资本主义，社会主义也有市场。计划和市场都是经济手段。计划多一点还是市场多一点，不是社会主义与资本主义的本质区别。这个精辟论断，从根本上解除了把计划经济和市场经济看作属于社会基本制度范畴的思想束缚，使我们在计划与市场关系问题上的认识有了新的重大突破。

邓小平的南方谈话对推进市场化改革提出了明确方向。他特别强调"一个中心、两个基本点"的路线不能改变。认为改革开放迈不开步子的要害是姓"资"姓"社"的问题。他说："改革开放迈不开步子，不敢闯，说来说去就是怕资本主义的东西多了，走了资本主义道路。要害是姓'资'还是姓'社'的问题。"①他指出，用姓"资"还是姓"社"的标准来衡量，就必定会束缚人们的思想和限制人们的行动。而姓"资"姓"社"问题的根子则是根深蒂固的"左"倾思想。邓小平提出了"三个有利于"作为改革开放的标准。判断改革开放的标准，不是姓"资"姓"社"，而是"应该主要看是否有利于发展社会主义社会的生产

---

① 《邓小平文选》第3卷，人民出版社1993年版，第372页。

力，是否有利于增强社会主义国家的综合国力，是否有利于提高人们的生活水平”。第四，提出经济发展要抓住机会，力争几年上一个台阶。他指出：“抓住时机，发展自己，关键是发展经济。我们必须加快发展，如果我们不发展或发展太慢，老百姓一比较就有问题了。所以，能发展就不要阻挡，有条件的地方要尽可能搞快点，只要讲效益，讲质量，就没有什么可以担心的。低速度就等于停步，甚至等于后退。”尤其是对社会主义的本质明确表述为：“解放生产力，发展生产力，消灭阶级，消除两极分化，最终达到共同富裕。”① 邓小平南方谈话不仅解除了萦绕人们心头的许多困惑，而且也指明了中国经济体制改革的最终目标是建立社会主义市场经济体制。

1992 年 10 月，党的十四大召开，这次会议就我国建立社会主义市场经济体制的若干重大问题进行了全面阐述。主要内容有：

第一，我国经济体制改革的目标是建立社会主义市场经济体制。我国经济体制改革确定什么样的目标模式，是关系整个社会主义现代化建设全局的一个重大问题。这个问题的核心，是正确认识和处理计划与市场的关系。实践表明，市场作用发挥比较充分的地方，经济活力就比较强，发展态势也比较好。我国经济要优化结构，提高效益，加快发展，参与国际竞争，就必须继续强化市场机制的作用。实践的发展和认识的深化，要求我们明确提出，我国经济体制改革的目标是建立社会主义市场经济体制，以利于进一步解放和发展生产力。

第二，市场在我国社会主义市场经济体制中对资源配置起基础性作用。我们要建立的社会主义市场经济体制，就是要使市场在社会主义国家宏观调控下对资源配置起基础性作用，使经济活动遵循价值规律的要求，适应供求关系的变化；通过价格杠杆和竞争机制的功能，把资源配置到效益较好的环节中去，并给企业以压力和动力，实现优胜劣汰；运用市场对各种经济信号反应比较灵敏的优点，促进生产和需求的及时协调。同时也要看到市场有其自身的弱点和消极方面，必须加强和改善国家对经济的宏观调控。我们要大力发展全国的统一市场，进一步扩大市场的作用，并依据客观规律的要求，运用好经济政策、经济法规、计划指导和必要的行政管理，引导市场健康发展。

第三，社会主义市场经济体制是同社会主义基本制度结合在一起的。在所有制结构上，以公有制包括全民所有制和集体所有制经济为主体，个体经济、私营经济、外资经济为补充，多种经济成分长期共同发展，不同经济成分还可以自愿实行多种形式的联合经营。国有企业、集体企业和其他企业都进入市场，通过平

---

① 《邓小平文选》第 3 卷，人民出版社 1993 年版，第 372 页。

等竞争发挥国有企业的主导作用。在分配制度上，以按劳分配为主体，其他分配方式为补充，兼顾效率与公平。运用包括市场在内的各种调节手段，既鼓励先进，促进效率，合理拉开收入差距，又防止两极分化，逐步实现共同富裕。在宏观调控上，我们社会主义国家能够把人民的当前利益与长远利益、局部利益与整体利益结合起来，更好地发挥计划和市场两种手段的长处。国家计划是宏观调控的重要手段之一。要更新计划观念，改进计划方法，重点是合理确定国民经济和社会发展的战略目标，搞好经济发展预测、总量调控、重大结构与生产力布局规划，集中必要的财力物力进行重点建设，综合运用经济杠杆，促进经济更好更快地发展。

第四，建立和完善社会主义市场经济体制，是一个长期发展的过程，是一项艰巨复杂的社会系统工程。既要做持久的努力，又要有紧迫感；既要坚定方向，又要从实际出发，区别不同情况，积极推进。在建立社会主义市场经济体制的过程中，计划与市场两种手段相结合的范围、程度和形式，在不同时期、不同领域和不同地区可以有所不同。要大胆探索，敢于试验，及时总结经验，促进体制转换的健康进行。建立社会主义市场经济体制，涉及到我国经济基础和上层建筑的许多领域，需要有一系列相应的体制改革和政策调整，必须抓紧制定总体规划，有计划、有步骤地实施。我们相信，社会主义条件下的市场经济，应当也完全可能比资本主义条件下的市场经济运转得更好。

二、社会主义市场经济的基本框架

按照党的十四大的论述，社会主义市场经济体制不仅要使市场对资源配置其基础性作用，而且还要与社会主义基本经济制度相结合。1993 年 11 月，党的十四届三中全会通过的《中共中央关于建立社会主义市场经济体制若干问题的决定》，搭建了我国社会主义市场经济体制的基本框架：

第一，建立现代企业制度。建立现代企业制度，是发展社会化大生产和市场经济的必然要求，是中国国有企业改革的方向。现代企业制度的基本特征，是产权明晰、权责明确、政企分开、管理科学。企业中的国有资产所有权属于国家，企业拥有全部法人财产所有权，成为享有民事权利、承担民事责任的法人实体；企业以其全面法人财产，依法自主经营，自负盈亏，照章纳税，对出资者承担资产保值增值的责任；出资者按投入企业的资本额享有所有者的权益，即资产收益、重大决策和选择管理者等权利，并以其投入企业的资本额对企业债务负有有限责任；企业以提高劳动生产率和经济效益为目的，按市场需求组织生产经营，政府不干预企业生产经营。企业在市场竞争中优胜劣汰；建立科学的企业领导体制和组织管理制度，调节所有者、经营者和职工之间的关系，形成激励和制约相结合的经济机制。国有大中型企业是国民经济的支柱，推进现代企业制度，对于提高经营管理水平和竞争能力，更好地发挥主导作用，具有重要意义。

第二，完善市场体系。发挥市场机制在资源配置中的基础性作用，必须完善市场体系。着重发展生产要素市场，规范市场行为，打破地区、部门的分割和封锁，反对不正当竞争，创造平等竞争的环境，形成统一、开放、竞争、有序的大市场。同时，推进价格改革，建立主要由市场形成价格的机制。发展市场中介组织，发挥其服务、沟通、公证、监督作用。改善和加强对市场的管理和监督。建立正常的市场进入、市场竞争和市场交易秩序，保证公平交易、平等竞争，保护经营者和消费者的合法权益。

第三，建立健全宏观经济调控体系。转变政府职能，改变政府机构，建立健全宏观经济调控体系，是建立社会主义市场经济体制的迫切要求。政府管理经济的职能，主要是制定和执行宏观调控政策，搞好基础设施建设，创造良好的经济发展环境。政府管理经济主要运用经济手段、法律手段和必要的行政手段。宏观调控的主要任务，是保持经济总量的基本平衡，促进经济结构的优化，引导国民经济持续、稳定、健康发展，推动社会全面进步。宏观调控主要采取经济办法，加快财税、金融、投资和计划体制改革，建立计划、金融、财政之间相互配合和制约的机制，加强对经济运行的综合协调。合理划分中央与地方经济管理权限，发挥中央和地方两个积极性。宏观经济调控权必须集中在中央。

第四，建立合理的收入分配制度。个人收入分配要坚持按劳分配为主体、多种分配方式并存的制度，体现效率优先、兼顾公平的原则，劳动者的个人劳动报酬要引入竞争机制，打破平均主义，实行多劳多得，合理拉开差距。鼓励一部分地区一部分人通过城市劳动和合法经营先富起来，提倡先富带动和帮助后富，逐步实现共同富裕。建立适应企业、事业单位和行政机关各自特点的工资制度与正常的工资增长机制。国家依法保护法人和居民的一切合法收入和财产，鼓励城乡居民储蓄和投资，允许属于个人的资本等生产要素参与收益分配。逐步建立个人收入应税申报制度，依法强化征管个人所得税，适时开征遗产税和赠与税。通过分配政策和税收调节，避免由于少数人收入畸高形成两极分化。

第五，建立多层次的社会保障体系。社会保障体系包括社会保险、社会救济、社会福利、优抚安置和社会互助、个人储蓄积累保障。社会保障政策要统一，管理要法制化。社会保障水平要与中国社会生产力发展水平以及各方面的承受能力相适应。城乡居民的社会保障办法应有区别。发展商业性保险，作为社会保险的补充。按照社会保障的不同类型确定其资金来源和保障方式，建立统一的社会保障管理结构。

《中共中央关于建立社会主义市场经济体制若干问题的决定》不仅搭建了我国市场经济体制的基本架构，而且还明确提出了“整体改革和重点突破相结合”的改革战略，这样，从1994年开始，包括财税体制、金融体制、外汇管理体制、国有企业体制和社会保障体系等重点领域在内的方方面面改革方案正式提出并全面展开。

1997年9月召开的党的十五大，进一步明确了我国经济体制改革的重点，主要内容为：（1）调整和完善所有制结构。以公有制为主体、多种所有制经济共同发展，是中国社会主义初级阶段的一项基本经济制度。提出要全面认识公有制经济的含义。公有制实现形式可以而且应当多样化。非公有制经济是中国社会主义市场经济的重要组成部分。（2）加快推进国有企业改革。建立现代企业制度是国有企业改革的方向。要按照“产权明晰、权责明确、政企分开、管理科学”的要求，对国有大中型企业实行规范的公司制改革，使企业成为适应市场的法人实体和竞争主体。把国有企业改革同改组、改造、加强管理结合起来。要着眼于搞好整个国有经济，抓好大的，放活小的，对国有企业实施战略性改组。积极推进国有企业各项配套改革。（3）完善分配结构和分配方式。坚持按劳分配为主体、多种分配方式并存的制度。把按劳分配和按生产要素分配结合起来。（4）充分发挥市场机制作用，健全宏观调控体系。要加快国民经济市场化进程。继续发展各类市场，着重发展资本、劳动力、技术等生产要素市场，完善生产要素价格形成机制。（5）政治体制改革和民主发展建设。继续推进政治体制改革，进一步扩大社会主义民主，健全社会主义法制，依法治国，建设社会主义法治国家。

三、市场化改革的全面展开

伴随着社会主义经济改革理论的持续创新与不断发展，我国经济体制改革也开始了由点到面、由浅到深的全面展开。

第一，推进价格改革，建立有市场形成价格的机制。除对少数垄断性公用事业和关系国计民生、不适宜竞争的商品继续由政府定价外，绝大多数商品和服务价格由市场形成。改革流通体系，进一步发展商品市场和生产要素市场。为此，一方面继续放开竞争性商品价格。具体有：用先调后放的办法，各地区先后放开粮食和食用油的价格；继续放开尚未放开的工业消费品价格；工业生产资料大部分并轨实行单一的市场价格；大幅度地调高了农产品收购价格和能源价格。另一方面建立健全价格宏观调控体制，初步建立了重要商品的价格调节基金制度和重要商品的储蓄制度；建立与价格宏观调控体制相适应的省、区、市一级调控体系；建立全面、准确、及时地反映价格总水平变动的价格指数体系，从宏观上检测市场价格的变化。① 1992 年下半年，国家物价局颁布了新的《价格管理目录》，中央直接管理价格的商品由 737 种减少到 89 种，工业生产资料大部分并轨实行单一的市场价格，放开了原来尚未放开的工业消费品价格。随着价格改革的不断推进，计划价格仅占极少部分（见表 8－1），市场在商品价格形成过程中发挥了基础性作用。

表 8－1　　三种价格形式所占比重及其变化　　单位：%

年份	社会消费品零售总额			农副产品收购总额			生产资料销售总额		
	政府定价	政府指导价	市场调节价	政府定价	政府指导价	市场调节价	政府定价	政府指导价	市场调节价
1993	4.8	1.4	93.8	10.4	2.1	87.5	13.8	5.1	81.1
1994	7.2	2.4	90.4	16.6	4.1	79.3	14.7	5.3	80.0
1995	8.8	2.4	88.8	17.0	4.4	78.6	15.6	6.5	77.9
1996	6.3	1.2	92.5	16.9	4.1	79.0	14.0	4.9	81.1
1997	5.5	1.3	93.2	16.1	3.4	80.5	13.6	4.8	81.6
1998	4.1	1.2	94.7	9.1	7.1	83.8	9.6	4.4	86.0
1999	3.7	1.5	94.8	6.7	2.9	90.4	9.6	4.8	85.6
2000	3.2	1.0	95.8	4.7	2.8	92.5	8.4	4.2	87.4
2001	2.7	1.3	96.0	2.7	3.4	93.9	9.5	2.9	87.6
2002	2.6	1.3	96.0	2.6	2.9	94.5	9.7	3.0	87.3

资料来源：根据 1994～2003 年《中国物价年鉴》整理而成。

第二，推进以建立现代企业制度为方向的国有企业改革。1992 年 7 月，《全民所有制工业企业转换经营机制条例》颁布，国有企业作为独立商品生产者和经营者的法人地位得到进一步确立。1993 年 12 月，为适应建立现代企业制度的需要，八届人大五次会议通过了《中华人民共和国公司法》，从而使国有大中型企业的改革进入制度创新阶段。20 世纪 90 年代初，我国公司制企业虽然已经有了

① 汪海波：《中国经济体制改革（1978－2018）》，社会科学文献出版社 2018 年版，第 199～200 页。

较大的规模，但却很不规范。为了稳妥地推进国有企业建立现代企业制度的工作，国务院与1993年12月建立了现代企业制度试点工作协调会议制度，由国家经贸委和国家体改委等14个部、委、局参加，并由有关部委起草试点方案，形成了之后的《关于选择一批国有大中型企业进行现代企业制度试点的方案（草案)》。在该草案的指导下，至1997年上半年，2343局试点企业中有540户国有企业改造成股份有限公司，有540户国有企业改造为有限责任公司，有909户企业改造为国有独资公司，仅有307户国有企业未完成改造。[①] 随着国有经济的战略调整，1999年9月，中共十五届四中全会通过了《中共中央关于国有企业改革和发展若干重大问题的决定》，国企改革进入全面攻坚和整体推进阶段。到2002年，占国有及国有控股企业净资产70%的4371家骨干企业，有3322家进行了公司制改革，改革面达到76%。通过这一阶段的改革，公司制已成为国有企业建立现代企业制度的重要形式。

第三，初步建立宏观调控体系。1992年10月，党的十四大在提出建立社会主义市场经济改革目标的同时，还指出了宏观调控的重要性。1993年，党的十四届三中全会在《中共中央关于建立社会主义市场经济体制若干问题的决定》中明确了宏观调控的职能及手段：在社会主义市场经济体制下，政府宏观管理经济的职能主要是制定和落实宏观调控政策，搞好各地的基础设施建设，创造良好的社会经济发展环境；并且还要大力培育市场体系、监督市场运行和维护平等竞争，调节社会分配和建立社会保障体系，控制人口增长，保护自然资源和生态环境，管理和监督国有资产经营，运用经济手段、法律手段和必要的行政手段管理国民经济，不直接干预企业的生产经营活动。为了建立宏观调控体系，国家从财政、税收、金融以及计划投资等制度方面进行了改革。在财政制度方面，国家建立了以中央和地方分税制为基础的奋激财政管理体制；挺直财政向银行透支，中央财政赤字通过发行国债来弥补，地方财政不准赤字；由单一预算逐步转向复式预算，开始建立中央财政向地方财政的转移支付制度，实行零基预算和国库集中统一支付制度，初步形成了公共财政制度框架。在税收制度方面，首先针对商品课税，取消了原来的统一工商税，确立了以规范的增值税为核心，辅之以消费税、营业税的新流转税体系；其次针对所得税，将过去对不同所有制企业征收不同的所得税改革委实行统一的内资企业所得税，并建立了普遍使用于中、外籍人员和城乡个体工商户的统一的个人所得税；再次针对其他工商税，扩大了资源税征收范围，开征了土地增值税，取消、合并了一些小税种；最后针对税收征管，

① 汪海波：《中国经济体制改革（1978－2018)》，社会科学文献出版社2018年版，第167～168页。

各地税务机构分设国税局和地方税务局。由此初步构建了新的税收制度的调控体系。在金融制度方面，一方面，初步建立了由国家金融管理机构、商业银行、政策性银行以及非银行金融机构组成的金融组织体系的基本框架。另一方面，通过确定中国人民银行保持人民币币值稳定，并以促进经济发展作为货币政策的目标；确立推出货币供应量指标体系，将货币共影响作为货币政策的中介目标；通过运用存款准备金、再贴现、利率、公开市场操作、中央银行贷款等货币政策工具替代原有的直接调控方式，使金融宏观调控体系初步建立。在计划投资制度方面，改变投资主体单一、投资决策层次单一、投资方式单一、投资来源单一和管理方式单一的状况，实现投资主体多元化、投资决策多层化、投资方式多样化、投资来源多渠道以及管理方式间接化，进而形成投资宏观管理体系的雏形。围绕财政、金融以及计划投资等方面进行的相应改革，使我国初步建立了宏观调控体系，极大地增强了政府对宏观经济的掌控能力，提高了我国经济的抗风险能力。

第四，推进社会保障制度改革。党的十四大以后，我国的经济体制改革持续向纵深推进，尤其是国有企业的改革使大批职工“下岗”，整个社会稳定因之而受到影响。建立多层次的社会保障体系，对于保障社会稳定，顺利建立市场经济体制具有重要意义。这一阶段，主要通过三方面的改革，基本确立了社会保障体系的制度框架：首先，养老制度改革。1995 年 3 月国务院发布《关于深化企业职工养老保险制度改革的通知》，确定了我国企业职工养老保险制度改革的目标和社会统筹与个人账户相结合的改革原则。1997 年 7 月，国务院颁布《关于建立统一的企业职工基本养老保险制度的决定》，统一了个人缴费比例、个人账户的规模以及养老金发放标准，要求各地向统一制度并轨，标志着我国社会统筹和个人账户相结合的职工养老保险制度正式确立。经过几年的推进，基本养老保险的参保职工由 1992 年的 9456. 2 万人增加至 2000 年的 13617. 4 万人，增加了 44%，参保人数大幅提高。2001 年底，农村也有几千万农民参加了农村社会养老保险。其次，医疗保险制度改革。1994 年，国务院决定选择江苏省的镇江市和江西省的九江市进行医疗保险制度改革试点。1996 年，国务院又在全国范围选择 50 多个城市扩大试点，积极探索不同的医疗保险模式。在总结试点经验的基础上，1998 年 12 月，国务院发布《关于建立城镇职工基本医疗保险制度的决定》，在全国范围内进行城镇职工医疗保险制度改革，实行社会统筹和个人账户相结合的医疗保险制度。从 1992 年至 2000 年，参加基本医疗保险的职工人数由 374. 6 万人增加至 2862. 8 万人，上升了 6. 64 倍。最后，失业保险制度改革。1993 年 4 月，国家颁布了《国有企业职工待业保险规定》。1999 年 1 月，国务院颁布《失业保险条例》。该条例在法规上第一次明确将过去的“待业保险”正名为“失业保险”，并把失业保险线的覆盖范围扩大到城镇所有企业、事业单位及其职工，明确城镇企业事业单位、城镇企业事业单位职工都应当依照规定缴纳失业保险费，城镇企业事业单位事业人员依照规定享受事业保险待遇，正是建立了我国失业保险制度。从 1992 年至 2000 年，参加失业保险的人数由 7443 万人增加至 10408. 4 万人，上升了 39. 8% 。经过这一阶段的改革和调整，我国以养老保险、失业保险、医疗保险为重点的生活保证体系已初步形成。①

总体来看，经过 1992 ~ 2002 年近 10 年的改革实践，我国初步建立了社会主义市场经济体制，公有制为主体、多种所有制经济共同发展的基本经济制度已经确立，市场在资源配置中的基础性作用进一步发挥，政府宏观调控的手段和能力进一步加强，市场微观活动主题日益成熟，社会保障制度初步形成，充满活力与生机的国民经济运行机制基本形成。

第三节　社会主义市场经济体制的完善

一、完善社会主义市场经济体制的提出

2002 年 11 月召开的党的十六大，明确提出了“建成完善的社会主义市场经济体制和更具活力、更加开放的经济体系”的战略部署。关于推进经济体制改革方面，十六大报告进行了全面的阐述，归纳起来主要在两个方面：

一方面，要“坚持和完善基本经济制度，深化国有资产管理体制改革，根据解放和发展生产力的要求，坚持和完善公有制为主体、多种所有制经济共同发展的基本经济制度。第一，必须毫不动摇地巩固和发展公有制经济。发展壮大国有经济，国有经济控制国民经济命脉，对于发挥社会主义制度的优越性，增强我国的经济实力、国防实力和民族凝聚力，具有关键性作用。集体经济是公有制经济的重要组成部分，对实现共同富裕具有重要作用。第二，必须毫不动摇地鼓励、支持和引导非公有制经济发展。个体、私营等各种形式的非公有制经济是社会主义市场经济的重要组成部分，对充分调动社会各方面的积极性、加快生产力发展具有重要作用。第三，坚持公有制为主体，促进非公有制经济发展，统一于社会主义现代化建设的进程中，不能把这两者对立起来。各种所有制经济完全可以在

① 汪海波：《中国经济体制改革（1978 - 2018）》，社会科学文献出版社 2018 年版，第 203 ~ 204 页。

市场竞争中发挥各自优势，相互促进，共同发展。”

另一方面，要“健全现代市场体系，加强和完善宏观调控。在更大程度上发挥市场在资源配置中的基础性作用，健全统一、开放、竞争、有序的现代市场体系。推进资本市场的改革开放和稳定发展。发展产权、土地、劳动力和技术等市场。创造各类市场主体平等使用生产要素的环境。深化流通体制改革，发展现代流通方式。整顿和规范市场经济秩序，健全现代市场经济的社会信用体系，打破行业垄断和地区封锁，促进商品和生产要素在全国市场自由流动。完善政府的经济调节、市场监管、社会管理和公共服务的职能，减少和规范行政审批。要把促进经济增长，增加就业，稳定物价，保持国际收支平衡作为宏观调控的主要目标。扩大内需是我国经济发展长期的、基本的立足点。坚持扩大国内需求的方针，根据形势需要实施相应的宏观经济政策。调整投资和消费关系，逐步提高消费在国内生产总值中的比重。完善国家计划和财政政策、货币政策等相互配合的宏观调控体系，发挥经济杠杆的调节作用。深化财政、税收、金融和投融资体制改革。完善预算决策和管理制度，加强对财政收支的监督，强化税收征管。稳步推进利率市场化改革，优化金融资源配置，加强金融监管，防范和化解金融风险，使金融更好地为经济社会发展服务。”

2003 年 10 月召开的党的十六届三中全会通过了《中共中央关于完善社会主义市场经济体制若干问题的决定》，该《决定》总结了 20 多年来改革开放的经验，在理论和实践的结合上又进行了重大突破和创新，进一步丰富和发展了社会主义市场经济理论。

关于完善社会主义市场经济体制的目标和任务，强调要按照统筹城乡发展、统筹区域发展、统筹经济社会发展、统筹人与自然和谐发展、统筹国内发展和对外开放的要求，更大程度地发挥市场在资源配置中的基础性作用，增强企业活力和竞争力，健全国家宏观调控，完善政府社会管理和公共服务职能，为全面建设小康社会提供强有力的体制保障。为此，要完善公有制为主体、多种所有制经济共同发展的基本经济制度；建立有利于逐步改变城乡二元经济结构的体制；形成促进区域经济协调发展的机制；建设统一开放竞争有序的现代市场体系；完善宏观调控体系、行政管理体制和经济法律制度；健全就业、收入分配和社会保障制度；建立促进经济社会可持续发展的机制。

关于深化经济体制改革的指导思想和原则，强调要以邓小平理论和“三个代表”重要思想为指导，贯彻党的基本路线、基本纲领、基本经验，全面落实十六大精神，解放思想、实事求是、与时俱进。要坚持社会主义市场经济的改革方向，注重制度建设和体制创新；坚持尊重群众的首创精神，充分发挥中央和地方两个积极性；坚持正确处理改革发展稳定的关系，有重点、有步骤地推进改革；坚持统筹兼顾，协调好改革进程中的各种利益关系；坚持以人为本，树立全面、协调、可持续的发展观，促进经济社会和人的全面发展。

2007 年 10 月，党的十七大报告继续强调完善社会主义市场经济体制。报告强调要以科学发展观为指导，继续深化改革开放。具体内容涉及：

完善基本经济制度，健全现代市场体系。坚持和完善公有制为主体、多种所有制经济共同发展的基本经济制度，毫不动摇地巩固和发展公有制经济，毫不动摇地鼓励、支持、引导非公有制经济发展，坚持平等保护物权，形成各种所有制经济平等竞争、相互促进新格局。

深化国有企业公司制股份制改革，健全现代企业制度，优化国有经济布局和结构，增强国有经济活力、控制力、影响力。

深化垄断行业改革，引入竞争机制，加强政府监管和社会监督。

加快建设国有资本经营预算制度。完善各类国有资产管理体制和制度。

推进公平准入，改善融资条件，破除体制障碍，促进个体、私营经济和中小企业发展。

以现代产权制度为基础，发展混合所有制经济。

加快形成统一开放竞争有序的现代市场体系，发展各类生产要素市场，完善反映市场供求关系、资源稀缺程度、环境损害成本的生产要素和资源价格形成机制，规范发展行业协会和市场中介组织，健全社会信用体系。

加快推进政企分开、政资分开、政事分开、政府与市场中介组织分开，规范行政行为，加强行政执法部门建设，减少和规范行政审批，减少政府对微观经济运行的干预。

自邓小平“南方谈话”之后，中国共产党历次重要会议的决议、报告都充分体现了我国市场化方向改革的连贯性以及中国共产党坚持走改革道路的决心和毅力，正如党的十六大报告所指出的：“在社会主义条件下发展市场经济，是前无古人的伟大创举，是中国共产党人对马克思主义发展做出的历史性贡献，体现了我们党坚持理论创新、与时俱进的巨大勇气。由计划经济体制向社会主义市场经济体制的转变，实现了改革开放新的历史性突破，打开了我国经济、政治和文化发展的崭新局面。”实践已经证明并将继续证明，社会主义市场经济体制的建立和完善，开辟了我国社会主义现代化和建设的崭新道路，为社会主义注入了旺盛的生机与活力。

二、市场经济体制改革的继续推进

以2003年党的十六届三中全会做出的《中共中央关于完善社会主义市场经济体制若干重大问题的决定》为标志，我国改革开放进入了完善社会主义市场经济体制的新阶段。这一时期，以科学发展观和构建社会主义和谐社会的战略思想为指导，全面深化经济体制改革，建立健全转变经济发展方式、构建和谐社会、适应经济全球化趋势的体制机制。

第一，进一步深化行政体制改革。现代企业制度建设和市场机制作用的发挥，要求政府进一步转变职能。政府职能的转变，最终要在行政管理体制中以法制化、规范化的形式加以体现，因此，这一时期行政体制改革被摆在了更加突出的位置。这一时期行政体制改革的最显著的特点是改革是在市场经济的基础上进行的，并第一次提出了建设服务型政府的要求。2003年国务院进行了机构改革，此次改革按照完善社会主义市场经济体制和推进政治体制改革的要求，坚持政企分开、精简、统一、效能和依法行政的原则，进一步转变政府职能，调整和完善政府机构设置，理顺政府部门职能分工，提高政府管理水平，形成行为规范、运转协调、公正透明、廉洁高效的行政管理体制。经过此次改革，国务院共设置53个部门，其中组成部门28个，直属机构18个，办事机构7个。2005年10月，党的十六届五中全会提出进一步加快行政管理体制改革，继续推行政企分开、政资分开、政事分开、政府与市场中介组织分开，减少和规范行政审批等举措。2006年10月，党的十六届六中全会提出到2020年“基本公共服务体系更加完善，政府管理和服务水平有较大提高”的目标，使政府职能得到进一步转变，更加切合社会主义市场经济发展要求。此外，在2004～2005年间，国家发布《行政许可法》《公务员法》《全面推进依法行政实施纲要》等一批规范政府行为的重要法律文件，规范了政府行为，使得我国经济社会法制化程度明显提高。为了落实改革目标，2008年政府机构再次进行大部制改革，在这次改革中，新组建了工业和信息化部、交通运输部、人力资源和社会保障部、环境保护部、住房和城乡建设部。改革涉及近20个部门，总体部门个数减少了6个。至此，适应社会主义市场经济体制要求的中国特色社会主义行政管理体制初步建立。①

第二，进一步完善公有制为主体、多种所有制经济共同发展的基本经济制

---

① 国家发展改革委经济体制综合改革司、国家发展改革委经济体制与管理研究所：《改革开放三十年：中国从历史走向未来》，人民出版社2008年版，第44～46页。

度。其主要表现在：一是公有经济继续占据主体地位。在包括煤炭开采和洗选业，石油和天然气开采业，黑色金属矿采选业，石油加工、炼焦及核燃料加工业，黑色金属冶炼及压延加工业，交通运输设备制造业，电力、热力的生产和供应业，水的生产和供应业等关键行业中，国有企业及国有控股企业资产比重仍然超过 50% 。二是国有资产管理体制改革深化，国有企业基本建立公司法人治理结构。截至 2010 年，全国 11 万户国有企业中，已有 72% 完成了公司制股份制改革。国有资产的保值增值率由 2004 年的 9. 34% 上升至 2010 年的 32. 96% ，国有企业活力明显增强。一大批具有国际竞争力的国有大企业大集团发展壮大，大规模进入世界 500 强，2000 年中国国有企业进入世界 500 强企业的有 9 家，到 2013 年增至 78 家，增加了 69 家，居世界第二位。三是非公有经济高速成长。非公有制经济占全国 GDP 比重由 2002 年的 20. 46% 上升到 2012 年的 50% 以上，成为中国经济与就业的主体。并且，在数量提升的同时，质量也得到快速提高，2000 年中国民营企业没有一家进入世界 500 强行列，到 2010 年有 2 家，到 2013 年增加到 7 家。

第三，建立统一开放竞争有序的现代市场体系。为了更大程度上发挥市场对资源配置的基础性作用，这一时期在进一步完善商品市场的同时，重点是加强要素市场建设，建立统一开放、竞争有序的市场体系。经过多年发展，这一时期全国市场统一性大幅增强，市场体系不断完善。资本和其他要素市场规模迅速扩大，社会信用体系建设开始起步；

第四，进一步完善宏观调控体系。社会主义市场经济体制改革的不断深入和现代市场体系的不断完善，对国家的宏观调控能力提出了更高的要求。财政改革迈出实质性步伐，基本形成了由公共财政预算、政府性基金预算、国有资本经营预算以及社会保障基金预算组成的预算体系框架，健全了公共财政体制；推行内外资企业所得税统一税收制度，增值税由生产型改为消费型改革全面推开，改革资源税制度，此外燃油税改革全面实施。各类金融企业改革取得重要进展，进一步健全金融调控机制，利率市场化改革逐步推进，银行贷款利率均可浮动执行，人民币汇率形成机制不断完善，汇率弹性大幅增强，跨境贸易和投资人民币结算业务迅速扩大，建立和完善统一高效安全的支付清算系统。完善了金融监管体系，建立健全银行、证券、保险监管机构之间以及与中央银行、财政部门的协调机制。通过这一系列措施改善了我国宏观调控体系，提高了国家宏观调控能力。

第五，进一步健全就业、收入分配和社会保障制度。深化劳动就业体制改革，实行就业优先的政策，在应对国际金融危机的背景下，从 2007 年到 2012 年依然提供了 5870 万个新增城镇工作岗位。同时，为了让更多的人享受经济发展成果，为了逐步改变城乡二元经济结构，为了促进区域经济协调发展，我国加大了收入分配调节力度，重视解决收入差距扩大问题。经过多年努力，终于在2008年遏制了全国居民收入基尼系数不断扩大的趋势（见图8－1），并且全国居民收入基尼系数开始呈现不断下降的趋势。同时，国家还全面推行社会保障体系建设，建立新型农村社会养老保险和城镇居民社会养老保险制度，城乡居民基本养老保险实现了制度全覆盖各项养老保险参保达到7.9亿人，基本社会保险覆盖率从2002年20.6%上升到2010年的65.6%。[①] 城乡最低生活保障标准和农村扶贫标准也大幅提高。与此同时，深化公共卫生体制改革，建立与社会主义市场经济体制相适应的卫生医疗体系。到2012年全国已建立新型农村合作医疗制度和城镇居民基本医疗保险制度，全民基本医疗保险体系初步形成，各项医疗保险参保超过13亿人，加强城乡基层医疗卫生服务体系建设，建立基本药物制度并在基层医疗机构实施，公立医院改革试点稳步推进，国民健康水平进一步提高，人均寿命增至75岁。[②]

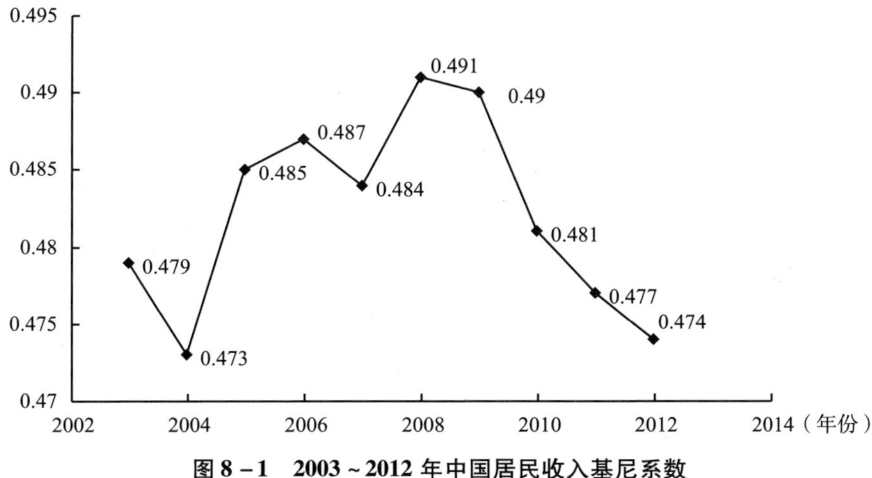

图8－1　2003～2012年中国居民收入基尼系数

总之，自党的十六大确立了完善社会主义市场经济体制的总体目标以后，在2002～2012年10年间，我国经济体制改革在理论和实践上都取得了重大进展。社会主义市场经济体制持续逐步完善，公有制为主体、多种所有制经济共同发展的基本经济制度不断巩固，城乡统筹一体化的新体制初步确立，统一开放竞争有

① 温家宝：《政府工作报告》，http：//finance.eastmoney.com/news/1345，20130305276688062.html。

② 《中国统计摘要（2013）》，中国统计出版社2013年版，第38页。

序的现代市场体系基本建立，市场在资源配置中起到了越来越大的基础性作用，就业、收入分配和社会保障制度改革进一步深化，经济社会政治文化生态文明建设的协调可持续发展的机制初步构建，经济体制改革解放和发展了世界最多人口、最多劳动力、最多人才资源的生产力和创造力，极大地、全面地推动了“社会生产力、经济实力、科技实力迈上一个大台阶，人民生活水平、居民收入水平、社会保障水平迈上一个大台阶，综合国力、国际竞争力、国际影响力迈上一个大台阶，国家面貌发生新的历史性变化。”①

① 胡锦涛：《坚定不移沿着中国特色社会主义道路前进　为全面建成小康社会而奋斗——在中国共产党第十八次全国代表大会上的报告》，引自《中国共产党第十八次全国代表大会文件汇编》，人民出版社 2012 年版，第 6 页。

第九章

基本经济制度的探索与确立

引言　社会主义初级阶段基本经济制度的形成和完善

党的十一届三中全会后，我们党在改革开放新的历史条件下，提出中国处于社会主义初级阶段的论断。这是探索社会主义初级阶段基本经济制度的出发点。我们党根据我国处于社会主义初级阶段的现实国情，科学总结了新中国成立以来我们党在社会主义所有制探索方面的宝贵经验和沉痛教训，从所有制多元结构而不是单一结构对社会主义公有制进行新的认识，开始探索社会主义初级阶段基本经济制度。形成了“以公有制为主体、多种所有制经济共同发展”的中国特色社会主义基本经济制度。随着改革开放的不断深入，中国特色社会主义基本经济制度也不断地发展和完善。公有制主体地位不能动摇，国有经济主导作用不能动摇。这是保证我国各族人民共享发展成果的制度性保证，也是巩固党的执政地位、坚持我国社会主义制度的重要保证。

我们党在改革开放一开始就积极推进多种所有制经济的发展。我国经济改革是以市场化为取向，以解放和发展生产力为目标，发展多种所有制经济就成为必然选择。我国的所有制结构多元发展是从农村打开突破口的，农村家庭联产承包责任制的改革，率先为集体所有制的改革打破了缺口，紧接着城市发展个体私营经济。农村改革不仅产生了家庭承包制，还催生出乡镇企业。同时，境外资本和企业也陆续进入中国大陆，20 世纪 90 年代开始进入快速发展期，并且国有企业改革、国有经济的战略性调整有效推动了多种所有制经济的蓬勃。因此，我国多种所有制经济发展的基本路径是多元的。

我们党在改革实践中探索公有制的实现形式，赋予“公有制为主体”新的定义，实现对公有制认识的新突破。随着改革的不断深入，我们党突破了“一大二公三纯”的传统观念，开始对公有制实现形式进行积极的探索。党的十五大报告明确指出，公有制实现形式可以而且应当多样化。一切反映社会化生产规律的经营方式和组织形式都可以大胆利用。要努力寻找能够极大促进生产力发展的公有制实现形式。公有制可以采取独资、股份合作制、合作社、股份公司等形式。在改革开放的实践中，我们党全面认识公有制经济的含义，提出公有制经济不仅包括国有经济和集体经济，还包括混合所有制经济中的国有成分和集体成分。公有制的主体地位主要体现在：公有资产在社会总资产中占优势；国有经济控制国民经济命脉，对经济发展起主导作用。这些理论上的创新，突破了传统公有制理论的局限性，为大力发展股份制等现代企业的资本组织形式，实现投资主体的多元化扫除了思想上的障碍，为推动生产力发展和社会积极进步提供了重要的理论根据。

公有制和非公有制经济的关系问题是贯穿我国整个社会主义初级阶段的基本问题，是我国社会主义初级阶段基本经济制度的一条主线。改革开放以来，我们党在公有制和非公有制经济关系中，总结公有制经济与非公有制经济关系发展的特点，提升对二者辩证发展的掌控能力，由“对立”到“必要补充”、由“必要补充”到“共同发展”再到“基本经济制度”的提升。长期不懈地探索社会主义初级阶段基本经济制度。坚持公有制为主体，促进非公有制经济的发展，统一于社会主义现代化建设进程中，这是我国发展社会主义市场经济的国情要求，也是历史经验的总结。二者统一于社会主义市场经济，统一于现代化建设进程中。

我们党反复强调要在准确理解和把握我国社会主义初级阶段基本经济制度内涵的基础上，坚持“两个毫不动摇”：毫不动摇地巩固和发展公有制经济，毫不动摇地鼓励、支持和引导非公有制经济发展。“两个毫不动摇”之所以能激发活力、提升效率、发挥优势，就在于它尊重了我国社会主义初级阶段的基本国情，不搞单一公有化，也不搞全盘私有化，而是实行多元化、多样化、混合化，从而调动各方面积极性，发挥各方面优势，实现共同促进，共同发展。中国特色社会主义不是一种固定的和一成不变的社会形态，而是要在不断发展的实践的基础上，根据社会生产力发展的要求，不断自我变革、发展和完善，因此，社会主义初级阶段基本经济制度也是不断变革、发展和完善的。

第一节　多种所有制经济的兴起和发展

一、改革开放以来我们党对社会主义所有制认识的深化

改革开放前，我们从马克思主义经典作家关于“未来社会”设想出发，尤其是受苏联社会主义模式、斯大林理论和苏联政治经济学教科书的影响，把社会主义所有制理解为纯粹的公有制，认为一进入社会主义社会就不能有任何非公有制经济存在，就只能搞单一的公有制。从根本上否定了包括私有制在内的其他所有制形式，从而形成了“一大二公”的单一的所有制结构。实践证明，这种超越生产力发展水平的片面追求公有程度高、公有程度纯的所有制结构严重阻碍了社会主义生产力的发展，影响了社会主义经济发展的活力，以至于社会主义优越性难以具体而充分地发挥出来。

党的十一届三中全会后，我们党在改革开放新的历史条件下，重新恢复和确立了解放思想、实事求是的唯物主义思想路线，开始重新认识什么是社会主义，提出中国处于社会主义初级阶段的论断。我国社会主义初级阶段，是逐步摆脱贫穷、摆脱落后的阶段。社会主义的根本任务是发展社会生产力。在社会主义初级阶段，尤其要把集中力量发展社会生产力摆在首要地位。党的十五大报告指出，在中国，真要建设社会主义，那就只能一切从社会主义初级阶段的实际出发，而不能从主观愿望出发，不能从这样那样的外国模式出发，不能从对马克思主义著作中个别论断的教条式理解和附加到马克思主义名下的某些错误观点出发。这也是探索社会主义初级阶段基本经济制度的出发点。

党的十一届三中全会指出，要根据我国社会主义建设的具体实际，改革同生产力发展不相适应的生产关系和上层建筑，并指出非公有制经济是社会主义经济的必要补充。1981 年 6 月，在邓小平同志主持起草、党的十一届六中全会通过的《关于建国以来党的若干历史问题的决议》中明确指出：“社会主义生产关系的发展并不存在一套固定的模式，我们的任务是要根据我国生产力发展的要求，在每一个阶段上创造出与之相适应和便于继续前进的生产关系的具体形式。”“社会主义生产关系的变革和完善必须适应于生产力的状况，有利于生产的发展。国营经济和集体经济是我国基本的经济形式，一定范围的劳动者个体经济是公有制经

济的必要补充。"[①] 同年10月17日发布的《中共中央、国务院关于广开门路，搞活经济，解决城镇就业问题的若干决定》强调指出："在社会主义公有制经济占优势的根本前提下，实行多种经济形式和多种经营方式长期并存，是我党的一项战略决策，决不是一种权宜之计。"[②] 这是我们党首次确认在社会主义社会可以长期实行以公有制为主体、多种所有制并存，是我党关于社会主义所有制结构理论的第一次历史性的突破。党的十二大报告进一步指出："由于我国生产力发展水平总的说来还比较低，又很不平衡，在很长时期内需要多种经济形式的同时并存。在农村，劳动人民集体所有制的合作经济是主要经济形式。……在农村和城市，都要鼓励劳动者个体经济在国家规定的范围内和工商行政管理下适当发展，作为公有制经济的必要的、有益的补充。"[③] 改革开放之后，邓小平同志始终强调"我们的制度是以公有制为主体的，还有其他经济成分。"[④] 他认为，在坚持公有制为主体的前提下，"发展一点个体经济，吸收外国的资金和技术，欢迎中外合资合作，甚至欢迎外国独资到中国办工厂，这些都是对社会主义经济的补充。"[⑤] 正是在这一思想指导下，党的十二届三中全会肯定了个体经济是社会主义经济必要的有益补充，是从属于社会主义经济的。党的十三大第一次将私营经济的地位作为"公有制经济必要的和有益的补充"写入党的文件中。

1987年，党的十三大明确提出经济体制改革目标是建立社会主义有计划的商品经济体制。[⑥] 1992年，党的十四大进一步把建立社会主义市场经济体制确定为我国经济体制改革的目标，并且以社会主义市场经济理论为指导，江泽民同志指出："在所有制结构上，以公有制包括全民所有制和集体所有制经济为主体，个体经济、私营经济、外资经济为补充，多种经济成分长期共同发展，不同经济成分还可以自愿实行多种形式的联合经营。"[⑦] 1993年，党的十四届三中全会强调指出，必须坚持以公有制为主体、多种经济成分共同发展的方针。党的十五大报告，从我国处在并将长期处在社会主义初级阶段这一基本国情出发，第一次明确提出："公有制为主体、多种所有制经济共同发展，是我国社会主义初级阶段

---

① 中共中央党校党史教研部：《中共党史文献选编（社会主义革命和建设时期）》，中共中央党校出版社1992年版，第554、555页。

② 中共中央文献研究室：《三中全会以来重要文献选编》（上），人民出版社1982年版，第893、894页。

③ 中共中央文献研究室：《十二大以来重要文献选编》（上），人民出版社1986年版，第20、21页。

④ 《邓小平文选》第3卷，人民出版社1993年版，第172页。

⑤ 《邓小平文选》第3卷，人民出版社1993年版，第138页。

⑥ 中共中央文献研究室：《十三大以来重要文献选编》（上），人民出版社1991年版，第26页。

⑦ 《江泽民文选》第1卷，人民出版社2006年版，第227页。

的一项基本经济制度。”① 随着改革开放的深入，所有制结构出现了相应的变化。

二、多种所有制经济发展的基本路径

（一）农村土地制度和实现形式变革

中国的改革是从农村打开突破口的。1978 年党的十一届三中全会拉开了中国改革开放的序幕，从农村基本经营制度入手，废除人民公社体制，实行政社分开，实行家庭联产承包责任制，发展乡镇企业，初步形成和基本确立了家庭承包经营制度，农村改革取得突破性进展。1982 年 1 月 1 日，中央下发了关于农村改革的第一个一号文件。文件不但肯定了联产承包制，而且从理论上说明它是社会主义农业经济的组成部分。从 1983 年开始在全国广大农村全面推行。到 1983 年底，98% 左右的农户都实行了包干到户，家庭承包经营的土地面积占耕地总面积的 97% 左右，实现了土地所有权与使用权的分离。土地改革和农业合作化是以生产力发展要求为客观依据的生产关系的变革。联产承包责任制的建立极大地推动了农村生产力的发展，归根结底就是因为这种生产关系既适应了我国农村生产力比较落后的一面，又有利于发挥已经形成的社会化生产手段的应用。在改革的过程中始终坚持：（1）发展以公有制为主体的多种所有制经济，探索和完善农村公有制的有效实现形式，使生产关系适应生产力发展要求；（2）承认并充分保障农民的自主权，把调动广大农民积极性作为制定农村政策的出发点；（3）坚持以市场为取向的改革，为农村注入新的活力。

（二）个体私营经济从无到有的发展

改革开放之初，中国的私营企业已经彻底消亡，全国只剩下 15 万个城镇个体劳动者。1978 年以后，农村家庭联产承包责任制的改革，率先为集体所有制的改革打破了缺口，紧接着城市发展个体私营经济。应该说，中国发展多种非公有经济的初始阶段特征是在国家提供宽松的政策环境的条件下，未被计划经济动用的资源（在当时数量是相当大的）被自发地用于发展多种所有制经济。因此在相当长的时期中非公有制经济的发展是无阻碍的，从而发展的速度相当迅速。到 1997 年底，全国私营企业总数已达 96 万户，比 1989 年增长了近 10 倍，截至

① 中共中央文献研究室：《江泽民论有中国特色社会主义（专题摘编）》，中央文献出版社 2002 年版，第 49 页。

2007年底，私营企业总数已经超过了550万户，又比1997年增长了5.5倍多。[①]目前，私营企业进入了一个提升发展的新阶段。不仅私营企业的户数、注册资金以及从业人员等稳步增加，而且私营企业在国民经济中的地位日益增强。私营经济部门已经成为非国有经济的最大部分。私营经济在稳定发展的同时，其产业结构也更加合理，表现出健康发展的态势。

（三）乡镇企业的民营化发展

农村改革不仅产生了家庭承包制，还催生出乡镇企业。有的地区的乡镇企业一开始就是以家庭为单位的私人企业（如温州），也有最初以集体经济为主建立的企业（如苏南）。随着改革的深入和市场经济的发展，几乎所有乡镇企业都通过改制实现了民营化。在农村经营组织逐步放松管制的情况下，乡镇企业像雨后春笋，成群地涌现出来，并且快速地成长壮大，成为促使中国农村经济增长的主体和中国改革开放后经济保持高速增长的重要支撑力量。1984年中央一号文件和四号文件，明确将农民户办、联户办的企业与原有社队集体企业统称为乡镇企业，把他们放到了同一个起跑线上，明确提出鼓励户办、联户办企业与乡村所属集体企业共同发展。并要求各级政府对乡镇企业与国营企业同等对待，一视同仁，给予必要的扶持，因而形成同心协力推动乡镇企业发展的高潮。据统计，1984年乡镇企业的个数从上一年的134.64万户，猛增到606.52万户。从改革开放以来的经济发展轨迹看，乡镇企业已经成为突破原有二元经济结构、促使中国经济快速发展的重要转化因素和动力源泉，它们的发展变化在中国经济的未来走势中处于举足轻重的地位。

（四）外资和港澳台资本的进入及其发展

境外资本和企业进入中国大陆经历了20世纪80年代初探、90年代快速发展以及进入21世纪后战略调整的过程。邓小平同志曾经明确指出，“我们吸收外资，允许个体经济发展，不会影响以公有制经济为主体这一基本点。相反地，吸收外资也好，允许个体经济的存在和发展也好，归根到底，是要更有力地发展生产力，加强公有制经济。”[②] 外资来源结构从中国港澳台地区到美国、欧盟、日本等，呈现多元化的趋势。中国利用外资的结构逐渐优化，利用外资的方式不断创新。在投资的产业领域中由主要投资于工业逐步向服务业和农业领域扩大。跨

---

① 刘迎秋：《中国非国有经济发展道路》，经济管理出版社2013年版，第4页。

② 《邓小平文选》第3卷，人民出版社1993年版，第149页。

国公司直接投资促进了其对中国的技术扩散，提高了相关行业整体的技术水平，推动了中国国内企业加快自主创新的步伐。同时，外资进入推动了中国出口结构的改善，带动了国内关键领域和配套产业生产能力的形成。

（五）国有经济的战略性调整和产权制度改革

多种所有制经济的蓬勃发展必然推动国有经济的战略性调整。其方向是根据国民经济的重要性程度和国有企业的规模抓大放小，推动国有资本向国民经济命脉领域重要行业集中和流动，按照国有经济的主导作用来实现要素资源优化配置。对国有经济进行战略性调整的过程是同国有企业的产权制度改革结合进行的。一方面，国有经济从国民经济非命脉领域各行业退出，相应的就有一大批国有企业改制为民营企业。另一方面，国有经济控制的国民经济命脉领域允许非国有资本进入，除极少数行业实行国有独资经营以外，大多数行业由国有经济控股，其他非国有资本可以参股。特别是在明确股份制可以成为公有制实现形式后，大批国有企业改制为包含私人资本（外资）的股份制企业，其中一部分国有企业上市成为国有控股的上市公司。

随着改革的深入，多种所有制经济发展所产生的积极效应的彰显，公有制为主体的含义也不断地深化。公有制经济不再只是指公有制企业，而是指公有资本，包括国有资本和集体资本。相应的公有制为主体，也不再是指公有制企业在数量上为主体，而是指公有资本在社会总资本中占优势，国有经济控制国民经济命脉。按此科学规定，现在虽然公有经济占总产值比例不断下降，非公有经济的比例则快速增长，非公有企业在数量上占有优势，但公有资本仍然保持着主体地位，国有经济仍然控制着国民经济命脉。

第二节　公有制的实现形式和公有制为主体的新定义

一、在重新认识公有制的基础上探索公有制实现形式

长期以来，由于人们在认识上把公有制与公有制的实现形式混为一谈，没有对所有制进行深入地考察、研究，以致我们把公有制的实现形式理解为仅有的全民所有制和集体所有制，除此以外的一切公有制实现形式都被排斥，在计划经济阶段，我国在所有制上是根据苏联的做法，采取了“一大二公三纯”的形式，实

质上是由国家或集体直接控制的独资企业，这种单一的公有制实现形式在生产力状况比较低的计划经济时期，对于巩固新生的共和国政权，增强经济实力和国防实力，体现社会主义制度的优越性，发挥了重要作用。然而随着我国经济体制改革的不断深化和生产力水平的不断提高，这种由国家集体独资和直接经营的单一公有制实现形式弊端逐渐显现出来，严重阻碍着经济体制改革的进展。后来，甚至抑制了社会经济机体的内在活力和整个经济运行的自然过程，限制了公有制经济在市场经济中充分发展。

党的十一届三中全会后，我们党对公有制有了新的认识突破，突破了“一大二公三纯”的传统观念，开始对公有制实现形式进行积极的探索。自 1980 年农村地区普遍实行联产承包责任制以后，农村的整个经济形势发生了巨大的变化，农村经济得到迅速的发展，农民生活水平有了大幅度提高，这为后来以城市为重点的经济体制改革创造了极为有利的条件。在这个时期，对于国有企业改革围绕着通过放权让利来扩大企业自主权，在一定程度上改变了旧体制下国营企业只是被动完成指令性计划的状况，企业的发展意识和盈利意识也显著增强。1987 年 3 月，全国人大六届五次会议通过的《政府工作报告》中，强调要把改革重点放在完善企业经营机制，实行多种形式的承包责任制。随后，承包制在国有大中型企业中迅速推开，到 1988 年实行承包制的企业已占大中型企业总数的 95%。虽然承包制仍要通过“放权让利”来调动企业积极性的特征，但其本身已不限于分配关系的调整。企业在完成合同规定后，享有部分经营自主权，可以根据市场来决策其部分经营活动，从而企业具有了明显的商品意识和市场主体行为。

1992 年 10 月，党的十四大明确了中国经济体制改革的目标是建立社会主义市场经济体制，① 为进一步实现公有制与市场经济的结合，探索公有制实现形式的多样化扫清了思想障碍，同时为国有企业改革指明了方向。从 1994 年起，国有企业改革开始从以往的放权让利、实行承包制的政策调整逐步进入到转换经营机制、制度创新的新阶段。全国各地先后选择多个国有企业作为试点，推行现代企业制度，推行公司制、股份制改革，这些都是为探索公有制多种有效实现形式而进行的有益探索。1997 年 9 月，党的十五大报告明确指出，“公有制实现形式可以而且应当多样化。一切反映社会化生产规律的经营方式和组织形式都可以大胆利用。要努力寻找能够极大促进生产力发展的公有制实现形式。股份制是现代企业的一种资本组织形式，有利于所有权和经营权的分离，有利于提高企业和资本的运作效率，资本主义可以用，社会主义也可以用。不能笼统地说股份制是公

---

① 中共中央文献研究室：《十四大以来重要文献选编》（上），人民出版社 1996 年版，第 18 ~ 19 页。

有还是私有，关键看控股权掌握在谁手中。国家和集体控股，具有明显的公有性，有利于扩大公有资本的支配范围，增强公有制的主体作用。”① 这是我们党第一次全面而又系统地阐述了社会主义公有制实现形式多样化理论，提出了“公有制实现形式”的新概念，指出公有制可以存在多样化的实现形式，区分了公有制和公有制实现形式，明确指出了要积极探索促进生产力发展的多种公有制实现形式，实现了公有制深层次问题的重大突破。1999 年 9 月，党的十五届四中全会通过的《中共中央关于国有企业改革和发展若干重大问题的决定》明确指出，国有大中型企业应该通过如规范上市、企业相互参股等多种方式，改造成股份制企业，并强调国有企业应该通过股份制积极吸收社会上的资本，提高国有经济的引导力。

党的十六大报告进一步提出，除极少数必须由国家独资经营的企业外，积极推行股份制，发展混合所有制经济。2003 年 10 月，党的十六届三中全会通过了《中共中央关于完善社会主义市场经济体制若干问题的决定》，该决定提出：“要适应经济市场化不断发展的趋势，进一步增强公有制经济的活力，大力发展国有资本、集体资本和非公有资本等参股的混合所有制经济，实现投资主体多元化，使股份制成为公有制的主要实现形式。”② 这是我们党第一次明确指出了今后一段时期内我国公有制的主要实现形式，那就是股份制，也是对以往有关公有制实现形式理论新的深化和发展。这次会议同时对于进一步完善社会主义市场经济体制提出了新的思路和新举措。2007 年 10 月，党的十七大进一步要求，完善公有制为主体、多种所有制经济共同发展的基本经济制度，毫不动摇地巩固和发展公有制经济。总之，在坚持和完善社会主义初级阶段基本制度的前提下，探索多种有效的公有制的实现形式，是不会改变公有制性质及其主体地位的，这是我国在改革开放中对马克思主义所有制理论的实践和创新。

上述表明，我国公有制实现形式探索的过程，是我们党从实际出发不断总结实践经验教训，是不断探索与市场经济相适应的公有制多种有效实现形式，也是不断进行理论创新的过程。一方面，公有制实现形式理论的创新，为探索公有制实现形式提供了极为广阔的空间，为深化所有制改革打破了一切思想“坚冰”；另一方面，衡量公有制实现形式得失标准理论的创新，将“三个有利于”作为判断公有制实现形式得失成败的根本标准，这为人们消解“社会制度”上的困惑，从实际出发选择公有制实现形式指明了方向。每一次公有制理论的突破和发展都

① 中共中央文献研究室：《十五大以来重要文献选编》（上），人民出版社 2000 年版，第 21 ~22 页。

② 中共中央文献研究室：《十六大以来重要文献选编》（上），人民出版社 2005 年版，第 466 页。

有效地促进了我国公有制经济的发展，特别是伴随着股份制成为目前我国公有制的主要实现形式，使我国社会生产力得到进一步解放和发展，为建立和完善社会主义市场经济体制发挥极为重要的作用。

坚持公有制的主体地位，积极推行公有制的多种有效实现形式。这是我们党总结经济改革实践经验的理论概括，也是中国特色社会主义市场经济发展的必然。党的十五大报告指出，公有制可以采取独资、股份合作制、合作社、股份公司等形式。党的十六届三中全会进一步指出，要适应经济市场化不断发展的趋势，进一步增强公有制经济的活力，大力发展国有资本、集体资本和非公有资本等参股的混合所有制经济，实现投资主体多元化，使股份制成为公有制的主要实现形式。股份制是社会化大生产和市场经济发展到一定阶段的一种有效组织形式和运营方式。股份制是以入股方式把分散的，属于不同人所有的生产要素集中起来，统一使用，合伙经营，自负盈亏，按股分红的一种经济组织形式。股份制是所有制中的一种实现形式，是与社会主义市场经济相适应的重要公有制实现形式，是一种最有效的公有制实现形式。有利于所有权和经营权的分离，有利于提高企业和资本的运作效率，资本主义可以用，社会主义也可以用。不能笼统地说股份制是公有还是私有，关键在看控股权掌握在谁手中。国家和集体控股，具有明显的公有性，有利于扩大公有资本的支配范围，增强国有经济的控制力、影响力和带动力。通过发展股份制，国有资本可以吸收和组织更多的社会资本、扩大国有资本的支配范围，放大国有资本的功能，起到了“四两拨千斤”的作用。

股份制不仅可使国家通过“控股”来保持公有制主体地位，还可使国企从各级政府的行政羁绊中挣脱出而实现自主经营，成为一个有“自我发展、自我约束”内在经济活力的经济实体，能接受反映公众需求与意愿的市场机制的调节或“反馈”，使公有制在市场经济中得以实现。使股份制成为公有制的主要实现形式，实质上是使混合所有制成为公有制的主要实现形式，这充分肯定股份制、特别是混合所有制经济形式的作用，拓展了社会主义的公有制基础，表明我们党已经从理论与实践的结合上，找到了公有制特别是国有制与市场经济相结合的有效形式和途径。在社会主义初级阶段，公有制实现形式的探索过程是一个长期的过程，特别是随着我国改革开放的不断深入，各种所有制经济之间的联系日益紧密，不同行业、企业都应根据自身不同的特点和实际情况灵活加以选择，因地制宜、有步骤地展开工作。

二、在实现形式的探索中赋予公有制为主体新含义

探索公有制实现形式的多样化必须坚持公有制为主体。这是我们党对社会主

义所有制理论创新的另一个重要方面。推动多种所有制经济发展以及公有制经济的多样化，可以使得公有制经济发展得更好，整个社会生产力可以发展得更快。

长期以来，受苏联社会主义模式的影响，我们把公有制等同于国家所有制（全民所有制）和集体所有制两种形式。按照这种传统的“公有制”含义，“公有制为主体”只能是以上述两种公有制（即国家所有制和集体所有制）为主体。过去由于把公有制划分为高级、低级并且强化由低级向高级过渡的片面理解，现实中存在着一种“越大越公越高级”的明显的国有制偏好，以至于过去的“公有制为主体”很大程度上被引申为“国有制为主体”，集体所有制因其“低级”而实际上被排除在公有制主体之外。实践证明，这脱离了我国国情，不利于生产力的发展。党的十一届三中全会以来，作为我国农村改革也是整个经济体制改革开端的农业家庭联产承包制，实质上就是以所有制为中心环节的改革，直到今天的发展多种形式的非公有制经济、国有企业和城乡集体企业的股份制、股份合作制改造，都是所有制或所有制实现形式的改革。可以说，经济体制改革每前进一步，都要求所有制理论的突破与之相适应。

党的十五大报告对“公有制为主体”赋予了新含义：公有制经济不仅包括国有经济和集体经济，还包括混合所有制经济中的国有成分和集体成分。公有制的主体地位主要体现在：公有资产在社会总资产中占优势；国有经济控制国民经济命脉，对经济发展起主导作用。这是就全国而言，有的地方、有的产业可以有所差别。公有资产占优势，要有量的优势，更要注重质的提高。国有经济起主导作用，主要体现在控制力上。要从战略上调整国有经济布局。对关系国民经济命脉的重要行业和关键领域，国有经济必须占支配地位。在其他领域，可以通过资产重组和结构调整，以加强重点，提高国有资产的整体质量。只要坚持公有制为主体，国家控制国民经济命脉，国有经济的控制力和竞争力得到增强，在这个前提下，国有经济比重减少一些，不会影响我国的社会主义性质。关于公有制为主体赋予的新含义，是改革以来理论发展和实践总结的结果，是社会主义基本原则在当代中国的坚持、运用和发展，是马克思主义政治经济学创新性成果。公有制经济含义理论的创新，突破了传统公有制经济就是国有经济和集体经济的局限性，为大力发展股份制等现代企业的资本组织形式，实现投资主体的多元化扫除了思想上的障碍。公有制主体地位理论的创新，阐明了如何理解公有制主体地位的四个重要关系：在社会总资产中公有资产与其他资产的关系；在国民经济发展中国有经济的作用与其他经济作用的关系；公有经济与其他经济成分的比例在不同地区、不同企业之间的关系；公有经济的质量与数量的关系。其核心是对公有制的主体地位要进行具体的、科学的分析不能作形而上学的理解。这为进一步探索公有制的实现形式提供了重要的理论根据。

第一，公有制为主体是社会主义制度的基础，是社会主义的一条根本原则，正如邓小平同志曾经说过的，“社会主义有两个非常重要的方面，一是以公有制为主体，二是不搞两极分化。”“我们的改革，坚持公有制为主体，又注意不导致两极分化，这就是坚持社会主义。”① 又说：“在改革中我们始终坚持两条根本原则：一是以社会主义公有制经济为主体，一是共同富裕。有计划地利用外资，发展一部分个体经济，是服从于发展社会主义经济这个总要求的。鼓励一部分地区、一部分人先富裕起来，也是为了带动越来越多的人富裕起来，达到共同富裕的目的。”② 没有公有制，就没有科学社会主义，建立了公有制，不去坚持和完善，社会主义同样会被动摇，我国的现行宪法中明确规定：“中华人民共和国的社会主义经济制度的基础，是生产资料的社会主义公有制。”

第二，坚持公有制为主体，是为了更快更好地发展生产力。马克思主义创始人针对资本主义社会内在矛盾特别是生产社会化与资本主义私人占有之间的基本矛盾，提出以社会主义公有制取代资本主义私有制，决不是从道义原则出发的，而是根据生产力和生产关系之间的关系，从有利于发展生产力的原则出发得出的结论。坚持公有制为主体，并不是为公有制而公有制，当公有制已经实现时，其任务应是解放生产力和发展生产力。公有制为主体，适应社会主义初级阶段基本国情，最迫切的任务莫过于努力消除传统所有制结构和公有制实现形式不合理对生产力的羁绊，大胆地利用一切反映社会化生产规律的经营方式和组织形式，尽快地发展社会生产力。新中国尤其是改革开放以来的成就，正是在坚持公有制为主体的基础上取得的。

第三，坚持和完善公有制为主体，是消灭剥削，最终达到共同富裕的必要条件和前提。社会主义要求消灭剥削，逐步实现共同富裕，这需要两方面的条件，一是生产力要有较高程度的发展，二是生产资料公有制，二者缺一不可。在社会主义制度条件下，人民要当国家的主人，当生产资料的主人，也要成为劳动成果如何支配的主人。社会主义的核心就在于重要生产资料的资产收益及重要产业和行业的经营收益为国家所掌控，有利于增强国家再分配调节能力，能够消除资本主义制度条件下分配不平等和贫富差距的现象。公有制经济在防止两极分化中承担重要职能，只要我们保持公有制和按劳分配为主体，贫富差距就不会恶性发展到两极分化太严重的程度，可以控制在合理的限度以内，最终向共同富裕的目标

---

① 《邓小平文选》第 3 卷，人民出版社 1993 年版，第 138 页。

② 《邓小平文选》第 3 卷，人民出版社 1993 年版，第 142 页。

前进。

第四，坚持和完善公有制为主体，是实现社会主义国家整体利益，社会利益和长远利益的保证，有利于实现社会整体利益与局部利益，长远利益与目前利益的结合，克服资本主义私有制下周期性经济危机和经常出现的社会经济震荡，因而更有利于经济的平稳协调发展。国家可以通过国有经济的控制、主导作用更好地实施宏观调控政策，调控国民经济运行。以公有制为主体更有利于国家实现充分就业、供需平衡的宏观调控目标，更有利于经济的持续、平稳运行。坚持以公有制为主体，让国有经济更好地发挥支配和主导作用，是我国应对国际经济挑战，保持市场经济平稳健康发展的现实的、必然的选择。国家可以通过国有经济的控制、主导作用，更好地实现经济发展战略。

第三节　正确把握公有制和非公有制经济关系

一、公有制和非公有制经济由“对立”到“必要补充”转变

党的十一届三中全会以前，人们认为非公有制经济与社会主义公有制经济是根本对立的、水火不相容的，因而非公有制经济被逐步消灭了。尤其在无产阶级专政下继续革命和以阶级斗争为纲这一总的政治背景下，片面强调发展单一的公有制经济，轻视和削弱集体所有制经济，大搞生产资料所有制的“升级，过渡”，歪曲集体所有制经济的社会主义性质。这些超越中国社会发展阶段的所谓“割资本主义尾巴”的做法，非公有制经济作为社会主义经济的对立物被消灭，严重阻碍了我国社会生产力的发展。不过，即使在这种极其严酷的环境下，许多城乡老百姓出于基本的生存需要，不断地“另辟蹊径”，搞“地下作业”。如私自扩大自留地，包揽机修、缝纫等私活，从事医药、自行车修理等个体劳动。这表明，在生产力发展水平落后的情况下，私有经济具有强大的生命力，也为改革开放后私营经济发展提供了基础。

党的十一届三中全会明确提出：“社员自留地、家庭副业和集市贸易是社会主义经济的必要补充部分，任何人不得乱加干涉。”① 个体经济因而得到了恢复和发展，社会主义公有制经济也因此得到发展和巩固。实践使我们党认识到，个

① 中共中央文献研究室：《三中全会以来重要文献选编》（上），人民出版社 1982 年版，第 7 页。

体经济的发展对社会主义公有制经济是有利的。1979 年 2 月，国家工商管理局召开了“文革”结束以后的第一次工商管理局长会议，就大批知识青年返程、城镇积压待业人员 700 万～800 万的巨大压力，提出“恢复和发展”个体经济。基于增加就业和搞活经济的考虑，1979 年 4 月 9 日，国务院批转《关于全国工商行政管理局长会议的报告》是党中央、国务院批准的第一个有关发展个体经济的报告，是改革开放后第一次提出了恢复和发展个体从事经济。报告指出，可以根据当地市场需要，在征得有关业务主管部门同意后，批准一些有正式户口的闲散劳动力从事修理、服务和手工业的个体劳动，但不准雇工。这是国家批准的第一个有关个体经济的报告。可以根据当地市场需要，在征得有关业务主管部门同意后，批准一些有正式户口的闲散劳动力从事修理、服务和手工业的个体劳动，但不准雇工。对他们要发给营业执照，会同街道和有关业务部门加强管理，并逐步引导他们走集体化的道路。此后，个体经济作为公有制的补充出现在华夏大地上。到 1979 年底，中国出现了 31 万个体工商户。

1981 年 6 月，党的十一届六中全会通过的《中共中央关于建国以来党的若干历史问题的决议》指出，社会主义生产关系的发展并不存在一套固定模式，我们的任务是要根据我国生产力发展的要求，在每一个阶段上创造出与之相适应和便于继续前进的生产关系的具体形式。[①] 国营经济和集体经济是我国基本的经济形式，一定范围的劳动者个体经济是公有制经济的必要补充，必须实行适合于各种经济成分的具体管理制度和分配制度。在农村和城市，都要鼓励劳动者个体经济在国家规定的范围内和工商行政管理下适当发展，作为公有制经济的必要的、有益的补充。只有多种经济形式的合理配置和发展，才能繁荣城乡经济，方便人民生活。1982 年 9 月党的第十二次全国代表大会指出：“由于我国生产力水平总的说来还比较低，又很不平衡，在很长时期内需要多种经济形式同时并存”。[②] 随着中央政策的放宽，城镇个体、私营经济由修理业、服务业迅速扩展到工业、商业、运输业等多种行业，农村个体工商户也逐步增加。这表明，在理论上党和政府开始联系占主导地位的公有制来考察个体私营经济的性质，把个体、私营经济看做是社会主义公有制经济的必要补充。1982 年 12 月，全国人大五届五次会议通过的《中华人民共和国宪法》明确规定：“在法律规定范围内的城乡劳动者个体经济，是社会主义公有制经济的补充。”[③] 个体经济在社会主义经济制度中受到宪法保护，为以后其他非公有制经济发展奠定了基础。1984 年，党的十二

① 中共中央文献研究室：《三中全会以来重要文献选编》（下），人民出版社 1982 年版，第 787 页。
② 中共中央文献研究室：《十二大以来重要文献选编》（上），人民出版社 1986 年版，第 20 页。
③ 中共中央文献研究室：《十二大以来重要文献选编》（上），人民出版社 1986 年版，第 222 页。

届三中全会通过的《中共中央关于经济体制改革的决定》强调：我国现在的个体经济是和社会主义公有制相联系的、不同于资本主义私有制相联系的个体经济，是社会主义经济必要的有益的补充，是从属于社会主义经济的。[①] 1987 年，中央出台《关于把农村改革引向深入的决定》指出，对私营企业采取“允许存在，加强管理，兴利抑弊，逐步引导”的方针[②]，第一次明确提出允许私营经济存在发展。

1987 年 11 月召开的党的十三大，对个体私营经济在社会主义初级阶段的必要性作了充分肯定，提出了鼓励发展包括私营经济在内的非公有制经济的基本政策。十三大报告指出：目前全民所有制以外的其他经济成分，不是发展的太多了，而是还很不够。对于城乡合作经济、个体经济和私营经济，都要继续鼓励它们发展。[③] 私营经济、中外合资合作企业和外商独资企业等非公有制经济，是公有制必要的和有益的补充。同时还指出：在不同的经济领域，不同的地区，各种所有制经济占的比重应当允许有所不同。由个体经济作为必要的补充发展到私营经济、“三资”企业等非公有制经济，都是公有制经济必要的有益的补充。党的十三大报告对个体、私营经济问题的论述，是我们党对非公有制经济认识上的一个重要发展阶段，发展个体、私营经济已成为建设有中国特色社会主义的重要内容。

二、公有制和非公有制经济由“必要补充”到“共同发展”再到“基本经济制度”的确立

在社会主义市场经济实践中，党和政府突破了社会主义基本经济制度等同于公有制的传统观念，把非公有制经济纳入社会主义初级阶段基本经济制度之内，确立为社会主义市场经济的重要组成部分。1992 年春，邓小平的“南方谈话”带来了民营经济发展的“第二个春天”。邓小平提出的“三个有利于”标准和对计划和市场关系的创造性论述都是对传统理论的重大突破，也为民营经济纳入体制之内，发挥平等竞争作用提供了重要的理论基础。

1992 年 10 月，党的十四大报告明确了建立社会主义市场经济体制的总目标，同时指出，社会主义市场经济体制是同社会主义基本制度结合在一起的。在所有制结构上，以公有制包括全民所有制和集体所有制为主体，个体经济、私营经

---

① 中共中央文献研究室：《十二大以来重要文献选编》（中），人民出版社 1986 年版，第 580 页。

② 中共中央文献研究室：《十二大以来重要文献选编》（下），人民出版社 1988 年版，第 1237 页。

③ 中共中央文献研究室：《十三大以来重要文献选编》（上），人民出版社 1991 年版，第 31 页。

济、外资经济为补充，多种经济成分长期共同发展，不同经济成分还可以自愿实行多种形式的联合经营。国有企业、集体企业和其他企业都进入市场，通过平等竞争发挥国有企业的主导作用。[①] 党的十四大首次强调非公有制经济与公有制经济共同发展，非公有制经济由“必要补充”转变为“共同发展”，标志着我们党对非公有制经济的认识进入了一个比较成熟的阶段。1993 年 11 月，党的十四届三中全会通过的《中共中央关于建立社会主义市场经济体制若干问题的决定》首次明确提出了“鼓励”非公有制经济发展的政策。《决定》指出，建立社会主义市场经济体制，就是要使市场在国家宏观调控下对资源配置起基础性作用。为实现这个目标，必须坚持以公有制为主体、多种经济成分共同发展的方针[②]。在积极促进国有经济和集体经济发展的同时，鼓励个体、私营、外资经济发展，并依法加强管理。国家要为各种所有制经济平等参与市场竞争创造条件，对各类企业一视同仁。虽然在这一时期，国家政策并没有改变民营经济在国民经济中的补充地位，但出台的加快个体、私营经济发展的文件，有力促进了各地民营企业的快速发展。

1997 年 9 月，党的十五大报告对私营经济的认识实现了历史性的突破，明确了个体、私营等非公经济是社会主义市场经济的重要组成部分。并提出公有制经济不仅包括国有经济和集体经济，还包括混合所有制经济中的国有成分和集体成分。对个体、私营等非公有制经济要继续鼓励、引导，使之健康发展。要健全财产法律制度，依法保护各类企业的合法权益和公平竞争，并对它们进行监督管理。”私营经济的地位由“补充”上升到了“重要组成部分”，对私营经济的政策由“方针”上升到了“基本制度”，个体私营等非公有制经济与公有制主体的关系由“有益补充”变成“社会主义初级阶段的一项基本经济制度”，由“制度外”进入“制度内”。党的十五大首次提出“基本经济制度”概念，第一次把公有制为主体、多种所有制经济共同发展确立为我国社会主义初级阶段的基本经济制度。[③] 这些新的论断是我们党总结几十年来正反两方面经验教训后在理论认识上的又一重大突破，从而确立了非公有制经济在我国社会主义市场经济中的地位，破除了社会主义只能实行单一公有制的思想，这一突破为私营经济的健康发展指明了方向，克服了长期以来将私营经济视为权宜之计或异己力量的认识，使私营经济成为新的生产力增长点，标志着我们党对非公有制经济的认识更加成熟。

---

① 中共中央文献研究室：《十四大以来重要文献选编》（上），人民出版社 1996 年版，第 19 页。

② 中共中央文献研究室：《十四大以来重要文献选编》（上），人民出版社 1996 年版，第 520 页。

③ 中共中央文献研究室：《十五大以来重要文献选编》（上），人民出版社 2000 年版，第 20 页。

1999 年，全国人大九届二次会议通过的《中华人民共和国宪法修正案》将《宪法》第十一条修改为："在法律规定范围内的个体经济、私营经济等非公有制经济，是社会主义市场经济的重要组成部分。"① 这标志着我国非公有制经济从社会主义公有制经济的补充地位，成为社会主义市场经济的重要组成部分。把非公有制经济纳入到社会主义初级阶段的基本经济制度之中，并成为社会主义市场的一个重要组成部分，这不仅是所有制理论的历史性突破，而且是党对基本经济制度的不断完善。

公有制为主体、多种所有制经济共同发展，包括三个层次的内容：第一，以公有制为主体。不仅有量的要求，还有质的规定。一方面是公有资产在社会总资产中占优势，强调要从质和量的角度看待公有资产占优势的问题，既要有量的优势，更要有质的优势，质的优势应主要表现在技术上先进，管理上科学，新增加值高，利润率高，总体经济效益高等方面；另一方面是国有经济控制国民经济命脉，对经济发展起主导作用。国有经济起主导作用，主要体现在控制力上。国有经济在重要行业和关键领域处于支配地位。第二，公有制可以有多种实现形式。其实，就是指公有资产所有权在经济上实现的形式。公有制实现形式的改变，必然涉及生产方式和生产关系的改变。公有制的多种实现形式，同时也是公有制同现代市场经济相结合或相适应的形式。第三，多种所有制经济共同发展。就是在坚持公有制为主体的前提下，不同形式的公有制经济和不同形式的非公有制经济，长期共存、混合生长、各得其所、优势互补，在各自对社会经济发展作出贡献的同时，都得到相应的发展。非公有制经济本身不具有社会主义性质，但它是我国现阶段整个经济基础的构成部分，是整个国民经济和市场经济的重要组成部分，发挥重要作用。

三、在坚持基本经济制度的基础上强调"两个毫不动摇"

改革开放以来，我们党不断深化对公有制经济和非公有制经济二者关系的认识，总结公有制经济与非公有制经济关系发展的特点，提升对二者辩证发展的掌控能力。

2002 年 11 月，党的十六大第一次提出"两个毫不动摇、一个统一"的思想，即必须毫不动摇地巩固和发展公有制经济；必须毫不动摇地鼓励、支持和引导非公有制经济发展；坚持公有制为主体，促进非公有制经济发展，统一于社会

① 中共中央文献研究室：《十五大以来重要文献选编》（上），人民出版社 2000 年版，第 809 页。

主义现代化建设的进程中，不能把二者对立起来。[①] 2003 年 10 月，党的十六届三中全会通过的《中共中央关于完善社会主义市场经济体制若干问题的决议》明确提出："个体、私营等非公有制经济是促进我国社会生产力发展的重要力量"，还要"大力发展和积极引导非公有制经济发展"，[②] 既支持非公有制中小企业的发展，又鼓励有条件的非公有制企业做大做强。

2005 年 2 月，国务院颁布实施的《关于鼓励支持和引导个体私营等非公有制经济发展的若干意见》（通称"非公经济 36 条"）是改革开放以来我国最全面、最系统的关于促进非公有制经济发展的政策性文件，明确提出，"毫不动摇地巩固和发展公有制经济，毫不动摇地鼓励、支持和引导非公有制经济发展，使两者在社会主义现代化进程中相互促进，共同发展，是必须长期坚持的基本方针，是完善社会主义市场经济体制、建设中国特色社会主义的必然要求。"[③] 并且提出了推进非公有制经济发展的七个方面，包括放宽市场准入、加大财税金融支持、完善社会服务、维护企业和职工的合法权益、引导企业提高自身素质、改进政府监管、加强发展之道和政策协调等。这就有效推动了非公有制经济与公有制经济在社会主义现代化进程中的相互促进、共同发展。

2007 年 10 月，党的十七大报告在重申并强调两个"毫不动摇"的基础上提出，"坚持平等保护物权，形成各种所有制经济平等竞争、相互促进新格局。""推进集体企业改革，发展多种形式的集体经济、合作经济。推进公平准入，改善融资条件，破除体制障碍，促进个体、私营经济和中小企业发展。"[④] 就是说法律上的"平等"保护和经济上的"平等"竞争，为民营经济成为平等享受"国民待遇"的市场主体提供了制度保障。坚持平等保护物权，形成各种所有制经济平等竞争、相互促进新格局。2008 年 8 月 22 日，财政部、国家发展改革委员会、国家工商总局宣布停止征收个体工商户管理费和集贸市场管理费，为个体工商户生存再拓新空间。2009 年 7 月，国务院法制办公室公布《个体工商户条例（征求意见稿）》，其中规定，个体工商户雇用人数不再受限，国家对个体工商户实行平等准入、公平待遇的原则，流动摊贩可办理营业执照，个体工商户凭证照可申请贷款等，将对个体经济的发展起到巨大的推动作用。实施近 22 年的《城乡个体工商户管理暂行条例》将退出历史舞台。

"两个毫不动摇"之所以能激发活力、提升效率、发挥优势，就在于它尊重

---

① 中共中央文献研究室：《十六大以来重要文献选编》（上），人民出版社 2005 年版，第 19 页。

② 中共中央文献研究室：《十六大以来重要文献选编》（上），人民出版社 2005 年版，第 466 页。

③ 中共中央文献研究室：《十六大以来重要文献选编》（中），人民出版社 2005 年版，第 484 页。

④ 中共中央文献研究室：《十七大以来重要文献选编》（上），人民出版社 2009 年版，第 20 页。

了我国社会主义初级阶段的基本国情，不搞单一公有化，也不搞全盘私有化，而是实行多元化、多样化、混合化，从而调动各方面积极性，发挥各方面优势，实现共同促进，共同发展。初级阶段基本制度不但要求公有制经济占主体地位，而且要求国有经济对国民经济起主导作用。国家应控制国民经济命脉，使国有经济的控制力、影响力和竞争力得到增强。在社会主义经济中，国有经济不是像在资本主义制度下那样，主要补充私人企业和市场机制的不足，而是为了实现国民经济的持续稳定协调发展，巩固和完善社会主义制度。为了实现国民经济的持续、稳定、协调发展，国有经济应主要集中于能源、交通、通信、金融等基础设施和支柱产业中。这些都是关系国民经济命脉的重要行业和关键领域。在这些行业和领域，中国国有经济应该有“绝对的控制力”“较强的控制力”，“国有资本要保持独资或绝对控股”或“有条件的相对控股”。这些都是中央文件所规定和强调的。国有经济对这些部门保持控制力，是为了对国民经济有计划地进行调控，以利于它持续、稳定、协调发展。正是坚持这个“毫不动摇”，我们果断调整国有经济战略布局，不断探索公有制的有效实现形式，通过改革重组和布局调整，公有制经济活力不断增强，国有资产总量不断增加。在关系国家安全和国民经济命脉的重要行业和关键领域，一大批富有活力的国有和国有控股企业脱颖而出，2011 年公布的世界 500 强企业中，中央企业已有 38 家上榜；[①] 在战胜重大自然灾害和应对国际金融危机的过程中，公有制经济集中力量办大事的优势进一步凸显。公有制经济已经成为自主创新“排头兵”、重大工程“顶梁柱”、社会责任“主心骨”、走出国门“探路者”，主导作用和影响力得到充分发挥。

在社会主义初级阶段，要充分调动各方面积极性、加快生产力发展，就必须毫不动摇地鼓励、支持和引导非公有制经济发展。发挥非公有制经济机制灵活、有利于促进社会生产力的正面作用，克服其不利于社会经济发展的负面作用。如有些私营企业偷逃税收，压低工资和劳动条件，制造假冒伪劣产品，破坏自然资源环境，借机侵害国有资产，以及其他欺诈行为，都要通过教育监督和法制，克服清除。在鼓励、支持私有经济发展的同时，还要正确引导其发展方向，规定能发展什么，不能发展什么。比如竞争性领域，要允许私有经济自由进入，尽量撤除限制其进入的藩篱，特别是允许外资进入的，也应当放开让内资进入。而对关系国民经济命脉的重要部门和关键领域，只能有条件、有限制地进入，发挥它们经济的作用。正是坚持这个“毫不动摇”，这些年来，非公有制经济不断发展壮大，不仅在培育市场体系、“倒逼”国企改革、完善市场体制等方面发挥了推动

① 冯蕾：《“国家脊梁”更坚强》，载于《光明日报》2012 年 7 月 12 日，第 4 版。

作用，而且在活跃市场、增加税收、扩大就业等方面，做出了重要贡献。数据表明，2008 年规模以上非公有制企业工业产值所占的比重为 71.63%，非公有制企业从业人员所占比重为 76.47%，非国有经济固定资产投资额的规模占全社会固定资产投资额的比重为 76.47%。[①] 非公有制经济已经成为我国经济发展、科技创新、改革开放的生力军和扩大就业的主渠道。

基本经济制度形成于我国改革开放的伟大实践，又在改革开放的不断深化中发展和完善。一个国家的所有制结构和形式是否合理，关键要看是不是符合经济社会发展要求，是不是能够解放和发展社会生产力。我国国民经济发展的事实证明，社会主义基本经济制度成为一种更成熟，更具竞争力的社会制度。我们始终坚持“两个毫不动摇”，让公有制经济与非公有制经济在社会主义市场经济中相互公平竞争、发挥各自优势，共同推动生产力发展和现代化建设，我国基本经济制度必将在改革发展中展现更多生机活力，中国特色社会主义伟大事业必将在应对风险考验中不断发展壮大。

① 国家统计局：《中国统计年鉴（2009）》，中国统计出版社 2009 年版，第 171 页。

第十章

国有企业的改革

引言　培育市场主体

1978 年 12 月中国共产党召开的十一届三中全会指出："现在我国经济管理体制的一个严重缺点是权力过于集中，应该有领导地大胆下放，让地方和工农业企业在国家统一计划的指导下有更多的经营管理自主权；应该着手大力精简各级经济行政机构，把它们的大部分职权转交给企业性的专业公司或联合公司；应该坚决按经济规律办事，重视价值规律的作用，注意把思想政治工作和经济手段结合起来，充分调动干部和劳动者的积极性；在党的一元化领导下，认真解决党政企不分、以党代政、以政代企的现象。"① 全会开始了改革开放的伟大进程，也拉开了国有企业改革的序幕。

改革之前，中央高度集中的行政指令性计划组织全社会的生产活动。国营企业（在 1992 年前还没有使用"国有企业"的说法②）经营机制实际上完全是行政性的经营机制，既没有"市场"，也不考虑"价格"。其特征是：政府作为国有企业的所有者和政治权力主体职能是合一的；企业资产的所有权和经营管理权

---

① 中共中央文献研究室编：《三中全会以来重要文献汇编》（上），人民出版社 1982 年版，第 4 页。

② 1992 年 10 月 12 日中国共产党第十四次全国代表大会《报告》中，第一次将全民所有制企业由过去的"国营企业"改称为"国有企业"。1993 年 3 月 29 日第八届全国人民代表大会第一次会议通过的《中华人民共和国宪法修正案》，正式将"国有企业"的称谓以法律形式固定下来。《宪法修正案》将宪法第七条修改为："国有经济，即社会主义全民所有制经济，是国民经济中的主导力量。国家保障国有经济的巩固和发展。"至此，全民所有制经济由"国营经济"正式改称为"国有经济"；全民所有制企业由"国营企业"正式改称为"国有企业"。本章在此处以后全部使用"国有企业"这一称谓。

由政府合一行使；政府对国有企业实行高度集中管理。企业不是独立的经济实体，而仅仅是政府的行政附属物，政府则是国有企业全部生产经营活动的直接决策者和管理者。这种体制曾经在新中国成立初期发挥过重要的历史作用，但是随着中国生产力整体水平的提高，逐步暴露出种种缺陷和弊端，束缚了社会生产力的进一步高速发展和社会主义制度优越性的发挥，改革既是实践的需要，也是经济社会发展的要求。

从 1978 年开始的国有企业改革，首先通过扩大企业自主权、经济责任制、企业承包责任制等改革举措，来促进国有企业提高经济效益；在 90 年代初开始建立国有资产管理体制。

1992 年党的十四大明确建立社会主义市场经济体制的改革方向。与此相应，国有企业改革的方向就是培育市场主体，真正成为社会主义市场经济体制的微观基础。

1993 年党的十四届三中全会明确公有制可以有多种实现形式，国有企业的改革方向是建立现代企业制度。在国有企业改革的同时，国有经济发展战略也相应进行适当的调整，如国有企业规模“抓大放小”的改革、国有企业在行业和产业布局的分类改革等，到 2000 年，达到了国有企业三年脱困的目标。同时，对国有经济进行战略性调整，坚持有进有退、有所为有所不为的原则。到党的十八大前，我国形成了以公有制为主体，国有经济发挥主导作用，多种所有制经济共同发展的基本格局。

第一节　提高国有企业效率

一、放权让利，扩大企业自主权的改革

“文化大革命”结束之后，国有企业部门正处于人心涣散和管理混乱的局面中。至少有 1/3 的国有企业的生产是不正常的，国营工业企业每百元工业产值提供的利润比历史最好水平低 1/3；独立核算的国营工业企业亏损面达到 24. 3%，亏损额达 37. 5 亿元①。

① 张军：《国企改革：一场错了再试的改革》，引自史正富主编：《30 年与 60 年　中国的改革与发展》，格致出版社、上海人民出版社 2009 年版，第 151 页。

改革一开始，把扩大企业自主权放在改革的重要地位。1978 年 7 ~ 9 月国务院召开的经济工作“务虚会”上，国务院副总理李先念作总结报告时指出：“在今后的改革中，一定要给予各企业以必要的独立地位，使它们能够自动地而不是被动地执行经济核算制度，提高综合经济效益。”[①] 扩大企业自主权，就是放松政府行政机构对企业的计划管理，允许企业自主做出一些过去必须由政府做出的经营决策。

（一）四川与京津沪改革试点

1978 年 10 月，在中央支持下，四川省从钢铁工业、化学工业、轻纺工业中选择了 6 家国有企业（包括重庆钢铁公司、宁江机床厂、成都无缝钢管厂、四川化工厂、新都县氮肥厂和南充丝绸厂）进行扩大企业自主权的试点。前 4 家企业是国有大企业，后 2 家是县办中小企业[②]。试点的内容是：（1）在增产节约的基础上，企业可以提取一定数额的利润留成，职工个人得到一定数额的奖金；（2）在完成国家计划的前提下，增产市场需要的产品，承接来料加工；（3）销售多余物资、销售商业部门不收购的产品和试销新产品；（4）在全面完成国家计划的前提下，提取企业基金和实行利润留成；（5）提拔中层管理干部。[③] 这种做法实行 3 个月后，收到了较好的效果，调动了企业和职工的积极性。

1979 年 2 月，四川省委和省政府根据党的十一届三中全会精神，在总结 6 家试点企业经验基础上，制定了《关于扩大企业权力，加快生产建设步伐的试点意见》（简称“十四条”）。给企业扩大的自主权主要有：利润留成权；企业基金扩大再生产的利润 2 年内不上缴；企业多提留固定资产折旧，小企业不上缴折旧费；销售部分产品权和计划外生产权；外汇分成权；劳动工资管理和人事管理权等。1979 年底，中共四川省委、四川省革委又颁发了《关于进一步搞好地方工业企业扩大自主权试点工作的通知》（即“十二条”），在利润分成上实行全额分成。从 1980 年起，“十二条”在 100 个工业企业中的 59 个企业实行，其余 41 个企业加上新批准的试点企业共 353 个，仍按“十四条继续进行试点”。到 1980 年底，412 个执行“十四条”和“十二条”的企业完成的工业总产值比 1979 年增长 9.7%，实现利润增长 7.9%，取得了明显的效果[④]。

---

① 《李先念文选》，人民出版社 1989 年版，第 326 页。

② 宗寒：《国企改革三十年亲历记》，上海人民出版社 2008 年版，第 13 页。

③ 周太和：《当代中国的经济体制改革》，中国社会科学出版社 1984 年版，第 166 页。

④ 汪俊甫：《共和国 60 周年 · 四川工业强省足迹》，载于《四川经济日报》2009 年 9 月 8 日，第一版。

在四川进行试点改革的同时，1979 年 5 月 25 日，国家经济委员会、财政部、外贸部、中国人民银行、国家物资局、国家劳动总局联合发出《关于在京、津、沪三市的 8 个企业进行企业管理改革试点的通知》，确定在首都钢铁公司、北京内燃机厂、北京清河毛纺厂、天津自行车厂、天津动力机厂、上海汽轮机厂、上海柴油机厂、上海彭浦机器厂进行扩大企业自主权改革的试点。给三市试点 8 企业扩大的十项自主权利是：（1）补充计划权；（2）企业拒绝随意抽调企业人员、资金、物资权；（3）企业利润留成权；（4）折旧资金使用权；（5）新产品试制权；（6）产品出口权；（7）择优录用职工权；（8）惩奖权；（9）企业经营特别好的职工调整工资升级面可以略高于行业平均水平；（10）机构设置权。

扩权试点抓住了原有体制的弊端，给企业松绑，使企业有了“自主钱”“自主权”，开始走上自主经营、自我发展的道路。其效果明显，企业发展生产的积极性明显提高，经营水平提高，职工的收入和生活福利有所改善。

为了加强领导，进一步调动企业和职工的积极性，中央决定将试点推广到全国，以为全面经济体制改革摸索经验。1979 年 7 月 13 日，国务院下发了扩大国营企业自主权的 5 个文件——《关于扩大国营工业企业经营管理自主权的若干规定》《关于国营企业实行利润留成的规定》《关于开征国营工业企业固定资产税的暂行规定》《关于提高国营工业企业固定资产折旧率和改进折旧费使用办法的规定》《关于国营工业企业实行流动资金全额信贷的暂行规定》。文件要求各地区和中央有关部门在工业、交通系统选择少数经过整顿，领导班子比较健全、生产秩序和管理工作已经正常的企业进行试点，在取得经验后再积极稳步地推广。

（二）扩大企业自主权改革试点的成效和不足

到 1979 年底，全国试点企业发展到 4200 个；到 1980 年 6 月，发展到 6600 个，占全国预算内工业企业数的 16% 左右，产值约占 60%，利润占 70%。试点企业取得的经济效益十分显著。1979 年与 1978 年相比，工业总产值增长 11.6%；实现利润增长 15.9%；上缴利润增长 12.6%。一般试点企业的产量、产值、上缴利润增长幅度都超过试点前的水平，也高于非试点企业的水平。据 4200 多个企业的统计，试点企业的留利水平，占全部实现利润的 8.5%。按财政口径，扣除试点前也应得的职工福利、奖励基金两项，企业所得占增长利润的 40.8%。1980 年上半年，企业的产值、利润又有大幅度的增长[①]。其中上海、天

① 胡静林主编：《国有企业改革理论与途径》，经济科学出版社 1995 年版，第 36 页。

津的试点企业利润达到80%以上，北京达到94%。到1981年全国已有50%的国有企业加入试点，获得了一定程度的自主权。

“扩权让利”是国有企业改革启动阶段。企业有了一定的经营管理自主权和经济利益，开始成为具有内在动力的经济单位；企业开始注重发挥市场调节作用，开始增强市场观念、经营观念、竞争观念和服务观念；企业有了一定的生产发展资金，具备了初步的挖潜革新改造、自行扩大再生产、重新投资的能力；在发展生产的基础上，通过利润留成的奖励分配，改善了职工生活，开始打破传统的平均主义分配均衡，孕育激励机制，激发生产者、经营管理者的积极性；推动了企业的民主管理。

然而，企业改革试点的实践仍有不足。政府仍然控制着国有企业生产的主要部分，计划生产仍然是主要方式，大部分定价权仍在政府部门，除了利润留成外，其他扩权措施落实得很不充分到位，有些从未真正落实，有些实际上被收回，或者被地方政府截留。比较突出的问题有：（1）企业的产量、产值、利润、劳动、物资等计划指标仍然是分头下达，互不衔接，企业要花巨大精力奔波于众多“婆婆”之间，求平衡，求发展；（2）受计划经济体制的限制，开展市场调节仍然有不少阻力；（3）企业参与外贸和外汇分成的规定没有兑现；（4）企业支配利润留成奖金的权力不充分，搞挖潜、革新、改造审批手续繁琐；（5）企业用人权力不落实；等等。

二、经济责任制

改革开放之前，尽管我国工业管理制度和企业内部管理制度中也建立了各种责任制度，但没有将企业的责权利以及职工的责权利紧密结合起来，只是行政性管理制度，不能算是经济责任制。受我国农村家庭联产承包责任制改革的启示，将农村承包制经验移植到工业企业的问题被提了出来。1981年4月，全国工交会议正式提出了试点实行工业生产经济责任制，实行利润包干。一些省市开始了利润包干的经济责任制试点。

1981年10月，国务院批转国家经济委员会、国务院体制改革办公室《关于实行工业生产经济责任制若干问题的意见》，对经济责任制的内容、原则、形式和要求都作了明确统一的规定。

经济责任制是在国家计划指导下，以提高社会经济效益为目的，实行责、权、利紧密结合的生产经营管理制度。它要求企业的主管部门、企业、车间、班组和职工，都必须层层明确在经济上对国家应负的责任，建立健全企业的生产、技术、经营管理各项专责制和岗位责任制，为国家提供优质适销的产品和更多积累；它要求正确处理国家、企业和职工个人三者利益，把企业、职工的经济责任、经济效果同经济利益联系起来，认真贯彻各尽所能、按劳分配的原则，多劳多得，有奖有罚，克服“吃大锅饭”和平均主义；它要求必须进一步扩大企业经营管理自主权，使企业逐步成为相对独立的经济实体。实行经济责任制要抓好两个环节。一个环节是国家对企业实行的经济责任制，处理好国家和企业之间的关系，解决企业经营好坏一个样的问题；另一个环节是建立企业内部的经济责任制，处理好企业内部的关系，解决好职工干好干坏一个样的问题。

实行经济责任制的原则，一是必须全面完成国家计划，按社会需要组织生产，不能利大大干、利小不干，造成产需脱节，特别要保证市场紧缺的微利产品和小商品的生产；二是必须保证产品质量，不能粗制滥造，向消费者转嫁负担；三是成本只能降低，不能提高；四是要保证国家财政收入逐年增长；五是职工收入的总水平，只能在生产发展的基础上稳定增长，个人收入不能一下子冒得过高，要瞻前顾后，照顾左邻右舍；六是必须奖惩分明，有奖有罚；七是必须加强领导，加强国家监督，要有强有力的政治思想工作作保证。

关于实行经济责任制的形式，可以基本归纳为三种类型：一是利润留成，二是盈亏包干，三是以税代利、自负盈亏。具体形式主要有以下几种：（1）基数利润留成加增长利润留成：这种办法适用于增产增收潜力比较大的企业。（2）全额利润留成：这种办法适用于生产正常、任务饱满、利润比较稳定的企业。（3）超计划利润留成：这种办法适用于调整期间任务严重不足、利润大幅度下降的企业。（4）利润包干：其中有“基数包干，增长分成”；“基数包干，增长分档分成”；“基数递增包干，增长留用或分成”等。这些办法一般适用于潜力比较大的微利企业。有些增收潜力不大的微利企业可实行“基数包干、超收留用、短收自负”的办法。（5）亏损包干：对亏损企业实行“定额补贴、超亏不补、减亏留用或分成”和“亏损递减包干、减亏留用或分成”的办法。（6）以税代利、自负盈亏：这种办法适用于领导班子比较强，管理水平比较高，生产比较稳定，有盈利的大中型企业，经过财政部批准在少数企业中试行。

企业内部实行经济责任制，要把每个岗位的责任、考核标准、经济效果同职工的收入挂起钩来，实行全面经济核算。目前在分配上大体有以下几种形式：（1）指标分解，计分计奖；（2）计件工资，包括超额计件工资和小集体超额计件；（3）超产奖；（4）定包奖；（5）浮动工资，等等。

为了引导企业正确实行经济责任制，1981 年 11 月国务院批转《关于实行工业生产经济责任制若干问题的暂行规定》①。1982 年各地区普遍实行了经济责任制，并在探索中使之有了进一步发展。到 1982 年底，全国实行各种形式的经济责任制的企业达到 80% 以上。

实行经济责任制，使长期以来管理体制过分集中，统得过死的状况有所改变，企业有了一定的经营管理自主权，按照物质利益原则，调整了国家、企业、职工三者利益关系，在一定程度上克服了吃“大锅饭”、平均主义的弊病，调动了职工积极性。从 1983 年开始，完善经济责任制主要向企业内部深化发展，即在企业内部层层落实。企业根据国家宏观计划的要求和对国家承担的经济责任，制定一个以提高经济效益为中心的奋斗目标。按照责权利相结合，责任当头的原则，逐项分解，层层落实到科室、车间、班组，直到个人，建立起一套纵横配套、上下结合的比较完整的岗位经济责任制体系。

三、利改税

放权让利的改革和企业经济责任制给企业带来了生机和活力，也使得财政状况明显好转。1981 年的财政赤字从 1980 年的 127 亿元大幅度减少到 25 亿元。

在实行利改税之前，企业利润包干的基数和比例很难确定。由于不同企业情况千差万别，外部条件常常变化，要合理核定基数比例很难，容易造成苦乐不均、“鞭打快牛”的扭曲现象，而且分成基数比例一定几年不变，很难适应不断变化的经济情况，如果经常调整，又很难稳定国家和企业的分配关系，吵基数争比例问题层出不穷，耗费政府大量精力，又容易挫伤企业积极性。

我国于 1983 年、1984 年分步进行了以利改税为中心内容的工商税制改革。所谓利改税，就是把国有企业上缴利润改为按国家规定的税种及税率缴纳税金，税后利润完全归企业支配，逐步把国家与国有企业的分配关系通过税收的形式固定下来。

1981 年，在总结若干地区试点经验的基础上，国务院批准了财政部《关于改革工商税制的设想》。同时，财政部先后在湖北、广西、上海、重庆等地进行了国营企业利改税的扩大试点工作。1982 年 12 月，五届人大第五次会议通过的《关于第六个五年计划的报告》中指出：“今后三年内，对价格不作大的调整的情况下，应该改革税制，加快以税代利的步伐。”

---

① 本规定已被 1988 年 12 月 27 日国务院发布的《全民所有制工业企业承包经营责任制暂行条例》代替。

第一步利改税，是利税并存。企业先缴纳55%的所得税，税后利润在国家与企业之间分配，并通过调节税平衡不同行业之间的留利水平。第二步利改税，即从“税利并存”转到完全以税代利，“税后利润留归企业支配”。

1983年4月24日，国务院批转财政部拟定的《关于国营企业利改税试行办法》[①]，1983年1月起实施，开始第一步利改税。其主要改革内容有：

凡有盈利的国营大中型企业（包括金融保险组织），均根据实现的利润，按55%的税率交纳所得税。企业交纳所得税后的利润，一部分上交国家，一部分按照国家核定的留利水平留给企业。上交国家的部分，可根据企业不同情况，分别采取下列办法处理：（1）递增包干上交的办法。（2）固定比例上交的办法。（3）交纳调节税的办法。即：按企业应上交国家的利润部分占实现利润的比例，确定调节税税率。在执行中，基数利润部分，按调节税率交纳；比上年增长利润部分，减征60%的调节税。（4）定额包干上交的办法。只限于矿山企业实行，其他企业不实行这个办法。

对税后利润略低于或略高于国家核定留利水平的企业，交纳所得税以后，可以不再上交利润，国家也不再减征所得税。但对达不到国家核定的留利，差额极大的，可在一定期限内适当减征所得税。凡有盈利的国营小型企业[②]，应当根据实现的利润，按八级超额累进税率交纳所得税。交税以后，由企业自负盈亏，国家不再拨款。但对税后利润较多的企业，国家可以收取一定的承包费，或者按固定数额上交一部分利润。

上述各种办法的计算基数和递增包干上交比例、固定上交比例、调节税税率，以及定额包干上交数额，采取逐级核定的办法，一定三年不变。

利改税的第一步改革，比利润留成、利润包干等办法，更具优越性。这主要表现在：一是企业的大部分利润用征收所得税的办法上交，把国家与企业的分配关系基本上固定下来，对促进企业加强经营管理和稳定国家财政收入，起了良好的作用。二是较好地处理了国家、企业和职工三者的利益关系。1983年国营工业企业比上年增加利润42亿元，按利改税第一步改革执行的结果，国家所得占61.8%，企业所得占38.2%（用于生产发展基金、职工集体福利基金和奖金），这就体现了国家得大头、企业得中头、个人得小头的原则。三是扩大了企业财权，调动了企业和职工的积极性。当年实行利改税的工业、交通、商业企业共留

---

① 本规定已被1986年7月25日发布施行的《国务院关于废止部分财贸法规的通知》废止。

② 该试行办法规定，国营小型企业的标准是：按照1982年底的数据，工业企业（包括商办工业），固定资产原值不超过150万元、年利润不超过20万元的；商业零售企业，以自然门店为单位，职工人数不超过20～30人、年利润不超过3万元或5万元的。

利 121 亿元，比 1982 年增加 27 亿元，增长 28.2%。

在利改税的第一步改革中，有些问题还没有解决。主要缺陷是：没有解决好国家同企业的分配关系；由于价格体系不合理，行业与行业企业与企业之间利润水平悬殊，苦乐不均；企业所得税和税后利润的分配，仍然是按照企业的行政隶属关系划分的，也就难于削弱条条、块块因自身经济利益而对企业进行不必要的行政干预，行政领导仍然是企业的真正主宰者①。为此，1984 年 10 月又开始实施第二步利改税改革，实行完全以税代利，即将税利并存阶段的上缴利润也改为上缴税收。

第二步利改税改革的主要内容有：(1) 改革工商税制。主要是取消工商税税种，将原工商税分解为产品税、增值税、营业税、盐税，对工业产品除列出 12 个税目的产品实行增值税外，其他工业产品和规定的农产品实行产品税，商业经营和服务业实行营业税，并设立了资源税、城市维护建设税、房产税、城镇土地使用税、车船使用税等新税种。(2) 改革利润分配办法。主要是对有盈利的国营大中型企业仍按 55% 的比例税率征收所得税，所得税后利润应上交国家的部分，全部改为调节税形式上缴，调节税率按企业的不同情况分别核定，一户企业一个税率，企业在执行中增长的利润减征 70% 的调节税，税后利润全部留在企业运用；国营小型企业的所得税，改按新的八级超额累进税率征收，最低一档税率为 10%，最高一档税率仍为 55%，对少数所得税后利润较多的企业仍收取一定的承包费，但不征收调节税；经财政部门批准，企业的固定资产投资借款可在缴纳所得税前，用借款项目投产后的新增利润归还，并根据规定的比例按还款利润提取职工福利基金和职工奖励基金；对微利和亏损企业继续实行盈亏包干办法。

利改税以法律来规范国家与企业的分配关系，使之稳定，确保财政收入随经济发展而增长。通过把税后利润留给企业支配来搞活企业，提高企业和职工积极性；通过划分税种来解决中央和地方的分配关系，减少上级主管部门的行政干预，促进企业走向独立的责权利相结合的经济实体。希望通过利改税一举达到既搞活企业又保证“国家得大头”的双重目标。但是由于历史条件限制，利改税并没有摆脱旧体制的束缚。首先，在不彻底改变原有体制而通过技术性安排来实现企业公平有效竞争是不可能的；其次，试图通过分类产品税和资金税来规范国家和企业之间分配并不现实，国家和企业之间一对一谈判博弈，只会陷入政策和对策的循环；最后，利改税混淆了国家作为国有资产所有者和社会经济管理者双重身份的区别，将投资收益的利润和社会义务的税收混为一谈。

---

① 田纪云：《关于完善利改税制度的几个问题》，载于《财会通讯》1984 年第 S4 期。

四、企业承包制与企业破产改革

由于利改税本身存在不足，出台的时机又正逢经济过热后的宏观经济整顿和紧缩，出现了全国国有企业实现利润连续22个月滑坡的局面，很快就被承包经营责任制改革所取代了。[①]

（一）企业承包经营责任制改革

1986年12月5日，国务院发布《关于深化企业改革，增强企业活力的决定》，对深化企业改革的关键在于所有权和经营权的分离，提出了三条具体思路：一是在小型企业和一些亏损微利的中型企业中实行租赁制；二是在大中型企业中推行多种形式的经营责任制；三是在有条件的大中型企业中进行股份制试点。经过实践，对承包经营从理论上跃上了一个新高度，在企业推行承包经营也出现了新高潮。

当时认为承包制具有强大的生命力。这是因为：（1）在市场体系不完善，外部条件差别很大的环境下，承包可以正确划分国家与企业关系、充分调动企业积极性的有效办法；（2）承包制通过合同形式解决了国家与企业的关系，通过契约明确双方的责权利，契约双方在法律上是平等的，把过去的行政隶属依附关系变成平等的经济关系；（3）承包制有利于两权分离；（4）承包制有利于引入竞争机制，培养企业家；（5）承包制可以较快提高经济效益[②]。

1987年3月，第六届全国人民代表大会第五次会议通过的《政府工作报告》提出："今年改革的重点要放在完善企业经营机制上，根据所有权与经营权适当分离的原则，认真实行多种形式的承包经营责任制，使企业真正成为相对独立、自主经营、自负盈亏的经济实体。"4月，国家经委受国务院委托，召开了全国企业承包经营责任制座谈会，全面布置推行承包制的各项工作，决定从当年6月份起，在全国范围普遍推行承包经营责任制。8月，国家经委、国家体改委印发《关于深化企业改革、完善承包经营责任制的意见》。指出，实行承包经营责任制，必须坚持"包死基数、确保上交、超收多留、欠收自补"的原则，兼顾国家、企业、职工三者利益。

据国家统计局统计，截至1987年底，我国大中型国营工业企业中，实行多

---

① 章迪诚、张星伍：《中国国有企业改革的正式制度变迁》，经济管理出版社2008年版，第49页。

② 高尚全：《1987年经济体制改革的新特点》，引自中国经济年鉴编委会：《中国经济年鉴（1988）》，经济管理杂志社1988年版，第233～237页。

种形式的承包经营责任制的企业占 82%；小型国营企业中，由集体或个人经营、租赁或承包的企业占 46%；大中型国营商业企业有 60% 以上实行了承包经营责任制①。

1988 年 2 月，国务院发布了《全民所有制工业企业承包经营责任制暂行条例》，规范了国家与企业的责权利关系，使承包制走上法制轨道。承包经营责任制的主要内容是：包上缴国家利润，包完成技术改造任务，实行工资总额与经济效益挂钩。承包上缴国家利润的形式主要有：（1）上缴利润递增包干；（2）上缴利润基数包干，超收分成；（3）微利企业上缴利润定额包干；（4）亏损企业减亏（或补贴）包干。

在全面推行承包经营责任制的同时，还推行了资产经营责任制、企业租赁制和股份制试点。1988 年 6 月，国务院发布《全民所有制小型工业企业租赁经营暂行条例》，规范小型工业企业的租赁经营。

为解决承包企业的税前还贷问题，国家体改委和财政部还制订了“利税分流，降低所得税，改税前还贷为税后还贷，实行税后承包”的改革方案，并于 1988 年选择重庆市进行试点。

承包经营责任制以契约形式扩大了企业经营自主权，强化了企业的利益主体地位。承包经营责任制全面推行后效果明显，仅仅两个月就扭转了全国工业企业实现利润连续 22 个月下滑的局面，当年即增加财政收入 60 多亿元。到 1988 年底，即全面推行承包经营责任制后 20 个月，全国预算内工业企业增创利税 369 亿元，相当于 1981 ~1986 年六年间企业所创利税的总和。但是其负面效应逐步显现，如普遍的企业经营者的短期行为，包盈不包亏等。把部分剩余控制权和剩余索取权交给承包者后，国有企业产权界定变得更加模糊，发包者与承包者之间利益冲突加剧，双方相互侵权的行为更容易发生②。

（二）企业破产改革

1986 年 12 月 2 日第六届全国人民代表大会第 18 次常委会会议通过了《中华人民共和国企业破产法（试行）》。这是一部先于《中华人民共和国全民所有制工业企业法》③ 颁布的法律，其中第四十三条规定：“本法自全民所有制工业企

① 国家统计局：《1987 年统计公报》，http：//www. cfen. com. cn/sjpd/hg/201601/t20160121_1654290. html。

② 杨德才：《中国经济史新论》（下册），经济科学出版社 2009 年版，第 457 页。

③ 《中华人民共和国全民所有制工业企业法》于 1988 年 4 月第七届全国人民代表大会一次会议通过。

业法实施满三个月之日起试行，试行的具体部署和步骤由国务院规定”。

《破产法（试行）》总则规定，制定本法的目的是“为了适应社会主义有计划的商品经济发展和经济体制改革的需要，促进全民所有制企业自主经营，加强经济责任制和民主管理，改善经营状况，提高经济效益，保护债权人、债务人的合法权益”。本法“适用于全民所有制企业”。“企业因经营管理不善造成严重亏损，不能清偿到期债务的，依照本法规定宣告破产”。

《破产法（试行）》颁布后，在实际中并未真正得到执行。据统计，从《破产法》实施到1991年底，全国700多万家工业企业中，宣布破产的只有6家，并且全部为集体企业。即使到国有企业全面推行股份制改造前的1993年底，法院受理的破产案件也屈指可数①。《破产法》难以实施，其根本原因是缺乏与之相适应的市场环境和制度环境。

从20世纪70年代末到90年代初，国有企业改革进行了十多年，却始终没有走出“一放就活、一活就乱、一乱就收、一收就死”的怪圈，企业活力有所增强，但总体面貌并无大的改观。

第二节　建立国有资产管理体制

建立国有资产管理体制的问题，是随着国有企业改革逐渐深化提出来的。随着改革的不断深入和各种经济成分的迅速发展，在企业产权交易过程中，国有资产流失的现象时有发生，为了解决国有资产管理混乱的问题，中央决定设立国家国有资产管理局，代表国家行使国有资产的代表权、使用权、收益权、处分权四大权能。国家国有资产管理局将管理国内和境外的国有资产，拟定国有资产的各项管理制度，会同实行承包、租赁、联营和拍卖清理中有关国有资产的评估问题，检查国有资产的使用情况，推动国有资产的管理工作。

一、加强国有资产的管理

针对国有资产管理弱化的现象，国家从四个方面加强了对国有资产的管理：

一是开展国有资产所有权界定和产权登记。国家国有资产管理局会同有关部门联合发布了《企业国有资产所有权界定的暂行规定》和《国有资产产权登记

① 杨德才：《中国经济史新论》（下册），经济科学出版社2009年版，第463页。

管理办法》，要求企业必须对应属国有的资产，进行所有权界定，对经鉴定后属于国有的资产必须进行产权登记，履行国家取得资产所有权和企业取得国有资产经营使用权的法律手续。

二是开展国有资产清产核资试点。1990 年 1 月，国务院召开新中国成立以来的第一次全国国有资产管理工作会议。会议指出，当前国有资产管理，应当采取先保卫后提高效益的方针，对各种侵占瓜分国有资产的行为，要坚决制止。今后在国有资产使用方面，不仅要以产值利润率、销售利润率来考核企业的经营效果，更要注意以资金利润率来考核企业的经营成果。会议提出，要有计划地开展清产核资工作，计划用三四年的时间把家底摸清。1990 年底，初步确定了清产核资的基本方案，草拟了“清产核资工作总体方案”，在全国开始了全面或专项试点工作。

三是加强国营企业的企业产权管理。针对承包制企业中，国有资产管理存在的资产保值、增值缺乏保障，企业短期行为等问题，国家国有资产管理局会同有关部门联合发布《关于加强承包经营责任制企业国有资产管理的试行办法》，设置了国有资产增长率、折旧基金、大修理基金提足率等五个考核指标，加强了对国有资产保值增值的管理。针对国营企业股份制试点中出现的侵害国有资产权益的诸多弊端，国家国有资产管理局会同有关部门联合发布了《关于在股份制试点中加强维护国有资产权益的通知》，要求国有资产管理部门要切实行使国家股股权，维护国有资产权益，坚决纠正国营企业股份制试点中用企业的国家留用资金设置“企业股”及个人股保息分红，收益率偏高等侵害国有资产权益的做法。

四是加强产权变动中的国有资产评估。

二、国有资产管理和运营体制改革探索

1993 年 11 月，党的十四届三中全会通过的《中共中央关于建立社会主义市场经济体制若干问题的决定》指出：“以公有制为主体的现代企业制度是社会主义市场经济体制的基础。建立现代企业制度，是发展社会化大生产和市场经济的必然要求，是我国国有企业改革的方向。”① 这也表明，传统放权让利的国有企业改革模式已经结束，改革从此走上了制度创新之路。

在该《决定》中，明确对国有资产实行“国家统一所有、政府分级监管、企业自主经营”的体制，要建立中央、省级国有资产管理专门机构，这也是在政

① 《中共中央关于建立社会主义市场经济体制若干问题的决定》，人民出版社 1993 年版，第 4 页。

企分开之外，首次提出了政资分开的概念。

经过十年的努力，初步建立了中央、省、市、县四级国有资产管理机构和国有资产管理队伍。这些机构分为几种模式：一是在同级财政部门下设立国有资产管理局，中央政府和大部分省、自治区、直辖市采用这种模式；二是由地方党政部门设立国有资产管理委员会，下设国有资产管理办公室作为专职办事机构，如深圳、上海、内蒙古等地采取了这种做法；三是在政府下设国有资产管理局，或者是国有资产管理局与财政局，是一个机构两块牌子，主要是一些县级机构。

1998 年九届全国人大一次会议，决定将国有资产管理机构并入财政部。在这一次国务院机构改革过程中，机械、化工、内贸、煤炭等 15 个以主管行业内企业为主要职能的专业经济部门，被改组为隶属于国家经贸委的“局”，并明确不再直接管理企业。2001 年 2 月，国家经贸委下属 9 个国家局被撤销。国有资产管理局撤销后，国资管理职能移交财政部企业司；各专业经济部门撤销后，对行业内企业的管理职能也分散到了各个政府部门，按照国有资产“国家所有分级管理”的原则，国企改制、转让方案，被进一步明确要由中央政府批准。

1994 年 7 月，国务院颁布的《国有企业财产监督管理条例》明确指出，国有企业财产属全民所有即国家所有，企业对国家授予其经营管理的财产，依法自主经营，享有占有、使用和依法处分的权利，国务院代表国家统一行使对企业财产的所有权，实行分级管理和分级监督；还提出政府向 500 ~ 1000 个重点国有大企业外派监事会。1998 年上半年，又改为在重点国有大企业中设立“稽察特派员制度”。这是国家加强国有企业财务管理和对企业领导干部管理制度实施的重大改革。

三、国有资产监督管理体制的建立

对于国有资产监督管理体制的建立，党的十六大报告提出了“国家所有，中央政府和地方分别代表国家履行出资人职责，享有所有者权益”的构想。这一构想不仅表明我国长期实行的国有资产“国家统一所有、地方分级管理”的模式走到了尽头，而且也表明中央决定采取了有别于分级管理和分级所有的做法，而实行分级行使产权的做法。

国家所有、分级产权，终极所有者是国家，中央政府和地方政府行使的是出资人所有权。国家作为终极所有者的权益，需要通过立法确认。分级产权，意味着地方政府将有更大的自主权，有利于运用市场化方式配置资源。

党的十六大报告中提出“中央政府和省、市（地）两级政府设立国有资产管理机构"，这实际上回答了，在政府管理机构中明确设立国有资产管理机构，是第一次在政府管理体制上实现所有者管理职能与社会经济管理职能的分开，从而使十四届三中全会提出的"政资分开"的目标得以实现，以此为目标，国有资产进入了一个"资产化管理"的新时代，即从管企业走向管资产。

2003 年十届全国人大一次会议，决定成立新的国有资产管理机构——国有资产管理委员会，在国有资产国家统一所有的前提下，由中央政府和地方政府分别代表国家履行出资人职责，享有所有者权益，权利、义务和责任相统一，管资产和管人、管事相结合的国有资产管理体制。2003 年 3 月 19 日，国务院常务会议决定，设立国务院国有资产监督管理委员会；3 月 26 日，国务院常务会议讨论通过了国务院国有资产监督管理委员会的"三定"方案，国务院国有资产监督管理委员会（简称"国务院国资委"）正式挂牌。从 4 月初开始，各级国有资产监督管理机构陆续完成了组建工作。

第三节　建立现代企业制度

1992 年 10 月，党的十四大明确了我国经济体制改革的目标是建立社会主义市场经济体制。1993 年 11 月，党的十四届三中全会通过了《关于建立社会主义市场经济体制若干问题的决定》（以下简称《决定》）指出，"继续深化企业改革，必须解决深层次矛盾，着力进行企业制度的创新，进一步解放和发展生产力，充分发挥社会主义制度的优越性"。

一、现代企业制度基本特征

以公有制为主体的现代企业制度是社会主义市场经济体制的基础。建立现代企业制度，是发展社会化大生产和市场经济的必然要求，是我国国有企业改革的方向。

《决定》指出了现代企业制度基本特征："一是产权关系明晰，企业中的国有资产所有权属于国家，企业拥有包括国家在内的出资者投资形成的全部法人财产权，成为享有民事权利、承担民事责任的法人实体。二是企业以其全部法人财产，依法自主经营，自负盈亏，照章纳税，对出资者承担资产保值增值的责任。三是出资者按投入企业的资本额享有所有者的权益，即资产受益、重大决策和选择管理者等权利。企业破产时，出资者只以投入企业的资本额对企业债务负有限责任。四是企业按照市场需求组织生产经营，以提高劳动生产率和经济效益为目的，政府不直接干预企业的生产经营活动。企业在市场竞争中优胜劣汰，长期亏损、资不抵债的应依法破产。五是建立科学的企业领导体制和组织管理制度，调节所有者、经营者和职工之间的关系，形成激励和约束相结合的经营机制”①。

至于通过什么企业组织形式去实现这些性质和特征，《决定》提到：“国营企业实行公司制，是建立现代企业制度的有益探索。”②

二、《公司法》出台和现代企业制度改革试点

1993 年 12 月 29 日，第八届全国人大常委会第五次会议通过了《中华人民共和国公司法》，并于 1994 年 7 月 1 日实施。1994 年八届全国人大二次会议通过的《政府工作报告》明确指出，国家将组织一批国有大中型企业，按照《公司法》实行公司制改组，进行现代企业制度试点，确定了公司作为现代企业制度的组织形式。

1994 年 11 月初，国务院召开全国建立现代企业制度试点工作会议。会上通过了《关于选择一批国有大中型企业进行现代企业制度试点的方案》等文件，该《方案》提出：“国有企业实行公司制，是建立现代企业制度的有益探索。公司制企业以清晰的产权关系为基础，以完善的法人制度为核心，以有限的责任制度为主要特征。”

现代企业制度改革试点的主要内容有：（1）完善企业法人制度。主要工作是清产核资，界定产权，清理债权债务，评估资产，核实企业法人财产占用量，核定资本金，对其中的国有资产办理产权登记。（2）确定企业国有资产投资主体。按照政府的社会经济管理职能和国有资产所有者职能分开的原则，国有资产投资主体必须是国有独资的投资公司、控股公司、资产经营公司或具备条件的企业集团公司。通过各种方式对企业实行交叉持股，将单一投资主体的企业改组为多元投资结构。试点文件还规定：一时难以确定国有资产投资机构的企业，也可以由政府授权某个部门作为国有资产投资主体，代行管理国家股权。（3）确定企业改建为公司的组织形式。原则上对生产某些特殊产品的企业或者属于特定的企业应改组为国有独资公司；大部分企业应改组为有限责任公司；具备条件的可以改组为股份有限公司；全国性行业总公司可逐步改组为国家控股公司；企业集团则按

①② 《中共中央关于建立社会主义市场经济体制若干问题的决定》，人民出版社 1993 年版，第 5 ~ 6 页。

母子公司体制进行改组。有限责任公司的实现途径有：企业之间投资参股；吸收其他法人投资入股；债权转股权或引进外资入股等；有条件的企业也可试行规范化的内部职工持股。（4）建立规范的公司内部组织管理机构。根据决策机构、执行机构、监督机构相互独立、权责明确、相互制约的原则，形成由股东会、董事会、监事会和经理层组成的公司内部组织管理机构，各司其职，有效行使决策、监督和执行权。（5）改革企业劳动人事工资制度。取消企业管理人员的国家干部身份，打破不同所有制职工之间的身份界限，建立企业与职工双向选择的用人制度。经理、副经理等高级管理人员与董事会签订聘用合同，其他员工与企业签订劳动合同，全体职工与企业签订集体合同。企业和员工均可依法解除劳动合同；企业经营活动发生重大变化或出现严重困难时可以裁员，但要按照合同规定承担相应责任。政府对企业工资总量实行间接控制，制定最低工资标准，对企业工资水平的确定情况进行监督、核查。企业自主确定本企业的工资水平和内部分配方式，实行个人收入货币化和规范化。（6）建立企业财务会计制度。根据企业财务状况，按照清产核资办法和有关的财务会计规定，清理和调整企业资产负债结构。全面实行《企业财务通则》和《企业会计准则》，公司财务实行内部监督和外部监督相结合。董事会制定财务预、决算；股东会批准预、决算；监事会负责公司财务检查。公司财务报告经注册会计师查账验证后，由股东会审议批准。（7）发挥党的基层组织在企业中的政治核心作用。（8）完善工会工作和职工民主管理。

1995 年 6 月，百户改革试点的第一户企业——保定变压器厂的《实施方案》通过论证，《人民日报》为此专门配发了“紧烧火，慢揭锅”的长篇报道。国务院确定的百户试点企业，分布在全国 30 个省、自治区、直辖市及 26 个部门和总公司，东部沿海企业相对多于中、西部内地企业；100% 是国有企业，其中 80% 是工业企业，20% 是外贸、商业和建筑企业；这些企业中的绝大部分是工厂制企业，也有部分是有限责任公司，或股份有限公司，或集团公司；大部分企业经营效益较好，也有十多户是效益一般的企业，还有 12 户是亏损或微利企业。1996 年底，100 家试点企业除 1 家解体（上海无线电三厂）和 1 家被兼并（淄博化纤总厂被齐鲁石化公司兼并）外，其余 98 家都进行了公司制改造。改造的方式有四种：（1）由工厂制直接改为多元股东持股的公司有 17 家，其中改为股份有限公司 11 家，有限责任公司 6 家。（2）由工厂制改为国有独资公司的有 69 家，其中 29 家是先改造成国有独资公司，然后再由国有独资公司作为投资主体，将生产主体部分改造成多元投资主体的有限责任公司或股份有限公司。（3）有 10 家由原来的行业主管厅局改造成纯粹的控股型国有独资公司。（4）按照先改组和改制的原则进行结构调整，有 2 家实行资产重组。经过公司化改制，到 1996 年底，百家试点企业的总资产额达到 3600. 8 亿元，比试点前增加 94. 5 亿元，增长 27. 6%；所有者权益 1231. 8 亿元，比试点前增加 383 亿元，增长 31. 1%。这些企业的资产负债率由试点前的 67. 59% 下降到 62. 28%，比试点前下降了 5. 31 个百分点；分离富余人员 11. 7 万人，占富余人员总数的 65%①。

试点企业的公司化改造取得了一些成果，但由于没有强调通过股权多元化把原有的国有企业改组为真正的企业，绝大多数参加这一试点的企业只是变成了形式上类似于现代公司的"国有独资公司"，以至于在 1996 年底原定的试点验收阶段，几乎没有一个企业真正达到公司制的起码标准。

除国务院确定的百户试点企业外，各省、区、市和国家各产业部又确定了自己范围内的试点企业，全国共计达到 2343 户试点。至 1996 年末，2343 户试点企业拥有职工 1004 万人，资产总计 19400 亿元。

国有企业现代企业制度改革三年试点的最大的成效就是加深了人们对现代企业制度运行机制的认识，进一步明确了建立现代企业制度的必要条件、可行途径及重点、难点问题，为在更大范围内推进建立现代企业制度的建设创造了条件。

第四节　国有经济的战略性调整

与国有企业改革同步进行的是国有经济的战略性调整，这涉及到国有企业"抓大放小"的改革、国有企业在行业和产业布局的分类改革等。

一、"抓大放小"的改革

1990 年以后，随着国有企业的改革走向深入，国有经济也获得了较快发展，1990～1995 年，国有工业企业的总产值从 13064 亿元增加到 31220 亿元，平均每年增长 18. 4%。但是，在国有经济规模不断扩张的同时，经济效益却没有得到同步提高，而且国有企业的经济效益与企业规模明显相关。在亏损的国有企业中，大型企业的亏损额虽然最大，但亏损面最小，亏损率最低；相反，小型企业的亏损额虽然小于大型企业，但亏损面最大，亏损率也高于大型企业。

1995 年 9 月党的十四届五中全会通过的《中共中央关于制定国民经济和社

① 董辅礽主编：《中华人民共和国经济史》下卷，经济科学出版社 1999 年版，第 396 页。

会发展“九五”计划和2010年远景目标的建议》，对国有企业改革提出了新的思路：一是转变经济增长方式；二是实行“抓大放小”的改革战略。

关于“抓大放小”的改革战略，《建议》指出：“要着眼于搞好整个国有经济，通过存量资产流动和重组，对国有企业实施战略性改组。这种改组要以市场和产业政策为导向，搞好大的，放活小的，把优化国有资产分布结构、企业组织结构同优化投资结构有机地结合起来，择优扶强，优胜劣汰，形成兼并破产、减员增效机制，防止国有资产流失。重点抓好一批大型企业和企业集团，以资本为纽带，联结和带动一批企业的改组和发展，形成规模经济，充分发挥它们在国民经济中的骨干作用。区别不同情况，采取改组、联合、兼并、股份合作制、租赁、承包经营和出售等形式，加快国有小企业改革改组步伐。”①

“抓大放小”突出反映了国家要着眼于整体上搞好国有经济，而不再像以前那样拘泥于搞活每一个国有企业。“抓大”，对经济效益好、实力强、资产负债率合理、有前途的重要企业实行大企业、大集团战略，促进其壮大；对经济效益较好、实力强、资产负债率较高、生产正常的企业，要加强管理，加强技改力度，增资减债，创造有利条件使其进入市场公平竞争；对经济效益差、资产负债率高、经营困难、但又是经济中非常重要的行业，要综合治理，给予必要的扶持。“放小”就是探索搞活企业的多种途径，使其成为社会主义市场经济中自主经营、自我约束、自我发展的经济实体。

1996年，在“抓大”方面，国家确定了对1000户重点企业分类指导的方案；在“放小”方面，国家有关部门在这一年出台了关于放开搞活国有小型企业的意见。各地采取了改组、联合、兼并、股份合作制、租赁、承包经营和出售等多种形式，把一大批小企业直接推向市场，这些国有小企业大多数走上了非国有化的民营发展道路。

在“抓大放小”战略提出的同时，理论界也提出了对国有企业进行分类改革的思路。主张根据国有企业提供的产品性质，对国有企业选择不同类型的改革战略②。

第一，提供公共产品的单位应选择国有国营模式，为确保规模经济和范围经济效益，政府不仅拥有和经营提供公共产品的企业，而且对企业进入或退出公共产品行业，实行严格管控。

第二，对于处于自然垄断行业的企业宜选择国有国控模式，即在国有资本保

---

① 中共中央文献研究室编：《十四大以来重要文献选编》（中），人民出版社1997年版，第1496页。

② 杨瑞龙主编：《国有企业治理结构创新的经济学分析》，中国人民大学出版社2001年版，第221页。

持控制力的条件下，引入多元化的产权主体，通过某种受法律保护的契约关系，界定政府与企业之间的责权利关系。国有资本在报酬递增行业保持其控制力，有助于优化资源配置、提高企业的资源利用率、调节收入分配、实现企业财务的稳定化，以及顺利完成发展中国家赶超发达国家的发展任务。

第三，竞争性的大型国有企业已进行公司化改造，并可根据不同的情况，分别把他们改造成股票上市公司，股票不上市公司和有限责任公司；有的企业可以采取承包制、租赁制等形式。同时，国有资本将从一些企业中退出，形成投资主体多元化的混合所有制经济。

第四，放活国有中小型企业。政府从国有中小型企业中退出，由市场来选择企业的组织形式，其关键是放开所有权，而不仅仅是在保持政府拥有所有权条件下，放开经营权。当然，不能在放活国有小企业的幌子下，逃避偿债义务，置下岗职工于不顾，甚至瓜分国有资产①。

二、国有企业的 3 年脱困

1997 年东亚金融危机的发生及其影响，改变了全球经济增长的态势，我国经济也进入了需求不足的经济周期，很多行业、许多产品都出现了产能过剩、价格下滑的情况，国有企业的财务状况陷入了谷底。在这种背景下，党的十五届一中全会提出：用 3 年左右的时间使大多数国有大中型亏损企业扭亏增盈，摆脱困境；到 2000 年，使大多数国有大中型骨干企业基本建立现代企业制度。

为了实现这一目标，国家出台了多项加快国有企业改革与重组的措施：

一是推进劣势企业的破产关闭。对那些严重亏损、扭亏无望以及资源枯竭的矿山企业，使之退出市场，强优汰弱、调整结构。为了把淘汰落后与安置职工结合起来，国务院对破产关闭企业的清算资产的清偿顺序做出了特殊安排，优先用于安置职工，而不是清偿国有银行的债权。这项政策实施以来，到 2007 年，全国共实施政策性关闭破产项目 4251 户，安置人员 837 万人。

二是实施债权转股权。为使那些部分产品有市场、发展有前景、管理基础好，只是由于负债过重而陷于经营困难的国有大中型企业摆脱困境，结合国有商业银行集中处理不良资产的改革，国家采取果断措施，3 年间把 600 多户、近 5000 亿银行债权转为国有资产公司对借款企业的股权，在很大程度上改善了国有大中型企业的债务结构，也促进了国有商业银行坏账的认定和处理。

---

① 杨德才：《中国经济史新论》（下册），经济科学出版社 2009 年版，第 474 ~ 476 页。

三是实施国债投资项目贷款贴息。3 年脱困期间，按照增加品种、改善质量、提高效益和替代进口的原则，国家选择重点行业、重点企业，共安排 3880 个投资贴息项目，总投资 2400 亿元，其中国家给予贴息 195 亿元。

四是推进企业重组上市。在加快现代企业制度建设期间，307 家国有企业在境内上市，共筹资 2723 亿元；22 家在境外上市，共筹资 267 亿美元。

通过上述措施，在全国国有企业广大干部职工的共同努力下，国有企业 3 年脱困的目标基本实现。到 2000 年底，国有及国有控股工业企业实现利润 2392 亿元，为 1997 年实现利润的 2.9 倍；在当时监测的 14 个行业中，有 12 个行业扭亏为盈或盈利继续增加，尚未扭亏的煤炭、军工企业亏损额也大幅下降；全国 31 个省市自治区国有及国有控股企业全部实现扭亏为盈；大多数国有大中型亏损企业实现脱困。1997 年亏损的 6599 户企业，已通过破产、重组、扭亏等各种形式减少了 4799 户，占 6599 户的 72.7%。全国进行建立现代企业制度试点的 2770 户企业，绝大部分实现了公司制改革；国务院批准试点的 520 户企业中的 514 户国有企业，有 430 户进行了公司制改革。①

在国有企业 3 年脱困期间，企业重组、负债结构调整、富余人员安置、社会保障建设等方面的力度不断加大，极大地促进了国有企业改革进程，并直接引发了下一轮的国有资产管理体制的改革。

三、国有资本有进有退的调整

1999 年 9 月，党的十五届四中全会通过的《中共中央关于国有企业改革和发展若干重大问题的决定》提出："从战略上调整国有经济布局，坚持有进有退，有所为有所不为。""国有经济要控制的行业和领域主要包括：涉及国家安全行业、自然垄断行业、重要公共产品和服务行业以及支柱产业和高新技术产业中的重要骨干企业。"

2003 年 10 月中共十六届三中全会通过的《中共中央关于完善社会主义市场经济体制若干问题的决定》提出要进一步巩固和发展公有制经济，鼓励、支持和引导非公有制经济发展。推行公有制的多种有效实现形式。"坚持公有制的主体地位，发挥国有经济的主导作用。积极推行公有制的多种有效实现形式，加快调整国有经济布局和结构。要适应经济市场化不断发展的趋势，进一步增强公有制

① 国家经贸委深化企业改革研究组：《国有企业三年改革与脱困成绩来之不易》，载于《中国经贸导刊》2001 年第 7 期。

经济的活力，大力发展国有资本、集体资本和非公有资本等参股的混合所有制经济，实现投资主体多元化，使股份制成为公有制的主要实现形式。需要由国有资本控股的企业，应区别不同情况实行绝对控股或相对控股。完善国有资本有进有退、合理流动的机制，进一步推动国有资本更多地投向关系国家安全和国民经济命脉的重要行业和关键领域，增强国有经济的控制力。其他行业和领域的国有企业，通过资产重组和结构调整，在市场公平竞争中优胜劣汰。发展具有国际竞争力的大公司大企业集团。继续放开搞活国有中小企业。以明晰产权为重点深化集体企业改革，发展多种形式的集体经济。"①

党的十七大报告指出："坚持和完善公有制为主体、多种所有制经济共同发展的基本经济制度，毫不动摇地巩固和发展公有制经济，形成各种所有制经济平等竞争、相互促进的新格局。"

对国有经济进行战略性调整，要坚持有进有退、有所为有所不为的原则。在涉及国家安全和国民经济命脉的行业、重大基础设施和重要矿产资源领域、提供重要公共产品和服务的行业，国有经济要起控制作用和占主导地位；其他竞争性行业的国有企业应该通过资产重组和结构调整，在市场公平竞争中优胜劣汰，而不是简单退出。

到党的十八大召开前，国有经济比重趋于下降，基本形成了国有、民营和外资三足鼎立的格局。在122户中央企业中，除了2家电网企业、3家电信企业、2家石油石化企业之外，其他企业都处于竞争性领域。即便是这7家企业，业务范围也有相当大的比重是竞争性领域②。多种所有制经济的共同发展推动了我国经济社会的健康运行。

---

① 中共中央文献研究室：《十六大以来重要文献选编》（上），中央文献出版社2005年版，第466页。

② 国资委：《国有企业要有进有退 也应参与市场竞争》，中广网，http：//news. cntv. cn/20110301/117507. shtml。

第十一章

收入分配制度的演进

引言　共同富裕理论的重大突破

收入分配制度是经济社会发展中的一项基础性的制度安排，是社会主义市场经济体制的重要组成部分。效率不仅源于资源配置，还源于收入分配的激励。改革开放以来中国经济发展的成功，除了靠市场配置资源外，再就是靠打破了平均主义的分配体制，允许一部分地区一部分人先富起来，建立起了按劳分配为主体多种分配方式并存的分配体制。

我国关于收入分配制度改革的探讨是从粉碎“四人帮”后按劳分配的理论讨论开始的。1978 年 12 月召开的党的十一届三中全会充分肯定了按劳分配理论研讨会的成果，对按劳分配理论进行了正本清源。既反对平均主义分配，又重视物质利益，由此为以提高效率为中心的收入分配体制改革打开了缺口。

富起来时代的收入分配改革针对过去长期实行的平均主义分配压抑积极性产生低效率状况，重在效率，其指导思想可以追溯到邓小平关于社会主义本质的论述：“我们坚持走社会主义道路，根本目标是实现共同富裕，然而平均发展是不可能的。过去搞平均主义，吃‘大锅饭’，实际上是共同落后，共同贫穷。”① 显然，贫穷不是社会主义，平均主义不是社会主义，贫富两极分化也不是社会主义。所要建立的收入分配体制既要拉开差距促进效率，又要防止贫富两极分化，逐步实现共同富裕。

改革集中在两个方面：一是各种生产要素参与收入分配后形成按劳分配为主

---

① 《邓小平文选》第 3 卷，人民出版社 1993 年版，第 155 页。

体多种分配方式并存的基本分配制度。二是实施允许一部分地区和一部分人先富起来的大政策。其明显效果是：打破大锅饭的平均主义分配，提高了劳动效率；各种生产要素参与收入分配，充分动员了各种创造财富的要素；允许一部分地区一部分人先富起来，充分释放了发展经济的潜力。改革的实践推动了分配领域的一系列理论和制度的突破。

一、分配制度的突破

长期以来，对社会主义条件下的分配制度一直强调的是按劳分配，但实践中平均主义的吃大锅饭的分配占主导地位，由此产生共同贫困。改革必然要冲破这种分配制度的束缚。

分配关系本质上和生产关系是同一的，是生产关系的另一面。马克思认为，“分配的结构完全决定于生产的结构，分配本身就是生产的产物，不仅就对象说是如此，而且就形式说也是如此。就对象说，能分配的只是生产的成果，就形式说，参与生产的一定方式决定分配的特殊形式，决定参与分配的形式”①。随着社会主义初级阶段的确认，生产方式的制度突破必然带动分配制度突破。首先是，多种所有制经济的迅猛发展导致公有制为主体、多种所有制经济共同发展的基本经济制度的形成，这种所有制结构在分配上的反映就是按劳分配为主体多种分配方式并存的分配结构的形成。其次是社会主义市场经济体制的形成，导致各种生产要素进入市场并由市场配置，由此决定各种生产要素处于收入分配。在这种分配制度中，按劳分配为主是公有制为主体在分配上的体现，多种分配方式指的是资本、技术、管理等要素参与分配，体现多种所有制经济的共同发展。

生产要素参与收入分配需要从要素所有权来说明。在传统理论中，社会主义社会除了劳动力所有权属于劳动者个人所有外，其他要素都是公有的。因此只保留按劳分配一种分配形式。而在现实的社会主义初级阶段基本经济制度中，不仅是劳动力，其他要素都属于不同的所有者。即使是国有企业，它相对于并存的其他国有企业，其所有的要素也有所有权的要求。因此在社会主义初级阶段，资本、技术、管理等要素都属于不同的所有者（包括私人）所有。特别是在社会主义初级阶段，发展生产力的主要约束因素是资本、技术、企业家等要素供给不足。与此相应，所要建立的收入分配制度，不仅要刺激劳动效率，还要刺激资本、技术、管理等要素所有者的各种要素的投入，特别是要让一切劳动、知识、

① 《马克思恩格斯选集》第 2 卷，人民出版社 1995 年版，第 13 页。

技术、管理、资本的活力竞相迸发，让一切创造社会财富的源泉充分涌流。这就要在收入分配体制上承认要素报酬，根据资本、劳动、资源、技术和企业家等要素在生产过程中的投入和贡献取得相应的报酬。

在我国社会主义初级阶段基本经济制度确立以后，收入分配体制改革进一步深入到劳动以外的生产要素参与收入分配。党的十四大明确提出建立社会主义市场经济体制，同时提出允许属于个人的资本等生产要素参与收益分配；党的十五大提出，允许和鼓励资本、技术等生产要素参与收益分配，增加了“技术要素”；党的十六大提出，确立劳动、资本、技术和管理等生产要素按贡献参与分配的原则，不仅增加了管理要素，而且明确各种要素按“贡献”参与分配；党的十七大提出，健全劳动、资本、技术、管理等生产要素按贡献参与分配的制度，这里突出了相应的制度建设问题。这样就形成了我国社会主义初级阶段的基本分配制度。

二、共同富裕理论的突破

共同富裕是社会主义的分配原则。但长期以来，人们对共同富裕的认识存在偏差。一是把共同富裕理解为平均分配；二是把共同富裕的实现路径理解为同步富裕。其后果是不能充分调动发展的积极性，各个方面发展的潜力不能充分挖掘。在改革进程中，明确允许一部分地区一部分人先富起来的大政策可以说是社会主义共同富裕理论的重大突破。

允许一部分地区一部分人先富起来的大政策是社会主义共同富裕理论与中国所处发展阶段实际相结合的重大发展。在社会主义初级阶段的共同富裕存在先富后富的差别、有快有慢的差别，而绝不是那种极少数人变成剥削者，大多数人陷于贫穷的两极分化。这就是邓小平说的，“我们允许一部分人先好起来，一部分地区先好起来，目的是更快地实现共同富裕。正因为如此，所以我们的政策是不使社会导致两极分化，就是说，不会导致富的越富，贫的越贫。坦率地说，我们不会容许产生新的资产阶级。”①

首先，一部分人先富起来是基于效率差别和要素投入的差别。一部分人先富起来的基础有：勤劳致富，更高的劳动效率，善于经营，更高的技术和资本等要素的贡献。一部分人先富起来的政策，动员了各种要素的投入和贡献，使各种创造财富的活力充分迸发，创造了一系列勤劳致富、创业致富、经营致富和创新致

① 《邓小平文选》第3卷，人民出版社1993年版，第172页。

富的路径。居民在谋求先富起来的同时，提高了效率，为社会创造了巨大的财富，推动了经济的快速发展。

其次，允许一部分地区先富起来，实际是给有条件加快发展的地区提供充分发挥其发展潜能的机会，使较其他地区发展更快的地区从发展中得到相应的经济利益，由此调动各个地区加快经济发展的积极性。具体地说，各个地区本来就存在着经济发展能力和条件的差别。在原有的追求平均主义体制中，有能力和条件更快发展的地区，没有加快发展的动力。允许一部分地区先富起来政策的实施，调动了各个地区发展经济的积极性。特别是一部分有发展条件的地区得到率先发展的政策环境。有可能充分发挥自己的优势。

对各个地区来说，允许一部分地区先富起来政策应该说是普惠的，20 世纪 80 ~90 年代沿海开放政策则是东南沿海地区首先享受的。在国家各种生产要素特别是建设资金严重缺乏的条件下，在沿海地区的先行发展，不可能靠国家直接提供投资，也不能以牺牲中西部地区发展为代价，只能靠政策，即与允许一部分地区先富起来的政策相关的各种改革开放政策。对东南沿海地区经济加速增长起作用的机制主要是率先市场化、国际化和工业化。

在社会主义条件下一部分地区先富起来不是目的，而是共同富裕的路径。1992 年邓小平视察南方时完整提出了其共同富裕的构想：一部分地区有条件先发展起来，一部分地区发展慢点，先发展起来的地区带动后发展的地区，最终达到共同富裕。如果富的愈来愈富，穷的愈来愈穷，两极分化就会产生，而社会主义制度就应该而且能够避免两极分化。解决的办法之一，就是先富起来的地区多交点利税，支持贫困地区的发展。

三、效率与公平关系理论的突破

过去相当长时期，理论上公平与效率是对立的。大锅饭的平均主义分配实际上是要公平不要效率。改革一开始就打破“大锅饭”的平均主义分配，实行按劳分配，多劳多得，大大提高了劳动效率。实行各种类型的承包责任制，进一步调动了劳动的主动性和积极性，因此推动了公平与效率关系的理论突破。

收入分配体制直接影响要素投入和产出的效率，如劳动效率、资本效率、土地效率等。从我国的实践看，经济效率的提高、经济发展速度的加快，很大程度上是由收入分配体制的改革推动的。搞平均主义的“大锅饭”分配，就会导致劳动效率低下。允许一部分人一部分地区先富起来的大政策，也就是允许收入差距的存在，进而牵动对公平和效率关系的认识的深化。1997 年 9 月党的十五大则第一次提出坚持效率优先、兼顾公平的表述。2002 年 11 月党的十六大以及 2003 年党的十六届三中全会关于完善社会主义市场经济体制若干问题的决定在继续效率优先兼顾公平的提法的同时，又进一步明确初次分配注重效率，发挥市场的作用，鼓励一部分人通过诚实劳动、合法经营先富起来。再分配注重公平，加强政府对收入分配的调节职能，调节差距过大的收入。

总的来说，在富起来的时代，效率优先的收入分配体制取得了明显的提高效率的效果，但随之而来的是公平难以兼顾，收入差距逐渐扩大，居民收入基尼系数逐年递增，城乡居民差距扩大，东中西部之间区域差距明显扩大。显然，进入 21 世纪后，在公平与效率的关系上，分配不公问题更为突出，甚至严重影响效率的进一步提高。2007 年 10 月召开的党的十七大，不再使用效率优先兼顾公平的提法，而是用新的提法，即初次分配和再分配都要处理好效率和公平的关系，再分配更加注重公平。逐步提高居民收入在国民收入分配中的比重，提高劳动报酬在初次分配中的比重。并且要求扭转收入差距进一步扩大的趋势。这意味着允许一部分地区一部分人先富起来的大政策需要转向让大多数人富起来，效率优先兼顾公平的分配原则需要转向兼顾效率和公平的原则。

第一节 党的十一届三中全会关于按劳分配的正本清源

“文化大革命”中“四人帮”以“资产阶级法权”为名对按劳分配的污名化，在人们的思想上引起了极大的混乱，在实践中产生平均主义分配，干多干少一个样，干好干坏一个样，压抑和束缚了广大干部和群众建设社会主义的积极性，造成了整个经济活动的低效率和人民群众的共同贫困。

一、粉碎“四人帮”后对按劳分配的大讨论

粉碎“四人帮”后我国思想理论界的思想解放首先针对的是被“四人帮”污名化的按劳分配理论。1977 年 4 月 13、14 日，国家计委经济研究所、中国社会科学院经济研究所、北京市委党校、北京大学等 30 多个在京单位的 100 多位理论工作者进行了第一次全国按劳分配理论讨论会。同年 6 月 22、23 日第二次按劳分配理论讨论会召开，1977 年 10 月 25 日至 11 月 1 日在北京举行第三次按劳分配理论讨论会，参加讨论会的除了 135 个在京单位的 500 多人外，还有来自 23 个省、市、自治区 120 多个单位的 280 余人。1978 年 10 月 25 日至 11 月 3 日，

中央工作会议前夕，更大规模的第四次全国按劳分配理论讨论会在京召开。参会代表来自中央和 28 个省市自治区的研究单位、大专院校、新闻出版以及其他部门，是规模最大、参加人数最多的一次按劳分配理论讨论会。

党的十一届三中全会召开以前举行的四次关于按劳分配理论讨论会是我国当时最为重要的思想解放运动之一，为十一届三中全会思想理论的正本清源作了重要的理论准备。其理论成果主要有四个方面：第一，明确了按劳分配的性质。按劳分配是社会主义的分配原则，不但不会产生资产阶级，而且是最终消灭一切剥削形式的重要条件。第二，肯定了按劳分配的作用。它体现了精神鼓励和物质鼓励相结合，体现了国家、集体和个人三方利益相结合，是促进社会主义生产发展的重要因素，而平均主义是小生产的产物，是小资产阶级的空想社会主义。第三，承认了按劳分配的多种形式：工资、工分、奖金、津贴等。其标志性成果就是国务院政治研究室撰写的于 1978 年 5 月 5 日以“特约评论员”名义在《人民日报》发表的《贯彻执行按劳分配的社会主义原则》一文。

二、党的十一届三中全会对按劳分配的肯定

1978 年 12 月召开的党的十一届三中全会，充分肯定了按劳分配理论研讨会的成果，对按劳分配理论进行了正本清源。邓小平在会上指出：不讲多劳多得，不重视物质利益，对少数先进分子可以，对广大群众不行，一段时间可以，长期不行。革命精神是非常宝贵的，没有革命精神就没有革命行动。但是，革命是在物质利益的基础上产生的，如果只讲牺牲精神，不讲物质利益，那就是唯心论。[①] 党的十一届三中全会公报明确要求：公社各级经济组织必须认真执行按劳分配的社会主义原则，按照劳动的数量和质量计算报酬，克服平均主义。随后出台的《中共中央关于加快农业发展若干问题的决定》，进一步明确了人民公社各级经济组织必须认真执行各尽所能、按劳分配的原则，多劳多得，少劳少得，男女同工同酬。

党的十一届三中全会确定的“按劳分配”的基本原则，直接指引了当时的农村改革。其主要表现是在农村建立以家庭承包为主的多种形式的经济责任制。这种责任制的基本原则是责、权、利相结合，国家、集体、个人利益相统一，劳动所得同劳动成果相联系。其提高了农民参与生产的积极性、增加了农民收入，促进了农业生产的发展，为扭转当时国民经济不良局面提供了强大的动力。

---

① 《邓小平文选（1975－1982）》，人民出版社 1983 年版，第 136 页。

党的十一届三中全会对按劳分配的正本清源，虽然只是在当时的公有制和计划经济的框架内的突破。但它直面体制上的低效率问题，承认物质利益和物质鼓励，反对平均主义，承认收入差别。这就为进一步推进分配体制改革打开了缺口。

三、党的十一届三中全会以后对按劳分配的贯彻

党的十一届三中全会以后，我国农村普遍推行了家庭联产承包责任制。"缴够国家的，留够集体的，剩下都是自己的"分配方式，成为农村贯彻按劳分配原则的一种实现形式。家庭联产承包责任制的实行，极大地调动了广大农民的生产经营积极性，从此农业生产连年跨上新台阶。

从表 11 -1 中可以看出，党的十一届三中全会之后的 3 年与之前的 3 年相比农业劳动生产率由负变正，绝对值提高了几倍。农业总产值大幅提高，1979 年相对于 1978 年增加了 23.61%。1975 ~ 1977 年 3 年农业总产值增长率分别是 2.7%、-0.4% 和 -2.5%；1979 ~ 1981 年增长率分别是 23.6%、8% 和 13.7%；农村居民纯收入水平也大大提高。由此可以看出，党的十一届三中全会确定的"按劳分配"的基本原则，提高了农民参与生产的积极性、增加了农民收入，更重要的是促进了农业生产的发展，为扭转国民经济不良局面提供了有力保障。

表 11 -1　　党的十一届三中全会前后农业生产与农民收入对比

年份	农业总产值（万元）	农村就业人员（万人）	农业劳动生产率	农村居民收入（元）
1981	15594632	32672	57.5	223.4
1980	13715931	31836	31.9	191.3
1979	12701917	31025	78.2	160.2
年份	农业总产值（万元）	农村就业人员（万人）	农业劳动生产率	农村居民收入（元）
1978	10275345	30638	25.1	133.6
1977	9505501	30250	-8.3	117.1
1976	9756735	30142	-1.4	—
1975	9798102	29946	8.7	—

资料来源：根据《新中国 60 年统计资料汇编》相关数据整理。

农村承包制的改革很快推广到城市，企业经济责任制的改革，推动了按劳分配方式的改革。这就是打破大锅饭的平均主义分配方式。1984 年党的十二届三中全会关于经济体制改革的决定明确指出：使企业职工的工资和奖金同企业经济效益的提高更好地挂起钩来。在企业内部，要扩大工资差距，拉开档次，以充分体现奖勤罚懒、奖优罚劣，充分体现多劳多得，少劳少得，充分体现脑力劳动和体力劳动、复杂劳动和简单劳动、熟练劳动和非熟练劳动、繁重劳动和非繁重劳动之间的差别。党的十二届三中全会以后，城市经济体制改革在分配制度改革方面采取了一系列重大举措：一是改革国有企业工资管理体制，实行企业工资总额同经济效益挂钩的制度；二是改革了机关事业单位的工资制度，实行结构工资制；三是开征个人收入调节税，进一步推动了国有企业打破“铁饭碗”“铁交椅”“铁工资”的平均主义分配制度改革，劳动效率得到明显提高。

针对当时知识分子报酬过低，搞原子弹的收入不如卖茶叶蛋的状况，中央决定明确要求：尤其要改变脑力劳动报酬偏低的状况。国家机关、事业单位也要改革工资制度，改革的原则是使职工工资同本人肩负的责任和劳绩密切联系起来。在企业、国家机关和事业单位改革工资制度的同时，还要加快劳动制度的改革。根据中央改革精神，知识分子的待遇得到了明显提高。

第二节　允许一部分人一部分地区先富起来大政策的确定

一、允许一部分人一部分地区先富起来大政策的提出

1978 年 12 月，在中共中央工作会议上，邓小平在《解放思想，实事求是，团结一致向前看》这篇报告里就提出：“在经济政策上，我认为要允许一部分地区、一部分企业、一部分工人农民，由于辛勤努力成绩大而收入先多一些，生活先好起来。一部分人生活先好起来，就必然产生极大的示范力量，影响左邻右舍，带动其他地区、其他单位的人们向他们学习。这样，就会使整个国民经济不断地波浪式地向前发展，使全国各族人民都能比较快地富裕起来。”邓小平明确指出：“这是一个大政策，一个能够影响和带动整个国民经济的政策”。①

党的十一届三中全会开启了改革的大幕。首先是在农村广泛推进以家庭联产

① 《邓小平文选（1975－1982）》，人民出版社 1983 年版，第 142 页。

承包责任制为内容的改革。很快，承包责任制由农村推广到城市。1984 年 10 月召开的党的十二届三中全会通过的关于经济体制改革决定对党的十一届三中全会以来的承包责任制改革由农村发展到城市给予了充分的肯定。在此基础上对城市企业中的按劳分配提出了明确要求，改革的矛头开始指向铁饭碗、大锅饭的平均主义分配制度。

农村改革和城市改革产生了共同的现象，即在效率提高的同时收入差距逐步扩大。如何看待收入差距的扩大？收入差距的扩大是否违反共同富裕的原则？对这个问题，党的十二届三中全会关于经济体制改革的决定作了明确的回答：平均主义思想是贯彻执行按劳分配原则的一个严重障碍，平均主义的泛滥必然破坏社会生产力。当然，社会主义社会要保证社会成员物质、文化生活水平的逐步提高，达到共同富裕的目标。但是，共同富裕绝不等于也不可能是完全平均，绝不等于也不可能是所有社会成员在同一时间以同等速度富裕起来。如果把共同富裕理解为完全平均和同步富裕，不但做不到，而且势必导致共同贫穷。只有允许和鼓励一部分地区、一部分企业和一部分人依靠勤奋劳动先富起来，才能对大多数人产生强烈的吸引和鼓舞作用，并带动越来越多的人一浪接一浪地走向富裕。① 这就将允许一部分地区一部分人先富起来的大政策以中央全会决定的形式确定了下来。

二、允许一部分人先富起来的大政策的内涵

根据邓小平思想和中央的一系列决定，允许一部分人先富起来的大政策是对马克思主义共同富裕理论与中国所处发展阶段实际相结合的重大发展。

首先，在社会主义初级阶段的共同富裕存在先富后富的差别。这就是中央关于经济体制改革决定所说的：由于一部分人先富起来产生的差别，是全体社会成员在共同富裕道路上有先有后、有快有慢的差别，而绝不是那种极少数人变成剥削者，大多数人陷于贫穷的两极分化。鼓励一部分人先富起来的政策，是符合社会主义发展规律的，是整个社会走向富裕的必由之路。

其次，一部分人先富起来是基于效率差别和要素投入及其贡献的差别。最初是允许和鼓励一部分地区、一部分企业和一部分人依靠勤奋劳动先富起来，1987 年 10 月的十三大又提出允许善于经营的企业和诚实劳动的个人先富起来。1997 年 9 月党的十五大又明确允许和鼓励一部分人通过诚实劳动和合法经

① 《改革开放三十年重要文献选编》，中央文献出版社 2008 年版，第 356 页。

营先富起来，允许和鼓励资本、技术等生产要素参与收益分配。这样，一部分人先富起来的基础就由勤奋劳动、劳动效率扩展到善于经营和资本、技术等要素参与分配后产生的结果。毫无疑问，这些要素参与收入分配有利于动员要素的投入，使各种创造财富的活力充分迸发。但同样毫无疑问的是收入差距的扩大也越来越明显。

再次，允许一部分人先富起来不是允许两极分化，包含先富帮后富的要求。邓小平在一开始提出允许一部分人先富起来时就明确要求通过一部分人的先富起来带动越来越多的人走向共同富裕。1992 年邓小平视察南方时完整提出了其共同富裕的构想：一部分地区有条件先发展起来，一部分地区发展慢点，先发展起来的地区带动后发展的地区，最终达到共同富裕。如果富的愈来愈富，穷的愈来愈穷，两极分化就会产生，而社会主义制度就应该而且能够避免两极分化。解决的办法之一，就是先富起来的地区多交点利税，支持贫困地区的发展。当然，太早这样办也不行，现在不能削弱发达地区的活力，也不能鼓励吃“大锅饭”。什么时候突出地提出和解决这个问题，在什么基础上提出和解决这个问题，要研究。可以设想，在 20 世纪末达到小康水平的时候，就要突出地提出和解决这个问题。到那个时候，发达地区要继续发展，并通过多交利税和技术转让等方式大力支持不发达地区。不发达地区又大都是拥有丰富资源的地区，发展潜力是很大的。总之，就全国范围来说，我们一定能够逐步顺利解决沿海同内地贫富差距的问题。①

最后，重视中等收入群体数量的增加。这涉及先富起来群体的结构。2002 年党的十六大首次提出：以共同富裕为目标，扩大中等收入者比重，提高低收入者收入水平。2003 年党的十六届三中全会关于完善社会主义市场经济体制的决定又重申：以共同富裕为目标，扩大中等收入者比重，提高低收入者收入水平，调节过高收入，取缔非法收入。2007 年党的十七大关于全面建设小康社会奋斗目标的蓝图要求形成的合理有序的收入分配格局是：中等收入者占多数，绝对贫困现象基本消除。将居民按收入分为高收入、中等收入和低收入三个群体，并且要求扩大中等收入者比重，并使之占多数，由此形成两头小中间大的橄榄型的收入群体结构。这可以说是对允许一部分人先富起来的大政策在新的发展阶段的新要求。中等收入群体扩大并占多数，不仅表明这部分群体对社会稳定和发展的积极作用，同时也表明社会收入结构的进步，反映一部分人先富与缩小收入差距的衔接。

① 《邓小平文选》第 3 卷，人民出版社 1993 年版，第 374 页。

三、公平和效率关系认识的深化

允许一部分人一部分地区先富起来的大政策，也就是允许收入差距的存在，进而牵动对公平和效率关系的认识的深化。

针对改革开放以前存在的平均主义分配制度，收入分配改革就是要打破铁饭碗和大锅饭，因此在改革初期提出效率。1987 年党的十三大上明确提出，在促进效率提高的前提下体现社会公平。1997 年 9 月党的十五大则第一次提出坚持效率优先、兼顾公平的表述。这与在这次大会上同时提出的鼓励资本、技术等生产要素参与收益分配是相配套的。2002 年 11 月党的十六大以及 2003 年党的十六届三中全会关于完善社会主义市场经济体制若干问题的决定在继续效率优先兼顾公平的提法的同时，又进一步明确初次分配注重效率，发挥市场的作用，鼓励一部分人通过诚实劳动、合法经营先富起来。再分配注重公平，加强政府对收入分配的调节职能，调节差距过大的收入。

效率优先的收入分配体制取得了明显的效率提高的效果，但随之而来的是公平难以兼顾，收入差距逐渐扩大，居民收入基尼系数逐年递增，由 1995 年 0. 389 上升到 2002 年 0. 443，2007 年的 0. 48。城乡居民差距由 1992 年的 2. 51 倍扩大到 2002 年的 3. 30 倍，到 2007 年的 3. 60 倍，与此同时，东中西部之间区域差距明显扩大。显然，进入 21 世纪后，在公平与效率的关系上，分配不公问题更为突出，甚至严重影响效率的进一步提高。2007 年 10 月召开的党的十七大，不再使用效率优先兼顾公平的提法，而是用新的提法，即初次分配和再分配都要处理好效率和公平的关系，再分配更加注重公平。逐步提高居民收入在国民收入分配中的比重，提高劳动报酬在初次分配中的比重。并且要求扭转收入差距进一步扩大的趋势。

第三节　一部分地区先富起来和统筹区域发展

在原有的体制中，追求各个地区的平均发展，追求收入上的平均主义，有条件发展的地区没有更快发展的政策环境，其结果就是邓小平所指出的共同落后、共同贫困。党的十一届三中全会以后，党的中心工作转到经济建设上。中国经济发展从何入手？一位日本朋友提出了一条建议：实行高收入高消费的政策。邓小平对此提出不同看法：“现在全国没有条件实行高收入高消费的政策。但如果将来沿海地区搞好了，经济发展了，有了条件，收入就可以高一点，消费就可以增加一点。这是合乎发展规律的。要让一部分地方先富裕起来，搞平均主义不行。这是个大政策。”①

一、改革起步阶段的地区差距

在改革开放起步时，具有较高经济发展潜能的东南沿海地区优势并不突出。统计数字显示，东部南沿海地区的省份在 1979 年大都处于较低水平。就工业产值来看，按人口平均的工业总产值，除了上海高居榜首外，其他地区并不高。广东、福建、浙江、山东均低于全国平均水平，江苏高于全国平均水平，但明显低于北方的几个工业基地（北京、天津、黑龙江、辽宁）。世界银行 1980 年中国经济考察团所作的关于中国经济的研究报告给出了 1979 年地区性不平均的比较数据。使用的数据是各地区按人口平均的工业总产值作为全国平均数的百分率（见表 11－2）。

表 11－2　部分地区人均工业总产值差别及其变动（以全国平均数为 100）

省（区、市）	1979 年的人均工业产值		1983 年的人均工业产值		2002 年的人均工业产值	
	百分比	全国名次	百分比	全国名次	百分比	全国名次
北京	512. 8	2	446	3	259	3
黑龙江	140. 9	5	145	6	103	10
辽宁	256. 6	4	236	4	135	8
山东	87. 3	10	89	11	147	7
上海	1106. 4	1	929	1	552	1
江苏	138. 4	6	154	5	218	6
浙江	84. 5	12	113	8	244	4
福建	58. 5	19	60	20	123	9
广东	78. 6	16	84	12	242	5
四川	53. 6	22	56	22	37	26
陕西	79. 6	15	73	14	48	19
甘肃	92. 3	8	74	13	46. 3	20

① 《邓小平文选》第 3 卷，人民出版社 1993 年版，第 52 页。

续表

省（区、市）	1979 年的人均工业产值		1983 年的人均工业产值		2002 年的人均工业产值	
	百分比	全国名次	百分比	全国名次	百分比	全国名次
青海	78.3	17	60	20	45.5	22
宁夏	80.0	14	67	16	54	16
新疆	54.1	21	67	16	56	15

注：计算方法：各地的人均工业总产值除以全国人均工业总产值。

资料来源：1979 年数字来自世界银行经济考察团：《中国：社会主义经济的发展》，中国财政经济出版社 1983 年版，第 56 页。1983 年和 2002 年数字分别来自《中国统计年鉴（1984）》和《中国统计年鉴（2003）》。

统计数据表明当时的广东（78.6）、福建（58.5）、浙江（84.5）、山东（87.3）均低于全国平均数（100），分别居全国的第 16、19、12、10 位，与大多数中西部省份的水平相当，甚至低于中西部地区的部分省份。当时超过平均数的除了上海外，主要是北京、天津、辽宁和黑龙江。江苏当时的百分率超过平均数（138.4），但也低于这些地区，居全国第 6 位。甚至直到 1984 年，广东、福建、浙江、江苏和山东的人均工业总产值在全国的位次还分别居第 12、20、8、5、11 位。

在改革开放前，各个地区的收入水平基本平均，如果说有差距也不是因为工业收入差距，而是因为农业收入。其原因主要是在计划经济体制中，全国的职工工资水平平均、划一，而农业收入则与各地的经济水平密切相关，相应地地区间的农业收入差距也较为明显。据世界银行提供的资料，1979 年农业人口年平均收入，甘肃、湖北、江苏分别为 83 元、156 元、181 元；职工年平均收入，甘肃、湖北、江苏分别为 406 元、463 元、525 元。可见地区间农业收入差距比城市职工收入差距要大得多。

在实行允许一部分地区先富起来政策以前，各地区收入水平的差异并不完全反映其经济增长水平的差异，我们可以看看实行这一政策起始阶段的状况（见表 11－3）。

据 1983 年统计资料显示，这一年的人均工农业总产值处于前列的地区依次为：上海（6025 元），天津（3195 元），北京（2973 元），辽宁（1727 元），江苏（1344 元），黑龙江（1211 元），吉林（1067 元），浙江（1033 元）。但这些地区的收入水平与其经济增长水平不相适应。当年上述地区全民所有制职工的平均工资在全国的位置分别居第 7、9、6、16、27、8、11、24 位；上述地区城镇集体所有制职工的平均工资在全国的位置分别居第 6、7、4、12、25、8、17、25

位。与此相反，平均工资居全国前 3 位的地区西藏、青海、广东的人均工农业总产值却分别居全国的第 29、21、14 位。

表 11－3　　部分地区平均工资水平差别及其变动（以全国平均数为 100）

省（区、市）	1983 年平均工资（占全国平均数的比率）		2002 年平均工资（占全国平均数的比率）	
	百分比	在全国的位次	百分比	在全国的位次
北京	121	6	176	3
黑龙江	107	8	80	23
辽宁	98	16	94	11
山东	95	19	92	14
上海	108	7	193	1
江苏	89	27	109	8
浙江	92	24	151	4
福建	100	13	107	9
广东	118	3	143	5
四川	96	18	90	15
陕西	99	15	83	20
甘肃	112	5	90	16
青海	150	2	117	7
宁夏	112	6	94	12
新疆	115	4	93	13

注：计算方法：各地的平均工资除以全国的平均工资。

资料来源：1983 年数字为国有单位的平均工资，资料来源于《中国统计年鉴（1984）》。2002 年数字为包括国有单位和非国有单位的平均工资，资料来源于《中国统计年鉴（2003）》。

二、允许一部分地区先富起来的效应

邓小平所提出的允许一部分地区先富起来的思想，实际是给有条件加快发展的地区提供充分发挥其发展潜能的机会，使较其他地区发展更快的地区从发展中得到相应的经济利益，由此调动各个地区加快经济发展的积极性。这是允许先富的实质。具体地说，各个地区本来就存在着经济发展能力和条件的差别。在原有的追求平均主义体制中，有能力和条件更快发展的地区，没有加快发展的动力。允许一部分地区先富起来政策的实施，调动了各个地区发展经济的积极性，特别是一部分有发展条件的地区得到率先发展的政策环境，有可能充分发挥自己的优势，最明显的是广东、福建、浙江、江苏和山东等省。

允许一部分地区先富起来的实质是将各个地区的收入水平与其经济增长水平挂钩。这也可以用二十多年来各个地区收入水平的结构性变化来说明。

实行允许一部分地区先富起来政策的直接结果便是不同地区间居民收入水平的差别直接反映各地的经济发展水平的差别。由此为各个地区加快经济发展提供了强大的经济动力。它打破了过去各个地区平均发展的平衡，由此产生的地区发展不平衡给各个地区发展注入了活力。据 2002 年统计数字，城镇居民人均可支配收入居前 7 位的地区依次为：上海（13250 元），北京（12464 元），浙江（11716 元），广东（11137 元），天津（9338 元），福建（9189 元），江苏（8178 元），农村居民人均纯收入居前 7 位的地区依次为：上海（6224 元），北京（5398 元），浙江（4940 元），天津（4279 元），江苏（3980 元），广东（3912 元），福建（3539 元）。这大致反映这些地区的人均 GDP 在全国的位置。当年人均 GDP 据全国前列的地区依次为：上海（33285 元），北京（22577 元），天津（20369 元），浙江（16776 元），广东（14976 元），江苏（14404 元），福建（13508 元）。与改革起始阶段相比，地区收入差距发生了结构性变化。就平均工资来说，从 1983 年到 2002 年，在全国的位次，江苏由第 27 位跃升到第 8 位，浙江由第 24 位跃升到第 4 位，上海由第 7 位升到第 1 位，福建由第 13 位升到第 9 位，青海由第 2 位降到第 7 位，甘肃由第 5 位降到第 16 位，宁夏由第 6 位降到第 12 位，内蒙古由第 10 位降到第 25 位。当然，中西部地区收入增长也是显著的，至于其增长因素，在很大程度上也是由东部地区的增长拉动的。

统计数据表明，从 20 世纪 80 年代中后期起，东部地区的经济增长速度明显加快，东部地区与中西部地区的经济差距也越来越明显。人们一般用给某些地区特殊优惠的政策来说明这种状况。应该承认，政策投入确实是经济增长的重要投入，但政策投入不是孤立地发挥作用的，它只有在同一定的经济条件结合时才会起作用。对各个地区来说，允许一部分地区先富起来政策应该说是普惠的，但不可能所有地区都能同样发展。允许一部分地区先富起来的政策意义在于，为具有强大的经济发展潜力的地区充分发挥其潜力提供政策环境和动力。

沿海开放政策则是东南沿海地区首先享受的。在国家各种生产要素特别是建设资金严重缺乏的条件下，在沿海地区建设发展极，形成经济发展的中心，不可能靠国家直接提供投资，也不能以牺牲中西部地区发展为代价，只能靠政策，即与允许一部分地区先富起来的政策相关的各种改革开放政策。东南沿海地区先富起来，依靠的是其利用国外投资的能力和自我发展能力。其资金来源的主要部分是外资和自筹资金。显然，对东南沿海地区经济加速增长起作用的主要是率先市场化、国际化和工业化。

首先是沿海地区率先推进国际化政策。根据邓小平的决策，在沿海地区先是试办深圳、珠海、汕头、厦门等 4 个经济特区，接着开放 14 个沿海港口城市，后来实施沿海开放政策，90 年代初又先后开发开放上海浦东和举办新加坡苏州工业园，所有这些都表明开放和国际化政策是实现一部分地区先富起来政策的重要机制。其功能涉及两个方面：一是借助沿海地区的区位优势，就近利用国际资源和国际市场；二是通过发展外向型经济把沿海地区推进国际市场，增强国际竞争力。沿海实行开放政策结出了丰硕的果实。据 2001 年统计数字，珠三角地区实际利用的外资占全国的 28.6%，出口占全国的 34.1%；长三角地区实际利用外资占全国的 29.3%，对外贸易占全国的 28.5%。①

其次是沿海地区率先推进市场化改革。中央给特区和沿海开放地区开放搞活的政策，说到底就是率先推进市场化。我国是在 1992 年确定建立社会主义市场经济体制的改革目标的，可在此时东南沿海地区的市场化已达到了较高的水平。从我国的改革战略看，市场化的基础是发展多种所有制经济。沿海地区由于某种原因，国有制经济比重一直不高。实行改革开放，这种所有制结构如鱼得水，各种非国有制经济迅猛发展。一是外商投资企业迅速增长。据统计，2001～2002 年外商投资总额的 86.81% 集中在沿海地区的广东、福建、海南、浙江、上海、江苏、山东、天津、北京、辽宁、河北 11 省市。相比之下，中西部地区经济发展水平落后的一个重要原因是外商投资企业偏少。除上述 11 个省市以外的 19 个省区利用的外资只占 13.19%。二是乡镇企业迅猛发展。得沿海地区城市工业较为发达的地利、得国家放开搞活和沿海发展外向型经济的天时以及沿海地区文化素质较高的人和，沿海地区乡镇企业发展迅猛。据 1994 年统计数字，乡镇企业总产值居全国前列的地区依次为山东（6804 亿元）、江苏（6552 亿元）、浙江（4810 亿元）。三是个体私营经济的快速发展。1994 年福建和浙江的个体工业在工业总产值中的比重分别达 18.2% 和 17.7%。1996 年浙江城乡个体工业的比重达到 32.4%。特别需要注意的是从 20 世纪 90 年代后期起，相当部分国有企业和集体企业通过产权制度改革转制为民营企业，乡镇企业几乎 100% 转制。据统计，2002 年私营企业户数，东部地区占全国的 68.8%，中部占 17.3%，西部占 13.8%。私营企业户数过 10 万户的均集中在东部（广东、浙江、江苏、山东、上海、北京）。四是上市公司迅速增加。公司上市不仅反映企业建立现代企业制

① 朱文晖：《走向竞合》，清华大学出版社 2003 年版，第 87、139 页。

度和现代产权制度，同时也反映企业对资本市场的参与度。一个地区上市公司越多，从全国募集的资金越多。截至 2004 年 3 月 15 日，我国 A 股市场共有 1270 家上市公司，其中东部地区有 729 家，占总数的 57.4%；上海有 139 家、江苏 80 家，浙江 65 家，江浙沪共计 284 家，占总数的 22.36%。[①]

最后是沿海地区率先推进工业化。我国地区间经济发展水平的差别集中反映在地区间工业化的速度差别，由此东西部地区在国内的经济地位在较短的时期内发生了根本性变化。为了便于比较，我们用前述世界银行报告相同的统计分析方法，以各地区按人口平均的工业总产值作为全国平均数的百分率（见表 11-2），2002 年广东、福建、浙江、江苏和山东分别为 242，123，244，218，147，均高于全国平均数，这些省的人均工业总产值在全国的位次也大大前移。与 1979 年相比，广东由第 16 位上升到第 5 位，福建由第 19 位上升到第 9 位，浙江由第 12 位上升到第 4 位，山东由第 10 位上升到第 7 位，江苏在第 6 位保持不变。广东、福建、浙江、江苏和山东这五个省的工业总产值占了全国的 49.8%，如果再加上上海，则要占 56.8% 多。以上 20 多年各个地区工业化水平的比较也表明：改革开放以来，实行允许一部分地区先富起来政策的直接后果，不是一般人们所说的使发达地区发展更快，而是使原本比较落后、工业化水平很低但有加快发展条件的东南沿海地区工业化速度加快，成为令世人瞩目的新兴工业化地区。

应该说，中央给沿海地区率先改革开放的政策，给的是政策，没有直接给钱。但是沿海地区借助以上先富起来的实现机制，依靠自身的发展基础实际上也得到了中央的财政支持。例如，中央曾经给外商投资企业和乡镇企业在税收上有"两免三减半"等方面的优惠政策。沿海地区的外商投资企业居多，乡镇企业居多，因而当时可能享受到更多的税收优惠。再如中央给进入国家级经济技术开发区和高新技术开发区的企业有不同程度的税收优惠，中央批准的国家级开发区主要分布在沿海地区，在这方面沿海地区也可能享受到较中西部地区更多的税收优惠。由于东南沿海地区享受到了优惠政策，投资环境也较好，因此中央部委的许多项目实际上也较多地进入了这些地区。所有这些都表明沿海地区先富起来在很大程度上还是得到中央的支持的。

实行允许一部分地区先富起来政策的直接结果，是解放了先进社会生产力，其现实表现是东南沿海的省份工业化速度迅速加快。新中国成立后我国推进的第一轮工业化基本上限于城市。而在农村中非常尖锐的人多地少的矛盾早就提出了

---

① 本段落数据系根据《新中国六十年统计资料汇编》（中国统计出版社 2010 年版）相关统计资料计算而来。

农村劳动力非农化的要求。农村的市场化改革为沿海地区农村带来的直接效果（邓小平称为“意想不到的效果”）是乡镇企业异军突起，并由此出现新一轮工业化，即农村工业化。在这个过程中，沿海原有城市工业所具有的优势和潜能得到充分释放，再加上外商投资企业在沿海地区的农村集聚，沿海地区特别是东南沿海地区的工业化速度大大超过国内其他地区。特别是从 20 世纪 90 年代初期开始沿海地区的工业化又进入广泛利用外资的阶段，各种类型各种层次的开发区、工业区大大提高了其制造业水平。这就使我国科技含量高、出口水平高的制造业大都集中在沿海地区。

应该承认，沿海发达地区率先发展对不发达地区的繁荣经济的作用是不可否认的。改革开放以来市场导向的梯度推移，包括东部地区经济发展起来后，东部的企业会从自身发展的角度考虑，或者是为了开拓市场，或者是为了获得原材料，主动向中西部地区投资，由此使中西部地区的发展增加了在政府以外的新的来源。即使是那些流入东部的劳动力，对不发达地区的发展也是有重要促进作用的，这是因为他们不仅获得了人力资本投资的机会，而且他们汇回西部的收入也是西部资金积累的重要渠道。正因为如此，西部地区的经济增长速度也明显地超过改革开放前，发达地区的扩散效应是不可忽视的。

各种实证研究的成果表明，我国东西部经济差距明显拉大是从 20 世纪 80 年代后期开始的。这正是我国市场化改革加快时期。改革开放以市场化为取向，其基本趋向是要素根据市场信号自由流动，以效率为目标，允许一部分地区先富起来。由此产生的发展效应是投资布局向发展能力强的沿海地区倾斜。许多已经投在中西部地区的资金相当部分也自发地流到了东部地区，与此同时，西部地区的人才、劳动力等生产要素也较多地向发达地区流动。尽管中西部地区的民工流向沿海可以学到技术、学到管理、增长知识，从短期看是增加中西部地区的收入，从长远看是为发展中西部地区培养人才，但是这种流动应该有度，否则，中西部地区会因资源的过度流失而进一步衰弱。

三、允许一部分地区先富起来背景下的地区协调

在充分肯定允许一部分地区先富起来的政策效果时，还必须明确该项政策的最终目标是共同富裕。在经济发展不平衡的社会主义国家，一部分地区先富起来不是目的，只是实现共同富裕的“捷径”。

面对越来越扩大的地区差距，允许一部分地区先富起来的区域发展政策需要做相应调整。这就是当沿海地区达到小康水平，富起来后，需要支持欠发达地

区。基于此，党的十六大在进一步重申要保护发达地区、优势产业和通过辛勤劳动与合法经营先富起来的人们的发展活力的同时，又特别强调更要高度重视和关心欠发达地区以及比较困难的行业和群众，使他们切实感受到社会主义社会的温暖。这意味着让欠发达地区也富起来应该成为当前统筹区域发展的着力点。

根据邓小平理论，沿海地区在还没有达到小康水平以前，还不可能提出通过多交税的途径支持落后地区发展的任务。现在沿海相当部分地区已经达到小康水平，支持欠发达地区发展的任务就可以现实地提出来了。

以市场化方式协调地区经济发展的主要途径是推动沿海地区市场化的势头迅速向中西部地区开展，推进这一进程的重要方面就是邓小平同志多次强调的："国内地区之间的开放不能关门搞建设。对内把经济搞活。"① 特别是中西部地区企业的股份制改制，可以为沿海资本投入中西部地区提供多种可资利用的市场经济形式。

缩小地区差距的最紧迫的措施是取消地区倾斜政策，使各个地区的市场化政策和开放政策趋向一致。其重要目标是：积极鼓励和引导外资和沿海地区的资本到中西部地区投资。在全国政策趋向一致的条件下，沿海地区发展仍然可以快于其他地区。原因是这些地区在前 10 多年得到的国家给的开放政策，基本上完成了工业化、现代化的资本原始积累。而在其他地区即使开始得到同样的政策，也还需要一个原始积累的过程。而且沿海地区经过前 10 多年的改革开放现在已经和正在进入收获期，先行开放的效应正在释放。这意味着，在全国政策趋向一致后，沿海地区仍然可以依靠自己的发展水平继续富起来。考虑到这种情况，国家的区域协调政策的重要方面是，国家投资更多地投向中西部地区，改善这些地区的投资硬环境，而对东部地区则是放手，让其充分利用自身的有利条件，多利用国外资金、资源和市场。

第四节 按劳分配为主体多种分配方式并存分配制度的形成和发展

我国多种收入分配方式形成的进程与多种所有制经济的发展进程是一致的。1987 年党的十三大报告与确认社会主义初级阶段相适应，首次确认多种分配方式：社会主义初级阶段的分配方式不可能是单一的。我们必须坚持的原则是，以

① 《邓小平文选》第 3 卷，人民出版社 1993 年版，第 65 页。

按劳分配为主体，其他分配方式为补充。其多种分配方式，如党的十三大报告所说，除了按劳分配这种主要方式和个体劳动所得以外，企业发行债券筹集资金，就会出现凭债权取得利息；随着股份经济的产生，就会出现股份分红；企业经营者的收入中，包含部分风险补偿；私营企业雇用一定数量劳动力，会给企业主带来部分非劳动收入。以上这些收入，只要是合法的，就应当允许。

一、发展多种所有制经济与多种分配方式

1992 年初邓小平“南方谈话”，肯定了市场经济。当年召开的党的十四大在确认社会主义市场经济的同时明确了在分配制度上，以按劳分配为主体，其他分配方式为补充，兼顾效率与公平。应该说这是与社会主义市场经济相配套的收入分配体制。

随着市场化改革的收入，分配体制改革也进一步深入。1997 年召开党的十五大第一次提出允许和鼓励资本、技术等生产要素参与收益分配。与此相应党的十五大报告明确提出完善分配结构和分配方式，坚持按劳分配为主体、多种分配方式并存的制度。把按劳分配和按生产要素分配结合起来。这个表述与党的十四大表述的不同在于：第一，“其他分配方式为补充”改为“多种分配方式并存”。第二，对多种分配方式的内容明确为：资本、技术等生产要素参与收益分配。

党的十六大报告进一步提出确立劳动、资本、技术和管理等生产要素按贡献参与分配的原则，完善按劳分配为主体、多种分配方式并存的分配制度。这一表述与过去的不同在于：第一，参与分配的生产要素更为全面，包括劳动、资本、技术和管理等。第二，生产要素参与收益分配的原则是“按贡献”。

党的十七大进一步提出要坚持和完善按劳分配为主体、多种分配方式并存的分配制度，健全劳动、资本、技术、管理等生产要素按贡献参与分配的制度。

在收入分配改革的进程中，随着按劳分配为主体多种分配方式并存的分配制度的形成，产生了一系列的新提法。这些新提法可以说是中国特色社会主义的创造。

首先是私人财产的属性。多种所有制经济与公有制经济并存，各种生产要素参与收入分配，必然产生对私人财产的评判问题。党的十六大报告在说明生产要素参与收入分配时提出了保护合法的财产和财产性收入的问题：一切合法的劳动收入和合法的非劳动收入，都应该得到保护。不能简单地把有没有财产、有多少财产当作判断人们政治上先进和落后的标准，而主要应该看他们的思想政治状况和现实表现，看他们的财产是怎么得来的以及对财产怎么支配和使用，看他们以

自己的劳动对中国特色社会主义事业所做的贡献。与此相应就有了中国特色社会主义事业的建设者和劳动者的区分。

其次是居民的财产性收入问题。过去我们讲的居民收入一般都是指的劳动报酬。在现实的改革进程中，各种非劳动生产要素都可归结为财产。随着生产要素参与收入分配的推进，居民收入差距可以归结为财产性收入与劳动收入之间的差距，财产性收入在收入中的比重越来越大。面对因此产生的越来越大的收入差距，缩小收入差距的途径不可能否定财产性收入，可行的途径只能是群众除了得到劳动收入外，也能得到财产性收入。因此，党的十七大报告明确提出创造条件让更多群众拥有财产性收入。

二、坚持按劳分配为主体

我国收入分配制度的改革是从坚持按劳分配开始的。随着包含非公有制的多种所有制经济的迅猛发展，多种分配方式也迅速产生。改革初期的主要任务是在公有制企业中坚持和完善按劳分配，打破平均主义分配，如在党的十四大报告中提出加快工资制度改革，逐步建立起符合企业、事业单位和机关各自特点的工资制度与正常的工资增长机制。

1987 年党的十三大开始确认多种分配方式。在此背景下，就同坚持公有制为主体一样，按劳分配也必须为主体。由于在实践中，尤其是在初次分配的实践中，参与收入分配的各种非劳动要素的谈判能力更强，因此，如何坚持按劳分配为主体，就成为党和政府在推进收入分配制度改革中所要关注的问题。党的历次大会的报告对坚持按劳分配为主体都作了安排，尤其是在党的十七大报告中明确提出提高“两个比重”问题，即逐步提高居民收入在国民收入分配中的比重，提高劳动报酬在初次分配中的比重，着力提高低收入者收入，逐步提高扶贫标准和最低工资标准，建立企业职工工资正常增长机制和支付保障机制。

三、克服多种生产要素参与收入分配后收入差距扩大问题

党的十三大指出，我们的分配政策，既要有利于善于经营的企业和诚实劳动的个人先富起来，合理拉开收入差距，又要防止贫富悬殊，坚持共同富裕的方向，在促进效率提高的前提下体现社会公平。对过高的个人收入，要采取有效措施进行调节；对以非法手段牟取暴利的，要依法严厉制裁。在党的十六届三中全会关于完善社会主义市场经济体制的决定中，要求加大收入分配调节力度，重视

解决部分社会成员收入差距过分扩大问题。以共同富裕为目标，扩大中等收入者比重，提高低收入者收入水平，调节过高收入，取缔非法收入。加强对垄断行业收入分配的监管。健全个人收入监测办法，强化个人所得税征管。在党的十七大上则进一步提出：保护合法收入，调节过高收入，取缔非法收入。扩大转移支付，强化税收调节，打破经营垄断，创造机会公平，整顿分配秩序，逐步扭转收入分配差距扩大趋势。

针对收入差距的扩大，党的十四大就明确提出积极建立待业、养老、医疗等社会保障制度的要求。尤其是在党的十五大上对与经济发展水平相适应的社会保障体系作了具体安排：完善企业职工基本养老保险制度，坚持社会统筹与个人账户相结合，逐步做实个人账户；将城镇从业人员纳入基本养老保险；建立健全省级养老保险调剂基金，在完善市级统筹基础上，逐步实行省级统筹，条件具备时实行基本养老金的基础部分全国统筹；健全失业保险制度，实现国有企业下岗职工基本生活保障向失业保险并轨；继续完善城镇职工基本医疗保险制度、医疗卫生和药品生产流通体制的同步改革，扩大基本医疗保险覆盖面，健全社会医疗救助和多层次的医疗保障体系；继续推行职工工伤和生育保险；积极探索机关和事业单位社会保障制度改革；完善城市居民最低生活保障制度，合理确定保障标准和方式。

第十二章

财税体制改革及完善

引言　建立适应市场经济的财税体制

中国在资源配置领域的市场化改革必然要触及财税体制。财税改革作为经济体制改革和政治体制改革的交汇点，30多年间进行了多次重大变革；财税体制改革的目标是建立适应资源配置方式转变、适应与政府职能转换的现代财税制度。

中国原有的财税体制是高度的中央集中。在中央与地方的关系上，中央集权。在国家与企业的关系上，国家集中财力。市场化改革必然要打破这种集中集权的财税体制。20世纪80年代初期和中期进行了两次较大的财税体制改革，俗称“分灶吃饭”的财政包干制。这个阶段的财税制度改革是为了与资源配置格局改变相适应而展开。改革调动地方和企业发展的积极性，但也暴露出新的问题。这是在原有资源配置方式打破后，财政制度的一种被动适应。财政管理体制的不稳定助长了地方政府的短期行为；政府间财政分配关系一对一谈判方式确定的财政包干体制缺乏必要的公开性和控制监督手段；保护既得利益使得中央政府缺少促进横向公平的财力。面对微观经济快速的市场化，中国的宏观经济管理体制明显滞后。财政政策内含顺周期的内在机制，包干制造成在通货膨胀时财政收入比重却快速下降，而通货紧缩时财政收入比重却快速上升的局面。一系列放权让利改革的直接结果就是财政收入的减少，而各项经济建设和财政补贴政策使得财政支出不减反涨，导致财政赤字的快速累积。此外，国家与企业关系的转变及一系列的企业改革虽然扩大了企业的财权和经营自主权，但并没有真正实现“政企分开”，由于政府实质上对企业还承担着无限的责任，无形中增加了财政隐性风险。

1993～1997年推行的分税制和新税制改革就是针对上述财政包干体制暴露出

的新问题而进行的。1993 年分税制方案出台、1994 年正式推开的宏观经济体制改革，其根本出发点是要给中国社会主义市场经济的发展提供一个相适应的体制性框架，以期从根本上解决中国经济周期性波动和政策变动的问题。通过这次涉及价格、税收、财政、金融、外贸、投资等多个领域的整体性改革，我们基本建立起了市场经济基础上的国家宏观调控新体制，它也因此成为改革开放以来最为重要的一次制度建设里程碑，是建立社会主义市场经济体制的基础。在 1994 年整个宏观经济体制改革中，财税体制改革处于中心地位，主要任务是总结 14 年改革开放的实践，尽快建立适应社会主义市场经济要求的财政税收体制，其核心就是实行分税制和新税制。

在市场经济条件下，市场在资源配置中逐步发挥基础性作用，同时政府也要运用财政、货币手段进行宏观调控。根据市场经济要求，为政府执行职能提供保障的财政不能再大包大揽，要转变财政、经济工作观念，加快建立与中国国情、历史及市场发育程度相适应的公共财政。1998 年政府正式提出建立“公共财政”框架，为社会主义市场经济体制的建立和完善提供应有的公共服务和必要的保障。公共财政就是为满足社会公共需要而进行的财政收支活动模式，是与社会主义市场经济发展相适应的一种财政运行机制。其突出特点有四个：公共性，即满足社会公共需要，解决社会公共问题；公平性，即平等非歧视；公益性，即公共财政追求的只能是社会公益目标，而不能是利润目标；规范性，即公共财政的理财方式必须规范、透明，不能主观随意。这一期间的财税领域继续沿着 1994 年改革的思路和路径，进行了一系列改革和完善，并把改革重点转移到财政支出领域，内容相当丰富，但无外乎两大类：一是收入方面改革；二是启动财政预算管理体制改革，并优化财政支出结构。

总体而言，从改革开放以后到党的十八召开前的 30 多年间，在中国特色社会主义市场经济建设过程中，逐步完成资源配置转型和政府职能转型，公共服务型政府才能基本形成；与政府职能不断转换相适应，我国在财政税收领域进行了多次制度变迁，与社会主义市场经济体制相适应的财政税收体制逐渐建立起来。

第一节　分灶吃饭的财政包干制和“利改税”

一、“分灶吃饭”实施的背景

自 1949 年中华人民共和国成立至改革开放初期，我国的预算管理体制曾进行过多次变革，先后实行了“统收统支”的体制、“一灶吃饭”的体制。

中华人民共和国成立后，国家财政经济面临着严重的困难，在1949～1952年国民经济恢复时期的3年时间里，我国实行高度集中的预算管理体制，即“统收统支”体制。该制度避免了国家财力的分散，保证了政治经济需要。但是，这种体制统得过多过死，不利于调动地方的积极性。所以，一旦国家财政经济情况好转，就必须要下放一部分财权和财力给地方。

1953～1979年间实行过的各种预算管理体制，俗称为“一灶吃饭”的体制。从实际操作来看，“一灶吃饭”由很多具体的预算体制构成。这种“一灶吃饭”预算体制，尽管从表面上看，中央财政和地方财政之间收支划分比较清楚，也要求地方财政自求平衡，但实际上，中央和地方财政之间在收支划分方面是分而不清，中央财政可以随意调配地方的财政收入，地方财政同样是吃中央的“大锅饭”。

“文化大革命”结束以后，我国进入了新的历史时期。根据新时期社会主义现代化建设的要求，国家对预算管理体制进行了新的探索和改革。为了能够比较顺利地实行财政包干的预算管理体制，1977～1979年期间，我国在一些地区实行预算体制改革的试点工作，对预算管理体制的改革进行了一些有益的探索，为分灶吃饭的财政包干改革提供了有益经验。

二、分灶吃饭的财政管理体制

在对预算管理体制的改革进行了3年探索并取得经验后，从1980年开始，我国开始实行财政包干的预算管理体制，俗称“分灶吃饭”的体制。具体形式如下：

（一）划分收支，分级包干（1980～1984年）

从1980年开始，我国在全国的大部分地区实行“划分收支，分级包干”的预算管理体制。该体制的主要内容是：（1）按照经济管理体制规定的隶属关系，明确划分中央和地方预算的收支范围，收入方面实行分类分成的办法。固定收入中属于中央固定收入的有中央所属企业收入、关税收入和其他收入，属于地方固定收入的有地方所属企业收入、盐税、农（牧）业税、工商所得税和其他收入。固定比例分成收入中各地方划给中央部门直接管理的企业，其收入按固定比例80%归中央，20%归地方。工商所得税作为中央和地方的调剂收入，其分配比例根据各地收支情况确定。（2）支出方面分两种情况：一是属于正常的支出，按企业和事业的隶属关系划分。属于中央直接管理的列中央预算支出，属于地方管理的列地方预算支出。二是对有一部分支出，由于其性质、使用方向和数量在年度之间、地区之间不稳定，不宜纳入包干范围的，年预算由中央掌握，在执行过程中按国家计划和具体情况由中央专款拨款。这些支出包括特大自然灾害救济费、支援经济不发达地区的发展资金、边境建设事业补助费等。(3) 预算收支包干基数，按照上述划分的收支范围，以 1979 年财政收支执行数为基数，经过合理调整后计算确定。基数确定后，地方的预算支出首先用地方的固定收入和固定比例分成收入抵补，不足部分以调剂收入弥补，若仍不足，则由中央给予差额补助。(4) 地方上缴比例，调剂收入分成比例和定额补助由中央核定后，5 年不变。地方在核定的收支范围内，多收多支，少收少支，自求平衡。(5) 按照确定的收支范围，凡属应由地方统筹安排的各项事业，中央不再给企业、事业主管部门归口安排支出，也不再向地方分配支出指标。(6) 国家预算管理的方针、政策和重大的规章制度，仍由中央统一制定。地方预算、决算仍要按规定程序报中央批准。

1980 年预算管理体制的改革，是新中国成立以来一次比较全面、重大的改革。实践证明，这次体制改革是有成效的，它改变了以往全国“一灶吃饭”的状况。实行“分灶吃饭”，使财权与事权相结合，做到收支挂钩，权责明确，调动了地方的积极性，保证了中央和地方财政任务的完成和超额完成。但是，这种体制也带来了一些问题：一是地方分权后，一定程度上分散了资金，中央直接得到的收入过少，承担的支出任务过重，由此而影响到中央财政收支平衡；二是驱动地方片面追求地方财源，助长了盲目建设和地方封锁等问题的产生。

(二)“划分税种，核定收支，分级包干”体制 (1985 ~ 1993 年)

由于在 1983 年和 1984 年，我国分两步进行了“利改税”，从此税收开始成为国家财政收入的主要来源。为了与税制改革相适应，从 1985 年开始，我国在预算管理体制方面，实行“划分税种，核定收支，分级包干”的体制，这是我国预算管理体制的又一次重要改革。

该体制的主要内容是按照第二步“利改税”以后的税种设置，将各级财政收入划分为中央财政固定收入、地方财政固定收入和中央与地方财政共享收入三部分。在划分收入的基础上，中央财政支出和地方财政支出仍按隶属关系划分。对于实行包干的专项支出，如特大自然灾害救济费、特大抗旱和防汛补助费、支援经济不发达地区的发展资金、边境建设事业补助费等，由中央财政专项拨款，不列入地方财政支出包干范围。通过核定收支以后，凡地方财政固定收入大于地方财政支出的，定额上交中央；小于地方财政支出的，从共享收入中确定一个留成比例，补给地方；如固定收入、共享收入全部留给地方仍不足抵补支出的，由中央定额补助。上交定额、留成比例和补助数额，一定5年不变。

由于条件的不成熟，这一预算管理体制未能普遍推广实施，许多省份仍沿袭原有体制。为了与承包经营责任制的推广相适应，从1988年起，国家对上海、江苏等13个省、市实行按绝对额包干、逐年按比例递增的预算管理制度，主要目的是扩大地方财权（相应增加地方的事权），调动地方积极性，稳定中央财政收入。

（三）财政包干制评价

财政分级包干的体制是遵循“统一领导，分级管理”的原则而建立起来的。作为一种“分灶吃饭”的体制，与原有的体制相比出现了实质性的突破，这些突破主要表现在以下几个方面：（1）地方预算初步形成了责、权、利相结合的分配主体，构成了相对独立的一级预算，且地方的收支范围也有所扩大。（2）关于收入在中央和地方之间的划分问题，开始引进分税制的做法，朝着摆脱行政隶属关系的方向迈进。（3）在财政收支的平衡方面，地方财政多收可以多支，要求自求平衡，不再过分依赖中央财政。（4）与原来的预算体制相比，财政包干的体制延长了体制的有效期限。过去的体制一般是一年一变，而包干体制则是5年以上。体制有效期的延长，是扩大地方预算自主权的前提，可以使地方对本地区各项事业的发展做出合理的计划与安排。（5）增强了地方预算的职能。在包干体制中，地方财政除了为国家筹资以外，还执行着调控本地区经济、配置资源的职能。（6）初步形成了激励机制与约束机制相结合的预算管理模式。地方财政多收可以多支，是有效的激励机制，有利于调动地方财政增收节支的积极性，改变过去那种争基数、争分成比例的做法；地方财政的收支要求自求平衡则是有效的约束机制，而且这种约束机制是双向的：一方面要求地方不要向上伸手，另一方面也要求中央财政不要随意从地方筹措财力。

三、“利改税”的税收制度改革

中华人民共和国成立后，我国首次实行统一税制是在1950年。经过税制的简化和再简化，到70年代末，企业实际上只按同一税率上交一种工商税，税收增收作用和经济杠杆作用已基本丧失，税制也由原来的复合税制变成了单一税制。党的十一届三中全会以后，工作重点转移到经济建设上来，全面实行改革开放政策，作为经济体制构成部分的税制必须要随着整个经济体制的改革而改革，而且税收也是国家调节经济的一个重要的经济杠杆。只有通过对原支离破碎的税制进行彻底的改革，才能适应于“对内搞活，对外开放”的经济形势。经过几年的准备，从1983年开始分两步对我国的税制进行了改革。

1983年实施第一步“利改税”。第一步“利改税”是以开征国有企业所得税为主要内容进行的。对不同规模的国有企业采取不完全相同的征税办法。对有盈利的国有大、中型企业，按照55%的比例税率征收所得税，税后利润一部分上交国家，一部分按国家核定的留利水平留给企业；对有盈利的小型国有企业，按照八级超额累进税率征收所得税，税后利润自负盈亏，但对于税后利润较多的企业，按固定数额再上交一部分利润，或由国家再收取一定的承包费。总的来说，第一步“利改税”仅仅是对所得税的改革，且实行的是“税利并存”，因此，可以说这是一次不彻底的利改税。

1984年10月，国务院决定进行第二步“利改税”，从税利并存过渡到完全的以税代利。除了对所得税继续进行改革外，还对其他税种进行了改革。实际上，第二步“利改税”是一次全方位的税制改革。第二步“利改税”的主要内容有：（1）将工商税按性质分为产品税、增值税、营业税和盐税等四个独立的税种，适当细化产品税税目，通过调整税率，发挥税收调节生产和流通的作用。开征资源税，调节级差收入。开征城市维护建设税，恢复征收车船使用牌照税、房产税、土地使用税等。（2）大、中型国有企业仍然征收55%的所得税，税后利润统一征收企业调节税（实行一户一率）；小型企业按新的八级超额累进税率征税，对税后留利超过合理留利水平的部分，征收调节税或承包费。（3）扩大“利改税”的实施范围。在进行“利改税”的同时，还实行了“税前还贷”政策，即“拨改贷”。

1984年后，我国还针对改革开放中出现的新情况，陆续开征了一些新税种。到1988年8月，我国建立起一个由32个税种组成的复合税制；同时还开征了具有税收性质的能源交通重点建设基金和预算调节基金。

总体而言，20世纪80年代初期实行的“利改税”是为了适应当时的改革开放政策而进行的一次真正意义上的税制改革，通过“利改税”，我国建立起了以流转税和所得税作为主体税种的新的税制格局。从税制改革的功能角度看，通过“利改税”，一方面，税收的财政贡献得以充分发挥。根据国家统计局数据，1984～1993年的国家财政收入总量中，税收的贡献度年均超过98%，税收开始成为财政收入最重要的来源。另一方面，税收对经济活动的调节作用也得到充分发挥。利改税制度实施以后，国家与企业（特别是国有企业）之间的分配关系开始通过税收手段进行规范，企业税后利润可以根据市场需要进行投资和资源配置。这种开始规范的分配模式对于调动企业自主投资的积极性发挥了很大的作用，投资规模的扩张对于经济增长、扩大商品供给、增加就业等经济目标的实现作用明显。

第二节　分税制与新税制

一、分税制改革的实施

1980 年和 1985 年我国先后对预算体制进行的两次改革，其共同特点是在划分中央与地方预算收支的基础上分级包干、自求平衡，这种改革打破了以前权力过于集中的传统体制，极大地调动了地方积极性。总的来看，财政包干的预算管理体制既是改革的产物，也是发展中的过渡，尽管它确实适应了一定时期内经济体制改革和国民经济发展的要求，但这种体制存在不少弊端。例如，包干体制所造成的国家财政困难，就迫切要求对当时的国家预算体制继续进行改革。

1992 年在我国明确建立社会主义市场经济体制的目标后，运用分税制这种规范体制处理中央与地方之间的利益分配关系就显得更为迫切。从建立社会主义市场经济体制角度来看，分税分级的预算体制能够克服或弱化包干体制的诸多弊端，有利于促进社会主义市场经济体制的发展。在此背景下，从 1994 年开始，我国对原有的税制进行彻底改革。新税制的实施，使国家财政收入中 95% 以上的资金将以税收的形式取得。完善的税制以及税收收入额在财政收入中占绝对比重，为分税制的实施提供了一个有利的现实基础。

我国全面进行分税制改革是在国家财政特别是中央财政日益困难，同时又要求建立社会主义市场经济体制的形势下提出的。这一改革的基本指导思想是：正确处理中央与地方的分配关系，调动两个主体的积极性，促进国家财政收入的合理增长，逐步提高中央财政收入在国家财政收入中的比重，增强中央宏观调控能力；合理调节地区间的财力分配状况；坚持统一政策与分级管理相结合、整体设计与逐步推进相结合的原则，通过渐进式改革先把分税制的基本框架建立起来，在实施中逐步完善分税制。分税制的主要内容如下：

一是中央与地方事权和支出的划分。根据现行的中央政府与地方政府事权的划分，中央财政主要承担国家安全、外交和中央国家机关运转所需经费，调整国民经济结构、协调地区发展、实施宏观控制所必需的支出，以及由中央直接管理的事业发展支出。具体包括：国防费、武警经费、外交和援外费用、中央级行政管理经费、中央统管的基本建设投资支出、中央直属企业的技术改造和新产品试制经费、地质勘探费、由中央财政安排的支农支出、由中央财政负担的国内外债务本息支出、由中央负担的公检法支出和文教科卫等各项事业费的支出。地方财政主要承担本地区政权机关运转所需的费用以及本地区经济、社会及其他事业发展所需要的经费。具体包括：地方的行政管理费、公检法支出、部分武警经费、民兵事业费、地方统筹的基本建设投资支出、地方企业的技术改造和新产品试制费用、支农支出、城市维护建设支出、地方文教科卫的各项事业支出、价格补贴支出以及其他支出。

二是中央和地方财政收入的划分。在税制改革基础上，将国家各项财政收入分为三部分：（1）中央固定收入：包括消费税，关税，中央企业所得税，地方银行和外资银行及非银行金融机构的企业所得税，铁道部门、各银行总行、各保险总公司等集中交纳的收入（包括营业税、所得税、利润和城市维护建设税），中央企业上缴利润等。外贸企业的出口退税，除 1993 年地方已经负担的 20% 部分列入地方上交基数外，以后发生的出口退税全部由中央财政负担。（2）中央与地方共享收入：包括增值税、资源税、证券交易中的印花税。其中，增值税中央分成 75%，地方分成 25%；证券交易印花税（操作中实际上对证券交易额按一定的比例征收的印花税，拟将该种印花税改为证券交易税），中央和地方各分享 50%。从 1997 年开始，分成比例有所变化，其中 80% 归中央财政，20% 归地方财政；资源税按不同的资源品种划分，大部分的资源税作为地方的财政收入，海洋石油资源税作为中央的收入。（3）地方固定收入：包括营业税（不含各银行总行、铁道部门、各保险总公司集中交纳的营业税），地方企业所得税①（不含上述银行、外资银行和非银行金融机构的企业所得税），个人所得税，地方企业上缴利润，城镇土地使用税，车船使用税，印花税，屠宰税，耕地占用税，房产税，契税，遗产税和赠与税（拟征），城乡维护建设税，农牧业税、农林特产税，土地增值税、国有土地有偿使用收入等。

三是征税机构分设。与中央税收和地方税收体系相联系，分设中央与地方两套税务机构。中央固定收入和共享收入由国家税务局征收，地方固定收入由地方税务局征收。

当时，为了有利于原来的包干体制与新的分税制的衔接，管理部门还制定了

① 从 2002 年开始，企业所得税和个人所得税都变成共享税。所得税收入分享改革实施以来，中央与地方政府之间的分配关系得到了进一步规范，中央增加了对地方的一般性转移支付，地区间财力差距扩大的趋势有所减缓，改革初步达到了预期目标。为促进区域经济协调发展和深化改革，国务院决定，从 2004 年起，中央与地方所得税收入分享比例继续按照中央分享 60%，地方分享 40% 执行。

一个过渡办法，即在中央财政将地方上划税收的基数部分全部返还、增长部分按递增系数返还的情况下，地方原包干上交的基数和递增率等维持不变。具体包括：上划中央消费税和增值税基数的核定；税收返还办法；中央对地方减免税的返还。

二、分税制综合评价

我国分税制的预算管理体制是从 1994 年开始实施的。实践表明，分税制的财政预算管理体制对于理顺财政的分配关系，增强中央的宏观控制能力，促进社会主义市场经济体制的确立和国民经济持续稳定地发展起到了十分重要的作用。

一是调整了财政分配格局，初步规范了财政分配关系。新的预算管理体制从机制上确保了财政收入的稳定增长，从分配关系上纠正了过去中央财政收入增长缓慢的不合理现象。1994 ~ 2005 年，国家财政收入基本上每年的增幅都在 15% 以上，最高的年份达到 22%，远远高于同期国内生产总值的增幅，而同期中央财政收入增长的幅度更快。财政收入增量分配格局的调整，增强了中央的财力，既有利于中央财政困难的缓解，逐步减少中央财政赤字，又有利于中央对地区间财力差别的合理调整，增强中央财政的宏观调控能力。

二是调动了地方政府广开财源、确保财政收入增长的积极性。分税制的预算管理体制将与经济直接相关的主要税种划分为中央与地方共享税，把适合与地方征收的税种划为地方税，并充实了地方税的税种，同时实行中央财政对地方税收返还额在 1993 年的基数上进行逐年递增的办法。这样既保护了地方的既得利益，又推动了地方加快调整经济结构、培植新的经济增长点、从而增加财政收入的积极性。

三是优化了资源配置，推进市场经济发展。分税制按税种划分中央和地方的财政收入，将税率高、税基厚的税种划给中央财政，从而改变了地方为了扩大财源而竞相发展见效快、利税高的项目以致造成盲目上马、重复建设、资源浪费的恶性状况，优化了资源配置，促进了产业结构调整。同时，还克服了地方保护，打破了市场的地区分割和封锁，促进了全国统一大市场的形成与发展。

四是促进并加快了政府职能和企业机制的转变。由于分税制淡化了政府与企业之间的行政隶属关系，避免了政府对企业不必要的干预，使政府从具体的微观经济事务中解脱出来，以集中精力进行宏观控制；从直接经营、管理企业，转变到为企业服务、加强基础设施的建设。同时，企业由于摆脱了行政隶属关系，成为真正的自主经营、自负盈亏、自我发展和自我约束的独立经济实体，便于企业经营机制的转换，建立真正的现代企业制度。

虽然分税制预算管理体制虽然具有很多正向的积极作用，但其在运行过程中也不可避免地存在着一些问题。例如，各级政府之间存在着事权划分不清、支出责任不够明确的问题；省级以下各级财政的预算管理体制未能得到应有的规范；分税制实施以后，很多地方财政的困难加大，财政赤字以及由此而产生的地方债务规模巨大；分税制还没有充分体现公平的原则；转移支付制度不规范，等等。

分税制存在的问题，制约着国家财政状况的尽快好转以及我国市场经济体制的真正建立。因此，要在已经取得的成效基础上，逐步取消现行体制中带有的过渡性和变通性的做法，尽快实施规范、科学的分税制。具体措施是：科学划分中央和地方各级政府的事权，严格按照税种划分中央和地方的财政收入范围；完善省级以下地方财政的分税制，以规范的方法核定地方财政收入的可能确定的数量和支出的切实需要量；建立科学的财政转移支付制度，中央财政集中必要的财力，以确保转移支付制度的实施。

三、税制改革的继续推进：实施新税制

1984 年第二步“利改税”后建立的税制，强化了税收组织财政收入和宏观调控的功能，基本上适应了经济发展和经济体制改革的需要，但是，当时的工商税制仍存在着诸多不完善之处，特别是在 1992 年中国开始向市场经济过渡后表现得更加明显。这种工商税制与发展社会主义市场经济的要求不相适应，在处理国家、企业和个人的分配关系和中央、地方的分配关系方面都难以发挥应有的调节作用。

当时工商税制的不完善之处主要有：一是税负不公，不利于企业平等竞争。由于企业所得税按不同的所有制分别设置税种，税率不一，优惠各异，地区之间政策也有差别，内外资企业分别实行两套税制，所以造成企业所得税税负不公；而流转税税率是在计划价格为主的条件下，为缓解价格不合理的矛盾设计的，税率档次过多，高低差距很大。进入 20 世纪 90 年代后，大部分产品价格已经放开，如果不简化税制、调整税率，将不利于企业的公平竞争。二是国家和企业之间的分配关系犬牙交错，很不规范。一些过高的税率使企业难以承受，名目繁多的优惠政策又导致财政难以承受。地方财政和主管部门也以多种名义从企业征收数量可观的管理费、各种基金、提留等等，使企业整体负担偏重。三是中央和地方在税收收入与管理权限的划分上，实行地方财政包干，各个地区苦乐不均，中

央财政收入也难以保证。四是税法体系尚不健全，税收征管制度不严，征管手段落后，税款流失较为严重。

针对原税制中存在的诸多问题，国家从 1994 年起再次进行税制改革。这次新税制改革的指导思想是：统一税法、公平税负、简化税制、理顺分配关系，保障财政收入、建立符合社会主义市场经济的税制体系。

具体而言，这次税制改革的主要内容有：（1）流转税。流转税的改革体现合理、中性、透明、普遍的原则，改革后的流转税主要由增值税、消费税和营业税组成，统一适用于内资企业和外商投资企业，取消对外商投资企业征收的工商统一税。对商品的交易和进口普遍征收增值税，选择部分消费品在征收增值税的基础上交叉征收消费税，将特别消费税并入消费税，对不适合征收增值税的第三产业改征收营业税。原来征收产品税的农林牧水产品，改为征收农业特产税。（2）所得税。1994 年 1 月 1 日起统一内资企业所得税，下一步再统一内外资企业所得税。将过去对个人征收的个人收入调节税、个人所得税和个体工商业户所得税三税合并为个人所得税。（3）开征土地增值税。对房地产经营除按税法规定征收营业税、所得税以外，还要征收土地增值税，对过高利润进行适当调节。土地增值税在房地产的交易环节，对开发经营房地产的增值税部分征收，实行四档累进税率。（4）其他税种。资源税征税范围包括所有的矿产资源，取消了盐税，将盐税并入资源税中，同时适当调整了税负。城市维护建设税改为城乡维护建设税。取消了集市交易税、牲畜交易税、烧油特别税、奖金税和工资调节税。拟开征证券交易税，把现在对股票交易征收印花税的办法，改为征收证券交易税。准备开征遗产和赠与税。（5）税收征管制度。为了彻底改变原税制中税收征管制度不严密、征管手段落后、稽查不力的局面，提高税收征管水平，需要建立科学、严密的税收征管体系，以保证税法的贯彻实施。税收征管制度改革具体内容包括：普遍建立纳税申报制度；推行税务代理制度；建立严格的税务稽核制度、加速推行税收征管计算机化的进程。

四、在执行中对税制持续改革

1994 年新税制实行后，其发挥了应有的作用。无论是在增加财政收入、提高财政收入占 GDP 的比重方面，还是对各种经济行为的调节方面，新税制的作用都是显而易见的。但要适应社会主义市场经济的需要，实现税收工作的重点向征收管理转移的战略部署，税制还需要进一步完善，特别是要能促进多种所有制经济共同发展。

尽管如此，但在 1994 年新税制施行之后，我国对税制的修正、调整和完善一直都没有停止过。例如，2008 年 11 月 5 日，国务院常务会议通过了新修订的增值税管理条例，决定于 2009 年 1 月 1 日起执行新增值税管理条例，将生产型增值税改为消费型增值税、将小规模纳税人原来两种税收负担（征收率 3% 和 6%）全部改为 3% 等；从 2006 年开始多次对消费税进行调整，以充分发挥消费税环境保护、消费结构和行为等方面的调节功能；2008 年我国对内外资企业所得税进行彻底改革，颁布实施了新的《企业所得税》税法，内外资企业所得税率完全一致；2011 年国务院公布了《中华人民共和国资源税暂行条例实施细则》，决定自 2011 年 11 月 1 日起施行，资源税除了具有直接的财政意义，更重要的是为了保证资源合理开发与利用、促进良好生态环境的形成与维护。

第三节　社会保障制度框架的建立

一、社会保障制度改革的背景

在改革开放之前，我国的社会保险制度与现代意义上的社会保险制度之间存在着很大的差异，城镇居民与农村农民有着完全不同的社会保险制度。

城市地区由两个不同的主体分别提供社会保险。一是国家财政，二是城镇各类单位。国家提供社会保险的范围仅仅限于国家行政、事业单位，即预算拨款单位。社会保险主要用于这些单位的职工退休金、医疗费用支出。社会福利主要用于行政事业单位的福利费用支出。由于行政事业单位在城镇单位总量总所占的比重很低，因此，社会保险的大头是由各类单位（主要是国有单位和集体单位）自己提供的。单位职工的养老、医疗、工伤、生育等所有社会保险方面所需要的费用，全部由本单位开支。在这种社会保险制度下，职工现在和未来的切身利益就与其所在的单位紧紧地捆绑在一起。

尽管政府没有直接参与城镇地区大多数职工的社会保险，但是还是间接承担了社会保险的责任，因为企业财务制度是由国家财政部门制定的。为了减轻企业负担，按照财政部门规定的财务制度，用于企业职工社会保险方面所有的支出都可以打入成本。成本的提高必将减少企业利润，这样就导致企业实现的利润无论是以利的方式，还是以税的方式在国家与企业之间进行分配时，财政收入都将因此而减少。

在广大的农村地区，除了极少数没有子女的孤寡老人由农村集体的“五保”制度解决他们的生活问题外，对于绝大多数农民而言，并没有真正意义上的社会保险制度。农民的保障主要依靠土地，或者依靠自己的子女提供必要的、低水平的生活保障。

随着经济体制改革的深入、市场化程度的不断加快，企业面临的竞争压力越来越大，由企业承担起职工的社会保险责任已经难以为继；农村地区本来就没有社会保险制度，而无论是从哪一个角度看，农村经济、社会的健康发展，都需要有一个较为完善的社会保险制度。

从 1986 年起，我国进行了新型的社会保险制度的改革，但社会保险制度真正意义上的转轨是在中国全面进入社会主义市场经济阶段以后展开的。

二、城镇地区社会保险制度改革

为了与社会主义市场经济体制相适应，我国开始重构城镇居民社会保险制度，主要包括如下内容：

1. 养老保险。我国的养老保险由三个层次组成：基本养老保险、企业补充养老保险和个人储蓄性养老保险。基本养老保险亦称国家基本养老保险，是按国家统一政策规定强制实施的为保障广大离退休人员基本生活需要的一种养老保险制度。1997 年 7 月国务院颁布的《国务院关于建立全国统一的企业职工养老保险制度的决定》，统一了城镇地区企业养老保险制度。在多层次养老保险体系中，基本养老保险可称为第一层次，也是最高层次。现行基本养老保险制度采用的是现收现付制和基金制相结合的模式，由职工和单位分别按照工资总额一定比例缴纳养老保险费。基本养老金主要目的在于保障广大退休人员的晚年基本生活。企业补充养老保险是指由企业根据自身经济实力，在国家规定的实施政策和实施条件下为本企业职工所建立的一种辅助性的养老保险。目前我国的企业补充养老保险的主要形式是企业年金制。职工个人储蓄性养老保险是我国多层次养老保险体系的一个组成部分，是由职工自愿参加、自愿选择经办机构的一种补充保险形式。

为了确保基本养老金按时足额发放，中国政府近年来努力提高基本养老保险的统筹层次，逐步实行省级统筹，不断加大对基本养老保险基金的财政投入。此外，机关事业单位职工和退休人员仍实行原有的养老保险制度。

2. 失业保险。我国的失业保险制度是在 1986 年建立的。1993 年 4 月，国务院发布的《国有企业职工待业保险条例》，标志着我国的失业保险制度进入了正常的运行时期。此后，失业保险的范围扩大到城镇地区所有单位的职工，部分机关、社会团体和事业单位也纳入了失业保险的行列。为了增强失业保险基金的承受能力，部分省市实行了个人交费制度。

3. 医疗保险。从1988年开始，中国政府对机关事业单位的公费医疗制度和国有企业的老保医疗制度进行了改革。1998年，中国政府颁布了《关于建立城镇职工医疗保险制度的决定》，在全国建立城镇职工基本医疗保险制度。中国的基本医疗保险制度实行的是社会统筹和个人账户相结合的模式。其覆盖范围包括城镇所有的用人单位及其职工。单位交纳的基本保险费用的一部分用于建立统筹基金，一部分划入个人账户；个人交纳的基本医疗保险费计入个人账户。统筹基金和个人账户分别承担不同的医疗费用支付责任：统筹基金用于支付住院和部分慢性病门诊资料的费用，设有起付标准和最高支付限额；个人账户用于支付一般门诊费用。

4. 其他的社会保险。其他的社会保险制度主要包括工伤保险和生育保险。这两项社会保险制度在我国也已经基本上建立起来，为这些保险覆盖范围内的保险人在需要帮助时提供生活保障。工伤保险制度是在20世纪80年代末期进行改革的，1996年出台了《企业工伤保险试行办法》，开始在部分地区建立了工伤保险制度。生育保险的改革是在1988年以后进行的，1994年在总结各地经验的基础上，政府制定了《企业职工生育保险试行办法》，生育保险费由企业交纳。

三、农村社会保险制度的构建

1997年，国务院颁布实行《关于建立全国统一的企业职工养老保险制度的决定》，但这个养老保险制度仅限于城镇地区。尽管从1991年开始在经济较为发达的农村地区进行商业性的社会保险制度改革的试点，但真正意义上的社会保险制度在我国农村地区却一直是空白。无论是从哪一个角度看，建立一个较完善的农村社会保险制度的迫切性及意义都是十分重大的。

现代社会保险理论认为，社会保险制度之所以有必要存在，完全是由于私人保险市场存在的某些市场失效造成的。市场的失效使得私人保险市场不可能提供有效的社会保险体系，故这种保障应由政府来提供。与城镇地区相比，农村的经济发展水平、信息的传递速度、人的整体素质都要落后得多，市场的失效更为严重，因此，社会保险体系的建立只能以政府或其他的公有单位为主体来进行。另一方面，在一定程度上缩小收入分配的差距是政府的重要功能，也是公共财政的活动领域。同其他发展中国家一样，中国有相当多的贫困人口分布在广大的农村地区，作为全国人民的政府，其所建立的社会保险制度覆盖所有的城乡地区，自然是公共财政的基本要求。

此外，建立农村的社会保险制度还符合利益对等原则和税收公平原则。社会保险实际上就是政府向国民提供的一种公共产品，与城镇居民一样，农民应该是享有社会保险的主体。税收公平原则的标准之一就是根据受益的多少，即享受到政府提供的服务水平，一般而言，多享受服务者多交税，反之则少交税，但无论如何纳税人都应在不同程度上享受到政府的服务，因此，在农村建立社会保险制度也符合税收公平的原则。

中国真正意义上的农村社会保险制度建立是在 2000 年以后开始的。在全国统一的农村社会保险制度开始之前，少数经济比较发达的地区率先进行农村社会各种社会保险制度建立的试点工作。

一是新型农村合作医疗保险制度。作为全国统一的制度，首先是从农村医疗保险制度开始的。2003 年，国务院开始选择部分地区建立农村新型合作医疗保险制度的试点工作，保险费用采取中央财政和地方财政补贴、参保农民个人缴费的办法，发生的医疗费用按比例报销。这一制度让参保农民直接受益，大大鼓励农民参保的积极性，在试点地区医疗保险覆盖率在 95% 以上。2006 年以后，新型农村合作医疗保险制度开始在全国推广，并逐渐覆盖到全国所有农村地区。

二是新型农村养老保险制度。在总结部分地区农村养老保险制度实践的基础上，2009 年 9 月《国务院关于开展新型农村社会养老保险试点的指导意见》正式发布。根据该《指导意见》，2009 年试点覆盖面为全国 10% 的县（市、区、旗），以后逐步扩大试点，在全国普遍实施，2020 年之前基本实现对农村适龄居民的全覆盖。新型农村养老保险的缴费方面，新农保基金由个人缴费、集体补助、政府补贴构成；国家为每个新农保参保人建立终身记录的养老保险个人账户。个人缴费，集体补助及其他经济组织、社会公益组织、个人对参保人缴费的资助，地方政府对参保人的缴费补贴，全部记入个人账户；新农保基金纳入社会保障基金财政专户，实行收支两条线管理，单独记账、核算，按有关规定实现保值增值。试点阶段，新农保基金暂实行县级管理，随着试点扩大和推开，逐步提高管理层次；有条件的地方也可直接实行省级管理。实际执行过程中，普遍建立农村养老保险制度的时间比计划提前很多，2012 年基本上建立了覆盖全国的农村养老保险制度。

第四节　农业税制改革与“三农”公共支出增强

一、农业税制改革

新中国成立后，1950 年 9 月实施了《新解放区农业税暂行条例》，牧区省份也陆续制定了牧业税征收办法。在 1953 年全国税制变革时，结合农村经济发展的需要，修订实行了《西北解放区农业税暂行条例》；1958 年 6 月第一届全国人民代表大会常务委员会第九十六次会议通过了《中华人民共和国农业税条例》，这是我国第一部农业税收法律制度。该《条例》对纳税人、征税范围、农业收入的计算、税率、优惠减免及征收管理等作出了明确规定，并授权省、自治区、直辖市人民委员会根据各地具体情况确定农业税实施办法。该《条例》在全国范围内的实施，废除了原新老区的税收条例，实行了全国统一的农业税收制度。

1983 年 11 月国务院又制定颁发了《关于对农林特产收入征收农业税的若干规定》，对有关农林特产税的征收问题做了一个统一的规定。1985 年 11 月，国务院批转了财政部《关于农业税改为按粮食“倒三七”比例价折征代金问题的请求》并发出通知予以执行，从此农业税改为折征代金，并由乡政府组织征收，此举是农业税由实物税向货币税的过渡。从 1994 年起全国实施新税制改革，国务院发布了《国务院关于对农业特产收入征收农业税的规定》，同时废止了 1983 年实行的《关于对农林特产收入征收农业税的若干规定》，这样就使得农业特产税逐渐从农业税中分离出来。为了合理利用土地资源，加强土地管理，保护耕地，国务院于 1987 年制定并发布了《中华人民共和国耕地占用税暂行条例》，对占用耕地建房或从事其他非农业建设的单位和个人征收耕地占用税。

从 1958 年开始到 21 世纪初农业税改之前，我国对农业生产者征收的农业税类主要包括农业税、农林特产税、耕地占用税和契税。自从 1958 年我国农业税税制实施以后，在农村地区从事农业生产经营活动，无论收入多少，都必须上交农业税。除了农业税外，还有耕地占用税，农民从事税法规定的农产品种植还需要交纳农林特产税。农民为财政做出的贡献不仅表现在纳税上，更重要表现是向农村基层政府交纳的、名目繁多的收费项目。如果执行适当的农业轻税政策，减少或杜绝不合理收费，那么将大大减少农民财政负担，相应增加农民收入，有利于化解日益严峻的三农问题。

2003 年 3 月 27 日，国务院发布了《关于全面推进农村税费改革试点工作的意见》，要求各地区应结合实际，逐步缩小农业特产税征收范围，降低税率。2004 年 3 月 15 日，国务院明确提出：从今年起，要逐步降低农业税税率，平均每年要降低 1 个百分点以上，五年内取消农业税。而实际情况是，2004 年开始逐步降低农业税，2006 年就在全国所有地区全面取消了农业税。

二、“三农”公共支出的增强

为支持并促进社会主义新农村建设，从 2005 年开始，我国财政“三农”公共支出的力度开始不断增强并逐渐完善。

一是执行并逐年加大农业生产补贴的力度。执行对种粮农民的直补政策。中央政府为鼓励农民种粮并直接增加种粮农民的收入，每年对种粮农民提供直接补贴，支出资金直接纳入财政预算（补贴标准逐年提高）。粮食直补政策的执行对调动农民的积极性、保护农民的利益起到了很好的作用。通过财政提供农业生产资料投入补贴，减轻农民生产投入的负担，促进农村产业结构调整。包括农机具补贴，对大豆、小麦等实行良种补贴，凡是在优质区域生产的农产品质量较好。农业养殖方面实行母猪补贴并直接发放到养殖户，并建立了生猪良种补贴和能繁母猪保险制度。水稻、小麦等重要农作物保险保费补贴试点顺利实施。

二是加大农村地区公共产品的财政投入与供给力度。（1）加大对农村公益事业的投入，以解决农村中小学学生上学难、农民看病就医难的问题。几年内，在国家的扶持下，要解决好贫困学生就学和贫困地区学校改造。在农村义务教育方面，执行并完善“两免一补”政策；建设农村中小学现代远程教育工程。建立健全农村义务教育经费保障机制。加大城镇教师支援农村教育的力度。（2）建立并完善了农村合作医疗制度。从 2003 年开始实行农村合作医疗制度，在资金筹措上采用政府与农民共同出资的做法，即：中央财政为每个农民出 10 元，地方政府筹集 10 元，农民自己出 10 元。随着时间的推移，中央政府出资额逐步增加。至今全国绝大多数农民参加了合作医疗保障制度，就医难的问题逐步得到解决。与此同时加强乡镇卫生院建设，建立乡村医生补助制度，增加农村卫生人才培养的经费预算。（3）加大与农村居民生活有关项目建设的支出力度。国债资金中专门安排了“六小工程”资金，建设关系到农民切身利益和农民生产生活必需的小型基础设施，如沼气建设、乡村道路、草场围栏、节水灌溉、人畜饮水、农村水电等，这些对改变农村面貌起到了很大的作用。（4）按照统筹城乡发展的思路，进行农民社会保障、保险等方面的探索。

三是全方位开展农村基础设施建设。(1) 加强农田水利建设。将大型灌区续建配套作为新增固定资产投资的重点。中央和省级财政在整合有关专项资金的基础上，从预算内新增财政收入中安排一部分资金，设立小型农田水利设施建设补助专项资金。预算内经常性固定资产投资和国债资金增加安排小型农田水利基础设施建设项目。国家对农民兴建小（微）型水利设施所需材料给予适当补助。(2) 加强农村生态环境建设。实施退耕还林工程、天然林保护工程和沃土工程。做好重大病虫害防治工作，防止外来有害生物入侵，建立和完善生态补偿机制。

四是普遍开展农村劳动力培训工作，为农民外出就业创造条件，促进农村剩余劳动力转移。

第十三章

金融改革和现代金融体系的形成

引言　适应市场经济的金融改革

在计划经济时代，中国实行高度集中的金融体系，“文化大革命”中，中国人民银行甚至被短暂并入财政部，成为后者主管货币发行和存款贷款事务的若干司局。在1978年改革之前的中国，基本上还不存在有实际意义的金融体系。

1978年召开的党的十一届三中全会确定了“把工作重心转到现代化建设上来”的基本路线，拉开了经济体制改革的序幕，中国的现代金融体系，从那时开始逐渐发展起来。从1979年起我国逐步形成了以中国人民银行为核心，以工、农、中、建四大专业银行为主体，其他各种金融机构并存和分工协作的金融机构体系。

1984年党的十二届三中全会通过的《关于经济体制改革的决定》明确提出改革金融体制。1986年，金融改革的四个主要目标确立：建立强有力的、灵活自如的、分层次的金融宏观调控和调节体系；建立以银行信用为主体，多种渠道、多种形式、多种信用工具聚集和融通资金的信用体系；建立以中央银行为领导，国家银行为主体，多种金融机构并存和分工协作的社会主义金融组织体系；建立金融机构的现代化管理体系。

1990年后我国的金融改革发展以党的十四大和十四届三中全会为根据，与国家开始建立社会主义市场经济基本框架相平行，主要特征就是建立符合市场经济的金融市场和组织结构的基本框架。

20世纪90年代初，中国股票市场的建立，使得中国金融市场结构基本搭建起来。股票市场的建立、发展和改革，是中国金融改革发展的重要部分，同时又大大促进了中国国有企业的改革、发展以及中国多种所有制经济结构的形成和发展。2000 年以后，国有商业银行通过股份制改造上市，使得我国银行业改革进一步推进。2004 年以后，中国股票市场进行了“股权分置”改革，这一资本市场重大改革，解决了长期困扰我国资本市场发展的根本问题。随着以银行为主体的货币市场和以股票债券为主体的资本市场不断发展和完善，我国现代金融体系逐步形成。

2003 年，在形成了银行、保险、证券为主体的金融市场的基本框架以后，构建了“一行三会”即中国人民银行、中国银行业监督管理委员会、中国证券监督管理委员会和中国保险监督管理委员会的金融分业监管模式。

在金融机构和金融市场改革发展的基础上，宏观经济调控框架也逐步形成，明确了财政政策、货币政策的各自功能，宏观调控从直接调控加快转向间接调控。到党的十八大召开前，我国金融业整体实力和抗风险能力不断增强，成功经受了 1997 年、2008 年国际金融危机的严峻挑战，有力地支持和促进了国民经济持续健康发展。

第一节　金融体系基本结构的初步建立

在改革开放之前的计划经济时代，我国金融体系具有“大一统”的特征：中国人民银行既管宏观平衡，又提供商业性金融服务。它是全国的信贷中心、结算中心和现金出纳中心，一方面行使中央银行的职能；另一方面又经营一般商业银行的业务。既是具有行政性质的国家机关，又是具有盈利性质的经济组织。

1979 年 3 月 18 日，《人民日报》发表题为《全党要十分重视提高银行的作用》的社论。文中强调，中国人民银行是国民经济的一个综合部门，是党和国家管理经济的重要杠杆之一，要求各级党委都要支持银行的工作，充分尊重银行工作的自主权。明确提出，银行管理体制的改革，应当有利于银行对各项经济活动实行有效地促进和监管，有利于本身的经济核算，有利于银行干部的稳定①。

1979 年 10 月 4 日，中共省、市、自治区委员会第一书记座谈会在北京召开。邓小平同志发表了《关于经济工作的几点意见》的讲话，他指出：“这不是个简单的财政集中分散的问题。必须把银行真正办成银行。”②

---

① 《人民日报》社论：《全党要十分重视提高银行的作用》，载于《人民日报》1979 年 3 月 18 日，第 1 版。

② 《邓小平文选》第 2 卷，人民出版社 1994 年版，第 200 页。

在这一思想指导下，中国金融改革从银行业改革开始正式起步。本节主要述评 1978 年党的十一届三中全会后到 90 年代初的金融改革。

一、国有专业银行架构的建立

1978 年 2 月，第五届全国人大第一次会议决定，中国人民银行总行从财政部独立划出。这标志着中国金融体系开始恢复。

1. 中国农业银行恢复。

1979 年 2 月 23 日，根据党的十一届三中全会通过的《中共中央关于加快农业发展若干问题的决定（草案）》（该决定中明确提出“恢复中国农业银行，大力发展农村信贷事业”），国务院发出《关于恢复中国农业银行的通知》，决定正式恢复中国农业银行。同年 3 月 13 日，中国农业银行重新恢复成立，集中办理农村信贷，领导农村信用社，首次打破了“大一统”的传统金融体制格局。

2. 中国银行的恢复。

1979 年 3 月，中国银行成立，迈出了专业银行体系的建设步伐。3 月 13 日，国务院批转了中国人民银行《关于改革中国银行体制的请示报告》，决定将中国银行从中国人民银行中分离出去，作为国家指定的外汇专业银行，统一经营和集中管理全国的外汇业务。作为中国历史最为悠久的银行，中国银行的银行身份得到全面恢复。

3. 中国人民建设银行独立。

从 20 世纪 50 年代起，中国建设银行一直是隶属于财政部的单位，其主要任务是办理基本建设拨款并监督其使用。

1979 年 8 月，中国人民建设银行正式从财政部中分离，成为一家独立的银行，并直属国务院。1996 年，正式更名为中国建设银行。

4. 中国工商银行分设。

在以上银行分设之后，相互间争夺市场的竞争出现，而此时的中国人民银行“既是运动员，又当裁判员”，导致了不公平的竞争。

1983 年 9 月，国务院做出《关于人民银行专门行使中央银行职能的决定》，明确中国人民银行是国务院领导的负责管理全国金融事业的国家机关，专司中央银行职能，不再对企业和个人办理信贷业务。同时成立中国工商银行，作为国务院直属的经济实体，承担由中国人民银行办理的工商信贷和储蓄业务。1984 年 1 月，中国工商银行在北京正式成立。

随着中国人民银行中央银行地位的明确和 4 家专业性银行的成立，我国初步形成了中央银行和专业银行并存的两级银行体制。该体制形成后，我国银行业务有了较快的发展，尤其是银行业规模得到了迅速的扩大。不过我国在这阶段的银行体制建设，并不是按照商业银行的思路进行，而是按照计划经济的管理思路展开的。在设置之初，4 家专业银行分别在工商企业流动资金、农村、外汇和基本建设四大领域占垄断地位，且业务有较为严格的划分。除了在储蓄业务办理方面有所交叉外，其他业务特别是信贷业务，基本上是各司其职，随着经济改革的推进和市场化程度的提高，各家银行的业务开始有所交叉，专业银行的壁垒很快被打破，4 家国有专业银行出现了激烈的竞争。

二、信托业和保险业的恢复

改革初期，非银行金融业务的恢复主要有两个领域，即信托业和保险。

1. 信托业的恢复。

1979 年 10 月，经国务院批准，中国国际信托投资公司（简称“中信”）在北京宣告成立，这标志着中国信托业的正式恢复。1980 年 6 月，国务院下达了《关于推动经济联合的通知》，要求“银行要试办各种信托业务，融通资金，推动联合”。但文件没有明确信托业务是什么，如何开展信托业务。因此，新中国恢复信托业后的第一家信托公司，一开始就走上了以银行业务为主营业务、金融实业并举的混业经营之路。在当时，信托业务品种大多有信托之名却无信托之实，或者名实皆无，主要被银行用作突破信贷计划管理的工具。

2. 保险业的恢复。

1979 年 2 月，在北京召开的中国人民银行全国分行行长会议，作出了恢复国内保险业务重大决策。4 月，国务院批准《中国人民银行分行行长会议纪要》，明确提出了逐步恢复国内保险业务。1979 年 11 月，全国保险工作会议决定，从 1980 年起恢复已停办 20 多年的国内保险业务，同时大力发展涉外保险业务。从此，中国保险业进入了一个新的发展时期。

三、中央银行体制的确立

1. 中国人民银行中央银行地位的提高。

1981 年初，国务院为推进经济体制改革，搞活金融，强化宏观调控，采取措施加强中国人民银行的作用。于 1981 年 1 月发布了《关于加强信贷管理，严格控制货币发行的决定》，提出“人民银行要认真履行中央银行的职责”，加强信贷管理，切实保证货币发行权集中于中央，重申利率由中国人民银行统一管理。这个文件肯定了中国人民银行的中央银行地位，但在执行中，中央银行的作用，没有真正发挥。主要原因：一是各专业银行认为中国人民银行不超脱，不能完全站在中央银行的角度协调关系，因为自身承办城市工商信贷和储蓄业务；二是中国人民银行认为，作为中央银行没有什么有效的手段调控和监管各专业银行的业务活动，各行可听也可以不听中国人民银行的意见①。

1982 年 7 月，国务院批转了中国人民银行《关于人民银行的中央银行职能及其与专业银行关系问题的请示》。文件明确指出：中国人民银行是我国的中央银行，是在国务院领导下统一管理全国金融的国家机关。文件对中国人民银行与各专业银行之间的关系明确指出：中国农业银行、中国银行和中国人民建设银行都是总局及经济单位，各专业银行总行受中国人民银行总行领导。

这一期间，理论结合实际部门对要不要建立中央银行制度，建立什么样的中央银行，展开了热烈的讨论。随着改革开放的逐步深入，到 1983 年的时候，中国的经济已经发生了重大的变化，大家对建立中央银行制度的认识逐步统一。

2. 确立中央银行制度。

1983 年 9 月 17 日国务院发布了《关于中国人民银行专门行使中央银行职能的决定》，正式宣布了中央银行制度的确立。

1983 年确立中央银行体制是一项重要改革，也可以说是革命性的突破。由于缺乏经验和必要的外部环境，当时确立的中央银行制度只是定了方向、框架和主要内容，还有许多方面需要在实践中逐步完善和充实。例如，中央银行还是作为领导和管理全国金融事业的国家机关出现的，强调行政管理和行政办法的作用；专业银行还是政策性机构，并未确立商业银行的目标；中国人民银行分支机构仍按行政区划设置，而且划分一定的资金调剂权，等等。类似的问题很多，都反映出距离规范的、符合社会主义市场经济要求的中央银行甚远②。

1983 年以后，随着政策的深入和人们认识的提高，中央银行改革也在逐步向着市场经济体制的方向前进。

1986 年 1 月 7 日，国务院发布《中华人民共和国银行管理暂行条例》，这是新中国成立以来第一部综合的银行法规，对建立以中央银行为中心的社会主义金融体系的一些问题作了明确的规定。

---

① 刘鸿儒等：《变革——中国金融体制发展六十年》，中国金融出版社 2009 年版，第 81 页。
② 刘鸿儒等：《变革——中国金融体制发展六十年》，中国金融出版社 2009 年版，第 97 页。

四、金融体制改革目标的初步确立

1984 年党的十二届三中全会通过了《关于经济体制改革的决定》，提出把经济体制改革从农村扩展到城市，明确了要建立社会主义有计划商品经济新体制。《决定》中提出，在改革价格体系的同时，还要进一步完善税收体制，改革财政体制和金融体制。对于金融改革，只笼统讲了这么一句。在通过《决定》之后，国务院决定成立金融体制改革研究小组。

经过调查和研究，大家认为，虽然经过几年的改革，当时的金融体制的主要问题仍未解决，表现在：中央银行对专业银行和其他金融机构的业务活动缺乏有力的调节和控制办法；政企不分，用行政办法办银行的体制没有被打破，受有关部门和地方的支配和干预，银行缺乏自主权；金融活动渠道单一，一切信用集中于银行；银行的企业化经营管理没有形成。针对存在的问题，提出了改革方案，总体设想是建立灵活高效多样的金融体制。

1985 年 1 月，改革方案经讨论整理后，向国务院作汇报。之后，金融体制改革内容正式列入“七五”计划建议之中，并于 1985 年 9 月召开的中共中央全国代表会议上通过①。具体内容如下：

（1）改革金融体制，充分发挥银行系统筹集融通资金、引导资金流向、提高资金运用效率和调节社会总需求的作用。

（2）中国人民银行作为中央银行是最重要的宏观调节机构之一，要加强它的地位和独立性。

（3）中国人民银行要通过综合信贷计划、金融政策、外汇管理和信贷、利率、汇率、准备金等各种调节手段，来控制货币供应量和贷款总规模，做到既能控制通货膨胀，又能促使经济的协调发展和经济结构的合理化。所有的金融机构在业务上必须服从中国人民银行的领导和管理。中国人民银行对各金融机构的业务要加强监督与稽核，并有权在必要时采取强制性手段，严格控制各专业银行和其他金融机构的信贷活动。

（4）各专业银行应坚持企业化的改革方向，但实行的步子要稳妥，它们的业务范围允许适当交叉。银行应健全贷款的审批制度和责任制度，有权按照国家批准的计划和信贷政策自主地发放贷款，同时承担贷款的责任和风险。

---

① 《中共中央关于制定国民经济和社会发展第七个五年计划的建议》，引自中共中央文献研究室：《十二大以来重要文献选编》（中），人民出版社 1991 年版，第 277 页。

（5）各级政府都要监督和支持各地银行认真执行国家的金融政策，并保证它们的合法权益不受侵犯。在中国人民银行的指导和管理下，运用多种金融工具积极发展横向的资金融通，促进资金市场的逐步形成。

1986 年 2 月中国人民银行理事会全体会议，确定了金融体制改革的四个主要目标：建立强有力的、灵活自如的、分层次的金融宏观调控和调节体系；建立以银行信用为主体，多种渠道、多种形式、多种信用工具聚集和融通资金的信用体系；建立以中央银行为领导，国家银行为主体，多种金融机构并存和分工协作的社会主义金融组织体系；建立金融机构的现代化管理体系。

第二节　金融机构的建立和完善

1992 年，邓小平同志南方谈话后，中国改革又掀起了高潮。

1993 年 11 月，中国共产党第十四届中央委员会第三次全体会议通过《关于建立社会主义市场经济体制若干问题的决定》对加快金融体制改革，做出了战略部署。

本节主要述评 20 世纪 90 年代初到党的十八大以前的中国金融改革中银行业、信托业、保险业等金融机构的改革和发展。

一、银行业的发展和改革

（一）国有银行的改革

传统上说的国有银行指中国工商银行、中国人民建设银行、中国银行和中国农业银行。改革初期，这 4 家银行是中国银行业的主体，也是中国最重要的金融机构，它们的改革是中国银行业改革最重要的内容。

国有银行改革从 1978 年到党的十八大以前，大致可分为以下三个阶段：

1. 国有专业银行阶段（1978 ~ 1993 年）。

这一阶段以 1979 年中国农业银行恢复为标志，到 1984 年中国工商银行分设，大一统的中国人民银行体制改变为国有专业银行。

2. 国有专业银行的商业化改革阶段（1994 ~ 2003 年）。

20 世纪 90 年代中期以后，大中型国有企业开始了股份制改革，国有专业银行向商业银行的转变也是在这个背景下展开的。

1993 年 11 月，中共第十四届三中全会提出要加快金融体制改革，“现有的专业银行要逐步转变为商业银行”。同年 12 月，国务院做出了《关于金融体制改革的决定》，提出要把国有专业银行办成真正的商业银行。为加快专业银行商业化改革，1994 年国家采取了一系列的重大措施：相继成立了国家开发银行、中国进出口银行、中国农业发展银行三家政策性银行，实现了政策性金融与商业金融的分离；实行统一法人制度，加快各国有银行的集中统一管理；实行分业经营；推行资产负债比率管理；放宽专业银行业务活动领域和业务范围，允许银行间业务交叉，开展竞争；按有关国有独资公司的组织形式规定重新塑造银行的组织形式和组织机构。1995 年 5 月 10 日，第八届全国人大常委会第十三次会议通过了《商业银行法》，从法律上确立了国家专业银行的国有独资商业银行地位，明确国有独资商业银行要以效益性、安全性、流动性为经营原则，实行自主经营、自担风险、自负盈亏、自我约束。确定了我国国有商业银行公司治理和经营管理的基本框架。但是，在这次改革的初期，由于整个国家处于转轨阶段，各级政府对银行的干预问题严重存在，致使国有独资商业银行很难真正做到自主经营①。

1997 年，亚洲金融危机爆发。为了维护国家经济安全，确保经济、金融稳定，1997 年 11 月，中共中央、国务院召开了第一次全国金融工作会议，出台了一系列国有独资商业银行改革措施：一是进行财务重组。1998 年，定向发行 2700 亿元特别国债，专门用于补充资本金，使 4 家银行资本充足率按 1996 年标准达到 4%；1999 年，将 1.4 万亿元资产（其中 9800 亿元为 4 家银行不良资产）分别剥离给新成立的信达、长城、东方、华融 4 家资产管理公司。二是改善内部管理，4 家银行进一步强化统一法人体制，实行严格的授权授信制度；国家正式取消贷款规模，实行资产负债比例管理；将经营效益和资产质量纳入对 4 家银行管理者的考核，实现了由行政评价向经济评价的转变。同时，较大规模精简了机构和人员。三是强化外部监管。适应防范金融风险的需要，成立了中国证监会和中国保监会，分离了中国人民银行对证券、保险业的监管职能，其专司对银行业的监管，集中精力监管银行风险。通过上述改革，加之 4 家银行内部也进行了多项改革，许多先进理念和方法被引入，4 家银行的经营绩效和风险内控机制得以初步建立。

从 2001 年起逐步推行贷款五级分类制度、实行审慎的金融会计原则、逐步降低商业银行营业税等。总体而言，这一阶段的国有银行改革主要在处置不良资

① 李扬、王国刚等：《中国金融改革开放 30 年研究》，经济管理出版社 2008 年版，第 125 页。

产、加强内部管理等技术层面上进行，尚未触及体制机制等深层次问题。

3. 国家控股商业银行的股份制改造阶段（2003 年至党的十八大前）。

2001 年 12 月 11 日，中国正式加入 WTO。这意味着，从当时算起再经过 5 年的过渡期，外资银行将大步进入中国市场，中资银行将与外资银行在同一环境下开展竞争。加入 WTO 增大了进一步深化国有独资商业银行改革的紧迫性。

2002 年，第二次全国金融工作会议召开。会议明确了国有独资商业银行改革是中国金融改革的重中之重，改革的方向是按现代金融企业的属性进行股份制改造。这为国有独资商业银行进一步改革指明了方向。

2003 年以后，国家决定启动大型国有银行商业银行股份制改革，创造性地运用国家外汇储备注资大型商业银行，按照核销已实际损失掉的资本金、剥离处置不良资产、外汇储备注资、境内外发行上市的财务重组“四步曲”方案，全面推动大型商业银行体制机制改革。

银行改革过程中，比较注重改进各项标准和准则。在会计准则方面，做了数次修改，使得我国的会计准则比过去好了很多，也更为接近国际准则。在贷款分类方面，要求严格执行五级分类，要求执行《巴塞尔协议》对商业银行的资本充足率要求，并提出了明确的时间表来加以落实。另外，在披露标准和公司治理准则方面也都做了改进。同时，进一步强化了监管。2003 年成立了银监会，强化了监管组织体系，同时也进一步明确了监管原则。

从 2003 年底开始到 2009 年 1 月，中国银行、中国建设银行、中国工商银行以及中国农业银行分别改制为股份公司并且完成上市。

在此过程中，一方面，我国银行业整体实力大幅提升，资本实力、资产质量和经营效益不断提高，一些商业银行跻身全球大银行之列。另一方面，商业银行内部风险管理能力持续增强。大型商业银行坚持推进改革和加强经营管理并重，公司治理架构不断规范，新的体制和机制日益发挥重要作用。

同时，积极参与国际银行业监管改革和标准制定，金融监管体制不断完善。2009 年，我国金融管理机构代表中国正式加入了巴塞尔银行监管委员会，标志着我国开始全面参与国际银行业监管标准与准则的研究制定工作。总体看，经过这轮改革，我国初步建立了较为全面、系统的金融法规体系，全面推行了贷款质量五级分类等一系列审慎监管制度，加强法人监管，改进监管手段，实施国际标准的资本充足率管理办法，强化对信用风险、市场风险和操作风险的监管，加强对创新业务的监管和指导，基本形成了审慎监管的法规框架。

2008 年下半年，美国次贷问题蔓延和加深，演化成为一场席卷全球的国际金融危机。由于我国经济发展健康强劲，商业银行改革启动及时、持续推进，金融业整体抗风险能力得到显著增强，使我国经受住了这轮国际金融危机的严重冲击。应该说，这也从一个侧面体现了大型商业银行改革的成效①。

（二）政策性银行的改革

政策性银行主要是指由政府创立或担保，以贯彻国家产业政策、区域发展政策和其他社会发展政策为目的，具有特殊的融资原则，不以营利为目的的金融机构。1993 年党的十四届三中全会明确提出金融体制改革的方向，国务院制定了政策性金融与商业性金融分离，把四大国有专业银行办成真正的商业银行等一系列重大措施。1994 年，我国相继成立了国家开发银行、中国农业发展银行和中国进出口银行，它们承担着社会主义计划经济向市场经济转轨时期增强宏观调控、实现政府发展战略目标、促进国有专业银行商业化改革等多重使命。

三家政策性银行自成立以来，积极落实国家各项政策，为基础设施和支柱产业建设、出口竞争力的提升和推动粮油体制改革、提高农民生活水平做出了重大贡献。随着经济和市场的发展变化，为了更好地贯彻国家政策，服务于社会，提升竞争力，政策性银行也开始走上改革之路。

（三）股份制商业银行改革深化

发展股份制商业银行是我国经济体制和金融体制改革的必然。在国有银行体系以外，组建新型的股份制商业银行，主要有两个目的：一是在一定程度上引入竞争机制，促进金融业、整体服务水平的提高；二是通过股份制商业银行的建立和发展，探索国有商业银行化改革的路径。

1986 年 7 月，国务院发布《有关重新组建交通银行的通知》，拉开了股份制商业银行改革与发展的序幕，同时中国银行业的对内开放也正式启动。1987 年，深圳特区 6 家信用社联合改制，成立深圳发展银行，5 月 10 日以自由认购形式首次向社会公开发售人民币普通股，并于 1987 年 12 月 22 日正式宣告成立，1989 年 3 月 10 日在深圳证券交易所上市，成为国内第一家上市的银行②。我国现有 12 家全国性股份制商业银行：招商银行、浦发银行、中信银行、光大银行、华夏银行、民生银行、广发银行、兴业银行、平安银行、浙商银行、恒丰银行、渤海银行。截至 2011 年末，除了浙商银行、恒丰银行、渤海银行外，其余 9 家股

① 周小川：《大型商业银行改革的回顾与展望》，载于《中国金融》2012 年第 6 期。

② 2010～2012 年，中国平安保险集团控股的平安银行吸收合并深发展，2012 年 8 月 2 日，深圳发展银行正式更名为平安银行。

份制商业银行均已在 A 股市场上市。[①]

12 家股份制商业银行成立后，持续深化改革，强化资本约束和风险控制，从控制风险向管理风险转变，完善风险管理体系，提高风险管控和风险抵补能力，进一步完善公司治理，推动流程银行建设和流程再造，强化内部管理。同时，股份制商业银行明确自身定位，转变传统盈利模式和经营理念，不断加强产品和服务创新，探索利润多元化和业务模式的转型。

（四）邮政储蓄银行、城市商业银行、农村商业银行等改革

2003 年 10 月，中央发布《关于完善社会主义市场经济体制若干问题的决定》明确提出加快推进邮政等垄断行业的体制改革，邮政改革的目标是实现邮政政企分开、主辅分开，其中一个重要环节就是加快成立邮政储蓄银行。2005 年 7 月，国务院原则通过了邮政体制改革方案，为最终设立邮政储蓄银行确立了方向。2006 年底，中国银监会正式批准，由中国邮政集团公司以全资方式出资成立邮政储蓄银行，标志着我国邮政储蓄实现了规范化经营和管理的历史性跨越。2011 年 12 月 31 日银监会批复中国邮政储蓄银行有限责任公司整体改制为股份有限公司。

我国的城市商业银行的前身是城市合作银行，基本上都是在原有的城市信用社基础上，经过增资扩股、重组、并购、改制形成的。1998 年 3 月 13 日，经国务院同意，中国人民银行与国家工商行政管理局联名发出通知，将城市合作银行统一更名为城市商业银行。

伴随着中国农村金融改革，农村金融机构也逐步改革发展。1979 年恢复中国农业银行后，农村信用社管理体制改革不断推进。1996 年 8 月，国务院关于《农村金融体制改革的决定》中明确提出，农村经济发展的多层次需要一个包含商业性、政策性和合作性金融在内的各类金融机构提供及时、有效服务的金融体系，并且指出农村信用社管理体制改革是农村金融体制改革的重点，改革的核心是“把农村信用社逐步改为由农民入股，由社员民主管理，主要为入股社员服务的合作性金融组织”，改革的步骤是“农村信用社与中国农业银行脱离行政隶属关系，对其业务管理和金融监管分别由农村信用社县联社和中国人民银行承担，然后按合作制原则加以规范”。

从 2003 年开始，农村信用社改革进入了产权改革的新阶段。2003 年 6 月 27

① 交通银行、招商银行、中信银行、民生银行分别于 2005 年、2006 年、2007 年、2009 年在香港证券交易所上市，浙商银行于 2016 年在香港证券交易所上市。

日，国务院下发了《深化农村信用社改革试点方案》，提出了“明晰产权关系、强化约束机制、增强服务功能、国家适当扶持、地方政府负责”的改革要求，正式启动新一轮农村信用社改革试点工作。改革主要包括三个内容：一是改革农村信用社管理体制，调动地方政府积极性，将管理和风险责任移交省级政府承担；二是改革农村信用社的产权制度，确立以股份化为导向的多元化产权改革方向；三是综合运用财政、税收和货币手段，化解历史包袱。

二、中国信托业的改革

（一）信托公司的恢复发展和清理整顿

到1988年底，各类信托投资公司近800家，加上分支机构，机构数量近1000家。但是初期机构膨胀过快，业务界定不清，内控薄弱，行业风险凸显。

1982~1993年，国家针对信托业发展暴露出来的问题进行了几次清理整顿。1995年，按照分业经营、分业管理的原则，将信托投资公司与所属国有商业银行脱钩，大量信托投资公司被撤销。1995年全国重新登记时，信托投资公司数量减到239家。1999年开始对信托业进行新一轮全面清理整顿，主要解决信托投资公司的功能定位问题，重新界定业务范围，实现信托业与证券业分业经营，把信托投资公司规范为真正受托理财的金融机构。

（二）信托业的法制化发展

2001年，《中华人民共和国信托法》《信托投资公司管理办法》和《信托投资公司资金信托业务管理暂行办法》相继颁布，信托业的法制监管框架基本建立。信托公司功能从“融资平台”向“受人之托、代人理财”的理财机构转型。

在中国改革开放的前30年中，与其他金融行业相比，信托业是历经清理整顿次数最多而且深度最重的。由于中国传统文化中信托的观念与市场经济发达的英美法的信托观念在形成机制上有较大差别，信托意识不强以及信托的功能定位的不清长期存在。信托的功能和制度安排常常成为金融机构规避宏观调控和金融监管的“变通管道”。“一放就乱，一管就死”的循环经常出现，但是作为中国金融改革和发展的探索先锋，其贡献显著。

三、中国保险业的改革和发展

中国改革开放以后保险业增长迅速，1980年全国保费收入为4.6亿元，2011

年增加到1.43万亿元，31年增长了3100倍。2002年保险业总资产为6000多亿元，2011年保险业总资产首次超过6万亿元，10年增长了9倍。

1. 20世纪80年代初的政企分开和增强活力改革。

国内保险机构恢复初期中国人民保险公司直接隶属于中国人民银行，存在政企不分和平均主义大锅饭的弊端。1984年1月1日，中国人民保险公司从中国人民银行分设出来，独立开展业务，在国内保险业务实行独家垄断经营。1984年起，中国人民保险公司开展了改进考核管理办法、改革利润留成办法，下放业务经营自主权等改革。

2. 打破保险业垄断的改革。

由于历史原因，改革初期中国人民保险公司充当了保险监管和保险经营的双重职责和角色，并且独家垄断经营。1986年7月，经中国人民银行批准，成立了新疆建设兵团农牧业生产保险公司；1988年3月和1991年4月，中国平安、太平洋等股份制保险公司相继成立，打破了国内保险业由中国人民保险公司独家经营的格局；1992年9月，美国友邦保险有限公司在上海市设立分公司；1996年8月，新华、康泰两家寿险公司和华泰、永安两家财产险公司的加入，壮大了保险经营主体的队伍。此外，保险经纪公司等中介机构陆续成立。从这个时候开始，保险经营主体多元化、竞争差异化的保险市场格局逐步形成。

3. 保险业法规和监管体系初步形成。

1982年开始实施的《中华人民共和国经济合同法》对财产保险合同作了专门规定，这是中国第一部与保险有关的法律规定。1995年6月30日，八届全国人民代表大会第十四次会议正式通过和颁布了《中华人民共和国保险法》，标志着我国保险业进入了有法可依、依法经营、依法监管的阶段。改革开放初期，保险监管由中国人民银行行使，保险监管体系薄弱，1998年，国务院决定金融监管实行分业监管模式，将保险监管职能从中国人民银行分离出来，1998年11月18日，中国保险监督管理委员会正式成立。

4. 保险业分业经营体制的改革。

我国金融业的发展，走过了从混业到分业的历程，1995年先后颁布的《中国人民银行法》《商业银行法》《保险法》，确立了国家关于银行、证券、保险分业经营的方针，同时，《保险法》也确立了保险业内部的产险、寿险分业经营的原则。2001年12月，中国出口信用保险公司正式成立，这是中国第一家政策性保险公司，标志着中国政策性保险体制改革取得重大进展。

5. 保险业对外开放。

保险业是中国金融业中最早对外开放的。2001年以后，中国保险业逐步进入全方位对外开放阶段，中国正式加入 WTO，标志着中国保险业对外开放进入新的阶段。根据承诺，2004 年 12 月 11 日，中国保险业率先实现全面对外开放，对外开放率进入新的阶段。外资保险市场主体不断增加，截至 2011 年 11 月末，共有 16 个国家和地区的保险公司在我国设立了 54 家外资保险公司，设立各级分支机构近 1300 家。

中国保险业的快速发展促进了金融改革，成为中国金融业三大支柱之一，同时也在促进经济发展和社会稳定中发挥了重大作用。

第三节　货币市场和债券市场的建立与发展

改革开放以后，随着各类金融机构的恢复、建立和发展，中国金融市场也从无到有地发展起来。金融市场包括货币市场和资本市场两部分，各类短期金融工具构成货币市场的基础，而长期金融工具构成资本市场的基础。本节分别评述中国货币市场、债券市场。

一、货币市场的改革与发展

货币市场主要包括同业拆借市场、回购市场和票据市场三个部分。我国改革开放后货币市场的萌芽，是 1982 年中国人民银行倡导推行的“三票一卡”（汇票、本票、支票和信用证）。

（一）同业拆借市场

1984 年之前，我国实行高度集中的信贷资金管理体系，银行间资金余缺只能通过行政手段纵向调剂而不能横向融通。1984 年 10 月，中国人民银行确立了“统一计划、划分资金、实存实贷、相互融通”的信贷资金管理体制，允许资金在各地区各银行之间相互拆借。1985 年国家体改委和中国人民银行总行在当年金融体制改革试点城市座谈会上，提出将建立银行同业拆借市场列为今后金融体制改革的重点内容。1986 年 1 月，国务院颁布了《中国人民银行管理暂行条例》，规定：为了调节资金头寸，专业银行之间的资金可以相互拆借。

资金拆借市场迅速成长起来，2011 年，银行间同业拆借市场交易规模已达 33.4 万亿元，是 1991 年的 110 倍。在交易规模扩大的同时，拆借市场利率也实现了市场化，推进了我国利率市场化进程。

（二）票据市场

1982 年，上海率先开展了票据承兑、贴现业务，中国人民银行也开始试办票据的再贴现业务。1995 年，全国人民代表大会通过了《中华人民共和国票据法》，为票据市场的发展奠定了法律基础。

2002 年后，央行票据形成和发展起来。它是中国人民银行向其成员发行，以自己为债务人，期限一般在一年以内的短期债券。起初，央行票据的发行是中国人民银行为应付当年外汇储备急剧增加，导致基础货币供应增长过快所采取的临时性措施。后来随着外汇储备逐年增长，而央行缺乏其他公开市场操作工具，央行票据发行规模逐年增大，2002 年中国人民银行发行央行票据 1938 亿元，2010 年达到 42350 亿元[①]，其后中国人民银行更多地依赖提高法定准备金率来回笼基础货币，央行票据的地位逐步下降。

（三）回购市场

回购市场是通过回购协议进行短期资金融通的市场，其本质上是以证券为质押物的贷款。1988 年，中国开办了国债回购业务，但由于准备不足，市场反应冷淡，同时，国债发行难的问题十分尖锐。1991 年，上海证券交易所和全国证券交易自动报价系统（STAQ）成立，STAQ 系统于 1991 年 7 月开始试运行国债回购业务。1992 年，武汉证券交易中心也推出了国债回购业务，不久，深圳证券交易所、天津证券交易中心等，也先后开办了国债回购业务。1993 年 7 月，国家对以同业拆借市场为主的货币市场进行清理，直至 1996 年统一的银行间拆借市场建立和 1997 年银行间回购市场建立，货币市场进入了下一个高速发展时期。

二、债券市场

1981 年财政部以实物券的形式向社会发行了 48 亿国库券，标志着改革开放后的中国债券市场开始形成。

（一）国债市场

1981 年 1 月 16 日，国务院发布《1981 年国库券条例》，恢复了中断 22 年的

① 据中国人民银行网站中央银行票据发行公告 2010 年第 1 号至第 97 号累计，http：//www. pbc. gov. cn/zhengcehuobisi/125207/125213/125431/125472/17080/index11. html。

国债发行。1981～1993 年，国债市场发展经历了两个阶段。

第一个阶段是 1990 年以前，国债发行采用行政分配方式。第二阶段从 1990 年开始，国债发行改变了原有的分配方式，主要依靠银行柜台对居民销售，并在 1991 年开始采用国际通行的承购包销方式。国家允许所有针对个人发行的国债品种进入市场交易，全国统一的交易网络开始形成。1990 年，随着上海证券交易所开业，国债的交易所市场建立。

1993 年 10 月和 12 月，上海证券交易所分别推出了国债期货交易和国债回购交易。

但是由于在中国，利率的变动受到管制，在通货膨胀率变动不定的情况下，国债的保值贴补率也就有较大的波动空间，在期货市场，就成为过度投机的场所。1995 年 2 月 23 日，“327 国债期货事件”爆发，最终导致当时中国最大的证券公司——上海万国证券公司的破产倒闭。5 月，国务院决定暂停国债期货交易。5 月 17 日，中国证监会紧急暂停全国范围内国债期货交易。1997 年亚洲金融危机爆发，中国国债市场进入规范发展阶段，制度建设进一步发展。1997 年 4 月财政部颁布《中华人民共和国国债托管管理暂行办法》，规定 CDC 建立和运营全国国债托管系统，国债实行统一托管，停止使用国债代保管单；1997 年 6 月 6 日，中国人民银行发布《关于各商业银行停止在证券交易所证券回购及现券交易的通知》，银行的国债现券交易和国债回购交易退出证券交易所，改在银行间市场交易。

2000 年以后，国债市场不断完善。2000 年，财政部在银行间债券市场发行的国债全部采用市场招标方式发行；2001 年，15 年以上的长期国债的发行调整了国债品种的期限结构，有利于形成中国的基准利率，促进利率市场化改革；自 2006 年起，中国从国债发行额度管理改变为国债余额管理方式。

随着国债市场改革，我国国债规模不断增加，交易制度和交易体系不断完善，二级市场流动性不断提高。

（二）金融债券市场

中国的金融机构债券种类繁多，主要包括商业银行债券和非银行金融机构债券等。商业银行债券，包括次级债和普通债券。2004 年初，中国银监会发布了《商业银行资本充足率管理办法》，同时，中国银监会和中国人民银行联合发布了《商业银行次级债券发行管理办法》，规范银行间市场发行次级债。2003 年 12 月，兴业银行发行次级债券 30 亿元，是中国商业银行首次成功发行次级债。银行发行普通债的历史比次级债要早一些，1985 年，当时的国家专业银行开始发行金融债券，所筹资金主要用于发放特种贷款。

2003年以后，以国家开发银行为主的政策性银行金融债券的收益率曲线，已经成为普通金融债券、企业债券、短期融资券发行定价和二级市场交易的重要基准。

（三）企业债券市场

20世纪80年代中期中国就出现了企业债券。1985年5月，沈阳市房地产开发公司向社会公开发行了改革开放后有记载的第一只企业债券。20世纪90年代，企业债券市场得到初步规范。1993年8月，国务院修订颁布了《企业债券管理条例》，将发行主体扩大到中国境内具有法人资格的企业，12月，《中华人民共和国公司法》出台，其中公司债券一章作了更为具体的指标规定。

1995年《中共中央关于制定国民经济和社会发展九五计划和2010年远景目标纲要的建议》明确指出要积极稳妥地发展债券融资，为企业债券的发展进一步指明了政策方向。1998年12月颁布的《中华人民共和国证券法》规定，发行公司债券必须按照《公司法》报经国务院授权的部门审批，债券上市需经国务院证券监督管理机构批准。至此，中国企业债券市场形成了国家计委审批额度、中国人民银行审批发行、中国证监会监管流通市场的模式。但是这一分割的监管模式仍然制约了企业债券市场的发展。

进入21世纪后，中国债券市场稳定增长，到2011年末，各类债券产品余额达到227412亿元。其中，政府债券余额为78649亿元，金融债券余额为75652亿元，企业债券余额为51686亿元，央行票据为21289亿元。2011年债券市场合计发行量达78519亿元，其中政府债券发行17397亿元，金融债券发行23501亿元，企业债券发行23479亿元，央行票据发行14140亿元。2011年债券市场交易规模全年为2007579亿元①。

第四节　股票市场的建立和发展

作为中国资本市场（证券市场）中的最重要部分的股票市场，它的建立、发展和改革，不仅是中国金融改革发展的重要部分，同时又和中国国有企业的改革、发展紧密相关，因此我们在本节专门叙述。

---

① 资料来源：http：//www. doc88. com/p－2367085165525. html。

一、股票市场的初步建立（1979～1991年）

1979年，在国有企业改革和多种经济成分发展的背景下，建立多种形式的企业制度的问题已经提出，一些企业开始探索股份制、股票发行和股票交易。

（一）股票发行的探索

1980年创设的成都市工业展销信托股份公司，是有记载的第一家股份制企业；第一只股票发行是1980年1月由中国人民银行抚顺支行新居办事处代理抚顺红砖厂发行的280万元股票；1984年，上海飞乐音响股份有限公司发行的50万元股票，是第一只进入交易的股票；1984年1月，北京市天桥百货股份有限公司招股并正式在工商注册登记，成为第一个发行股票的国有企业。

1984年7月，中国人民银行上海市分行发布了《关于发行股票的暂行管理办法》，1987年修订了《上海市股票管理暂行办法》；1986年10月，深圳市政府发布了《深圳经济特区国营企业股份化试点的暂行规定》，股份制试点进入扩大和深化阶段，股票发行趋于规范。

（二）多种类型的股票交易市场

这一时期的股票交易先后经历了场外私下交易阶段（1984～1986年）和柜台交易阶段（1986～1990年）。1986年8月，沈阳市信托投资公司率先开办了代客买卖股票和债券的抵押融资业务。1986年9月26日，中国人民银行上海市分行批准，中国工商银行上海分行信托投资公司静安营业部成立专门的证券营业部，成为改革开放后的第一个股票交易柜台，标志着股票流通市场在中国的恢复和起步。1988年4月7日，深圳经济特区证券公司也开始办理本地股票的公开柜台交易。到1990年，上海共有16个股票交易柜台，深圳有10个。

（三）沪深证券交易所的建立

股票柜台交易制度的缺陷和私下交易的低效率，难以满足中国股份制经济迅速发展的需要，建立公开、集中交易的股票交易市场被提上议事日程。1990年11月26日，经中国人民银行批准，改革开放后第一家证券交易所——上海证券交易所宣告成立，12月19日正式开业。1991年7月3日，经国务院批准，深圳证券交易所正式成立。

随着沪深两个证券交易所的成立，股票市场有了进一步的发展，但是同时也带来了争论，其核心问题是“姓资姓社”问题。一方面全国各地出现了股份制改革热潮，自发地发行股票并进行交易；另一方面对股份制改革又存在政治担忧，从理论界到实际部门争论越来越大。

在这个股票市场面临存废选择的关键时刻，1992 年邓小平同志到南方视察，他明确指出：“社会主义的本质，是解放生产力，发展生产力，消灭剥削，消除两极分化，最终达到共同富裕。证券、股市，这些东西究竟好不好，有没有危险，是不是资本主义独有的东西，社会主义能不能用？允许看，但要坚决地试。看对了，搞一两年对了，放开；错了，纠正，关了就是了。关，也可以快关，也可以慢关，也可以留一点尾巴。怕什么，坚持这种态度就不要紧，就不会犯大错误。”①

邓小平的讲话击中要害，实际上是对股份制和股票市场进行了肯定，解决了长期争论不休的“姓资姓社”问题，在危急时刻决定了中国资本市场的命运。

1993 年 11 月党的十四届三中全会通过的《中共中央关于建立社会主义市场经济体制若干问题的决定》，第一次提出了“资本市场”这个概念，并明确指出：“发展和完善以银行融资为主的金融市场，资本市场要积极稳妥地发展债券、股票融资。”这是最大的理论突破，对股票市场的发展具有深远的历史意义。

二、证券市场监管体系的建设

（一）从分散到集中的监管体制

1992 年后，股份制改革出现了热潮，自发的股票发行和交易在一些地区泛滥起来。1992 年 8 月 10 日，深圳发生了震动全国的“8·10”事件②，使中央感到了建立证券市场监管体系的迫切性。

1992 年 10 月 12 日，国务院成立了国务院证券委员会（以下简称“证券委”）和中国证券监督管理委员会（以下简称“证监会”），代表国务院统一管理全国的证券市场。证监会受国务院证券委员会的指导、监督检查和归口管理。中国证监会成立之初，证券市场监管并没有完全做到集中统一。随着资本市场的发展，集中统一的监管体制逐步完善，并确立了“公平、公开、公正”的监管基本

① 陈锡添：《东方风来满眼春——邓小平同志在深圳纪实》，载于《人民日报》1992 年 3 月 31 日，第 1 版。

② 1992 年 8 月 10 日，由于发售新股认购申请表方案出现偏差，导致申请表发放严重供不应求，申购人群爆发游行抗议的过激行为，造成政治问题和社会安定问题的事件。

原则和“法制、监管、自律、规范”的指导方针①。

1997 年，国务院决定上海证券交易所、深圳证券交易所和各期货交易所由地方划归中国证监会。1998 年，国务院决定撤销证券委员会，各地证券监管部门由中国证监会实行垂直领导，并把中国人民银行主管的证券公司和证券投资基金转移到中国证监会。1999 年，中国证监会进一步完善了各地派出机构。至此，一个以中国证监会为核心，由各地派出机构、证券交易所和中国证券业协会等组成的全国集中统一的多层次监管架构逐步建立。

（二）证券市场法规的逐步建立

中国证监会成立后，中国证券市场加快了法制建设步伐。

1993 年 4 月 22 日，国务院出台了《股票发行与交易管理暂行条例》，这是中国金融发展和改革中第一部专门针对股票发行和交易的法规，主要涉及股票发行资格、发行程序、上市条件、上市程序、交易条件、公司收购、信息披露以及法律责任等。1994 年 7 月 1 日，《中华人民共和国公司法》步入实施，其主要内容是规范有限责任公司和股份有限公司的法人治理关系，涉及公司的法律地位及其设立、组织、运行和终止等过程一系列法律规范。

1992 年后，相关监管部门出台了 250 多件证券市场的行政规章。

1998 年 12 月 29 日，历时 6 年、经过全国人大五次审议的《中华人民共和国证券法》颁布，并于 1999 年 7 月 1 日起实施，这标志着中国证券市场的法律体系建设进入新的阶段。《证券法》的内容涉及证券发行、交易（其中包括一般规定、证券上市、持续信息公开及禁止的交易行为）、上市公司收购、证券交易所、证券公司、证券登记结算机构、证券交易服务机构、证券业协会、证券监督管理机构及法律责任等方面。由于《证券法》的立法在时机上恰逢东南亚金融危机发生，因此立法取向强调强化监管防范风险，设立了一系列禁止性或限制性条款，如禁止银行资金入市、禁止融资融券、禁止国企炒股等。2003 年 10 月 28 日，第十届全国人大常委会通过了《证券投资基金法》并于 2004 年 6 月 1 日起施行。

2000 年后，在《证券法》的实施过程中，监管部门又出台了一系列行政法规。如《关于在上市公司建立独立董事制度的指导意见》（2001 年 8 月）、《上市公司治理准则》（2002 年 1 月）、《关于加强社会公众股股东权益保护的若干规定》（2004 年 2 月），旨在完善上市公司治理结构和保护投资者权益；如决定在

① 周正庆主编：《证券市场导论》，中国金融出版社 1998 年版，第 263、265 页。

股票发行中实行保荐制的《证券发行上市保荐制度暂行办法》(2003 年 12 月)，等等。

三、股权分置改革

在中国改革开放初期，为了股份经济和股票市场得以发展，管理层对我国上市公司股份作了国有股、法人股、职工内部股、公众股的形式划分，并作出国有股、法人股不能上市流通和公众股上市流通的差异性制度安排。沪深证券交易所上市流通的是公众股，国有股、法人股作为非流通股则只能在场外市场协议转让，不能进入沪深证券交易所上市流通和交易。这在当时中国的政治、经济、意识形态和法律环境下，是一种恰当的制度安排。截至 2004 年底，上市公司总股本中非流通股份占 64%，国有股份又占了非流通股份中的 74%。

随着改革的深入，社会主义市场经济体制的确立和证券市场的发展，股权分置的缺陷显现出来，成为制约证券市场的健康发展和国有资产管理体制改革的制度障碍。主要表现在：(1) 股权分置扭曲了资本市场的定价机制。一方面国有股、法人股的高比例和非流通性其在协议转让时价值严重低估导致转让价格偏低；另一方面由于流通股本规模小而被价值高估，市场价格易于被炒作和操纵。(2) 股权分置使公司治理缺乏共同利益基础。非流通股东的利益关注点偏向于资产净值的增减，流通股东更关注二级市场股价波动。(3) 制约了市场融资功能的发挥。一方面非流通股由于价值低估转让困难影响了非流通股东参与股权再融资的积极性，公司融资往往只能由不足 1/3 的流通股股东承担；另一方面公司由于向非流通股股东股权融资困难，只能倾向于高溢价向流通股股东募集，这又往往受到流通股投资者的抵制。(4) 难以形成对上市公司非流通大股东及管理层的有效约束和激励机制。二级市场股价变化在上涨时不能形成对非流通股东和不持有流通股的管理层的激励，在下跌时也不影响非流通股股东的利益，无法形成有效的约束。非流通股股东特别是大股东在参与公司决策时，为了自身利益最大化而常常有侵蚀流通股股东的行为。

1999 年 9 月党的十五届四中全会《关于国有企业改革和发展若干重大问题的决定》指出，“从战略上调整国有经济布局和改组国有企业”，“要坚持有进有退，有所为有所不为”的总体原则，要“选择一些信誉好、发展潜力大的国有控股上市公司，在不影响国家控股的前提下，适当减持部分国有股，所得资金由国家用于国有企业的改革和发展”。

1999 年和 2001 年进行了两次国有股减持试验，结果均不成功①，市场反应不佳，股票市场出现大幅度波动，2002 年 6 月 23 日，国务院决定国内上市公司停止执行《减持办法》，次日市场以全体涨停响应（即中国股票历史上著名的“6 · 24 行情”）。

2004 年 1 月 31 日，国务院发布的《国务院关于推进资本市场改革开放和稳定发展的若干意见》（简称“国九条”）明确提出要“积极妥善解决股权分置问题”，并且提出“在解决这一问题时要遵循市场规律，有利于市场的稳定和发展，切实保护投资者特别是中小公众投资者的合法权益”的总体要求，将解决股权分置问题作为推进资本市场改革开放的制度性变革正式提上日程。

2005 年 4 月 29 日，中国证监会发布《关于上市公司股权分置改革试点有关问题的通知》，正式启动上市公司股改试点工作。在试点期间，中国证监会、国资委连续出台相关政策，引导、规范和推进股改。

2005 年 8 月 23 日，经国务院批准，中国证监会、国资委等五部委联合发布了《关于上市公司股权分置改革的指导意见》，对股改的意义、指导思想、总体要求等提出了方向性意见，标志着股改全面启动。为此，国务院成立了股权分置改革领导小组，中央有关部委、各地方政府、深沪证券交易所相继成立了股权分置改革领导小组。2005 年 9 月 4 日中国证监会发布了《上市公司股权分置改革办法》，2005 年 9 月 6 日深沪交易所分别发布了《上市公司股权分置改革业务操作指引》。

2006 年底，已经完成或进入股权分置改革程序的上市公司占应改革上市公司总市值的比重达到 98%，股权分置改革基本完成。

股权分置改革的成功，使得长期困扰我国资本市场发展的根本问题基本得到解决。其意义和影响表现在：（1）恢复了上市公司股票同股、同权、同利的本来属性，奠定了公司治理的共同利益基础，为资本市场发展打下坚实基础。（2）股权分置改革后，上市公司股票得以统一按照市场机制定价，强化了资本市场资源优化配置的功能。（3）股权分置改革的完成稳定了投资者预期，恢复了市场信心，2006 年 12 月 15 日，沪深股指分别创历史新高，较 2005 年最低点分别上涨了 120% 以上，股市财富效应得到基本体现。（4）股权分置改革也使 2002 年以来逐步萎缩的资本市场融资功能得到恢复和提升，一批包括中国银行、工商银行、中国国航、大秦铁路等在内的大型公司在 A 股市场发行上市。2006 年 6 月

① 前者是指 1999 年 12 月中国嘉陵和黔轮胎试行按比例出售国有股，沪深股市大幅度调整；后者指 2001 年 6 月 6 日国务院出台《减持国有股筹集社会保障资金管理暂行办法》，2001 年 6 月 14 日开始实施，先后有 17 家公司通过新发或增发减持部分国有股筹集社保基金 23.15 亿元。

恢复发行新股至2006年11月30日仅半年时间，沪深股市新股发行筹资累计达1188.73亿元，上市公司再融资达732.52亿元，两者合计达1921.24亿元，超过2003~2005年沪深股市融资总和，有力促进了国有企业改革和中小企业发展。股权分置改革后我国资本市场成为全流通市场，促进了资本市场与国际接轨，为对外开放奠定了制度基础。

四、多层次资本市场体系建设

（一）资本市场法制建设的不断完善

2005年10月27日第十届全国人大常委会通过了修订后的《公司法》和《证券法》，并于2006年1月1日起施行。修订的《证券法》将党中央、国务院关于大力发展资本市场、扩大直接融资，推进中国资本市场的改革开放和稳定发展的精神体现其中，以法律形式加以确认，全面提升了资本市场在社会主义市场经济体系中的地位。

（二）中小企业板、创业板市场的设立和股指期货推出

2004年2月1日，《国务院关于推进资本市场改革开放和稳定发展的若干意见》颁布，明确提出分步推进创业板市场建设。5月17日，中国证监会同意深圳证券交易所在主板市场内设立中小企业板块及实施方案，中小企业板成为创业板的过渡形式。6月25日，首批8家中小企业在中小企业板挂牌交易，中小企业板正式启动。在中小企业板发行上市的公司具有IPO规模较小、大多数为民营企业的特征。

2007年，推进以创业板为重点的多层次资本市场条件已经比较成熟。2007年8月，《创业板发行上市管理办法（草案）》获得国务院批准。2008年3月，中国证监会发布《首次公开发行股票并在创业板上市管理办法（征求意见稿）》。2009年3月31日，中国证监会正式发布《首次公开发行股票并在创业板上市管理暂行办法》，该办法自2009年5月1日起实施。

2009年10月30日，中国创业板28家公司正式上市。中小企业板和创业板的设立，是中国建设多层次资本市场的重要环节。创业板酝酿10年，设立后到党的十八大召开，整整3年时间，这期间发展迅速，截至2012年10月30日，上市交易的创业板上市公司达到355家，是首批上市公司的12倍之多，总市值共计8530.78亿元，略超当时中石油A股市值一半。但是也存在一些发展中的缺

陷，例如，真正属于高新技术企业范畴的公司比例并不高；发行时超募严重；业绩差强人意；给投资者的投资回报不高，等等。

2010 年 3 月融资融券、4 月股指期货的推出为资本市场提供了双向交易机制，这是中国证券市场金融创新的又一重大举措。

中国证券市场从 20 世纪 90 年代建立，到 2011 年的 21 年间，经历了若干次市场的大起大落，更经历了发展道路上的许多困难和重大变革。经过 20 多年的发展，不论是从上市公司的数量，还是从融资金额、投资者数量等方面，中国资本市场均已具备了相当的规模，其在融资、优化资源配置等方面为中国经济的发展发挥着越来越重要的作用。

第十四章

对外开放和开放型经济的形成

引言　对外开放成为基本国策

改革开放以来，中国经济发展取得了举世瞩目的伟大成就。经济高速增长与对外开放的深入发展相伴随，对外开放和开放型经济的形成与完善成为推动中国经济发展的最为重要的引擎之一；反过来，中国经济快速发展带来的产业结构和综合国力的不断提升也为中国不断融入经济全球化提供了基础。

1978 年党的十一届三中全会的召开，正式做出了对外开放的决策，对外开放进入探索阶段。作为探索阶段的重要举措，中央批准设立了深圳、珠海、汕头和厦门 4 个经济特区。1984 年，进一步开放 14 个沿海港口城市；1985 年，中央决定先将长江三角洲、珠江三角洲和闽南厦漳泉三角地区，继而将辽东半岛、胶东半岛开辟为沿海经济开放区；1988 年，进一步扩大了沿海经济开放区的范围等。这一系列举措使得中国对外开放的探索取得巨大成功，为中国进一步对外开放积累了丰富的经验，奠定了重要基础。

1990 年，党中央做出开发和开放浦东的决定，这是进一步实行对外开放的重大部署，也标志着中国开放型经济从探索阶段走向全面开放阶段。1992 年，邓小平同志南方谈话之后，中国开放型经济发展正式进入深入融入全球生产网络的全面对外开放阶段。20 世纪 90 年代之后，以生产碎片化（fragmentation of production）为标志的全球价值链分工快速发展，国际生产网络的兴起成为世界经济发展的重要趋势。国际生产网络的兴起为中国依托劳动力优势，进入以信息通讯产业为代表的高新技术产业提供了机遇。在此阶段，“招商引资”成为政策的重点，直接投资加速流入中国，1992 年实际使用外资金额为 110.08 亿美元，到了

1995年已经达到375.21亿美元，2000年和2010年则分别达到407.15亿美元和1088.21亿美元。[①] 外商直接投资的大量流入使得中国迅速成为全球生产网络最为重要的加工组装节点，中国也逐渐被称为“世界工厂”，中国的劳动力红利得以充分实现，产业结构和贸易结构升级显著，有力推动了中国经济的高速增长。

2001年12月，中国最终加入WTO也是中国开放型经济发展历程中又一“里程碑”式的事件，加入WTO既为中国开放型经济体制改革提供了动力，也为中国开放型经济的进一步发展提供了良好的外部环境。得益于加入WTO带来的国内改革红利以及外部贸易投资环境确定性的增加，中国利用外资和对外贸易都出现了加快增长的趋势，中国出口在世界的位次由2002年的第5位逐年上升，2004年、2007年和2009年分别上升至第3位、第2位和第1位，贸易大国地位得以确立。经过这一阶段开放型经济的高速发展，中国确立了经济大国的地位，在2007年超越德国成为世界第三大经济体，2010年超越日本成为世界第二大经济体。同时，中国的产业结构和贸易结构得到显著改善，通过融入全球生产网络中国形成了电子信息等产业较为完整的价值链，这为中国高新技术产业的发展和应用奠定了良好的产业基础。

对外直接投资开始进入高速增长阶段也是本阶段中国开放型经济发展的又一重要趋势和特征，资本双向流动格局初步形成。截至2003年中国累计对外直接投资总额只有334亿美元，而2010年，中国对外直接投资净额（流量）达到688.1亿美元，2015年中国对外直接投资流量已经增加到1456.7亿美元。[②]

第一节　对外开放的最初探索

一、对外开放最初探索的基本背景

新中国成立后，中国共产党和中央政府采取了一系列措施来恢复和发展国民经济。在1954年召开的第一届全国人民代表大会，周恩来总理在《政府工作报告》就提出了建设“现代化的工业、现代化的农业、现代化的交通运输业和现代化的国防”的任务。1956年把这一任务写进了中国共产党第八次全国代表大会

① 资料来源：商务部网站，http：//data. mofcom. gov. cn/lywz/inmr. shtml。

② 资料来源：商务部“走出去”公共服务平台（http：//fec. mofcom. gov. cn/）2003年度、2010年度和2015年度《中国对外直接投资公报》。

通过的《党章》之中，党章指出“中国共产党的任务，就是有计划地发展国民经济，尽可能迅速地实现国家工业化，有系统、有步骤地进行国民经济的技术改造，使中国具有强大的现代化的工业、现代化的农业、现代化的交通运输业和现代化的国防”①。在1964年第三届全国人民代表大会《政府工作报告》中，周恩来总理进一步提出“在不太长的历史时期内，把我国建设成为一个具有现代农业、现代工业、现代国防和现代科学技术的社会主义强国”②。

但是由于1958年开始的“大跃进”以及1966年开始的“文化大革命”，经济发展处于停滞状态。“由于受林彪、‘四人帮’的干扰，我们国家的发展耽误了十年。六十年代前期我们同国际上科学技术水平有差距，但不很大，而这十几年来，世界有了突飞猛进的发展，差距就拉得很大了。同发达国家相比较，经济上的差距不只是十年了，可能是二十年、三十年，有的方面甚至可能是五十年”。③“从一九五八年到一九七八年整整二十年里，农民和工人的收入增加很少，生活水平很低，生产力没有多大发展。一九七八年人均国民生产总值不到二百五十美元”④。

为实现“四个现代化”的目标，推动改革开放成为重要的政策方向，“要实现四个现代化，就要善于学习，大量取得国际上的帮助。要引进国际上的先进技术、先进装备，作为我们发展的起点”⑤。

在当时的背景下，要推动改革开放，第一步需要实现思想的解放，思想解放的第一步就是要明确社会主义和计划经济以及市场经济的关系。对此，邓小平同志提出了重要论述，解决了社会主义国家发展市场经济的理论难题，“说市场经济只存在于资本主义社会，只有资本主义的市场经济，这肯定是不正确的。社会主义为什么不可以搞市场经济，这个不能说是资本主义……市场经济不能说只是资本主义的。市场经济，在封建社会时侧就有了萌芽。社会主义也可以搞市场经济；同样地，学习资本主义国家的某些好东西，包括经营管理方法，也不等于实行资本主义。这是社会主义利用这种方法来发展社会生产力”⑥。

在当时的背景下，社会主义经济建设还面临如何处理自力更生和对外开放之间关系的问题，邓小平同志对此也提出了重要论述，将对外开放作为实现“四个

---

① 《中国共产党章程》(中国共产党第八次全国代表大会通过——一九五六年九月二十六日)。

② 《周恩来总理在第三届全国人民代表大会第一次会议上作的政府工作报告（1964年)》，中国人大网，www. npc. gov. cn。

③ 《邓小平文选》第2卷，人民出版社1994年版，第132页。

④ 《邓小平文选》第3卷，人民出版社1993年版，第115页。

⑤ 《邓小平文选》第2卷，人民出版社1994年版，第133页。

⑥ 《邓小平文选》第2卷，人民出版社1994年版，第236页。

现代化”的重要手段之一，“现在搞建设，门路要多一点，可以利用外国的资金和技术，华侨、华裔也可以回来办工厂。吸收外资可以采取补偿贸易的方法，也可以搞合营，先选择资金周转快的行业做起”①。“实现四个现代化必须有一个正确的开放的对外政策。我们实现四个现代化主要依靠自己的努力，自己的资源，自己的基础，但是，离开了国际的合作是不可能的。应该充分利用世界的先进的成果，包括利用世界上可能提供的资金，来加速四个现代化的建设。这个条件过去没有，后来有了，但一段时期没有利用，现在应该利用起来”②。

二、党的十一届三中全会拉开了改革开放的序幕

真正的社会主义改革开始于1978年党的十一届三中全会，全会指出“把全党工作的着重点和全国人民的注意力转移到社会主义现代化建设上来”，“我们实现了安定团结的政治局面，恢复和坚持了长时期行之有效的各项经济政策，又根据新的历史条件和实践经验，采取一系列新的重大的经济措施，对经济管理体制和经营管理方法着手认真的改革，在自力更生的基础上积极发展同世界各国平等互利的经济合作，努力采用世界先进技术和先进设备，并大力加强实现现代化所必需的科学和教育工作”。③

党的十一届三中全会做出对外开放的决策后，中央决定把突破口选在靠近香港、澳门、台湾地区的广东和福建两省，建立深圳、珠海、汕头和厦门四个经济特区。建立特区经历了一个不平凡的过程。1979年7月，中共中央和国务院决定对广东、福建对外经济活动实行特殊政策和优惠措施。1980年5月，又决定在广东的深圳、珠海、汕头和福建的厦门各划出一块区域，试办经济特区（开始叫出口特区）。同年8月，五届全国人大常委会第十五次会议正式批准国务院提出的在粤、闽四市设立经济特区的建议，同时批准《广东省经济特区条例》，完成了设立经济特区的立法程序。

1984年10月，党的十二届三中全会通过了《中共中央关于经济体制改革的决定》。这是一个有关改革的纲领性文件。这个文件的公布和实施，表明中国共产党对改革的认识达到了一个新的高度，其最重要的认识成果，就是创造性地提出了社会主义经济是有计划的商品经济这一新论断，首次把社会主义与商品经济

① 《邓小平文选》第2卷，人民出版社1994年版，第156页。

② 《邓小平文选》第2卷，人民出版社1994年版，第233～234页。

③ 《中国共产党第十一届中央委员会第三次全体会议公报（一九七八年十二月二十二日通过）》，载于《人民日报》1978年12月24日，第1版。

结合起来。从而为经济体制改革提供了新的理论指导，标志着中国改革正在走向深入。“改革计划体制，首先要突破把计划经济同商品经济对立起来的传统观念，明确认识社会主义计划经济必须自觉依据和运用价值规律，是在公有制基础上的有计划的商品经济。商品经济的充分发展，是社会经济发展的不可逾越的阶段，是实现我国经济现代化的必要条件”。“从总的方面来说，国际性的经济技术联系仍然很密切，闭关自守是不可能实现现代化的。十一届三中全会以来，我们把对外开放作为长期的基本国策，作为加快社会主义现代化建设的战略措施，在实践中已经取得显著成效。今后必须继续放宽政策，按照既要调动各方面的积极性又要实行统一对外的原则改革外贸体制，积极扩大对外经济技术交流和合作的规模，努力办好经济特区，进一步开放沿海港口城市。利用外资，吸引外商来我国举办合资经营企业、合作经营企业和独资企业，也是对我国社会主义经济必要的有益的补充。我们一定要充分利用国内和国外两种资源，开拓国内和国外两个市场，学会组织国内建设和发展对外经济关系两套本领”①。

第二节　以举办经济特区为标志的外向型经济

一、建立经济特区的探索与发展

建立经济特区的探索开始于 1979 年。1979 年中央工作会议期间，广东省主要领导同志提出，利用靠近港澳的优势，在沿海地区设立出口加工基地的意见，邓小平同志对此十分赞成：“中央没有钱，可以给些政策，你们自己去搞，杀出一条血路来”。② 邓小平在同习仲勋、梁灵光等人的一次谈话中提出的利用沿海有利条件，创办特区的意见。1979 年 7 月 15 日，中共中央、国务院批转广东省委和福建省委关于对外经济活动实行特殊政策和灵活措施的两个报告。中央和国务院决定：对广东、福建两省的对外经济活动给以更多的自主权，以充分发挥两省的优越条件，扩大对外贸易，抓紧当前有利的国际条件，先走一步，把经济尽快搞上去。原则同意两省试行在中央统一领导下大包干的经济管理办法，在计划、物资供应、物价政策等方面也实行新的经济体制和灵活政策。同时决定，先

① 《中共中央关于经济体制改革的决定》（中国共产党第十二届中央委员会第三次全体会议一九八四年十月二十日通过），载于《人民日报》1984 年 10 月 21 日，第 3 版。

② 王子墨：《敢于担当敢于拍板》，载于《光明日报》2017 年 4 月 21 日，第 2 版。

在深圳、珠海两市划出部分地区试办出口特区，待取得经验后，再考虑在汕头、厦门设置特区。1979 年 8 月 13 日，国务院颁发《关于大力发展对外贸易增加外汇收入若干问题的规定》，主要内容是扩大地方和企业的外贸权限，鼓励增加出口，办好出口特区。①

1980 年 5 月，中共中央和国务院决定将深圳、珠海、汕头和厦门这四个出口特区改称为经济特区。1980 年 8 月 26 日第五届全国人民代表大会常务委员会第十五次会议决定：批准国务院提出的《广东省经济特区条例》，深圳、珠海、汕头以及厦门的经济特区建设随即全面展开。至此，完成经济特区设立的决策和立法程序，标志着中国经济特区的正式诞生。

“特区”的“特”，就“特”在实行特殊的经济政策和特殊的经济管理体制上。具体说可分为四点：②

（1）特区的经济发展，主要是依靠利用外资。特区的经济，是在全国社会主义经济领导下，多种经济成分并存，以中外合资经营企业、中外合作经营企业及外商独资企业为主的综合体。这不同于内地的以社会主义全民所有制经济为主。

（2）特区的经济活动，是在社会主义计划经济指导下，充分发挥市场调节的作用，或者说以市场调节为主。这也不同于内地。

（3）对前来投资的客商，在税收、土地使用费、入境出境管理方面，给予特殊的优惠和方便。比如对外商投资的企业，企业所得税减按 15% 征收。

（4）国家给特区比较多的经济活动自主权。如重工业 5 千万元以下、轻工业 3 千万元以下，不需要国家平衡生产建设条件的建设项目，特区可以自行审批；基建指标可以在国家控制的指标之外另算，等等。这方面的自主权，一般说比现在省一级的权限还要大些。

利用独特的区位优势以及特殊的优惠政策优势，经济特区建立后在利用发展、发展对外贸易、引进技术等方面取得了很大的成绩。“截至 1984 年底，4 个经济特区与外商签订的各种经济合作协议累计达 4 千 7 百多项，外商协议投资额达 20 亿美元，已经实际利用的外资为 8 亿 4 千万美元。深圳已经实际利用外资 5 亿 8 千万美元，办起了 70 多家中外合资经营、中外合作经营和外商独资企业，所引进的技术和设备，都是我国需要的，其中有 1/3 属于国际或国内先进水平。经济面貌也发生了显著变化。1984 年，深圳特区内的工业产值达 13 亿元，比

---

① “1979 年 7 月 15 日中共中央、国务院决定对广东、福建两省对外经济给以更多自主权”，中国共产党新闻网，http：//cpc. people. com. cn/GB/4162/64165/67447/67829/4590607. html。

② 谷牧：《关于经济特区建设和沿海十四个城市进一步开放工作进展情况的报告——1985 年 1 月 17 日在第六届全国人民代表大会常务委员会第九次会议上》，中国人大网，www. npc. gov. cn。

1979年增长20.2倍；财政收入达4.5亿元，比1979年增长10.6倍。人民生活大大改善，边境秩序空前安定”①。

1988年，《国务院批转〈关于海南岛进一步对外开放加快经济开发建设的座谈会纪要〉的通知》指出在海南岛实行特殊经济政策，把海南岛建成全国最大的经济特区。建立经济特区的意义显然不仅仅局限于利用发展、促进贸易等方面，经济特区作为中国改革开放探索的重要举措，其“试点”意义和“示范”效应巨大，为改革开放在更大范围的探索和实施积累了经验，建立了信心，为进一步开放良好的实践基础。创办经济特区迈出了我国对外开放的第一步。邓小平评价经济特区“是个窗口，是技术的窗口、管理的窗口、知识的窗口，也是对外政策的窗口”。

二、开放范围的进一步扩大

（一）沿海港口城市的开放

在经济特区成功实践的基础上，进一步扩大开放范围成为推动改革开放深入发展的必然要求。邓小平同志指出：“我们建立特区，实行开放政策，有个指导思想要明确，就是不是收，而是放”。“除现在的特区之外，可以考虑再开放几个点，增加几个港口城市，这些地方不叫特区，但可以实行特区的某些政策。”根据中央书记处和国务院的决定，沿海部分城市座谈会于1984年3月26日至4月6日在北京召开。会议建议：进一步开放天津、上海、大连、秦皇岛、烟台、青岛、连云港、南通、宁波、温州、福州、广州、湛江和北海14个沿海港口城市。在这几个城市，有些可以划定一个有明确地域界限的区域，新办新的经济技术开发区。经济技术开发区内，利用外资项目的审批权限，可以进一步放宽，大体上比照经济特区的规定执行。②

（二）沿海经济开放区

在经济特区和沿海开放城市相继设立的基础上，1985年中央决定先将长江

---

① 谷牧：《关于经济特区建设和沿海十四个城市进一步开放工作进展情况的报告——1985年1月17日在第六届全国人民代表大会常务委员会第九次会议上》，中国人大网，www.npc.gov.cn。

② 《沿海部分城市座谈会纪要（一九八四年四月三十日）》，引自南宁市经济体制改革委员会、南宁市人民政府经济研究中心编：《经济特区开放城市政策汇编》（上），广西人民出版社1992年版，第61、64页。

三角洲、珠江三角洲和闽南厦漳泉三角地区，继而将辽东半岛、胶东半岛开辟为沿海经济开放区。

1988 年通过《国务院关于扩大沿海经济开放区范围的通知》、国务院办公厅《关于扩大闽南三角经济开放区范围的复函》、《国务院关于扩大广东省沿海经济开放区范围的批复》等文件，进一步扩大了沿海经济开放区的范围，涉及天津、河北、辽宁、江苏、浙江、福建、山东、广东、广西部分县市，并将《中共中央、国务院关于批转（长江、珠江三角洲和闽南厦漳泉三角地区座谈会纪要）的通知》中规定的各项政策，适用于上述地区。

1991 年，开放满洲里、丹东、绥芬河、珲春 4 个北部口岸。同年，国务院还相继批准上海外高桥、深圳福田、沙头角、天津港等沿海重要港口设立保税区，借鉴国际通行规则，发展保税仓储、保税加工和转口贸易。

三、促进开放型经济发展的政策措施

1. 放宽税收政策。“除国家已公布的优惠政策应当认真贯彻执行以外，对中外合资经营企业，合营期在十年以上的，从开始获利的年度起，头两年免征所得税，从第三年起减半征收所得税三年”①。

2. 下放外资企业审批权限。“设立的外资企业投资规模在国务院规定的限额以下，建设条件和生产经营条件不需要国家综合平衡的，由省、自治区、直辖市、经济特区和计划单列市人民政府审批，并发给批准证书”②。

3. 特殊开放区域享有特殊优惠政策。除了“两免三减半”，从 1984 年 12 月 1 日起“在经济特区内开办的中外合资经营、中外合作经营、客商独立经营企业，从事生产、经营所得和其他所得，减按 15% 的税率征收企业所得税。”在沿海 14 个港口城市的经济技术开发区内“开办中外合资经营、中外合作经营、客商独立经营的生产性企业，从事生产、经营所得和其他所得，减按 15% 的税率征收企业所得税”。“在沿海十四个港口城市的老市区和汕头、珠海。厦门市市区内开办中外合资经营、中外合作经营、客商独立经营的生产性企业，凡属技术密集、知识密集型的项目，或者客商投资额在三千万美元以上、回收投资时间长的

---

① 《中共中央、国务院关于加强利用外资工作的指示》，引自南宁市经济体制改革委员会，南宁市人民政府经济研究中心编：《经济特区开放城市政策汇编》（上），广西人民出版社 1992 年版，第 233 页。

② 《国务院关于授权省、自治区、直辖市、经济特区和计划单列市人民政府审批外资企业的通知》，引自南宁市经济体制改革委员会、南宁市人民政府经济研究中心编：《经济特区开放城市政策汇编》（上），广西人民出版社 1992 年版，第 238 页。

项目，或者属于能源、交通、港口建设的项目，经财政部批准，减按 15% 的税率征收企业所得税”。①

四、对外开放取得的成就与特征

（一）开启了中国改革开放的“探索”之路

社会主义国家发展开放型经济缺乏成熟的模式可以遵循，伴随着思想逐步解放，这个阶段改革开放的探索，实现了中国经济发展道路从封闭走向开放的转变。该阶段“摸着石头过河”式的“探索”取得了显著成果，开放给特定开放区域在获取资金、获取技术、发展贸易、促进经济发展等方面带来积极作用起到了很好的“示范”作用。这种示范作用有利于进一步解放思想，正确认识对外开放在社会主义国家发展经济的作用，为改革开放的进一步发展奠定了良好的基础。

（二）对外开放范围和深度不断扩大

对外开放的“探索”进程体现在两个方面：第一个方面是开放区域范围的不断扩大。这个阶段开放主要路径是“以点带面”，这种路径也是本阶段对外开放“探索”性质决定的。尽管开放的重点还集中于沿海、沿边等特殊区域，但是到 1991 年，中国已经逐步形成了“经济特区—沿海港口城市—沿海经济发放区—内陆沿边”逐步延伸的对外开放格局。十四大报告指出，“新时期最鲜明的特点是改革开放”；“对外开放不断扩大，两亿人口的沿海地带迅速发展，有力地推动了全国的改革开放和经济建设”；“兴办深圳、珠海、汕头、厦门四个经济特区是对外开放的重大步骤，是利用国外资金、技术、管理经验来发展社会主义经济的崭新试验，取得了很大成就。实践证明，经济特区姓‘社’不姓‘资’。在兴办经济特区之后，又相继开放沿海十几个城市，在长江三角洲、珠江三角洲、闽东南地区、环渤海地区开辟经济开放区，批准海南建省并成为经济特区。对外开放不断扩大，两亿人口的沿海地带迅速发展，有力地推动了全国的改革开放和经济

---

① 《中华人民共和国国务院关于经济特区和沿海十四个港口城市减征、免征企业所得税和工商统一税的暂行规定》，引自南宁市经济体制改革委员会、南宁市人民政府经济研究中心编：《经济特区开放城市政策汇编》（上），广西人民出版社 1992 年版，第 324 页。

建设”。① 第二个方面是开放深度的提升。扩大开放不仅体现在区域范围的延伸，也表现在开放程度的不断加深和促进开放型经济发展政策体系的逐步建立和完善。改革开放的“探索”不仅仅是一种思想认识上的过程，也是实践上不断开放程度不断提升的过程。

（三）对外贸易和利用外资增长趋势明显

中国进出口总额从1978年的355亿元上升到1992年的9119.6亿元，14年增加了接近25倍；从利用外资看，实际利用外商直接投资从1983年的9.2亿美元上升到1992年的110.07亿美元，9年增加了接近11倍。表14－1列举了1978～1992年中国进出口情形以及1983～1992年利用外资的情形。

表14－1　　进出口与利用外资发展概况（1978～1992年）

年份	进出口总额（亿元）	出口（亿元）	进口（亿元）	实际利用外资（亿美元）	实际利用外商直接投资（亿美元）	实际利用外商其他投（亿美元）
1978	355	167.6	187.4			
1979	454.6	211.7	242.9			
1980	570	271.2	298.8			
1981	735.3	367.6	367.7			
1982	771.3	413.8	357.5			
1983	860.1	438.3	421.8	22.6	9.2	2.8
1984	1201	580.5	620.5	28.7	14.2	1.61
1985	2066.7	808.9	1257.8	47.6	19.6	2.98
1986	2580.4	1082.1	1498.3	76.3	22.4	3.7
1987	3084.2	1470	1614.2	84.52	23.14	3.33
1988	3821.8	1766.7	2055.1	102.3	31.94	5.45
1989	4155.9	1956	2199.9	100.59	33.92	3.81
1990	5560.1	2985.8	2574.3	102.89	34.87	2.68
1991	7225.8	3827.1	3398.7	115.5	43.66	3.0
1992	9119.6	4676.3	4443.3	192.02	110.07	2.84

资料来源：国家统计局网站。

① 江泽民：《加快改革开放和现代化建设步伐，夺取有中国特色社会主义事业的更大胜利——在中国共产党第十四次全国代表大会上的报告》，载于《人民日报》1992年10月21日，第1版。

第三节　以浦东开发开放为标志的全面对外开放

一、浦东开发开放具有重大意义

1990 年党中央做出开发和开放浦东的决定，指出“开发和开放浦东是深化改革、进一步实行对外开放的重大部署”，“是一件关系全局的大事”，“主要是利用国外资金发展外向型经济”。①

浦东开发开放的意义远远超出了一个特定区域的开发开放，浦东开发开放的实施标志着中国开放型经济的发展从区域性的探索试验转入了全面开放阶段，开放水平也在加深；此外，浦东开发的意义远远超出了浦东甚至上海经济发展的范畴，“开发浦东，这个影响就大了，不只是浦东的问题，是关系上海发展的问题，是利用上海这个基地发展长江三角洲和长江流域的问题”。② 从后来开放型经济发展的实践看，浦东开发开放不仅在区域层面上发挥了重要的带动作用，使得长三角地区成为开放型经济发展最为迅速，成就也最大的区域之一；浦东开发开放在全国层面的开放型经济完善上也起到了重要的示范作用。

二、1992 年邓小平南方谈话进一步解放了思想

从中国开放型经济发展的实践来看，思想解放是推动对外开放发展的重要动力。针对当时党内和国内不少人在改革开放问题上迈不开步子，不敢闯，以及理论界对改革开放性质的争论，1992 年邓小平同志的南方谈话回答了“什么是社会主义，怎样建设社会主义”这个重大问题，起到了重要的思想解放作用，推动了我国改革开放的进程。

对于姓“资”还是姓“社”的问题，邓小平同志提出了“三个有利于”的标准，即“应该主要看是否有利于发展社会主义社会的生产力，是否有利于增强社会主义国家的综合国力，是否有利于提高人民的生活水平”，因此“有的人认为，多一分外资，就多一分资本主义，‘三资’企业多了，就是资本主义的东西

---

① 《中共中央、国务院关于开发和开放浦东问题的批复》，引自南宁市经济体制改革委员会、南宁市人民政府经济研究中心编：《经济特区开放城市政策汇编》（上），广西人民出版社 1992 年版，第 173 页。

② 《邓小平文选》第 3 卷，人民出版社 1994 年版，第 366 页。

多了，就是发展了资本主义，这些人连基本常识都没有”。

为了体现社会主义“解放生产力，发展生产力，消灭剥削，消除两极分化，最终达到共同富裕”的本质，“赢得与资本主义相比较的优势，就必须大胆吸收和借鉴人类社会创造的一切文明成果，吸收和借鉴当今世界各国包括资本主义发达国家的一切反映现代社会化生产规律的先进经营方式、管理方法”。

在亚洲“四小龙”通过发展外向型经济，实现经济高速发展的背景下，邓小平同志提出了“力争用 20 年的时间赶上亚洲‘四小龙’”的发展目标，指出“发展才是硬道理”，“现在，我们国内条件具备，国际环境有利，再加上发挥社会主义制度能够集中力量办大事的优势，在今后的现代化建设长过程中，出现若干个发展速度比较快、效益比较好的阶段，是必要的，也是能够办到的，我们就是要有这个雄心壮志”！

三、改革开放体制的进一步构建

党的十四大在社会主义和市场经济的关系的认识上取得了进一步的突破，“实践的发展和认识的深化，要求我们明确提出，我国经济体制改革的目标是建立社会主义市场经济体制，以利于进一步解放和发展生产力”。根据建立社会主义市场经济体制这一目标，对财政、税收、金融、外贸和外汇体制进行了全面改革。1994 年 1 月，中国政府取消对出口的所有财政补贴，进出口企业转变为完全自负盈亏。人民币官方汇率与市场调剂汇率并轨，实行以市场供求为基础，单一的、有管理的浮动汇率制度。

党的十四大明确提出，“以邓小平同志的谈话和今年三月中央政治局全体会议为标志，我国改革开放和现代化建设事业进入了一个新的阶段”，并提出了开放型经济发展的目标和路径，“对外开放的地域要扩大，形成多层次、多渠道、全方位开放的格局”，并指出“利用外资的领域要拓宽”，积极开拓国际市场，促进对外贸易多元化，发展外向型经济。①

1993 年 11 月 14 日中国共产党第十四届中央委员会第三次全体会议通过的《中共中央关于建立社会主义市场经济体制若干问题的决定》（以下简称《决定》）进一步把邓小平南方讲话的思想和党的十四大精神，转化为深化改革、扩大开放、加快发展的行动纲领。《决定》指出“坚定不移地实行对外开放政策，

① 江泽民：《加快改革开放和现代化建设步伐，夺取有中国特色社会主义事业的更大胜利》，载于《人民日报》1992 年 10 月 21 日，第 1 版。

加快对外开放步伐，充分利用国际国内两个市场、两种资源，优化资源配置。积极参与国际竞争与国际经济合作，发挥我国经济的比较优势，发展开放型经济，使国内经济与国际经济实现互接互补”，提出“实行全方位开放”，“认真总结经验，不断提高对外开放程度，引导对外开放向高层次、宽领域、纵深化方向发展”。为此，“进一步改革对外经济贸易体制，建立适应国际经济通行规则的运行机制”；“积极引进外来资金、技术、人才和管理经验。改善投资环境和管理办法，扩大引进规模，拓宽投资领域，进一步开放国内市场。创造条件对外商投资企业实行国民待遇，依法完善对外商投资企业的管理。引导外资重点投向基础设施、基础产业、高新技术产业和老企业的技术改造，鼓励兴办出口型企业。发挥我国资源和市场的比较优势，吸引外来资金和技术，促进经济发展”。

为了促进对外贸易的发展，《决定》还提出了推行外贸代理制的改革方向，“加速转换各类企业的对外经营机制，按照现代企业制度改组国有对外经贸企业，赋予具备条件的生产和科技企业对外经营权，发展一批国际化、实业化、集团化的综合贸易公司”。[①] 《决定》还提出了改革进出口管理制度、完善出口退税制度、降低关税水平等促进贸易发展的措施。

党的十五大[②]进一步明确“对外开放是一项长期的基本国策”，提出“要以更加积极的姿态走向世界，完善全方位、多层次、宽领域的对外开放格局，发展开放型经济，增强国际竞争力，促进经济结构优化和国民经济素质提高”。在对外贸易方面，十五大报告提出“以提高效益为中心，努力扩大商品和服务的对外贸易，优化进出口结构。坚持以质取胜和市场多元化战略，积极开拓国际市场。进一步降低关税总水平，鼓励引进先进技术和关键设备。深化对外经济贸易体制改革，完善代理制，扩大企业外贸经营权，形成平等竞争的政策环境。积极参与区域经济合作和全球多边贸易体系”；在利用外资方面，“积极合理有效地利用外资。有步骤地推进服务业的对外开放。依法保护外商投资企业的权益，实行国民待遇，加强引导和监管。鼓励能够发挥我国比较优势的对外投资”。十五大报告还指出“进一步办好经济特区、上海浦东新区。鼓励这些地区在体制创新、产业升级、扩大开放等方面继续走在前面，发挥对全国的示范、辐射、带动作用”。

---

① 《中共中央关于建立社会主义市场经济体制若干问题的决定（中国共产党第十四届中央委员会第三次全体会议 1993 年 11 月 14 日通过）》，载于《人民日报》1993 年 11 月 17 日，第 2 版。

② 江泽民：《高举邓小平理论伟大旗帜，把建设有中国特色社会主义事业全面推向二十一世纪——在中国共产党第十五次全国代表大会上的报告》，载于《人民日报》1997 年 9 月 22 日，第 3 版。

四、国际分工方式的转变为中国全面融入经济全球化提供了现实条件

20世纪90年代国际分工模式发生了根本性变化。在传统国际分工模式下，不管是基于要素禀赋优势的国际产业间分工还是基于规模经济的国际产业内贸易，国际分工都是以产品为界限的。而20世纪90年代以来，国际碎片化生产（fragmentation of production）成为世界经济发展的最重要的趋势之一。所谓国际碎片化生产指的是最终产品的不同价值增值环节被配置到不同国家的特定区位以利用不同区位的要素禀赋优势节约生产成本。国际生产碎片化对于成本存在两个方面的影响：（1）通过将特定要素投入特征的环节投入到具有相应要素禀赋优势的地区，节约生产成本；（2）不同环节被配置到不同国家的不同区位必然带来交易成本的增加。因此，只有当生产成本的下降幅度大于交易成本的上升，国际碎片化生产才是可行的。20世纪90年代以后由于贸易投资自由化的发展以及信息通讯技术的日益成熟，交易成本大幅下降。第一，在GATT框架下，作为多轮贸易谈判的结果，关税水平大幅下降，为生产碎片化的发展提供了前提条件。与最终产品国际分工不同，关税水平对于生产碎片化影响更大，因为生产碎片化将伴随着中间品多次跨境流动，关税水平的影响将被放大。此外，20世纪90年代投资自由化的趋势也是生产水平得以产生的重要条件。发展中国家由于缺乏相关产业基础，这样，企业就没有办法通过外包（outsourcing）的方式将生产环节配置到发展中经济体，只有通过直接投资的方式，才可以将生产环节配置到发展中经济体合适的区位。因此，投资自由化是发达国家企业配置生产环节的前提条件。第二，20世纪90年代以来，信息通讯技术的快速发展，为国际碎片化生产以及以此为基础的国际生产网络的构建提供了前提条件。国际碎片化生产，必然面临全球范围内频繁的沟通和协调，离开了现代信息通讯技术的发展，国际碎片化生产难以发展。20世纪90年代以来，信息通讯技术的发展形成了地球村的概念，世界范围的信息通讯协调，可以以非常低的成本进行，降低了生产碎片化带来的交易成本。事实上，信息通讯产业也是最容易发生生产碎片化的产业，因为该产业容易细分为不同的价值增值环节，并且不同环节存在着显著的要素投入特征的差异；第三，跨公司的竞争成为国际社会化生产发展的最大的动力，某行业特定企业采用生产碎片化，降低了生产成本，提升了国际竞争力，必将推动与之相竞争的企业采用生产碎片化方式，因此，跨公司的竞争成为推动20世纪90年代生产碎片化快速发展的重要推动力。

国际生产碎片化必然伴随着中间品跨境流动的增加，表14－2显示了世界不

同区域零部件贸易的发展情形。相较于发达经济体，发展中经济体零部件贸易额呈现显著的上升趋势，由 1992 年的 1480 亿美元上升到 1996 年的 2722 亿美元和 2003 年的 4009 亿美元，年均增长 4.01%。相较于其他区域，东亚地区表现得较为突出，中间品贸易占制造品贸易比重从 1992 年的 21.4%（低于发展中经济体的平均水平 30.1%）上升到 1996 年的 31.3% 和 2003 年的 35.3%，显著超过发展中和发达经济体的平均水平。中间品贸易在东亚经济体贸易中的重要性说明东亚地区区域生产网络的发达。东亚地区由于各国经济发展水平差异大，要素禀赋差异大，也由于这些国家都奉行外向型经济发展战略，因此相较于世界其他经济区域，东亚是区域碎片化生产、区域生产网络发展最为迅速的地区，也是最为发达的地区。

表 14－2　　不同经济体零部件贸易的情形

经济体	零部件贸易额（十亿美元）			零部件贸易占制造业贸易比重（%）			制造业贸易增长：1992～2003 年	零部件贸易增长：1992～2003 年
	1992 年	1996 年	2003 年	1992 年	1996 年	2003 年		
发达经济体	299	462.4	582.5	16.1	18.4	17	2.45	2.67
发展中经济体	148	272.7	400.9	30.1	25.1	28.2	4.28	4.01
东亚	95.3	226.5	372.6	21.4	31.3	35.3	3.46	5.53
中国	10.6	20.8	105.3	17.6	21.1	34.3	6.64	9.49
NAFTA	104.2	183.9	232.7	18.9	23.6	17.7	3.49	3.22
欧洲	190.3	267	363.4	15	16.6	17.4	1.99	2.59

资料来源：Athukorala P C，Yamashita N. Production Fragmentation and Trade Integration：East Asia in a Global Context［J］. *North American Journal of Economics & Finance*，2006，17（3）：pp. 233－256.

表 14－3 列举了 1992 年、1996 年和 2003 年不同区域中间品出口和进口占世界中间品出口和进口的比重，数据同样表明东亚地区是世界范围区域生产网络最为发达的地区。

表 14－3　　不同经济体中间品贸易占世界的比重变化

经济体	出口（%）			进口（%）		
	1992 年	1996 年	2003 年	1992 年	1996 年	2003 年
发达经济体	85.7	75.7	68.7	74.8	67.4	59.2
发展中经济体	14.3	24.3	31.3	25.2	32.6	40.8
东亚	29.3	38.2	39.2	23.8	30.8	37.9

续表

经济体	出口（%）			进口（%）		
	1992 年	1996 年	2003 年	1992 年	1996 年	2003 年
中国	0.8	1.7	6.1	2.7	3	10.7
NAFTA	25.9	24	22.8	26	26.6	23.7
欧洲	46.1	53.9	38.4	47.6	51.2	36.9
世界总贸易额（十亿美元）	438.9	728.6	986.9	447	735.1	983.4

资料来源：Athukorala P C，Yamashita N. Production Fragmentation and Trade Integration：East Asia in a Global Context ［J］. *North American Journal of Economics & Finance*，2006，17（3）：pp. 233－256.

国际碎片化生产为中国劳动力红利的实现，提升产业结构、促进经济增长提供了良好的机遇。20 世纪 90 年代初中国的基本国情从要素禀赋看，主要体现为劳动力禀赋优势。具体看，首先是人多，1981 年中国总人口超过 10 亿，1988 年超过 11 亿；其次，中国存在大量潜在的富余劳动力，主要劳动力还处于第一产业。2002 年之前第一产业容纳了 50% 以上的总就业人口，1990 年则更高达 60%。这为制造业的发展提供了大量现成的劳动力，因此 20 世纪 90 年代促进就业实现人口红利将是推动中国经济发展的重要途径。

20 世纪 90 年代劳动禀赋优势主要体现为非熟练劳动力禀赋，1990 年之前每十万人口高等学校平均在校生数均小于 200 人。劳动力的结构决定了中国比较优势产业主要是投入非熟练劳动力密集型的成本竞争型产业。但是需要看到的是要素禀赋优势不能自动转化为产品优势，如廉价劳动力禀赋优势转化为劳动力密集型商品的比较优势仍然需要技术、品牌和管理等战略性资产的配合。在 20 世纪 90 年代初期之前，中国企业战略性资产的拥有情况使得中国企业只能将要素优势转化为传统劳动密集型产品的比较优势。而这类商品需求收入弹性较低，市场需求难以实现中国优势要素的充分就业。因此，中国实现经济腾飞的首要任务便是为优势要素的充分利用寻找有效途径以实现要素红利。

第四节　加入 WTO 和开放型经济的完善

一、加入 WTO 促进了开放型经济体制的完善

2001 年 12 月 11 日，历经 16 年谈判，中国成为世界贸易组织第 143 个成员。

中国是 GATT 的创始缔约方，1947 年 5 月 21 日中国签署了实施 GATT 的《临时适用议定书》并且参加了 GATT 框架下的前两轮谈判。1949 年 10 月 1 日中华人民共和国成立后，台湾当局于 1950 年 3 月决定退出 GATT。此后，中国并未能及时恢复在 GATT 中的缔约方地位，并与 GATT 中断联系达 30 年。1971 年 10 月中华人民共和国恢复了在联合国的合法席位，1972 年 5 月成为联合国贸发会议和 GATT 下属机构国际贸易中心的成员。1986 年 7 月 10 日，中国照会 GATT 总干事，正式提出中国政府关于恢复在 GATT 缔约方地位的申请，中国与 GATT 的关系进入了新的时期。1995 年 1 月 1 日，WTO 成立取代了 GATT，中国"复关"谈判转变为加入 WTO 的谈判，经过 16 年的努力，中国于 2001 年 12 月 11 日终于成为 WTO 的成员。中国加入 WTO 是中国开放型经济发展历程中的又一个里程碑式的事件，为中国开放型经济制度的构建和深入发展提供了动力和良好的外部环境。

中国加入 WTO 为中国开放型经济的发展提供了良好的贸易环境，不过由于中国开放型经济体制与 WTO 要求存在一定差距，因此作为中国加入 WTO 谈判的条件，中国开放型经济体制构建的一个重要方向是逐步履行中国加入 WTO 的各项承诺。党的十六届三中全会指出"按照市场经济和世贸组织规则的要求，加快内外贸一体化进程。形成稳定、透明的涉外经济管理体制，创造公平和可预见的法制环境，确保各类企业在对外经济贸易活动中的自主权和平等地位"①。

2001 年加入 WTO 后，我国的一些贸易规则和一些贸易政策和国际通行的贸易规则和政策仍然存在不一致甚至冲突之处，为适应 WTO 的要求以及推动中国开放型经济发展的需要，我国进行了一系列的改革。

全面放开外贸经营权。1994 年 7 月 1 日起开始施行的《中华人民共和国对外贸易法》第九条规定，从事货物进出口与技术进出口的对外贸易经营者，在具备特定条件下，需经国务院对外经济贸易主管部门许可，对外贸易经营权依然采取审批制。作为加入 WTO 的承诺之一，中国将用 3 年左右的时间，把外贸经营权从现行的许可制过渡到登记制。2004 年修订的《中华人民共和国对外贸易法》完成了外贸经营权由审批制向登记备案制的转变，指出"从事货物进出口或者技术进出口的对外贸易经营者，应当向国务院对外贸易主管部门或者其委托的机构办理备案登记"。取消外贸经营权审批促进了国有企业、外商投资企业和民营企业多元化外贸经营格局的形成。在国有企业和外商投资企业进出口持续增长的同

① 《中共中央关于完善社会主义市场经济体制若干问题的决定（2003 年 10 月 14 日中国共产党第十六届中央委员会第三次全体会议通过）》，载于《人民日报》2003 年 10 月 22 日，第 2 版。

时，民营企业对外贸易发展迅速，进出口市场份额持续扩大，成为对外贸易的重要经营主体。2010 年，国有企业、外商投资企业和民营企业进出口分别占中国进出口总额的 20.9%、53.8% 和 25.3%。①

降低关税水平，扩大市场开放。在货物贸易领域，中国按照承诺逐步削减进口关税，平均关税总水平从 2001 年的 15.3% 下降到 2009 年的 9.8%（见表 14－4）。

表 14－4　关税总水平的变化

年度	关税总水平（%）	年度	关税总水平（%）
1992	42	2004	10.4
1996	23	2005	10
1997	17	2006	9.9
2001	15.3	2007	9.8
2002	12	2008	9.8
2003	11	2009	9.8

资料来源：刘辉群、王荣艳主编：《中国对外贸易概论》，厦门大学出版社 2010 年版，第 187 页。

为履行加入 WTO 承诺，中国还削减了非关税措施，“根据承诺，中国自 2005 年 1 月起全部取消对 424 个税号产品的进口配额、进口许可证和特定招标等非关税措施，仅仅保留了依据国际公约以及在世界贸易组织规则下为保证生命安全、保护环境实施进口管制产品的许可证管理”②。

进一步扩大服务业对外开放。在世界贸易组织服务贸易分类的 160 个分部门中，中国开放了 100 个，开放范围已经接近发达国家的平均水平。2010 年，中国服务业新设立外商投资企业 13905 家，实际利用外资 487 亿美元，占全国非金融领域新设立外商投资企业和实际利用外资的比重分别为 50.7% 和 46.1%。③

清理规章制度，保持贸易政策的透明度。中央和地方政府开展了前所未有的、大规模法律法规清理工作，使得中国的市场准入条件更加透明和规范，更具可预见性。中央政府 30 个部门共清理各种法律法规和部门规章 2300 件，通过人大、国务院各部门修订 325 件，废止 830 件，范围涉及货物贸易、服务贸易、知识产权、投资等各个方面；地方政府共清理出 9 万多件地方性法规、地方政府规

①②③　中华人民共和国国务院新闻办公室：《中国的对外贸易》白皮书，2011 年 12 月，国务院新闻办公室网站，www.scio.gov.cn。

章和其他政策措施，并分别进行了修改和废止处理。[①]

截至 2010 年，中国加入世界贸易组织的所有承诺全部履行完毕。中国认真履行承诺的实际行动得到世界贸易组织大多数成员的肯定。2006 年、2008 年和 2010 年，中国政府接受了世界贸易组织的三次贸易政策审议。世界贸易组织所倡导的非歧视、透明度、公平竞争等基本原则已经融入中国的法律法规和有关制度。市场意识、开放意识、公平竞争意识、法治精神和知识产权观念等在中国更加深入人心，推动了中国经济进一步开放和市场经济体制进一步完善。[②]

汇率制度改革。自 2005 年 7 月 21 日起，我国开始实行以市场供求为基础、参考一篮子货币进行调节、有管理的浮动汇率制度。人民币汇率不再盯住单一美元，形成更富弹性的人民币汇率机制。根据对汇率合理均衡水平的测算，人民币对美元升值 2% 至 1 美元兑 8.11 元人民币，同时美元每天浮动范围限制在上一交易日收盘价的上下 3‰之内，非美元货币对人民币的交易价在人民银行公布的该货币交易中间价上下一定幅度内浮动。[③]

二、加入 WTO 促进了开放型经济的转型与提升

从 2002 年开始，中国开放型经济进入了一个全新的阶段。这个阶段的任务是：在推动中国进一步融入经济全球化追求规模的同时，开始努力提升中国开放型经济发展的质量。

到 2002 年，中国开放型经济发展从规模上看已经达到一个比较高的水平。从对外贸易的角度来看，进出口依存度由 1992 年的 33.5% 上升到 2002 年的 42.2%，出口依存度则由 1992 年的 17.2% 上升到 2002 年的 22.1%，[④] 商品出口占世界总出口的比重和位次到 2002 年已经达到 5% 和第 5 位。[⑤] 从利用外资的角度看，根据 UNCTAD 的统计中国 2002 年 FDI 流入达 527 亿美元，占世界比重为 8.9%，2016 年这一比重约为 7.2%，可见 2002 年中国已经成为利用外资的大国。但是，资本流动还主要是单向的，主要是 FDI 流入，FDI 流出规模仍然很

---

① 孙振宇：《中国入世 15 年从新成员到进入核心圈》，载于《中国经济周刊》2016 年第 50 期。

② 中华人民共和国国务院新闻办公室：《中国的对外贸易》白皮书，2011 年 12 月，国务院新闻办公室网站，www. scio. gov. cn。

③ 《中国人民银行关于完善人民币汇率形成机制改革的公告》（中国人民银行公告〔2005〕第 16 号），http：//www. pbc. gov. cn/。

④ 根据国家统计局网站（http：//data. stats. gov. cn/adv. htm？ m = advquery&cn = C01）数据计算。

⑤ 资料来源：WTO，International trade statistics 2003，https：//www. wto. org/english/res _ e/statis _ e/its2003_e/its03_overview_e. pdf。

小。根据 UNCTAD 的统计中国 2002 年 FDI 流出规模只有约 25.2 亿美元，占世界的比重约为 0.5%；作为对比，2016 年中国 FDI 流出规模为 1961 亿美元，占世界比重为 13.3%。[①] 在这种背景下，将“走出去”和“引进来”相结合，实现资本双向流动以推动中国开放型经济的进一步发展，更加全面地融入经济全球化逐步成为政策方向。党的十六大报告提出“实施‘走出去’战略是对外开放新阶段的重大举措”[②]，党的十六届三中全会再次提出“继续实施‘走出去’战略，完善对外投资服务体系，赋予企业更大的境外经营管理自主权，健全对境外投资企业的监管机制，促进我国跨国公司的发展”[③]。

在中国逐步深入融入全球生产网络的背景下，加工贸易快速发展，“加工贸易总量从 2002 年的 3022 亿美元增加到 2011 年的 13052 亿美元，增加了 3.3 倍，年均增幅达 17.7%”。[④] 在规模快速增长的同时，加工贸易发展中存在的一些问题也逐步显现出来，比如一般认为加工贸易附加值较低，“只长骨头不长肉”是这种观点的形象表达。在这种背景下，加工贸易转型升级成为政策引导的方向。在这种背景下，党的十六届三中全会提出“继续发展加工贸易，着力吸引跨国公司把更高技术水平、更大增值含量的加工制造环节和研发机构转移到我国，引导加工贸易转型升级”，“鼓励国内企业充分利用扩大开放的有利时机，增强开拓市场、技术创新和培育自主品牌的能力。提高出口商品质量、档次和附加值，扩大高新技术产品出口，发展服务贸易，全面提高出口竞争力”。[⑤]

党的十七大进一步强调提升开放型经济水平，“把‘引进来’和‘走出去’更好结合起来，扩大开放领域，优化开放结构，提高开放质量，完善内外联动、互利共赢、安全高效的开放型经济体系”，“加快转变外贸增长方式，立足以质取胜，调整进出口结构，促进加工贸易转型升级，大力发展服务贸易。创新利用外资方式，优化利用外资结构，发挥利用外资在推动自主创新、产业升级、区域协调发展等方面的积极作用。创新对外投资和合作方式，支持企业在研发、生产、销售等方面开展国际化经营，加快培育我国的跨国公司和国际知名品牌”。

---

① 根据 UNCTAD 统计数据计算（https：//unctadstat. unctad. org/wds/TableViewer/tableView. aspx）。

② 江泽民：《全面建设小康社会　开创中国特色社会主义事业新局面——在中国共产党第十六次全国代表大会上的报告》，载于《人民日报》2002 年 11 月 18 日，第 2 版。

③⑤ 《中共中央关于完善社会主义市场经济体制若干问题的决定（2003 年 10 月 14 日中国共产党第十六届中央委员会第三次全体会议通过）》，载于《人民日报》2003 年 10 月 22 日，第 2 版。

④ 商务部新闻办公室：《十六大以来商务成就综述之二：加工贸易转型升级取得明显成效》，2012 年 10 月 19 日，商务部网站，http：//www. mofcom. gov. cn/article/zhengcejd/bl/201210/20121008407335. shtml。

得益于正确的对外开放政策以及加入 WTO 带来的良好的外部环境，中国开放型经济发展取得了巨大成就。党的十六大以来，经济全球化深入发展，世界经济格局加快调整，国际经济形势复杂多变，尤其是 2007 年开始的美国次贷危机及其导致的世界范围的经济衰退为中国开放型经济发展带来了巨大挑战。在此期间，中国紧紧抓住加入 WTO 带来的机遇，深入融入经济全球化，加快经济增长方式的转变，中国国际地位和国际影响力获得很大提升。

货物贸易规模迅速扩大。2002 年之后得益于加入 WTO，中国对外贸易加速发展，贸易大国的地位得以确立。中国出口在世界的位次由 2002 年的第 5 位逐年上升，2004 年、2007 年和 2009 年分别上升至第 3 位、第 2 位和第 1 位。

由图 14－1 可以看出，2005 年之后，中国贸易顺差呈现快速增长的趋势，2008 年贸易顺差达到 2980 亿美元以上。贸易规模不断扩大的同时，贸易结构也在持续改善。以信息通讯（ICT）产业为代表的高新技术产业不论是从出口量的变化还是从占总出口的比重变化来看，20 世纪 90 年代之后都经历了快速的发展（见图 14－2）。

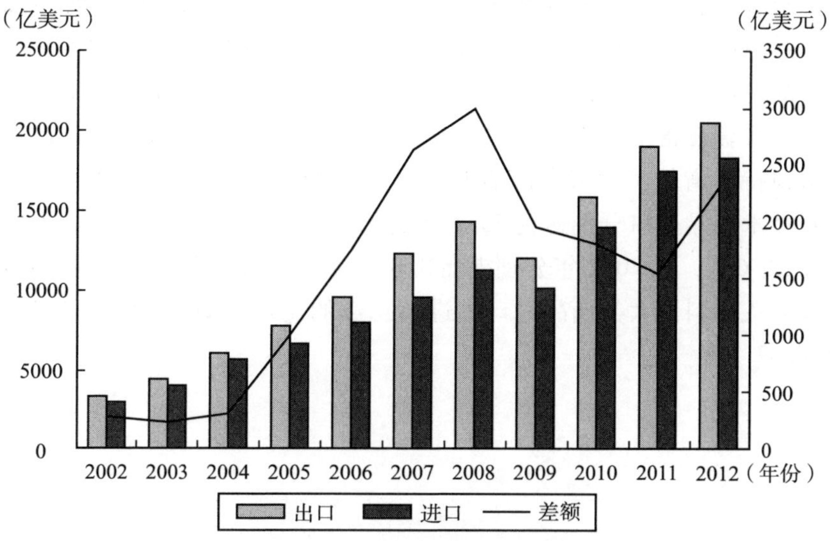

图 14－1 中国进出口和贸易差额（2002～2012 年）

资料来源：国家统计局网站。

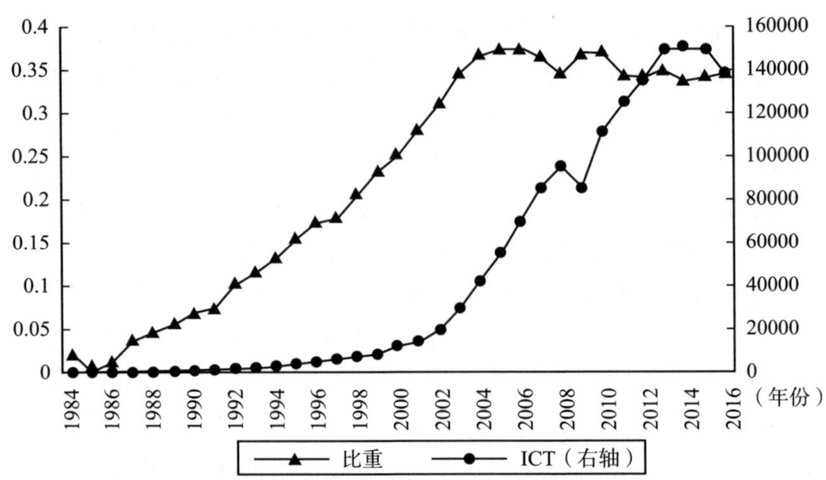

图 14－2　中国 ICT 产业出口趋势（右轴，1984＝100）以及 ICT 产业出口占总出口的比重

注：ICT 产业对应于 SITC75、76 和 77 三类产品，根据 COMTRADE 数据库数据计算而得。

2011 年，工业制成品出口占出口总额的比重由 2002 年的 91.2% 提高到 94.7%；机电产品出口占出口总额的比重由 2002 年的 48.2% 提高到 57.2%；高新技术产品出口占出口总额的比重由 2002 年的 20.8% 提高到 28.9%；高耗能和高排放产品出口得到有效控制，汽车、船舶、飞机、铁路装备、通讯产品等大型机电产品和成套设备出口均有新的突破。从进口方面看，先进技术、设备、关键零部件进口持续增长，大宗资源能源产品进口规模不断扩大。2011 年，机电产品、高新技术产品进口分别达到 7533 亿美元和 4630 亿美元，分别占进口总额的 43.2% 和 26.6%，比 2002 年分别提高 3.8 倍和 4.6 倍；非食用原料与矿物燃料、润滑油及有关原料两大类商品进口占进口总额的比重由 2002 年的 14.2% 提高到 2011 年的 32.2%。①

① 国家统计局贸经司：《从十六大到十八大经济社会发展成就系列报告之四》，http://www.stats.gov.cn/ztjc/ztfx/kxfzcjhh/201208/t20120821_72840.html。

第十五章

经济的高速增长和宏观调控的完善

引言　发展是硬道理

从改革开放起到2012年，我国的经济增长可用高速增长来概括，这应该得益于改革开放的不断深入。1978～1984年的“拨乱反正”和农村土地承包制改革，解放了农业生产力。1985～1988年的乡镇企业异军突起，加快了农村工业化的进程。1984年10月中国共产党召开的第十二届中央委员会第三次全体会议通过了《中共中央若干经济体制改革的决定》，推动改革由农村转向城市，1992年邓小平南方谈话发表后在当年的党的十四大确定了建立社会主义市场经济改革目标；20世纪80年代后期推动的外向型经济以及90年代初的浦东开发开放；2001年加入世界贸易组织。所有这些都极大地解放了生产力，创造了我国经济持续30多年10%左右的高速增长，综合国力明显提高，人民生活明显改善的奇迹。

说到我国经济持续高速增长不能不说“发展是硬道理”科学论断的形成和发展。1992年针对我国1989年开始的治理整顿期间，一些地方过分强调稳定，放慢发展速度，错过发展机会的状况，邓小平在南方谈话中指出，对于我们这样发展中的大国来说，经济要发展得快一点，不可能总是那么平平静静、稳稳当当。要注意经济稳定、协调地发展，但稳定和协调也是相对的，不是绝对的。发展才是硬道理。而且，稳定最终也要靠发展。不敢解放思想，不敢放开手脚，结果是丧失时机，犹如逆水行舟，不进则退。

发展才是硬道理在当时有两个方面针对性：一是在发展速度上，“能发展就不要阻挡，有条件的地方要尽可能搞快点，只要是讲效益，讲质量，搞外向型经济，就没有什么可以提心吊胆的，低速度就等于停步，甚至等于后退”。二是针对阻碍发展的意识形态，邓小平提出了“三个有利于”的重要标准，即在评判社会主义发展时，应该主要看“是否有利于发展社会主义社会的生产力，是否有利于增强社会主义国家的综合国力，是否有利于提高人民的生活水平”①。发展是硬道理的科学论断的提出是思想的大解放，冲破了各种发展的阻力和思想束缚。根据发展是硬道理思想，我国发展社会主义市场经济，发展多种所有制经济，改革收入分配制度。所有这些改革都是推动我国经济长期增长的动力源。

在邓小平之后，以江泽民为核心的党中央坚持“发展是硬道理”，进一步提出“发展是第一要务”。他所提出的“三个代表”重要思想的第一个就是代表先进社会生产力水平。进入 21 世纪，胡锦涛总书记继续坚持发展是硬道理，在 2007 年党的十七大上明确提出科学发展观，其内涵：“第一要义是发展，核心是以人为本，基本要求是全面协调可持续，根本方法是统筹兼顾”。在科学发展观的指引下，国民经济由“快”转向“好”字当头的又好又快的发展。

在此期间，我国的经济增长也有过波动，也遇到冲击，其中包括：1989 ~ 1991 年的经济调整。1997 年亚洲金融危机的冲击，2001 年互联网泡沫破灭冲击，2008 年的世界金融危机的冲击。面对这些冲击，我国始终坚持发展是硬道理，科学应对，年均经济增长率保持了近 10% 的增速。2010 年中国的经济总量达到世界第二，2011 年中国城市化率超过 50%，2012 年服务业超过工业，成为经济发展的新引擎。

第一节　1978 ~ 2012 年经济增长的周期和波动

一、1978 ~ 2012 年中国经济的高速增长②

1978 ~ 2012 年间中国国民经济经济保持快速增长，综合国力和国际竞争力由弱变强，成功实现从低收入国家向上中等收入国家的跨越式发展。国内生产总值年均增长 9.8%，同期世界经济年均增速只有 2.8%。我国高速增长期持续的时间和增长速度都超过了经济起飞时期的日本和亚洲“四小龙”，创造了人类经济发展史上的新奇迹。

通过国际比较发现，中国经济增速超过发达国家一倍以上（见表 15 - 1）。从世界经济格局看，中国 GDP 占世界比重由 1978 年的 2.25%，到 2012 年上升

① 《邓小平文选》第 3 卷，人民出版社 1993 年版，第 372 页。

② 国家统计局：《1978 年以来我国经济社会发展的巨大变化》，载于《人民日报》2013 年 11 月 6 日。

到 11.41%，上升了 9.16 个百分点。中美两国 GDP 占世界比重的差距逐渐缩小，从 1978 年的 22.47% 的差距缩小至 2012 年的 10.36%，35 年间缩小了超过 12 个百分点。不仅如此，依据世界银行 WDI 数据库计算，1978～2012 年的 35 年间，中国经济增长的效率不断提升，GDP（以 2010 年不变美元衡量）增长超过 30 倍。

表 15－1　　　　中国与其他国家 GDP 增长率比较

国家	GDP 增长率（%）		人均 GDP 增长率（%）	
	1978～2002 年	2003～2012 年	1978～2002 年	2003～2012 年
中国	9.70	10.56	8.67	19.37
美国	3.17	1.77	5.49	2.93
日本	2.96	0.75	5.58	3.78
印度	5.10	7.89	3.52	11.54

资料来源：世界银行 WDI 数据库。

经济总量稳步提升，如图 15－1 所示，国内生产总值由 1978 年的 3678.7 亿元迅速跃升至 2012 年的 537329 亿元。1978 年，我国经济总量仅位居世界第十位；2008 年超过德国，居世界第三位；2010 年超过日本，居世界第二位，成为仅次于美国的世界第二大经济体。经济总量占世界的份额由 1978 年的 1.8% 提高到 2012 年的 11.5%。2008 年下半年国际金融危机爆发以来，我国成为带动世界经济复苏的重要引擎，2008～2012 年对世界经济增长的年均贡献率超过 20%。

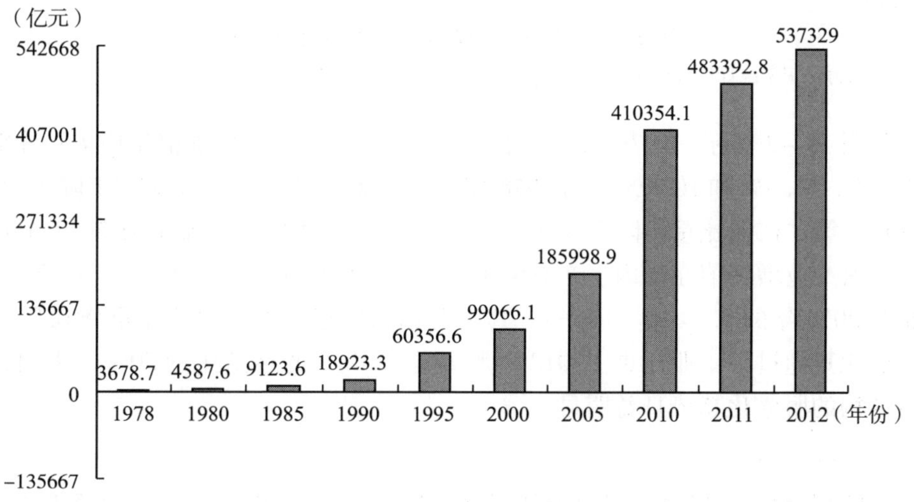

图 15－1　1978～2012 年国内生产总值

资料来源：国家统计局数据库。

人均国内生产总值不断提高，成功实现从低收入国家向上中等收入国家的跨越。图 15 – 2 显示，1978 年人均国内生产总值仅有 385 元，2003 年超过万元大关，2007 年突破 2 万元，2010 年再次突破 3 万元大关，2012 年人均国内生产总值达到 39874 元，扣除价格因素，比 1978 年增长 16.2 倍，年均增长 8.7%。根据世界银行数据，我国人均国民总收入由 1978 年的 190 美元上升至 2012 年的 5680 美元，依据世界银行 2015 年最新给出的增长阶段划分标准①，中国在改革开放初期属于低收入国家（人均收入 < 1045 美元），而在 2012 年已经成功实现了向中等偏高收入阶段（4125 美元 < 人均收入 < 12735 美元）的跨越，中国经济正在向高收入发展阶段迈进。

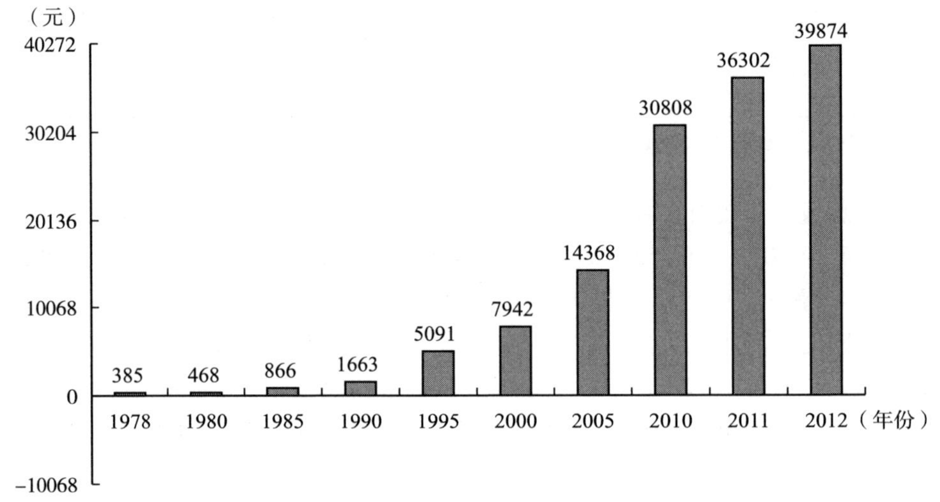

图 15 – 2　1978 ~ 2012 年人均国内生产总值

资料来源：国家统计局数据库。

如图 15 – 3 所示，1979 ~ 2012 年，第一、二、三产业增加值年均实际分别增长 4.6%、11.3% 和 10.8%。与 1978 年相比，2012 年第一产业比重下降 18.6 个百分点，第二产业比重下降 2.3 个百分点，第三产业比重大幅上升 20.9 个百分点。三次产业增加值在国内生产总值中所占的比例由 1978 年的 27.7∶47.7∶24.6 调整为 2012 年的 9.1∶45.4∶45.5。其中有标志性意义的是农业比重降到 9.1%，服务业比重超过了工业比重。2012 年服务业占 GDP 的逐渐接近 50%，表明我国经济结构的服务化趋势日益明显。

① 按世界银行公布的数据，2015 年的最新收入分组标准为：人均国民总收入低于 1045 美元为低收入国家；在 1045 ~ 4125 美元之间为中等偏低收入国家；在 4126 ~ 12735 美元之间为中等偏高收入国家；高于 12736 美元为高收入国家。

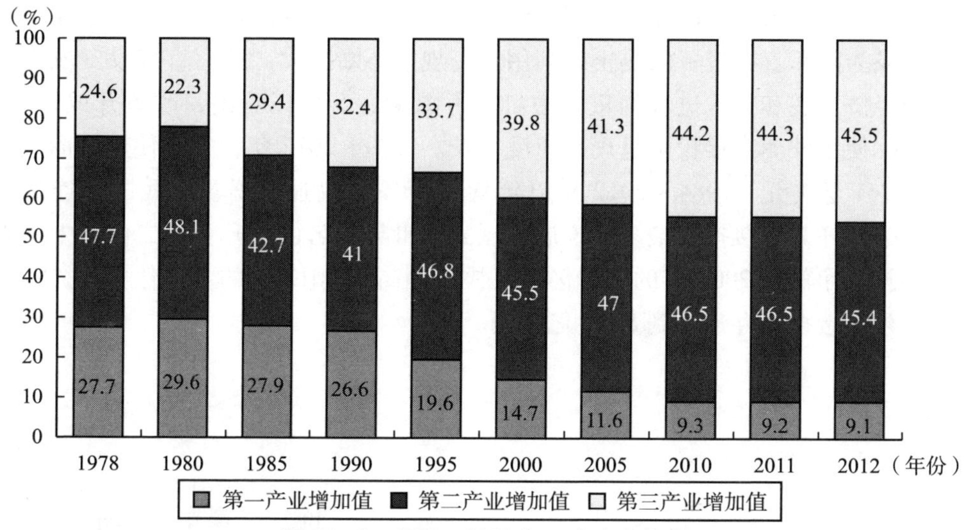

图 15－3　1978～2012 年三次产业结构

资料来源：国家统计局数据库。

如图 15－4 所示，1978 年我国货物进出口总额只有 206 亿美元，1988 年突破了 1000 亿美元，1994 年突破了 2000 亿美元，1997 年突破了 3000 亿美元，2004 年又突破了 1 万亿美元大关，2012 年，货物进出口总额已达到 38671 亿美元，比 1978 年增长 186 倍，年均增长 16.6%，仅次于美国，位居世界第二位；货物出口总额居世界第一位，货物进口总额居世界第二位。2012 年，我国货物出口总额和进口总额分别占世界的 11.2% 和 9.8%。这表明，我国经济的外向度明显提高。

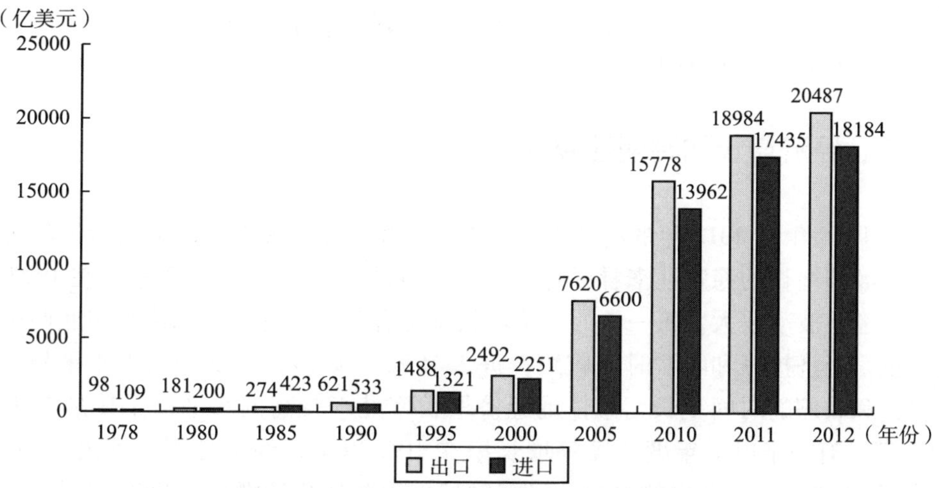

图 15－4　1978～2012 年货物出口和进口总额

资料来源：国家统计局数据库。

改革开放以来，我国充分发挥了资源、劳动力等要素优势和巨大的潜在市场优势，成为国际直接投资的热土，利用外资规模不断扩大，外商直接投资成为推动我国经济发展和技术进步的重要力量。由图 15－5 可以看出，改革开放以来，我国实际使用外商直接投资呈现高速度增长。1979～2012 年，实际使用外商直接投资 12761 亿美元，1984～2012 年以年均 18.0% 的高速度增长。我国已连续多年成为吸收外商直接投资最多的发展中国家，世界排名也上升至第二位。中国对外直接投资净额由 2007 年的 265 亿美元快速提高到 2012 年的 878 亿美元，2012 年末对外直接投资存量达到 5319 亿美元。

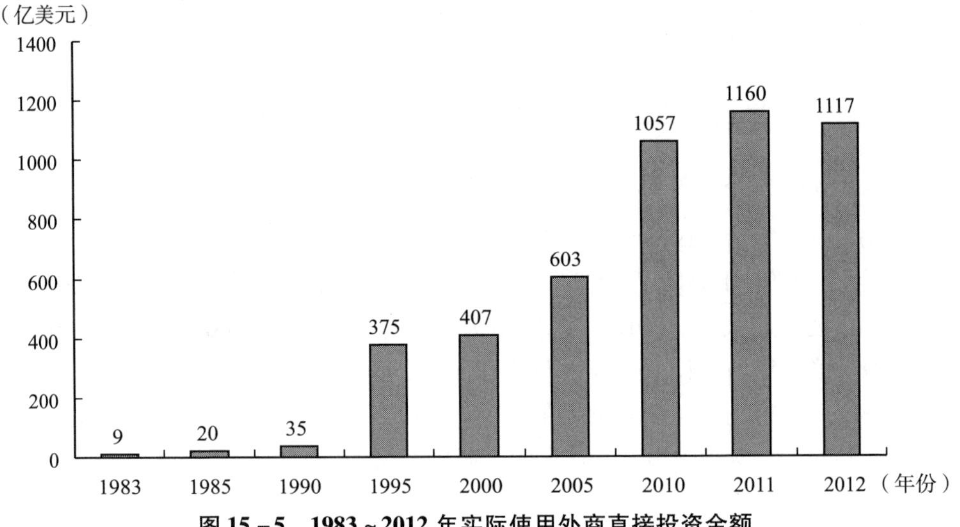

图 15－5　1983～2012 年实际使用外商直接投资金额

资料来源：国家统计局数据库。

二、经济增长的周期性波动

从 1978 年至 2012 年的经济增长率来看，我国经济周期性波动的特征较为明显。从经济增长的稳定性来看，有一个较为明显的分界点是 1992 年。在 1992 年以前，经济波动较大，每一年的经济增长率都有明显的变化，峰值和谷底两极分化严重，经济扩张和收缩时间较短。进入 1992 年以后，经济增长趋于平稳，经济扩张和收缩的时间变长。总体的经济增长率处于较高的水平，尤其是 1992～2007 年，有一半以上年度的经济增长率在 10% 以上，经济处于高速发展阶段。而 2008 年由于金融危机的影响，经济增长出现断裂式的滑坡。2008 年以后，虽然经历 2010 年的一个小峰值，但经济增长速度明显放缓，总体位于 10% 以下，至2012年呈现下降的趋势，经济发展进入新时期，增长速度由高速转为中高速（见图15－6）。

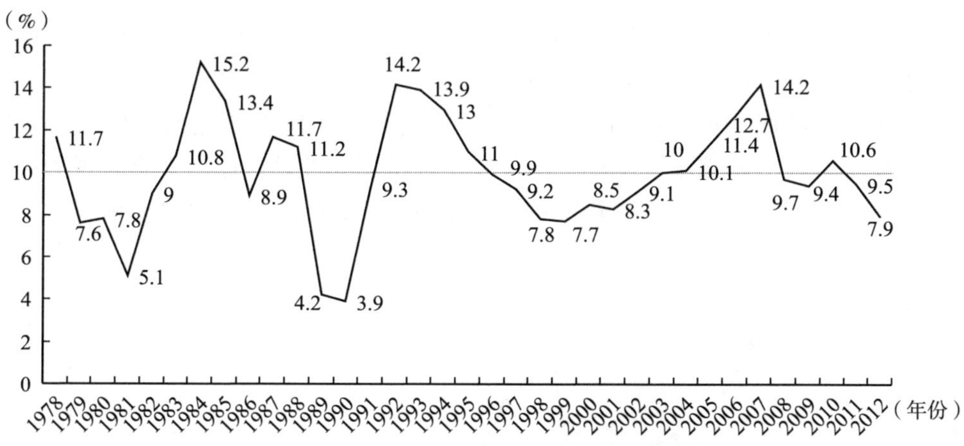

图15－6 1978～2012年中国经济增长率

从我国经济增长的波动轨迹看，1978～2012年间基本上是高增长加高波动，同时伴随着通货膨胀。1985年通货膨胀率为9.3%、1988年为18.8%、1989年为18%、1993年为14.7%、1994年为24%、1995年为17.1%，1997年进入平稳状态，而后1999～2001年进入通货紧缩，价格起伏很大。2002年以后中国经济增长的稳定性逐渐加强（见图15－7）。

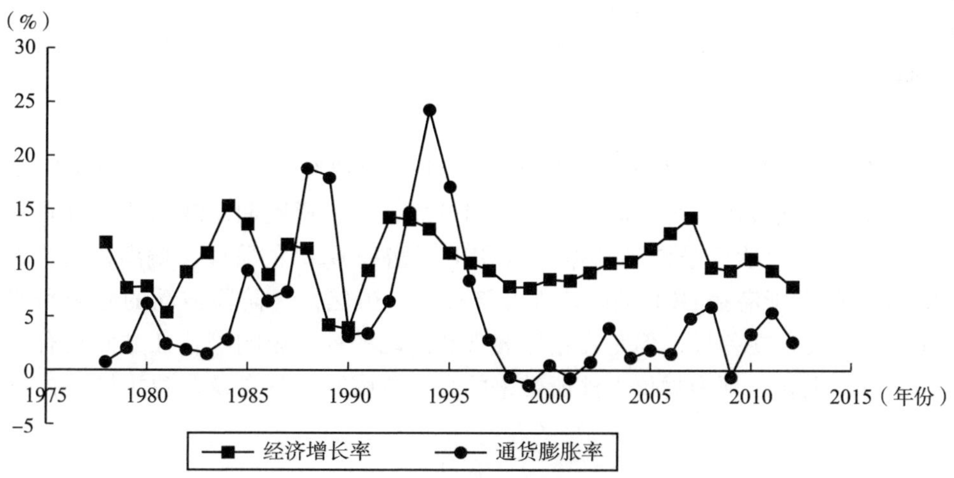

图15－7 1978～2012年中国经济增长率和通货膨胀率波动情况

资料来源：国家统计局数据库。

按照经济波动的性质分类，经济周期可以划分为古典型（即经济波动的低谷为投资或社会生产绝对量的下降，增长率呈现负值）、增长型（即经济波动的低谷不是投资或社会生产绝对量的下降，而是其增长率的相对减缓）。以经济增长率波动为主要考察对象，按照“谷—谷”法划分从1978～2012年中国经济增长总体上经历了6个周期。同时，周期波动的总体特征由古典型转变为增长型，具体表现为在经济周期的下降阶段，GDP只是增长率下降并不绝对下降，峰位降低，谷位上升，波幅缩小（见图15－8）①。经济周期波动的原因主要表现为投资和基建规模扩张带来的经济过热，每一轮波动持续时间较短，但波动频繁②。

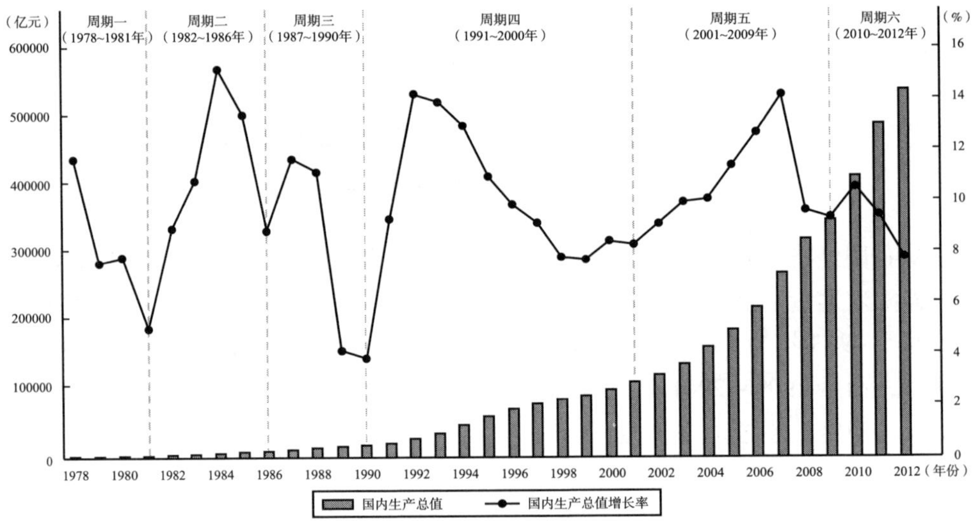

图15－8　1978～2012年中国宏观经济运行经历的经济周期

资料来源：国家统计局数据库。

在改革开放初期的1978～1992年间，我国宏观经济总共经历了三次反复的扩张型经济周期波动，每次波动持续时间较短，属于短周期，波动持续时间平均为4～5年；每一次经济波动都是实际GDP对潜在GDP的阶段性偏离，主要表现为实际GDP大于潜在GDP的阶段性经济过热；虽然每一阶段波动的起因和波动的深度及广度存在差异，但是在指标表现和波动的社会影响等特征方面具有一定的相似性，主要表现为物价上涨所带来的高通货膨胀、投资及基建规模失控以及

① 刘树成：《中国经济周期波动的新阶段》，上海远东出版社1996年版，第29页。

② 林兆木等：《经济周期与宏观调控》，中国计划出版社2008年版，第142～143页。

市场秩序混乱等①。

第一个周期（1978～1981年）。党的十一届三中全会提出将全党未来的工作重心转移到社会主义现代化建设上来。1979年2月开始，中国农业银行、中国银行、中国人民建设银行先后恢复成立并转变性质成为专业银行，实行“拨改贷”；农村实行家庭联产承包责任制，恢复农业生产并对农业开始实行奖售政策补贴，提高粮食收购价，遏制收购量增长，促使投资积极性普遍高涨。但是由于计划经济体制时期遗留下来的国民经济比重失调的现实尚未完全改观，中央和地方政府缺乏调控经验，导致在调控基建总规模的时候财政赤字严重，货币超发，加剧了宏观经济的波动。这一时期GDP增长率最高是1978年的11.7%。针对经济过热，1979年4月中央工作会议上李先念作了《关于国民经济调整问题》的报告，明确指出“这次调整的方针是：调整、改革、整顿、提高。边调整边前进，在调整中改革，在调整中整顿，在调整中提高。”② 最终经济增长率回落至1981年的5.2%，波动落差为6.5个百分点。

第二个周期（1982～1986年）。1982年12月，五届全国人大五次会议批准了“六五”计划。根据“六五”计划安排，经济工作主要内容是继续贯彻“调整、改革、整顿、提高”的八字方针，解决过去遗留下来的经济发展的阻碍，确保财政经济状况根本好转，并且为“七五”期间的发展奠定更好的基础。GDP增长率最高是1984年的15.2%，是改革开放以来最高的速度，并且提前完成了“六五”计划的主要指标。1984年11月，国务院发出通知要求各地方政府严格控制财政支出、控制信贷规模；1986年3月“七五”计划中指出，要在“七五”时期的前两年控制固定资产投资规模以及消费基金增长过快的问题。但是由于在具体实践的过程中出现了失误，使得当年第一季度工业生产总值显著回落，导致市场悲观情绪过重。为了重新调动民众的生产积极性，政府随即改变了原有的紧缩性的宏观调控手段，重新实施扩张性的财政政策与货币政策，忽略了经济过热的潜在危机，为新一轮经济过热埋下了隐患。

第三个周期（1987～1990年）。GDP增长率1987年、1988年分别达到11.7%和11.2%，物价涨幅1988年、1989年分别达到18.8%和18%，通货膨胀表现为投资和消费需求双膨胀。针对预算外投资规模扩张引发的通货膨胀问题，1988年9月党的十三届三中全会正式指出新的改革和建设目标为整顿经济环境以及经济秩序。随后在1989年11月党的十三届五中全会讨论并通过了《中共中央

① 刘树成：《运行与调控：中国宏观经济研究》，中国社会科学出版社2013年版，第289～291页。

② 《李先念文选（1935～1988）》，人民出版社1989年版，第343～378页。

关于进一步治理整顿和深化改革的决定》，更加明确并提高了整顿力度。由于1989年不少地方和部门对治理整顿的必要性缺乏认识，使宏观调控的很多措施没有得到有效贯彻，预算外投资规模的膨胀并未被有效抑制住。① 1989年9月至1991年底，我国开始了历时3年的“治理整顿，深化改革”，出台了一系列的紧缩经济政策。虽然调控的效果非常显著，但调控过程中行政“一刀切”现象比较普遍，刹车过猛，导致我国经济出现了“硬着陆”，我国经济陷入低迷时期。

第四个周期（1991～2000年）。1992年邓小平南方谈话以及党的十四大确立了社会主义市场经济改革的方向之后，中国经济发展进入了快车道。中央出台一系列刺激经济发展的宏观经济政策，货币投放大量增加，投资需求和消费需求急剧扩张，总需求超过了总供给，造成能源、交通、重要原材料和资金全面短缺，经济运行环境全面趋紧引发了严重的通货膨胀。针对出现的经济增长过热，政府随后实行了双紧的调控政策，才使得经济在1996年、1997年两年实现了所谓的经济“软着陆”。但随之而来的东南亚经济危机严重影响了中国的经济发展，中国改革开放以来经济发展中首次出现了通货紧缩。1998年上半年社会消费品零售总额增长6%，增幅回落8.1个百分点，商品零售价格和居民消费价格总水平不升反降，商品零售价格指数和居民消费价格指数分别只有－2.6%和－0.8%，同期国内生产总值增长仅为7%，是1991年以来的最低值。

第五个周期（2001～2009年）。从2001年起，中国经济进入改革开放以来的第5个周期。到2007年，经济增长率连续8年处于8%以上至13%的上升通道内。这8年，经济增长率分别为8.4%、8.3%、9.2%、10%、10.2%、10.4%、11.6%和13%。经济运行中出现一些不稳定不健康因素，特别是部分行业过热，投资需求过旺，信贷投放过快。2008年和2009年，中国经济面临着国际国内四重调整的叠加，即改革开放30年来国内经济长期快速增长后的调整与国内经济周期性的调整相叠加，与美国次贷危机导致的美国经济周期性衰退和调整相叠加，与美国次贷危机迅猛演变为国际金融危机而带来的世界范围大调整相叠加。2008年，经济增长率回落到9.6%，2009年进一步回落至9.2%，完成第5个周期②。

第六个周期（2010～2012年）。2010年第一季度，在政府采取了应对国际金融危机宏观经济政策的作用下，季度同比增长率回升到11.9%的高峰，但从2010年第二季度至2012年底，GDP的季度增长率出现了连续下滑，直至2012年底经济仍在探底的过程中。

---

① 刘国光等：《2005年：中国经济形势分析与预测》，社会科学文献出版社2004年版，第48页。

② 刘树成：《新中国经济增长60年曲线的回顾与展望》，载于《经济学动态》2009年第10期。

三、经济周期性波动的动因与特征

（一）经济增长周期属于增长型周期性波动

与改革开放之前相比，改革开放以后的经济增长与波动总体呈现出一种“高位平稳型”的新态势①。具体表现在：（1）波动的高度理性下降。改革开放以后每个周期经济增长率的高峰从改革开放前的20%左右，回落到20世纪80年代和90年代的11%～15%左右，进入21世纪后，峰位控制在13%。之所以称为理性下降是因为政府对峰值进行了理性调控。（2）波动的深度显著提高。改革开放前的周期经济增长率的低谷经常为负增长，改革开放之后每次经济调整时经济增长率的低谷均为正增长，再没有出现过负增长的局面；（3）波动的幅度趋于缩小。改革开放前周期经济增长率的峰谷落差最大的近50个百分点，改革开放之后显著回落至6～7个百分点；（4）波动的平均高度适度提升。具体表现为改革开放以后的GDP年增长率显著提高，1953～1978年（以1952年为基年）的26年中，GDP年均增长率为6.1%，1979～2012年（以1978年为基年）的34年中为9.7%，比过去提升了3.6个百分点；（5）波动的长度明显延长。改革开放之前的周期表现为一种短程周期，长度平均为5年左右，改革开放之后周期长度明显延长，特别是第四、第五个周期延长到9～10年，扩展为一种中程周期。

（二）总供求矛盾突出是经济周期性波动的主要表现

1978年改革开放以来我国把社会主义现代化建设转为工作重心，全社会不断地掀起了一轮又一轮的投资与建设高潮，居民的消费需求也随着收入的增加日益高涨。在这一背景下，整个社会的总需求水平快速增长，远远超过了同期的总供给增长水平，总需求与总供给之间的差距不断扩大。总供求关系的失衡引发了通货膨胀等一系列严重的经济和社会问题，在经济生活中一度出现了“四高一乱”（即高增长、高投资、高货币投放、高物价及经济秩序混乱）现象。针对总供求严重比例失调等问题，中央也认识到了国民经济需要进行综合平衡的必要性，尝试采用各种手段实现总供求总量平衡的目标。事实上，前五个经济周期中经济过热产生的原因都与消费、投资等需求的快速过度膨胀导致的总供求失衡有关，而周期中经济的收缩很大程度上则是政府为了抑制经济过热所采取反周期的

① 刘树成：《新中国经济增长60年曲线的回顾与展望》，载于《经济学动态》2009年第10期。

调控政策的结果。

(三) 粗放型的增长模式亟待改变

改革开放以来，我国的国民经济总体而言实现了快速增长，但是经济增长仍然存在较大幅度的起落。其根本原因还在于增长模式是粗放的。首先，经济增长过分依赖要素投入，经济效益过低。我国的高速经济增长往往伴随着固定资产投资的大幅度增加，如在 1978 ~ 1988 年间，我国的固定资产投资年均增长高达 19.3% ，年均实际 GDP 增长率为 10.2% 。其次，与国际先进水平相比，我国的经济增长投入了过多的物质资源，缺乏技术研发和科技创新投入。经济增长缺乏强有力的技术进步支撑，资源利用率不足，产品质量不高。在中国工业化、城市化加速发展的过程中，高增长主要通过大量消耗资源和牺牲生态环境维持。具体而言，虽然改革开放以来全要素生产率（TFP）大部分年份都呈现正增长，其对经济的贡献也具有正影响。但是相对于快速的经济增长，TFP 的增长速度明显落后于经济增长的速度。尤其是 2008 年以后，TFP 呈现较为明显的下降趋势。从经济增长要素贡献来看，资本投入是中国经济增长的最主要动力来源，平均贡献率高达 70% ~85% ，TFP 贡献率只有 10% ~20% 。2008 年以后，中国正面临投资报酬递减、人口红利逐渐消失、环境压力越来越大等一系列制约经济增长的问题，TFP 停滞所导致的粗放式经济增长态势已愈发令人担忧，这就迫切需要我们转变传统的粗放型经济增长方式，走上创新驱动经济增长的道路①。

第二节　需求拉动经济增长的“三驾马车”的动力转换

众所周知，消费、投资和出口需求是拉动经济的“三驾马车”。改革开放以来，中国经济保持了 30 多年的高速增长，拉动经济增长的“三驾马车”发挥了积极的作用，取得了令全世界瞩目的经济成就。在这一过程中，中国经济经历了由消费、投资拉动到投资、净出口拉动，再到投资、消费拉动的转变。通过对中国改革开放以来的经济发展过程的分析不难发现，拉动中国经济增长的“三驾马车”一直处于比例失衡的状态（见表 15 -2、图 15 -9、图 15 -10）。2007 年党的十七大正式提出了加快转变经济发展方式的重大理论，其主要内涵之一就是要

① 余泳泽：《异质性视角下中国省际全要素生产率再估算：1978 -2012》，载于《经济学季刊》2017 年第 4 期。

转变总需求结构。转变经济发展方式的主要方式是由主要依靠投资、出口拉动向依靠消费、投资、出口协调拉动转变。

表 15－2　　1978 年以来三大需求对 GDP 增长的贡献率

年份	最终消费支出		资本形成总额		货物和服务净出口	
	贡献率（%）	拉动（%）	贡献率（%）	拉动（%）	贡献率（%）	拉动（%）
1978	39.4	4.6	66.0	7.7	－5.4	－0.6
1979	87.3	6.6	15.4	1.24	－2.7	－0.2
1980	71.8	5.6	26.5	2.1	1.8	0.1
1981	93.4	4.9	－4.3	－0.2	10.9	0.5
1982	64.7	5.9	23.8	2.2	11.5	1.0
1983	74.1	8.1	40.4	4.4	－14.5	－1.6
1984	69.3	10.5	40.5	6.2	－9.8	－1.5
1985	85.5	11.5	80.9	10.9	－66.4	－8.9
1986	45.0	4.0	23.2	2.0	31.8	2.8
1987	50.3	5.8	23.5	2.7	26.2	3.1
1988	49.6	5.6	39.4	4.5	11.0	1.2
1989	39.6	1.6	16.4	0.7	44.0	1.8
1990	47.8	1.8	1.8	0.1	50.4	1.9
1991	65.1	6.0	24.3	2.2	10.6	1.0
1992	72.5	10.3	34.2	4.9	－6.8	－1.0
1993	59.5	8.3	78.6	11.0	－38.1	－5.3
1994	30.2	4.0	43.8	5.7	26.0	3.4
1995	44.7	4.9	55.0	6.0	0.3	0
1996	60.1	6.0	34.3	3.4	5.6	0.6
1997	37.0	3.4	18.6	1.7	44.4	4.2
1998	57.1	4.4	26.4	2.1	16.5	1.3
1999	74.7	5.7	23.7	1.8	1.6	0.1
2000	65.1	5.5	22.4	1.9	12.5	1.0
2001	50.0	4.1	50.1	4.2	－0.1	0
2002	43.6	4.0	48.8	4.4	7.6	0.7

续表

年份	最终消费支出		资本形成总额		货物和服务净出口	
	贡献率（%）	拉动（%）	贡献率（%）	拉动（%）	贡献率（%）	拉动（%）
2003	35.3	3.5	63.7	6.4	1.0	0.1
2004	38.7	3.9	55.3	5.6	6.0	0.6
2005	38.2	4.0	37.7	3.9	24.1	2.5
2006	38.7	4.5	42.0	4.9	19.3	2.2
2007	39.4	4.7	40.9	4.9	19.7	2.3
2008	44.2	4.2	47.0	4.5	8.8	0.9
2009	49.8	4.6	87.6	8.1	-37.4	-3.5
2010	43.1	4.5	52.9	5.5	4.0	0.4
2011	56.5	5.3	47.7	4.4	-4.2	-0.4
2012	55.0	4.2	47.1	3.6	-2.1	-0.1

资料来源：《中国统计年鉴（2013）》，中国统计出版社2013年版，第67页。

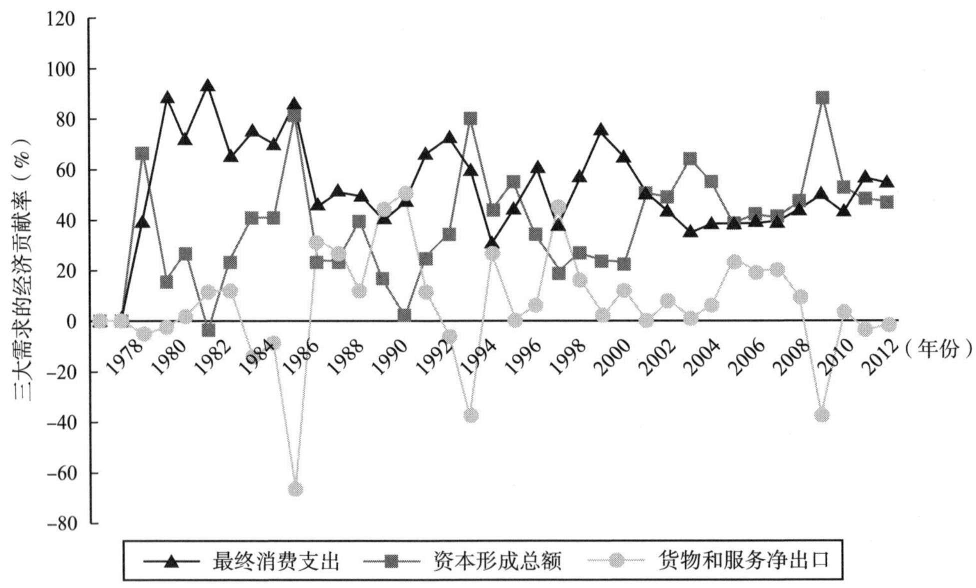

图15-9　1978年以来三大需求对GDP增长的贡献率

资料来源：《中国统计年鉴（2013）》，中国统计出版社2013年版，第67页。

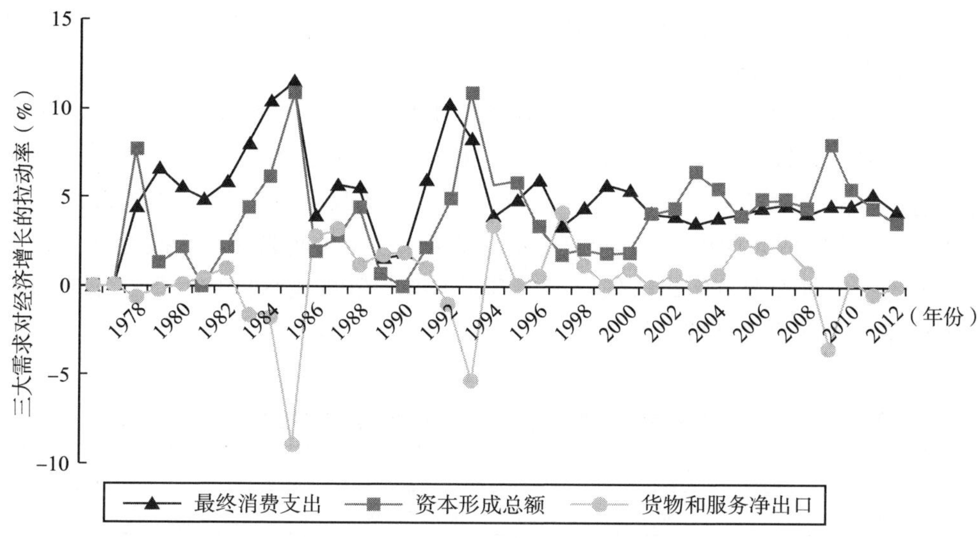

图 15－10　1978 年以来三大需求对 GDP 增长的拉动

资料来源：《中国统计年鉴（2013）》，中国统计出版社 2013 年版，第 67 页。

一、1978～1992 年——消费拉动作用明显

1978～1992 年间，我国以支出法测算的国内生产总值呈现出持续快速的增长趋势。通过对 1978～1992 年我国消费结构的考察，可以看出这一时期我国的经济增长主要靠消费和投资拉动，其中消费占据最重要的地位，在这一阶段作为拉动经济增长"三驾马车"中的消费和投资规模不断增长，结构持续优化，对经济增长具有明显的正向影响，而净出口对 GDP 的贡献率在很多年都为负值。

在"三驾马车"中，就消费需求而言，始终是拉动经济的三大需求中最主要的动力来源。1978 年我国最终消费率为 62.1%，居民消费支出所占 GDP 的比重为 78.6%，对经济增长的贡献率为 39.4%，拉动经济增长 4.6 个百分点。到 1992 年，我国最终消费率为 62.4%，居民消费支出所占 GDP 比重轻微下降至 75.6%，但对经济增长的贡献率上升至 72.5%，拉动经济增长 10.3 个百分点。这一阶段我国消费需求在很多年对经济增长的贡献率都超过了 50%，说明在这一时期最终消费需求对经济增长的拉动作用是"三驾马车"中最为显著的。

就投资结构而言，1978 年我国 GDP 增长率为 11.7%，当年投资率为 38.2%，两者同比例增长。全社会固定资产增长率除在 1989 年为负值（－7.2%）之外，其他时期的总体表现良好，在 1992 年全社会固定资产增长率为 44.4%；在这一阶段，投资对 GDP 的增长起到了比较稳定的拉动作用，将其按照三次产业进行划

分可以看出，第二产业和第三产业的投资比重逐渐上升，而第一产业的投资始终保持在低位（见表 15 - 3）。

就净出口结构而言，在这一阶段中国对外贸易的依存度①总体上呈现出不断上升的趋势。大致经历了两个时期：（1）1985 年以前，由于中国改革开放仍然处于起步阶段，对外贸易出口的基数较小，对外贸易依存度处于比较低的水平（<9%）。（2）1986 ~ 1992 年，中国对外贸易在这一时期取得了突破性发展，出口持续增长，对外贸易的出口依存度提升至 10% ~ 20% 的区间内，但是出口尚未形成对经济增长的明显带动作用。

表 15 - 3　　1978 ~ 1992 年按三次产业划分的固定资产投资　　单位：亿元

年份	第一产业	第二产业	第三产业
1978	53. 34	293. 65	172. 22
1979	57. 92	275. 72	211. 07
1980	52. 03	289. 95	236. 24
1981	29. 21	227. 72	199. 99
1982	34. 12	273. 86	272. 92
1983	35. 45	296. 17	291. 68
1984	37. 12	356. 85	383. 41
1985	21. 84	943. 77	714. 90
1986	36. 66	557. 28	582. 15
1987	42. 82	705. 66	594. 62
1988	47. 19	805. 70	662. 90
1989	20. 20	1597. 01	876. 31
1990	28. 65	1765. 69	1191. 96
1991	33. 46	2113. 21	1413. 51
1992	43. 51	1563. 36	2185. 34

资料来源：根据相关年份《中国统计年鉴》进行整理。

二、1992 ~ 2002 年——消费回落、投资增长明显

在这一阶段，中国经济增长依然主要依靠消费拉动，但是消费对经济增长的

① 这里的对外贸易依存度主要包括对外贸易进口依存度和对外贸易出口依存度。

贡献总体上呈现下降的趋势，投资的贡献率经历了显著增长和逐步回落的两个阶段，而出口对经济增长的影响最小，“三驾马车”的动力结构经历了重要的变化。

由表 15－4、图 15－11 可知，通过对改革开放后五年计划期中国经济增长贡献的分解，我们发现 1991～2001 年的两个五年计划中，“八五”时期依然是消费为主导，但投资率上升很快，其中 1993 年的投资过热引发了较大的波动；“九五”时期，我国对外依存度显著提高，投资与净出口对经济增长的贡献已经超过消费；“十五”时期投资率超过了消费率，成为推动经济增长的主要因素，经济增长率开始回升，从 2002 开始始终保持在 9% 以上的高位。

表 15－4　　改革开放后五年计划期的增长贡献的分解　　单位：%

阶段	消费贡献	投资贡献	净出口贡献	GDP 增长
“六五”（1981～1985 年）	68.89	33.72	－2.56	10.8
“七五”（1986～1990 年）	57.86	31.24	10.90	7.90
“八五”（1991～1995 年）	53.05	48.81	－1.20	12.00
“九五”（1996～2000 年）	48.79	32.15	18.87	8.30
“十五”（2001～2005 年）	40.43	56.05	3.53	8.70

资料来源：根据相关年份《中国统计年鉴》进行整理。

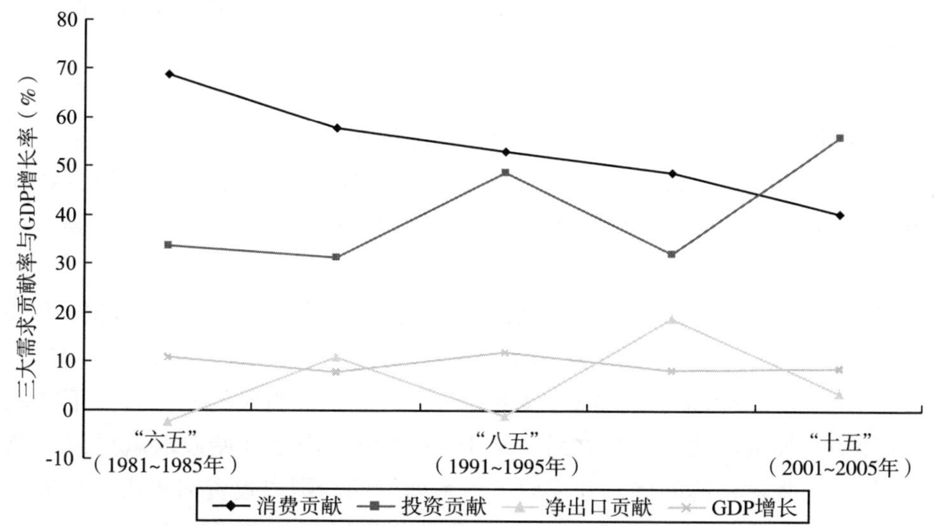

图 15－11　“六五”至“十五”期间“三驾马车”贡献率与 GDP 增长率

资料来源：根据相关年份《中国统计年鉴》进行整理。

（一）消费

《中国统计年鉴》数据显示，我国消费对经济增长的贡献率进入90年代以后逐步下降，从1991年的53.05%下落至1994年的43.5%，而物价指数由快速上涨也逐渐演变为后来的负增长，1993～2000年的商品价格指数分别为14.7%、24.1%、17.1%、8.3%、2.8%、－0.8%、－1.4%、0.4%。

1992年邓小平同志南方谈话以后，我国经济出现了短期的超高速增长，消费需求和投资需求急剧扩张的现象。由于居民消费和政府消费的需求增长迅速，引发了严重的通货膨胀。面对严峻的通货膨胀形势，1995年1月和7月，央行两次提高存贷款利率，并在1995年和1996两年持续实行双紧的财政政策和货币政策。经过近四年的宏观调控，过快增长的消费需求和投资需求得到了有效的遏制，商品价格回落明显，商品零售价格指数从1994年的24.1%回落到1995年、1996年的17.3%和8.3%。从1998年开始，由于亚洲金融危机的影响，加上国内供求关系逐步由卖方市场转向买方市场，通货紧缩与有效需求不足的问题成为主要矛盾。1998年CPI首次为负，达到－0.8%。国内萧条的经济状况抑制了居民的消费需求，导致商品价格指数持续下跌。

（二）投资

邓小平同志南方谈话之后，中国经济结束了之前的低速增长步入高速增长时期。1992年GDP增长率达到14.2%，固定资产投资同比增长了44.4%，协议外资比上年增长2.5倍，实际利用外资增长62.7%。刘树成认为，从1992年开始的城市建设周期开始，居民不动产的积累在逐步加速，农村人口也进入了大规模向城市转移的步伐。居民的高储蓄决定着投资规模，1998年以后在积极财政和消费信贷的刺激下，城市化建设周期进入加速期，投资在这一时期内主导了中国经济增长。①

但这一阶段投资增长率也经历了波动。根据《中国统计年鉴》的数据，1990～1999年我国的投资增长率分别为6.3%、24.4%、48.1%、44.1%、21.3%、13.3%、10.6%、9.0%、17.4%、3.8%，有一个非常明显的先上升后下降的趋势。在经历了投资的快速增长之后，从1992年第三季度开始政府就已经注意到投资和信贷扩张过快的问题，并采取了一系列行动，国内投资需求得到控制，固定投资增长也逐步放缓。1997年东南亚金融危机以后，通货紧缩的经济状况使

① 刘树成、张平、张晓晶：《中国经济增长与周期波动》，载于《宏观经济研究》2005年第12期。

得国内投资需求持续低迷，很难再恢复到 90 年代初的增长速度。

（三）净出口

根据联合国统计司的数据，中国 1989 ~2001 年的出口增长率分别为：9. 29%、11. 04%、12. 17%、16. 42%、4. 72%、28. 71%、19. 34%、－1. 13%、17. 59%、－0. 51%、4. 24%、23. 56%、3. 81%。以上数据反映了在这一阶段中国的净出口由增长到下降到再复苏的变化趋势。形成这样变化趋势的原因有三个：

一是投资拉动的影响。1992 年初邓小平同志南方谈话发表之后，旺盛的投资和生产拉动了出口景气。从 1993 年到 1996 年，中国出口景气一路上行，出口一致合成指数在 1995 年 1 月达到峰值。同时，人民币在 1994 年实施了汇率机制并轨，货币当局在当时对人民币进行了“超贬”，有力了提升了中国产品在世界市场上的竞争力。随后，由于宏观经济过热，中国政府实施了“双稳健”的财政货币政策，受宏观调控影响，出口景气持续下降，出口一致合成指数在 1996 年 2 月达到谷底。

二是亚洲金融危机的影响。中国出口周期在 1996 年初到 1997 年处于复苏状态，出口景气有了一定的回升，但由于 1997 年 7 月亚洲金融危机的发生，此次出口周期未上行到应有的峰值就戛然而止，出口景气进入了衰退阶段，出口一致合成指数在 1998 年 7 月达到了谷底。

三是世界经济复苏的影响。自 1999 年开始，亚洲金融危机对亚洲经济体的影响逐步消除，中国出口景气逐步回升。美国新经济的繁荣带动了世界进出口的高速增长，这推动了中国出口周期在 2000 年初达到峰值。①

三、2002 ~2007 年——投资、出口拉动力强劲

这一时期是多年积极财政政策累积效应的释放时期，驱动中国经济增长的动力来源发生了很大的变化，消费贡献率持续下降，出口的拉动力越来越大，投资增速稳定超越消费成为拉动经济增长的主要动力。“三驾马车”对经济拉动的重要性依次为投资、出口和消费。

2002 年以后，由于多年实施积极财政政策累积效应的释放，国民经济进入持续扩张期，固定资产投资增长开始加快，投资贡献率迅速回升。美国金融危机

① 高铁梅、谷宇、王哲：《中国出口周期性波动及成因研究——基于主成分方法构建中国出口景气指数》，载于《商业经济与管理》2007 年第 2 期。

之后，我国政府出台的 4 万亿元的经济刺激计划，也加速了投资总额的快速增长。总体来看，这一阶段的经济增长是投资主导的。在这一时期投资贡献率从 2000 年的 35.3% 迅速上升到 2004 年的 55.3%，2009 年达到了历史最高的 87.6%。

净出口的贡献率在 2002 ~2007 年间呈现了上升趋势。中国加入 WTO 后，全球化进程对中国经济增长驱动因素产生了重要的影响，外需对经济增长发挥了重要作用，净出口贡献率显著上升，在 2005 年达到了历史最高的 24.1%。

而消费的贡献率则经历了显著的下降过程，从 2000 年的 65.1% 一直下降到 2007 年的 39.4%。这一时期居民的收入增长速度低于同一时期 GDP 的增长速度，在一定程度上导致了居民消费意愿较低。

四、2007 ~2012 年——向消费、投资、出口协同拉动转变

在这一阶段中，总体来看投资依然占据主要地位，但是消费贡献率有所回升，净出口贡献率则持续下降。其中，消费的贡献率在 2011 年上升到 56.5% 的水平，这也与 2008 年世界金融危机后采取的一系列宽松的经济政策有关。其中包括我国政府出台的 4 万亿经济刺激计划，也加速了投资总额的快速增长。但 2008 年世界金融危机的爆发使得中国出口再次遭遇严重冲击，净出口贡献率持续下降，在 2009 年降至 -37.4%。

2007 年党的十七大提出了加快转变经济发展方式的要求，其中的重要方面是由主要依靠投资、出口拉动向依靠消费、投资、出口协调拉动转变。报告中详细指出，由于劳动工资增长缓慢以及收入差距过大等原因导致了国内消费需求增长缓慢，生产与消费不平衡使得经济不能持续发展。因此，必须按照科学发展观的要求，实现消费、投资和出口协调拉动经济增长。并进一步指出需要通过深化分配制度改革，逐步提高居民收入在国民收入分配中的比重，提高劳动报酬在初次分配中的比重，保护合法收入，调节过高收入，取缔非法收入等一系列措施来增加消费，扩大内需。

从改革开放 30 多年的经济发展来看，消费、投资和出口在不同的阶段对经济增长的作用和贡献是不一样的，很多时候中国经济增长处于动力失衡局面。有学者也提出，正是过去这种“三驾马车”的“失衡”，支撑了长达 30 余年的高速经济增长。换言之，在过去创新能力不足的情况下，支撑这种长期高速增长的“三驾马车”“失衡”，实质上是一种宏观动态结构性均衡，或者说这种“三驾马

车”的比例关系恰与长期高速增长相匹配。① 但是，中国经济发展已经进入了新时期，想要避免大起大落的经济发展，就要倚靠“三驾马车”协同发展。消费是拉动经济发展最稳定的因素，必须要刺激消费需求以推动消费的持续增长，推动经济发展由高速增长向中高速增长转变。

第三节 宏观调控机制的改革和完善

一、1978～1992年：计划与市场相结合的总量调控②

我国市场化改革展开后，政府在改革和调控的方向和目标上，始终坚持市场取向，逐步加强了市场机制的作用。在改革的探索阶段先后对计划和市场的关系不断进行调整：从“计划经济为主，市场调节为辅”（1982年）到“有计划的商品经济”（1984年），再到“计划与市场内在统一的体制”（1987年）和“计划经济与市场调节相结合”（1989年），直至最后确立“社会主义市场经济体制”（1992年）。

1982年，党的十二大报告正式提出“计划经济为主、市场调节为辅”的改革原则，决定对传统的计划经济体制进行改革，允许对部分产品的生产和流通不做计划，由市场来调节。这意味着，我国政府对经济的计划管制出现了松动，市场的作用在一定范围内得到了初步发展。

1984年，党的十二届三中全会通过《关于经济体制改革的决定》（以下简称《决定》）。《决定》明确指出，中国的社会主义经济是在公有制基础上的有计划的商品经济。有计划的商品经济理论打破了将计划经济和商品经济对立起来的传统观点。强调中国经济现代化建设必须要按照经济规律尤其是价值规律办事，必须要经历有计划的商品经济阶段。

1987年10月，党的第十三次全国代表大会召开，会议强调，有计划的社会主义商品经济具有计划和市场的内在统一性，提出“国家调节市场，市场引导企业”的社会主义商品经济运行机制，对市场的作用和地位做了新的界定，有了新的认识。

---

① 郭庆旺：《中国经济增长“三驾马车”失衡悖论》，载于《财经问题研究》2014年第9期。

② 刘建平：《转型时期中国宏观经济调控研究》，武汉大学博士论文，2014年。

1989 年 11 月，党的十三届五中全会提出“要逐步建立符合计划经济与市场调节相结合原则的，经济、行政、法律手段综合运用的宏观调控体系”。全会审议并通过了《中共中央关于进一步治理整顿和深化改革的决定》，指出要在加强宏观调控的基础上，有步骤地、稳妥地继续推进价格改革，强调治理整顿的四个重要环节是：压缩社会总需求、调整产业结构、整顿经济秩序以及改进企业经营管理。

1992 年 10 月，党的十四大提出建立的社会主义市场经济体制的目标，就是要使市场在社会主义国家的宏观调控下对资源配置起基础性作用，使经济活动遵循价值规律的要求，适应供求关系的变化；在优化资源配置效率方面，强调充分发挥价格杠杆和竞争机制的作用；加强和改善国家对经济的宏观调控，依据客观规律的要求，运用好经济政策、经济法规、计划指导和必要的行政管理，引导市场健康发展。

在这一阶段的经济增长过程中出现了三次短周期的波动（4～5 年），有些年份（1989 年和 1990 年）也经历了较大的震荡。我国政府主要采取了反周期的宏观调控手段，对弥补市场缺陷、熨平经济波动以及缓和供求矛盾等方面起到了重要的作用。这一时期我国计划经济仍然占据主导地位，宏观调控主要是以计划调节为主，市场调节为辅，并逐渐将财政政策和货币政策相结合。

1. 1978～1981 年：“计划式”宏观调控。

1979 年 4 月，中共中央召开工作会议，正式提出用三年时间对整个国民经济进行调整，实行“调整、改革、整顿、提高”的方针。① 中央财政政策的实施具有明显的“计划性”，宏观调控总体受到“财政规则”约束，没有明确的反周期特征，强调国民经济要坚持按比例发展，处理好积累和消费的比例关系。但是由于中央和地方的经济形势判断不一致，基建总规模没有退下来，财政赤字扩大，货币发行过多。

2. 1982～1986 年：“双紧式”宏观调控。

为了应对 1984 年以来我国经济过热以及随后出现的通货膨胀，1985 年 3 月六届人大三次会议在《政府工作报告》中提出，必须坚持实事求是、稳步前进的方针，坚决防止盲目追求和比赛增长速度的现象。在宏观调控的积极应对下，1986 年工业生产同比增长速度回落到 4.4%，GDP 在 2 月份出现零增长。② 但是，这次宏观调控没有控制住过高的固定资产投资增长速度，调控不彻底，总体效果

① 刘树成：《我国五次宏观调控比较分析》，载于《经济学动态》2004 年第 9 期。

② 常春风：《改革开放三十年：中国经济波动与宏观调控的回顾与反思》，载于《经济学家》2009 年第 2 期。

不佳，并由此导致了下一轮更为严重过热局面的出现。[①]

3. 1987～1992 年："硬着陆式" 宏观调控。

政府选择超量供给货币以消化财政赤字，陈云同志在《当前经济工作的几个要点》中明确指出"现在票子发得太多"[②]。国务院在 1988 年 7 月发出的《关于做好放开名烟名酒价格，提高部分烟酒价格工作的通知》中，明确表示 1988 年下半年将不再出台新的涨价措施。[③] 1989 年 3 月通过的《政府工作报告》，采取了紧缩金融的方针，严控信贷规模；大幅压缩社会集团购买力，将专项控制的商品由 19 种扩大到 32 种；在全国开展财务、税收、物价大检查。[④] 受本轮宏观调控"急刹车"的影响，经济"硬着陆"。

在改革开放的早期，我国对于宏观调控体系的完善主要包括理论和实践两个方面。理论上坚持邓小平同志解放思想、实事求是的理论精髓，努力摆脱计划经济时期旧观念、旧思想的束缚，采取了渐进式的改革策略。在宏观调控的具体实践过程中根据改革现状不断调整对应的政策措施，总结宏观调控具体实施过程中出现的问题，及时转换调控思路。

一是财政体制改革和财政政策的完善。我国主要经历了三次财政体制改革，分别是 1980 年、1985 年和 1988 年，主要是实行对地方政府放权让利的财政包干体制。其中，1980 年开始对大多数省份实行了"划分收支，分级包干"的预算管理体制，建立了财政包干体制的基础。从 1982 年开始逐步改为"总额分成，比例包干"的包干办法；1985 年实行"划分税种，核定收支，分级包干"的预算管理体制，以适应 1984 年两步利税改革的需要；1988 年为了配合国有企业普遍推行的承包经营责任制，开始实行"收入递增包干""总额分成""总额分成加增长分成""上解递增包干""定额上解"和"定额补助"六种形式的财政包干。

二是金融体制改革和货币政策完善。在计划经济体制向市场经济体制转变的过程中，金融体制改革不断深化，我国的货币政策调控环境也在不断发生着变化，货币当局在具体运用货币政策工具时也在随着宏观经济环境的变化做出相应的调整。1979 年 1 月，恢复了中国农业银行；同年 4 月，恢复了中国银行组织体系；1983 年 9 月 17 日，中国人民银行专门行使中央银行的职能，并具体规定了

---

① 汪同三：《改革开放以来历次宏观调控及其经验教训》，载于《新金融》2005 年第 7 期。

② 《陈云文选》第 3 卷，人民出版社 1986 年版，第 366 页。

③ 李先华、张耀海：《1988 年全国物价情况综述》，载于《价格月刊》1989 年第 7 期。

④ 李鹏：《坚决贯彻治理整顿和深化改革的方针——1989 年 3 月 20 日在第七届全国人民代表大会第二次会议上的政府工作报告》，载于《中华人民共和国国务院公报》1989 年第 6 期。

中国人民银行的10项职责。1984年1月1日起，中国人民银行专门行使中央银行的职能，人民银行分支行的业务实行垂直领导；同时建设中国工商银行；设立中国人民银行理事会，作为协调决策机构；建立存款准备金制度和中央银行对专业银行的贷款制度。在这一阶段，中国经济体制改革不断深化，经济高速发展，中国人民银行努力探索和改进宏观调控的手段和方式，初步掌握了运用货币政策调节经济的能力。

二、1992~2002年：针对宏观总量财政货币调控体系初步形成①

(一) 1992~1997年的宏观经济调控

1992年邓小平南方谈话和党的十四大确定社会主义市场经济体制以后，中央出台一系列刺激经济发展的宏观经济政策，货币投放大量增加，投资需求和消费需求急剧扩张，总需求超过了总供给，造成能源、交通、重要原材料和资金全面短缺，经济运行环境全面趋紧引发了严重的通货膨胀。针对国内出现的通货膨胀的情况，我国政府主要使用双紧的财政政策和货币政策来“熨平经济”。

中央政府于1993年6月24日发布了启动和加强宏观调控的中央文件《关于当前经济情况和加强宏观调控的意见》(以下简称《意见》)。这就是著名的“16条”。《意见》确定了调控的指导原则，即统一思想认识，加快改革步伐以及经济方法为主、辅以行政手段和组织措施，并具体规定了条措施，包括货币发行控制与稳定金融形势、增加储蓄存款并严格控制信贷总规模、强化央行金融宏观调控能力、在宏观层面加强对房地产行业的调节和管理等。

这个阶段的宏观调控主要采取财政、货币“双紧”的政策组合模式，直接的行政干预手段大为减少，间接的经济调控手段得以充分利用。为贯彻适度从紧的货币财政政策。1993年5月和7月两次提高存贷款基准利率；7月恢复了3年期以上定期储蓄存款的保值贴补；1993年12月国务院做出金融体制改革的重大决定，确立中国人民银行作为独立执行货币政策的中央银行的宏观调控体系，实行政策性银行与商业银行分离的金融组织体系；从1994年起，不再允许财政出现赤字后向银行透支。1995年1月1日、7月1日两次提高再贷款利率；1995年和1996年继续实行双紧的财政政策和货币政策。从以上调控过程可以看出，1992年以来我国的宏观调控并没有简单运用直接调控手段给经济降温，而是综合运用

① 刘建平：《转型时期中国宏观经济调控研究》，武汉大学博士论文，2014年。

各项调控措施，有步骤、分阶段地逐步推进。这样，既有效地遏制了通货膨胀，又使经济保持在合理的稳定增长区间。避免了过去在宏观调控问题上急于求成的短期行为，成功地实现宏观经济的“软着陆”①。

在1992～1997年中国的改革经历了从计划体制到市场体制的转变过程。针对投资需求膨胀、经济过热及其引发的通货膨胀，紧缩性宏观调控政策都取得了明显的效果，1996年经济实现了“软着陆”。同时也为政府积累了较为丰富的宏观调控经验和调控艺术。② 一是不再单纯依靠行政手段，开始注重运用经济手段和法律手段。二是注重不同政策间的配合。一方面，政府通过有选择地紧缩基本建设项目，控制社会投资规模；另一方面，中央银行采取从紧的货币政策，强化对投资需求的间接调控作用。同时，国家规定财政不再向中央银行透支，使投资规模得到控制。三是不实行急刹车，而是“适度从紧”。货币政策和财政政策都是“适度从紧”，使经济增长率从两位数的高峰平稳地、逐步地回落到10%以内的适度增长区间，避免了以往经济发展大起之后的大落现象。四是在做出治理通货膨胀的决定后，雷厉风行地贯彻实施，并注意保持政策的稳定性、连续性。宏观调控效果非常明显。1994～1996年期间的增长率逐年回归正常。与此同时，通货膨胀也得到有效地控制，1996年的通货膨胀率下降到了6.1%，宏观经济则呈现出了“高增长、低通胀”的良好发展格局。

（二）1997～2002年的宏观经济调控

1997年，受东南亚金融危机的影响，中国经济在成功实现“软着陆”以后一路下滑，在宏观经济政策全面松动之后仍未有所好转，GDP增长率从1996年的9.6%下降到1999年的7.1%，甚至出现了阶段性的有效需求不足和通货紧缩问题。面对亚洲金融危机给中国经济带来的通货紧缩压力，我国宏观调控政策采取“积极的财政政策和稳健的货币政策”的组合模式，也就是扩张型的财政政策与货币政策组合。

为有效遏制经济的持续下滑，政府首先选择以货币政策为主的宏观调控政策安排。到1998年7月，包括下调利率、取消贷款限额、调整法定准备金率、恢复中央银行债券回购业务等市场经济通用的主要货币政策工具悉数推出，但经济减速和物价下跌的势头仍未得到有效抑制，货币政策失效，甚至在前一阶段调控中灵敏的利率政策也未能对市场产生作用。

---

① 冯梅、王之泉：《中国宏观调控的回顾与展望》，载于《经济问题》2010年第1期。

② 庞明川：《中国特色宏观调控的实践模式与理论创新》，载于《财经问题研究》2009年第12期。

1998 年中期，我国政府确立了以财政政策为主并与货币政策相互配合的积极的宏观调控政策取向。在财政政策方面实施以连续发行国债和政府投资的扩张为特征的积极财政政策。1998～2003 年共发行了 9100 亿元的建设国债。在货币政策方面，1998 年之后，中国人民银行开始采用存款准备金率、公开市场业务等市场化的手段来调控货币供应。1998 年 1 月 1 日，央行取消了商业银行的贷款限额控制；1998 年 3 月，央行将法定存款准备金率从 13% 降到了 8%；1999 年，再次下调法定存款准备金率，从 8% 降到 6%；1998～1999 年三次扩大贷款利率的浮动幅度；1998～2002 年间 5 次下调存贷款基准利率；1999 年 9 月，开征利息税，消费政策上变限制消费为鼓励消费。到 2000 年，中国经济出现重要转机，GDP 增长率恢复到 8%。

本轮调控是我国政府运用需求管理政策来刺激经济的一次成功尝试，其主要特征是注重运用各种可以运用的手段，形成合力。如积极的财政政策与灵活的货币政策相结合，扩大内需与增加出口、利用外资相结合，增加投资与启动消费相结合，扩大经济总量与提高效益、调整结构相结合，必不可少的行政手段与各种经济杠杆和法律手段相结合，促进经济增长与深化各项改革相结合。

本轮宏观调控是中国经济发展史上第一次促使宏观经济实现“软着陆”的经验，在调控中很少以直接干预的方式调控经济，特别重视经济手段的运用，综合其他各种调控手段，分步骤地逐步推进，《意见》中的 16 条宏观调控措施中经济手段达到了 13 条之多，是中国对主要利用经济手段进行宏观调控的一次成功尝试。调控效果十分明显，物价过快上涨的势头被有效地遏制，宏观经济的增速也没有收到较大的影响，运行较为健康稳定。在此次宏观调控中，无论是财政政策还是货币政策都主要以市场化的方式实施，标志着我国初步形成了市场化的总量调控体系。尤其是货币政策，在本轮之前我国主要是通过控制信贷规模的方式来调控货币供应量。

三、2002～2007 年：“结构式”宏观调控

2002 年以后，加入了 WTO，经济发展进入新阶段。我国工业化和城市化加速推进，生产能力和产出率大幅度提高，宏观经济运行一直处于比较宽松的供给环境之中。我国宏观经济开始进入新一轮增长期，基本保持了“高增长、低通胀”势头。但国内城市化进程加快、消费结构升级、产业结构调整等使得经济出现一系列不稳定因素，持续高增长使得能源资源、生态环境和社会发展方面的矛盾更为突出，宏观调控要花更多精力着力缓解“不稳定、不平衡、不协调和不可

持续”的问题，在更为复杂的新形势下寻求统筹协调和可持续发展的宏观解决方案。

这一时期我国宏观调控的目标具有二重性。一重目标是：改革，发展和稳定。另一重目标是：促进经济增长，增加就业，稳定物价和保持国际收支平衡。这一轮宏观调控主要实行“双稳健”的财政货币政策，在力度把握上具有“松紧适度”“稳中趋向从紧”的特点，立足于经济的短期运行稳定和长远发展的结合。2006 年 3 月通过的《关于 2005 年中央和地方预算执行情况与 2006 年中央和地方预算草案的报告》明确提出，要通过“控制赤字、调整结构、推进改革、增收节支”来实施文件的财政政策；货币政策方面，2007 年 6 月 13 日国务院常务会议明确提出，货币政策要“稳中适度从紧”，12 月中央经济工作会议进一步提出实行“从紧的货币政策”。

2002 ~ 2004 年主要是利用暂时性的行政性调控措施来规范微观经济主体行为，但效果不是特别理想。2004 年 4 月后调控政策力度加强、密度加大；2007 年在综合运用多种宏观调控政策进行调控的同时，采用“有保有压”的结构式调控。目的是既能抑制房地产、钢铁、水泥、电解铝等过热行业，同时保障薄弱环节的发展，如“三农”项目。

作为转轨中国家，在宏观调控中不仅要面对总量和结构问题，同时体制问题也经常和结构问题交织在一起。深化改革不属于宏观调控的范围，但可以为调控创造有利的条件，同时，通过体制改革的作用与宏观调控形成合力，这是转轨时期宏观调控的特殊需要。这个阶段综合运用经济性政策和行政性政策、法律政策。① 在该阶段，我国在实施稳健的财政政策的同时，大力深化财政税收体制改革，为财政政策作用的发挥创造了良好的条件和环境。一是财政政策与区域政策协同配合。“十一五”规划纲要中明确指出，要根据资源环境承载能力、发展基础和潜力，按照发挥比较优势、加强薄弱环节、享受均等化基本公共服务的要求，逐步形成主体功能定位清晰、东中西良性互动、公共服务和人民生活水平差距趋向缩小的区域协调发展格局。为了克服宏观调控对区域协调发展可能造成的不利影响，作为宏观经济政策的财政政策要兼容区域发展政策功能，实现宏观经济与区域政策在操作上协同配合，在区域经济协调发展上发挥积极的促进作用。二是财政政策主动配合产业政策。政府的政策充分发挥了产业政策的作用，重视运用财税政策措施，增加产业发展资金，采取信用担保、贷款贴息、投资参股等方式，加大对重点产业、重点企业和重点行业的扶持力度，培植和壮大一批技术

---

① 刘满平：《中国宏观调控系统运行、转换与绩效研究》，武汉大学博士论文，2013 年。

含量高、附加值高的资源节约型、生态环保型核心企业和产业集群。在宏观调控过程中，考虑到我国总量矛盾与结构矛盾并存的现实，财政政策要同时兼具宏观经济政策和产业发展政策的双重职能，通过财政政策将总量性质的宏观调控和结构优化调整结合起来。

在这个阶段我国商品价格与资产价格发展趋势出现了一定程度的背离或不同步，资产价格过快上涨。全面地考察货币信贷增长偏快、流动性过剩的影响，就能够发现过剩的流动性很大一部分流入了包括房地产、股票市场在内的资产市场，并推动房地产、股票等资产价格快速上升。吸取日本当年的教训，"双稳健"组合中的货币政策对资产价格的变化给予了密切的关注，并通过利率、公开市场、定向票据发行以及窗口指导等工具调节和引导资产价格水平。在该阶段，房地产价格快速上涨，成为推动投资总量增长的重要力量。合理运用土地政策参与宏观调控成为我国宏观调控中的新特点、新任务、新选择。同时，还需要一个不断探索、积累经验和逐步完善的过程，需要在今后土地调控的实践中进一步完善土地调控体系，更好地发挥土地政策工具在宏观调控中的作用。

四、2008 ~2012 年：全球金融危机背景下的宏观经济调控①

2008 年全球金融危机对我国经济产生的传导式冲击。2008 年第三季度我国 GDP 增速降至 9%，自 2006 年来经济增速首次降至个位数。之后经济继续大幅下滑，2009 年第一季度 GDP 增速跌至谷底 6.2%，之后开始缓慢上升，2009 年 GDP 增速升为 10.7%，但与 2007 年第二季度 11.9% 的 GDP 增速相比，仍低 1.2 个百分点。

在此背景下，我国政府出台了一系列的调控措施，其特点是由"双防"转向"一保一控"再转向"一防三保"：2008 年 11 月 5 日的国务院常务会议上，决定由稳健的财政政策和从紧的货币政策转变为积极的财政政策和适度宽松的货币政策，正式出台 4 万亿刺激计划。2009 年 12 月的中央经济工作会议提出把"促进发展方式转变"作为 2010 年经济工作的重点，并且强调 2010 年的经济工作"特别是要更加注重提高经济增长质量和效益，更加注重推动经济发展方式转变和经济结构调整……"这一提法的深刻背景是自 2009 年以来我国经济中较为突出的经济结构失衡问题。

面对严峻的形势，2008 年 10 月中央提出，要把宏观调控的着力点转到"防

① 谢鸿光：《2008 年以来经济运行与宏观调控以及未来展望》，载于《统计研究》2012 年第 11 期。

止经济增速过快下滑”上来，把“稳健的财政政策和从紧的货币政策”调整为“积极的财政政策和适度宽松的货币政策”，并要求“出手要快、出拳要重、措施要准、工作要实”，并根据形势变化，不断丰富和完善应对危机的一揽子计划。主要采取积极的财政政策和适度宽松的货币政策。主要内容有以下几点：

1. 财政政策方面，2009 年安排中央财政赤字 7500 亿元，比上年增加 5700 亿元，地方发行 2000 亿元债券；采取减税、退税或抵免税等多种方式减轻企业和居民税负，促进企业投资和居民消费，增强微观经济活力。初步测算，2009 年全年减轻企业和居民负担约 5000 亿元。[①]

2. 货币政策方面，2008 年 10 ~ 12 月，央行 4 次下调基准利率，3 次下调存款准备金率，配合扩大内需政策，加大对国家支持行业的信贷倾斜力度，比如对商业性个人住房贷款扩大利率下浮幅度、下调首付款比例等。2009 年末广义货币增长 27. 7%，狭义货币增长 32. 4%，大大高于年初制定目标；金融机构人民币各项贷款比年初增加 9. 6 万亿元，比年初 5 万亿元的计划多近 4. 6 万亿元，创造了历史新纪录。

3. 从 2008 年 11 月开始，采取十大措施，启动总额达 4 万亿元投资计划，主要围绕保障性安居工程、农村基础设施建设、重大基础设施和生态环境建设。兴建了一大批关系人民群众切身利益的惠民工程，开展汶川地震灾后恢复重建，并着眼于缓解基础设施的瓶颈制约，加快重大基础设施建设，为长远发展增强后劲。

4. 刺激消费需求。为促进农村居民消费，将家电下乡政策由原先仅覆盖三个省份扩大至全国，并先后两次扩大产品范围。2009 年，汽车下乡、摩托车下乡等刺激农村需求的措施相继出台。进入 2009 年下半年，国家又推出汽车、家电等以旧换新等补贴政策。实施农机具购置补贴政策，适度增加补贴资金规模。

5. 产业政策方面，相继制定了钢铁、汽车、造船、石化、轻工、纺织、有色金属、装备制造、电子信息以及物流业等十大重点产业调整和振兴规划。除了物流业，其他九个工业行业的增加值，占全部工业增加值的近 80%，占 GDP 的比重达 1/3。随后又研究出台国家中长期科技发展规划，把重大科技专项的实施与经济发展紧密结合起来，做强、做大装备制造业，加快发展高新技术产业集群。10 个重点产业振兴规划解决了金融危机带来的困难，加强了产业的技术改造和科技创新，有利于抑制产能过剩，增强经济的可持续发展能力。

---

① 温家宝：《政府工作报告——2009 年 3 月 5 日在第十一届全国人民代表大会第二次会议上》，载于《人民日报》2009 年 3 月 15 日。

2008 年以来，需求管理仍然是宏观调控的重要内容。各方面越来越认识到，过分依赖外需的发展模式难以持久，过分依赖廉价要素和资源的投资增长模式难以持久，因此，在兼顾外需的同时，特别强调以内需为主。在内需中，又特别强调消费。另外，经过 30 多年的快速发展，土地、劳动力等要素价格趋于上升，供给对经济运行的制约越来越突出，因此宏观调控特别加强了对供给的管理。例如，2011 年在应对通货膨胀压力上升的过程中，既采取了控制货币等需求管理措施，还采取了发展生产、保障供应、搞活流通、加强监管等供给管理措施。需求与供给管理相结合，对于抑制物价过快上涨发挥了重要作用。

2008 年以来根据应对危机的新要求在调控手段的内涵上又有所创新。比如，2010 年起，为促进房地产市场平稳健康发展，遏制部分城市房价过快上涨，先后在部分城市出台限购等多项房地产调控措施抑制投资性购房；2011 年，为了稳定价格总水平，采取了加强价格监管、加强食品质量监管等行政手段。从实施效果看，三种手段各有千秋，在纠正市场失灵上都发挥了重要作用。

2007～2008 年，随着次贷危机影响的蔓延深化，宏观调控从“双防”转向“一保一控”，再转向“保增长”，2009 年全面实施并不断完善应对金融危机的一揽子计划，2010 年积极稳妥处理好保持经济平稳较快发展、调整经济结构、管理通货膨胀预期的关系，2011 年则把稳定物价总水平作为宏观调控的首要任务。这些根据不同形势不同情况实施的宏观调控政策避免了这段时期经济的大起大落，把国际金融危机对我国经济的影响降低到较小程度，确保了国民经济在适度增长区间的平稳较快增长。有别于以往调控中的“猛起步、急刹车、一刀切”，2008 年以来的宏观调控在力度的把握上更加注重小步微调。

第十六章

经济发展方式转变和科学发展观

引言　经济发展方式的演进

改革开放以来，基于基本国情和国内外形势的变化，我们党对中国经济社会所处的发展阶段和主要矛盾，因时因势地做出了具体判断，并以此为依据主导了不同历史时期中国经济发展方式的转变与演进。

1981 年 6 月召开的中国共产党第十一届中央委员会第六次全体会议指出，在社会主义初级阶段，我国社会的主要矛盾是人民日益增长的物质文化需要同落后的社会生产之间的矛盾。社会主义初级阶段，作为逐步摆脱不发达状态、基本实现社会主义现代化的历史阶段，中心任务是经济发展，从而实现由传统社会向现代化社会的转型。我国将全面小康社会建设包含在现代化的进程中，并作为现代化的具体阶段来推进，分三步走制定了社会主义现代化的时间表，可以说是中国特色现代化道路的具体步骤。随着工业化的全面推进和经济发展整体水平的提高，必然会提出转变发展方式的要求，由单独追求经济增长转变为经济发展，由单纯的追求数量增长转变为追求质量提升，这一路径转型中的重要内容就是以新型工业化为内容的工业化转型，中国的经济发展道路与经济发展方式必须符合科学发展观的要求。

中国经济发展方式的演进是与“三步走”社会主义现代化战略相适应和协调的。1987 年党的十三大明确提出了我国现代化建设“三步走”的战略目标，提出了“国民生产总值比 1980 年翻一番”、“人民生活达到小康水平”和“基本实现现代化”三个阶段性目标。① 20 世纪末，在我国已基本完成“三步走”战略的第一步、第二步，全国人民的生活总体上达到了小康的情况下，党的十四届五中全会提出了向第三步战略目标迈进的指导方针和主要任务，对原有的“三步走”战略的进一步深化和展开。② 1997 年 9 月，党的十五大确定了“新三步走”战略，提出 21 世纪我国的发展目标即“两个一百年”的总目标：到建党 100 年时，使国民经济更加发展，各项制度更加完善；到 21 世纪中叶建国 100 年时，基本实现现代化，建成富强民主文明的社会主义国家。③

伴随着“三步走”社会主义现代化战略布局的调整和目标的逐步实现，中国经济发展方式发生了重大演进。1980 年 12 月召开的中央工作会议提出，“主要靠发挥现有企业的作用，进行合理的技术改造，降低消耗，提高质量，提高效率，来扩大社会生产”。这是党重视和尝试转变经济发展方式的重大开端。④ 20 世纪 90 年代中期以来，党领导经济增长方式逐步由粗放型向集约型转变。1997 年召开的党的十五大，重申要积极推进经济体制和经济增长方式的根本转变，在优化经济结构、发展科学技术和提高对外开放水平方面取得重大进展，真正走出一条速度较快、效益较好、整体素质不断提高的经济协调发展的路子。进入 21 世纪，特别是党的十六大以后，科学发展观的提出标志着党对引导我国经济发展方式转变和演进上升到新的高度。2005 年 3 月，中央人口资源环境工作座谈会提出“调整经济结构和转变经济增长方式是缓解人口资源环境压力的根本途径”的重要论断，明确指出：“调整经济结构和转变经济增长方式是落实科学发展观的必然要求。”⑤

在这一时期，中国经济发展方式的演进轨迹主要是：经济体制由传统的计划经济向中国特色社会主义市场经济转变，经济增长方式由粗放型向集约型转变，经济增长由主要依靠投资、出口拉动向依靠消费、投资、出口协调拉动转变，由主要依靠物质资源消耗向主要依靠科技进步、劳动者素质提高、管理创新转变，产业结构方面由主要发展第二产业向第一、二、三产业协调发展转变。

中国经济发展方式演进的主要特征有：一是始终坚持中国共产党的领导。党根据中国发展具体国情和国内外形势的客观变化，对所处的发展阶段、主要矛盾

---

① 中共中央文献研究室：《十三大以来重要文献选编》（上），人民出版社 1991 年版，第 14 页。

② 中共中央文献研究室：《十四大以来重要文献选编》（中），人民出版社 1996 年版，第 464 ~ 492 页。

③ 中共中央文献研究室：《十五大以来重要文献选编》（上），人民出版社 2000 年版，第 4 页。

④ 中共中央文献研究室：《三中全会以来重要文献选编》（上），人民出版社 1982 年版，第 620 页。

⑤ 中共中央文献研究室：《十六大以来重要文献选编》（中），中央文献出版社 2006 年版，第 816、818 页。

和主要任务做出正确的战略判断和战略选择，引导中国经济发展方式的总方向、总基调和总步骤。二是始终坚持中国特色社会主义道路。既不封闭僵化、也不改旗易帜。三是解放思想，实事求是。不固守于既有的框架和路径，敢于结合实际走新的发展道路。能因时因势而变，中国经济增长方式的演进是与中国特色社会主义的发展阶段的变化、中国经济社会发展的整体水平的变化和面临的内外环境变化相适应的。四是始终坚持以人为本。始终把最广大人民的根本利益作为一切经济工作的落脚点和出发点，着力在发展中增进人民福祉，提高和改善民生，人民获得感幸福感安全感不断提升。五是顶层设计与基层创新的结合。中国经济发展方式的演进，既有来自着眼全局的顶层设计，也有源自实践的基层创新，顶层设计与基层创新之间形成了良性的互动，顶层设计与基层创新创造了新的土壤和环境，基层创新为顶层设计贡献了更多的决策依据和参考范式。

第一节　“三步走”的社会主义现代化

随着党的工作重心转移到经济建设上来，邓小平在毛泽东“两步走”[①] 经济社会发展战略的基础上，经过党的十三大、十四大，在认真思考和艰辛探索过程中逐步形成了通过“三步走”基本实现社会主义现代化的经济发展战略。随后在党的十五大，党中央根据实际发展适时将第三步的目标和步骤更加具体化。

一、“三步走”现代化战略的确立

由于10年“文化大革命”，毛泽东提出的通过“两步走”经济社会发展战略来实现四个现代化的发展目标被迫中断。不过经过新中国成立近30年的发展，到1979年“两步走”经济社会发展战略中的第一步，即建立一个独立的比较完整的工业体系和国民经济体系已经基本完成。党的十一届三中全会以后，随着党的工作重心转移到经济建设上来，如何部署和实施现代化建设战略就成为必须解决的紧迫问题，历经多次实践与探索，“三步走”经济发展战略逐步确立。

“三步走”发展战略是把从20世纪80年代开始到21世纪中叶的70年时间，分为彼此紧密衔接的三个战略阶段：第一步，在整个20世纪80年代，实现国民生产总值比1980年翻一番，解决人民的温饱问题；第二步，到20世纪末，使国

① 《毛泽东选集》第4卷，人民出版社1991年版，第1424~1439页。

民生产总值再增加一倍，基本消除贫困现象，人民生活达到小康水平；第三步，到21世纪中叶，人均国民生产总值达到中等发达国家水平，人民生活比较富裕，基本实现现代化。

“三步走”经济发展战略是一个逐步丰富、完善的形成过程，时间脉络上主要经历了三个发展阶段：

1. 初步形成阶段（1979～1982年）。

自新中国成立以来，社会主义道路历经30载，人民的温饱问题还没得到解决，要在20世纪末达到小康水平的战略目标，需要分“两步走”：即1980～1990年国民生产总值翻一番，使全国人民达到温饱水平；1990～2000年，国民生产总值再翻一番达到小康水平。这一构想在党的十二大报告中得到了贯彻和体现。1979年12月，邓小平在会见前日本首相大平正芳初次对我国社会发展的战略目标进行了描绘：“我们要实现的四个现代化，是中国式的四个现代化。我们的四个现代化概念，不是像你们那样的现代化的概念，而是‘小康之家’。到本世纪末，中国的四个现代化即使达到了某种目标，我们的国民生产总值人均水平也还是很低的。要达到第三世界中比较富裕一点的国家的水平，比如国民生产总值人均一千美元，也还得付出很大的努力。就算达到那样的水平，同西方来比，也还是落后的。所以，我只能说，中国到那时候也还是一个小康的状态。”① 1980年1月，邓小平在党中央召开的干部会议上的讲话中，把今后20年分为两个10年，初步提出分“两步走”达到“小康水平”的战略设想。② 1980年12月，邓小平在中共中央工作会议上指出，我们有信心经过20年的时间，使我国现代化经济建设的发展达到小康水平，然后继续前进，逐步达到更高程度的现代化。③ 在这一阶段，邓小平关于经济发展战略的论述，时间定在20世纪末，目标定位于小康，分两步展开。

2. 发展阶段（1982～1987年）。

这一时期，在“两步走”战略的基础上又提出了“三步走”的战略构想。1987年邓小平在会见西班牙客人时首次明确提出了“三步走”战略。他说：“从十一届三中全会开始，我们制定了一系列新的方针政策，实践证明这些方针政策是正确的，但毕竟我们只是开步走。我们原定的目标是，第一步在八十年代翻一番。以1980年为基数，当时人均国民生产总值只有250美元，翻一番，达到500美元。第二步是到本世纪末再翻一番，人均达到1000美元。实现这个目标意味

① 《邓小平文选》第2卷，人民出版社1994年版，第237页。

② 《邓小平文选》第2卷，人民出版社1994年版，第239～273页。

③ 《邓小平文选》第2卷，人民出版社1994年版，第356页。

着我们进入小康社会，把贫困的中国变成小康的中国。那时国民生产总值超过一万亿，虽然人均数还很低，但是国家的力量有很大增加。我们制定的目标更重要的还是第三步，在下世纪用三十年到五十年再翻一番，大体上达到人均四千美元。做到这一步，中国就达到中等发达的水平。这是我们的雄心壮志，目标不高，但做起来可不容易。"① 在这一阶段邓小平同志对经济发展战略的论述，时间定在21世纪前30~50年，目标定位于接近发达国家水平，分三步进行。

3. 进一步发展、完善阶段（1987~1992年）。

随后的数年中，不仅进一步强调了"三步走"战略的重要性，而且又提出了一系列重要的战略思想，进一步丰富和完善了经济发展战略。1987年党的十三大系统阐述了邓小平理论的基本轮廓，并明确提出了我国现代化建设"三步走"的战略目标，内容表述为："党的十一届三中全会以后，我国经济建设的战略部署大体分三步走。第一步，实现国民生产总值比1980年翻一番，解决人民的温饱问题，这个任务已经基本实现；第二步，到本世纪末，使国民生产总值再增长一倍，人民生活达到小康水平；第三步，到下个世纪中叶，人均国民生产总值达到中等发达国家水平，人民生活比较富裕，基本实现现代化。然后，在这个基础上继续前进。"②

邓小平在总结历史经验教训基础上高度重视发展社会生产力的重要性，他于1992年提出"发展才是硬道理"的科学论断，同时指出："社会主义的本质是解放生产力，发展生产力，消灭剥削，消除两极分化，最终达到共同富裕。"③ 从社会主义本质属性的高度强调发展生产力的重要性。所谓解放生产力，就是根据我国所处的社会主义发展阶段的特征，推进改革开放，从根本上改变束缚生产力发展的经济体制。在这里，解放生产力是动力，发展生产力是目的。解放生产力所涉及的生产关系的调整，是在中国特色社会主义制度范围内的自我改革和完善，包括基本经济制度的改革和完善，资源配置方式的改革，基本分配制度的改革和完善，宏观调控体系的改革和完善等。④

1992年春的南方谈话中邓小平首次提出"三个有利于"著名论断，他指出："要害是姓'资'还是姓'社'的问题。判断的标准，应该主要看是否有利于发展社会主义社会的生产力，是否有利于增强社会主义国家的综合国力，是否有利于提高人民的生活水平。"⑤ 从此，"三个有利于"成为人们衡量一切工作是非得

---

① 《邓小平文选》第3卷，人民出版社1993年版，第226页。

② 中共中央文献研究室编：《十三大以来重要文献选编》（上），人民出版社1991年，第14页。

③ 《邓小平文选》第3卷，人民出版社1993年版，第373页。

④ 洪银兴：《构建解放、发展和保护生产力的系统性经济学说》，载于《经济学家》2016年第3期。

⑤ 《邓小平文选》第3卷，人民出版社1993年版，第372页。

失的判断标准，不仅为判断改革开放提供了科学依据，为衡量经济发展和社会进步状况确立了价值尺度，同时也为邓小平以生产力为核心的发展观提供了价值标准。

以“发展才是硬道理”论断为基础，邓小平认为：不仅贫穷不是社会主义，发展速度太慢也不是社会主义，社会主义的根本任务就是要消灭贫穷[①]；根据中国国情，鼓励一部分人、一部分地区先富起来，通过先富带动后富，是实现共同富裕的必由之路[②]；区域发展要坚持率先发展东部，待东部发展起来后东部地区应承担更多支持中西部落后地区发展义务的梯度发展战略；在现代化建设的全过程中，要坚持两手抓、两手都要硬，以实现我国现代化事业的全面协调发展。在邓小平领导下，我们党制定了“三步走”的经济社会发展战略。

二、“三步走”战略与全面建设小康社会

邓小平“三步走”经济发展战略与全面建设小康社会是一个交叉互补的形成过程，所以时间脉络上和“三步走”战略有着统一性。

在1982年党的十二大报告中，邓小平同志的“三步走”发展战略是对“四个现代化”总体战略目标的具体化。它将提高综合国力与提升相应人民生活水平即达到“小康”水平有机统一，更好地诠释了社会主义经济发展的本质要求，尤其是注重了人均国民生产总值这一国际标准的衡量尺度，反映的内容更为明确。但是，客观来说“三步走”战略中提出的所要达到的小康还不是一个全面的小康社会，而是单一向经济指标倾斜的小康社会。

邓小平同志曾不止一次说过，小康社会是在中国条件下实现现代化的一个过渡阶段，统属于社会主义的初级阶段。它不同于温饱阶段，比温饱的日子要好过一些。但还不到发达阶段，是发达前接近发达的阶段。所以我国现在达到的小康还是低水平的、不全面的、发展很不平衡的小康。“我国生产力和科技、教育还比较落后，实现工业化和现代化还有很长的路要走；城乡二元经济结构还没有改变，地区差距扩大的趋势尚未扭转，贫困人口还为数不少；人口总量继续增加，老龄人口比重上升，就业和社会保障压力增大；生态环境、自然资源和经济社会发展的矛盾日益突出；我们仍然面临发达国家在经济科技等方面占优势的压力；经济体制和其他方面的管理体制还不完善；民主法制建设和思想、道德、建设等方面还存在一些不容忽视的问题”[③]。

---

① 《邓小平文选》第3卷，人民出版社1993年版，第255页。

② 《邓小平文选》第3卷，人民出版社1993年版，第374页。

③ 中共中央宣传部：《“三个代表”重要思想学习纲要》，学习出版社2003年版，第24页。

20 世纪末，在我国已基本完成“三步走”战略的第一、第二步，全国人民的生活总体上达到了小康的情况下（见图 16－1、图 16－2），面向 21 世纪，十四届五中全会的《建议》就提出了向第三步战略目标迈进的指导方针和主要任务，努力建设一个物质相对充裕、文化水平高尚、政治精神文明的小康社会，这实际上是对原有的“三步走”战略的进一步深化和展开。

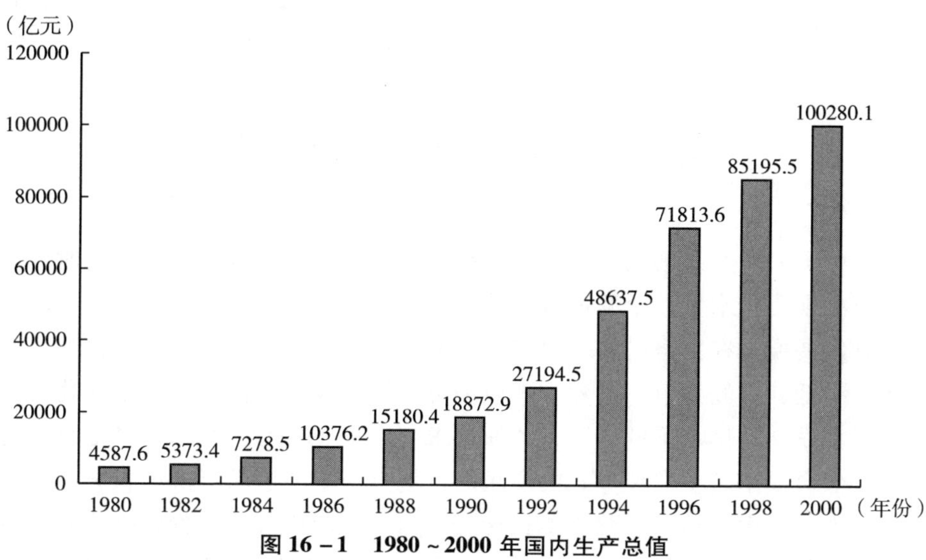

图 16－1　1980～2000 年国内生产总值

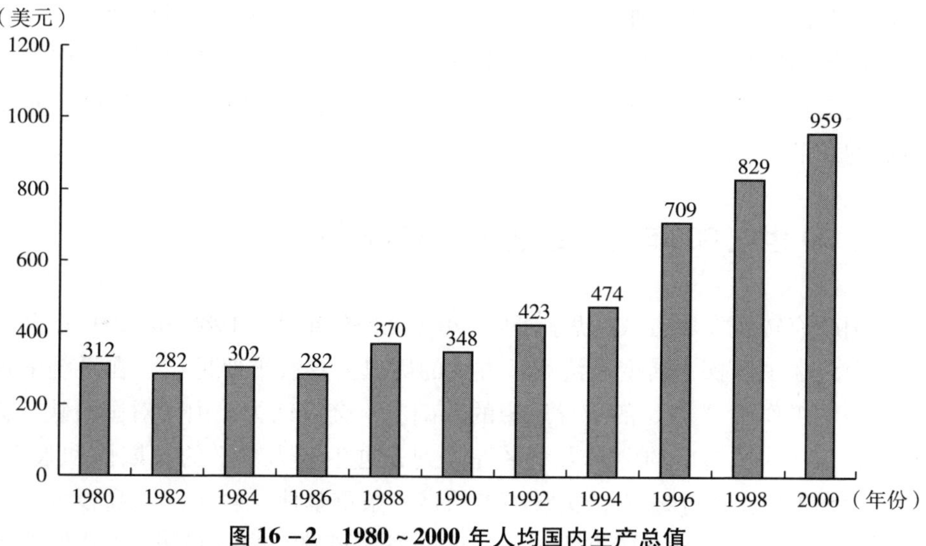

图 16－2　1980～2000 年人均国内生产总值

资料来源：据国家统计局相关数据整理所得，http：//www. stats. gov. cn。

1997年9月，党的十五大确定了“新三步走”战略，提出21世纪我国的发展目标即“两个一百年”的总目标：第一个10年实现国民生产总值比2000年翻一番，使人民的小康生活更加宽裕，形成比较完善的社会主义市场经济体制；再经过10年的努力，到建党100年时，使国民经济更加发展，各项制度更加完善；到21世纪中叶新中国成立100周年时，基本实现现代化，建成富强民主文明的社会主义国家。这一战略规划计划我国在20世纪末进入小康社会后，将分10年、20年、50年三个阶段，并逐步完成和达到现代化的目标。

第二节　经济发展方式的转变

发展中国家在经济增长的初期一般都实施赶超战略，试图在较短的时期赶上发达国家的现代化水平。单纯追求“快”的增长方式基本上还是传统的、粗放型的，这种发展模式在一定阶段获得成功主要是得益于发展初期的环境，如工业化的总体水平低，市场竞争不激烈，环境和资源约束较为宽松，随着工业化的全面推进和经济发展整体水平的提高，片面追求“快”的粗放型增长方式必然要走到尽头，必然会提出转变发展方式的要求。这就是由单纯追求经济增长方式转变为追求经济发展，由单纯追求数量增长转变为追求发展质量。这种转变主要涉及四个方面：一是由主要依靠投资、出口拉动转向依靠消费、投资、出口协调拉动；二是由主要依靠第二产业带动转向由第一、第二和第三产业协同带动；三是由主要依靠增加物质资源消耗转向主要依靠科技、劳动者素质和管理创新；四是由传统工业化道路转向中国特色的新型工业化道路，寻求可持续发展的道路，实现人与自然的和谐。

一、20世纪80年代，着力提高经济效益

中国政府转变发展方式的思路源于20世纪80年代，1980年12月召开的中央工作会议在中国探索转变经济增长方式的历史上具有重要地位。在系统清理长期以来经济工作中“左”的指导思想的基础上，会议认为，由于对国情缺乏科学认识，否认把我国落后的生产力水平提高到先进生产力水平的长期性和艰巨性，在经济指导方针上急于求成，实践中走的是一条重基建、轻生产、高投入、高积累、低效率、低产出，忽视改善人民生活的发展道路。会议指出，“我们应当寻找一条新的路子，不是靠多上基本建设，多铺新摊子，大量增加能源和原材料的

消耗，而是主要靠发挥现有企业的作用，进行合理的技术改造，降低消耗，提高质量，提高效率，来扩大社会生产。这种路子，速度可能不那么合理，但经济效益会好，社会财富会增加得多，人民得到的实惠也会多。只有走这条路子，才能在我们这样一个人口多、底子薄的国家，处理好积累和消费的关系，处理好发展生产建设和改善人民生活的关系，从根本上解决财政经济的困难，求得经济的稳定增长。”① 这是党重视和尝试转变经济发展方式的开端。

1981 年 12 月，五届全国人大四次会议通过的政府工作报告提出，“今后，我们考虑一切经济问题，必须把根本出发点放在提高经济效益上，使我国经济更好地持续发展”②。这体现了我党对于经济发展效益的重视，我国经济发展方式由低效率、高投入的粗放型增长模式向低能耗、高质量经济发展方式的转变迈向了一个新的台阶。党的十二大提出要“厉行节约，反对浪费，把全部经济工作转到以提高经济效益为中心的轨道上来”③。进一步强调了提升经济效益的必要性。

1987 年党的十三大指出我国发展存在的矛盾焦点是经济效益太低。只有在提高经济效益上做好工作，争取年年有所进步，才能逐步缓解我国人口众多、资源相对不足、资金严重短缺等矛盾，保证国民经济以较高速度持续发展。因此，必须坚定不移地贯彻执行注重效益、提高质量、协调发展、稳定增长的战略。这个战略的基本要求是，努力提高产品质量，讲求产品适销对路，降低物质消耗和劳动消耗，实现生产要素合理配置，提高资金使用效益和资源利用效率，归根到底，就是要从粗放经营为主逐步转上集约经营为主的轨道。

1990 年底，中共中央在《关于制定国民经济和社会发展十年规划和“八五”计划的建议》中专门提出经济增长质量问题：“必须坚持国民经济持续、稳定、协调发展，始终把提高经济效益作为全部经济工作的中心。”自 1980 年我国首次提出转变经济发展方式起，我国的经济快速稳步增长，国民总收入由 1980 年的 4587.6 亿元逐年增长，1990 年国民总收入达 18923.3 亿元（见表 16 - 1），为 1980 年国民总收入的 4.12 倍。10 年间，国民总收入的平均增长率为 15.38%，远高于世界同期水平与改革开放之前的增长水平，人们生活水平在经济效益提升的基础上稳步提高。

---

① 中共中央文献研究室：《三中全会以来重要文献选编》（上），人民出版社 1982 年版，第 620 页。

② 中共中央文献研究室：《三中全会以来重要文献选编》（下），人民出版社 1982 年版，第 1006 ~ 1007 页。

③ 中共中央文献研究室：《十二大以来重要文献选编》（上），人民出版社 1982 年版，第 14 页。

表 16－1　　我国 1980～1995 年国民总收入数据

年份	国民总收入（亿元）	国民总收入增长率（%）
1980	4587.6	—
1981	4933.7	7.54
1982	5380.5	9.06
1983	6043.8	12.33
1984	7314.2	21.02
1985	9123.6	24.74
1986	10375.4	13.72
1987	12166.6	17.26
1988	15174.4	24.72
1989	17188.4	13.27
1990	18923.3	10.09

资料来源：据国家统计局相关数据整理所得，http：//www.stats.gov.cn。

1993 年的中央财经领导小组会议强调，工业发展要在“转换企业经营机制、增强竞争活力、提高经济效益方面狠下功夫”①。同年 11 月的党的十四届三中全会，中国开始构建社会主义市场经济体制，新的体制放弃了原来单纯依赖政府推动的工业化发展模式，标志着中国工业化进入到政府与市场双动力阶段，市场机制有效地推动了中国特有的比较优势从可能向现实转化，为中国工业化实现跨越式发展准备了体制性条件。② 总之，自 1980 年中央提出要走出一条经济发展新路以来，围绕着提高经济效益发展经济的思考越来越深入。

二、20 世纪 90 年代中期，经济增长方式由粗放型向集约型转变

受国际、国内日益重视环境问题以及提倡可持续发展等因素的影响，20 世纪 90 年代中期，中央关于“九五”计划的建议提出了实现两个转变的目标。这就是除了经济体制的转变外，还要实现经济增长方式的转变，也就是由粗放型经

① 《江泽民文选》第 1 卷，人民出版社 2006 年版，第 296 页。

② 娄胜华、项晓霞：《先进生产力发展要求与“新型工业化道路”的提出》，载于《南京社会科学》2003 年增刊。

济增长转向集约型经济增长。因此我国的经济转型包括经济增长方式的转变。[①]

江泽民同志在1995年召开的党的十四届五中全会上提出：转变经济增长方式“这一思想，早在改革开放之初就已明确提出，虽然取得了一些进展，但总体效果还不明显。其原因是复杂的、多方面的，最主要的是经济体制和运行机制的问题。因此，要通过深化改革加快建立有利于提高经济效益的社会主义市场经济体制和运行机制。同时，从法制建设、政策实施、规划规定等多方面采取综合配套措施，切实把提高经济效益作为经济工作的中心”[②]。为此，1996年7月江泽民在第四次全国环境保护会议上严肃指出：“在加快发展中决不能以浪费资源和牺牲环境为代价”，确保环境安全，“最根本的是依靠经济体制和经济增长方式的转变，通过速度与效益的有机结合，将单位国民生产总值的污染排放量和资源生态损耗量降下来”[③]。

1997年召开的党的十五大，重申要积极推进经济体制和经济增长方式的根本转变，在优化经济结构、发展科学技术和提高对外开放水平方面取得重大进展，真正走出一条速度较快、效益较好、整体素质不断提高的经济协调发展的路子。

20世纪末，党中央将人口、资源、环境的和谐统一及经济持续发展进一步整合考虑。1999年3月召开的全国人口资源环境工作座谈会指出：促进我国经济和社会的可持续发展，必须在保持经济增长的同时，控制人口增长，保护自然资源，保持良好的生态环境。这是根据我国国情和长远发展的战略目标而确定的基本国策。要积极推进资源利用方式从粗放向集约转变，走出一条适合中国国情的资源节约型的经济发展新路子；积极推进资源管理方式的转变，建立适应发展社会主义市场经济要求的集中统一、精干高效、依法行政、具有权威的资源管理新体制。[④] 这反映了党和国家对经济和社会发展规律认识的深化，也表明党中央下决心转变盲目浪费资源、污染环境的粗放型经济增长方式的坚定决心。

三、21世纪初，从追求经济增长转向追求经济发展

2005年3月，中央人口资源环境工作座谈会提出“调整经济结构和转变经

---

① 洪银兴：《中国经济转型的层次性和现阶段转型的主要问题》，载于《西北大学学报（哲学社会科学版）》2006年第3期。

② 《江泽民文选》第1卷，人民出版社2006年版，第296页。

③ 《江泽民文选》第1卷，人民出版社2006年版，第533～534页。

④ 《中央人口资源环境工作座谈会举行》，载于《人民日报》1999年3月14日。

济增长方式是缓解人口资源环境压力的根本途径”的重要论断，明确指出：“调整经济结构和转变经济增长方式是落实科学发展观的必然要求。”① 2007 年 6 月 25 日，中央党校省部级干部进修班上，首次提出“转变经济发展方式”。10 月，党的十七大进一步提出“加快转变经济发展方式”的要求。转变经济发展方式与以往所提的经济增长方式虽只有两字之差，但内涵却相差甚远。经济增长方式比较注重量的增长，经济发展方式内涵则更为广泛，不仅包含经济增长从粗放型向集约型转变，而且还从单纯注重数量的扩张转向既重数量扩张又重质量提高；不仅强调经济效益的提高，而且更加注重经济结构的调整和优化；不仅要重视经济发展，而且还要保持人与自然、人与社会、人与环境的和谐发展。与转变经济增长方式的提法相比，“转变经济发展方式”的提法更科学，更符合中国实际。

发展方式转型的一个具体表现就是新型工业化道路的提出。新中国成立 60 多年以来，特别是改革开放 30 多年以来，我国的生产力得到很大的提高，产业结构不断完善，已经由原来的农业国转变成为拥有独立的、比较完整的并有一部分现代化水平的工业化体系和国民经济体系的国家。但是，通过与欧美发达国家的比较，可以看出，我国的工业化建设还没有完成，我们的任务还很艰巨。突出表现在：人均国内生产总值刚刚超过 3000 美元；城镇化水平比较低，农村人口占总人口的 60%；三次产业结构和就业结构同工业化国家相比存在差距；服务业的产值比重和就业比重仍显偏低。因此，面对当今复杂的世界格局，走中国特色新型工业化道路，才能完成我国的工业化建设任务。2002 年 11 月党的十六大提出新型工业化道路这个概念，特指中国特色的工业化道路，并不是指其他任何一个国家。中国在一段时间内所走的基本上是传统的工业化道路，工业和整个经济的增长所依靠的主要是物质和人力资源的高投入，造成了农业和农村经济的落后以及生态环境的恶化，工业化过程中经济快速发展与资源环境生态保护之间产生了越来越尖锐的矛盾。加速推进中国的工业化进程，既不能重复发达国家已经走过的传统工业化的道路，还必须认真总结和吸取中国以往工业化进程中的经验教训，走一条具有时代发展特点、符合客观规律和中国国情的新型工业化道路。新型工业化有两个基本的含义：“第一相对于我国原有的工业化道路是新型的，第二相对于西方发达国家走过的工业化道路是新型的。”②

走新型工业化道路也是顺应时代趋势的必然选择。20 世纪 80 年代以来，世

① 中共中央文献研究室：《十六大以来重要文献选编》（中），中央文献出版社 2006 年版，第 816、818 页。

② 洪银兴：《新型工业化道路的经济学分析》，载于《贵州财经学院学报》2003 年第 1 期。

界经济科技发展出现了巨大变化。一方面，世界经济发展中的信息化、全球化、市场化、生态化趋势日益明显。新的科技革命突飞猛进，知识经济的兴起和信息化浪潮的迅猛发展成为世界经济和社会发展的大趋势。电子技术、计算机的发明、信息技术以及以信息技术为主导的新产业群的兴起，不仅成为经济社会发展的强大推动力，而且使人类生产活动和社会生活开始进入信息化和智能自动化时代。另一方面，经济全球化深入发展，我国在经济的信息化方面迈出了很大的步伐。但从总体上看，我国工业的技术创新能力还很有限，信息化水平与发达国家相比还有很大的差距。另外世界范围内经济贸易发展和资金技术流动加快，各国经济和市场进一步相互开放、相互依存。中国工业化发展面临着生产全球化的挑战。我国经济发展要在全球化背景下求生存、求发展就必须进行工业化路径的转型。

2002 年 11 月，党的十六大指出，“坚持以信息化带动工业化，以工业化促进信息化，走出一条科技含量高、经济效益好、资源消耗低、环境污染少、人力资源优势得到充分发挥的新型工业化路子。”① 其实质是转变经济发展的模式，改变在 20 世纪西方国家现代化过程中曾极大地提高生活水平的以矿物燃料为基础、一次性物品充斥的经济的西方工业模式。一般的工业化都会经历高消耗高污染的阶段，如重化工业阶段。新型工业化意味着依靠最新科学技术跨越这个阶段。现在推进的信息化就能起到这种作用。不仅可以使工业化水平一下子进入国际前沿，同时可以以其对物质资源的替代和节省，实现低物质消耗，以其带来的清洁生产而降低污染。② 2007 年 10 月党的十七大全面总结 5 年来的实践，进一步提出“发展现代产业体系，大力推进信息化与工业化融合，促进工业由大变强，振兴装备制造业，淘汰落后生产能力”③，从而进一步丰富了新型工业化道路的内涵。新型工业化道路必须与经济社会协调发展。新型工业化是以信息化带动的跨越式发展的工业化，要同时完成经典工业化阶段与信息化阶段的双重任务；新型工业化是体现了质量型的经济发展，在可持续发展基础上实现工业化；新型工业化是城乡工业化协调发展。由于“农业的工业化对整个中国的工业化也有特殊意义。农村工业化已经成为中国工业化的重要方面”④。因此在走新工业化道路时把农业的工业化作为新型工业化的内容，促进城乡工业的协调发展。新型工业化是工业化的对外开放性，立足于国际国内两个市场，同时加大对外开放

① 中共中央文献研究室：《十六大以来重要文献选编》（上），中央文献出版社 2005 年版，第 16 页。
② 洪银兴：《新型工业化道路的经济学分析》，载于《贵州财经学院学报》2003 年第 1 期。
③ 《胡锦涛文选》第 2 卷，人民出版社 2016 年版，第 612 ~ 658 页。
④ 洪银兴：《发展经济学与中国经济发展》，高等教育出版社 2002 年版，第 181 页。

的力度，提高工业化的对外开放水平，充分利用国际和国内的资源来实现新工业化；新型工业化以充分就业为先导。我国的国情决定在新型工业化进程中既要考虑经济增长的目标，又要考虑就业问题，因此新型工业化要以充分就业为先导，要处理好资本密集型与劳动密集型产业的关系，处理好高新技术产业和传统产业的关系，处理好虚拟经济和实体经济的关系。① 总之，中国作为一个人口密集的国家，新型工业化道路就应该根据自己的国情走自己的路，不能照搬照抄西方模式，也不能沿用传统一成不变，应该走具有中国特色的新型工业化道路。

第三节　科学发展观的形成和发展

党的十六大以后，我国改革开放和现代化建设的步伐进一步加快，中国特色社会主义事业的发展即面临着历史性机遇又面临严峻的挑战。2002 年，我国人均国内生产总值已经超过 900 美元。到 2020 年，我国人均国内生产总值预计将达到 3000 美元。根据世界发展进程的规律，在人均处于 500 ~ 3000 美元的发展阶段，意味着经济社会发展进入一个新的关键阶段，也是社会矛盾最为突出的时期。制约和困扰我们发展的问题主要有：一是资源环境的压力。我国以占世界 9% 的耕地、6% 的水资源、4% 的森林，养活着占世界 22% 的人口。大多数矿产资源人均占有量不到世界平均水平的一半。二是就业的难题。我国是世界第一人口大国，人口总量高峰、就业人口高峰、老龄人口高峰、农村劳动力转移高峰接踵而来，就业问题十分突出。三是社会变化的挑战。长期形成的城乡二元经济结构矛盾加剧，地区差距拉大，经济社会发展不协调，社会事业发展明显滞后。四是经济全球化的冲击。经济全球化给我们带来了机遇，但也增加了经济发展的不稳定性和潜在风险。②

党中央提出和倡导科学发展观，是对中国改革开放多年现代化建设和经济社会发展实践经验深刻总结与反思，是对新世纪、新挑战的积极应对。

党的十六大提出全面建设小康社会，即经过 20 年努力，建设一个能够惠及 10 多亿人口的更高水平的小康社会。这是一个很高的要求。尤其是要看到，经过前 20 多年的改革和发展，我们虽然在总体上已经进入了一个小康社会，但仍是低水平的、不完全的、发展很不平衡的小康社会。因此，要全面建设小康社

① 任保平、洪银兴：《新型工业化道路：中国 21 世纪工业化发展路径的转型》，载于《人文杂志》2004 年第 1 期。

② 《深刻理解科学发展观的精神实质》，载于《人民日报》2004 年 3 月 25 日。

会，面临着一个艰巨的任务，即如何解决好城乡差别问题、区域发展中的差距问题，以及经济与社会发展不协调的问题。正因为如此，我们党在十六届三中全会上提出了树立和落实科学发展观，以此作为实现全面建设小康社会的指导方针。也就是说，科学发展观的形成和提出，同全面建设小康社会的目标有着直接的、内在的联系。

一、科学发展观的提出

2002 年全国总人口为 128453 万人，其中农村人口为 78241 万人，占总人口的 60.9%；城镇人口为 50212 万人，占总人口的 39.1%。城市居民人均收入 7703 元，农村居民家庭人均纯收入为 2476 元，农村居民家庭人均纯收入与城镇居民人均可支配收入之比为 32.14%①；经济发展的自然条件差，发展成本高。65% 的国土面积为山地丘陵；33% 的国土面积为干旱区荒漠区；55% 的国土面积不适宜人类的生活和生产；17% 的国土面积构成了世界屋脊。如果世界平均的发展成本为 1，则中国发展成本与世界平均值的比为 1.2∶1.00，工业发展成本是 1.25∶1.00，农业发展成本是 1.05∶1.00，基础设施成本 1.28∶1.00，区域开发成本 1.25∶1.00。②

2003 年 7 月 28 日，全国防治非典工作会议初步提出了科学发展观的内容，“我们讲发展是执政兴国的第一要务，这里的发展绝不只是指经济增长，而是要坚持以经济建设为中心，在经济发展的基础上实现社会全面发展。我们要更好地坚持全面发展、协调发展、可持续发展的发展观，更加自觉地坚持推动社会主义物质文明、政治文明和精神文明协调发展，坚持在经济社会发展的基础上促进人的全面发展，坚持促进人与自然的和谐”③。这是在中央第一次提出科学发展观。

2003 年 8 月 28 日至 9 月 1 日胡锦涛总书记在江西考察时开始使用“科学发展观”的概念，要求“牢固树立协调发展、全面发展、可持续发展的科学发展观”，这是第一次公开使用“科学发展观”这个概念。

从“全面的发展观”到“全面发展、协调发展、可持续发展的发展观”和“促进人的全面发展，坚持人与自然的和谐”，再到“科学的发展观”，展现了党中央科学发展观从孕育到萌芽的全过程。在这个过程中，我国经济社会发展中出

---

① 《中华人民共和国 2002 年国民经济和社会发展统计公报》，中国统计出版社 2003 年版，第 14 ~ 15 页。

② 甄蓁：《中国发展成本为何高于世界》，载于《北京青年报》2002 年 3 月 4 日。

③ 《胡锦涛文选》第 2 卷，人民出版社 2016 年版，第 67 页。

现的一系列问题，以及“非典”疫情的爆发等为其孕育萌芽提供了必要的条件。

2003 年 10 月 14 日，在党的十六届三中全会通过的《中共中央关于完善社会主义市场经济体制若干问题的决定》（以下简称《决定》）中，明确提出了“坚持以人为本，树立全面、协调、可持续发展观，促进经济社会和人的全面发展”，强调要“按照统筹城乡发展、统筹区域发展、统筹经济社会发展、统筹人与自然和谐发展、统筹国内发展和对外开放的要求”，推进改革和发展。这是在党的文件中第一次提出科学发展观的概念①。

党的十六届三中全会第二次会议，深刻总结了科学发展观提出的重大意义，指出：“树立和落实全面发展、协调发展和可持续发展的科学发展观，对于我们更好地坚持发展才是硬道理的战略思想具有重大意义。树立和落实科学发展观，这是二十多年改革开放实践的经验总结，是战胜非典疫情给我们的重要启示，也是推进全面建设小康社会的迫切要求。”②

至此，科学发展观已成为我们党指导经济发展的重要方针原则。党的十六届三中全会做出的《决定》和党的十六届二中全会的召开，标志着以人为本、全面协调可持续的科学发展观被全面地、完整地、明确地提出了。

2003 年 11 月 27 日召开的中央经济工作会议，再次强调了科学发展观对经济发展的重大指导意义，会议指出：“重要的是牢固树立和认真落实全面、协调、可持续的发展观。这既是经济工作必须长期坚持的重要指导思想，也是解决当前经济社会发展中诸多矛盾必须遵循的基本原则”。

就贯彻落实科学发展观的重要意义，2003 年 12 月，胡锦涛在纪念毛泽东同志诞辰 110 周年座谈会③指出：“实现全面建设小康社会的奋斗目标，不断开创中国特色社会主义事业新局面，关键是要抓好发展这个党执政兴国的第一要务，聚精会神搞建设，一心一意谋发展，不断发展社会生产力和增强综合国力。我们要坚持以经济建设为中心，坚持以人为本，树立全面、协调、可持续的发展观，统筹城乡发展、统筹区域发展、统筹经济社会发展、统筹人与自然和谐发展、统筹国内发展和对外开放。”

胡锦涛在 2004 年 3 月 10 日召开的中央人口资源环境工作座谈会上④指出：“坚持以人为本，就是要以实现人的全面发展为目标，从人民群众的根本利益出发谋发展、促发展，不断满足人民群众日益增长的物质文化需求，切实保障人民

---

① 《胡锦涛文选》第 2 卷，人民出版社 2016 年版，第 105 页。
② 《胡锦涛文选》第 2 卷，人民出版社 2016 年版，第 25 页。
③ 《胡锦涛文选》第 2 卷，人民出版社 2016 年版，第 143 页。
④ 《胡锦涛文选》第 2 卷，人民出版社 2016 年版，第 166 ~ 169 页。

群众的经济、政治和文化权益，让发展的成果惠及全体人民。全面发展，就是要以经济建设为中心，全面推进经济、政治、文化建设，实现经济发展和社会全面进步。协调发展，就是要统筹城乡发展、统筹区域发展、统筹经济社会发展、统筹人与自然和谐发展、统筹国内发展和对外开放，推进生产力和生产关系、经济基础和上层建筑相协调，推进经济、政治、文化建设的各个环节、各个方面相协调。可持续发展，就是要促进人与自然的和谐，实现经济发展和人口、资源、环境相协调，坚持走生产发展、生活富裕、生态良好的文明发展道路，保证一代接一代地永续发展。”此次讲话进一步明确了科学发展观的科学内涵。

二、科学发展观形成体系

在2007年“6·25”讲话以前，科学发展观的科学内涵一般被表述为“坚持以人为本，树立全面、协调、可持续的发展观”。2007年6月25日，胡锦涛在中央党校举办的省部级干部进修班上①，对科学发展观的内涵做了高度囊括。他指出：“科学发展观，第一要义是发展，核心是以人为本，基本要求是全面协调可持续，根本方法是统筹兼顾。”

2007年10月15日至21日召开的党的十七大②，对科学发展观做出了全面具体的阐释。针对科学发展观产生的背景，会议指出：“科学发展观，是立足社会主义初级阶段基本国情，总结我国发展实践，借鉴国外发展经验，适应新的发展要求提出来的。”针对科学发展观的意义，会议指出：“科学发展观，是对党的三代中央领导集体关于发展的重要思想的继承和发展，是马克思主义关于发展的世界观和方法论的集中体现，是同马克思列宁主义、毛泽东思想、邓小平理论和‘三个代表’重要思想既一脉相承又与时俱进的科学理论，是我国经济社会发展的重要指导方针，是发展中国特色社会主义必须坚持和贯彻的重大战略思想。”对于科学发展观的内涵，会议指出：“科学发展观，第一要义是发展，核心是以人为本，基本要求是全面协调可持续，根本方法是统筹兼顾。”并且，在深入贯彻学习科学发展观方面，会议又提出了新的具体要求，强调：“深入贯彻落实科学发展观，要求我们始终坚持‘一个中心、两个基本点’的基本路线”“深入贯彻落实科学发展观，要求我们积极构建社会主义和谐社会”；“深入贯彻落实科学发展观，要求我们继续深化改革开放”；“深入贯彻落实科学发展观，要求我们切

① 《坚定不移走中国特色社会主义伟大道路，为夺取全面建设小康社会新胜利而奋斗》，载于《人民日报》2007年6月25日。

② 《胡锦涛文选》第2卷，人民出版社2016年版，第612～627页。

实加强和改进党的建设。”会议要求“全党同志要全面把握科学发展观的科学内涵和精神实质，增强贯彻落实科学发展观的自觉性和坚定性，着力转变不适应不符合科学发展观的思想观念，着力解决影响和制约科学发展的突出问题，把全社会的发展积极性引导到科学发展上来，把科学发展观贯彻落实到经济社会发展各个方面”。

党的十七大上还把科学发展观写进了修改过的新党章中。新党章指出：“科学发展观，是同马克思列宁主义、毛泽东思想、邓小平理论和‘三个代表’重要思想既一脉相承又与时俱进的科学理论，是我国经济社会发展的重要指导方针，是发展中国特色社会主义必须坚持和贯彻的重大战略思想。”表明科学发展观已在全党确立了指导地位，也表明科学发展观科学理论体系的形成。

三、贯彻落实科学发展观的中国经济发展

党的十六大以来的10年，在深刻学习贯彻科学发展观的基础上，中国经济社会发展实现质的飞跃。国民经济连上新台阶，社会生产力和综合国力显著提升。2003～2011年，国内生产总值年均实际增长10.7%，其中有6年实现了10%以上的增长速度，在受国际金融危机冲击最严重的2009年依然实现了9.4%（见图16－3）的增速。经济总量连续跨越新台阶。2011年，我国国内生产总值达到48.8万亿元，扣除价格因素，比2002年增长1.5倍。经济总量居世界位次稳步提升。2010年超过日本，居世界第二位，成为仅次于美国的世界第二大经济体。我国经济增长对世界经济的贡献不断提高。特别是2008年下半年国际金融危机爆发以来，在世界主要经济体增长明显放缓甚至面临衰退时，我国经济依然保持了相当高的增速并率先回升，成为带动世界经济复苏的重要引擎。

结构调整迈出新步伐，经济发展的协调性和竞争力有所增强。2003～2011年，第一产业年均增长4.6%，第二产业年均增长11.9%，第三产业年均增长11.1%，均保持较快发展态势。制造业大国地位初步确立。信息服务业、快递业等现代物流业、商务服务业、高技术服务业等迅速发展，服务业对经济社会发展的支撑和带动作用日益凸显。需求结构明显改善。在国家扩大内需战略的带动下，内需对经济增长的拉动作用显著增强。2011年，我国城镇化率首次突破50%，达到51.3%，比2002年提高12.2个百分点，我国城乡结构发生历史性变化。区域结构不断优化。主体功能区建设初见成效，西部大开发、振兴东北老工业基地、促进中部地区崛起等区域发展战略向纵深推进，区域间产业梯度转移步伐加快，中西部地区发展潜力不断释放。

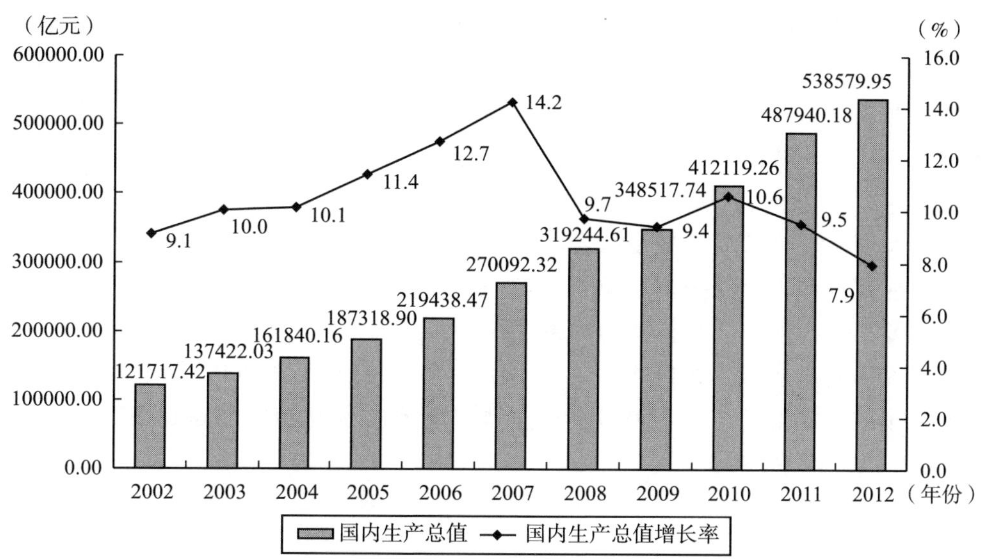

图 16－3　2002～2012 年国内生产总值及增长率

资料来源：据国家统计局相关数据整理所得，http：//www. stats. gov. cn。

农业综合生产能力稳步提高，特别是取消农业税、实施农业补贴，极大地调动了农民生产积极性。2011 年，粮食总产量达到 57121 万吨，比 2002 年增长 25. 0%，年均增长 2. 5%，连续 5 年稳定在 5 亿吨以上，实现半个世纪以来首次“八连增”。2003～2011 年全社会固定资产投资累计完成 144. 9 万亿元，年均增长 25. 2%；其中，基础设施投资 25. 7 万亿元，2004～2011 年年均增长 21. 9%。铁路迎来了史无前例的跨越式发展，高速铁路从无到有飞速发展，生产出时速高达 350 公里的动车组，标志着我国铁路运输达到国际先进水平。

人民生活持续获得新改善，人民群众享受到更多改革和发展的实惠，科学发展观所要求的以人为本的发展的现实体现是富裕人民。和谐社会要建立在发展的基础上，共同贫困不是和谐社会。2011 年，城镇居民人均可支配收入 21810 元，比 2002 年增长 1. 8 倍，扣除价格因素，年均实际增长 9. 2%；农村居民人均纯收入 6977 元，比 2002 年增长 1. 8 倍，扣除价格因素，年均实际增长 8. 1%。城乡居民收入年均增速超过 1979～2011 年 7. 4% 的年均增速，是历史上增长最快的时期之一。2011 年，城乡居民家庭恩格尔系数分别为 36. 3% 和 40. 4%，比 2002 年分别降低了 1. 4 和 5. 8 个百分点。覆盖城乡居民的社会保障体系建设取得突破性进展。初步形成了以社会保险为主体，包括社会救助、社会福利、优抚安置、住房保障和社会慈善事业在内的社会保障制度框架。2011 年末，全国城镇职工基本养老、城镇基本医疗、失业、工伤、生育保险参保人数分别达到 28391 万人、47343 万人、14317 万人、17696 万人、13892 万人。建立新型农村社会养老保险制度并开展试点，2011 年末全国列入国家新型农村社会养老保险试点地区参保人数 3.3 亿人。城镇居民社会养老保险试点开始启动。全民医保体系初步形成，13 亿城乡居民参保，其中新型农村合作医疗制度从无到有，从有到好。最低生活保障制度实现全覆盖，城乡社会救助体系基本建立。

节能减排和环境保护得到重视，经济可持续发展能力不断增强，“十一五”规划纲要第一次把节能减排列为约束性指标，经济可持续发展能力不断增强。节能降耗取得明显成效。2011 年，单位国内生产总值能耗比 2002 年下降 12.9%。污染物排放总量得到控制。2010 年化学需氧量和二氧化硫排放量比 2005 年分别下降 12.45% 和 14.29%。①

① 马建堂：《科学发展　铸就辉煌》，载于《求是》2012 年第 12 期。

下篇　强起来时代的中国经济

2017 年 10 月召开的党的十九大宣布："经过长期努力，中国特色社会主义进入了新时代，这是我国发展新的历史方位。中国特色社会主义进入新时代，意味着近代以来久经磨难的中华民族迎来了从站起来、富起来到强起来的伟大飞跃，迎来了实现中华民族伟大复兴的光明前景。"①

2012 年党的十八大召开标志着中国特色社会主义由富起来时代进入强起来的新时代，在这个时代，既是全面小康的决胜阶段，又要开启现代化建设的新进程。目标是在 21 世纪中叶建成富强民主文明和谐美丽的社会主义现代化强国。在 2015 年党的十八届五中全会上习近平提出创新、协调、绿色、开放、共享的新发展理念。这是强起来时代实现高质量发展的指导思想和理论遵循。

一、经济发展由中高速增长转向高质量发展

我国从改革开放起到 2010 年的 31 年中 GDP 增长率平均为 9.9%，可以说是持续的高速增长。主要原因是改革开放解放了潜在的生产要素，从而支持了较为长期的潜在经济增长率。从 2012 年起我国经济增长正式告别 9% 以上的快速增长，2012 年和 2013 年的增速均为 7.7%，2014 年为 7.4%，2015 年为 7%，2016 年为 6.7%，2017 年为 6.9%，2018 年为 6.6%。与过去的高速增长不同，这种速度属于中高速增长。

中高速增长成为我国新阶段的新常态有其客观必然性。基本上反映潜在经济增长率的变化。在改革开放 30 多年中保持高速增长，潜在的增长要素已经得到了充分释放，如果没有新的要素被动员出来，潜在经济增长率就有下降的趋势，主要表现是：第一，剩余劳动力支持的低成本劳动力供给明显减少。农村工业化和城市化在进行 30 多年后，到今天虽然没有完成，但由于城市化率已接近 60%，剩余劳动力转移速度明显减慢，在沿海地区民工荒开始显现。与此相关的一个问题是农民工的低工资难以持续。这意味着低成本劳动力供给基本上不再存在。第二，支持高投资、高储蓄的人口红利明显减少。过去 30 多年因实施独生子女的计划生育政策产生了人口红利的效应，劳动者赡养人口少而有较高的储蓄率。现在，一方面是老龄化社会已经带来。65 岁以上人口已从 1982 年 4.9% 上升到 2010 年 8.87%，2017 年 65 岁及以上人口达到 1.5831 亿人，占总人口的 11.4%。另一方面，从 20 世纪 70 年代末实行的独生子女政策所产生的 14 岁以下人口从

① 习近平：《决胜全面建成小康社会　夺取新时代中国特色社会主义伟大胜利——在中国共产党第十九次全国代表大会上的报告》，人民出版社 2017 年版，第 10 页。

1982 年 33.59% 降低到 2010 年 16.6%。据国家统计局数字，2012 年，中国 15 岁以上不满 60 周岁的劳动年龄人口绝对数减少了 345 万人。2013 年劳动年龄人口统计范围由 15 岁提升到 16 岁，数量依然净减 244 万人。2014 年，净减 371 万人。内地 2016 年底 16 至 59 岁年龄人口总数 9.07 亿人，在全国人口中占比 65.6%，由此带来劳动力抚养人口数量的增加，现在是 3～4 个劳动力抚养一个人，到 2030 年将是 2 个劳动力抚养一个人。第三，物质要素供给的不可持续发展问题越来越突出。能源、资源、环境的“瓶颈”约束正在制约经济增长。以能源为例，2009 年中国 GDP 占世界 8.6%，能源消费却占世界的 19.5%。这种高能源消耗是无力支持经济持续增长的。无论是世界范围还是我国，节能减排的制度性约束日益刚性。为了保证中国人的吃饭问题，基本建设用地面积也成为刚性指标，可建设用地明显紧张，土地价格也在明显上升。所有这些资源和环境的约束，越来越成为增长的自然界限。要想突破这些界限，只能是另辟蹊径，转变发展方式。

在新发展理念指引下，我国潜在经济增长率得到充分释放，经济增长的质量明显提高，主要表现在以下三点：

一是，中国经济维持中高速增长。2013～2018 年，我国国内生产总值年均增长 7% 以上，远远高于同期世界 2.6% 和发展中经济体 4% 的平均增长水平。经济增量逐年递增。按 2015 年不变价格计算，2013～2016 年经济增量分别是 43253 亿元、43824 亿元、44477 亿元和 46097 亿元。① 2017 年，按不变价计算的国内生产总值达到 78.6 万亿元，为 2012 年 48.8 万亿元的 1.61 倍；一般公共预算接近 17.3 万亿元，为 2012 年的 1.48 倍。②

二是，经济结构优化升级。产业结构不断优化。服务业持续较快发展，2012 年服务业现价增加值首次超过第二产业成为国民经济第一大产业，2013～2016 年服务业增加值年均增长 8%，比国内生产总值增速高 0.8 个百分点。占 GDP 比重不断提升，2016 年、2017 年连续两年都提升至 51.6%，比 2012 年提高 6.3 个百分点。装备制造业和高技术产业增长明显快于传统产业。2012～2016 年，装备制造业和高技术产业增长增加值年均分别实际增长 9.4% 和 11.3%，快于规模以上工业 1.9 和 3.8 个百分点。2016 年，装备制造业和高技术产业现价增加值占规模以上工业增加值的比重分别达到 32.9% 和 12.4%，比 2012 年提高 4.7 和 3 个百分点。创新发展不断加强。2016 年，R&D 支出 15677 亿元，比 2012 年增长

---

① 《中国统计年鉴（2017）》，中国统计出版社 2017 年版，第 60 页。

② 《中国统计年鉴（2018）》，中国统计出版社 2018 年版，第 60、217 页。本篇中未标明出处的数据，全部出自《中国统计年鉴（2018）》。

52.2%，占国内生产总值的2.11%，比2012年提高0.2个百分点。2017年，我国R&D支出继续增长，为17606亿元。2001~2017年我国R&D支出年均增长率为19.1%。2016年，全员劳动生产率（以2015年价格计算）达到94825元/人，比2012年提高30.2%，年均提高6.8%。2017年，我国创新指数名列全球第22位，比2012年提高12位，在中等收入国家中排名首位。

三是，人民生活水平持续得以提升，人民群众获得感显著增强。一方面，居民收入持续增长。2017年，全国居民人均可支配收入25973.8元，比2012年增加9463.8元，年均增长9.46%。其中，城镇居民人均可支配收入36396.2元，比2012年增加12269.2元，年均增长8.6%；农村居民人均可支配收入13432.4元，比2012年增加5043.4元，年均增长9.9%；城乡居民收入差距持续缩小，2017年城乡居民可支配收入之比为2.71∶1，比2012年下降0.17。与此同时，中国还创下了减贫的最好成绩。2012年底中国有贫困人口9899万人，2012~2017年贫困人口减少了6853万人，贫困发生率从10.2%下降为3.1%。另一方面，居民生活质量不断提升。2017年，全国居民人均消费支出18322元，比2012年增加5466元，年均名义增长7.4%。2017年，全国居民恩格尔系数为29.3%，比2012年下降3.7个百分点，已达到联合国划分的恩格尔系数20%~30%为富足水平的标准。2017年，全国居民每百户家用汽车拥有量29.7辆，比2013年增长75.7%；国内旅游人数50.01亿人次，比2012年增长69.1%；出境旅游人数1.43亿人次，比2012年增长71.6%。此外，我国覆盖城乡居民的社会保障体系基本形成，2017年末，参加基本养老、基本医疗、失业、工伤和生育保险人数分别为91548.3万人、117681.4万人、18784.2万人、22723.7万人和19300.2万人。

上述辉煌成就的取得，我国经济社会发展之所以能进入强起来的新时代，是因为党的十八大以来在习近平新时代中国特色社会主义思想指导下，我国正在实现着从经济大国迈向新型强国的历史性变革，我国正“前所未有地靠近世界舞台中心，前所未有地接近实现中华民族伟大复兴的目标，前所未有地具有实现这个目标的能力和信心。”①

二、新时代的全面深化改革

如果说党的十一届三中全会拉开了改革开放时代大幕的里程碑，2013年党

① 中共中央宣传部编：《习近平总书记系列重要讲话读本》，学习出版社、人民出版社2014年版，第133页。

的十八届三中全会则是新时代改革再出发的新的里程碑。党的十八届三中全会通过《中共中央关于全面深化改革若干重大问题的决定》，正式拉开全面深化改革的大幕。

党的十八届三中全会把“完善和发展中国特色社会主义制度，推进国家治理体系和治理能力现代化”作为全面深化改革的总目标，明确到2020年“形成系统完备、科学规范、运行有效的制度体系，使各方面制度更加成熟更加定型”。自2013年至党的十九大，围绕全面深化改革总目标，改革全面发力、多点突破、纵深推进，着力增强改革系统性、整体性、协同性，拓展改革广度和深度，推出1500多项改革举措，重要领域和关键环节改革取得突破性进展，主要领域改革主体框架基本确立，从而为我国经济社会可持续发展提供了制度化保障。

党的十八届三中全会明确新时代经济改革的方向是市场决定资源配置和政府更好发挥作用。由此出发，经济领域的全面深化改革就从政府和市场两个方面推进。

第一，进一步加快完善社会主义市场经济体制。

首先，十八届三中全会把公有制为主体多种所有制经济共同发展的所有制结构明确为基本经济制度。这样，过去属于“制度外”的私有制经济，成为社会主义基本经济制度的“制度内”部分，也就是发展多种非公有制经济就突破了制度的限制。对非公有制经济进入的领域实行负面清单制度：只要是不影响国家安全的，不违反国家法律的领域都将允许非公有制经济进入。所有制结构的这一调整增强了这个经济的活力。据习近平总书记在2018年11月民营经济座谈会上的讲话，民营经济对国家财政收入的贡献占比超过50%，GDP和固定资产投资、对外直接投资占比均超过60%，企业技术创新和新产品占比超过70%，城镇就业占比超过了80%，民营经济对稳定增长、促进创新、增加就业、改善民生等方面都做出了突出贡献。十八届三中全会明确混合所有制可以成为基本经济制度的实现形式。股份制、股份合作制、中外合资企业，各种所有制相互合资合营等都是混合所有制的具体形式。按此理论，公有制与非公有制的共同发展不只是企业的外部关系，在同一个企业内部也可以形成多种所有制经济共同发展。

其次，进入新时代后，产权理论研究又有新进展，突出表现是：在坚持对公有制和非公有制经济两个毫不动摇基础上明确公有产权和非公有产权两个不可侵犯。通过产权流转做大做强做优国有资本。农村土地产权制度改革方向是所有权、承包权、经营权三权分置，经营权流转。党的十九大报告明确指出加快完善社会主义市场经济体制两个重点之一：完善产权制度。改革目标是实现产权有效激励。

再次，进入新时代后，国企改革和国资管理改革新进展突出在两个方面。国有企业分为两类：一类是商业类；另一类是公益类。商业类企业身处竞争性领域，同其他所有制性质的资本一样，追求价值增值。公益类企业要保证公共利益，一般都是公有制企业经营。但公有资本也不可能独霸天下。公益类国有企业也可建立混合所有制，允许非国有资本参股入股，吸引非公有资本参与。国资管理体制改革，最初的改革是国家由管企业经营转向管资产。进入新时代后则由管资产转向管资本为主，相应改革国有资本授权经营体制。由此在政企分开的基础上扩展到政资分开的改革。

党的十九大又进一步明确加快完善社会主义市场经济体制经济体制改革的两个重点：一是完善产权制度；二是完善要素的市场化配置。以完善社会主义市场经济体制为导向持续推进全面深化改革，在一些重点领域和关键环节改革取得了突破。

第二，更好发挥政府作用的改革。

明确市场对资源配置起决定性作用后，政府改革的重要方面是退出市场起决定性作用的领域，与此同时政府还是要在应该发挥作用的领域更好发挥作用。

一是关键领域改革向纵深推进。深化财税体制改革，在降税减费的同时，全面推开“营改增”试点，调整并改革中央、地方财权事权关系；推进金融体制改革，全面放开贷款利率管制，取消存款利率浮动上限，汇率双向浮动弹性增强，存款保险制度正式实施，沪港通、深港通开通；国企改革不断深化，公司制股份制改革步伐明显加快，大多数央企建立了规范的董事会制度，央企子企业公司制改制面超过 90%。推进投融资体制改革，政府和社会资本合作（PPP）项目全面展开。此外，在价格体制、垄断行业、户籍制度、社会化管理等方面都进行了大刀阔斧式的改革。通过这些改革，阻滞市场机制充分发挥作用的障碍明显减少，市场活力得以加强。

二是放管服改革取得实质性进展。通过推动简政放权、放管结合、优化服务，使市场在配置资源中的决定性作用和政府更好的作用都得到了充分发挥。2013 年以来，放管服改革的持续推进，既推动了各级政府部门转职能转方式转作风、提高了政府行政效率，又降低了企业和人民群众办事成本、激发了市场主体活力。放管服改革铲除了市场配置资源的痼疾，使整个社会的效率得以大幅度提高。

第三，供给侧结构性改革。

针对供给侧存在的结构性问题，2015 年底，党中央审时度势，适时提出了供给侧结构性改革重大战略部署，习近平指出：“在适度扩大总需求的同时，着力加强供给侧结构性改革，着力提高供给体系质量和效率，增强经济持续增长动力，推动我国社会生产力水平实现整体跃升。”“供给侧结构性改革，说到底最终目的是满足需求，主攻方向是提高供给质量，根本途径是深化改革。”① 供给侧结构性改革着力于去产能、去库存、去杠杆、降成本、补短板，取得明显进展，当前又进一步转向培育新动能。党的十九大明确，在中高端消费、创新引领、绿色低碳、共享经济、现代供应链和人力资本服务等领域培育新的增长点，新的发展动能。

三、加快转变经济发展方式

在多年转变发展方式基础上，进入新时代后根据高质量发展的要求，根据习近平总书记提出的新发展理念，进一步加大了转变经济发展方式的力度。

一是消费基础性作用增强，投资出口升级优化，需求结构显著改善。消费成为经济增长的主要拉动力量，“稳定器”和“压舱石”作用日益增强。2016～2018 年最终消费支出对经济增长贡献率为分别为 66.5%、58.8%、76.2%。2018 年，最终消费支出对经济增长贡献率比 2012 年提高 21.3 个百分点，高于资本形成总额贡献率 43.8 个百分点。投资结构持续优化。2017 年高技术制造业投资额达到 26186.6 亿元，相较于 2010 年的 6944.7 亿元，增长了 377.1%。其中，2013～2016 年，高技术制造业投资年均增长 14.8%，快于同期工业投资增速 2.4 个百分点。2017 年我国一、二、三产业占 GDP 的比重分别为 7.9%、40.5%、51.6%，与 2012 年相比，第一产业下降 1.5 个百分点、第二产业下降 4.8 个百分点、第三产业上升 6.3 个百分点，产业结构更加优化。与此同时，外贸由量的扩张向质的提升转变，“引进来”与“走出去”都出现大发展的局面，在世界经济中的影响力显著增强。

二是实施创新驱动发展战略，经济增长新动能成长迅速。党的十八大以来，我国始终把创新摆在国家发展全局的核心位置，创新驱动发展战略全面展开，强化科技创新在全面创新中的引领作用，大力推动大众创业、万众创新，积极推进“中国制造 2025”等行动计划，我国创新发展呈现方兴未艾之势。一方面，我国的科技创新投入不断增加，2017 年，我国研发（R&D）投入达到 17606 亿元，比 2012 年增长 70.9%；与国内生产总值之比为 2.13%，比 2012 年提高 0.22 个

---

① 中共中央文献研究室编：《习近平关于社会主义经济建设论述摘编》，中央文献出版社 2017 年版，第 115 页。

百分点。另一方面，科技创新能力稳步提高，据世界知识产权组织发布的全球创新指数显示，我国创新能力综合排名由 2012 年的第 34 位上升到 2017 年的 22 位，位居中等收入经济体中第一位。正是在这样的背景下，在进入逐渐强起来的时代，我国出现了一大批标志性科研成果及其转化运用成果，例如，成功发射首颗量子科学实验卫星"墨子号"、实现神舟十一号载人飞船与天宫二号空间实验室自动交会对接等；再如，高速铁路、北斗导航和杂交水稻等中的高科技转化与运用。

三是深入实施三大发展战略，区域经济发展的均衡性、城乡发展的协调性持续增强。2013 年以来，国家大力推进"一带一路"建设、京津冀协同发展和长江经济带建设三大发展战略，统筹推进东、中、西、东北四大板块发展，积极实施乡村振兴战略、协调推进城乡发展，使我国区域经济发展格局、城乡发展格局得到较大的优化与重塑。这既缩小了我国长期存在的区域发展、城乡发展差异，又为我国未来经济社会发展奠定了好的基础、培育了新增长极。

四、建立开放型经济新体制

改革开放使中国日益走近世界舞台的中央，对世界的贡献率与影响力大幅提升。我国成为全球经济的主要贡献者。尤其是在进入强起来时代后。国际货币基金组织数据显示，2013 年以来，中国对全球经济增长的贡献率约达 35%。国家统计局数据显示，2017 年中国国内生产总值折合约 12 万亿美元，占世界经济总量的 15% 左右，中国对世界经济增长的贡献率达到 30% 左右，超过美国、欧元区和日本贡献率的总和，居世界第一位。在这个过程中，我国利用外资和对外投资规模均创历史新高，2013～2017 年我国累计实际使用外资额共计 6217.4 亿美元，年均增长 3.2%；自改革开放以来至 2017 年我国对外直接投资存量达到 18090.4 亿美元，其中，2016 年、2017 年我国对外直接投资净额分别为 1961.5 亿美元、1582.9 亿美元。2017 年，我国货物进出口总额 4.1 万亿美元，占世界贸易总额的比重超过 11.5%。

2013 年，习近平在博鳌亚洲论坛上指出："中国开放的大门不会关上。……中国将在更大范围、更宽领域、更深层次上提高开放型经济水平。"[①] 2018 年 4 月，习近平在博鳌亚洲论坛上再次提出："中国人民将继续扩大开放、加强合作，

① 中共中央文献研究室编：《习近平关于社会主义经济建设论述摘编》，中央文献出版社 2017 年版，第 287 页。

坚定不移奉行互利共赢的开放战略，坚持引进来和走出去并重，推动形成陆海内外联动、东西双向互济的开放格局，实行高水平的贸易和投资自由化便利化政策，探索建设中国特色自由贸易港。中国人民将继续与世界同行、为人类作出更大贡献，坚定不移走和平发展道路，积极发展全球伙伴关系，坚定支持多边主义，积极参与推动全球治理体系变革，构建新型国际关系，推动构建人类命运共同体。"① 党的十八大以来我国的对外开放呈现出新的特点。

首先，与过去基于沿海地区，面向海洋、面向发达国家不同，新时代的对外开放需要在提升向东开放的同时，推进与"一带一路"沿线国家合作，加快向西开放步伐，推动内陆沿边地区成为开放前沿。"一带一路"倡议是中国向全球提供的公共产品，将造福于沿线60多个国家。截至2016年末，我国企业在沿线国家建立初具规模的境外经贸合作区56个，累计投资超过185亿美元。我国倡议建立亚洲基础设施投资银行和设立丝路基金，成功举办了"一带一路"国际合作高峰论坛、亚太经合组织（APEC）北京峰会、二十国集团（G20）领导人杭州峰会、金砖五国领导人厦门峰会等重大国际会议。2016年人民币正式纳入国际货币基金组织特别提款权（SDR）篮子，人民币成为国际储备货币迈出重大步伐。习近平指出："这个世界，各国相互联系、相互依存的程度空前加深，人类生活在同一个地球村里，生活在历史和现实交汇的同一个时空里，越来越成为你中有我、我中有你的命运共同体。"②

其次，积极参与全球经济治理。习近平明确提出，全球经济治理应以开放为导向、以合作为动力、以共享为目标，"提倡所有人参与，所有人收益，不搞一家独大或者赢者通吃，而是寻求利益共享，实现共赢目标。"③ 为此，我国坚定维护WTO多边贸易体制，反对各种形式的贸易保护主义，推动贸易和投资开放。充分参与并完善G20全球治理机制，使G20比G7更具有包容性、多元性和灵活性。推动"金砖国家"深度合作，积极参与并探索对现有全球治理体系的增量改革。积极承担起一个负责任大国的义务，在2017年美国正式宣布退出《巴黎协定》的境况下，我国重申支持《巴黎协定》的立场并发挥积极作用。

最后，实施积极的"引进来"与"走出去"战略。2012~2016年，我国吸

---

① 习近平：《开放共创繁荣　创新引领未来——在博鳌亚洲论坛2018年年会开幕式上的主旨演讲》，http://www.gov.cn/xinwen/2018-04/10/content_5281303.htm。

② 中共中央宣传部：《习近平新时代中国特色社会主义思想三十讲》，学习出版社2018年版，第286页。

③ 习近平：《中国发展新起点　全球增长新蓝图》（2016年9月3日），载于《人民日报》2016年9月4日。

引外商直接投资年均增长 3.5%；2016 年，我国引进外商直接投资共计 1390 亿美元，连续 5 年居世界前三位。2012～2016 年，我国对外直接投资年均增长率为 20.2%；2016 年，我国对外直接投资额达 1831 亿美元，居世界第二位，并超过同期吸引外资规模，实现资本净输出。[①] 2018 年 6 月，我国政府发布《外商投资准入特别管理措施（负面清单）（2018 年版）》，在 22 个领域推出新一轮开放措施，外资进入银行、证券、汽车制造、电网建设、铁路干线路网建设、连锁加油站建设等一系列限制将取消，这标志着我国对外开放正在更加全面更加深入地向前推进。2019 年 3 月，全国人大通过《中华人民共和国外商投资法》，以进一步扩大对外开放，推动形成全面开放新格局。

全面深化改革的纵深推进、经济结构的优化升级、经济增长新动能的茁壮成长以及对外开放的持续扩大和积极参与全球治理，预示着在中国综合国力变得越来越强大的同时，中国的国际影响力也在与日俱增。

① 联合国贸发会议 FDI 数据库。

第十七章

加快完善社会主义市场经济体制

引言　全面深化改革的重点与核心问题

全面深化改革是对社会主义建设历史经验和内在规律的遵循。改革开放是选择中国特色社会主义道路的逻辑起点，要进一步拓展这条道路，必须全面深化改革；改革开放是形成中国特色社会主义理论体系的实践源泉，要进一步完善这个理论体系，必须全面深化改革；改革开放是中国特色社会主义制度的鲜明特征，要进一步增强这一制度的生机活力，必须全面深化改革。

全面深化改革是解决中国现阶段矛盾、顺应人民新期待的必然选择。党的十一届三中全会以来，我国的改革开放破解了许多影响和制约发展的重大难题、促进了经济社会巨大发展，但仍有一系列深层次矛盾和问题尚未得到根本解决，并且都是难啃的硬骨头。不仅如此，随着国际国内形势深刻变化，我国发展还面临一系列新的问题和挑战。要破解发展中面临的难题，化解来自各方面的风险挑战，推动经济社会持续健康发展，除了全面深化改革，别无他途。全面深化改革的战略部署正是在直面中国现实问题的过程中形成的，全面深化改革是实现中华民族伟大复兴的关键一招。

2013 年党的十八届三中全会做出了《中共中央关于全面深化改革若干重大问题的决定》，总体部署了“五位一体” + 党的制度建设改革的主要任务、重大举措和路线图、时间表。全面深化改革是我国改革开放进入一个新的阶段的显著标志。“五位一体” + 党的制度建设改革，搭建起了全面深化改革的四梁八柱。在这个框架中，经济体制改革是重点，其他领域改革不再简单作为经济体制改革的配套、辅助性改革，而是“梁”和“柱”的组成部分，发挥着独特的不可或缺的功能。"全面深化改革，全面者，就是要统筹推进各领域改革，就需要有管总的目标，也要回答推进各领域改革最终是为了什么、要取得什么样的整体结果这个问题。正所谓'立治有体，施治有序'。"①

习近平总书记指出："从形成更加成熟更加定型的制度看，我国社会主义实践的前半程已经走过了，前半程我们的主要历史任务是建立社会主义基本制度，并在这个基础上进行改革，现在已经有了很好的基础。后半程，我们的主要历史任务是完善和发展中国特色社会主义制度，为党和国家事业发展、为人民幸福安康、为社会和谐稳定、为国家长治久安提供一整套更完备、更稳定、更管用的制度体系。这项工程极为宏大，零敲碎打调整不行，碎片化修补也不行，必须是全面的系统的改革和改进，是各领域改革和改进的联动和集成，在国家治理体系和治理能力现代化上形成总体效应、取得总体效果。"② 所以，全面深化改革，不是推进一个领域改革，也不是推进几个领域改革，而是推进所有领域改革。"坚持把完善和发展中国特色社会主义制度，推进国家治理体系和治理能力现代化作为全面深化改革的总目标。"③ 虽然我国经济体制改革已进行 40 多年了，但"经济体制改革是全面深化改革的重点，核心问题是处理好政府和市场的关系，使市场在资源配置中起决定性作用和更好发挥政府作用"。④

第一节　市场对资源配置起决定性作用

一、市场在资源配置中作用的转变

改革开放以前，我国实行的是高度集中的计划经济体制，完全由政府通过计划方式对资源进行配置。实践表明，计划经济下的生产关系与当时的生产力水平是不相适应的，是阻碍生产力水平的解放和发展的。然而，在实践上要突破计划经济体制的束缚，就必须在思想上突破那种否定和排斥市场的传统观念。20 世

① 中共中央文献研究室编：《习近平关于全面深化改革论述摘编》，中央文献出版社 2014 年版，第 26 页。

② 中共中央文献研究室编：《习近平关于全面深化改革论述摘编》，中央文献出版社 2014 年版，第 27 页。

③ 中共中央文献研究室编：《习近平关于全面深化改革论述摘编》，中央文献出版社 2014 年版，第 23 页。

④ 《中共中央关于全面深化改革若干重大问题的决定》，人民出版社 2013 年版，第 5 页。

纪 80 年代，随着经济体制改革实践的推进，对计划和市场关系的认识开始逐步摆脱传统观念的束缚。特别是 1992 年初邓小平同志在视察南方时的重要谈话，使人们对计划和市场关系的认识有了重大突破。随后，中共十四大明确提出，我国经济体制改革的目标是建立社会主义市场经济体制，就是要使市场在社会主义国家宏观调控下对资源配置起基础性作用。这一重大理论突破，对推动我国改革开放和经济社会发展发挥了极为重要的作用。

在提出市场作用的定位之后，我国一直在继续探索适应改革和发展客观实际变化要求的准确定位。党的十六大提出“在更大程度上发挥市场在资源配置中的基础性作用”，同时删去了“在国家宏观调控下”的定语；十七大提出“从制度上更好发挥市场在资源配置中的基础性作用”；十八大进一步提出“更大程度更广范围发挥市场在资源配置中的基础性作用”。从十六大到十八大，在市场基础性作用前面所加的关键词都集中在强调改革取向和增强市场作用。党的十八届三中全会通过的《中共中央关于全面深化改革若干重大问题的决定》提出“使市场在资源配置中起决定性作用”，并强调“使市场在资源配置中起决定性作用，是深化经济体制改革的主线”。可以说，“使市场在资源配置中起决定性作用”的提法是党对已有的经济体制改革思想的继承和发展，是党对社会主义市场经济体制改革认识不断深化的结果。

党的十八届三中全会通过的《中共中央关于全面深化改革若干重大问题的决定》将市场在资源配置中起“基础性作用”修改为“决定性作用”，虽然只有两字之差，但却是提出了一个重大理论观点。“决定性作用”的表述能够更加确切、更加鲜明地表达市场机制对资源配置的支配作用，更好地反映市场经济的基本规律即价值规律的内在要求。因此，这个重大理论观点有利于进一步在全党全社会树立关于政府和市场关系的正确观念，有利于进一步解放和发展生产力，有利于进一步解放和增强社会活力。紧随其后所进行的紧紧围绕使市场在资源配置中起决定性作用的经济体制深化改革，不断开创着我国改革发展的新局面。

例如，为了让市场配置资源的决定性作用充分发挥，我国持续加大商事制度改革步伐。2014 年对《个体独资企业登记管理办法》《个体工商户登记管理办法》两部规章进行了修改，将年检验照制度改为年度报告公示制度；2015 年完成了“三证合一、一照一码”的改革，深入推进“先照后证”的改革；2016 ~ 2017 年又实行多证合一，并扩大“证照分离”改革试点；2018 年“证照分离”改革全面推开、“双随机、一公开”监管全面实施。这样，市场配置资源的决定性作用得以更加充分地发挥，非公有制经济发展也由此而有了更为宽松的政策和法律环境，从而得到了快速发展。根据国家统计局统计，2014年我国大中小型企业单位数分别为9893个、55408个、312578个①，分别占企业单位总数的2.62%、14.66%、82.72%；三者主营业务收入分别为436746亿元、268281亿元、402005亿元，分别占主营业务收入总额的39.45%、24.23%和36.31%。②

二、完善统一开放竞争有序的市场机制

要想使市场在资源配置中起决定性作用，离不开现代市场秩序的建立。而能否建立现代市场秩序的关键又在于能否建立良好的市场机制。明确市场对资源配置起决定性作用，实际上是回归到市场经济的本义。市场经济作为一种资源配置的方式，有其自身的运行规律和运行机制。诚如十八届三中全会所指出的，市场配置资源的机制有三个：一是市场规则，二是市场价格，三是市场竞争，并且这三个机制有机结合才能达到预期的使市场在资源配置中起决定性作用的目标。因此可以说，确认市场对资源配置起决定性作用只是明确我国经济体制改革的新方向，并不意味着市场就能直接实现配置资源的高效率，因为市场有效配置资源的前提是完善的市场机制。

然而，在我国，市场经济本来就不发达，可以说是先天不足；后来又经历了相当长时间的排斥市场的计划经济，在此基础上发展的市场经济不可避免地是不完全、不成熟的。经过改革开放以来市场化方向的改革实践，虽然我国经济社会发展中的市场作用、市场地位大大增强，但统一竞争开放有序的市场体制依然存在诸多问题。正如习近平总书记在2013年11月所指出的："经过二十多年实践，我国社会主义市场经济体制已经初步建立，但仍存在不少问题，主要是市场秩序不规范，以不正当手段谋取经济利益的现象广泛存在；生产要素市场发展滞后，要素闲置和大量有效需求得不到满足并存；市场规则不统一，部门保护主义和地方保护主义大量存在；市场竞争不充分，阻碍优胜劣汰和结构调整；等等。这些

① 按照国家统计局2011年发布的大中小微型企业的划分标准：在工业中，大型企业的从业人员为等于和大于1000人，营业收入为等于和大于4000万元；中型企业的从业人员为等于和大于300人、小于1000人，营业收入为等于和大于2000万元、小于4000万元；小型企业的从业人员为等于和大于20人、小于300人，营业收入为等于和大于300万元、小于2000万元；微型企业的从业人员为小于20人，营业收入为小于300万元。

② 《中国统计年鉴（2015）》，中国统计出版社2015年版，第425页。

问题不解决好，完善的社会主义市场经济体制是难以形成的。”①

众所周知，市场调节资源配置的信号是价格，包括要素价格和商品价格。市场调节信号是否准确的关键在于市场竞争是否充分和公平，而充分且公平的市场竞争离不开统一市场的建立，因此，为了能够使市场在资源配置中真正起到决定性作用，则必须要建设统一、开放、竞争有序的市场，因而也就需要进一步的深化改革：一是要打破地方和部门对市场的分割，打破区域和城乡市场分割，建设统一的区域和城乡市场。二是要清理和废除妨碍全国统一市场和公平竞争的各种规定和做法，严禁和惩处各类违法实行优惠的地方保护主义行为。三是要推进流通体制改革，建设法制化营商环境。四是要实行统一的市场准入制度，在制定负面清单基础上，各类市场主体可依法平等进入负面清单之外的领域。探索对外商投资实行准入前国民待遇加负面清单的管理模式，从而进一步提高市场的透明度和公平性。推进工商注册制度便利化，削减资质认定项目，由先证后照改为先照后证，把注册资本实缴登记制改为认缴登记制，改革市场监管体系，实行统一的市场监管。五是完善主要由市场决定价格的机制。凡是能由市场形成价格的都交给市场，政府不进行不当干预。

党的十八届三中全会决定提出：“凡是能由市场形成价格的都交给市场，政府不进行不当干预。推进水、石油、天然气、电力、交通、电信等领域价格改革，放开竞争性环节价格改革。政府定价范围主要限定在重要公用事业、公益性服务、网络型自然垄断环节，提高透明度，接受社会监督。”② 2015 年，中共中央、国务院发布了《关于推进价格机制改革的若干意见》（以下简称《意见》）。《意见》提出的基本原则是：坚持市场决定，坚持放管结合，坚持改革创新，坚持稳慎推进。《意见》还提出，深化重点领域价格改革，充分发挥市场决定价格作用。完善农产品价格形成机制；加快推进能源价格市场化；完善环境服务价格政策；理顺医疗服务价格；健全交通运输价格机制；创新公用事业和公益性服务价格管理。建立健全政府定价制度，使权力在阳光下运行。推进政府定价项目清单化；规范政府定价程序；加强成本监审和成本信息公开。加强市场价格监管和反垄断执法，逐步确立竞争政策的基础性地位。健全市场价格行为规则；推进宽带网络提速降费；加强市场价格监管；强化反垄断执法；完善价格社会监督体系。充分发挥价格杠杆作用，更好服务宏观调控；加强价格总水平调控；健全生产领域节能环保价格政策；完善资源有偿使用制度和生态补偿制度；创新促进区

---

① 中共中央文献研究室编：《习近平关于全面深化改革论述摘编》，中央文献出版社 2014 年版，第 55～56 页。

② 《中共中央关于全面深化改革若干重大问题的决定》，人民出版社 2013 年版，第 12～13 页。

域发展的价格政策。

以上这些政策措施的实行，使得2012年以来价格改革又取得了重要进展，主要包括：(1) 政府定价大幅减少。全部电信业务资费、非公立医院医疗服务价格、社会资本投资新建铁路货运和客运专线价格、绝大部分药品价格、绝大部分专业服务价格都已经放开。新修订的中央定价目录与2001年目录相比，政府定价由13种（类）缩减到7种（类），具体定价项目压减了约80%。已完成修订的28个省份地方定价目录，具体定价项目平均压减了约50%。(2) 农产品价格形成机制不断完善。政府确定的烟叶收购价格于2015年放开后，全部农产品价格都由市场竞争形成。(3) 新一轮电价市场化改革启动。包括：放开了跨区跨省电能交易价格；输配电价改革试点已由深圳市和蒙西电网扩大到安徽、湖北、宁夏、云南、贵州五省（区）。(4) 天然气价格形成机制进一步完善。实现了非居民用天然气存量气和增量气价格并轨。放开直供用户天然气价格后，实行市场调节价的天然气占消费总量的40%。(5) 铁路货运价格基本理顺，实现了铁路与公路货运保持合理比价关系的改革目标。建立货物运价上下浮动的机制，上浮不超过10%、下浮不限，进一步增强运价弹性，为铁路运输企业灵活应对市场环境变化，提供了更宽松的政策环境。(6) 居民阶梯价格制度顺利推进。居民阶梯电价制度已在除新疆、西藏外的全部省（区、市）实施，26个省（区、市）的289个城市已建立居民阶梯水价制度，14个省（区、市）的58个城市已建立居民阶梯气价制度，其余城市正在积极有序推进。(7) 清理收费、公布清单。清理规范涉企的各类收费，制定收费目录清单。通过清理不合理收费，降低偏高收费标准，减少企业税费负担。(8) 调整资源环保价格。各地合理调整水资源费、排污费、污水处理费等资源环保价格，对高耗能、高污染和产能严重过剩行业实行差别电价、水价和排污费收费标准，促进节能减排、结构调整和转型升级。①

党的十八届三中全会以来，中共中央、国务院围绕着市场决定作用的发挥、建立统一开放竞争有序的市场经济体制进行了全方位深化改革，通过的极其重要的改革文件还有《关于深化预算管理制度的决定》《关于改革和完善中央对地方转移支付制度的意见》《关于进一步促进资本市场健康发展的若干意见》《关于加快发展现代保险服务业的若干意见》《关于进一步做好新形势下就业创业工作的意见》《关于深化收入分配制度改革的若干意见》，等等。

① 汪海波：《中国经济体制改革（1978－2018）》，社会科学文献出版社2018年版，第349～350页。

第二节　更好发挥政府作用

一、厘清政府与市场的关系

市场在资源配置中能否发挥决定性作用，取决于政府的职能转变。只有厘清政府与市场的边界，更好地发挥政府的作用，才能从根本上扭转政府越位、错位、缺位问题，保障市场有效运行，弥补市场失灵。习近平总书记指出："进一步处理好政府和市场关系，实际上就是要处理好在资源配置中市场起决定性作用还是政府起决定性作用。经济发展就是要提高资源尤其是稀缺资源的配置效率，以尽可能少的资源投入生产尽可能多的产品、获得尽可能大的收益。理论和实践都证明，市场配置资源是最有效率的形式。市场决定资源配置是市场经济的一般规律，市场经济本质上就是市场决定资源配置的经济。健全社会主义市场经济体制必须遵循这条规律，着力解决市场体系不完善、政府干预过多和监管不到位问题。"①

那么，究竟怎样厘清政府与市场的边界呢？从党的十八届三中全会以来的实践看，主要是通过界定负面清单内容、推行清单管理来进行的。《中共中央关于全面深化改革若干重大问题的决定》明确提出，实行统一的市场准入制度，在制定负面清单基础上，各类市场主体可依法平等进入清单之外领域。

2014 年 6 月 4 日，《国务院关于促进市场公平竞争维护市场正常秩序的若干意见》（以下简称《若干意见》）正式发布，主要内容共 9 款 33 条。其 9 款内容为：总体要求、放宽市场准入、强化市场行为监管、夯实监管信用基础、改进市场监管执法、改革监管执法体制、健全社会监督机制、完善监管执法保障、加强组织领导。这个《若干意见》所要实现的总体目标为：立足于促进企业自主经营、公平竞争，消费者自由选择、自主消费，商品和要素自由流动、平等交换，建设统一开放、竞争有序、诚信守法、监管有力的现代市场体系，加快形成权责明确、公平公正、透明高效、法治保障的市场监管格局，到 2020 年建成体制比较成熟、制度更加定型的市场监管体系。

① 中共中央文献研究室编：《习近平关于全面深化改革论述摘编》，中央文献出版社 2014 年版，第 56 页。

为实现上述总体目标、更为厘清政府与市场的边界，该《若干意见》在第二款“放宽市场准入”方面明确提出：“凡是市场主体基于自愿的投资经营和民商事行为，只要不属于法律法规禁止进入的领域，不损害第三方利益、社会公共利益和国家安全，政府不得限制进入。”为此，具体提出了五个方面的制度改革要求，并要求相关政府部门抓紧落实：

1. 改革市场准入制度。制定市场准入负面清单，国务院以清单方式明确列出禁止和限制投资经营的行业、领域、业务等，清单以外的，各类市场主体皆可依法平等进入；地方政府需进行个别调整的，由省级政府报经国务院批准（发展改革委、商务部牵头负责）。改革工商登记制度，推进工商注册制度便利化，大力减少前置审批，由先证后照改为先照后证（工商总局、中央编办牵头负责）。简化手续，缩短时限，鼓励探索实行工商营业执照、组织机构代码证和税务登记证“三证合一”登记制度（县级以上地方各级人民政府负责）。完善节能节地节水、环境、技术、安全等市场准入标准。探索对外商投资实行准入前国民待遇加负面清单的管理模式（发展改革委、商务部牵头负责）。

2. 大力减少行政审批事项。投资审批、生产经营活动审批、资质资格许可和认定、评比达标表彰、评估等，要严格按照行政许可法和国务院规定的程序设定；凡违反规定程序设定的应一律取消（中央编办、法制办、人力资源社会保障部牵头负责）。放开竞争性环节价格（发展改革委牵头负责）。省级人民政府设定临时性的行政许可，要严格限定在控制危险、配置有限公共资源和提供特定信誉、身份、证明的事项，并须依照法定程序设定（省级人民政府负责）。对现有行政审批前置环节的技术审查、评估、鉴证、咨询等有偿中介服务事项进行全面清理，能取消的尽快予以取消；确需保留的，要规范时限和收费，并向社会公示（中央编办、发展改革委、财政部负责）。建立健全政务中心和网上办事大厅，集中办理行政审批，实行一个部门一个窗口对外，一级地方政府“一站式”服务，减少环节，提高效率（县级以上地方各级人民政府负责）。

3. 禁止变相审批。严禁违法设定行政许可、增加行政许可条件和程序；严禁以备案、登记、注册、年检、监制、认定、认证、审定、指定、配号、换证等形式或者以非行政许可审批名义变相设定行政许可；严禁借实施行政审批变相收费或者违法设定收费项目；严禁将属于行政审批的事项转为中介服务事项，搞变相审批、有偿服务；严禁以加强事中事后监管为名，变相恢复、上收已取消和下放的行政审批项目（中央编办、发展改革委、财政部、法制办按职责分工分别负责）。

4. 打破地区封锁和行业垄断。对各级政府和部门涉及市场准入、经营行为规范的法规、规章和规定进行全面清理，废除妨碍全国统一市场和公平竞争的规定和做法，纠正违反法律法规实行优惠政策招商的行为，纠正违反法律法规对外地产品或者服务设定歧视性准入条件及收费项目、规定歧视性价格及购买指定的产品、服务等行为（发展改革委、财政部、商务部牵头负责）。对公用事业和重要公共基础设施领域实行特许经营等方式，引入竞争机制，放开自然垄断行业竞争性业务（发展改革委牵头负责）。

5. 完善市场退出机制。对于违反法律法规禁止性规定的市场主体，对于达不到节能环保、安全生产、食品、药品、工程质量等强制性标准的市场主体，应当依法予以取缔，吊销相关证照（各相关市场监管部门按职责分工分别负责）。严格执行上市公司退市制度，完善企业破产制度，优化破产重整、和解、托管、清算等规则和程序，强化债务人的破产清算义务，推行竞争性选任破产管理人的办法，探索对资产数额不大、经营地域不广或者特定小微企业实行简易破产程序（证监会、法制办按职责分工分别负责）。简化和完善企业注销流程，试行对个体工商户、未开业企业以及无债权债务企业实行简易注销程序（工商总局负责）。严格执行金融、食品药品、安全生产、新闻出版等领域违法人员从业禁止规定。抓紧制订试行儿童老年用品及交通运输、建筑工程等领域违法人员从业禁止规定（人民银行、银监会、证监会、保监会、食品药品监管总局、安全监管总局、新闻出版广电总局、质检总局、交通运输部、住房城乡建设部等部门按职责分工分别负责）。

2015 年 10 月 19 日，《国务院关于实行市场准入负面清单制度的意见》正式发布，就实行市场准入《负面清单制度》提出了意见。所谓市场准入负面清单制度，是指国务院以清单方式明确列出在中华人民共和国境内禁止和限制投资经营的行业、领域、业务等，各级政府依法采取相应管理措施的一系列制度安排。市场准入负面清单以外的行业、领域、业务等，各类市场主体皆可依法平等进入。

《国务院关于实行市场准入负面清单制度的意见》共 6 款 26 条。市场准入负面清单准入类别具体包括禁止准入类和限制准入类，适用于各类市场主体基于自愿的初始投资、扩大投资、并购投资等投资经营行为及其他市场进入行为。对禁止准入事项，市场主体不得进入，行政机关不予审批、核准，不得办理有关手续；对限制准入事项，或由市场主体提出申请，行政机关依法依规作出是否予以准入的决定，或由市场主体依照政府规定的准入条件和准入方式合规进入；对市场准入负面清单以外的行业、领域、业务等，各类市场主体皆可依法平等进入。

市场准入负面清单的适用条件包括：对各类市场主体涉及以下领域的投资经营行为及其他市场进入行为，依照法律、行政法规和国务院决定的有关规定，可以采取禁止进入或限制市场主体资质、股权比例、经营范围、经营业态、商业模式、空间布局、国土空间开发保护等管理措施：涉及人民生命财产安全、政治安全、国土安全、军事安全、经济安全、金融安全、文化安全、社会安全、科技安全、信息安全、生态安全、资源安全、核安全和新型领域安全等国家安全的有关行业、领域、业务等；涉及全国重大生产力布局、战略性资源开发和重大公共利益的有关行业、领域、业务等；依法可以设定行政许可且涉及市场主体投资经营行为的有关行业、领域、业务等；法律、行政法规和国务院决定规定的其他情形。

市场准入负面清单主要类型和适用对象主要有：负面清单主要包括市场准入负面清单和外商投资负面清单。市场准入负面清单是适用于境内外投资者的一致性管理措施，是对各类市场主体市场准入管理的统一要求；外商投资负面清单适用于境外投资者在华投资经营行为，是针对外商投资准入的特别管理措施。制定外商投资负面清单要与投资议题对外谈判统筹考虑，有关工作另行规定。我国签署的双多边协议（协定）另有规定的，按照相关协议（协定）的规定执行。

市场准入负面清单制度的实施，具有十分重大的意义。一是实行市场准入负面清单制度是发挥市场在资源配置中的决定性作用的重要基础。通过实行市场准入负面清单制度，赋予市场主体更多的主动权，有利于落实市场主体自主权和激发市场活力，有利于形成各类市场主体依法平等使用生产要素、公开公平公正参与竞争的市场环境，有利于形成统一开放、竞争有序的现代市场体系，将为发挥市场在资源配置中的决定性作用提供更大空间。二是实行市场准入负面清单制度是更好发挥政府作用的内在要求。通过实行市场准入负面清单制度，明确政府发挥作用的职责边界，有利于进一步深化行政审批制度改革，大幅收缩政府审批范围、创新政府监管方式，促进投资贸易便利化，不断提高行政管理的效率和效能，有利于促进政府运用法治思维和法治方式加强市场监管，推进市场监管制度化、规范化、程序化，从根本上促进政府职能转变。三是实行市场准入负面清单制度是构建开放型经济新体制的必要措施。实施市场准入负面清单和外商投资负面清单制度，有利于加快建立与国际通行规则接轨的现代市场体系，有利于营造法治化的营商环境，促进国际国内要素有序自由流动、资源高效配置、市场深度融合，不断提升我国国际竞争力，是以开放促改革、建设更高水平市场经济体制的有效途径。

进入 2016 年，市场准入负面清单改革试点便在天津、上海、福建、广东四个省（市）展开。

二、政府职能转变

市场在资源配置中起决定性作用的条件下更好地发挥政府作用，就要切实转变政府职能，为此必须要解决“政府对微观经济运行干预过多过细，宏观经济调节还不完善，市场监管问题较多，社会管理亟待加强，公共服务比较薄弱”等问题。①

转变政府职能，“实质上要解决的是政府应该做什么、不应该做什么，重点是政府、市场、社会的关系，即哪些事应该由市场、社会、政府各自分担，哪些事应该由三者共同承担。”② 市场要在资源配置中起决定性作用，但并不是起全部作用，不是说政府就可以无所作为，而是政府必须坚持有所为、有所不为。

首先，为了保证市场机制对资源配置起决定性作用，政府要退出市场可以发挥作用的领域。党的十八届三中全会明确指出，凡是能由市场形成价格的都交给市场，政府不进行干预。这就是明确了，市场资源的配置有价格机制实现，政府的定价范围主要限定在重要公用事业、公益性服务、网络型自然垄断环节，即使是以前由政府管制的水、石油、天然气、电力、交通、电信等产品的价格，也要放开其中竞争性环节的接个，提高透明度，接受社会监督。再比如，政府需要减少干预行为，杜绝对于微观经济主体的自由自主经济决策的干预，让市场主体可以充分自由的进行投资、生产、销售等决策。因而，要进一步简政放权，深化行政审批制度改革，最大限度减少中央政府对微观事务的管理，市场机制能有效调节的经济活动，一律取消审批。

其次，为保证市场机制的决定性作用有效发挥，需要政府有所为。市场配置资源是否有效，前提是市场机制是否完善。即使是在市场经济经历了两三百年发展的西方资本主义国家，市场的不完全和信息不完善也是常态，市场机制未必总能够有效运转，约束条件下的帕累托效率也是难以达到的。③ 这就需要政府发挥作用，弥补缺陷，保证市场的有效运转。对我国而言，情况则又有特别之处。我们的渐进性改革，是一个政府不断放弃计划和控制，把更大方位的经济活动交由市场支配的过程。随着经济不断发展，政府直接控制的领域大幅收缩，市场配置资源的范围不断扩大。尽管这样的一个发展模式让我国的经济发展取得了举世瞩

---

①② 中共中央文献研究室编：《习近平关于全面深化改革论述摘编》，中央文献出版社 2014 年版，第 52 页。

③ ［美］约瑟夫 · E. 斯蒂格利茨：《政府为什么干预经济：政府在市场经济中的角色》，郑秉文译，中国物资出版社 1998 年版，第 70 页。

目的成绩，但是一个明显的弊端就是市场的发育并不完全。现实的市场经济不完全、市场体系不完全、信息不完全，这样不完全的市场配置资源难以达到效率。[①] 市场秩序不是自发形成的，需要自觉建立起竞争秩序，从而形成有秩序的竞争，这就需要政府着力建设和完善市场。比如，面对我国的社会主义市场经济体制存在的市场秩序不规范、要素市场发展之后、市场规则不统一、竞争不充分等问题，都需要充分发挥政府的作用，加强市场的秩序建设和规则制定，保证充分的市场竞争。

最后，需要政府将更多的注意力置于社会管理和公共品及公共服务的供给。提供公共品是任何政府都应当承担的责任，但是，改革开放以来，我国各级政府将大量的精力和资源用于经济建设，而忽略了社会管理和公共品及公共服务的提供。这是今后需要弥补的地方。对于公共品的提供也应以优质和低成本为准则，寻求社会福利的最大化。然而，我国当前的公共产品服务的高成本问题却是比较严重的，因为垄断或政府管制等因素带来的人员冗余、决策机制不科学、监督乏力等问题，都直接或间接地导致了公共产品服务的高成本。

所以说，加大政府职能转变力度，既要积极主动放掉该放的权，又要认真负责管理好该管的事，从“越位点”退出，把“缺位点”补上，是政府职能转变的核心思路。[②] 概括地说：一是要把市场资源配置的功能交由市场，收缩政府的不合适的职能；二是要努力建设好市场本身，发挥政府的秩序建立者和规则提供者的职能；三是要逐步把更多精力和资源用于社会管理和公共品及公共服务的提供上面，提高政府的公共服务水平。为此，一场旨在推动政府职能转变、重塑政府与市场关系的政府自身革命“放管服”改革在党的十八届三中全会之后开始持续、全面、深入地展开。

所谓“放管服”改革，是指简政放权、放管结合、优化服务，不断提高政府效能的改革。“放”即简政放权，降低准入门槛；“管”即创新监管，促进公平竞争；“服”即高效服务，营造便利环境。

自 2013 年至党的十九大召开之前，国务院共取消和下放了 618 项行政审批等事项，提前完成本届政府减少行政审批事项 1/3 的目标，彻底终结了非行政许可审批。商事制度改革不断深化，“五证合一、一照一码”推进实施，“双随机、

① 洪银兴：《市场对资源配置起决定性作用后政府作用的优化》，载于《光明日报》2014 年 1 月 29 日。

② 中共中央文献研究室编：《习近平关于全面深化改革论述摘编》，中央文献出版社 2014 年版，第 55 页。

一公开”全面推行。①

党的十九大以来，“放管服”改革继续推进。2018 年 8 月 5 日，国务院办公厅《关于印发全国深化“放管服”改革转变政府职能电视电话会议重点任务分工方案的通知》（以下简称《通知》）明确提出，要通过深化“放管服”改革，加快政府职能深刻转变，优化发展环境，最大限度激发市场活力。该《通知》通过“以简政放权放出活力和动力”、“以创新监管管出公平和秩序”和“以优化服务服出便利和品质”三方面、36 条具体的任务分工来推进“放管服”改革。例如，该《通知》提出：对现有审批和许可事项要逐一深入论证，除关系国家安全和重大公共利益等的项目外，能取消的坚决取消，能下放的尽快下放，市场机制能有效调节的经济活动不再保留审批和许可。对一些以备案、登记、行政确认、征求意见等为名的变相审批和许可事项，要尽快加以整改。再例如，该《通知》还提出：进一步压缩企业开办时间，减并工商、税务、刻章、社保等流程；将银行开户核准改为备案；明年上半年企业开办时间压缩到 8.5 个工作日以内，5 年内压缩到 5 个工作日以内；等等。

2019 年，为更加深入推进“放管服”改革，中央又先后发布了《国务院关于修改部分行政法规的决定》《国务院办公厅关于聚焦企业关切进一步推动优化营商环境政策落实的通知》《国务院办公厅关于压缩不动产登记办理时间的通知》《国务院关于在市场监管领域全面推行部门联合“双随机、一公开”监管的意见》等文件。在中央大力推进“放管服”改革、转变政府职能的同时，地方政府积极探索转变政府职能的实践也从未停止过，江苏的“不见面审批”改革、浙江的“最多跑一次”改革以及上海的“一网通办”改革都取得了非常不错的成绩。

第三节　经济体制改革的重点

虽然我国的经济体制改革已进行 40 多年了，但在中国特色社会主义进入新时代以后，其仍然是改革的重点。其必要性在于，经济建设仍然是党的中心工作，阻碍经济发展的障碍主要还是经济体制改革没有到位。马克思主义认为，矛盾既具有普遍性又具有特殊性，事物的发展过程就是矛盾运动的过程，然而，在事物发展过程的各个阶段中，矛盾又是不一样的，具有特殊性。同

① 《砥砺奋进的五年》编写组：《砥砺奋进的五年》，中国统计出版社 2017 年版，第 11 页。

样，在我国社会主义市场经济发展的不同时期不同阶段，经济体制改革的重点也会有所不同的。那么，在中国特色社会主义新时代，我国经济体制改革的重点又是什么呢？党的十九大明确指出，“经济体制改革必须以完善产权制度和要素市场化配置为重点，实现产权有效激励、要素自由流动、价格反应灵活、竞争公平有序、企业优胜劣汰。”①

一、完善产权制度

产权制度是覆盖各类财产以及财产权利界定、运营、交易、保护的一系列体制和制度，是与社会化大生产和现代市场经济相适应的制度安排。产权制度是社会主义市场经济体制的基础性制度。

一是保障市场秩序的基础。产权的主要功能是为经济主体参与市场经济活动提供激励和约束，减少不确定性，将外部性内部化。完善产权制度，使各种所有制经济和各种类型的产权得到清晰界定、顺畅流转和严格保护，这是规范市场主体生产经营行为、优化资源配置、降低市场交易成本、形成良好市场秩序的重要保障，是社会主义市场经济体制有效运行的基础前提。进一步巩固公有制为主体、多种所有制经济共同发展的基本经济制度，也要求健全覆盖各种所有制经济的产权制度体系，依法保护各类产权，推动产权公平交易流转，夯实社会主义市场经济的微观基础。

二是保障市场主体活力的基础。追求和拥有产权及其收益，是市场经济条件下各类市场主体开展生产经营活动的根本动力所在。农村家庭联产承包责任制改革、国有企业改革等一系列改革实践都有力证明，建立健全产权制度可以有效激发市场主体活力和创造力。在我国经济发展进入新常态后，要有效应对挑战、保持经济持续健康发展，必须进一步激发市场活力和创新精神，稳定社会预期，充分发挥各类市场主体特别是企业家创业创新、投资兴业的积极性主动性创造性，增强经济发展的持久动力。要做到这一点，完善产权制度尤为关键。

三是保障市场预期的基础。有恒产者有恒心。产权关系的公平是社会公平的基本内涵，产权制度的稳定是社会稳定的重要保障。在广大人民群众物质生活条件得到极大改善、个人财产不断增加的情况下，对财产安全的保护显得尤为重要。完善产权制度，更加有效地保护产权，就是保护人们诚实劳动，保护人们对

① 习近平：《决胜全面建成小康社会 夺取新时代中国特色社会主义伟大胜利——在中国共产党第十九次全国代表大会上的讲话》，人民出版社 2017 年版，第 33 页。

美好生活的向往，营造公平稳定的社会环境。随着我国中等收入群体扩大、居民财富增加以及技术进步对增长的贡献加大，企业家、城乡居民、科技人才等不同群体对明晰产权权益、加强产权保护的诉求都非常强烈，但目前一些领域产权制度还不健全，一些领域产权保护不力，必须着力完善产权制度，依法全面平等保护各类产权。只有这样，才能形成鼓励人们通过自我奋斗、诚实劳动、合法经营创造财富、实现人生价值的良好氛围，才能形成社会公平正义和国家长治久安的良好局面。

改革开放以来，通过大力推进产权制度改革，我国基本形成了归属清晰、权责明确、保护严格、流转顺畅的现代产权制度和产权保护法律框架，全社会产权保护意识不断增强，保护力度不断加大。但是，我国产权保护仍然存在一些薄弱环节和问题，如国有产权由于所有者和代理人关系不够清晰，存在内部人控制、关联交易等导致国有资产流失的问题；如利用公权力侵害私有产权、违法查封扣押冻结民营企业财产等现象时有发生；再如知识产权保护不力、侵权易发多发等。

为了解决上述问题，中共中央、国务院于2016年11月4日发布了《关于完善产权保护制度依法保护产权的意见》重要文件，明确提出产权保护要坚持五大原则，即坚持平等保护、坚持全面保护、坚持依法保护、坚持共同参与和坚持标本兼治。这个文件内容十分丰富，涉及“加强各种所有制经济产权保护”“完善平等保护产权的法律制度”“妥善处理历史形成的产权案件”“严格规范涉案财产处置的法律程序”“审慎把握处理产权和经济纠纷的司法政策”“完善政府守信践诺机制”“完善财产征收征用制度”“加大知识产权保护力度”“健全增加城乡居民财产性收入的各项制度”“营造全社会重视和支持产权保护的良好环境”等。

其中，在“加强各种所有制经济产权保护”部分，明确写道：（1）深化国有企业和国有资产监督管理体制改革，进一步明晰国有产权所有者和代理人关系，推动实现国有企业股权多元化和公司治理现代化，健全涉及财务、采购、营销、投资等方面的内部监督制度和内控机制，强化董事会规范运作和对经理层的监督，完善国有资产交易方式，严格规范国有资产登记、转让、清算、退出等程序和交易行为，以制度化保障促进国有产权保护，防止内部人任意支配国有资产，切实防止国有资产流失。（2）建立健全归属清晰、权责明确、监管有效的自然资源资产产权制度，完善自然资源有偿使用制度，逐步实现各类市场主体按照市场规则和市场价格依法平等使用土地等自然资源。（3）完善农村集体产权确权和保护制度，分类建立健全集体资产清产核资、登记、保管、使用、处置制度和财务管理监督制度，规范农村产权流转交易，切实防止集体经济组织内部少数人侵占、非法处置集体资产，防止外部资本侵吞、非法控制集体资产。(4) 坚持权利平等、机会平等、规则平等，废除对非公有制经济各种形式的不合理规定，消除各种隐性壁垒，保证各种所有制经济依法平等使用生产要素、公开公平公正参与市场竞争、同等受到法律保护、共同履行社会责任。

在“加大知识产权保护力度”部分，做了如下规定：(1) 加大知识产权侵权行为惩治力度，提高知识产权侵权法定赔偿上限，探索建立对专利权、著作权等知识产权侵权惩罚性赔偿制度，对情节严重的恶意侵权行为实施惩罚性赔偿，并由侵权人承担权利人为制止侵权行为所支付的合理开支，提高知识产权侵权成本。(2) 建立收集假冒产品来源地信息工作机制，将故意侵犯知识产权行为情况纳入企业和个人信用记录，进一步推进侵犯知识产权行政处罚案件信息公开。(3) 完善知识产权审判工作机制，积极发挥知识产权法院作用，推进知识产权民事、刑事、行政案件审判“三审合一”，加强知识产权行政执法与刑事司法的衔接，加大知识产权司法保护力度。(4) 完善涉外知识产权执法机制，加强刑事执法国际合作，加大涉外知识产权犯罪案件侦办力度。(5) 严厉打击不正当竞争行为，加强品牌商誉保护。(6) 将知识产权保护和运用相结合，加强机制和平台建设，加快知识产权转移转化。

2017 年 4 月中央全面深化改革领导小组第三十四次会议通过的《关于进一步激发和保护企业家精神的意见》，2017 年 9 月中共中央、国务院印发的《关于营造企业家健康成长环境弘扬优秀企业家精神更好发挥企业家作用的意见》，都将保护产权制度、完善产权制度摆在十分突出的位置，特别强调依法保护企业家财产权、依法保护企业家创新权益、依法保护企业家自主经营权。

2018 年 11 月，习近平总书记在民营企业座谈会上的讲话再次强调要保护企业家人身和财产安全。他指出：对一些民营企业历史上曾经有过的一些不规范行为，要以发展的眼光看问题，按照罪刑法定、疑罪从无的原则处理，让企业家卸下思想包袱，轻装前进。要甄别纠正一批侵害企业产权的错案冤案。①

应该说，改革开放以来，我国的产权界定、保护是持续推进、不断加强的，但由于复杂的原因，产权保护与产权完善依然存在许多问题。中国特色社会主义进入新时代以来，完善产权制度的力度明显加强，但必须明确的是，产权制度要覆盖以所有制划分的各种经济类型和各类资产。凡是未建立产权制度的领域要抓紧建立，建立了制度但制度内涵尚不完善的要进一步健全完善，同时要健全完善产权制度的规则。

① 习近平：《在民营企业座谈会上的讲话》(2018 年 11 月 1 日)，新华网。

一是补齐产权制度中的短板。完善物权、债权、股权、知识产权等各类产权的相关法律法规制度，形成清晰界定所有、占有、支配、使用、收益、处置等产权权能的完整制度安排，确保各类产权归属清晰、权责明确、保护严格、流转顺畅，更好发挥产权激励对解放和发展社会生产力的促进作用。

二是加快构建全民所有自然资源资产产权制度。明确全部国土空间各类自然资源资产的产权主体，保护自然资源资产的所有者权益，公平分享自然资源资产收益。推动部分自然资源资产所有权和使用权相分离，明确自然资源所有权、使用权等产权归属关系和权责，适度扩大使用权的出让、转让、出租、担保、入股等权能。

三是健全完善国有资产产权制度。进一步明晰国有产权所有者和代理人关系，依法合规界定企业财产权归属，保障国有资本收益权和企业自主经营权。

四是完善农村集体产权制度。全面完成农村承包地、宅基地、农房、集体建设用地确权登记颁证，完善农村集体经济组织成员认定办法和集体经济资产所有权实现形式，健全农村产权交易流转和退出机制。

五是健全完善知识产权制度。完善有利于激励创新的知识产权归属制度，明确规定并有效保护职务发明人的产权权益，建设知识产权运营交易和服务平台。与此同时随着新业态、新模式、新产品蓬勃发展，各种数据、网络虚拟财产等新的财产类型不断涌现，这些也都需要完善的产权制度予以明确和规范。

六是完善居民财产权保护制度。合理界定土地、房屋等财产征收征用适用的公共利益范围，给予被征收征用者公平合理补偿。抓紧出台住宅建设用地等土地使用权到期后续期的法律安排。

七是持续加强产权保护。完善产权保护法律制度，从立法上赋予私有财产和公有财产以平等地位并给予平等保护。在执法、司法和行政实践中加强对平等市场主体之间产权纠纷的公平裁决。加强政务诚信建设，使公权力切实成为私有产权的“保护神”而不是“侵犯者”。消除对产权的所有制歧视，使非公有产权与共有产权真正得到平等对待。全面建立知识产权侵权惩罚性赔偿制度，实施知识产权侵权失信联合惩戒制度，加强执法和司法保护联动，提高侵权成本，降低维权成本。

二、要素市场化配置

要素市场化配置是完善社会主义市场经济体制的关键，这是由市场经济体制的内在要求和完善市场经济体制面临的严峻形势决定的。

市场经济是通过市场机制配置资源的经济形式。市场机制对资源配置的作用首先就要求有一个完整的市场体系，从而使得供求、竞争、价格等市场行为发生互动关系并调节资源的充分流动。可以说，市场经济体制的有效运行，完备的市场体系是其先决条件。市场体系是相互联系的各类市场的有机统一体，不仅包括消费品和生产资料等的商品市场，也包括土地、资本、劳动力等的生产要素市场。各类市场之间存在着相互制约、相互依赖、相互促进的关系。如果某一类市场发育不全、发展滞后，就会影响其他市场的发展和功能发挥，从而影响市场体系的整体效率，并最终影响市场经济机制的作用。市场在资源配置中起决定性作用，前提是要形成统一、竞争、有序、开放的市场体系。这也是社会主义市场经济体制的重要内容和本质要求。

经过 40 年的改革开放，我国已形成了较为健全的商品市场，目前，我国社会消费品零售总额、农副产品收购总额和生产资料销售总额中，市场调节的比重均在 98% 以上。但是，我国的生产要素市场发展却严重滞后，其突出表现在：

一是普遍存在二元结构双轨运行现象。实质上，不仅仅是二元双轨，而是多元多轨。一方面，有公开的、透明的、可调控的市场；另一方面还有一个不公开、不透明因而也不可调控的市场。既有经过政府批准的规范的证券市场，又有不规范的地下融资市场。土地市场中有城乡二元的市场分割，又有城市中通过招拍挂等市场手段和通过协议出让或其他渠道获得的土地并存。劳动力市场同样有城乡二元的市场分割，成千上万的劳动力是在公开的劳动力市场外自发、无序流动，城市中的劳动力又因为所有制身份而具有不同的市场要求和对待。

二是价格扭曲。突出的是要素价格形成机制不健全，政府定价范围仍然过多过宽，定价规则不透明，政府不当干预还较为普遍地存在。

三是市场壁垒。比如，城乡或不同城市之间的户籍壁垒和公共服务供给不均等，妨碍劳动力的自由流动。资本市场上，交易所和银行间债券市场的参与主体、交易品种和托管清算均未实现统一，等等。

要素市场发展的严重滞后，加大了社会的制度性交易成本，极大地损耗着社会主义市场经济的效益与效率。要素不能进行市场化配置，就不可能形成统一竞争有序开放的市场体系，进而也就不可能形成完善的社会主义市场经济体制。

实现要素市场化配置，深化经济体制改革是必由之路。这是因为，要素市场发展滞后有其深刻的体制根源。比如资本市场多元结构的情况，不论直接融资还是间接融资，其背后反映的是国有企业、国有银行和政府之间特殊的相互关系。要素市场发展滞后的种种现象，从总体上关系到市场经济的运行机制，显而易见，所有问题的重心都集中在国有经济部门（包括国有企业、国有银行等）和政府经济管理体制。这也就是实现生产要素市场化配置必须要深化经济体制改革的内在逻辑。为此：一要加快要素价格市场化改革。凡是能由市场形成价格的都要交给市场，政府不进行不当干预。最大限度地发挥市场决定价格的作用，通过市场竞争形成价格，进而调节供求关系，优化资源配置。二要深化要素市场改革。深化农村土地制度改革，建设城乡统一的建设用地市场，允许农村集体经营性建设用地出让、租赁、入股，实行与国有土地同等入市、同价同权。扩大国有土地有偿使用范围，减少非公益性用地划拨。深化金融体制改革，建立现代银行制度，增强金融服务实体经济能力，提高直接融资比重，促进多层次资本市场健康发展。破除妨碍劳动力、人才社会性流动的体制机制弊端。加强知识产权保护和激励。三要深化国有企业改革。完善国有企业公司法人治理结构，国有企业成为真正意义上的市场经济主体，通过竞争等市场手段平等获得要素资源。四要进一步转变政府职能。政府成为维护市场公平竞争、保障各经济主体合法权益的保护者和建设者。

中国特色社会主义进入新时代以来，推进要素市场化改革及其试验从未停止：

一方面，积极探索要素市场化配置的综合改革。例如，自 2013 年以来，我国不断深化进行的自贸区改革试点，目的就是为了探索出可复制、可推广的经验。截至 2018 年 4 月，我国设立的自由贸易试验区主要有：中国（上海）自由贸易试验区、中国（广东）自由贸易试验区、中国（天津）自由贸易试验区、中国（福建）自由贸易试验区、中国（辽宁）自由贸易试验区、中国（浙江）自由贸易试验区、中国（河南）自由贸易试验区、中国（湖北）自由贸易试验区、中国（重庆）自由贸易试验区、中国（四川）自由贸易试验区、中国（陕西）自由贸易试验区、中国（海南）自由贸易试验区，共计 12 个。

另一方面，积极推进各种要素市场化流动配置的具体改革。例如，为促进农民承包地市场化流转，提高土地使用效率，2014 年 12 月，中央全面深化改革领导小组第七次会议审议了《关于农村土地征收、集体经营性建设用地入市、宅基地制度改革试点工作的意见》；2016 年 10 月，中共中央办公厅、国务院办公厅实施《关于完善农村土地所有权承包权经营权分置办法的意见》，完善农村土地所有权、承包权、经营权分置，促进农地流转。再例如，为让资本市场真正发挥市场化配置资本的作用，2014 年 12 月，中国证监会修订、发布了《关于改革完善并严格实施上市公司退市制度的若干意见》，并指导沪深交易所发布《上市公司重大违法强制退市实施办法》；2018 年 11 月，习近平在首届中国国际进口博览会上宣布："将在上海证券交易所设立科创板并试点注册制，支持上海国际金融中心和科技创新中心建设，不断完善资本市场基础制度。"①

① 习近平：《共建创新包容的开放型世界经济——在首届中国国际进口博览会开幕式上的主旨演讲》，http：//cpc. people. com. cn/n1/2018/1105/c64094 –30382600. html。

第十八章

基本经济制度的进一步完善

引言　坚持和完善基本经济制度

中国特色社会主义进入新时代，我们党围绕坚持和完善基本经济制度，在理论和实践上实现了一系列新的突破、创新和发展。

党的十八届三中全会《决定》做出新突破，把非公有制经济的地位和作用提到了一个新的高度，在“两个毫不动摇”的基础上提出“两个都是”，即公有制经济和非公有制经济都是社会主义市场经济的重要组成部分，公有制经济和非公有制经济都是我国经济社会发展的基础。《决定》明确提出，公有制为主体、多种所有制经济共同发展的基本经济制度，是中国特色社会主义制度的重要支柱，也是社会主义市场经济体制的根基。必须毫不动摇巩固和发展公有制经济，坚持公有制主体地位，发挥国有经济主导作用，不断增强国有经济活力、控制力、影响力。必须毫不动摇鼓励、支持、引导非公有制经济发展，激发非公有制经济活力和创造力。“两个都是”的提出，丰富了“两个毫不动摇”，完善了基本经济制度理论。

党的十八届三中全会指出，积极发展混合所有制经济，国有资本、集体资本、非公有资本等交叉持股、相互融合的混合所有制经济，是基本经济制度的重要实现形式。这是我们党对基本经济制度的进一步完善，这是在党的文件中首次将混合所有制经济提高到基本经济制度的重要实现形式的高度来认识，并强调要积极发展。这就进一步深化了对坚持和完善基本经济制度的认识，丰富了社会主义基本经济制度的内涵。是我们党在基本经济制度认识上的新突破。深化国有企业改革和发展混合所有制经济是一个问题的两面。不仅点破了“发展混合所有制经济”是我国深化国有企业改革的“重头戏”，而且从更高层次、更大范围揭示了“发展混合所有制经济”对于“加快完善社会主义市场经济体制”的重要意义。发展混合所有制经济要通过国有企业分类改革来推进。国有企业改革，要有利于国有资本保值增值，有利于提高国有经济竞争力，有利于放大国有资本的功能。简单地说，就是要做强做优做大国有企业和国有资本。

党的十九大报告中鲜明指出：“坚持社会主义市场经济改革方向”、“加快完善社会主义市场经济体制”，明确“经济体制改革必须以完善产权制度和要素市场化配置为重点，实现产权有效激励、要素自由流动、价格反应灵活、竞争公平有序、企业优胜劣汰”。这些重要论述，进一步深化了对社会主义市场经济规律的认识，进一步坚定了社会主义市场经济改革方向，明确了加快完善社会主义市场经济体制的重点任务。党的十九大专门对国资国企改革做出重大部署，明确提出要完善各类国有资产管理体制，改革国有资本授权经营体制，加快国有经济布局优化、结构调整、战略性重组，促进国有资产保值增值，推动国有资本做强做优做大，有效防止国有资产流失；深化国有企业改革，发展混合所有制经济，培育具有全球竞争力的世界一流企业。

中国经济进入新时代，旧的政商关系不能适应新时代我国经济发展的要求。我国经济持续健康发展，必须构建新型有效的政商关系。发展中国特色社会主义市场经济，促进非公有制经济健康发展，政商关系是始终绕不开的重要话题。必须在高质量发展中构建新型政商关系。构建新型政商关系，归根到底又是为了更好地发展。新型政商关系的关键就是“亲”和“清”。制度建设是构建新型政商关系的根本。非公有制经济要健康发展，前提是非公有制经济人士要健康成长。非公有制经济健康发展是非公有制经济人士健康成长的前提基础，非公有制经济人士健康成长是非公有制经济健康发展的动力和保障。毫不动摇地鼓励、支持和引导非公有制经济发展，就必须推进民营企业发展。支持民营企业发展，激发各类市场主体活力，努力实现更高质量、更有效率、更加公平、更可持续的发展。

第一节　在“两个毫不动摇”的基础上提出“两个都是”

一、“两个都是”的提出完善了基本经济制度

改革开放以来，党和国家出台了一系列关于非公有制经济发展的政策措施。特别是党的十八大以来，随着全面深化改革不断推进，关于非公有制经济发展的

政策措施更加完善。2013 年 11 月，党的十八届三中全会通过的《中共中央关于全面深化改革若干重大问题的决定》做出新突破，把非公有制经济的地位和作用提到了一个新的高度，在“两个毫不动摇”的基础上提出“两个都是”，即公有制经济和非公有制经济都是社会主义市场经济的重要组成部分，公有制经济和非公有制经济都是我国经济社会发展的基础。①

“两个都是”的提出，丰富了“两个毫不动摇”，完善了基本经济制度理论。《决定》明确提出，公有制为主体、多种所有制经济共同发展的基本经济制度，是中国特色社会主义制度的重要支柱，也是社会主义市场经济体制的根基。必须毫不动摇巩固和发展公有制经济，坚持公有制主体地位，发挥国有经济主导作用，不断增强国有经济活力、控制力、影响力。必须毫不动摇鼓励、支持、引导非公有制经济发展，激发非公有制经济活力和创造力。

基本经济制度形成的过程就是对公有制经济与非公有制经济二者关系的认识不断深化的过程。可以从我国基本经济制度演进的历程来认识“两个都是”的重要意义。非公有制经济的发展从“有益补充”，到“共同发展”，到“重要组成部分”，到“两个毫不动摇”，再到“两个都是”，表明了我们党对非公经济地位作用认识的不断深化。“两个都是”的提出具有深刻的变化，进一步提升了非公经济的地位，充分表明了我们党对非公经济的认识达到一个新的高度，明确了发展非公有制经济的基本方向。过去我们也讲“非公有制经济是我国社会主义市场经济的重要组成部分”，但把公有制经济和非公有制经济并列起来讲还是第一次。这种以党的文件形式来肯定非公有制的经济地位是空前的，也为非公有制经济提供了更有力的外部环境和更广阔的发展空间。“两个都是”的提出，对于进一步激发非公有制经济活力和创造力、形成公平竞争的局面具有重要意义。

继党的十八届三中全会提出“两个都是”之后，党的十八届三中、四中、五中全会推出了一系列扩大非公有制企业市场准入、平等发展的改革举措。主要有：鼓励非公有制企业参与国有企业改革，鼓励发展非公有资本控股的混合所有制企业，各类市场主体可依法平等进入负面清单之外领域，允许更多国有经济和其他所有制经济发展成为混合所有制经济，国有资本投资项目允许非国有资本参股，允许具备条件的民间资本依法发起设立中小型银行等金融机构，允许社会资本通过特许经营等方式参与城市基础设施投资和运营，鼓励社会资本投向农村建设，允许企业和社会组织在农村兴办各类事业，等等。

2016 年 3 月 4 日下午，习近平同志参加全国政协十二届四次会议民建、工商

---

① 中共中央文献研究室：《十八大以来重要文献》（上），中央文献出版社 2014 年版，第 515 页。

联界委员联组会时重申，非公有制经济在我国经济社会发展中的地位和作用没有变，我们毫不动摇鼓励、支持、引导非公有制经济发展的方针政策没有变，我们致力于为非公有制经济发展营造良好环境和提供更多机会的方针政策没有变。可以说，已经形成了鼓励、支持、引导非公有制经济发展的政策体系，非公有制经济发展面临前所未有的良好政策环境和社会氛围。

公有制经济和非公有制经济的关系问题是贯穿我国整个社会主义初级阶段的基本问题，是我国社会主义初级阶段基本经济制度的一条主线。改革开放以来，我们党不断深化对公有制经济和非公有制经济二者关系的认识，总结公有制经济与非公有制经济关系发展的特点，提升对二者辩证发展的掌控能力，对丰富和发展中国特色社会主义政治经济学、推动和规范非公有制经济进一步发展、加速现代化建设步伐具有重要的理论和实践意义。

公有制经济与非公有制经济是相辅相成、相得益彰，就是指二者之间相互补充、相互借鉴和相互促进。一方面，非公有制经济的生存和发展需要借助占主体地位的公有制经济的力量，尤其是需要国有经济提供支撑。面对激烈的国际竞争环境，非公有制经济必须借助于强大的国有经济做后盾，为民族经济寻求发展空间。非公有制经济从公有制经济的优越性中汲取营养，克服自身弊病，求得发展。通过公有制经济发挥主体作用，实现为非公有制经济发展提供稳定支撑。另一方面，公有制经济的发展借助非公有制经济的力量。非公有制经济具有市场适应性强、机动灵活的特点，对生产力发展具有强烈的内生动力和发展驱动力，最大限度地调动广大生产经营者的积极性、创造性、能动性。通过二者的相互借鉴，使公有制经济平稳地实现体制转换需要、适应市场经济需要、实现自身发展需要。

公有制经济与非公有制经济共存于社会主义社会，在市场这只看不见的手的推动下，在相互合作中竞争，在相互竞争中合作。这种相互合作和相互竞争，推动了公有制经济与非公有制关系的协调发展，是社会主义市场经济发展的必然结果。实践中，国有企业通过民营经济的融资进入，既起到了让非公有制经济参与进来增加经济活力的目的，又达到了引导非公有制经济发展的目的。民营企业通过公有制经济融入进来参与竞争，既起到调整了产业结构、扩大了企业规模、增加了企业抗击风险能力的目的，又达到了促进公有制经济健康发展的目的。

二、完善产权保护制度

党的十八大在强调坚持和完善基本经济制度时，提出“保证各种所有制经济依法平等使用生产要素、公平参与市场竞争、同等受到法律保护”。十八届三中全会《决定》根据党的十八大的要求，明确提出，坚持和完善基本经济制度，要健全现代产权制度，完善产权保护制度。在此基础上，党的十九大报告中鲜明指出："坚持社会主义市场经济改革方向"、"加快完善社会主义市场经济体制"，明确"经济体制改革必须以完善产权制度和要素市场化配置为重点，实现产权有效激励、要素自由流动、价格反应灵活、竞争公平有序、企业优胜劣汰"。[①] 这些重要论述，进一步深化了对社会主义市场经济规律的认识，进一步坚定了社会主义市场经济改革方向，明确了加快完善社会主义市场经济体制的重点任务。

完善产权保护制度是坚持和完善基本经济制度、完善社会主义市场经济的内在要求。随着改革的深化和多种所有制经济的发展，不仅国有资本、集体资本不断壮大，个体、私营、外资等非公有资本和城乡居民私有财产迅速增加，各种资本流动、重组、融合日益频繁，投资主体多元化、各种所有制经济交叉持股的混合所有制经济已成为发展的必然趋势，各类财产权都要求有完善的产权保护制度作为保障。产权制度是关于产权界定、运营、保护的一系列体制安排，是社会主义市场经济存在和发展的基础。我们党在推进改革开放、探索和实践社会主义与市场经济相结合的过程中，始终围绕所有制和产权这一主线展开。党的十四届三中全会在提出建立社会主义市场经济体制时，把建立产权清晰的现代企业制度作为重要内容之一；随着经济市场化和多种所有制经济的发展，党的十五大确立了公有制为主体、多种所有制经济共同发展的基本经济制度；党的十六大提出"毫不动摇地巩固和发展公有制经济"，"毫不动摇地鼓励、支持和引导非公有制经济发展"；党的十六届三中全会在这个基础上进一步提出建立以归属清晰、权责明确、保护严格、流转顺畅为主要特征的现代产权制度，以巩固公有制经济的主体地位，促进非公有制经济发展；党的十七大在坚持和完善基本经济制度、坚持"两个毫不动摇"的基础上，提出"坚持平等保护物权，形成各种所有制经济平等竞争、相互促进新格局"。因此，随着改革实践的发展，对明晰界定各类产权、依法进行有效保护的制度安排提出越来越高的要求。

加快完善产权制度，必须着力加强产权保护。现代产权制度是社会主义市场经济体制的基石。完善产权制度是党的十九大报告确定的深化经济体制改革的重点之一。归属清晰、权责明确、保护严格、流转顺畅是现代产权制度的基本特征，其核心是产权保护。必须以公平为核心原则，依法保护各种所有制经济产权的合法利益，依法保护各种所有制经济组织和自然人财产权。所有这些都迫切要

---

① 习近平：《决胜全面建成小康社会　夺取新时代中国特色社会主义伟大胜利——在中国共产党第十九次全国代表大会上的报告》，人民出版社2017年版，第33页。

求完善对各类产权依法进行有效保护的制度。党的十八届三中全会《决定》鲜明地指出，公有制经济财产权不可侵犯，非公有制经济财产权同样不可侵犯。国家保证各种所有制经济依法平等使用生产要素、公开公平公正参与市场竞争、同等受到法律保护，而不会容许任何违反法律的不公平、不平等的规定。国家依法监管各种所有制经济，而不会只监管非公有制经济。在创新日益成为引领发展第一动力的今天，完善知识产权制度尤为重要，不仅要严格依法保护，还要在产权有效激励上实现突破。加快实行以增加知识价值为导向的分配政策，探索对科研人员实施股权、期权和分红激励，充分发挥知识产权对科技创新和成果转化的长期激励作用。总之，完善产权保护制度，将有利于维护公有财产权，巩固公有制经济的主体地位；有利于保护私有财产权，促进非公有制经济发展；有利于各类资本的流动和重组，推动混合所有制经济发展；有利于增强企业和公众创业创新的动力，形成良好的信用基础和市场秩序，是一项坚持和完善基本经济制度、完善社会主义市场经济体制的基础性制度建设。

第二节　混合所有制经济是基本经济制度的重要实现形式

一、基本经济制度实现形式的新突破

党的十八届三中全会的《决定》把混合所有制经济作为基本经济制度的重要实现形式，就是说，公有制为主体、多种所有制经济共同发展的重要实现形式是混合所有制经济。这是在党的文件中首次将混合所有制经济提高到基本经济制度的重要实现形式的高度来认识，并强调要积极发展。这就进一步深化了对坚持和完善基本经济制度的认识，丰富了社会主义基本经济制度的内涵。是我们党在基本经济制度认识上的新突破。

改革开放以来，我们党一直在探索公有制和基本经济制度的有效实现形式。1997 年，党的十五大确立了社会主义初级阶段的基本经济制度，第一次提出混合所有制经济概念，阐述了公有制和混合所有制的关系，明确提出："公有制实现形式可以而且应当多样化。""要努力寻找能够极大促进生产力发展的公有制实现形式。股份制是现代企业的一种资本组织形式，有利于所有权和经营权的分离，有利于提高企业和资本的运作效率，资本主义可以用，社会主义也可以用。"1999 年，党的十五届四中全会决定指出："国有大中型企业尤其是优势企业，宜

于实行股份制的，要通过规范上市、中外合资和企业相互参股等形式，改为股份制企业，发展混合所有制经济。”2002 年，党的十六大报告提出：“除极少数必须由国家独资经营的企业外，积极推行股份制，发展混合所有制经济。”2003 年，党的十六届三中全会提出：“要适应经济市场化不断发展的趋势，进一步增强公有制经济的活力，大力发展国有资本、集体资本和非公有资本等参股的混合所有制经济，实现投资主体多元化，使股份制成为公有制的主要实现形式。”党的十七大提出，“以现代产权制度为基础，发展混合所有制经济”。

党的十八届三中全会的《决定》重申，公有制为主体、多种所有制经济共同发展的基本经济制度，是中国特色社会主义制度的重要支柱，也是社会主义市场经济体制的根基。并指出，国有资本、集体资本、非公有资本等交叉持股、相互融合的混合所有制经济，是基本经济制度的重要实现形式，有利于国有资本放大功能、保值增值、提高竞争力，有利于各种所有制资本取长补短、相互促进、共同发展。[①] 这是在新形势下探索公有制经济和市场经济相结合有效形式的成果，是社会主义市场制度下国有企业改革发展的独特模式和重大创新，成功解决了公有制和市场经济相结合的世界性难题。

在经济转型初期，对原有公有制特别是国有制进行改革的同时，允许体制外非公有制经济发展，是一项非常成功的增量改革。非国有经济特别是非公有制经济成分的生成和发展，是中国混合所有制经济形成的前提条件。在此基础上，才有不同所有制性质和资本在企业中的“混合”，由此使公有制和非公有制的并存由企业外部转到企业内部。混合所有制经济成为基本经济制度的实现形式，社会主义经济性质在微观领域的体现着重在于混合所有制经济中国有经济的控制力。在国民经济的重要领域和关键行业，国有经济通过掌握控股权等形式在企业中把握控制力，充分体现公有制经济的性质。无论是宏观领域坚持公有制为主体、多种所有制经济共同发展，还是微观领域中实现形式的发展，都是坚持和完善基本经济制度。坚持和完善基本经济制度，不仅指所有制结构的完善以及实现多种所有制经济更好地共同发展，而且是指基本经济制度的框架下通过微观制度上的实现，从而使实现形式上更好地符合基本经济制度发展要求。

二、通过分类改革推进混合所有制经济发展

国有企业改革始终是我国经济体制改革的关键环节。国有企业改革经历了放

① 中共中央文献研究室：《十八大以来重要文献选编》（上），中央文献出版社 2014 年版，第 515 页。

权让利、承包制租赁制、股份制改造、现代企业制度试点等改革阶段后，逐渐回归到分类改革的思路。2015 年 8 月颁布的《中共中央、国务院关于深化国有企业改革的指导意见》，把国有企业明确划分为商业类和公益类，并确定了不同的改革模式，其中商业类国有企业实行公司制股份制改革，国有资本可以绝对控股、相对控股，也可以参股；而公益类国有企业则一般采取国有独资形式，但在有些领域也允许非国有企业参与。

根据国有资本的战略定位和发展目标，结合我国不同国有企业在经济社会发展中的作用、现状和发展需要，将国有企业分为商业类和公益类。通过界定功能、划分类别，实行分类改革、分类发展、分类监管、分类定责、分类考核，提高改革的针对性、监管的有效性、考核评价的科学性，推动国有企业同市场经济深入融合，促进国有企业经济效益和社会效益有机统一。① 主业处于充分竞争行业和领域的商业类国有企业，原则上都要实行公司制股份制改革，积极引入其他国有资本或各类非国有资本实现股权多元化，国有资本可以绝对控股、相对控股，也可以参股，并着力推进整体上市。对这些国有企业，重点考核经营业绩指标、国有资产保值增值和市场竞争能力。主业处于关系国家安全、国民经济命脉的重要行业和关键领域、主要承担重大专项任务的商业类国有企业，要保持国有资本控股地位，支持非国有资本参股。对这些国有企业，在考核经营业绩指标和国有资产保值增值情况的同时，加强对服务国家战略、保障国家安全和国民经济运行、发展前瞻性战略性产业以及完成特殊任务的考核。公益类国有企业以保障民生、服务社会、提供公共产品和服务为主要目标，引入市场机制，提高公共服务效率和能力。这类企业可以采取国有独资形式，具备条件的也可以推行投资主体多元化，还可以通过购买服务、特许经营、委托代理等方式，鼓励非国有企业参与经营。对公益类国有企业，重点考核成本控制、产品服务质量、营运效率和保障能力，根据企业不同特点有区别地考核经营业绩指标和国有资产保值增值情况，考核中要引入社会评价。

作为基本经济制度的重要实现形式，国有企业混合所有制改革过程中必须坚持以社会主义公有制为基础，公有制为主体。习近平总书记 2015 年 7 月中旬在吉林省考察调研期间对国企改革进行深刻论述，提出“三个有利于”标准，即推进国有企业改革，要有利于国有资本保值增值，有利于提高国有经济竞争力，有利于放大国有资本功能。这就为国有企业的混合所有制改革指明了方向、确定了标准。

放大国有资本功能，就是要充分发挥国有资本的杠杆作用，扩大国有资本的

① 中共中央文献研究室：《十八大以来重要文献选编》（中），中央文献出版社 2016 年版，第 651 页。

控制力、支配力和影响力。一方面，在国有企业中引入非国有资本，促进国有企业的治理完善、转型升级、战略重组、结构优化，自主创新的良性发展；为非公有制经济提供符合产业政策要求、有利于转型升级的项目和机会；另一方面，发挥国有资本投资运营平台作用，鼓励国有资本进入到潜力大、成长性强，以及涉及公共服务、高科技、生态环保等重点产业领域的非国有企业，在自主创新和产业结构升级方面，发挥国有资本的引领作用。

国有资本保值增值是发展混合所有制经济、防止国有资产流失、完善管资本为主的国有资产管理体制的客观要求。要放活国有资本，要改革国有资本授权经营体制，科学地界定国有资本所有权和经营权的边界，调整国资监管机构的权责事项，真正落实企业的法人财产权和经营自主权。要创新监管方式和手段，改变行政化的管理方式，改进考核体系和办法，促进国有资本的保值增值。同时也要牢牢守住防止国有资产流失这条红线，坚决防止国有资产流失。这意味着国有资产管理职能从过去注重企业日常经营，向注重资本安全性、功能性、流动性、盈利性和持续增值性方向的转变。要提高国有资本运营效率，做好增量，盘活存量，优化国有资本布局，坚持有进有退，有所为有所不为，按照国家战略的要求，推动国有资本更多地向关系国家安全、国民经济命脉，以及国计民生的重要行业和关键领域集中，向战略性、前瞻性产业集中，向优势企业集中。

提高国有经济竞争力，就是要加强党的领导，发挥国有企业党组织的政治核心作用，提高国有企业的核心竞争力，促进国有企业高质量发展；以供给侧结构性改革为契机，化解过剩产能，淘汰落后产能，加速转型升级，占领高端市场；在更多重点领域掌握关键核心技术，迈向全球价值链的中高端，培育具有全球竞争力的世界一流企业；扩大国企对稳定和发展国民经济的贡献；贯彻实施“走出去”战略和“一带一路”倡议，在跨国公司主导全球价值链的国际竞争体系下，发挥混合所有制经济的国家竞争力优势，国企和民企联合出海，形成一批在国际资源配置中占据主导地位，在全球行业发展中起到引领作用，在全球产业发展中有话语权和影响力的中国企业。

三、发展混合所有制经济做强做优做大国有企业和国有资本

在中国共产党领导和我国社会主义制度下，国有企业和国有经济必须不断发展壮大，这个问题应该是毋庸置疑的。[①] 国有企业是我国经济社会发展的主要力

① 中共中央文献研究室：《十八大以来重要文献选编》（下），中央文献出版社 2018 年版，第 291 页。

量和重要支柱，在我国经济新旧动能转换过程中起着举足轻重的作用，带头进行新旧动能转换，既是国有企业义不容辞的重大政治责任，也是做强做优做大的发展机遇。

早在2013年底，习近平总书记在对国家国资委的工作批示中，首次指出“要做强做优做大国有企业”；2014年底，在中央经济工作会议上，习近平第二次强调：“要坚定不移把国企做强做优做大，不断增强国有经济活力、控制力、影响力、抗风险能力”；2015年7月，习近平在吉林调研期间第三次强调：“要做大做强做优国有企业”；2016年7月，习近平对全国国企改革座谈会做出重要指示，第四次强调：“国有企业是壮大国家综合实力、保障人民共同利益的重要力量，必须理直气壮做强做优做大，不断增强活力、影响力、抗风险能力，实现国有资产保值增值”；2016年10月，习近平在全国国企党建工作会议上第五次强调：“坚定不移把国有企业做强做优做大”。

为什么要强调做强做优做大国有企业？第一，国有企业是国民经济和我们党执政的经济基础中的支柱。2014年8月，习近平在中央深改领导小组第四次会议上深刻指出，我国国企“是国民经济的重要支柱，在我们党执政和我国社会主义国家政权的经济基础中也是起支柱作用的，必须搞好”；2017年12月，在江苏徐州市考察期间强调深入学习贯彻党的十九大精神时进一步指出：“国有企业是中国特色社会主义的重要物质基础和政治基础，是中国特色社会主义经济的‘顶梁柱’。”第二，国有企业是强大的国家实体经济。2013年7月习近平在武汉调研时便指出：“国家强大要靠实体经济，不能泡沫化”；2015年7月在同吉林省国企职工座谈时，他又指出：“国有企业是国民经济发展的中坚力量。”“我们要向全社会发出明确信息：搞好经济、搞好企业、搞好国有企业，把实体经济抓上去。”第三，国有企业是保障人民共同利益的重要力量。从政治经济学的角度看，国有企业和国有资本的终极所有权或产权属于全国人民，因而属于全民所有制的性质。这是中国特色社会主义贯彻“以人民为中心”和保障人民共同利益的具体体现。第四，国有企业是壮大国家综合实力和参与国际竞争的重要力量。2016年10月，在全国国企党建工作会议上，习近平总书记提出要使国有企业成为党和国家最可信赖的“依靠力量”，成为坚决贯彻执行党中央决策部署，贯彻新发展理念、全面深化改革的重要力量，实施“走出去”战略、“一带一路”建设等，壮大综合国力、促进经济社会发展、保障和改善民生，让我们党赢得具有许多新的历史特点的伟大斗争胜利的“五个重要力量”。

在提出做强做优做大国有企业的基础上，党的十九大报告提出，要完善各类国有资产管理体制，改革国有资本授权经营体制，加快国有经济布局优化、结构调整、战略性重组，促进国有资产保值增值，推动国有资本做强做优做大。①“做强做优做大国有资本”，有利于完善产权制度和要素市场化配置。党的十九大报告中指出，经济体制改革必须以完善产权制度和要素市场化配置为重点，实现产权有效激励、要素自由流动、价格反应灵活、竞争公平有序、企业优胜劣汰；“做强做优做大国有资本”有利于发展混合所有制经济。发展混合所有制经济的目的是放大国有资本功能、提高国有资本竞争力，实现多种所有制经济共同发展、相互促进、共同繁荣；“做强做优做大国有资本”有利于改革国有资本授权经营体制。党的十八大以来，国有资本授权经营体制转为以“管资本为主”，“管资本”是指国家所有权机构直接监管的对象由“企业”转变为“资本”。实现这个转变的前提是国有资产由实物形态的“企业”转换成价值形态的“资本”。国有资本作为股东，通过公司治理的途径，使国有资本增值。

在新时代，我国国有企业改革的重点是加快国有经济布局优化、结构调整、战略性重组，促进国有资产保值增值，推动国有资本做强做优做大。一是要放活国有资本，要改革国有资本授权经营体制，科学的界定国有资本所有权和经营权的边界，调整国资监管机构的权责事项，真正落实企业的法人财产权和经营自主权。二是管好国有资本，放不是不管，而是要创新监管方式和手段，改变行政化的管理方式，改进考核体系和办法，促进国有资本的保值增值。同时也要牢牢守住防止国有资产流失这条红线，坚决防止国有资产流失。三是优化国有资本，坚持有进有退，有所为有所不为，按照国家战略的要求，推动国有资本更多地向关系国家安全、国民经济命脉，以及国计民生的重要行业和关键领域集中，向战略性、前瞻性产业集中，向优势企业集中。四是放大国有资本，推进混合所有制改革，提高国有资本的运作效率和水平，促进各种所有制资本的取长补短、相互促进、共同发展。

第三节　构建新型政商关系

一、构建“亲”“清”新型政商关系

政商关系不仅是中国的问题，更是世界性的难题。发展中国特色社会主义市

① 习近平：《决胜全面建成小康社会　夺取新时代中国特色社会主义伟大胜利——在中国共产党第十九次全国代表大会上的报告》，人民出版社 2017 年版，第 33 页。

场经济，促进非公有制经济健康发展，政商关系是始终绕不开的重要话题。就我国经济持续健康发展来说，从来没有像今天这样需要确立一种有效的政商关系。

习近平同志 2016 年 3 月 4 日下午参加全国政协十二届四次会议民建、工商联界委员联组会时指出，新型政商关系概括起来，就是“亲”“清”两个字。为了推动经济社会发展，领导干部同非公有制经济人士的交往是经常的、必然的，也是必需的。这种交往应该为君子之交，要亲商、安商、富商，但不能搞成封建官僚和“红顶商人”之间的那种关系，也不能搞成西方国家大财团和政界之间的那种关系，更不能搞成吃吃喝喝、酒肉朋友的那种关系。党的十九大报告再一次要求要构建“亲”“清”新型政商关系，必将激励广大党政干部勇于担当、积极作为，既帮助民营企业解决发展中遇到的各种困难和问题，又守住底线不以权谋私；同时，也必将激励广大民营企业家做到洁身自好，遵纪守法办企业、光明正大搞经营，为决胜全面建成小康社会、争取新时代中国特色社会主义新胜利作出新贡献。

习近平同志 2018 年 11 月 1 日在民营企业座谈会上指出，各级党委和政府要把构建亲清新型政商关系的要求落到实处，把支持民营企业发展作为一项重要任务，花更多时间和精力关心民营企业发展、民营企业家成长，不能成为挂在嘴边的口号。我们要求领导干部同民营企业家打交道要守住底线、把好分寸，并不意味着领导干部可以对民营企业家的正当要求置若罔闻，对他们的合法权益不予保护，而是要积极主动为民营企业服务。各相关部门和地方的主要负责同志要经常听取民营企业反映和诉求，特别是在民营企业遇到困难和问题的情况下更要积极作为、靠前服务，帮助解决实际困难。对支持和引导国有企业、民营企业特别是中小企业克服困难、创新发展方面的工作情况，要纳入干部考核考察范围。人民团体、工商联等组织要深入民营企业了解情况，积极反映企业生产经营遇到的困难和问题，支持企业改革创新。要加强舆论引导，正确宣传党和国家大政方针，对一些错误说法要及时澄清。

要在全面深化改革中构建新型政商关系。政商关系要实现既“亲”且“清”，关键靠改革。无论是市场在资源配置中起决定性作用，还是更好发挥政府作用；无论是提升政府行政管理效能，还是激发企业创新创业活力；无论是厘清政府和市场边界，还是理顺政府和企业关系，都需要依靠改革来破解难题、建立机制。必须深化“放管服”改革，推进政府职能转变，理顺政府与市场的关系，在更大范围、更深层次上深化简政放权、放管结合，优化服务。要针对民营企业发展中的实际问题，立足当前政商关系的新特点，以更大力度实现审批流程再造与改革配套实施、服务效能提升与改革同步进行、监管体系建设与改革无缝对接，将改革举措真正落到实处，着力解决制约非公经济发展的“玻璃门”“弹簧门”和“旋转门”等问题，全面激发非公经济活力和创造力。

要在高质量发展中构建新型政商关系。构建新型政商关系，归根到底又是为了更好地发展。构建“亲”“清”新型政商关系不仅是民营企业健康发展的客观需要，也是高质量发展的现实需要。新型政商关系的关键就是“亲”“清”。对领导干部而言，所谓“亲”，就是要坦荡真诚同民营企业接触交往。① 为了推动经济社会发展，领导干部同非公有制经济人士的交往是经常的、必然的，也是必需的。特别是在民营企业遇到困难和问题情况下更要积极作为、靠前服务，对非公有制经济人士多关注、多谈心、多引导，帮助解决实际困难，真心实意支持民营经济发展。所谓“清”，就是同民营企业家的关系要清白、纯洁，不能有贪心私心，不能以权谋私，不能搞权钱交易。② 这种交往应该为君子之交，要亲商、安商、富商，但不能搞成封建官僚和“红顶商人”之间的那种关系，也不能搞成西方国家大财团和政界之间的那种关系，更不能搞成吃吃喝喝、酒肉朋友的那种关系。对民营企业家而言，所谓“亲”，就是积极主动同各级党委和政府及部门多沟通多交流，讲真话，说实情，建诤言，满腔热情支持地方发展。所谓“清”，就是要洁身自好、走正道，做到遵纪守法办企业、光明正大搞经营。企业经营遇到困难和问题时，要通过正常渠道反映和解决，如果遇到政府工作人员故意刁难和不作为，可以向有关部门举报，运用法律武器维护自身合法权益。靠旁门左道、歪门邪道搞企业是不可能成功的。

要在制度建设中构建新型政商关系。维持政商关系稳定，制度是最可靠、最有效、最持久的方式，制度是构建新型政商关系的根本。无论是打破官商“勾肩搭背”、乱作为，还是防止官商“背对着背”、不作为，都需要扎紧制度篱笆，守住用权底线。要研究制定出台规范政商关系的相关制度，以公私分明为原则，细化政商交往正当行为，列出政商交往的“正面清单”和“负面清单”，厘定“可为”与“不可为”界限，为规范政商交往提供具体指引，对利益冲突回避做出制度规定，对优化政务服务提出明确要求。要坚持用制度管权管事管人，制定权力清单和责任清单，明确“法无授权不可为”“法定职责必须为”“法无禁止皆可为”，用制度来消除“没有原则的政治”和“没有道德的商业”，为政商交往提供可操作、规范化、具有普遍约束力的制度体系，塑造透明、公平、公正的良性政商关系新生态。让政企回归权力和商业的本真，使政商各安其位、各负其责、各得其所。制度建设必须以法治为支撑。要坚持法治至上，党政部门、各级

①② 《习近平谈治国理政》第2卷，外文出版社2017年版，第264页。

干部的行为都应由法律来明确边界、划出底线，该做什么、不该做什么，都应在法治的框架下来明确和实施。

要在不断完善监督机制中构建新型政商关系。监督是最好的“防腐网”，缺少有效的监督，就容易滋生腐败。权力常常具有膨胀性，缺乏足够的约束，就容易越界错位。要加强党内监督、人大监督、协商监督，拓宽行政监督、司法监督、审计监督，尤其是突出抓好社会监督和舆论监督，增强监督合力和实效，使政商关系在立体多维监督中“亲”“清”起来。根据各级党政部门不同岗位的责任清单，把责任明确化、透明化、程序化，建立责任认定和评估制度。坚持有权必有责，用权受监督，失职要问责，违法要追究，绝不能把商品交换那一套搬到党内政治生活和工作中来。探索建立企业和社会对各级政府服务质量、工作作风的评议制度，把监督作为纠正缺点的关键方法，把监督作为改进工作的有效途径，筑牢遵纪守法的防线，确保权力行使不越位、不错位、不缺位。

二、促进非公有制经济健康发展和非公有制经济人士健康成长

改革开放以来，我们党不仅引导非公有制经济健康发展，而且关心非公有制经济人士健康成长。2000 年 12 月，江泽民同志在第 19 次全国统战工作会议上强调，要着眼于非公有制经济健康发展和非公有制经济人士健康成长，帮助非公有制经济人士树立在党的领导下走建设中国特色社会主义道路的信心，首次提出“两个健康”。2012 年 7 月 23 日，胡锦涛同志在省部级主要领导干部专题研讨班上的讲话明确指出，“促进非公有制经济健康发展和非公有制经济人士健康成长”。

党的十八大以来，我们党在提出构建新型政商关系基础上，强调非公有制经济“两个健康”。2015 年 5 月，习近平同志在中央统战工作会议上指出，非公有制经济要健康发展，前提是非公有制经济人士要健康成长。2016 年 3 月 4 日下午，习近平同志参加全国政协十二届四次会议民建、工商联界委员联组会时，进一步阐述了“两个健康”的内在联系，要求一手抓鼓励支持，一手抓教育引导，既关注非公有制经济人士的思想，也要关注他们的困难，切实增强工作的针对性和实效性。2017 年 10 月，党的十九大报告强调，要构建亲清新型政商关系，促进非公有制经济健康发展和非公有经济人士健康成长。

进入新时代，我们党阐明“两个健康”的辩证关系，既体现了非公有制经济转向高质量发展的新要求，又体现了非公有制经济在不同阶段发展过程中对企业及企业家健康要求的变化。非公有制经济发展的“健康”，既表现在发展规模上，

更表现在发展质量上；非公有制经济人士成长的“健康”，既表现在个人素质上，更表现在责任担当上。非公有制经济“两个健康”的内在关联性体现在非公有制经济健康发展是非公有制经济人士健康成长的前提基础，非公有制经济人士健康成长是非公有制经济健康发展的动力和保障。在这“两个健康”中，人是决定因素。有了人的“健康”，才能有经济的“健康”。有了非公有制经济人士的自觉和自信，才能有非公有制企业的发展和自强。

从总体上讲，非公有制经济发展是健康的。但是，仔细分析就会发现，有一些非公有制企业，发展状态并不“健康”。主要表现在：首先是创新能力不足。多年来，一直满足于“模仿”和“制造”，而不去寻求“发明”和“创造”。其次是管理水平低下。或者家族式管理，或者作坊式管理，或者民间式管理，或者随意式管理。一出问题，不是“关门”，就是“跑路”。党和政府必须根据新时代经济发展的新情况、新特点，在全面深化改革中支持非公有制经济健康发展，实现我国非公有制经济跨越式发展。一方面要为非公有制经济营造良好的发展环境，包括优化非公有制经济发展政策环境和营造良好的社会舆论氛围。另一方面要完善服务体系，服务非公有制企业发展。包括做好政策信息服务；推进企业文化建设；协调各方面关系，维护企业合法权益；整合资源，帮助非公有制企业破解难题，积极帮扶企业转变经济发展方式；加强非公有制企业党建工作，增强企业发展动力；组织企业参与公益事业，为企业成长拓展空间等方面内容。

非公有制经济人士健康成长，体现在最大限度地将他们团结凝聚在党和政府的周围，引导他们坚定不移地走中国特色社会主义道路，做到爱国、敬业、守法、贡献，积极承担社会责任。许多民营企业家都是创业成功人士，是社会公众人物。他们的举手投足、一言一行，对社会有很强的示范效应，要十分珍视和维护好自身形象。要深入开展以“守法诚信、坚定信心”为重点的理想信念教育实践活动，始终热爱祖国、热爱人民、热爱中国共产党，积极践行社会主义核心价值观，做爱国敬业、守法经营、创业创新、回报社会的典范，促进非公有制经济人士的个人素质和责任意识随着财富的增长而提升。积极响应党和国家的号召，致富思源、富而思进，在发展企业的同时，为保障和改善民生、发展社会公益事业、促进社会和谐做出了重要贡献，在推动实现中华民族伟大复兴中国梦的实践中谱写人生事业的华彩篇章。①

党的十九大报告指出：“要支持民营企业发展，激发各类市场主体活力，要

① 《习近平谈治国理政》第2卷，外文出版社2017年版，第265页。

努力实现更高质量、更有效率、更加公平、更可持续的发展”。[①] 在党的历次重要会议和文件中，都用“非公有制经济”和“民营经济”来表述，党的十九大报告直接使用“民营企业”的概念，既表明我们党对民营企业认识的逐步深化，又对民营企业为改革开放和经济社会建设作出的贡献给予充分肯定，是中国特色社会主义道路自信、理论自信、制度自信和文化自信的重要体现，必将激励我国广大民营企业为决胜全面建成小康社会作出新贡献。

2018 年 11 月 1 日，习近平同志在民营企业座谈会上指出，支持民营企业发展，是党中央的一贯方针，这一点丝毫不会动摇。改革开放 40 年来，民营企业蓬勃发展，民营经济从小到大、由弱变强，在稳定增长、促进创新、增加就业、改善民生等方面发挥了重要作用。民营经济是我国经济制度的内在要素，民营企业和民营企业家是我们自己人。民营经济是社会主义市场经济发展的重要成果，是推动社会主义市场经济发展的重要力量，是推进供给侧结构性改革、推动高质量发展、建设现代化经济体系的重要主体，也是我们党长期执政、团结带领全国人民实现“两个一百年”奋斗目标和中华民族伟大复兴中国梦的重要力量。在全面建成小康社会、进而全面建设社会主义现代化国家的新征程中，我国民营经济只能壮大、不能弱化，不仅不能“离场”，而且要走向更加广阔的舞台。[②]

中国民营经济发展进入到转型升级的历史新阶段，关键是要破解制约民营企业发展的重大难题，营造民营企业发展的良好环境，推动各项政策落地、落细、落实。2016 年 3 月 4 日下午，习近平同志在参加全国政协十二届四次会议民建、工商联界委员联组会时指出，由于一些原因，这些政策的配套措施还不是很实，政策落地效果还不是很好，主要问题是：市场准入限制仍然较多；政策执行中“玻璃门”“弹簧门”“旋转门”现象大量存在；一些政府部门为民营企业办事效率仍然不高；民营企业特别是中小企业、小微企业融资渠道狭窄，民营企业资金链紧张，等等。对目前遇到的困难，有的民营企业家形容为遇到了“三座大山”：市场的冰山、融资的高山、转型的火山。[③]

2018 年 11 月 1 日，习近平同志在民营企业座谈会上强调“三个没有变”，即“非公有制经济在我国经济社会发展中的地位和作用没有变！我们毫不动摇鼓励、支持、引导非公有制经济发展的方针政策没有变！我们致力于为非公有制经

---

① 习近平：《决胜全面建成小康社会 夺取新时代中国特色社会主义伟大胜利——在中国共产党第十九次全国代表大会上的报告》，人民出版社 2017 年版，第 34 页。

② 习近平：《在民营企业座谈会上的讲话》，人民出版社 2018 年版，第 7 页。

③ 《习近平谈治国理政》第 2 卷，外文出版社 2017 年版，第 261 页。

济发展营造良好环境和提供更多机会的方针政策没有变!"① 在我国经济发展进程中，我们要不断为民营经济营造更好的发展环境，帮助民营经济解决发展中的困难，支持民营企业改革发展，变压力为动力，让民营经济创新源泉充分涌流，让民营经济创造活力充分迸发。其中包括：要减轻企业税费负担。要解决民营企业融资难融资贵问题。要营造公平竞争环境。要完善政策执行方式。要保护企业家人身和财产安全。稳定预期，弘扬企业家精神。

① 习近平：《在民营企业座谈会上的讲话》，人民出版社2018年版，第6页。

第十九章

国企和国资管理改革的深化

引言　国企改革的顶层设计

改革开放以来，我国国有企业发生了较大变化。进入新世纪以后，国有企业的数量首先呈现出总体下降的趋势，但是在2008年全球金融危机的冲击下，开始出现逆势增长；国有资产呈现出不断上升的趋势，尤其是在2008年之后，全国国有资产数额加速上升。与此同时，国有企业的盈利情况出现两极分化：一方面，盈利企业的盈利额在持续上升。另一方面，亏损企业的亏损额也在持续上升。国有企业的微观效率指标，如盈利面、总资产回报率、净资产回报率、销售利润率等指标，呈现出逆转趋势；国有企业的上交税金总额持续攀升；国有企业的职工人数保持平稳；国有企业的效率根据行业的不同表现出较大差异。

2012年11月，党的十八大报告指出，“要毫不动摇巩固和发展公有制经济，推行公有制多种实现形式，深化国有企业改革，完善各类国有资产管理体制，推动国有资本更多投向关系国家安全和国民经济命脉的重要行业和关键领域，不断增强国有经济活力、控制力、影响力”。党的十八大以来，国有企业改革进入了新时代。

新时代的国企改革需要顶层设计，增强了国企改革的系统性整体性协同性。2015年党中央、国务院颁布了《关于深化国有企业改革的指导意见》，出台了22个配套文件，形成了“1 + N”政策体系，形成了顶层设计和四梁八柱的大的框架。这些文件在政策取向上相互配合、在实施过程中相互促进、在实际成效上相得益彰，对于推动基层实践发挥了很好的引领、促进和指导作用。中央企业和各地国有企业都坚持问题导向，结合各个地方、各个行业和各个企业的实际，制定了很多实施的方案和操作的细则，相继展开，推动了国有企业改革向纵深推进。

国企改革重大举措相继落地，重点难点问题不断取得新突破。中央企业分类改革全面推开，功能定位更加明确。改革试点搞了十项改革试点，这些试点都取得了重大进展，形成了一批可复制的经验。混合所有制改革稳步推进，超过三分之二的中央企业已经或者正在引入了各类社会资本推进股权多元化。重组整合扎实推进，通过重组国有资本布局结构不断优化。三项制度改革进一步深化。国资监管职能进一步转变，国有资产监督不断强化。党的建设得到全面加强，为国企改革发展提供了坚强保证。

2017 年党的十九大深化国有企业改革提出了新的更高要求：完善国有资产管理体制，改革国有资本授权经营体制，加快国有经济布局优化、结构调整、战略性重组，促进国有资产保值增值，推动国有资本做强做优做大。深化国有企业改革，发展混合所有制经济，培育具有全球竞争力的世界一流企业。

第一节　全面深化改革对国企改革的新要求

一、十八届三中全会作出全面深化改革决定

2013 年 11 月 12 日中国共产党第十八届中央委员会第三次全体会议通过的《中共中央关于全面深化改革若干重大问题的决定》① （以下简称《决定》）是十八大召开后中国改革的一份纲领性文件，其中对国有经济发展战略和国有企业改革作出了重要论述和决策。

《决定》指出："必须毫不动摇巩固和发展公有制经济，坚持公有制主体地位，发挥国有经济主导作用，不断增强国有经济活力、控制力、影响力。"同时"必须毫不动摇鼓励、支持、引导非公有制经济发展，激发非公有制经济活力和创造力。"

《决定》提出："国有资本、集体资本、非公有资本等交叉持股、相互融合的混合所有制经济，是基本经济制度的重要实现形式，有利于国有资本放大功能、保值增值、提高竞争力，有利于各种所有制资本取长补短、相互促进、共同

---

① 中共中央文献研究室：《十八大以来重要文献选编》（上），中央文献出版社 2014 年版，第 515 ~ 517 页。

发展。允许更多国有经济和其他所有制经济发展成为混合所有制经济。国有资本投资项目允许非国有资本参股。允许混合所有制经济实行企业员工持股，形成资本所有者和劳动者利益共同体。”

《决定》提出完善国有资产管理体制。“以管资本为主加强国有资产监管，改革国有资本授权经营体制，组建若干国有资本运营公司，支持有条件的国有企业改组为国有资本投资公司。国有资本投资运营要服务于国家战略目标，更多投向关系国家安全、国民经济命脉的重要行业和关键领域，重点提供公共服务、发展重要前瞻性战略性产业、保护生态环境、支持科技进步、保障国家安全。”同时提出完善国有资本经营预算制度。“提高国有资本收益上缴公共财政比例”，2020 年提到 30%，更多用于保障和改善民生。

《决定》要求推动国有企业完善现代企业制度。指出“国有企业总体上已经同市场经济相融合”，必须适应市场化、国际化新形势，以规范经营决策、资产保值增值、公平参与竞争、提高企业效率、增强企业活力、承担社会责任为重点，进一步深化国有企业改革。

《决定》提出准确界定不同国有企业功能。“国有资本加大对公益性企业的投入，在提供公共服务方面作出更大贡献。国有资本继续控股经营的自然垄断行业，实行以政企分开、政资分开、特许经营、政府监管为主要内容的改革，根据不同行业特点实行网运分开、放开竞争性业务，推进公共资源配置市场化。进一步破除各种形式的行政垄断。”同时要求健全协调运转、有效制衡的公司法人治理结构。“建立职业经理人制度，更好发挥企业家作用。深化企业内部管理人员能上能下、员工能进能出、收入能增能减的制度改革。建立长效激励约束机制，强化国有企业经营投资责任追究。探索推进国有企业财务预算等重大信息公开。”

《决定》还提出鼓励非公有制企业参与国有企业改革。“鼓励发展非公有资本控股的混合所有制企业，鼓励有条件的私营企业建立现代企业制度。”

二、启动“四项改革”试点

按照党的十八届三中全会通过的《决定》的深化国企改革的部署和要求，国务院国资委于 2014 年 7 月宣布在所监管的中央企业①中开展“四项改革”试点。根据试点工作需要，国资委选择了国家开发投资公司、中粮集团、中国医药集团

① 中央企业，是指由中央人民政府（国务院）或委托国有资产监督管理机构行使出资人职责，领导班子由中央直接管理或委托中央组织部、国资委等其他中央部委管理的国有独资或国有控股企业。

总公司、中国建筑材料集团有限公司、中国节能环保集团公司和新兴际华集团有限公司等6家央企作为改革试点企业。

这四项改革试点分别为：在国家开发投资公司、中粮集团有限公司开展改组国有资本投资公司试点；在中国医药集团总公司、中国建筑材料集团公司开展发展混合所有制经济试点；在新兴际华集团有限公司、中国节能环保公司、中国医药集团总公司、中国建筑材料集团公司开展董事会行使高级管理人员选聘、业绩考核和薪酬管理职权试点；在国资委管理主要负责人的中央企业中选择2~3家开展派驻纪检组试点。

“四项改革”之一是改组国有资本投资公司试点，主要是探索以管资本为主的加强国有资产监管体制模式。具体来说是从两个方面进行探索：一是在国资监管层面，探索国资委和国有资本投资公司的关系，理清职责界面，研究国资委如何向以管资本为主转变；再一个层面就是国资运营层面，探索国有资本投资公司如何有效服务国家战略目标，调整优化国有资本的投资方向和重点，提高国有资本的运营效率和效益。国家开发投资公司是国有的专业从事股权投资、股权管理、股权经营企业，在国资投资方面今后它将承担更重要的使命。中粮集团也参与了这一试点，表明国家对其投资在今后可能会进一步加强，而这与粮食作为一种关系到国家安全和民众切身利益的重点物资有直接关系，国家资本将加强控制。这也表明对于关系国计民生的领域，国家将加强其投资，充分利用国有资本的力量保证市场稳定运行。

“四项改革”之二是发展混合所有制经济，主要是探索发展混合所有制经济的有效路径。重点在六个方面进行探索：一是探索建立混合所有制企业有效制衡、平等保护的治理结构。二是探索职业经理人制度和市场化劳动用工制度。三是探索市场化激励和约束机制。四是探索混合所有制企业员工持股。五是探索对混合所有制企业的有效监管机制。六是探索混合所有制企业党建工作的有效机制。国资委选择中国医药集团和中国建材集团作为试点，透露出了一个政策导向。这两家央企所从事的医药和建材行业，在我国已经实现高度的市场化，除了国有企业以外，民营企业以及外资企业在市场上都很活跃，市场竞争也很激烈。对于这类竞争性行业，国家倡导其进行混合所有制改革试点，让国资、民资、外资等各种所有制资本取长补短、相互促进、共同发展。

“四项改革”之三是开展董事会行使高级管理人员选聘、业绩考核和薪酬管理职权试点，主要是探索完善国有企业公司法人治理结构的工作机制。这在以往的国企管理中一直是个难点，此次国资委明确，国资委对试点企业只履行出资人职责，公司董事会不仅对企业经营有自主决策权，而且对高级管理人员的选聘也有决策权，这就明确了国资委和企业董事会各自的职责边界。这些由董事会选聘的高级管理人，实际上就是职业经理人，对他们的业绩考核、薪酬管理，都要走市场化的道路，建立起与经营业绩、风险和责任相匹配的差异化薪酬管理制度。职业经理人制度在我国的发育还很不充分，在央企中进行这方面的改革试点，探索出可借鉴的经验，有利于改进和完善我国包括民营企业在内的企业管理。

“四项改革”之四是在国资委管理主要负责人的中央企业中派驻纪检组试点，主要是探索对国企负责人重点监督的纪检监察方式。国有企业是一种不同于民企的企业，董事长只是接受国家委托管理国有资产的人，资产权利人和资产管理人处于分离状态，如果对其监管不严，很容易产生内部人控制，并发生贪渎行为，给国有资产造成损失。随着改革对国企赋予更多自主权，国家必须按有关法律、纪律对主要负责人进行监督。因此，国资委将其管理的央企主要负责人纳入纪检监督，可以为国资建立起一道安全屏障。

在试点推进过程中，国资委确定了四个原则：一是坚持顶层设计与先行先试相结合；二是坚持市场化方向与问题导向相结合；三是坚持大胆探索与坚守底线相结合；四是坚持整体推进与重点突破相结合。

国家对于国有资产的管理向以管资本为主的方向转变，对它的管理既要遵循资本的运作规律，又要体现其作为国资所承担的不同于非公资本的独特性能。“四项改革”的亮点在于，它根据不同国企在国民经济运行中不同的市场定位和它们承担的不同职能，作出了不同的改革决策，国有资本因此在不同的行业中将实现有进有退，一方面通过国资的加大投入来保证一些关系到国家安全和民众切身利益的行业的正常运行，另一方面通过混合所有制的建立，建立起各种所有制公平竞争的市场平台，让社会能够充分享受到市场竞争带来的利益；一方面充分赋予国有企业经营自主权，利用市场的力量来壮大国有资产，另一方面对国企加强监管，不让其成为产生腐败的温床。①

三、《关于深化国有企业改革的指导意见》出台

在2014年8月18日召开的中央深改组第四次会议上，习近平总书记明确指出，“国有企业特别是中央管理企业，在关系国家安全和国民经济命脉的主要行业和关键领域占据支配地位，是国民经济的重要支柱，在我们党执政和我国社会主义国家政权的经济基础中也是起支柱作用的，必须搞好。”

① 周俊生：《“四项改革”揭晓央企改革路线图》，载于《北京青年报》2014年7月16日。

2015 年 7 月，中共中央总书记习近平在吉林调研时谈到，“我们要向全社会发出明确信息：搞好经济、搞好企业、搞好国有企业。”他就国企改革指出：“推进国有企业改革，要有利于国有资本保值增值，有利于提高国有经济竞争力，有利于放大国有资本功能。”习近平总书记这一重要论断，为国企改革确立了价值判断标准，具有鲜明的改革指向性和现实针对性。习近平强调：“国有企业是推进现代化、保障人民共同利益的重要力量，要坚持国有企业在国家发展中的重要地位不动摇，坚持把国有企业搞好、把国有企业做大做强做优不动摇。”①

2015 年 8 月 24 日，中共中央、国务院发布《关于深化国有企业改革的指导意见》（以下简称《指导意见》）。这是新时期指导和推进中国国有企业改革的重要的纲领性文件。这一纲领性文件发布后，随着国企改革全面深化，多份与指导意见相关的文件相继出台，形成了以《指导意见》为引领、以若干文件为配套的国企改革顶层设计方案。

《指导意见》从改革的总体要求到分类推进国有企业改革、完善现代企业制度和国有资产管理体制、发展混合所有制经济、强化监督防止国有资产流失、加强和改进党对国有企业的领导、为国有企业改革创造良好环境条件等方面，全面提出了新时期国有企业改革的目标任务和重大举措。

《指导意见》提出，国有企业属于全民所有，是推进国家现代化、保障人民共同利益的重要力量，是我们党和国家事业发展的重要物质基础和政治基础。要继续推进国有企业改革，切实破除体制机制障碍，坚定不移做强做优做大国有企业。

《指导意见》指出，深化国有企业改革，必须坚持和完善基本经济制度，坚持社会主义市场经济改革方向，坚持增强活力和强化监管相结合，坚持党对国有企业的领导，坚持积极稳妥统筹推进。到 2020 年，在国有企业改革重要领域和关键环节取得决定性成果，形成更加符合我国基本经济制度和社会主义市场经济发展要求的国有资产管理体制、现代企业制度、市场化经营机制，国有资本布局结构更趋合理，造就一大批德才兼备、善于经营、充满活力的优秀企业家，培育一大批具有创新能力和国际竞争力的国有骨干企业，国有经济活力、控制力、影响力、抗风险能力明显增强。

为提高改革的针对性、监管的有效性、考核评价的科学性，《指导意见》提出，根据国有资本的战略定位和发展目标，结合不同国有企业在经济社会发展

---

① 朱书缘：《习近平就国企改革频“发声”：“三个有利于”确立成败标准》，中国共产党新闻网，2015 年 7 月 23 日。

中的作用、现状和发展需要，将国有企业分为商业类和公益类，并实行分类改革、分类发展、分类监管、分类定责、分类考核，推动国有企业同市场经济深入融合，促进国有企业经济效益和社会效益有机统一。商业类国有企业按照市场化要求实行商业化运作，以增强国有经济活力、放大国有资本功能、实现国有资产保值增值为主要目标。公益类国有企业以保障民生、服务社会、提供公共产品和服务为主要目标。按照谁出资谁分类的原则，履行出资人职责的机构负责制定所出资企业的功能界定和分类方案，划分并动态调整本地国有企业功能类别。

针对国有企业存在的制约不足的问题，《指导意见》提出积极引入各类投资者实现股权多元化，大力推动国有企业改制上市，创造条件实现集团公司整体上市。针对一些国有企业董事会形同虚设、“一把手”说了算等问题，提出完善治理结构的重点是推进董事会建设，建立健全权责对等、运转协调、有效制衡的决策执行监督机制。一方面，切实落实和维护董事会职权，法无授权任何政府部门和机构不得干预；另一方面，加强董事会内部的制衡约束。针对一些国有企业激励约束不足、活力不够的问题，提出实行与社会主义市场经济相适应的企业薪酬分配制度，建立健全与劳动力市场基本适应、与企业经济效益和劳动生产率挂钩的工资决定和正常增长机制，对国有企业领导人员实行与选任方式相匹配、与企业功能性质相适应、与经营业绩相挂钩的差异化薪酬分配办法，同时继续深化企业内部用人制度改革，合理增加市场化选聘职业经理人比例，真正形成企业各类管理人员和员工的合理流动机制。

针对国有资产监管工作存在越位、缺位、错位等问题，按照以管企业为主向以管资本为主转变的要求，《指导意见》提出：一是以管资本为主推进国有资产监管机构职能转变，准确把握依法履行出资人职责的定位，重点管好国有资本布局、规范资本运作、提高资本回报、维护资本安全，建立监管权力清单和责任清单。二是以管资本为主改革国有资本授权经营体制，改组组建国有资本投资、运营公司。三是以管资本为主推动国有资本合理流动优化配置，清理退出一批、重组整合一批、创新发展一批国有企业。四是以管资本为主推进经营性国有资产集中统一监管，建立覆盖全部国有企业、分级管理的国有资本经营预算制度。

《指导意见》指出发展混合所有制经济的目标是促进国有企业转换经营机制，放大国有资本功能，提高国有资本配置和运行效率，实现各种所有制资本取长补短、相互促进、共同发展。坚持因地施策、因业施策、因企施策，不搞拉郎配、不搞全覆盖，不设时间表，成熟一个推进一个。鼓励非国有资本投资主体通过出资入股、收购股权、认购可转债、股权置换等多种方式，参与国有企业改革，鼓励国有资本以多种方式入股非国有企业。对混合所有制企业员工持股，提出试点先行，健全审核程序，规范操作流程，严禁暗箱操作，防止利益输送。

为强化监督防止国有资产流失，《指导意见》提出，一是强化企业内部监督，突出对关键岗位、重点人员特别是“一把手”的监督，加强对权力集中、资金密集、资源富集、资产聚集的部门和岗位的监督，防止权力滥用；二是建立健全高效协同的外部监督机制，整合出资人监管、外派监事会监督和审计、纪检监察、巡视等监督力量，建立监督工作会商机制，加强统筹，减少重复检查，提高监督效能；三是实施信息公开加强社会监督；四是建立健全重大决策失误和失职、渎职责任追究和倒查机制，严厉查处侵吞、贪污、输送、挥霍国有资产和逃废金融债务的行为。

加强和改进党对国有企业的领导。《指导意见》强调，把加强党的领导和完善公司治理统一起来，将党建工作总体要求纳入国有企业章程，明确国有企业党组织在公司法人治理结构中的法定地位，切实承担好、落实好从严管党治党责任，进一步加强国有企业领导班子建设和人才队伍建设。加强对国有企业领导人员尤其是主要领导人员的日常监督管理和综合考核评价，及时调整不胜任、不称职的领导人员。切实落实国有企业反腐倡廉“两个责任”，完善反腐倡廉制度体系，努力构筑企业领导人员不敢腐、不能腐、不想腐的有效机制。

为国有企业改革创造良好环境条件，《指导意见》提出，一是要完善相关法律法规和配套政策，确保重大改革于法有据；二是要加快剥离企业办社会职能和解决历史遗留问题，为国有企业公平参与市场竞争创造条件；三是形成鼓励改革创新的氛围，要大力宣传中央关于全面深化国有企业改革的方针政策，宣传改革的典型案例和经验，营造有利于国有企业改革的良好舆论环境；四是加强对国有企业改革的组织领导，加强统筹协调、明确责任分工、细化目标任务、强化督促落实，确保深化国有企业改革顺利推进，取得实效。

四、国企改革形成“1 + N”文件体系

2015 年 5 月 8 日国务院批转发展改革委关于 2015 年《深化经济体制改革重点工作意见》，该意见提出“推进国企国资改革，出台深化国有企业改革指导意见，制定改革和完善国有资产管理体制、国有企业发展混合所有制经济等系列配套文件。”出台的改革意见或方案共分为三类：第一类是改革完善国有资产管理体制、加强和改进企业国有资产监督防止国有资产流失、深化国有企业改革中坚

持党的领导加强党的建设等方面的专项意见；第二类是深化中央管理企业负责人薪酬制度改革等方面的方案；第三类是贯彻落实《指导意见》任务分工等方面的工作方案。这一系列改革意见和方案，被称为国企改革“1 + N”系列文件。本章后两节所述的《关于国有企业功能界定与分类的指导意见》《国务院关于国有企业发展混合所有制经济的意见》等都是“1 + N”系列文件中的重要组成部分。

2016 年先后出台了 7 个专项配套文件，国资委会同有关部门出台了 36 个配套文件，共同形成了国企改革设计图、施工图，国企改革“1 + N”体系完成。

与国企改革“1 + N”文件体系相配套，截至 2017 年，中央各部门出台了 100 多件政策文件，各地结合实际出台落地文件超过 800 件，确保了国企改革改有方向、改有目标、改有遵循。

在完成顶层设计的同时，国企改革方向也进一步明确。2016 年 2 月底，国资委公布了国企“十项改革试点”内容，包括国有资本投资运营公司、央企兼并重组、部分重要领域混合所有制改革、混合所有制员工持股、落实董事会职权、市场化选聘经营管理者、企业薪酬分配制度差异化改革、推行职业经理人制度、国有企业信息公开、剥离企业办社会职能和解决历史遗留问题，细化和改进了国企改革的具体领域和方向。

五、优化国企结构布局兼并重组加速推进

在“十项改革试点”中，央企兼并重组整合是新一轮国企改革的重要内容。2016 年 7 月，国务院办公厅发布了《关于推动中央企业结构调整与重组的指导意见》，提出通过强强联合、专业化整合、企业内部资源整合，巩固加强一批、创新发展一批、重组整合一批、清理推出一批。央企重组的步伐在 2016 年尤其是在下半年得到了实质性推进。

2016 年中粮与中纺、中国建材与中材、中储粮与中储棉、宝钢与武钢、中旅与国旅 5 对 10 户中央企业重组整合先后完成。另外，中国远洋与中国海运重组的中国远洋海运集团挂牌成立，中铁二局注入中国中铁工业制造资产获得批准，中煤集团成为 *ST 新集控股股东。目前，中央企业户数已调整至 102 户。

对于产能过剩的行业，兼并重组可以有效减少产能，整合产业链，打通上下游，优化国企结构，做大做强做优国企。兼并重组可以实现强强联合，减少无序竞争及同质化经营，优化国有资产配置，促进转型升级。

第二节　国有企业的分类改革

一、确定分类推进国有企业改革的思路

《关于深化国有企业改革的指导意见》明确今后将分类推进国有企业改革。

对国有企业进行分类，目的是为了解决国有企业普遍存在的目标多元、定位不清的问题，为了解决考核评价针对性不强的问题，同时也为了更好地发挥国有资本的功能作用。《指导意见》把国有企业分为商业类和公益类两类。

2015 年，国有企业已经进入了资本资产化、股权多元化的发展阶段，为分类改革提供了条件。全国国有企业改制面达 78%，中央企业及其所属子企业改制面从 2003 年的 30% 提高到 2014 年的 85% 以上。截至 2014 年末，国有控股上市公司达 1075 家，其中，中央企业控股的上市公司 376 家；中央企业资产总额的 54.9%、净资产的 49.5%、营业收入的 59.8%、利润总额的 65.7%，都集中在上市公司。

2015 年 12 月 7 日，经中国国务院同意，中国国务院国有资产监督管理委员会、中国财政部、中国国家发展和改革委员会联合印发了《关于国有企业功能界定与分类的指导意见》(以下简称《国企分类的指导意见》)。国有企业功能界定与分类是新形势下深化国有企业改革的重要内容，是因企施策推进改革的基本前提，对推动完善国有企业法人治理结构、优化国有资本布局、加强国有资产监管具有重要作用。

准确界定不同国有企业功能并科学分类，是深化国有企业改革的重要前置性工作，完善现代企业制度，发展混合所有制经济，改组或组建国有资本投资运营公司等重大改革举措的完善和落地，都需要以清晰界定国有企业功能与类别为前提。对国有企业一概而论、不加区分地推行改革，将会使改革措施缺乏针对性，实施效果也会大打折扣。对国有企业进行功能界定与分类，有利于根据不同类型企业特点有针对性推进改革，将改革引向深入。

由于历史和现实原因，国有企业承担着多重责任和使命，许多企业“盈利性使命”和“公益性使命”并存，一些应由政府履行或通过购买服务履行的职责仍由企业承担，一些应由企业自主决策的重大事项仍由政府审批，阻碍了企业市场化体制机制的发展和完善。对国有企业进行功能界定与分类，区分不同企业在

国民经济中的功能定位，有利于明确不同企业的战略定位和发展目标，形成差异化发展路径，增强企业活力与发展动力。

当前，国有经济布局结构仍然有待优化，原因是多方面的，其中国有企业功能定位不够清晰、国有经济布局和结构调整方向不够明确是主要原因。对国有企业进行功能界定与分类，有利于进一步明确国有资本投向，优化国有资本配置，从整体上增强国有经济的质量和效率。

各级履行出资人职责机构成立以来，进行了一系列差异化监管的尝试，但由于没有明确的国有企业功能界定和分类，在监管措施、监管内容、监管要求、监管方式等方面仍存在“一刀切”的现象。对国有企业进行功能界定与分类，有利于推进分类监管、分类定责、分类考核，增强国有资产监管的科学性、针对性和有效性。

二、将国有企业分为商业类和公益类

将国有企业分为商业类和公益类。主要是基于四个方面考虑。一是充分考虑企业的功能作用和未来发展方向，有利于推动国有资本更多投向关系国家安全、国民经济命脉的重要行业和关键领域，有利于国有企业更好地提供公共服务、发展重要前瞻性战略性产业、保护生态环境、支持科技进步、保障国家安全。二是充分考虑企业经营的多样性、复杂性，分类宜粗不宜细。三是充分考虑企业所属行业特点和实际情况，目前国有企业大都属于多元经营，分类主要依据主业和核心业务。四是充分考虑各地不同发展实际，在遵循国家统一分类原则的前提下，允许各地结合实际，界定国有企业功能类别。

商业类和公益类国有企业有不同特征。(1) 发展目标有所不同。商业类国有企业以增强国有经济活力、放大国有资本功能、实现国有资产保值增值为主要目标。主业处于充分竞争行业和领域的企业，应在关注经济效益的同时兼顾社会效益。主业处于关系国家安全、国民经济命脉的重要行业和关键领域、主要承担重大专项任务的商业类国有企业，应实现经济效益、社会效益与安全效益的有机统一。公益类国有企业则以保障民生、服务社会、提供公共产品和服务为主要目标。(2) 企业运行方式有所不同。商业类国有企业必须按照市场化要求实行商业化运作，依法独立自主开展生产经营活动，在竞争中实现优胜劣汰、有序进退。公益类国有企业在运营管理中要引入市场机制，不断提高公共服务效率和能力，必要的产品或服务价格可以由政府调控。因此，二者在分类推进改革、分类促进发展、分类实施监管、分类定责考核等方面存在一定差异。

三、分类推进改革的方向

对商业类国有企业而言，要按照市场决定资源配置的要求，加大公司制股份制改革力度，加快完善现代企业制度，成为充满生机活力的市场主体。这其中又针对商业类国有企业区分了三种不同情况。一是主业处于充分竞争行业和领域的商业类国有企业。这类企业原则上都要实行公司制股份制改革，积极引入其他资本实现股权多元化，国有资本可以绝对控股、相对控股或参股，加大改制上市力度，着力推进整体上市。二是主业处于关系国家安全、国民经济命脉的重要行业和关键领域、主要承担重大专项任务的商业类国有企业。这类企业要保持国有资本控股地位，支持非国有资本参股。三是处于自然垄断行业的商业类国有企业。这类企业要以“政企分开、政资分开、特许经营、政府监管”为原则积极推进改革，根据不同行业特点实行网运分开、放开竞争性业务，促进公共资源配置市场化。对需要实行国有全资的企业，要积极引入其他国有资本实行股权多元化。

对公益类国有企业而言，可以采取国有独资形式，具备条件的也可以推行投资主体多元化，还可以通过购买服务、特许经营、委托代理等方式，鼓励非国有企业参与经营。

分类改革促进发展的要求：商业类国有企业要优化资源配置，加大重组整合力度和研发投入，加快科技和管理创新步伐，持续推动转型升级，培育一批具有创新能力和国际竞争力的国有骨干企业。其中，对主业处于充分竞争行业和领域的商业类国有企业，要支持和鼓励发展有竞争优势的产业，优化国有资本投向，推动国有产权流转，及时处置低效、无效及不良资产，提高市场竞争能力。对主业处于关系国家安全、国民经济命脉的重要行业和关键领域、主要承担重大专项任务的商业类国有企业，要合理确定主业范围，根据不同行业特点，加大国有资本投入，在服务国家宏观调控、保障国家安全和国民经济运行、完成特殊任务等方面发挥更大作用。公益类国有企业要根据承担的任务和社会发展要求，加大国有资本投入，提高公共服务的质量和效率。严格限定主业范围，加强主业管理，重点在提供公共产品和服务方面作出更大贡献。

四、分类改革的监管和考核

对商业类国有企业要坚持以管资本为主加强国有资产监管，重点管好国有资本布局、提高国有资本回报、规范国有资本运作、维护国有资本安全。建立健全监督体制机制，依法依规实施信息公开，严格责任追究，在改革发展中防止国有资产流失。其中，对主业处于充分竞争行业和领域的商业类国有企业，重点加强对集团公司层面的监管，落实和维护董事会依法行使重大决策、选人用人、薪酬分配等权利，保障经理层经营自主权，积极推行职业经理人制度。对主业处于关系国家安全、国民经济命脉的重要行业和关键领域、主要承担重大专项任务的商业类国有企业，重点加强对国有资本布局的监管，引导企业突出主业，更好地服务国家重大战略和宏观调控政策。

对公益类国有企业，要把提供公共产品、公共服务的质量和效率作为重要监管内容，加大信息公开力度，接受社会监督。

对商业类国有企业，要根据企业功能定位、发展目标和责任使命，兼顾行业特点和企业经营性质，明确不同企业的经济效益和社会效益指标要求，制定差异化考核标准，建立年度考核和任期考核相结合、结果考核与过程评价相统一、考核结果与奖惩措施相挂钩的考核制度。其中，对主业处于充分竞争行业和领域的商业类国有企业，重点考核经营业绩指标、国有资产保值增值和市场竞争能力。对主业处于关系国家安全、国民经济命脉的重要行业和关键领域、主要承担重大专项任务的商业类国有企业，要合理确定经营业绩和国有资产保值增值指标的考核权重，加强对服务国家战略、保障国家安全和国民经济运行、发展前瞻性战略性产业以及完成特殊任务情况的考核。

对公益类国有企业，重点考核成本控制、产品质量、服务水平、营运效率和保障能力，根据企业不同特点有区别地考核经营业绩和国有资产保值增值情况，考核中要引入社会评价。

《国企分类的指导意见》提出，有关方面在研究制定国有企业业绩考核、领导人员管理、工资收入分配制度改革等具体方案时，要根据国有企业功能界定与分类，提出有针对性、差异化的政策措施。

考虑到全国各地国有资本状况存在较大差异，《国企分类的指导意见》也给地方操作留下了空间。各地要结合实际合理界定本地国有企业功能类别，实施分类改革、发展和监管。金融、文化等国有企业的分类改革，中央另有规定的依其规定执行。

到 2017 年，中央企业功能界定与分类已经全面完成，29 个省（区、市）出台了分类意见或方案，为国有企业精准管理打下了扎实的基础，同时，也为国有经济的结构性调整和供给侧结构性改革奠定了基础。

第三节　推进混合所有制改革

一、推进国有企业的混合所有制改革文件出台

2013 年党的十八届三中全会通过的《中共中央关于全面深化改革若干重大问题的决定》中提出了要“积极”发展混合所有制经济，2015 年 8 月出台的《关于深化国有企业改革的指导意见》中提出：“以促进国有企业转换经营机制，放大国有资本功能，提高国有资本配置和运行效率，实现各种所有制资本取长补短、相互促进、共同发展为目标，稳妥推动国有企业发展混合所有制经济。”

仅仅一个月之后，2015 年 9 月，国务院就发布了《关于国有企业发展混合所有制经济的意见》（以下简称《国企混改意见》），作为国企改革顶层设计的配套文件，明确了国有企业发展混合所有制经济的总体要求、核心思路、配套措施。

《国企混改意见》指出：国有资本、集体资本、非公有资本等交叉持股、相互融合的混合所有制经济，是基本经济制度的重要实现形式。当前，应对日益激烈的国际竞争和挑战，推动我国经济保持中高速增长、迈向中高端水平，需要通过深化国有企业混合所有制改革，推动完善现代企业制度，健全企业法人治理结构；提高国有资本配置和运行效率，优化国有经济布局，增强国有经济活力、控制力、影响力和抗风险能力，主动适应和引领经济发展新常态；促进国有企业转换经营机制，放大国有资本功能，实现国有资产保值增值，实现各种所有制资本取长补短、相互促进、共同发展，夯实社会主义基本经济制度的微观基础。

《国企混改意见》指出改革的基本原则是：政府引导，市场运作；完善制度，保护产权；严格程序，规范操作；宜改则改，稳妥推进。

稳妥推进主业处于充分竞争行业和领域的商业类国有企业混合所有制改革。充分运用整体上市等方式，积极引入其他国有资本或各类非国有资本实现股权多元化。

有效探索主业处于重要行业和关键领域的商业类国有企业混合所有制改革。强调竞争领域要充分利用整体上市方式引入其他资本；关键领域如核电、军工、石油等指出哪些领域可以开放怎么开放、哪些领域不可以开放。

引导公益类国有企业规范开展混合所有制改革。通过购买服务、特许经营、

委托代理等方式，鼓励非国有企业参与经营。

分层推进国有企业混合所有制改革。在子公司层面“引导”有序推进混合所有制改革；在集团公司层面“探索”推进混合所有制改革；“鼓励”地方从实际出发推进混合所有制改革。

鼓励各类资本参与国有企业混合所有制改革。鼓励非公资本；支持集体资本；有序吸收外资；推广政府和社会资本合作（PPP）模式；鼓励国有资本以多种方式入股非国有企业；探索完善优先股和国家特殊管理股方式；探索实行混合所有制企业员工持股。

建立健全混合所有制企业治理机制。进一步确立和落实企业市场主体地位；健全混合所有制企业法人治理结构；推行混合所有制企业职业经理人制度。

建立依法合规的操作规则。严格规范操作流程和审批程序；健全国有资产定价机制；切实加强监管。

营造国有企业混合所有制改革的良好环境。加强产权保护；健全多层次资本市场；完善支持国有企业混合所有制改革的政策；加快建立健全法律法规制度。

二、混合所有制改革实践取得成效

按照试点先行的指导原则，国资委和发改委积极开展中央企业混改试点。

2014 年 7 月，国资委选择具有较好基础的中国建材和国药集团开展混改试点。经过两年多时间的努力，到 2017 年底，中国建材和国药集团混改企业户数占比分别超过 85% 和 90% ，营业收入分别超过 70% 和 90% 。两家企业还探索形成了大量有益的混改经验，国资委已经组织在中央企业范围对试点企业的经验进行了多次推介和交流①。

2015 年国务院发布的《关于国有企业发展混合所有制经济的意见》提出，在电力、石油、天然气、铁路、民航、电信、军工等领域开展混改试点示范。

2016 年是“十三五”开局之年，在年初国家发改委新闻发布会上，发改委列出 2016 年改革清单，在电力、油气、铁路、民航、电信、军工等重要领域开展混改试点示范。

2016 年 9 月，国家发改委召开专题会，部署国企混改试点工作。东航集团、联通集团、南方电网、哈电集团、中国核建、中国船舶等央企被列入首批试点。

① 国务院国资委：《将以更大力度更深层次推进国企混改》，国资委网站：www. sasac. gov. cn/n2588025/n2588164/n4437287/c9829453/content. htm。

2016年12月16日，中央经济工作会议明确指出：混合所有制改革是国企改革的重要突破口，按照完善治理、强化激励、突出主业、提高效率的要求，要在电力、石油、天然气、铁路、民航、电信、军工等领域迈出实质性步伐。显然，完善治理、强化激励、突出主业、提高效率的这个新标准，就是要发挥混改对国企公司治理结构、经营机制、重组等的牵引作用。

根据党中央和国务院的部署，国资委按照“完善治理、强化激励、突出主业、提高效率”的方针，坚持“政府引导、市场运作，完善制度、保护产权，严格程序、规范操作，宜改则改、稳妥推进”的原则，稳妥有序推进中央企业混合所有制改革工作。

两年多的混合所有制改革实践，取得了显著成效。中央企业在产权层面已与社会资本实现了较大范围的混合，混改试点工作积极推进。

1. 三分之二央企实现混合所有制。

截至2017年底，中央企业各级子企业，包含98家中央企业集团公司，基本上完成了公司制改制。其中，超过三分之二的企业引进各类社会资本实现了混合所有制。根据中央企业产权登记数据，2013～2016年中央企业及各级子企业中混合所有制企业户数占比由65.7%提高至68.9%。初步统计，2017年中央企业新增混合所有制企业户数超过700户，其中通过资本市场引入社会资本超过3386亿元。

从中央企业混改的特点看，商业一类企业（主业处于充分竞争行业和领域的商业类国有企业）混合程度最高，混合所有制企业户数占比达73.6%，商业二类企业（主业处于关系国家安全、国民经济命脉的重要行业和关键领域、主要承担重大专项任务的商业类国有企业）次之，占比为62.6%，公益类企业最低，占比为31.1%。从行业分布看，房地产、建筑、建材、通信、矿业等5个行业企业混合程度较高，混合所有制企业户数占比分别为88.3%、86.3%、78.3%、77.9%和76.8%。从企业层级看，层级越低混合程度越高，中央企业集团公司有中国联通、上海贝尔和华录集团3家为混合所有制企业，一级子企业混合所有制企业户数占比为22.5%，从二级子企业往下，混合所有制企业户数占比超过50%并逐级提高。

2. 上市公司成为央企混改主要载体。

国资委着力做好围绕资本市场的制度建设。目前，产权市场已经成为中央企业开展混合所有制改革的重要平台，2013年以来共成交495宗，引入非公资本986亿元。

上市公司已成为中央企业混合所有制改革的主要载体。2012年至2017年6月底，央企控股上市公司从378户增加到390户，央企控股上市公司资产总额、净资产、营业收入、利润总额分别占整个中央企业的63.7%、60.8%、61.1%和84.8%。2013年以来，中央企业及央企控股上市公司共实施IPO、增发、配股、发行优先股和可转债等融资事项266项，央企控股上市公司共实施资产重组事项75项，累计注入资产规模合计5814亿元。

截至2017年底，已经确定了3批共50家试点企业。前两批共19家，目前7户已经完成引入战略投资者、重组上市、新设公司等工作，引入各类投资者40多家、资本超过900亿元。2017年底新确定了第三批试点企业，包括10户中央企业和21户地方国有企业。

前两批试点企业中，不少项目的改革力度超出社会预期，获得了较高的社会关注。比如中国联通上市公司通过股票市场增发引入了中国人寿、腾讯、百度、京东、阿里、苏宁、结构调整基金等战略投资者，1月23日中国联通已公告董事会改选方案，8名非独立董事中4名来自BATJ四大民营互联网企业；东航物流通过产权市场公开融资22.5亿元，吸引了德邦、普洛斯等行业龙头企业成为战略投资者，联想、绿地等民营资本成为财务投资者，同时引入核心员工持股形成利益共同体，为建立股权结构均衡、法人治理健全的现代企业制度夯实了基础，获得社会各界关注和好评，被认为给其他企业树立了标杆和样本。东航物流引进各类社会资本后，重点推进三项制度改革，对职业经理人和员工全面实行市场化薪酬体系和考核分配机制，2017年经营效率显著提升，利润总额同比增长62.78%。

在员工持股方面，国资委选择了10家中央企业进行试点。基于以往的经验教训，此轮员工持股试点不搞全员持股、不搞平均持股、不搞存量转让持股，实行员工自愿入股、风险共担、以岗定股，实施股权动态调整机制，严防国有资产流失。从目前的情况看，试点企业在加快内部三项制度改革、吸引和留住人才、激发创业精神等方面的成效逐步显现。①

第四节　国资管理转向管资本

一、在深化国有企业改革中坚持党的领导

2015年6月5日，中央全面深化改革领导小组第十三次会议审议通过了

① 王希：《国资委：中央企业将继续拓展混改的广度和深度》，新华社，2018年1月31日，http://www.xinhuanet.com/2018-01/31/c_1122349784.htm。

《关于在深化国有企业改革中坚持党的领导加强党的建设的若干意见》（以下简称《若干意见》），对在深化国有企业改革中坚持党的领导、加强党的建设提出了要求、作出了重要部署①。

坚持党的领导是我国国有企业的独特优势。在协调推进“四个全面”战略布局的伟大进程中，必须毫不动摇坚持党对国有企业的领导，毫不动摇加强国有企业党的建设。我们党历来高度重视国有企业党的建设，先后作出一系列重大部署。各地区各有关部门和各国有企业按照中央精神，积极探索，大胆实践，初步走出一条具有时代特点、符合国有企业实际的党建工作新路子。当前，国有企业正处于全面深化改革的新的历史时期，越是在这样的时候，越要增强党的意识，越要高度重视国有企业党的建设，越要坚定不移加强党对国有企业的领导。

这份国有企业党建工作的重要指导性文件，是多年来的实践总结，是解决当前突出问题的有力举措，是新时期做好国有企业党建工作的基本遵循。对于保证国有企业改革发展的社会主义方向，提升国有企业的制度优势和竞争优势，促进国有企业做强做优做大，具有十分重要的战略意义和现实意义。

《若干意见》主要内容包括：必须坚持党的领导，在深化国有企业改革中加强党的建设；坚持党管干部原则，建立适应现代企业制度要求和市场竞争需要的选人用人机制；国有企业党组织要切实承担好、落实好从严管党治党责任、把加强党的领导和完善公司治理统一起来，明确国有企业党组织在公司法人治理结构中的法定地位；坚持从严管理国有企业领导人员；适应国有资本授权经营体制改革需要，加强对国有资本投资、运营公司的领导；积极推进混合所有制企业党建工作；强化对国有企业党建工作的领导和指导。

二、以管资本为主深化国有资产监管机构职能转变

2017 年 10 月 18 日召开的党的十九大深化国有企业改革提出了明确任务和新的更高要求。报告提出：“要完善各类国有资产管理体制，改革国有资本授权经营体制，加快国有经济布局优化、结构调整、战略性重组，促进国有资产保值增值，推动国有资本做强做优做大，有效防止国有资产流失。深化国有企业改革，发展混合所有制经济，培育具有全球竞争力的世界一流企业。”这是在新的历史起点上，以习近平同志为核心的党中央对国有企业改革作出的重大部署，为新时

① 这次会议还通过了另一份国有企业改革的重要文件《关于加强和改进企业国有资产监督防止国有资产流失的意见》。

代国有企业改革指明了方向、提供了根本遵循。

2018 年 7 月 30 日，国务院发布了《国务院关于推进国有资本投资、运营公司改革试点的实施意见》（以下简称《意见》），就加快推进国有资本投资、运营公司改革试点工作作出部署。

国有资本投资、运营公司改革试点，是贯彻落实党中央、国务院决策部署，深化国资国企改革、改革国有资本授权经营体制的重要举措。

《意见》总体要求是，全面贯彻党的十九大和十九届二中、三中全会精神，以习近平新时代中国特色社会主义思想为指导，通过改组组建国有资本投资、运营公司，构建国有资本市场化运作的专业平台，促进国有资本合理流动，优化国有资本布局，提高国有资本配置和运营效率，更好服务国家战略需要。在试点先行、大胆探索的基础上，尽快形成可复制、可推广的经验和模式。

《意见》注重把握以下四个方面原则：一是坚持党对国有企业的全面领导。建立健全中国特色现代国有企业制度，明确和落实党组织在公司治理结构中的法定地位，确保党和国家方针政策、重大决策部署得到贯彻执行。二是坚持使市场在资源配置中起到决定性作用，更好地发挥政府作用。通过科学合理界定政府、国有资产监管机构、国有资本投资运营公司和国有企业的权利边界，建立健全权责利相统一的授权链条，进一步落实国有企业市场主体地位。三是以供给侧结构性改革为主线，以推动国有资本做强做优做大为目标，对国有资本投资、运营公司的功能定位、组建方式、授权机制、治理结构、运行模式和监督约束机制等进行全面规范。四是牢牢坚守防止国有资产流失的红线。正确处理好授权经营和加强监督的关系，构建符合国有资本投资、运营公司定位的监督和考核体系，形成有效的激励约束机制。

开展国有资本投资、运营公司改革试点，对于推动国有企业改革，可以发挥三方面作用：

一是构建国有资本投资、运营主体，实现国有资本所有权与企业经营权的分离，实现国有资本市场化运作。由国有资本投资、运营公司以管资本的方式管理企业，不再是政府部门直接管理企业，从而有利于企业市场化主体地位的确立，有利于企业自主经营、提升效益和效率。

二是发挥国有资本投资、运营公司平台的作用，促进国有资本合理流动，优化国有资本投向，通过这个平台，让国有资本更多地向重点行业、关键领域和优势企业集中，推动国有经济布局优化和结构调整，提高国有资本配置和运营效率，更好服务国家战略需要。

三是更加有利于明确责任，强化监督。通过以资本为纽带进行授权，明晰政府、国有资产监管机构、国有资本投资运营公司和国有企业这四者之间的关系，有利于正确处理授权经营和加强监督这两者之间的关系，明确各方责任，有利于防止国有资产流失。

《意见》出台体现了以管资本为主改革国有资本授权经营体制的要求，体现了减少行政化管理手段的要求，突出了市场化运营的目标。

一是从授权的方式看，《意见》通过以资本为纽带，建立了权责利相统一的授权链条，合理确定政府、国有资产监管机构、国有资本投资运营公司和国有企业的权利边界。

二是从公司定位来看，国有资本投资、运营公司均为在国家授权范围内履行国有资本出资人职责的国有独资公司，是国有资本市场化运作的专业平台。

三是从公司运营模式看，国有资本投资、运营公司自身不从事具体生产经营活动，不干预所持股企业日常生产经营。

《意见》对国有资本投资、运营公司组建之后，政府或国有资产监管机构的监管方式作了明确规定。

2018 年底，已有华润集团、中国航空工业集团、国机集团、中国建材集团等央企率先“露脸”。此前，国资委确定的国有资本投资公司有 8 家，包括国投、中粮集团、神华集团、宝武集团、中国五矿、招商局集团、中交集团、保利集团等；另有 2 家为国有资本运营公司试点，即诚通集团、中国国新。

深化国有企业改革，根本的目的是培育具有全球竞争力的世界一流企业。就是要加快形成一批在国际资源配置中能够占据主导地位的领军企业，培育一批引领全球行业技术发展的领军企业，培育一批在全球产业发展中具有话语权和影响力的领军企业，从而培育具有全球竞争力的世界一流企业。

第二十章

财税体制的进一步完善

引言　完善财税体制的总体方向

财政是国家治理的基础和重要支柱，财税体制在治国安邦中始终发挥着基础性、制度性、保障性作用。中国特色社会主义进入新时代以后，为建立适应中国特色社会主义发展要求的财政制度，我国启动了新一轮财税体制改革。作为这一阶段财税体制改革的两个纲领性文件，明确了新时代中国财税体制改革方向和思路。

一、《深化财税体制改革总体方案》

2014 年 6 月 30 日，中共中央政治局审议通过的《深化财税体制改革总体方案》指出，深化财税体制改革的目标是建立统一完整、法治规范、公开透明、运行高效，有利于优化资源配置、维护市场统一、促进社会公平、实现国家长治久安的可持续的现代财政制度。新一轮财税体制改革的重点将在三个领域展开：一是预算方面。改进预算管理制度，强化预算约束、规范政府行为、实现有效监督，加快建立全面规范、公开透明的现代预算制度；二是税收制度领域。深化税收制度改革，优化税制结构、完善税收功能、稳定宏观税负、推进依法治税，建立有利于科学发展、社会公平、市场统一的税收制度体系，充分发挥税收筹集财政收入、调节分配、促进结构优化的职能作用；三是预算管理体制方面。调整中央和地方政府间财政关系，在保持中央和地方收入格局大体稳定的前提下，进一步理顺中央和地方收入划分，合理划分政府间事权和支出责任，促进权力和责任、办事和花钱相统一，建立事权和支出责任相适应的制度。

深化财税体制改革就是为了建立现代财政制度，即健全有利于优化资源配置、维护市场统一、促进社会公平、实现国家长治久安的科学的可持续的财政制度。概括地说，现代财政制度在体系上要统一规范，即全面规范、公开透明的预算管理制度，公平统一、调节有力的税收制度，中央和地方事权与支出责任相适应的制度；功能上要适应科学发展需要，更好地发挥财政稳定经济、提供公共服务、调节分配、保护环境、维护国家安全等方面的职能；机制上要符合国家治理体系与治理能力现代化的新要求，包括权责对等、有效制衡、运行高效、可问责、可持续等一系列制度安排①。

二、十九大报告关于财政体制改制的总体思路

2017 年 10 月，习近平总书记在十九大报告中进一步阐明了我国财税体制改革的方向和内容：加快建立现代财政制度，建立权责清晰、财力协调、区域均衡的中央和地方财政关系；建立全面规范透明、标准科学、约束有力的预算制度，全面实施绩效管理；深化税收制度改革，健全地方税体系。

总体而言，中国特色社会主义新时代的财税体制改革在处理中央与地方关系的预算管理体制、税收制度、预算制度等各方面全面展开并逐步完善。

近年来的财税体制改革实践正是在上述顶层设计框架之内全面展开：通过执行新的《中华人民共和国预算法》，保证财政预算的科学性、全口径、公开、透明，提高财政资金的使用效益。预算管理体制方面，清晰划分各级政府职责，分工明确各司其职；与政府强化公共管理和社会管理职能相适应，公共财政建立过程中更加注重实现社会的公平与正义，重视保障体系社会安全网的建设；中央财政的宏观调控能力增强且经济调控手段多样化，地方政府与中央政府相互配合，以更好地实现经济平稳增长和社会公平稳定的发展目标。税收制度的改革全面深入展开，流转税领域增值税替代营业税工作已经顺利完成；所得税方面，直接影响到人民群众千家万户可支配收入状况的个人所得税税制深度改革也已经开始，新的税制更加体现税收的公平与效率原则；为鼓励和支持小微企业发展，企业所得税税负年年调整，总体呈现不断下降趋势；其他税种的改革与调整也在进行中。

---

① 楼继伟：《财政部部长详解深化财税体制改革总体方案》，http：//www. gov. cn/xinwen/2014 - 07/03/content_2711811. htm。

随着财税体制改革的继续深入，与经济增长方式转换以及预算管理体制改革相适应，地方税体系的建立已经提到议事日程中。

第一节　完善预算管理制度和中央与地方间的财政关系

一、预算管理体制改革的基本思路

中国特色社会主义进入新时代以后，我国预算管理体制改革与完善的基本思路是：建立全面规范透明、标准科学、约束有力的预算制度，全面实施绩效管理。①

一般而言，内容完整、编制科学、执行规范、监督有力、讲求绩效和公开透明是现代预算制度的基本要素。我国的预算管理体制改革要立足于已确立的预算制度主体框架，进一步提升预算的全面性、规范性和透明度，推进预算科学精准编制，增强预算执行刚性约束，提升财政资源配置效率。

全面规范透明。推进全口径政府预算管理，全面反映政府收支总量、结构和管理活动。强化政府性基金预算、国有资本经营预算、社会保险基金预算与一般公共预算的统筹衔接，严控政府性基金项目设立，加大国有资本经营预算调入一般公共预算力度，加快推进统一预算分配权。深入实施中期财政规划管理，提高中期财政规划的科学性，增强对年度预算编制的指导作用。进一步完善跨年度预算平衡机制，严格规范超收收入的使用管理。坚持以公开为常态、不公开为例外，不断拓展预算公共的内容和范围，完善预算公开的方式方法，加强预决算公开情况检查，全面提高预算透明度，强化社会监督。

标准科学。遵循财政预算编制的基本规律，根据经济社会发展目标、国家宏观调控要求和行业发展需要等因素，明确重点支出预算安排的基本规范。扩大基本支出定员定额管理范围，建立健全定额标准动态调整机制。深入推进项目支出标准体系建设，发挥标准对预算编制的基础性作用。加强预算评审结果运用，及时总结不同项目的支出规律，探索建立同类项目的标准化管理模式。

约束有力。严格落实预算法，切实硬化预算约束。坚持先预算后支出，年度

① 肖捷：《加快建立现代财政制度（认真学习宣传贯彻党的十九大精神）》，http：//politics. people. com. cn/n1/2017/1220/C1001_29717365. html。

预算执行中，严格执行人民代表大会批准的预算，严控预算调整和调剂事项，强化预算单位的主体责任。严格依法依规征收财政收入。构建管理规范、风险可控的政府举债融资机制，明确各级政府对本级债务负责，增强财政可持续性。地方政府一律采取发行政府债券方式规范举债，强化地方政府债务预算管理和限额管理。层层落实各级地方政府主体责任，加大问责追责和查处力度，完善政绩考核体系，做到终身问责，倒查责任。

全面实施绩效管理。紧紧围绕提升财政资金使用效益，将绩效理念和方法深度融入预算编制、执行和监督的全过程，注重成本效益分析，关注支出结果和政策目标实现程度。绩效管理覆盖所有财政资金，体现权责对等，放权和问责相结合。强化绩效目标管理，建立预算安排与绩效目标、资金使用效果挂钩的激励约束机制。加强绩效目标执行动态监控。推动绩效评价提升质量扩大范围，提高公共服务质量、水平及人民满意度。

二、新预算法

随着社会经济发展和改革开放的不断深入，我国原预算法（即 1995 年开始实施的预算法）中存在的诸多问题也日益显露出来，比如政府预算构成不明确、预算透明度偏弱、地方政府预算缺乏硬约束、地方政府赤字以及债务问题上法规与现实严重冲突，等等。为了规范政府收支行为，强化预算约束，加强对预算的管理和监督，建立健全全面规范、公开透明的预算制度，保障经济社会的健康发展，全国人大常委会于 2014 年 8 月 31 日通过了《关于修改〈中华人民共和国预算法〉的决定》，并决定自 2015 年 1 月 1 日起施行。

与 1995 年的预算法相比，2015 年开始实施的新预算法有以下几点区别：

1. 预算构成。第五条①：预算包括一般公共预算、政府性基金预算、国有资本经营预算、社会保险基金预算。第二十七条，修改为：一般公共预算收入包括各项税收收入、行政事业性收费收入、国有资源（资产）有偿使用收入、转移性收入和其他收入。一般公共预算支出按照其功能分类，包括一般公共服务支出，外交、公共安全、国防支出，农业、环境保护支出，教育、科技、文化、卫生、体育支出，社会保障及就业支出和其他支出。一般公共预算支出按照其经济性质分类，包括工资福利支出、商品和服务支出、资本性支出和其他支出。

---

① 《中华人民共和国预算法》，http：//www. gov. cn/zhengce/2014 - 09/01/content_2743208. htm。

2. 预算公开。第十四条①规定：经本级人民代表大会或者本级人民代表大会常务委员会批准的预算、预算调整、决算、预算执行情况的报告及报表，应当在批准后二十日内由本级政府财政部门向社会公开，并对本级政府财政转移支付安排、执行的情况以及举借债务的情况等重要事项作出说明。

3. 债务。第三十四条②修改为：中央一般公共预算中必需的部分资金，可以通过举借国内和国外债务等方式筹措，举借债务应当控制适当的规模，保持合理的结构。第三十五条，修改为：地方各级预算按照量入为出、收支平衡的原则编制，除本法另有规定外，不列赤字。经国务院批准的省、自治区、直辖市的预算中必需的建设投资的部分资金，可以在国务院确定的限额内，通过发行地方政府债券举借债务的方式筹措。举借债务的规模，由国务院报全国人民代表大会或者全国人民代表大会常务委员会批准。省、自治区、直辖市依照国务院下达的限额举借的债务，列入本级预算调整方案，报本级人民代表大会常务委员会批准。举借的债务应当有偿还计划和稳定的偿还资金来源，只能用于公益性资本支出，不得用于经常性支出。除前款规定外，地方政府及其所属部门不得以任何方式举借债务。

4. 全口径预算。第三十六条③修改为：各级预算收入的编制，应当与经济社会发展水平相适应，与财政政策相衔接。各级政府、各部门、各单位应当依照本法规定，将所有政府收入全部列入预算，不得隐瞒、少列。

与 1995 年实施的旧预算法相比，2015 年修订后的新预算法最大的变化是为地方政府发行地方债开了“绿灯”。

三、地方政府债务管理

按照 1995 年的预算法要求，地方政府预算不得列有赤字、不得举债，但在实践中，各级地方政府财政赤字是一种常见现象。出于弥补财政赤字以及为地方基础设施建设、市政建设融资等多种原因，政府举债是财政融资的常用手段，且规模越来越大，地方政府债务率越来越高，财政风险日益累计。

为了从根本上解决地方政府债务问题，同时与 2015 年执行的新预算法相适应，国务院办公厅于 2014 年 10 月发布了《国务院关于加强地方政府性债务管理的意见》（简称《意见》），部署建立“借、用、还”相统一的地方政府性债务管理机制，以有效发挥地方政府规范举债的积极作用，切实防范化解财政金融风

①②③ 《中华人民共和国预算法》，http：//www. gov. cn/zhengce/2014－09/01/content_2743208. htm。

险，促进国民经济持续健康发展。《意见》关于地方政务债务问题有三点明确界定：（1）分清责任。明确政府和企业的责任，政府债务不得通过企业举借，企业债务不得推给政府偿还，切实做到谁借谁还、风险自担。政府与社会资本合作的，按约定规则依法承担相关责任。（2）加强政府或有债务监管。（3）剥离融资平台公司政府融资职能，融资平台公司不得新增政府债务。

四、完善中央和地方之间的财政关系

根据党的十九大报告精神，在处理中央与地方财政关系方面未来的基本思路是[①]：建立权责清晰、财力协调、区域均衡的中央和地方财政关系。这其中，权责清晰是前提，财力协调是保障，区域均衡是方向。要科学界定各级财政事权和支出责任，形成中央与地方合理的财力格局，在充分考虑地区间支出成本因素的基础上将常住人口人均财政支出差异控制在合理区间，加快推进基本公共服务均等化。

权责清晰，就是要形成中央领导、合理授权、依法规范、运转高效的财政事权和支出责任划分模式。在处理好政府和市场关系的基础上，按照体现基本公共服务受益范围、兼顾政府职能和行政效率、实现权责利相统一、激励地方政府主动作为等原则，加强与相关领域改革的协同，合理划分各领域中央与地方财政事权和支出责任，成熟一个、出台一个，逐步到位。及时总结改革成果和经验，适时制定修订相关法律、行政法规。同时，合理划分省以下各级政府财政事权和支出责任，适合哪一级政府处理的事务就交由哪一级政府办理并承担相应的支出责任，省级政府要加强统筹。

财力协调，就是要形成中央与地方合理的财力格局，为各级政府履行财政事权和支出责任提供有力保障。结合财政事权和支出责任划分、税收制度改革和税收政策调整，考虑税种属性，在保持中央和地方财力格局总体稳定的前提下，科学确定共享税中央和地方分享方式及比例，适当增加地方税种，形成以共享税为主、专享税为辅，共享税分享合理、专享税划分科学的具有中国特色的中央和地方收入划分体系。因地制宜、合理规范划分省以下政府间收入。同时，继续优化转移支付制度，扩大一般性转移支付规模，建立健全专项转移支付定期评估和退出机制，研究构建综合支持平台，加强转移支付对中央重大决策部署的保障。

---

① 肖捷：《加快建立现代财政制度（认真学习宣传贯彻党的十九大精神）》，http：//politics. people. com. cn/n1/2017/1220/c1001_29717365. html。

区域均衡，就是要着力增加财政困难地区兜底能力，稳步提升区域间基本公共服务均等化水平。从人民群众最关心、最直接、最现实的主要基本公共服务事项入手，兼顾需要和可能，合理制定基本公共服务保障基础标准，并适时调整完善。根据东中西部地区财力差异状况、各项基本公共服务的属性，规范基本公共服务共同财政事权的支出责任分担方式。按照坚决兜住底线的要求，及时调整完善中央对地方一般性转移支付办法，提升转移支付促进基本公共服务均等化效果。省级政府要通过调整收入划分、加大转移支付力度，增强省以下政府基本公共服务保障能力。

在处理中央和地方财权事权关系方面，国务院于2016年8月发布的《国务院关于推进中央与地方财政事权和支出责任划分改革的指导意见》中指出：适度加强中央财政事权，分解细化各级政府职责。

具体操作如下：一要适度加强中央的财政事权。要逐步将国防、外交、国家安全、出入境管理、国防公路、国界河湖治理、全国性重大传染病防治、全国性大通道、全国性战略性自然资源使用和保护等基本公共服务确定或上划为中央的财政事权。该意见指出，推进中央与地方财政事权划分。逐步减少并规范中央与地方共同财政事权，分解细化各级政府承担的职责，避免由于职责不清造成互相推诿。该意见提出，适度加强中央的财政事权。坚持基本公共服务的普惠性、保基本、均等化方向，加强中央在保障国家安全、维护全国统一市场、体现社会公平正义、推动区域协调发展等方面的财政事权。二要保障地方履行财政事权。加强地方政府公共服务、社会管理等职责。将直接面向基层、量大面广、与当地居民密切相关、由地方提供更方便有效的基本公共服务确定为地方的财政事权，赋予地方政府充分自主权，依法保障地方的财政事权履行，更好地满足地方基本公共服务需求。地方的财政事权由地方行使，中央对地方的财政事权履行提出规范性要求，并通过法律法规的形式予以明确。要逐步将社会治安、市政交通、农村公路、城乡社区事务等受益范围地域性强、信息较为复杂且主要与当地居民密切相关的基本公共服务确定为地方的财政事权。

第二节　税制的进一步改革

一、“营改增”改革及增值税税负调整

由于1994年实施的增值税采用的是生产型增值税，既没有完全消除重复征

税，又不利于扩大民间投资，同时也与世界上绝大多数实行增值税的国家的做法不相一致，因此生产型增值税自执行以来饱受各界诟病。从2009年起，我国增值税进行改革，新增值税管理条例中有关税制的改革主要体现在类型的调整上：将生产型增值税改为消费型增值税。此外，降低小规模纳税人的税率至3%。

（一）“营改增”

1994年税制中“两税”并存问题并没有在新增值税管理条例中有所改变。增值税与营业税并存，诸多问题由此产生：比如，两税并存破坏了增值税的抵扣链条，影响增值税作用的发挥；又如，部分第三产业排除在增值税的征税范围之外，对服务业的发展造成了不利影响，同时也存在重复征税问题；再如，混合领域的混合征税导致纳税人普遍进行“合法”避税，税款流失严重。因此，为了解决两税并存带来的问题，实行增值税代替营业税就成为完善税制的必然选择。

所谓“营改增”是指以增值税替代营业税的税制改革。具体而言，“营改增”改革是分三步来渐进推进的：

第一步：增值税代替营业税的试点。为进一步解决货物和劳务等第三产业领域存在的重复征税问题，完善税收制度，支持现代服务业发展，国务院决定从2012年1月1日起，在上海市交通运输业和部分现代服务业开展“营改增”试点工作，条件成熟时可选择部分行业在全国范围进行试点。根据《营业税改征增值税试点方案》，改革试点的主要内容如下：在现行增值税17%标准税率和13%低税率基础上，新增11%和6%两档税率。租赁有形动产等适用17%税率，交通运输业、建筑业等适用11%税率，其他部分现代服务业适用6%税率。交通运输业、建筑业、邮电通信业、现代服务业、文化体育业、销售不动产和转让无形资产，原则上适用增值税一般计税方法。金融保险业和生活性服务业，原则上适用增值税简易计税方法。

第二步：试点范围扩大。自2012年8月1日起至年底，将交通运输业和部分现代服务业营业税改征增值税试点范围，由上海市分批扩大至北京、天津、江苏、浙江、安徽、福建、湖北、广东和厦门、深圳10个省（直辖市、计划单列市）。2013年继续扩大试点地区，并选择部分行业在全国范围试点。2013年8月1日起，将交通运输业和部分现代服务业“营改增”试点在全国范围内推开，适当扩大部分现代服务业范围，将广播影视作品的制作、播映、发行等纳入试点。

第三步：全面实行“营改增”。经国务院批准，自2016年5月1日起，在全国范围内全面实施营业税改征增值税的税制改革。建筑业、房地产业、金融业、生活服务业等行业，由缴纳营业税改为缴纳增值税，税率分别为11%、11%、

6%、6%；2年以内的二手房交易实行5%的征收率。从2017年7月1日起，将增值税税率由四档减至17%、11%和6%三档，取消13%这一档税率；将农产品、天然气等增值税税率从13%降至11%。同时，对农产品深加工企业购入农产品维持原扣除力度不变，避免因进项抵扣减少而增加税负。

2017年10月30日国务院常务会议通过《国务院关于废止〈中华人民共和国营业税暂行条例〉和修改〈中华人民共和国增值税暂行条例〉的决定（草案)》。全面取消营业税，调整完善增值税征税范围，将销售服务、无形资产、不动产的单位和个人规定为增值税纳税人，并明确相应税率。根据13%这一档增值税率已取消的情况，将销售或进口粮食、图书、饲料等货物的税率由13%降至11%。至此，“营改增”工作全面完成，营业税从现行税制中彻底退出。

（二）增值税税负调整

增值税普遍实施以后，一般纳税人税率结构由四档减为三档：17%、11%、6%。其中适用于绝大多数一般纳税人的基本税率17%多年未变。在全球经济可能出现下滑势头的背景下，增值税作为现行税制中的第一大税种，适当降低纳税人税收负担对刺激企业投资和消费以实现经济增长将发挥显著作用。

1. 2018年降低税率并扩大小规模纳税人范围。为进一步完善税制，支持制造业、小微企业等实体经济发展，持续为市场主体减负，2018年3月28日，国务院常务会议决定，从2018年5月1日起，将制造业等行业增值税税率从17%降至16%、将交通运输、建筑、基础电信服务等行业及农产品等货物的增值税税率从11%降至10%；统一增值税小规模纳税人标准，将工业企业和商业企业小规模纳税人的年销售额标准由50万元和80万元上调至500万元，并在一定期限内允许已登记为一般纳税人的企业转登记为小规模纳税人，让更多企业享受按较低征收率计税的优惠；对装备制造等先进制造业、研发等现代服务业符合条件的企业和电网企业在一定时期内未抵扣完的进项税额予以一次性退还。2018年4月25日国务院常务会议决定，将享受当年一次性税前扣除优惠的企业新购进研发仪器、设备单位价值上限，从100万元提高到500万元。

2. 2019年继续降低增值税税率。2019年在全国人民代表大会上，总理所做的《政府工作报告》再次实施增值税大幅减税政策。《政府工作报告》提出：为经济平稳运行创造条件，实施更大规模的减税。普惠性减税与结构性减税并举，重点降低制造业和小微企业税收负担。深化增值税改革，将制造业等行业现行16%的税率降至13%，将交通运输业、建筑业等行业现行10%的税率降至9%，确保主要行业税负明显降低；保持6%一档的税率不变，但通过采取对生产、生活性服务业增加税收抵扣等配套措施，确保所有行业税负只减不增，继续向推进税率三档并两档、税制简化方向迈进①。

增值税减税政策已经于 2019 年 4 月 1 日开始顺利执行。

3. 增值税减税政策简评。全面实施营改增以及经过 2018 年和 2019 年两次税负调整，一般纳税人增值税税率档次从四档减为三档，基本税率和低税率大幅下调，在一定程度上减轻纳税人税收负担，为引导企业和社会投资行为扩大投资规模起到积极作用。

与此同时，因减税而引起的另一个问题值得关注。由于增值税是流转税，本质上存在税负转嫁现象：当税负增加时纳税人可能通过提高价格将税负向下游转移；当税负减轻时，纳税人为了争夺市场也同样会降低商品销售价（买方市场背景下更为明显）。这样减轻增值税对降低纳税人税收负担产生的实际作用可能不如政策实施前预期的那么明显。从 2019 年 4 月 1 日减税实施前的周末笔者小范围针对小微企业进行调查的情况看，上述分析结论已经得到验证：从事零配件加工的小微企业已经接到下游厂商发出的要求降价 3% 的指令。由于类似的小微企业为争夺业务相互间竞争十分激烈，为抢到业务或订单在产品定价议价上几乎没有话语权。听任下游厂商要求降价 3% 后，小微企业不仅没有享受到减税带来的任何好处，反而加重了企业负担。

在买方市场背景下，降低增值税最终一定使终端消费品（或服务）的价格下调，消费者会成为真正的受益人。因此，减流转税可以明显起到促进消费的作用。

二、小微企业所得税改革

为了鼓励“创新创业”，减轻小微企业的税收负担，企业所得税税收负担多次调整、同时小微企业的标准也不断扩大，大大降低了行为企业的负担。具体政策有：

1. 财政部、国家税务总局专门下发《财政部　国家税务总局关于继续实施小型微利企业所得税优惠政策的通知》和《财政部　国家税务总局关于小型微利企业所得税优惠政策有关问题的通知》两份文件，以进一步加大税收优惠力度。根据这两份文件的规定，小微企业具体可享受的税收优惠可归纳为：小微企业 2011 年的年应纳税所得额不超过 3 万元（含）的，2012 ~ 2015 年的年应纳税所得额不超过 6 万元（含）的，其所得减按 50% 计入应纳税所得额，按 20% 的税

① 李克强：《政府工作报告》，http：//www. gov. cn/zhuanti/2019qgIh/2019Ihzfgzbg/index. htm。

率缴纳企业所得税。也就是说，符合上述规定的小微企业，实际执行的企业所得税率只为10%（根据2008年企业所得税税法，小微企业实行20%的税收政策）。

2. 根据《财政部　国家税务总局关于小型微利企业所得税优惠政策有关问题的通知》第一条规定，自2014年1月1日至2016年12月31日，对年应纳税所得额低于10万元（含10万元）的小型微利企业，其所得减按50%计入应纳税所得额，按20%的税率缴纳企业所得税。

3. 2015年2月25日国务院常务会议决定，从2015年1月1日至2017年12月31日，将享受减半征收企业所得税优惠政策的小微企业范围，由年应纳税所得额10万元以内（含10万元）扩大到20万元以内（含20万元），并按20%的税率缴纳企业所得税。

4. 根据《中华人民共和国企业所得税法》及其实施条例、《财政部　国家税务总局关于进一步扩大小型微利企业所得税优惠政策范围的通知》，自2015年10月1日起，享受减半征收企业所得税优惠政策的小型微利企业范围，由年应纳税所得额低于20万元（含20万元），扩大到年应纳税所得额低于30万元（含30万元）。

5. 根据《中华人民共和国所得税法》及其实施条例、《财政部　国家税务总局关于扩大小型微利企业所得税优惠范围的通知》等规定，自2017年1月1日至2019年12月31日，扩大享受企业所得税优惠的小型微利企业范围，将小型微利企业年应纳税所得额上限由30万元提高到50万元，符合这一条件的小型微利企业所得减半计算应纳税所得额并按20%优惠税率缴纳企业所得税。

6. 2018年4月25日李克强总理主持召开国务院常务会议决定，2018年1月1日起至2020年12月31日，将享受减半征收企业所得税优惠政策的小微企业年应纳税所得额上限，从50万元提高到100万元。

至此，国家对于年应纳税所得额在100万元以下的小微企业实际按照10%的税率征收企业所得税，大大减轻了企业税收负担，提高了大众“双创”的积极性。

由于小微企业在我国经济和社会发展过程中扮演着非常重要的角色，为鼓励小微企业健康发展，在前述对小微企业各种税收优惠的基础上，2018年下半年开始，中央政府多次推出更加优惠的综合税收政策。

2018年8月30日，国务院常务会议决定再推新举措支持实体经济发展。一是对因去产能和调结构等政策性停产停业企业给予房产税和城镇土地使用税减免、对社保基金和基本养老保险基金有关投资业务给予税收减免、对涉农贷款量大的邮政储蓄银行涉农贷款利息收入允许选择简易计税方法按3%税率缴纳增值税。二是为鼓励增加小微企业贷款，从2018年9月1日至2020年底，将符合条件的小微企业和个体工商户贷款利息收入免征增值税单户授信额度上限，由此前已确定的500万元进一步提高到1000万元。三是为推动更高水平对外开放，鼓励和吸引境外资本参与国内经济发展，对境外机构投资境内债券市场取得的债券利息收入暂免征收企业所得税和增值税，政策期限暂定3年，完善提高部分产品出口退税率。

2018年11月19日，国家税务总局印发《关于实施进一步支持和服务民营经济发展若干措施的通知》，提出26条支持民营和服务民营经济的税收举措，其中明确提出要稳定社会保险费缴费方式，并提到研究提出推进增值税等实质性减税、对小微企业和科技型初创企业实施普惠性税收免除的建议等。2018年减税降费力度超过1.3万亿元，而年初确定的政策目标为1.1万亿元。[①]

三、个人所得税改革

1994年新税制实施以后，个人所得税先后进行了四次调整，前三次分别于2006年、2008年及2011年展开，主要内容是提高免征额，至2011年免征额从当初的月入800元提高到3500元；2011年还就税率、级距进行调整，改为7级超额累进税，同时调整了各档次征税对象的数额。

2018年10月，我国个人所得税再次进行改革。主要内容有：调高月工资免征额至5000元；改分类所得税制为分类与综合相结合，决定自2019年1月起劳务报酬、稿酬、特许权使用费三项所得将与工资薪金合并计算纳税；实行专项扣除，决定自2019年1月起子女教育、继续教育、大病医疗、住房贷款利息、住房租金和赡养老人等6项支出可进行专项扣除，免交所得税。

中华人民共和国中央人民政府网站发布的人民日报刊文《个税改革首月减税316亿元》报道，2018年10月个人所得税改革启动以来的首个申报期运行平稳，改革实施首月，全国个人所得税减税316亿元，有6000多万税改前的纳税人不再缴纳工资薪金所得个人所得税[②]。2019年1月开始实施了6项专项扣除，从更大程度上减轻纳税人税负，对刺激居民消费发挥积极作用。

---

① 《刘昆：预计全年减费降税1.3万亿以上》，http：//news.sina.com.cn/c/2018-11-12/doc-ihnstwwr2351823.shtml。

② 郁琼源：《个税改革首月减税316亿元》，http：//www.gov.cn/shuju/2018-12/03/content_5345313.htm。

四、资源税改革

1993 年 12 月 25 日，国务院发布并实施《中华人民共和国资源税暂行条例》，2011 年 11 月 1 日，中央决定施行《中华人民共和国资源税暂行条例实施细则》。与已经实施的《中华人民共和国资源税暂行条例》相比，《实施细则》主要变化体现在两方面：一是将原来的资源税税率由从量定额改为从价定率和从量定额相结合，比例税率主要适用于石油和天然气；二是调整了一些资源的税率，如焦煤、稀土等资源的税率适当调高，以促进这些资源的合理开发与运用。

为继续深化资源税改革，2017 年 11 月，《中华人民共和国资源税法（征求意见稿）》公开发布。与原资源税管理条例相比，《征求意见稿》中的主要变化有：（1）税率。全部改为比例税率（盐：比例税 3% ~15% 或定额税率 1 元 ~10 元/吨）。（2）税收优惠方面，《征求意见稿》基本延续了《中华人民共和国资源税暂行条例》和资源税改革政策规定，明确了 4 项减免税情形。（3）水等自然资源征收资源税问题。《中共中央关于全面深化改革若干重大问题的决定》提出，逐步将资源税征收范围扩展到水、森林、草原等自然资源。自 2016 年 7 月起在河北省实施了水资源税改革试点，并将扩大试点范围（2017 年 12 月 1 日开始 9 个地方正在进行水资源税试点）。《征求意见稿》还明确，自该法施行之日起，中外合作开采原油、天然气并缴纳矿区使用费的中国企业和外国企业，依照本法规定缴纳资源税，不再缴纳矿区使用费。

总体上看，现行资源税改革的主要方向是，在考虑资源税增加财政收入的同时，充分发挥税收调节功能，通过税收负担以及征税范围的调整，促进资源的合理开发与节约运用。

五、我国税制改革的方向

根据党的十九大报告以及中央经济和社会发展的主要目标，未来我国税制改革主要从以下方面展开①：

1. 深化税收制度改革，健全地方税体系。深化税收制度改革的目标是形成税法统一、税负公平、调节有度的税收制度体系，促进科学发展、社会公平和市

① 肖捷：《加快建立现代财政制度（认真学习宣传贯彻党的十九大精神）》，http：//politics. people. com. cn/n1/2017/1220/c1001_29717365. html。

场统一。要围绕优化税制结构，加强总体设计和配套实施，推进所得类和货物劳务类税收制度改革，逐步提高直接税比重，加快健全地方税体系，提升税收立法层次，完善税收法律制度框架。

2. 着力完善直接税体系。优化个人所得税税率结构，完善税前扣除，规范和强化税基，加强税收征管，充分发挥个人所得税调节功能。实行代扣代缴和自行申报相结合的征管制度，加快完善个人所得税征管配套措施，建立健全个人收入和财产信息系统。密切关注国际税改动态，审慎评估和研判国际税制发展趋势，进一步完善企业所得税制度。适应经济全球化发展和“一带一路”建设的需要，加强国际税收协调，提升我国税制的国际竞争力。按照“立法先行、充分授权、分步推进”的原则，推进房地产税立法和实施。对工商业房地产和个人住房按照评估值征收房地产税，适当降低建设、交易环节税费负担，逐步建立完善的现代房地产税制度。

3. 健全间接税体系。按照税收中性原则，深入推进增值税改革，进一步健全抵扣链条，优化税率结构，完善出口退税等政策措施，构建更加公平、简洁的税收制度。结合增值税改革进程，推进增值税立法，最终形成规范的现代增值税制度。结合实施中央和地方收入划分改革，研究调整部分消费税品目征收环节和收入归属。

第三节　准公共品投资中的PPP模式

当前，中国经济和社会正处于转型过程中，政府的职能正在从多领域干预向公共管理和服务的方向转化。在公共财政框架下，政府执行为公众提供公共品和公共服务、从事公共管理等职能，这一观点已被广为接受。从中国国情出发，政府执行公共管理的职能也将会产生诸多问题：提供公共品在资金上难以得到保障、公共品和公共服务的质量难以完全满足社会公众的需求和偏好、公共部门活动的效率低下、成本过高、腐败等等。其中，最重要的就是各级财政难以承受城乡地区提供各种公共品对资金的需求。在这种状况下，在一些带有私人产品性质的公共品（即混合产品）的提供上，引入私人资本无疑是可行和必要的。这些领域包括：城市基础设施项目的建设，公益事业项目，农村公共品以及水、电工程，城乡社会事业的建设，如教育、医疗、甚至社会保险和社会福利事业，等等。在城乡地区有形公共品和无形公共品的提供上引进私人资本，采用公共部门和私人部门合作伙伴的方式，可以在很大程度上解决目前在公共品提供和管理方面面临的诸多问题。

实际上，在一些城市混合产品提供上，公司伙伴关系在中国的很多地方已经得到了广泛运用，如道路、桥梁的建设，一些公共事业项目的提供，甚至在教育、医疗等社会服务领域私人资本也在不断渗透。可以说，PPP（Public - Private - Partnership）模式在中国的运用前景十分广阔。

伴随着中国经济进入新常态，一方面经济增长速度放缓，另一方面大量的民间资本缺乏合适的投资领域。在此背景之下，从 2014 年开始中央政府出台引入民间投资参与混合产品投资的公共政策，各级政府积极参与，一场 PPP 模式的投资序幕在各地全方面拉开。

一、PPP 政策

2014 年 9 月 24 日，财政部下发《关于推广运用政府和社会资本合作模式有关问题的通知》①，以便尽快形成有利于促进 PPP 模式发展的制度体系，拓宽城镇化建设融资渠道，促进政府职能加快转变，完善财政投入及管理方式。

2015 年 5 月，国务院办公厅转发财政部、发展改革委、人民银行《关于在公共服务领域推广政府和社会资本合作模式指导意见的通知》②，明确了 PPP 模式的领域、总体要求、制度体系、政策保障等基本框架。

2016 年 7 月 17 日，为规范政府和社会资本合作项目财政管理行为，切实保障 PPP 项目合同政府履约能力，提高财政资金使用效率，防止公共资产和资源流失，财政部制定并发布了《政府和社会资本合作项目财政管理办法》（征求意见稿）③，并于 2016 年 10 月 20 日正式发布了《政府和社会资本合作项目财政管理暂行办法》，规范 PPP 的财政管理制度，严禁以 PPP 项目名义举借政府债务。

为贯彻落实党中央、国务院决策部署，2017 年 4 月 26 日，财政部会同有关部门印发了《关于进一步规范地方政府举债融资行为的通知》④，对借 PPP 变相举债融资的行为予以严禁，并以 PPP 综合信息平台项目库（简称“项目库”）管理为抓手，进一步规范 PPP 项目运作，推动 PPP 回归创新公共服务供给机制的

---

① 《关于推广运用政府和社会资本合作模式有关问题的通知》，http：//www. mof. gov. cn/gp/xxgkml/jrs/201411/t20141106_2500971. html。

② 《关于在公共服务领域推广政府和社会资本合作模式指导意见的通知》，http：//www. gov. cn/zhengce/content/2015 - 05/22/content_9797. htm。

③ 《政府和社会资本合作项目财政管理办法》（征求意见稿），http：//www. mof. gov. cn/mofhome/jinrongsi/zhengwuxinxi/zhengcefabu/201610/t20161020_2439665. html。

④ 《关于进一步规范地方政府举债融资行为的通知》，http：//www. gov. cn/xinwen/2017 - 05/03/content_5190675. htm。

本源，促进 PPP 模式可持续发展。

2019 年 3 月国务院办公厅发布了《财政部关于推进政府和社会资本合作规范发展的实施意见》①，对 PPP 项目的实施与规范管理提出具体法律规范。

二、PPP 模式的展开

2014 年，在全国各地施行的 PPP 模式投资，其领域主要围绕增加公共产品和公共服务供给展开。具体包括能源、交通运输、水利、环境保护、农业、林业、科技、保障性安居工程、医疗、卫生、养老、教育、文化等公共服务领域。中央政府对基础设施等领域投资推广 PPP 模式，调动了各地投资的积极性。2014 年到2016 年6 月，国家发改委、财政部向社会共推介了三批 PPP 项目。根据财政部 PPP 综合信息平台项目库的信息，截至 2019 年 2 月末入库项目 8780 个，投资额 13.3 万亿元。②

PPP 项目在推进运作过程中，也存在不少问题。比如：社会资本尤其是民间资本真正介入不太积极一直困扰着官方；考虑到 PPP 项目回报率低，且担忧政府不兑现承诺等问题，一些民资也多在观望。再如：一些地方政府选择合作伙伴时，PPP 项目设定门槛较高，将分民营企业自动过滤。还有一个比较普遍的问题是：政府和民营企业相互之间缺乏信任，由于 PPP 项目投资额大且涉及公共服务领域，出于信任，地方政府在筛选社会资本时会优先考虑国企或民营上市公司，一些项目方案设计中通过排他性条款自动过滤民企；民营企业也担心政府不兑现承诺。此外，地方参与出资的 PPP 项目中，地方政府资金来源存在着依赖银行贷款或其他负债方式融资倾向，无形中提高了地方政府杠杆以及不能如期偿还风险。

第四节　社会保障制度完善

一、养老保险制度并轨

我国 1997 年开始逐步建立了统筹互济的社会化养老保险制度，均衡了企业

① 《关于推进政府和社会资本合作规范发展的实施意见》，http：//www.gov.cn/xinwen/2019－03/10/content_5372559.htm。

② 《财政部：发布全国 PPP 综合信息平台项目管理库 2019 年 2 月报》，http：//www.tzxm.gov.cn/xwzx/201904/t20190408_7935.html。

之间的退休费用负担，形成了社会统筹与个人账户相结合的基本养老保险制度模式。后来，这一制度又扩大到各类所有制企业和城镇灵活就业人员等群体。到2014 年底，已覆盖城镇 3.38 亿职工和退休人员①。与此同时，机关事业单位由于不像企业那样处于经济体制改革的最前沿，改革的重点是建立规范的公务员制度和事业单位人事管理制度，而养老保障改革的进程相对滞缓，总体仍维持单位退休制度。这是形成“双轨制”的历史原因。

随着社会主义市场经济的发展，机关事业单位现行退休制度逐步暴露出一些矛盾：退休费用由财政或单位承担，单位之间负担畸轻畸重，一些地区和单位，特别是一些基层事业单位退休费不堪重负，甚至无法保证及时足额支付；退休费是按“最终工资”的一定比例分档计算的，难以充分体现工作人员整个职业生涯的劳动贡献；从全社会的角度看也有两个突出问题：由于制度模式不同，机关事业单位与企业之间养老保险关系相互转移接续困难，制约了人力资源合理流动和有效配置；机关事业单位与企业之间的退休费（养老金）待遇确定和调整难以统筹协调，同类人员之间的待遇差距拉大，容易产生不平衡。

推进机关事业单位养老保险制度改革，是贯彻党中央全面深化改革、全面推进依法治国的决策在社会保障领域的具体实践，也是我国养老保险体系建设的一项重大突破。在这一背景下，国务院发布《机关事业单位工作人员养老保险制度改革的决定》②（简称《决定》），按照《决定》要求，单位和个人分别按照工资总额的 20% 和 8% 缴纳基本养老保险费。《决定》自 2014 年 10 月 1 日起实施，统一建立机关事业单位养老保险制度，实现制度并轨。2015 年 4 月国务院办公厅印发了《机关事业单位职业年金办法》③。根据机关事业单位职业年金管理办法规定：单位和个人分别按照 8%、4% 建立职工年金个人账户，单位缴费记账，退休后统计财政支付，个人直接缴费。截至 2017 年 12 月，城镇地区机关事业单位与企业养老保险制度并轨工作已经基本完成。

二、养老保险基金全国统筹

1997 年实施的城镇地区养老保险制度采取的是地方统筹模式。到目前为止，

① 《人社部解读机关事业单位工作人员养老保险制度改革精神》，http：//www. xinhuanet. com/politics/2015 - 01/14/c_1113996924. htm。

② 《机关事业单位工作人员养老保险制度改革的决定》，http：//www. gov. cn/xinwen/2015 - 01/14/content_2804093. htm。

③ 《国务院办公厅关于印发机关事业单位职业年金办法的通知》，http：//www. mof. gov. cn/mofhome/renshijiaoyusi/zhengwuxinxi/zcfg/201711/t20171107_2745608. html。

我国基本养老金的统筹管理层次很低，城镇职工基本养老金多在市一级，城乡居民基本养老金都在区（县）一级。按照之前的制度要求，养老保险统筹层次应该为省级。由于各地老龄化差异巨大，各地赡养率不一，部分地区已经出现严重的入不敷出问题。

截至 2016 年底，我国 60 岁以上的老年人口突破了 2.3 亿，占总人口比重的 16.7%，其中 65 岁以上的老年人口突破 1.5 亿，占总人口比重已经达到 10.8%。[①] 日益加剧的老龄化进程，使我国养老保险制度的压力日益加重。人口年龄结构差异和劳动力的流动加剧了地区间养老基金负担的不平衡。为了解决地区间基金的“贫富不均”，提高养老金统筹层次的呼声日渐高涨。

为了充分发挥社会保险制度的公平性原则，平衡各地养老保险金差异，保证退休者的基本养老费支出，中央政府决定基本养老保险制度将实行全国统筹。养老保险基金全国统筹方案也将在推出后实施。

作为实现养老保险全国统筹的第一步，2018 年 6 月国务院发布了《关于建立企业职工基本养老保险基金中央调剂制度的通知》[②]，决定建立养老保险基金集中调整制度，各省上解比例从 3% 起步逐步提高，于 2018 年 7 月 1 日开始执行。建立养老保险基金中央调剂制度，加快统一养老保险政策、明确各级政府责任、理顺基金管理体制、健全激励约束机制，不断加大调剂力度，尽快实现养老保险全国统筹。

三、养老保险基金资金来源及投资模式拓展

中国养老保险制度建立之初，无论是社会统筹账户还是个人账户都存在“欠账”导致的资金不足问题。老龄化日益加剧的背景之下，现行养老保险基金的保障能力越来越弱，有的地方最近几年开始已经出现入不敷出的状况。为保证退休人员的基本生活需求，拓展养老保险基金的资金来源是当务之急。在这个背景下，划拨部分国有股权给养老保险基金已经为各界共识。2017 年 11 月 9 日，国务院《关于印发划转部分国有资本充实社保基金实施方案的通知》[③]（简称《通

---

① 《民政部发布 2016 年社会服务发展统计公报》，http：//www. xinhuanet. com//politics/2017 - 08/03/c_129672055. htm。

② 《关于建立企业职工基本养老保险基金中央调剂制度的通知》，http：//www. gov. cn/zhengce/content/2018 - 06/13/content_5298277. htm。

③ 《国务院关于印发划转部分国有资本充实社保基金实施方案的通知》，http：//www. gov. cn/zhengce/content/2017 - 11/18/content_5240652. htm。

知》)，划拨工作很快展开。

根据《通知》规定，国企集团划拨范围、对象以及比例大致如下：（1）划转范围。将中央和地方国有及国有控股大中型企业、金融机构纳入划转范围。公益类企业、文化企业、政策性和开发性金融机构以及国务院另有规定的除外。（2）划转对象。中央和地方企业集团已完成公司制改革的，直接划转企业集团股权；中央和地方企业集团未完成公司制改革的，抓紧推进改革，改制后按要求划转企业集团股权；同时，探索划转未完成公司制改革的企业集团所属一级子公司股权。全国社会保障基金因国有股权划转、投资等各种原因形成的上市企业和非上市企业股权除外。（3）划转比例。首先以弥补企业职工基本养老保险制度转轨时期因企业职工享受视同缴费年限政策形成的企业职工基本养老保险基金缺口为基本目标，划转比例统一为企业国有股权的 10%。

养老保险基金结余部分通常进行投资。该基金的性质决定了其投资运作必须保证安全的前提下实现保值增值。为此在地方统筹的养老保险制度建立的二十年时间里，该基金结余资金一直没有很好的投资渠道，基本上只是买国债和银行专户存款，导致基金难以实现保值增值。全国社会保障基金理事会掌管的全国社保基金在十多年前就开始放开了投资渠道，实现投资渠道多元化，且运作比较成功。2012 年和 2014 年广东省和山东省分别拿出地方社保基金结余的 1000 亿资金委托全国社保基金理事会代为投资，保值增值的效果也非常好。

在上述成功试点的基础上，放开地方统筹养老保险基金结余资金的投资运作渠道条件已经成熟。2015 年 8 月 23 日国务院印发《基本养老保险基金投资管理办法》[①]（以下简称《办法》)。《办法》明确：投资股票、股票基金、混合基金、股票型养老金产品的比例，合计不得高于养老基金资产净值的 30%；参与股指期货、国债期货交易，只能以套期保值为目的，其中投资股票、股票基金、混合基金、股票型养老金产品的比例，合计不得高于养老基金资产净值的 30%。目前，养老保险基金结余部分资金进入中国资本市场投资的步伐正在进行中。根据人力资源和社会保障部发布的信息，截至 2018 年底，全国累计已有 17 个省区市委托投资基本养老保险基金 8580 亿元，已经到账的资金达到 6050 亿元，在这 17 个省区市里面，有 9 个启动了城乡居民基本养老保险基金的委托投资，合同金额为 773 亿元。[②]

① 《基本养老保险基金投资管理办法》，http：//www. mohrss. gov. cn/SYrlzyhshbzb/dongtaixinwen/buneiyaowen/201508/t20150823_218734. htm。

② 《人社部举行 2018 年第四季度新闻发布会》，http：//www. mohrss. gov. cn/SYrlzyhshbzb/dongtaixinwen/buneiyaowen/201901/t20190124_309638. html。

四、2019 年社会保险收费与项目进一步调整

2019 年两会上李克强总理在《政府工作报告》中就社会保险制度完善提出了两点重要改革措施：取消生育保险，将其与医疗保险制度合并；下调养老保险单位缴费比例。这是党中央国务院从经济社会发展全局做出的一项重大决策，既是降低企业负担，优化营商环境，也是完善社会保险制度的重要举措。

国务院办公厅于 2019 年 4 月正式印发《降低社会保险费率综合方案》① （以下简称《方案》）。《方案》的主要内容包括：降低城镇职工基本养老保险单位缴费比例，高于 16% 的省份，可降至 16%；继续阶段性降低失业保险和工伤保险费率，现行的阶段性降费率政策到期后再延长一年至 2020 年 4 月 30 日；加快推进养老保险省级统筹，逐步统一养老保险政策，2020 年底前实现基金省级统收统支；提高养老保险基金中央调剂比例，2019 年调剂比例提高至 3.5%，等等。根据人力资源社会保障部、财政部等机构预计，《方案》实施到位后，2019 年全年可减轻企业社保缴费负担 3000 多亿元。②

社会保险制度的制度完善可明显降低各类企业的缴费负担和成本，对刺激企业投资扩大就业实现经济增长作用显著。由于老龄化日益加剧，同时为保障退休人员权益，退休金每年都按照一定比例增加，降低缴费比例可能导致部分地区未来退休金支付困难。为此应积极采取措施做大养老保险基金规模：一方面需要拓宽社保基金的资金来源，比如加速实施国企股权划拨社保基金，财政预算充实等；另一方面加快社保基金投资运营模式改革，鼓励地方结余养老保险金以各种方式在各领域投资，以实现基金保值增值。

---

① 《国务院办公厅关于印发降低社会保险费率综合方案》，http：//www.gov.cn/zhengce/content/2019－04/04/content_5379629.htm。

② 《国务院办公厅关于印发关于降低社会保险费率综合方案的通知》，http：//www.mohrss.gov.cn/SYrlzyhshbzb/rdzt/jfjf/zcwj/201906/t20190617_320913.html。

第二十一章

金融制度的进一步完善

引言　金融是现代经济的核心

2012 年召开的党的十八大，提出了“全面建成小康社会和全面深化改革开放”的战略目标。

围绕这一目标，党的十八大提出“全面深化经济体制改革”。“深化金融体制改革，健全促进宏观经济稳定、支持实体经济发展的现代金融体系，发展多层次资本市场，稳步推进利率和汇率市场化改革，逐步实现人民币资本项目可兑换。加快发展民营金融机构。完善金融监管，推进金融创新，维护金融稳定。①”

金融是现代经济的核心，党的十八大以来，面对错综复杂的国内外经济金融形势，我国金融改革有序推进，金融体系不断完善，人民币国际化和金融双向开放取得新进展，金融监管得到改进，守住不发生系统性金融风险底线的能力增强。

利率和汇率的市场化改革是金融改革的重点领域，党的十八大之后取得了新的重大进展。2015 年，存贷款利率管制基本放开；2014 年，人民币兑美元交易价浮动幅度扩大至 2%。利率市场化改革的深入推进，利率调控能力的显著增强，对促进我国经济结构调整和转型升级发挥了积极作用。

2015 年，完善人民币兑美元汇率中间价报价，人民币汇率中间价主要参

① 胡锦涛：《坚定不移沿着中国特色社会主义道路前进　为全面建成小康社会而奋斗——在中国共产党第十八次全国代表大会上的报告》，人民出版社 2012 年版，第 12 页。

考市场均衡汇率形成。人民币汇率形成机制改革增强了汇率形成机制的规则性、透明度和市场化水平，汇率弹性得以增强。同时，人民币逐步走向国际化。

以银行贷款为主的间接融资在我国融资结构中占重要地位，直接融资占比偏低，融资结构不完善一直是我国社会融资规模发展中的重要问题。这可能带来潜在的高杠杆融资、低效率融资、金融资源配置不当等潜在风险点；同时银行信贷规模过高，产能过剩行业的呆账坏账频出，可能导致金融风险压力集中于银行体系。党的十八大以来，我国已经初步形成由主板、中小板、创业板、新三板、区域性股权市场组成的多层次市场体系，交易制度逐步完善，产品品种不断丰富，居民、企业投资渠道大幅拓宽，资本市场服务实体经济、防控金融风险、深化金融改革能力得到有效提升。

党的十八大以来，党中央高度重视金融工作，多次就防范化解金融风险作出重大部署，防止发生系统性金融风险是金融工作的永恒主题。2017 年中央经济工作会议将防范化解重大风险作为三大攻坚战之首。

因此，党的十八大以来，我国金融改革一直是围绕防范金融风险和服务实体经济而展开。

第一节 利率的市场化改革进一步深入

利率市场化是发挥市场配置资源决定性作用的重要前提之一。中国的利率市场化进程从 1996 年启动，选择了渐近的方式，由易到难逐步推进。

一、党的十八大前中国利率市场化改革的进程

1993 年 12 月《国务院关于金融体制改革的决定》提出，我国利率改革的长远目标是：建立以市场资金供求为基础，以中央银行基准利率为调控核心，由市场资金供求决定各种利率水平的市场化利率体系。党的十四届三中全会通过的《中共中央关于建立社会主义市场经济体制若干问题的决定》提出，中央银行按照资金供求状况及时调整基准利率，并允许商业银行存贷款利率在规定幅度内自由浮动。党的十六届三中全会通过的《中共中央关于完善社会主义市场经济体制若干问题的决定》中，进一步明确要“稳步推进利率市场化，建立

健全由市场供求决定的利率形成机制，中央银行通过运用货币政策工具引导市场利率”。

1996 年 6 月 1 日，中国人民银行《关于取消同业拆借利率上限管理的通知》明确指出：银行间同业拆借市场利率由拆借双方根据市场资金供求自主决定。银行间同业拆借利率的正式放开，标志着中国利率市场化改革迈出了具有开创性意义的一步。

1997 年 6 月，中国人民银行进一步放开了银行间债券回购利率。1998 年 8 月，国家开发银行在银行间债券市场首次进行市场化发债。1999 年 10 月，财政部首次在银行间债券市场实现以利率招标的方式发行国债。至此实现了银行间市场利率、政策性金融债发行利率、国债发行利率的市场化。

存贷款的利率市场化改革是利率体系市场化改革中难度大、风险大的部分。根据党的十六届三中全会精神，结合我国经济金融发展和加入世界贸易组织后开放金融市场的要求，中国人民银行确定了存贷款利率市场化的步骤：先贷款、后存款；（存款中）先大额后小额；先外币后本币，逐步建立由市场供求决定金融机构存、贷款利率水平的利率形成机制，中央银行调控和引导市场利率，使市场机制在金融资源配置中发挥主导作用。

2003 年后，人民币贷款利率市场化迈出重要步伐。2003 年 8 月，中国人民银行在推进农村信用社改革试点时，允许试点地区信用社贷款利率上浮不超过贷款基准利率的 2 倍。2004 年 10 月 29 日，中国人民银行报经国务院批准，决定不再设定金融机构（不含城乡信用社）人民币贷款利率上限，同时放开存款利率下限。这是中国利率市场化改革进程中具有里程碑意义的重要举措，标志着中国利率市场化顺利实现了“贷款利率管下限、存款利率管上限”的阶段性目标。该项政策构建了现阶段中国利率市场化改革的总体框架。

与此同时，贷款利率浮动报备制度初步建立，各商业银行和城乡信用社通过报备系统，定期向人民银行反馈贷款利率的浮动情况。利率浮动情况报备制度的建立，既有利于主管部门及时掌握全国范围内的利率浮动情况，提高决策的科学性和准确性，也有利于金融机构建立集中统一的数据采集、分析系统，完善自身的利率管理体系，将贷款利率管理融入经营管理的大局中去。

2007 年 1 月 4 日开始正式运行上海银行间同业拆放利率（Shanghai Interbank Offered Rate，Shibor），促进了货币市场的快速发展。

2012 年 7 月，央行在下调存贷款基准利率过程中，将金融机构的贷款利率下限调整为基准利率的 0.7 倍，将存款利率上限调整为基准利率的 1.1 倍，改变了 2004 年 10 月 29 日以来的存贷款基准利率限制。

二、党的十八大以后利率市场化进程进一步加快

2013 年 7 月 20 日，央行下发《关于进一步推进利率市场化改革的通知》，决定全面放开金融机构贷款利率管制。一是取消金融机构贷款利率 0.7 倍的下限，由金融机构根据商业原则自主确定贷款利率水平；二是取消票据贴现利率管制，改变贴现利率在再贴现利率基础上加点确定的方式，由金融机构自主确定；三是对农村信用社贷款利率不再设立上限；四是为继续严格执行差别化的住房信贷政策，促进房地产市场健康发展，个人住房贷款利率浮动区间暂不作调整。

2013 年 10 月 25 日，在央行的指导下，存贷款基础利率集中报价和发布机制正式运行。存贷款基准利率浮动区间的扩大，有利于增强存贷款利率的弹性，迫使存贷款金融机构更加关注供求关系的变化。

在贷款利率下限放开之后，存款利率市场化便成为我国利率市场化改革的核心任务。2014 年 11 月，存款利率浮动区间的上限调整至基准利率的 1.2 倍。2014 年 11 月，扩大存款利率浮动上限至 1.2 倍。

2015 年 10 月，对商业银行与农村合作金融机构等不再设置存款利率浮动上限，这标志着利率市场化接近于基本完成。随着利率市场化改革的深入推进，利率调控能力显著增强，对促进经济结构调整和转型升级发挥了积极作用。

利率的全面的放开并不代表着利率市场化改革的完成，我国利率市场化最主要的目的，是为了发挥市场在资源配置中的决定性作用。然而，在利率市场化最后的标志性事件（放开存款利率上限）完成以后，我国的实体企业部门仍存在信贷错配现象：国有企业相比民营企业仍旧获得信贷资源；另外，金融脱离实体的问题也没有根本解决。

目前中国仍存在一些利率“双轨制”：一方面在存贷款方面仍有基准利率，另一方面货币市场利率是完全由市场决定的。继续稳步推进利率市场化改革，将推动存贷款基准利率和市场利率的“两轨”逐步合为“一轨”。

第二节　人民币汇率形成机制完善和人民币国际化

1978 年的改革开放，使中国的经济走向开放，外贸体制的变革要求金融的外汇管理体制也进行改革。1981 年起，人民币实行官方汇率与外汇内部结算价并行的双重汇率制度。1985 年 1 月取消双重汇率制，官方汇率实行有管理的浮

动，同时开展外汇调剂业务，外汇调剂汇率与官方汇率并存。1993 年底全面放开外汇调剂市场。

一、党的十八大之前的汇率体制和外汇管理体制改革

（一）1994 年汇改

1993 年 11 月，党的十四届三中全会通过的《关于建立社会主义市场经济体制若干问题的决定》提出，要“改革外汇管理体制，建立以市场为基础的有管理的浮动汇率制度和统一规范的外汇市场，逐步使人民币成为可兑换货币”，为改革指明了方向。1993 年 12 月 25 日，国务院发布《关于金融体制改革的决定》，该决定提出改革外汇管理体制，协调外汇政策和货币政策。

1994 年初，根据建立社会主义市场经济体制的指导思想，国务院推出外汇管理体制改革方案。一是汇率并轨，把过去的双轨制的汇率改成了以市场供求为基础、单一的、有管理的浮动汇率制；二是取消了外汇留成和上缴制度，实行结售汇制度；三是建立全国统一、规范的外汇交易市场；四是 1996 年 12 月 1 日，中国正式宣布人民币经常性项目可兑换。

当时国有经济在国民经济中占绝对优势，国有企业的改革仍在探索，企业实际的外汇使用和货币兑换权力有限，经常性项目收入基本上都是强制性结汇。外汇制度名义上已开放，政府在汇率制度执行过程中仍然发挥着绝对控制力。不过也正是因为这样，当 1997 年夏天，亚洲金融危机爆发，东亚各国纷纷将本国货币贬值，中国政府采取了稳定人民币汇率的政策，人民币兑美元汇率稳定在 8.27 元附近，人民币汇率事实上盯住美元，度过了亚洲金融危机带来的冲击。

（二）2005 年汇改

进入新世纪后，随着中国正式加入世界贸易组织，人民币汇率制度和外汇管理体制进入新一轮改革。2003 年 10 月，党的十六届三中全会通过《中共中央关于完善社会主义市场经济体制若干问题的决定》提出：完善人民币汇率形成机制，保持人民币汇率在合理、均衡水平上的基本稳定，在有效防范风险的前提下，有选择、分步骤地放宽对跨境资本交易活动的限制，逐步实现资本项目可兑换。

2005 年 7 月 21 日，中国人民银行公布了人民币汇率形成机制改革方案①，改革方案内容主要包括，改变早先的人民币盯住美元制度，实行以市场供求为基础、参考一篮子货币②调节、有管理的浮动汇率制度；人民币汇率兑美元一次性升值 2.1%，从 8.28 升至 8.11；人民币汇率中间价由参考上日银行间市场加权平均价确定，改为参考上日收盘价，但维持人民币汇率日浮动区间上下 0.3‰。完善汇率形成机制成为改革的核心。改革要求在自主、渐进、可控的原则下，保持人民币在合理均衡水平上基本稳定。

为与国际外汇市场接轨，2006 年 1 月 4 日，中国人民银行引入做市商制度和询价交易机制，改变中间价的定价方式，市场的价格发现功能得到发挥。2007 年 5 月，人民币兑美元每日浮动幅度由上下 3‰扩大至上下 5‰。

2008 年国际金融危机爆发，为了应对复杂的国际经济金融形势，人民币汇率暂时放弃参考一篮子货币，重新恢复对美元的汇率稳定。2010 年 6 月，中国人民银行宣布汇率改革重启，汇率波动明显扩大并呈现双向波动特征，外汇市场的行政性干预在逐步减弱，国际收支对国内货币政策的独立性冲击在降低。到 2012 年 4 月，人民币兑美元每日浮动幅度由上下 5‰扩大到上下 1%，基本完成汇率达到合理均衡水平这一目标。

这一轮改革有效应对了中国加入世界贸易组织面临的挑战，以及 2008 年国际金融危机带来的冲击。

二、党的十八大以来加快完善人民币汇率形成机制

党的十八大报告中提出“稳步推进利率和汇率市场化改革，逐步实现人民币资本项目可兑换。”2013 年 11 月 12 日中国共产党第十八届中央委员会第三次全体会议通过的《中共中央关于全面深化改革若干重大问题的决定》中进一步提出：“完善人民币汇率市场化形成机制，加快推进利率市场化，健全反映市场供求关系的国债收益率曲线。推动资本市场双向开放，有序提高跨境资本和金融交易可兑换程度，建立健全宏观审慎管理框架下的外债和资本流动管理体系，加快实现人民币资本项目可兑换。”从党中央的决策安排看，时隔一年，人民币汇率市场化机制的完善，以及实现人民币资本项目可兑换的步伐都“加快”了。

2015 年 8 月 11 日　中国人民银行宣布完善人民币对美元汇率中间价报价机

---

① 这轮 2005 年汇率形成机制改革被称为“7·21 汇改”。

② 参考一篮子货币，是指某一个国家根据贸易与投资密切程度，选择数种主要货币，不同货币设定不同权重后组成一篮子货币，设定浮动范围，该国货币就根据这一篮子货币并在范围内浮动。

制，即自 2015 年 8 月 11 日起，做市商在每日银行间外汇市场开盘前，参考上日银行间外汇市场收盘汇率，综合考虑外汇供求情况以及国际主要货币汇率变化向中国外汇交易中心提供中间价报价。这是人民币汇率形成机制改革的又一里程碑，后称“8·11 汇改”。

“8·11 汇改”推出之时，国外适逢美联储加息预期升温，国内又正好遇到经济数据回落和股市动荡。而且从 2014 年开始，包括中国在内的新兴经济体面临资本外流压力。因此，汇改推出后连续两日，人民币对美元贬值幅度都逼近 2% 的日波幅边界，外汇市场正在寻找新的平衡点。2015 年 8 月 13 日，央行称人民币兑美元已经贴近了合理均衡汇率水平，因此采取了一系列措施稳定汇率，并在之后对中间价形成机制多次作出微调。主要调整有二：一是 2015 年 12 月发布三个人民币汇率指数，人民币汇率之“锚”转向一篮子货币。到 2016 年初，初步形成“收盘价 + 一篮子货币汇率”的中间价形成机制。二是 2017 年 5 月 26 日，央行宣布在中间价形成机制中引入逆周期因子①，中间价形成机制变为：“前一交易日日盘收盘价 + 一篮子货币汇率变化 + 逆周期因子”，并沿用至今。

与汇率形成机制改革有关的汇率调控机制、外汇市场建设等也有序推进。2015 年 12 月开始发布人民币汇率指数，为市场观察人民币汇率提供了量化指标。人民币汇率形成机制改革增强了汇率形成机制的规则性、透明度和市场化水平，汇率弹性得以增强。

我国汇率形成机制的改革和完善的基本经验是：坚持了朝市场化方向推进的目标；选择了渐近性的改革路径。

三、人民币走向国际化

人民币国际化是中国经济金融深化改革、对外开放的必然趋势。2008 年国际金融危机期间，国际社会对人民币的欢迎程度超过预期，部分国家主动要求和我国开展人民币互换。在国际金融市场对人民币需求增强和中国对外开放不断加深等背景下，人民银行顺势而为，沿着“逐步使人民币成为可兑换的货币”的长

① 逆周期因子的引入是为了适度对冲市场情绪的顺周期波动，缓解外汇市场可能存在的“羊群效应”，稳定市场预期。中国人民银行发布的《2017 年第二季度中国货币政策执行报告》中，首次披露了人民币中间价形成机制中“逆周期因子”的计算方法，并表示“逆周期因子”计算过程中涉及的全部数据，或取自市场公开信息，或由各报价行自行决定，不受第三方干预。报告表示，在计算逆周期因子时，可先从上一日收盘价较中间价的波幅中剔除篮子货币变动的影响，由此得到主要反映市场供求的汇率变化，再通过逆周期系数调整得到“逆周期因子”。逆周期系数由各报价行根据经济基本面变化、外汇市场顺周期程度等自行设定。

期目标，以实体经济为依托，进一步减少不必要的行政管制和政策限制，不断完善人民币跨境使用政策框架。

2015 年适逢国际货币基金组织（IMF）五年一次的 SDR 审查，人民币加入 SDR 面临难得的历史性机遇。人民银行按照中央的战略部署，积极推动人民币加入 SDR 货币篮子。2015 年 11 月 30 日，IMF 执董会认定人民币为可自由使用货币，决定将人民币纳入 SDR 货币篮子①，并于 2016 年 10 月 1 日正式生效。这是人民币国际化的重要里程碑，反映了国际社会对中国改革开放成就的高度认可。

2017 年底，人民币国际化水平已经与日元、英镑大体相当；同期，人民币全球贸易结算份额达到 1.79%，而包括直接投资、国际信贷、国际债券与票据等国际金融人民币计价交易综合占比达到 6.51%，创出历史新高。

据环球银行金融电信协会（SWIFT）统计，截至 2018 年 1 月末，人民币位列全球第五大国际支付货币，市场占有率为 1.66%。据 IMF 2017 年第四季度公布的人民币储备信息，官方外汇储备货币构成（COFER）中报送国持有人民币储备规模为 1128 亿美元，已有超过 60 个境外央行或货币当局将人民币纳入官方外汇储备②。

第三节　多层次资本市场稳步推进

党的十八大以来，我国多层次资本市场建设稳步推进：市场体系完善和基础制度建设都取得一系列成果，融资规模增长，服务实体经济的功能提升。

2013 年 11 月 12 日中国共产党第十八届中央委员会第三次全体会议通过的《中共中央关于全面深化改革若干重大问题的决定》提出“加快完善现代市场体系”，对于资本市场，指出“健全多层次资本市场体系，推进股票发行注册制改革，多渠道推动股权融资，发展并规范债券市场，提高直接融资比重。”

一、多层次资本市场建设进一步完善

党的十八大以来，中国 A 股主板市场、新三板市场、区域性股权市场、柜台市场组成的多层次股权市场稳步运行，债券市场、期货与衍生品市场发展迅速，

---

① 新的 SDR 货币篮子包含美元、欧元、人民币、日元和英镑 5 种货币，权重分别为 41.73%、30.93%、10.92%、8.33% 和 8.09%。

② 易纲：《在深化改革开放中开创金融事业新局面》，载于《中国金融》2018 年第 23 期。

多层次资本市场建设进一步完善。

(一) 主板市场新股发行制度不断完善，IPO① 常态化

我国新股的发行沿用核准制，证监会出于对二级市场影响考虑、新股发行制度改革等诸多原因，历史上我国 IPO 曾经历过数次暂停和重启。

2013 年 11 月 30 日，证监会发布《关于进一步推进新股发行体制改革的意见》，指出：贯彻党的十八届三中全会决定中关于“推进股票发行注册制改革”的要求，必须进一步推进新股发行体制改革，厘清和理顺新股发行过程中政府与市场的关系，加快实现监管转型，提高信息披露质量，强化市场约束，促进市场参与各方归位尽责，为实行股票发行注册制奠定良好基础。改革的总体原则是：坚持市场化、法制化取向，综合施策、标本兼治，进一步理顺发行、定价、配售等环节的运行机制，发挥市场决定性作用，加强市场监管，维护市场公平，切实保护投资者特别是中小投资者的合法权益。

随着 IPO 常态化，越来越多的企业通过资本市场发展壮大，资本市场在服务实体经济方面的能力越来越强。2013～2017 年，有 1012 家公司进行了首发，累计首发募集资金 6039 亿元②，如图 21－1、图 21－2 所示。

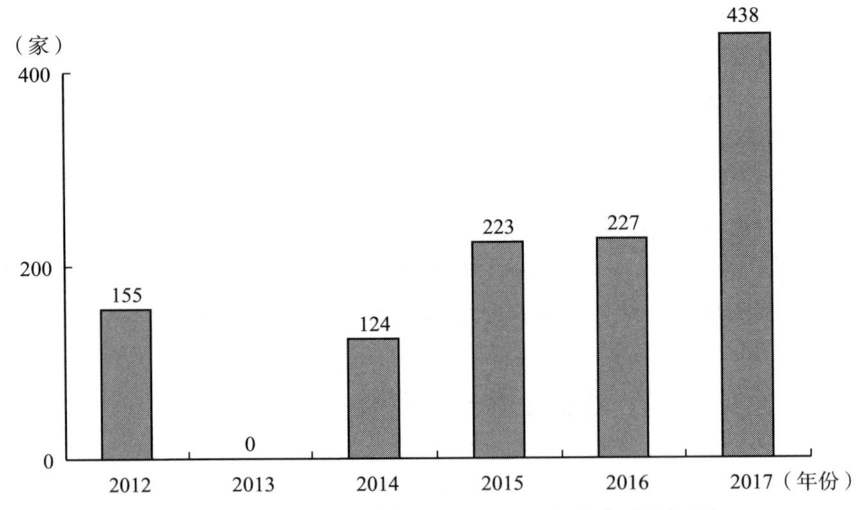

图 21－1　中国 A 股市场 2012～2017 年 IPO 家数统计

---

① IPO：（Initial Public Offerings，IPO）首次公开发行，指股份公司首次向社会公众公开招股的发行方式。

② 资料来源：Wind 数据库。

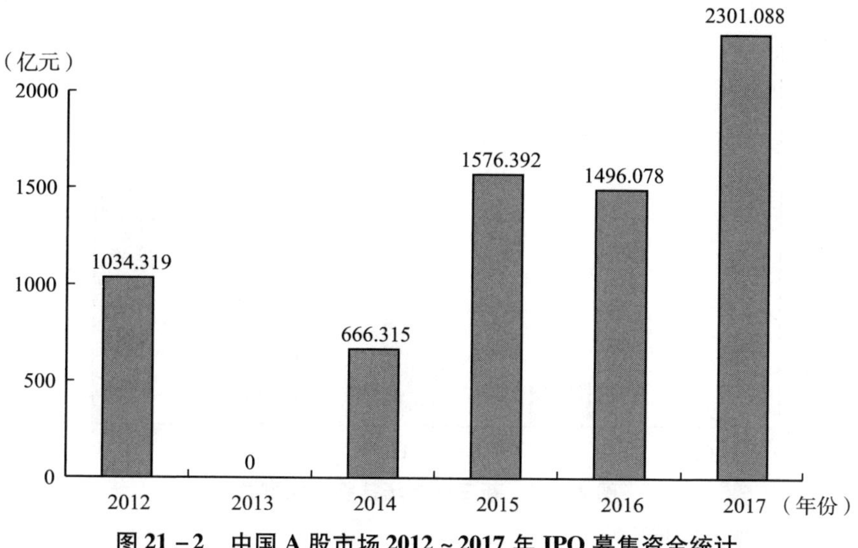

图 21－2　中国 A 股市场 2012～2017 年 IPO 募集资金统计

（二）新三板市场迅速扩张，逐步发展完善

2000 年，为解决主板市场退市公司与两个停止交易的法人股市场公司的股份转让问题，由中国证券业协会出面，协调部分证券公司设立了代办股份转让系统，被称之为“三板”。

2012 年 9 月，“全国中小企业股份转让系统”（俗称“新三板”）经国务院批准注册成立。

2013 年 12 月 14 日，为更好地发挥金融对经济结构调整和转型升级的支持作用，进一步拓展民间投资渠道，充分发挥全国中小企业股份转让系统的功能，缓解中小微企业融资难，按照党的十八大、十八届三中全会关于多层次资本市场发展的精神，国务院发布《关于全国中小企业股份转让系统有关问题的决定》。(以下简称《国务院决定》）从而将新三板从小规模区域性试点扩大至全国。

2013 年底，在新三板挂牌交易的公司仅为 356 家，到 2017 年底挂牌公司数已迅速扩张达到 11630 家。挂牌交易的总股本也迅速扩大。如图 21－3、图 21－4 所示。

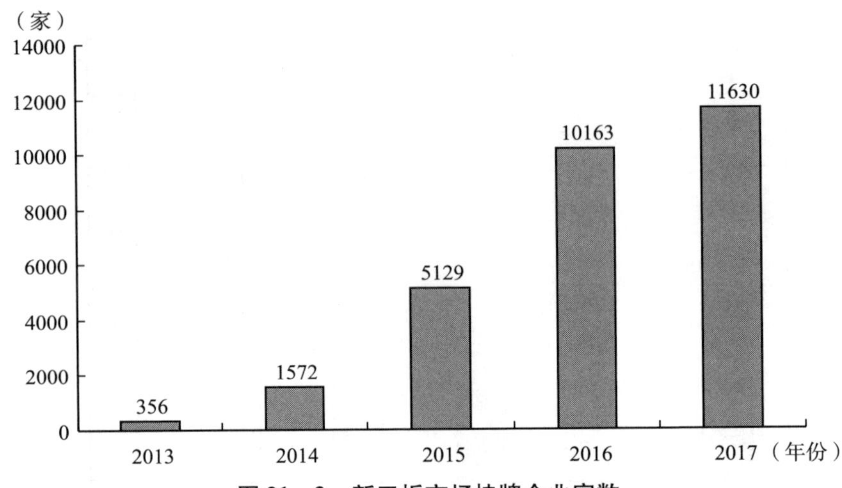

图 21－3　新三板市场挂牌企业家数

资料来源：Wind 数据库。

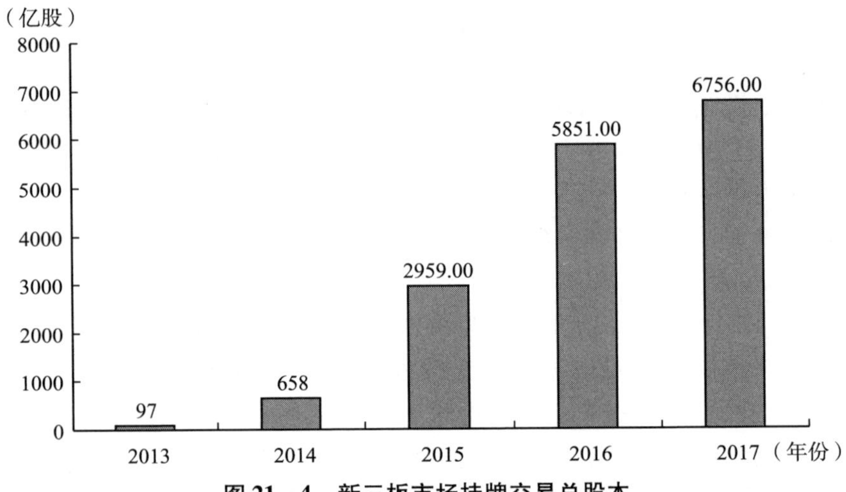

图 21－4　新三板市场挂牌交易总股本

资料来源：Wind 数据库。

短短几年内，新三板实现了跨越式发展，成为全球上市（挂牌）企业数量最多的证券交易场所，中小微企业占比达 94%。

新三板实现了多层次资本市场的突破，一批中小企业挂牌后，获得股权或债权融资，改善了融资结构，提升了品牌价值。与此同时，新三板拓宽了早期投资退出渠道。据统计，2016 年风险投资和私募股权投资（VC/PE）退出案例中，通过新三板退出的分别占 61.5%、71.4%。它改变了过去 VC/PE 集中做成熟项目的状况，引领和带动了社会资本对初创型科技企业的投资。

但新三板现在也遇到了一个发展瓶颈，主要表现在企业挂牌意愿下降，投资者盈利困难，2018 年在新三板挂牌公司家数陷入了停滞。

（三）区域性股权市场逐步发展

在多层次资本市场中，区域性股权市场是主要服务于所在省级行政区域内中小微企业的私募股权市场。到 2017 年底，区域性股权市场在全国已设立 40 家，挂牌企业 2.14 万家，还有超过 7.3 万家展示企业，更多的小微企业跃跃欲试；累计实现各类融资 8589 亿多元，正逐步成为中小微企业股权融资的重要渠道，成为多层次资本市场的塔基。更重要的是，区域性股权市场使得资本市场服务重心下移，服务实体经济的广度和深度进一步拓展。

（四）设立科创板

2018 年 11 月 5 日，中共中央总书记、国家主席习近平出席首届中国国际进口博览会开幕式并发表主旨演讲，宣布在上海证券交易所设立科创板并试点注册制。

设立科创板并试点注册制，是深入贯彻习近平新时代中国特色社会主义思想和党的十九大精神，认真落实习近平总书记关于资本市场的一系列重要指示批示精神，按照党中央、国务院决策部署，进一步落实创新驱动发展战略，增强资本市场对提高我国关键核心技术创新能力的服务水平，支持上海国际金融中心和科技创新中心建设，完善资本市场基础制度，坚持稳中求进工作总基调，贯彻新发展理念，深化供给侧结构性改革的重要举措。

二、资本市场双向开放稳步推进

（一）QFII 不断发展

党的十八大以前，中国资本市场的开放主要是通过建立合格境外（内）机构投资者制度（即 QFII 和 QDII）[①] 来实现的。

QFII 机制是指外国专业投资机构到境内投资的资格认定制度。是一国在货币

① QFII 是 qualified foreign institutional investor（合格境外机构投资者）的缩写，QDII 是 qualified foreign institutional investor（合格境内机构投资者）的缩写，都是作为人民币资本项下不可自由兑换条件下有控制地进行境内和境外证券投资业务的制度安排。

没有实现完全可自由兑换、资本项目尚未开放的情况下，有限度地引进外资、开放资本市场的一项过渡性的制度。2002 年，中国证监会、人民银行颁布《合格境外机构投资者境内证券投资管理暂行办法》，正式推出 QFII 试点。QFII 制度的推出，是我国资本市场对外开放的标志性事件之一。

2006 年 8 月 24 日，中国证监会、中国人民银行和国家外汇管理局发布了《合格境外机构投资者境内证券投资管理办法》。降低了 QFII 的资格门槛，养老基金、慈善基金会、捐赠基金、信托公司、政府投资管理公司等机构也获得了 QFII 申请资格。

QFII 制度推出后，投资总额度逐步放大，从期初的 100 亿美元到 2007 年的 300 亿美元，2012 年 4 月 3 日，证监会、人民银行与外汇局决定新增合格境外机构投资者（QFII）投资额度 500 亿美元，总投资额度达到 800 亿美元。截至 2012 年 12 月 31 日，共有 169 家 QFII 机构累计获得 374. 43 亿美元的投资额度。

党的十八大以来，随着对外开放的进一步深化，为了吸引更多的境外长期投资机构的进入，2013 年 7 月份，QFII 额度再次增加到 1500 亿美元。

（二）QDII 在曲折中发展

QDII 制度是指在人民币资本项目不可兑换、资本市场未开放条件下，在国内设立，经有关部门批准，有控制地，允许境内机构投资境外资本市场的股票、债券等有价证券投资业务的一项制度安排。

2006 年 4 月 13 日央行发布了《关于调整外汇管理政策的〈五号公告〉》，（以下简称《五号公告》）。中国人民银行《五号公告》中开放资本账户的政策主要有以下三个方面：一是允许符合条件的银行集合境内机构和个人的人民币资金，在一定额度内购汇投资于境外固定收益类产品；二是允许符合条件的基金管理公司等证券经营机构在一定额度内集合境内机构和个人自有外汇，用于在境外进行的包含股票在内的组合证券投资；三是允许符合条件的保险机构购汇投资于境外固定收益类产品及货币市场工具，购汇额按保险机构总资产的一定比例进行控制。银行、保险机构和基金管理公司成为首批“合格的境内投资者”。这是我国迈向资本项目开放的一个重大举措。

银行系 QDII 业务最先起航。首先是 2006 年 6 月 30 日，建设银行、中国银行、交通银行、工商银行，以及汇丰银行和东亚银行的内地分行等六家中、外资银行率先获批开办代客境外理财业务，成为首批经营 QDII 的金融机构。

中国证监会于 2006 年 8 月 21 日正式批准了华安基金管理公司启动 QDII 试点。

2007 年 7 月，首批 4 只合格境内机构投资者（QDII）基金：南方全球精选基金、华夏全球精选、嘉实海外中国、上投摩根亚太优势设立，最终募集规模均在 300 亿元左右。标志着我国投资者开始走上国际化资产配置的道路。

经过 10 年的发展，QDII 基金在投资人才储备、投资经验以及产品研发方面不断积累和完善，进入了新的发展起点。

（三）沪港通、深港通进一步开放资本市场

2014 年 4 月 10 日，国务院总理李克强在博鳌亚洲论坛发表主旨演讲，指出：将着重推动新一轮高水平对外开放，其中扩大服务业包括资本市场对外开放是重要方面。并称此后将积极创造条件，建立上海与香港股票市场交易互联互通机制，进一步促进中国内地与香港资本市场双向开放和健康发展。同时将在与国际市场更深度的融合中，不断提升对外开放的层次和水平。

2014 年 4 月 10 日，中国证券监督管理委员会和香港证券及期货事务监察委员会发布《中国证券监督管理委员会香港证券及期货事务监察委员会联合公告》，决定原则批准上海证券交易所（以下简称上交所）、香港联合交易所有限公司（以下简称联交所）、中国证券登记结算有限责任公司（以下简称中国结算）、香港中央结算有限公司（以下简称香港结算）开展沪港股票市场交易互联互通机制试点（简称沪港通）。

沪港通，即沪港股票市场交易互联互通机制，指两地投资者委托上交所会员或者联交所参与者，通过上交所或者联交所在对方所在地设立的证券交易服务公司，买卖规定范围内的对方交易所上市股票。沪港通包括沪股通和港股通两部分①。中国结算、香港结算相互成为对方的结算参与人，为沪港通提供相应的结算服务。

沪港通总额度为 5500 亿元人民币，参与港股通个人投资者资金账户余额必须不低于 50 万元人民币。2014 年 11 月 17 日沪港通开通运行。

2016 年 8 月 16 日，李克强总理在国务院常务会议上明确表示，深港通相关准备工作已基本就绪，国务院已批准《深港通实施方案》。

2016 年 12 月 5 日，中国证监会与香港证监会发布联合公告正式启动深港通。

沪港通和深港通开通以来，运行平稳，交易日趋活跃。截至 2018 年 12 月 27 日，累计资金流向沪股通为 3745.04 亿元，深股通为 2649.3 亿元，两者相加

---

① 沪股通，是指投资者委托联交所参与者，通过联交所证券交易服务公司，向上交所进行申报，买卖规定范围内的上交所上市股票。港股通，是指投资者委托上交所会员，通过上交所证券交易服务公司，向联交所进行申报，买卖规定范围内的联交所上市股票。

（北向）资金为6395.04亿元；截至2018年12月28日，累计资金流向沪市港股通为5243.57亿元，深市港股通为1995.89亿元，两者相加（南向）资金为7239.45亿元①。

沪港通是我国资本市场对外开放的重要内容，有利于增强我国资本市场的综合实力，有利于巩固上海和香港两个金融中心的地位，有利于推动人民币国际化，支持香港发展成为离岸人民币业务中心。在沪港通成功试点的基础上开通深港通，是坚定不移推进中国金融对外开放的又一项重大举措，有利于投资者更好地共享两地经济发展的成果，满足投资者多样化的跨界投资以及风险管理需求，也有利于改善A股市场投资者结构，促进经济转型升级。坚定不移地扩大开放，才能保持中国资本市场的市场化、法治化、国际化的发展方向，真正提高资本市场对实体经济的服务能力，才能真正提升中国资本市场的国际竞争力。

2015年底开始，上海加快沪伦通的研究，沪伦通是中国资本市场加速国际化，并乐于参与到国际金融市场运作中去的标志。

沪伦通是指上海证券交易所与伦敦证券交易所互联互通的机制。符合条件的两地上市公司，可以发行存托凭证（DR）并在对方市场上市交易。

2018年10月12日，证监会正式发布《关于上海证券交易所与伦敦证券交易所互联互通存托凭证业务的监管规定（试行）》，自公布之日起施行。

中国资本市场开放步伐坚定、进展显著，获得了国际金融市场的认可。2017年6月，摩根士丹利资本国际公司（MSCI）宣布，从2018年6月开始将中国A股纳入MSCI新兴市场指数和全球基准指数。

第四节　防范金融风险服务实体经济

一、第五次全国金融工作会议

全国金融工作会议，是为保证宏观金融政策的稳定性和金融改革的持续性而作出的一项重大制度安排。除第一次开会是在1997年底外，通常都在中央政府换届选举年的年初召开。

1997年11月召开的第一次全国金融工作会议适逢亚洲金融危机爆发，会议

① 资料来源：Wind数据库。

决定央行自身管理体制变革，成立四大资产管理公司以处理从国有四大行剥离的不良资产；对金融业实行分业监管，成立了证监会、保监会，分别负责证券业和保险业的监管，人民银行专司对银行业、信托业的监管。

2002年2月召开的第二次全国金融工作会议，重点提出了“必须把银行办成现代金融企业”，决定进一步深化国有银行改革，组建中央汇金投资有限责任公司主导中国银行业的重组上市。推进中国工商银行、中国建设银行、中国银行的股份制改革和海外上市，撤销中央金融工委，成立银监会。

2007年1月第三次全国金融工作会议，提出继续深化国有商业银行改革，加快建设现代银行制度，稳步有序推进中国农业银行股份制改革，推进政策性银行改革；加快农村金融改革发展，完善农村金融体系；大力发展资本市场和保险市场等。

2012年1月第四次全国金融工作会议举行，会议指出，要坚持金融服务实体经济的本质要求，牢牢把握发展实体经济这一坚实基础，从多方面采取措施，确保资金投向实体经济，有效解决实体经济融资难、融资贵问题，坚决抑制社会资本脱实向虚、以钱炒钱，防止虚拟经济过度自我循环和膨胀，防止出现产业空心化现象。

2015年2月17日国务院发布《存款保险条例》，自2015年5月1日起施行。这标志着我国存款保险制度正式建立。存款保险制度是市场经济条件下保护存款人利益的重要措施，是金融安全网的重要组成部分。建立存款保险制度，有利于完善我国金融安全网，更好地保护存款人的利益，维护金融市场和公众对我国银行体系的信心，进一步理顺政府和市场的关系，深化金融改革，维护金融稳定，促进我国金融体系健康发展。

从第4次全国金融工作会议以来以后的5年内，国内外经济金融形势呈现出新特点，也暴露出新问题。

主要表现为：经济进入“三期叠加”新常态①；固定资产投资增速下降；传统产业去杠杆、去产能、去库存矛盾突出；宽松的货币供应没有配套的监管，导致货币资金流向金融资产（主要是房地产和股市），推高了资产价格泡沫；特别是2014年以来，监管缺位和流动性驱动下，先后吹起股票牛市、债券牛市、期货牛市，一二线城市房价飙涨，在管理层大力清理股票市场场外配资后，A股大

① “三期叠加”指增长速度进入换挡期，结构调整面临阵痛期，前期刺激政策消化期。陈学慧、林火灿：《“三期”叠加是当前中国经济阶段性特征》，载于《经济日报》2013年8月8日，第1版；2018年10月19日中共中央政治局委员、国务院副总理刘鹤就当前经济金融热点问题接受人民日报、新华社、中央电视台记者联合采访时表示：在当前中国经济仍处于“三期叠加”阶段（新华社2018年10月19日）。

幅度下跌，造成股灾①。

在这个背景下，中央高度重视金融的稳定，防范金融风险就成为当务之急。

2017 年 4 月 25 日，中共中央政治局就维护国家金融安全进行第四十次集体学习。中共中央总书记习近平在主持学习时强调，金融安全是国家安全的重要组成部分，是经济平稳健康发展的重要基础。维护金融安全，是关系我国经济社会发展全局的一件带有战略性、根本性的大事。金融活，经济活；金融稳，经济稳。必须充分认识金融在经济发展和社会生活中的重要地位和作用，切实把维护金融安全作为治国理政的一件大事，扎扎实实把金融工作做好。习近平指出，维护金融安全，要坚持底线思维，坚持问题导向，在全面做好金融工作基础上，着力深化金融改革，加强金融监管，科学防范风险，强化安全能力建设，不断提高金融业竞争能力、抗风险能力、可持续发展能力，坚决守住不发生系统性金融风险底线。②

2017 年 7 月 14 ~ 15 日，第五次全国金融工作会议在北京召开。这是党的十九大召开前的一次重要会议，也是历次全国金融工作会议中规格最高的。中共中央总书记、国家主席、中央军委主席习近平出席会议并发表重要讲话。

习近平指出，金融是国家重要的核心竞争力，金融安全是国家安全的重要组成部分，金融制度是经济社会发展中重要的基础性制度。必须加强党对金融工作的领导，坚持稳中求进工作总基调，遵循金融发展规律，紧紧围绕服务实体经济、防控金融风险、深化金融改革三项任务，创新和完善金融调控，健全现代金融企业制度，完善金融市场体系，推进构建现代金融监管框架，加快转变金融发展方式，健全金融法治，保障国家金融安全，促进经济和金融良性循环、健康发展③。

习近平提出了做好金融工作要把握好几点原则：第一，回归本源，服从服务于经济社会发展。金融要把为实体经济服务作为出发点和落脚点，全面提升服务效率和水平，把更多金融资源配置到经济社会发展的重点领域和薄弱环节，更好满足人民群众和实体经济多样化的金融需求。第二，优化结构，完善金融市场、金融机构、金融产品体系。要坚持质量优先，引导金融业发展同经济社会发展相

---

① 中国股市在 2014 年 7 月到 2016 年初，产生了一次大起大落的剧烈动荡。上证指数从 2014 年 7 月的 2040 点起步到 2015 年 6 月中上涨到 5178 点，随后又在清理配资、去杠杆的监管下连续大幅下跌到 2016 年 2 月初的 2650 点，期间监管层屡次组织“国家队”进场救市。

② 新华社：《中共中央政治局就维护国家金融安全进行第四十次集体学习》，载于《人民日报》2017 年 4 月 27 日，第 1 版。

③ 新华社：《全国金融工作会议在京召开》，2017 年 7 月 15 日。

协调，促进融资便利化、降低实体经济成本、提高资源配置效率、保障风险可控。第三，强化监管，提高防范化解金融风险能力。要以强化金融监管为重点，以防范系统性金融风险为底线，加快相关法律法规建设，完善金融机构法人治理结构，加强宏观审慎管理制度建设，加强功能监管，更加重视行为监管。第四，市场导向，发挥市场在金融资源配置中的决定性作用。坚持社会主义市场经济改革方向，处理好政府和市场关系，完善市场约束机制，提高金融资源配置效率。加强和改善政府宏观调控，健全市场规则，强化纪律性。

做好新形势下金融工作，要坚持党中央对金融工作集中统一领导，确保金融改革发展正确方向，确保国家金融安全。因此会议决定设立国务院金融稳定发展委员会。

二、设立国务院金融稳定发展委员会

加强金融风险监管，一直是金融改革中的重要任务。

2003 年央行设立金融稳定局，重要职能之一就是综合分析和评估系统性金融风险，提出防范和化解系统性金融风险的政策建议，下设科室负责银行业、证券业、保险业的风险监测与评估；2013 年 8 月，国务院曾批准建立由人民银行牵头的金融监管协调部际联席会议制度，负责一行三会间的监管政策的协调；2016 年初，国务院办公厅在其经济局六处的基础上设立金融事务局，专门负责一行三会间的行政事务协调。

随着金融发展和改革，金融业混业经营和分业监管的矛盾逐步凸显。

金融业的混业经营存在两类方式：一类是直接混业经营，即通过成立金融控股公司、银行母公司以及全能银行的模式获得相关金融牌照来进行银行、证券、保险等金融业务。另一类是间接的混业经营，即利用监管盲区突破原有的业务许可范围，实现本质上的混业经营，如资管产品的多层嵌套等。

混业经营，尤其是资管产品的相互嵌套现象，使得金融机构间的关联性加强，同时也增大了金融机构之间风险传染，给金融监管和风险防范带来困难，主要表现在监管部门的高沟通成本和监管真空。

从监管沟通成本来看，人民银行、银监会、证监会、保监会行政级别相同，各部门对其他部门只具有建议权而无行政命令权，部门间的协调沟通与联合执法涉及众多的法律法规，时间成本、人力成本巨大，效率低下，监管信息无法及时共享。例如，2015 年以来前海人寿与恒大人寿在二级市场的多次高调举牌，按照相关法律规定，保险公司可以进行证券投资，但由于其所属监管机构为保监会，因此证券市场的主要监管单位证监会无法准确获取保险公司证券投资的相关信息，也无法对其施行有效监管①。

从监管的覆盖面来看，随着包括商业银行在内的多数金融机构的业务经营呈现多元化与综合化的特征，跨行业、跨市场投融资业务链条增加，而分业监管下，监管部门无法监测资金的真实流向，极易引发金融风险的跨行业、跨市场传染，更易于引发系统性风险，资管产品的多层嵌套就是最好的例证②。

国务院金融稳定发展委员会是2017年7月14～15日在北京召开的全国金融工作会议上宣布设立的，在随后召开的央行党委扩大会议中，国务院确定将在央行设立金融稳定发展委员会办公室。

国务院金融稳定发展委员会主任由时任国务院副总理马凯担任。负责金融监管协调、防范金融风险、维护金融稳定的相关机构设置的行政级别近年来不断抬升，反映了监管协调工作的牵涉面、复杂性与难度在不断提高，金融安全作为国家安全的重要组成部分，党中央国务院也给予了越来越高的重视与关注。

2017年11月8日，经党中央、国务院批准，国务院金融稳定发展委员会成立。国务院金融稳定发展委员会，是作为“国务院统筹协调金融稳定和改革发展重大问题的议事协调机构”。其主要职责是：落实党中央、国务院关于金融工作的决策部署；审议金融业改革发展重大规划；统筹金融改革发展与监管，协调货币政策与金融监管相关事项，统筹协调金融监管重大事项，协调金融政策与相关财政政策、产业政策等；分析研判国际国内金融形势，做好国际金融风险应对，研究系统性金融风险防范处置和维护金融稳定重大政策；指导地方金融改革发展与监管，对金融管理部门和地方政府进行业务监督和履职问责等。

从金融稳定发展委员会的职责方向上可以看出，“发展”与“稳定”是其核心职责目标所在，一行三会间的统筹协调并非其全部职责内容所在。单独设立高级别行政机构负责金融业的改革发展也表明中央将防范系统性风险、保证金融业健康发展的目标提升到了一个更高的层次。

---

① “宝万事情”中，宝能系动用各类杠杆、各类结构化资管方案耗资430亿元收买万科股权，包含保险资金、券商资金、银行理财资金、股权质押等。涉及银行、证券、保险等多个监管主体，给一行三会的分业监管带来严峻挑战。2016年12月3日中国证券投资基金业协会第二届会员代表大会上，这类野蛮人强盗式收购被批为是人性和商业道德的沦丧。同日保监会领导参加财新峰会时指出，保险公司如果通过各种金融产品绕开监管，偿付能力监管、资本监管就变成了“马奇诺防线”，修得再好也没有用。

② 2014年以后商业银行将大量资金放到了券商、基金、信托的通道业务上，去做夹层资金给各种股市、债市、非标产品配资做杠杆。导致金融风险加大，同时也导致影子银行越发壮大，推动了2015年杠杆“牛市”。因为三个监管部门对各类配资形式、伞形信托的监管规则不一致，担任证券市场监管任务的证监会，就不能对场内场外的融资行为实施共同监管。

2017年10月15日，中国人民银行行长周小川在华盛顿出席国际货币基金组织/世界银行年会期间，在G30国际银行业研讨会上就中国经济前景发表演讲中表示，未来的监管方向主要在于以下几个方面：影子银行的监管；资产管理行业的监管；互联网金融的监管；金融控股公司的监管。

党的十九大召开以后，中央对金融工作的领导进一步加强。

2018年7月2日，新一届国务院金融稳定发展委员会成立并召开会议。由国务院副总理刘鹤担任金融稳定发展委员会主任，中国人民银行行长易纲任金融委副主任兼办公室主任。这次重要会议上，分析了当前经济金融形势和金融运行情况，审议了金融委办公室提出的打好防范化解重大风险攻坚战三年行动方案，研究了推进金融改革开放、保持货币政策稳健中性、维护金融市场流动性合理充裕、把握好监管工作节奏和力度、发挥好市场机制在资源配置中的决定性作用等重点工作。

三、金融服务于实体经济

从近40年世界经济发展历史看，无论是拉美国家的债务危机，还是1997年的亚洲金融危机，还是2008年引发于华尔街的国际金融危机，都有一个共同特点，即这些国家或地区的金融业发展创新严重脱离了实体经济的发展，金融业过度自我循环。

2012年召开的第四次全国金融工作会议，在总结国际金融危机教训和本国经验的基础上，提出做好新时期金融工作要坚持金融服务实体经济的本质要求，牢牢把握发展实体经济这一坚实基础。

党的十八大进一步提出，“牢牢把握发展实体经济这一坚实基础，实行更加有利于实体经济发展的政策措施”。2016年3月，十二届全国人大四次会议通过的“十三五”规划纲要明确提出，“健全现代金融体系，提高金融服务实体经济效率和支持经济转型的能力”。

（一）发展普惠金融

普惠金融是指立足机会平等要求和商业可持续原则，以可负担的成本为有金融服务需求的社会各阶层和群体提供适当、有效的金融服务。小微企业、农民、城镇低收入人群、贫困人群和残疾人、老年人等特殊群体是当前我国普惠金融重点服务对象。提升金融服务的覆盖率、可得性和满意度是普惠金融的主要目标。

发展普惠金融，是金融业支持现代经济体系建设、增强服务实体经济能力的重要体现，是缓解人民日益增长的金融服务需求和金融供给不平衡不充分之间矛盾的重要途径，是我国全面建成小康社会的必然要求。

2013 年，党的十八届三中全会将“发展普惠金融”确立为国家战略。2016 年 1 月 15 日，习近平总书记主持中央深改组审议通过，国务院出台了《推进普惠金融发展规划（2016～2020 年）》。

为全面贯彻落实普惠金融发展规划，银监会先后出台了《2016 年推进普惠金融发展工作的指导意见》和《大中型商业银行设立普惠金融事业部实施方案》，各相关部门围绕小微、三农、扶贫等普惠金融服务重点，通过政策引导、监管引领、指标考核、督导检查等多种方式，综合运用货币信贷、差异化监管和财税政策，引导金融机构提升服务质效。各地加强组织协调，完善配套机制措施，制定《规划》实施方案，建立各具特色的普惠金融信息共享、信用评定与运用、风险分担与补偿机制，探索开展试点示范，形成了良好经验。

五年来普惠金融发展的主要成果是：基础金融服务覆盖面不断扩大，薄弱领域金融可得性持续提升，金融服务的效率和质量明显提高，金融扶贫攻坚成效卓著，金融基础设施和外部环境逐渐改善。这些成果的取得，依赖于政府部门和市场主体采取的一系列措施：深化体制改革，发展多层次的普惠金融供给；健全工作机制，构建普惠金融市场化经营模式；聚焦薄弱领域，创新普惠金融产品服务；运用科技手段，发展数字普惠金融；强化激励约束，完善普惠金融政策措施；推进基础设施建设，改善普惠金融发展环境；加强金融知识宣传普及，保护金融消费者合法权益；开展试点示范，探索地方普惠金融发展模式，探索可持续、可复制的普惠金融发展经验。①

（二）深化小微企业、民营企业金融服务

小微企业、民营企业融资难融资贵一直是困扰中国实体经济发展的一个问题，近年来，由于国内外经济环境的变化，小微企业、民营企业融资困难的问题愈加突出。

小微企业是经济新动能培育的重要源泉，在推动经济增长、促进就业增加、激发创新活力等方面发挥着重要作用。截至 2017 年末，全国小微企业法人约 2800 万户，个体工商户超过 6500 万户，合计占全部市场主体的比重超过 90%；小微企业贡献了 60% 以上的 GDP、50% 以上的税收以及 80% 的就业岗位；小微

① 中国银行保险监督管理委员会：《中国普惠金融发展情况报告》白皮书摘编版，中国银保监会网站，2018 年 9 月 28 日。

企业完成了65%的发明专利和80%以上的新产品开发，是大众创业、万众创新的重要载体。相对于大中型企业，小微企业公司治理结构不够完善、财务管理往往不够规范，抗风险能力也比较弱。数据显示，我国中小企业的平均寿命在3年左右，成立3年后的小微企业持续正常经营的约占三分之一。根据人民银行统计，小微企业平均在成立4年零4个月后第一次获得贷款。也就是说，小微企业要熬过了平均3年的死亡期后，才会通过银行信贷的方式获得资金支持。[①]

针对这一状况，近年来党中央、国务院决定通过一系列举措深化对小微企业、民营企业的金融服务和支持。

2018年6月20日，国务院常务会议，部署进一步缓解小微企业融资难融资贵，持续推动实体经济降成本。会议确定了五大措施：

（1）增加支持小微企业和“三农”再贷款、再贴现额度，下调支小再贷款利率。完善考核机制，实现单户授信总额1000万元及以下小微企业贷款同比增速高于各项贷款增速，有贷款余额户数高于上年同期水平。

（2）从2018年9月1日至2020年底，将符合条件的小微企业和个体工商户贷款利息收入免征增值税单户授信额度上限，由100万元提高到500万元。国家融资担保基金支持小微企业融资的担保金额占比不低于80%，其中支持单户授信500万元及以下小微企业贷款及个体工商户、小微企业主经营性贷款的担保金额占比不低于50%。

（3）禁止金融机构向小微企业贷款收取承诺费、资金管理费，减少融资附加费用。

（4）支持银行开拓小微企业市场，运用定向降准等货币政策工具，增强小微信贷供给能力，加快已签约债转股项目落地。鼓励未设立普惠金融事业部的银行增设社区、小微支行。

（5）将单户授信500万元及以下的小微企业贷款纳入中期借贷便利合格抵押品范围。

2018年6月26日，经国务院同意，人民银行、银保监会、证监会、发展改革委、财政部联合印发《关于进一步深化小微企业金融服务的意见》（以下简称《意见》）。《意见》从货币政策、监管考核、内部管理、财税激励、优化环境等方面提出23条短期精准发力、长期标本兼治的具体措施，督促和引导金融机构加大对小微企业的金融支持力度，缓解小微企业融资难融资贵，切实降低企业成

① 易纲：《综合施策精准发力进一步改进和深化小微企业金融服务》，中国人民银行网站，2018年6月29日。

本，促进经济转型升级和新旧动能转换。

加大货币政策支持力度，引导金融机构聚焦单户授信500万元及以下小微企业信贷投放。《意见》提出，一是增加支小支农再贷款和再贴现额度共1500亿元，下调支小再贷款利率0.5个百分点。二是完善小微企业金融债券发行管理，支持银行业金融机构发行小微企业贷款资产支持证券，盘活信贷资源1000亿元以上。三是将单户授信500万元及以下的小微企业贷款纳入中期借贷便利（MLF）的合格抵押品范围。改进宏观审慎评估体系，增加小微企业贷款考核权重。

加大财税政策激励，提高金融机构支小积极性。《意见》提出，一是从2018年9月1日至2020年底，将符合条件的小微企业和个体工商户贷款利息收入免征增值税单户授信额度上限，由100万元提高到500万元。二是对国家融资担保基金支持的融资担保公司加强监管，支持小微企业融资的担保金额占比不低于80%，其中支持单户授信500万元及以下小微企业贷款及个体工商户、小微企业主经营性贷款的担保金额占比不低于50%，适当降低担保费率和反担保要求。

加强贷款成本和贷款投放监测考核，促进企业成本明显降低。《意见》强调，一是银行业金融机构要努力实现单户授信总额1000万元及以下小微企业贷款同比增速高于各项贷款同比增速，有贷款余额的户数高于上年同期水平。二是进一步缩短融资链条，清理不必要的“通道”和“过桥”环节，禁止向小微企业贷款收取承诺费、资金管理费，严格限制收取财务顾问费、咨询费。三是改进信贷政策导向效果评估，着力提高金融机构支持小微企业的精准度。

健全普惠金融组织体系，提高服务小微企业的能力和水平。《意见》要求，一是大型银行要继续深化普惠金融事业部建设，向基层延伸普惠金融服务机构网点；鼓励未设立普惠金融事业部的银行增设社区、小微支行。二是推进民营银行常态化设立，引导地方性法人银行业金融机构继续下沉经营管理和服务重心。三是银行业金融机构要强化内部激励，大中型银行要加大内部资金支持力度。深化落实小微企业授信尽职免责办法。四是要运用现代金融科技等手段，推进小微企业应收账款融资专项行动，发挥保险增信分险功能，提高小微企业金融服务可得性。

大力拓宽多元化融资渠道，优化营商环境，严厉打击骗贷骗补等违法违规行为。《意见》提出，一是支持发展创业投资和天使投资，完善创业投资、天使投资退出机制；持续深化新三板分层、交易制度改革，完善差异化的发行、信息披露等制度。规范发展区域性股权市场。二是引导小微企业聚焦主业，健全财务制度，守法诚信经营，提升自身信用水平。三是推动建立联合激励和惩戒机制，依法依规查处小微企业和金融机构内外勾结、弄虚作假、骗贷骗补等违法违规行为，确保政策真正惠及小微企业。

相对于民营企业在经济中所占的较大比重，根据银保监会公布数据，目前在银行业贷款余额中，民营企业贷款仅占25%。

2018 年 11 月，监管部门提出，未来对民企贷款要实现“一二五”目标（即在新增的公司类贷款中，大型银行对民企的贷款不低于三分之一，中小型银行不低于三分之二，争取 3 年以后，银行业对民企的贷款占新增公司类贷款的比例不低于 50%）。

客观而论，金融监管部门这些年来在金融服务于实体经济，缓解小微企业融资难、融资贵出台了很多政策，比如“六项机制”①、“四单原则”②、“两禁两限”③、“无还本续贷”④、“普惠金融事业部改革”等等，但具体到落实层面，银行仍然显得心有余而力不足。实体经济发展需要金融的大力扶持，也需要商业银行自身的可持续、健康发展为前提。

在党的十九大路线指引下，我国金融改革进一步深化，坚持稳中求进，坚持底线思维，监管体系建设和金融风险处置取得积极成效，结构性去杠杆有序推进，高风险金融业务收缩，一些机构野蛮扩张行为收敛，金融乱象得到初步遏制，市场约束逐步增强，市场主体心理预期出现积极变化，审慎经营理念得到强化。成就来之不易，期间经历了艰辛复杂的历程，由于我们始终坚持了市场机制在金融资源配置中的决定性作用，坚持了改革开放，坚持金融服务于实体经济，坚决防范金融风险，中国的金融才能够为经济社会发展做出重要贡献。

① “六项机制”是中国银监会 2005 年 7 月在《银行开展小企业贷款业务指导意见》中提出的。具体内容包括，商业银行开展小企业贷款要着重落实利率的风险定价机制、独立核算机制、高效的贷款审批机制、激励约束机制、专业化的人员培训机制、违约信息通报等六项机制。

② “四单原则”是指银监会于 2010 年初提出了“四单原则”，即单列信贷计划、单独配置人力资源和财务资源、单独客户认定与信贷评审、单独会计核算，构建专业化的经营与考核体系，要求银行业金融机构在经营机制上落实小企业信贷倾斜政策。

③ “两禁两限”是中国银监会 2015 年《关于进一步落实小微企业金融服务监管政策的通知》要求，即除银团贷款外，不得对小微企业贷款收取承诺费、资金管理费，严格限制对小微企业及其增信机构收取财务顾问费、咨询费等费用。

④ “无还本续贷”业务实质上就是借新还旧。对于小微企业而言，可以不让他们去找钱还贷款，从而节约成本。

第二十二章

“两个一百年”奋斗目标

引言　经济发展进入新时代

中国经济发展进入中等收入发展阶段以后，面临经济增长速度趋缓，结构调整阵痛以及发展驱动力转换等特征的新常态，新时代有了新的发展任务，新的阶段性特征以及新的发展规律。以习近平同志为核心的党中央提出“创新、协调、绿色、开放、共享”的新发展理念，代表了我们党在新时代对中国经济发展问题的最新认识，引领中国特色社会主义走向新的发展阶段。

2013 年 12 月，中央经济工作会议首次提出，中国的经济发展进入了“新常态”。“新常态”是指经济从常态到非常态再到新常态的否定之否定中发展，即是人类社会波浪式前进、螺旋式上升的生动再现。经济新常态，不仅是要着眼当前的经济规模和人均产量的最大化，而是用“增长促发展，用发展促增长”的有机结合体。

新常态是我国经济社会发展的一个“三期叠加”的特殊时期。“三期”即增长速度的换档期、结构调整的阵痛期、前期刺激政策的消化期。中国经济新常态的提出，是以深入分析国际国内宏观经济新形势为实际，以中国经济潜在增长率新变化为指向，对中国经济社会发展新趋势做出的精准战略判断。

经济换挡期与改革开放前 30 年年均 10% 的高速增长阶段相比，增速有所下降，但仍然领跑全球经济增长。根据国际货币基金组织（IMF）预测（见表 22 - 1），2019 年世界经济增长速度为 3.9%，其中发达国家为 2.2%，新兴经济体为5%，中国经济大概率还将是增长速度最快的经济体之一。

表 22－1　　2017 年 10 月《世界经济展望》预测值　　单位：%

世界地区	实际值	估计	预测	预测
	2016 年	2017 年	2018 年	2019 年
世界产出	3.2	3.7	3.9	3.9
发达经济体	1.7	2.3	2.3	2.2
美国	1.5	2.3	2.7	2.5
欧元区	1.8	2.4	2.2	2.0
德国	1.9	2.5	2.3	2.0
法国	1.2	1.8	1.9	1.9
意大利	0.9	1.6	1.4	1.1
日本	0.9	1.8	1.2	0.9
英国	1.9	1.7	1.5	1.5
中国	6.7	6.8	6.6	6.4
新兴市场和发展中经济体	4.4	4.7	4.9	5.0
俄罗斯	-0.2	1.8	1.7	1.5
印度	7.1	6.7	7.4	7.8
东盟五国	4.9	5.3	5.3	5.3
沙特阿拉伯	1.7	-0.7	1.6	2.2

资料来源：中华人民共和国商务部，http：//www.mofcom.gov.cn/article/i/jyjl/k/201701/2017010250290/shtml。

党的十九大做出了"中国特色社会主义进入新时代"的重大判断，标定了中国发展新的历史方位。党的十九大在继续明确第一个百年奋斗目标基础上，对第二个百年目标进行了更加全面的部署。针对"社会主义现代化强国"的建设目标提出，2020 年全面建成小康社会，并在此基础上再奋斗 15 年，2035 年基本实现社会主义现代化。从 2035 年到 21 世纪中叶，在基本实现现代化的基础上，再奋斗 15 年，把我国建成富强民主文明和谐美丽的社会主义现代化强国。"两个一百年"的奋斗目标，明确指出中国经济发展在建党一百年时实现全面小康，在新中国成立一百年时建成富强民主文明和谐美丽的社会主义现代化强国。中国经济已经逐步从站起来、富起来时代，迈向强起来时代。

党的十九大提出的现代化的中国方案蕴含着新时代现代化理论的一系列重大创新传统意义上的“现代化”实质上是“追赶型”，适用于解释和指导经济文化相对落后的发展中国家追赶先行现代化国家的实践活动。党的十九大提出的“现代化新征程”，既理顺了全面建成小康社会与开启现代化新征程的关系，明确了全面建成小康社会只是开启现代化新征程的基础和起点，又明确了社会主义现代化新征程要解决的主要问题，即新时代我国社会的主要矛盾——“人民日益增长的美好生活需要和不平衡不充分的发展之间的矛盾”。[①] 社会主义现代化的本质特征是以人民为中心，在达到小康水平之后，通过现代化的发展，实现人民对美好生活的需要和人民的现代化需要。新时代的中国特色社会主义现代化，是社会主义的现代化，是符合社会主义本质要求，体现社会主义制度优势的现代，在内涵上更强调“富强、民主、文明、和谐、美丽”，在内容上更强调“以人为本”和“共同富裕”，在目标上更强调“全面现代化”和“强国”建设。

第一节　全面小康社会建设与社会主义现代化

1987 年邓小平从我国人口多、底子薄的国情出发，设计了分“三步走”基本实现现代化的宏伟蓝图：第一步，从 1981 年到 1990 年国民生产总值翻一番，解决人民的温饱问题；第二步，从 1991 年到 20 世纪末使国民生产总值再增长一倍，人民生活达到小康水平；第三步，到 21 世纪中叶人均国民生产总值达到中等发达国家水平，人民生活比较富裕，基本实现现代化。然后，在这个基础上继续前进。邓小平用“温饱”“小康”“富裕”作为经济发展的三步战略目标，使人民能够生动地、直观地认识和切身感受到这个目标的实现过程。2002 年党的十六大报告明确提出 20 世纪中叶基本实现现代化，其中头 20 年全面建设惠及十几亿人口的全面小康社会。将全面小康社会建设包含在现代化的进程中，并作为现代化的具体阶段来推进，是中国特色的现代化道路的重要组成部分。

---

① 习近平：《决胜全面建成小康社会，夺取新时代中国特色社会主义伟大胜利——在中国共产党第十九次全国代表大会上的报告》，人民出版社 2017 年版，第 11 页。

经过改革开放和全面小康社会建设，我国提前实现解决人民温饱问题、人民生活总体上达到小康水平的目标。也就是邓小平所讲的“三步走”中的前两步已经实现。在这个基础上，以习近平同志为核心的党中央明确了“两个一百年”奋斗目标：到建党一百年时建成经济更加发展、民主更加健全、科教更加进步、文化更加繁荣、社会更加和谐、人民生活更加殷实的小康社会。到新中国成立一百年时，基本实现现代化，把我国建成社会主义现代化国家。

党的十九大开启了全面建设社会主义现代化国家的新征程，并且绘就了两个阶段实现社会主义现代化的蓝图。第一个阶段，从2020年到2035年，基本实现社会主义现代化。第二个阶段，从2035年到21世纪中叶，把我国建成富强民主文明和谐美丽的社会主义现代化强国。现代化蓝图体现了高质量开启现代化进程的要求。

从“三步走”到“两个一百年”，就是把握历史新方位，顺应时代特点，给出的宏伟目标。

一、全面建成小康社会

在邓小平的“三步走”战略中，要求到20世纪末，人民生活达到小康水平。2002年，十六大提出全面建设小康的目标，希望在建党一百周年时能够全面建设惠及十几亿人口的更高水平的小康社会，使经济更加发展、民主更加健全、科教更加进步、文化更加繁荣、社会更加和谐、人民生活更加殷实。

2012年，党的十八大再次重点强调全面建成小康社会的目标。2014年12月，习近平总书记在江苏调研首谈“四个全面”：“全面建成小康社会、全面深化改革、全面依法治国、全面从严治党”，其中全面建成小康社会排在第一位，是处于引领地位的战略目标。更为重要的是，将全面建成小康社会定位为“实现中华民族伟大复兴中国梦的关键一步”，将全面建成小康社会的内涵与“中国梦”相互激荡，从而有了新坐标；全面建成小康社会，根本上来说，它还是发展的问题，是瞄准了经济、社会和人的素质的全面提升。

全面建成小康社会核心在全面。习近平总书记一直强调，“让广大农民都过上幸福美满的好日子，一个都不能少，一户都不能落。”这就要求经济社会发展不能有短板。某种程度上说，我们在“十三五”期间，应把更多的人力、物力、财力放在补齐全面小康的短板上，做到一个都不能少，一项都不能缺，一步都不能慢。

根据全面建成小康社会内涵及其目标制定的统计监测指标体系，衡量了经济、政治、社会、文化、环境五大方面的发展成果（见表 22 – 2）。2018 ~ 2020 年，是全面建成小康社会的决胜阶段，必须围绕“抓重点、补短板、强弱项”的重点任务，达标完成各个指标的分任务，特别要坚决打好防范及化解系统性风险、精准脱贫、污染防治的攻坚战。这也是习近平为首的党中央决胜全面小康的三大攻坚战。

表 22 – 2　　全面建成小康社会统计监测指标体系

具体指标	权重		计量单位	目标值（方案一）	目标值（方案二） 东部地区	中部地区	西部地区	
经济发展	22.0	1	人均 GDP（2010 年不变价）	元	≥57000	比 2010 年翻一番		
		2	第三产业增加值占 GDP 比重	%	≥47	≥50	≥47	≥45
		3	居民消费支出占 GDP 比重	%	≥36	≥36		
		4	R&D 经费支出占 GDP 比重	%	≥2.5	≥2.7	≥2.3	≥2.2
		5	每万人口发明专利拥有量	件	≥3.5	≥4	≥3.2	≥3.0
		6	工业生产率	万元/人	≥12	≥12		
		7	互联网普及率	%	≥50	≥55	≥50	≥45
		8	城镇人口比重	%	≥60	≥65	≥60	≥55
		9	农业劳动生产率	万元/人	≥2	≥2		
民主法制	10.5	10	基层民主参选率	%	≥95	≥95		
		11	每万名公务人员检察机关立案人数	人/万人	≤8	≤8		
		12	社会安全指数	–	=100	=100		
		13	每万人口拥有律师数	人	≥2.3	≥2.3		
文化建设	14.0	14	文化及相关产业增加值占 GDP 比重	%	≥5	≥5		
		15	人均公共文化财政支出	元	≥150	≥150		
		16	有线广播电视入户率	%	≥60	≥60		
		17	每万人口拥有“三馆一站”公用房屋建筑面积	平方米	≥400	≥400		
		18	城乡居民文化娱乐服务支出占家庭消费支出比重	%	≥5	≥5		

续表

具体指标	权重		计量单位	目标值（方案一）	目标值（方案二） 东部地区	中部地区	西部地区	
人民生活	26.5	19	城乡居民人均收入（2010 年不变价）	元	≥25000	比 2010 年翻一番		
		20	地区人均基本公共服务支出差异系数	%	≤60	≤60		
		21	失业率	%	≤6	≤6		
		22	恩格尔系数	%	≤40	≤40		
		23	基尼系数	-	0.3~0.4	0.3~0.4		
		24	城乡居民收入比	以农为 1	≤2.8	≤2.6	≤2.8	≤3.0
		25	城乡居民家庭人均住房面积达标率	%	≥60	≥60		
		26	公共交通服务指数	-	=100	=100		
		27	平均预期寿命	岁	≥76	≥76		
		28	平均受教育年限	年	≥10.5	≥10.5		
		29	每千人口拥有执业医师数	人	≥1.95	≥1.95		
		30	基本社会保险覆盖率	%	≥95	≥97	≥95	≥93
		31	农村自来水普及率	%	≥80	≥85	≥80	≥75
		32	农村卫生厕所普及率	%	≥75	≥80	≥75	≥70
资源环境	20.0	33	单位 GDP 能耗（2010 年不变价）	吨标准煤/万元	≤0.6	≤0.55	≤0.62	≤0.65
		34	单位 GDP 水耗（2010 年不变价）	立方米/万元	≤110	≤105	≤110	≤115
		35	单位 GDP 建设用地占用面积（2010 年不变价）	公顷/万元	≤60	≤55	≤62	≤65
		36	单位 GDP 二氧化碳排放量（2010 年不变价）	吨/万元	≤2.5	-		
		37	环境质量指数	-	=100	=100		
		38	主要污染物排放强度指数	-	=100	=100		
		39	城市生活垃圾无害化处理率	%	≥85	≥90	≥85	≥80

资料来源：据国家统计局相关数据整理所得，http：//www.stats.gov.cn。

就污染防治攻坚战来说，最为典型的是，在 2018 年 4 月，深入推动长江经济带发展座谈会上，习近平总书记再次强调，我国经济已由高速增长阶段转向高质量发展阶段。新形势下，推动长江经济带发展，关键是要正确把握整体推进和重点突破、生态环境保护和经济发展、总体谋划和久久为功、破除旧动能和培育新动能、自身发展和协同发展等关系，坚持新发展理念，坚持稳中求进工作总基调，加强改革创新、战略统筹、规划引导，使长江经济带成为引领我国经济高质量发展的生力军。推动长江经济带发展，前提是坚持生态优先，把修复长江生态环境摆在压倒性位置。其中提出的在长江经济带共抓大保护，不搞大开发就体现了污染防治攻坚战的决心。

就防范和化解系统性风险攻坚战来说。2019 年 2 月，中共中央政治局就完善金融服务、防范金融风险举行第十三次集体学习。习近平总书记主持学习时强调，要深化对国际国内金融形势的认识，正确把握金融本质，深化金融供给侧结构性改革，平衡好稳增长和防风险的关系，精准有效处置重点领域风险，深化金融改革开放，增强金融服务实体经济能力，坚决打好防范化解包括金融风险在内的重大风险攻坚战，推动我国金融业健康发展。金融是国家重要的核心竞争力，金融安全是国家安全重要组成部分，金融制度是经济社会发展的重要基础性制度。

就精准扶贫攻坚战来说，《中国农村扶贫开发纲要（2011－2020 年）》明确，贫困人口脱贫目标为“扶贫对象不愁吃、不愁穿，保障其义务教育、基本医疗和住房（简称‘两不愁、三保障’）”。按这个目标要求，我国制定了现行农村贫困标准，即“2010 年价格水平每人每年 2300 元”。精准扶贫的方式和相应的扶贫计划，就是习近平讲话所要求的，到 2020 年，通过产业扶持，可以解决 3000 万人脱贫；通过转移就业，可以解决 1000 万人脱贫；通过易地搬迁，可以解决 1000 万人脱贫，总计 5000 万人左右。还有 2000 多万完全或部分丧失劳动能力的贫困人口，可以通过全部纳入低保覆盖范围，实现社保政策兜底脱贫。

二、建设社会主义现代化强国的蓝图

党的十九大开启了全面建设社会主义现代化国家的新征程，并且绘就了两个阶段实现社会主义现代化的蓝图：

第一个阶段，2020～2035 年，在全面建成小康社会的基础上，再奋斗 15 年，基本实现社会主义现代化。我国经济实力、科技实力大幅跃升，跻身创新型国家前列；人民平等参与、平等发展的基本权利得到充分保障，法治国家、法治政府、法治社会基本建成，各方面制度更加完善，国家治理体系和治理能力现代化基本实现；社会文明程度达到新的高度，国家文化“软实力”显著增强，中华文化影响更加广泛深入；人民生活更加富裕，中等收入群体比例明显提高，城乡区域发展差距和居民生活水平差距显著缩小，基本公共服务均等化基本实现，全体人民共同富裕迈出坚实步伐；现代社会治理格局基本形成，社会充满活力又和谐有序；生态环境根本好转，美丽中国目标基本实现。

第二个阶段，2035～2050年，把我国建设成为富强民主文明和谐美丽的社会主义现代化强国。物质文明、精神文明、社会文明、生态文明全面提升，实现国家治理体系和治理能力现代化，成为综合国力和国际影响力领先的国家，全体人民共同富裕基本实现，全国人民享有更加幸福安康的生活。

现代化蓝图体现了高质量开启现代化进程的要求。

首先是全面建成小康社会目标同开启现代化相衔接。全面建成小康社会包含GDP和人民收入的数量翻番指标。但更为重要的是为开启现代化建设所要推进的基础性建设。其中包括转变经济发展方式取得重大进展，经济结构明显优化，实现更高质量、更有效率、更加公平、更可持续的发展。科技进步对经济增长的贡献率大幅上升，进入全球创新国家和人才强国行列。对外开放水平进一步提高，形成更高层次的开放型经济，使我国经济深度融入全球经济。经济体制改革在重点领域和关键环节取得决定性成果，形成系统完备、科学规范、运行有效的制度体系，使各方面制度更加成熟、更加定型。

其次是体现在现代化目标中的以人民为中心的发展观。现在世界上的现代化国家，都是资本主义发达国家。中国推进的现代化需要明确社会主义定位。邓小平当年提出从温饱到小康的概念就是以人民的切身感受来衡量发展水平。新时代的现代化，也是以人民的获得感来衡量现代化的水准。其中包括：一是居民生活水平。现代化的第一阶段，人民生活更为宽裕，中等收入群体比例明显提高；现代化第二阶段，人民将享有更加幸福安康的生活。这里用宽裕和幸福安康同小康对应体现人民获得感的提升。二是基本公共服务。在全面建成小康社会时基本公共服务均等化水平稳步提高，教育、文化、社保、医疗、住房等公共服务体系更加健全基础上，基本公共服务均等化基本实现。三是共同富裕程度。在全面建成小康社会时收入分配差距缩小，社会保障全民覆盖的基础上，现代化的第一阶段城乡区域发展差距和居民生活水平差距显著缩小，全体人民共同富裕迈出坚实步伐；现代化的第二阶段全体人民共同富裕基本实现。

第三是现代化由量转向质。通常所说的现代化指的是落后国家追赶发达国家的进程。新时代推进的现代化设定的目标是建成富强民主文明和谐美丽的社会主义现代化强国，这个现代化目标定位明显有别于甚至高于发达的资本主义国家。在现代化进程中虽然包含对发达国家的学习和追赶，但不只是在发达国家之后亦步亦趋，与其说是追赶，不如说是赶超。就经济现代化的内容来说，中国特色社会主义现代化是新型工业化、信息化、城镇化、农业现代化同步的现代化。其中每一个方面的现代化都有了新时代的特征。就新型工业化来说，一方面传统意义上的降低农业比重的工业化任务基本上已经完成。另一方面，现代化要求服务业尤其是现代服务业比重进一步提高。这意味着新型工业化不是一般的工业化，而是新型工业现代化，以发展先进制造业为重点。就信息化来说，信息化就是当今的科技现代化，掌握信息化最前沿的科技。这涉及两个方向：一是针对制造业的信息化，二是针对服务业的信息化。[①] 主要内容是推动互联网、大数据、人工智能和实体经济深度融合。就城镇化来说，转移农业人口意义上城镇化已基本到位，城镇化进一步提升有两大新内容：一是市民化意义上的城镇化，进入城镇的转移人口享受平等的市民权利。二是城镇城市化。处于广大农村的城镇具有城市功能，实现城乡深度融合发展。就农业现代化来说，我国的农业现代化仍然是四化同步的短板。党的十九大提出乡村振兴战略。目标是直接以农业、农民和农村为现代化对象，实现农业强、农村美、农民富。

第四是现代化的中国道路。西方发达国家当年推进现代化时处于工业文明时代，资源环境的供给相对宽松，它们可以无所顾忌、无障碍地高排放并掠夺国外资源来支持其粗放方式的现代化。由此产生的后果就是习近平所说的，“从工业文明开始到现在仅三百多年，人类社会巨大的生产力创造了少数发达国家的西方式现代化，但已威胁到人类的生存和地球生物的延续。”[②] 新时代的现代化是在生态文明时代的现代化，已经没有先行国家当时那种资源、环境，因此，中国的现代化道路是绿色发展的道路。在决胜全面小康阶段污染防治是三大攻坚战之一。在此基础上，所要建设的现代化是人与自然和谐共生的现代化，既要创造更多物质财富和精神财富以满足人民日益增长的美好生活需要，也要提供更多优质生态产品以满足人民日益增长的优美生态环境需要。按此要求，创新就成为现代化的第一动力，不仅要在2020年成为创新型国家，还要在2035年跻身创新型国家前列。

第二节　新发展理念的提出

党的十八大以后，我国经济逐步进入由高速增长向高质量发展的新常态，出

---

① 《二十国集团创新增长蓝图》，载于《人民日报》2016年9月6日。

② 习近平：《之江新语》，浙江人民出版社2013年版，第119页。

现了一系列新的重大发展问题，可集中概括为：经济发展目标的转变、中高速增长的可持续问题、跨越中等收入陷阱、经济发展的平衡性。习近平同志在2014年7月29日中央政治局会议上指出，“发展必须是遵循经济规律的科学发展，必须是遵循自然规律的可持续发展，必须是遵循社会规律的包容性发展。”这一阐述，是对经济发展规律性认识的理论升华，是对经济新常态下中国经济发展新特征、新趋势的科学把握。基于这些客观规律及进入新时代后的发展任务，习近平在党的十八届五中全会提出了创新、协调、绿色、开放、共享的新发展理念。这五大发展理念规定了高质量发展的核心内容。以习近平同志为核心的党中央明确提出了“创新、协调、绿色、开放、共享”的新发展理念，开启了一场关系我国发展全局的深刻变革，具有重大的现实意义和深远的历史意义。

一、新发展理念的思想内涵

中国共产党第十八届中央委员会第五次全体会议（简称十八届五中全会），于2015年10月26~29日在北京召开，全会听取和讨论了习近平总书记受中央政治局委托作的工作报告，研究并审议通过了《中共中央关于制定国民经济和社会发展第十三个五年规划的建议》，习近平总书记就《建议（讨论稿）》向全会作了说明，全会通过了《中共中央关于制定国民经济和社会发展第十三个五年规划的建议》和《中国共产党第十八届中央委员会第五次全体会议公报》，提出了全面建设小康社会新的目标要求，正式提出了“创新、协调、绿色、开放、共享”的新发展理念。

2015年10月，习近平总书记在关于《中共中央关于制定国民经济和社会发展第十三个五年规划的建议》的说明中指出：“发展理念是发展行动的先导，是管全局、管根本、管方向、管长远的东西，是发展思路、发展方向、发展着力点的集中体现”。凸显了以问题为起点，推动理论创新的战略智慧和巨大勇气。在这次会议上习近平指出：“理念是行动的先导，一定的发展实践都是由一定的发展理念来引领的。发展理念是否对头，从根本上决定着发展成效乃至成败。实践告诉我们，发展是一个不断变化的进程，发展环境不会一成不变，发展条件不会一成不变，发展理念自然也不会一成不变。”在讲话中，习近平总书记鲜明提出了创新、协调、绿色、开放、共享的发展理念，并强调，五大发展理念的提出，“是我们在深刻总结国内外发展经验教训的基础上形成的，也是在深刻分析国内外发展大势的基础上形成的，集中反映了我们党对经济社会发展规律认识的深化，也是针对我国发展中的突出矛盾和问题提出来的。”① 在 2016 年 1 月省部级主要领导干部学习班上习近平系统阐述了新发展理念的深刻内涵。

创新是高质量发展的第一动力。中国进入新时代的一个重要标志就是从要素驱动、投资驱动转向创新驱动。原来的以物质资源高投入为基础的发展因资源供给到了极限而不可持续，原来的支持高投资的居民低收入和低消费水平难以为继。经济增长需要由高投入高积累动力转向创新的驱动力。作为驱动力的创新包含多方面，其核心是科技创新。科技创新的着力点是创新处于国际前沿的核心技术。核心技术是国之重器。既需要以研发核心高新技术为导向的基础研究，也需要推动占领产业制高点的产业创新。将科技创新与产业创新融合，建立有利于创新成果产业化的机制和通道。

协调是高质量发展的形态。发展中国家由于发展资源短缺，通常采取不平衡发展战略推动发展。其初期发展效果也很明显，但随之而来的不平衡不协调问题会影响高质量发展。习近平指出：“协调既是发展手段又是发展目标，同时还是评价发展的标准和尺度。再比如，协调是发展两点论和重点论的统一。”② 协调是经济持续健康发展的内在要求。协调是发展的目标，意味着发展追求经济、社会、人与自然等多个方面的平衡发展。协调是发展的手段，意味着协调能够实现更高质量的发展，提高发展的整体水平和可持续性。协调同时还是评价发高质量发展的评价标准，涉及产业、城乡、区域等方面平衡发展。

绿色是高质量发展的内在要求。人与自然和谐共生是生态文明时代人民对美好生活的追求。工业文明时代人类利用工业化的文明成果对大自然加以索取和掠夺，造成自然界生态平衡的破坏和人与自然关系的恶化状况。在生态文明的时代，“绿水青山就是金山银山”。干净的水、清新的空气、多样性的生物、绿色的环境是宝贵的生态财富。经济发展不仅要谋求物质财富，还要谋求生态财富。不能为谋求物质财富而牺牲生态财富。保护生态环境就是保护生产力、改善生态环境就是发展生产力。绿色发展理念不仅仅是保护环境和生态问题，还要治理和改善过去的发展所遗留的环境生态问题，提供人民美好生活所需要的高质量的生态产品。

开放是高质量发展的内外联动发展的机制。改革开放初期对外开放利用国际国内两个资源两个市场获得了全球化的红利。现在的开放型经济也进入了新时

① 中共中央文献研究室编：《习近平关于社会主义经济建设论述摘编》，中央文献出版社 2017 年版，第 21 页。

② 中共中央文献研究室编：《习近平关于社会主义经济建设论述摘编》，中央文献出版社 2017 年版，第 35 页。

代。与某些发达国家推行反全球化政策相反，中国扛起了继续推动全球化的大旗。新时代的开放型经济就是要根据习近平建立人类命运共同体的思想，建立高质量的开放型经济体系，在更大范围、更宽领域、更深层次上提高开放型经济水平。主要表现是：开放战略坚持引进来和走出去并重，进口与出口并重，推进贸易和投资自由化和便利化；参与全球化分工将从资源禀赋的比较优势转向竞争优势，着力培育以技术、品牌、质量、服务为核心竞争力的新优势，重视我国产业在全球价值链地位的提升，争取在价值链中的主导地位。与过去基于沿海地区，面向海洋、面向发达国家不同，现在需要在提升向东开放的同时，推进与“一带一路”沿线国家合作，加快向西开放步伐，推动内陆沿边地区成为开放前沿。

共享是高质量发展的根本目的。改革开放开始以后，针对长期的平均主义产生的共同贫困，邓小平最早提出了允许一部分地区一部分人先富起来的大政策，当时邓小平就预言到一定阶段（实现小康）就要提出先富帮后富，最终实现共同富裕。进入新时代，习近平提出了共享发展的理念。这就是：必须坚持发展为了人民、发展依靠人民、发展成果由人民共享，作出更有效的制度安排，使全体人民朝着共同富裕方向稳步前进，绝不能出现“富者累巨万，而贫者食糟糠”的现象。[①] 全民共享是目标。全面共享是内容，共建共享是基础，渐进共享是途径。共享发展，首先是发展，即举全民之力不断把“蛋糕”做大。其次是把不断做大的“蛋糕”分好，让社会主义制度的优越性得到更充分的体现，让人民群众有更多获得感。[②]

在五大发展理念的相互关系方面，习近平总书记强调，“这五大发展理念相互贯通、相互促进，是具有内在联系的集合体，要统一贯彻，不能顾此失彼，也不能相互替代。哪一个发展理念贯彻不到位，发展进程都会受到影响。全党同志一定要提高统一贯彻五大发展理念的能力和水平，不断开拓发展新境界。”[③]

2016 年 1 月 6 日，习近平总书记在重庆调研时强调，“新的发展理念就是指挥棒，要坚决贯彻。”“全党同志要把思想和行动统一到新的发展理念上来，崇尚创新、注重协调、倡导绿色、厚植开放、推进共享，努力提高统筹贯彻新的发展理念能力和水平，确保如期全面建成小康社会、开启社会主义现代化建设新征程。”[④]

---

① 中共中央文献研究室：《十八大以来重要文献选编》（中），中央文献出版社 2016 年版，第 827 页。

② 洪银兴：《中国特色社会主义政治经济学的最新成果》，载于《中国社会科学》2018 年第 7 期。

③ 中共中央文献研究室编：《习近平关于社会主义经济建设论述摘编》，中央文献出版社 2017 年版，第 26 页。

④ 《习近平在重庆调研时的讲话（2016 年 1 月 4 日 ~6 日）》，载于《人民日报》2016 年 1 月 7 日。

2016 年 1 月 29 日，中共中央政治局就“十三五”时期我国经济社会发展的战略重点进行第三十次集体学习。习近平强调，创新、协调、绿色、开放、共享的发展理念，集中体现了“十三五”乃至更长时期我国的发展思路、发展方向、发展着力点，是管全局、管根本、管长远的导向。要抓住能够带动五大发展理念贯彻落实的重点工作，统筹推动五大发展理念贯彻落实。对每个发展理念，也要抓住重点，以抓重点推动每个理念在实践中取得突破。这就要求我们进行深入的调查研究，既总体分析面上的情况，又深入解剖麻雀，提出可行的政策举措和工作方案。新发展理念就是指挥棒、红绿灯。全党要把思想和行动统一到新发展理念上来，努力提高统筹贯彻新发展理念的能力和水平，对不适应、不适合甚至违背新发展理念的认识要立即调整，对不适应、不适合甚至违背新发展理念的行为要坚决纠正，对不适应、不适合甚至违背新发展理念的做法要彻底摒弃。①

2017 年 10 月 24 日，中国共产党第十九次全国代表大会审议并一致通过十八届中央委员会提出的《中国共产党章程（修正案）》，其中在总纲部分，增写了“坚持创新、协调、绿色、开放、共享的发展理念”。②

二、新发展理念指引下的经济建设成就

习近平总书记提出的创新、协调、绿色、开放、共享的发展理念，是对新时期发展规律的思想凝练，回应了新的发展阶段面临的重大发展问题，引领中国特色社会主义经济建设取得新的历史成就。党的十八大以来，“我们坚定不移贯彻新发展理念，有力推动我国发展不断朝着更高质量、更有效率、更加公平、更可持续的方向前进。”③

党的十八大以来，“十二五”规划圆满完成，“十三五”规划顺利实施，经济社会发展取得历史性成就、发生历史性变革。从 2013 年到 2017 年的 5 年间，中国的各项发展都取得了良好的成绩（见表 22－3、表 22－4）。

经济实力跃上新台阶。国内生产总值年均增长 7.1%，占世界经济比重从 11.4% 提高到 15% 左右，对世界经济增长贡献率超过 30%；居民消费价格保持较低水平，实现了比较充分就业；高速铁路运营里程增至 2.5 万公里，占世界的

① 习近平：《准确把握和抓好我国发展战略重点　扎实把“十三五”发展蓝图变为现实》，载于《人民日报》2016 年 1 月 31 日。

② 《中国共产党章程》，人民出版社 2017 年版，第 8 页。

③ 习近平：《习近平谈治国理政》（第 2 卷），外文出版社 2017 年版，第 60 页。

2/3，高速公路里程增至13.6万公里，新建改建农村公路127万公里，开工重大水利工程122项；进出口增长14.2%，实际使用外资1363亿美元，创历史新高；保持人民币汇率基本稳定，守住了不发生系统性风险的底线。

经济结构出现重大变革。消费贡献率由54.9%提高到58.8%，服务业比重从45.3%上升到51.6%，高技术制造业年均增长11.7%，粮食生产能力达到1.2万亿斤，城镇化率从52.6%提高到58.5%；退出钢铁产能1.7亿吨以上，煤炭产能8亿吨，安置分流职工110多万人；三四线城市商品住宅去库存取得明显成效，热点城市房价涨势得到控制；工业企业资产负债率连续下降，宏观杠杆率涨幅明显收窄、总体趋于稳定。

创新驱动发展成果丰硕。大众创业、万众创新蓬勃发展，全社会研发投入规模跃居世界第二位，科技进步贡献率由52.2%提高到57.5%；新设14个国家自主创新示范区，各类市场主体五年增加70%以上，国内有效发明专利拥有量增加两倍；载人航天、深海探测、量子通信、大飞机等重大创新成果不断涌现，高铁网络、电子商务、移动支付、共享经济等引领世界潮流，“互联网+”广泛融入各行各业。

人民生活持续改善。贫困人口减少6800多万，易地扶贫搬迁830万人，贫困发生率由10.2%下降到3.1%；居民收入年均增长7.4%、超过经济增速，形成世界上人口最多的中等收入群体；社会养老保险覆盖9亿多人，基本医疗保险覆盖13.5亿人，织就了世界上最大的社会保障网；人均预期寿命达到76.7岁，棚户区住房改造2600多万套，农村危房改造1700多万户；加快发展文化事业，文化产业年均增长13%以上。

生态环境稳步好转。单位国内生产总值能耗、水耗均下降20%以上；主要污染物排放量持续下降，重点城市重污染天数减少一半，重点地区细颗粒物（PM2.5）平均浓度下降30%以上；森林面积增加1.63亿亩，沙化土地面积年均缩减近2000平方公里。①

全面改革持续深化。改革全面发力、多点突破、纵深推进，重要领域和关键环节改革取得突破性进展；简政放权、放管结合、优化服务等改革推动政府职能发生深刻转变，市场活力和社会创造力明显增强；“一带一路”建设成效显著，对外贸易和利用外资结构优化、规模稳居世界前列。

① 李克强：《2017年政府工作报告》，http://www.gov.cn/zhuanti/2017lhzfgzbg/。

表 22－3　　我国 2013～2017 年国内生产总值及增长率

年份	国内生产总值（亿元）	国内生产总值增长率（%）
2013	595244	7.8
2014	643974	7.3
2015	689052	6.9
2016	744127	6.7
2017	827122	6.7

资料来源：中华人民共和国国家统计局网站，http：//data. stats. gov. cn。

表 22－4　　我国 2013～2017 年城乡居民人均可支配收入

年份	居民人均可支配收入（元）	城镇居民人均可支配收入（元）	农村居民人均可支配收入（元）
2013	18311	26467	9430
2014	20167	28844	10489
2015	21966	31195	11422
2016	23821	33616	12363
2017	25974	36396	13432

资料来源：据国家统计局相关数据整理所得，http：//www. stats. gov. cn。

第三节　以新发展理念开启现代化新征程

习近平总书记在中国共产党第十九次全国代表大会上向全党发出号召，要“决胜全面建成小康社会，开启全面建设社会主义现代化国家新征程”。

一、“四化”同步的中国特色社会主义现代化道路

党的十八大报告指出，“促进工业化、信息化、城镇化、农业现代化同步发展”。在党的十九大报告中习近平总书记指出，要“推动新型工业化、信息化、城镇化、农业现代化同步发展”。走“四化”同步发展道路，是全面建设中国特色社会主义现代化国家、实现中华民族伟大复兴的必然要求。推动“四化”同步发展，必须牢牢把握新时代新型工业化、信息化、城镇化、农业现代化的新特征，找准“四化”同步发展的着力点。这是基于对“四化”的重要性、关联度

和存在问题的科学分析作出的战略决策。

现代化涉及政治、经济、文化、国家治理等各个领域的现代化。其中经济现代化是基础。关于经济现代化的领域，过去有工业、农业、科技和国防四个现代化之说。从经济发展的进程分析，所有现代工业和落后农业并存的二元结构国家的现代化基本上都是由工业化、城市化和改造传统农业起步的。

我们过去对经济现代化的具体内容和进程有四化同步的表述，即新型工业化、信息化、城镇化、农业现代化同步的现代化。现在中国经济发展进入了新时代，尤其是在全面建成小康社会基础上的现代化。在这个起点上四化同步的具体内容也应带有新时代的特征。这涉及建设现代化经济体系的具体方向和衔接问题。

首先是新型工业化提升为工业现代化。这是建设现代化产业体系的核心部分。进入新时代的产业结构，一方面，GDP 中的农业增加值比重，2010 年降到 10.1%，2018 年降到 7.2%。传统意义上的降低农业比重的工业化任务基本上已经完成。另一方面，GDP 中的服务业比重，我国 2018 年才达 52.2%，许多发达国家的服务业比重都已过了 70%。这意味着我国建设现代化产业体系对工业化来说不是进一步提高工业比重，不是工业数量上的“化”，而是工业的现代化。其内容：一是推进低消耗、低排放的绿色工业化。二是发展先进制造业，产业迈上全球价值链中高端，培育若干世界级先进制造业集群。三是推动互联网、大数据和智能化与实体经济深度融合。

其次是信息化进入国际前沿。信息化就是当今的科技现代化，也是工业和农业现代化的主要推动力。信息化可以说是在产生计算机和互联网就开始了。至今信息化为代表的产业革命没有结束，但是信息化的发展到了新的阶段。包括 5G 在内的新一代信息技术、智能化、大数据、云计算、物联网等新技术成为信息化新技术的代表。尤其是信息化最新科技的应用非常广泛。当今世界前沿的信息化应用有两个方向：一是针对制造业的信息化，物联网、大数据、云计算、人工智能、机器人、增材制造、新材料、增强现实、纳米技术和生物技术等很多新兴技术取得重大进展。二是针对服务业的信息化，数字经济是指以信息和知识的数字化为关键生产要素，以现代信息网络为重要载体，以有效利用信息通信技术为提升效率和优化经济结构重要动力的广泛经济活动。① 显然，现代意义的信息化不只是创新新产业，“互联网 +”和“智能化 +”还会使传统产业一跃进入现代化产业体系。因此，创新引领的现代化产业体系应该是处于国际前沿的信息化引领

---

① 《二十国集团创新增长蓝图》，载于《人民日报》2016 年 9 月 6 日。

的现代化产业体系。这意味着作为现代化内容的信息化不是一般意义的信息化，而是现代的处于国际前沿的信息化。

再次是城镇化上升为城市现代化和城镇城市化。传统意义上的城镇化指的是农民进城。农业转移人口的城镇化率，2011 年达到了 51.27%，2018 年达 59.58%。这意味着进入新时代后，转移农业人口意义上城镇化也已基本到位。根据建设彰显优势、协调联动的城乡区域发展体系的要求，城镇化的进一步提升有两大新内容：一是城市现代化。城市是现代化的策源地。城市现代化关键是增加现代城市要素供给。对现代化来说，城市不只是其经济价值，还在于其文化、生态和社会服务价值，因此城市现代化需要产、城、文化、生态融合发展。只有这样，才能在现代化的城乡区域体系中彰显优势。二是城镇城市化。已有的城镇化在广大的农村建立起一大批新城镇。城镇要承担起农村现代化的中心，就有具有城市功能。具体要求是，增强其产业发展、公共服务、吸纳就业、人口集聚的城市功能。同时推动进入城镇的转移人口享受平等的市民权利，即市民化。在此基础上所谓的城乡协调联动就是城乡一体化深度融合发展，形成以城市群为主体构建大中小城市和小城镇协调发展的城镇格局。显然，城镇化的现阶段就是城镇城市化和城市现代化。

最后是补农业现代化短板。相比工业化、信息化，城镇化，我国的农业现代化仍然是四化同步的短板。我国已有的三农发展是在三农以外解决三农问题，即以非农化解决农业问题，以城镇化解决农村问题，以市民化解决农民问题。虽然三农有了明显提升，但与非农相比差距越来越大。现在三农问题进入了新的起点，需要直面三农来解决三农问题：推进农业现代化，实现农业强，关键是依靠科技创新，构建与居民消费快速升级相适应的优质高效的现代化农业产业体系。农民现代化，实现农民富，关键是解决谁来种田的问题，在此基础上提高农业附加值，提高农业全要素生产率。农村现代化，实现农村美，关键是在发展绿色农业、生态农业基础上建设美丽农村。党的十九大提出乡村振兴战略。就要明确农村的小康和现代化，不只是乡镇，需要着力解决的是农村的最基层乡村的振兴问题。乡村振兴依靠的是产业、人才、文化、生态、组织振兴。从根本上改变农业的弱势地位，农村的落后面貌，农民的贫困状态。需要明确无论是农业现代化，还是乡村振兴，不能只是依靠农业农村内生的力量和要素，需要外部先进要素的进入。包括科技要素和人力资本要素的进入。农业现代化过程就是现代要素进入农业的过程。

以上现代化的四个方面分析表明，现代化的四个方面进入新时代后有了新的内容。新型工业化上升为工业现代化，城镇化上升为城市现代化和城镇城市化，信息化上升为现代信息化，农业现代化则是补四化同步的短板。为了高质量开启现代化新征程，所要建设的现代化经济体系必须同这些新时代四化同步的新要求相衔接，由此为整个现代化建设进程奠定坚实的基础。

经济发展进入新时代，现代化也进入新时代。根据新发展理念推动的新型工业化、信息化、城镇化、农业现代化同步发展是中国特色的社会主义现代化道路。之所以不同于已有的发达国家所走过的现代化道路，原因是发达国家当年的现代化是在工业文明时代推进的。我国新时代推进的是生态文明时代的现代化，需要走与生态文明时代相适应的现代化道路。就如党的十九大报告指出的：我们要建设的现代化是人与自然和谐共生的现代化，既要创造更多物质财富和精神财富以满足人民日益增长的美好生活需要，也要提供更多优质生态产品以满足人民日益增长的优美生态环境需要。这就提出创新现代化道路的要求：第一，现代化包含绿色化，现代化道路是绿色发展的道路；第二，现代化不能再靠物质资源投入推动，而要靠创新驱动。

总的来说，处于生态文明时代创新的中国的现代化道路是以绿色化和创新驱动的现代化道路。这也是注重质量和效益的社会主义的文明发展道路。

二、以建设现代化经济体系开启现代化建设新征程

党的十九大报告指出，我国经济已由高速增长阶段转向高质量发展阶段，正处在转变发展方式、优化经济结构、转换增长动力的攻关期，建设现代化经济体系是跨越关口的迫切要求和我国发展的战略目标。这就是说，我国经济发展由全面小康社会建设转向现代化建设需要跨越三个关口，即转变发展方式、优化经济结构、转换增长动力。与此相应，需要根据新发展理念建设现代化经济体系。这是开启现代化建设新征程的关键性战略安排，也是为整个现代化建设进程奠定基础。

过去关于现代化的讨论过于关注 GDP 的指标，以 GDP 指标衡量现代化，以抓 GDP 来推进现代化。这是转变发展方式、优化经济结构、转换增长动力跨越由全面小康转向现代化建设的“关口”的行动。

党的十九大召开不久，2018 年 1 月 30 日，中央政治局就建设现代化经济体系进行第三次集体学习。习近平在讲话中，对“建设现代化经济体系”做出了系统解读和强力部署。习近平指出，建设现代化经济体系是一篇大文章，既是一个重大理论命题，更是一个重大实践课题，需要从理论和实践的结合上进行深入探讨。建设现代化经济体系是我国发展的战略目标，也是转变经济发展方式、优化

经济结构、转换经济增长动力的迫切要求。全党一定要深刻认识建设现代化经济体系的重要性和艰巨性，科学把握建设现代化经济体系的目标和重点，推动我国经济发展焕发新活力、迈上新台阶。在习近平总书记的报告中，现代化经济体系涉及七大体系，即产业体系、市场体系、收入分配体系、城乡区域发展体系、绿色发展体系、全面开放体系、经济体制等。对这七大体系可以概括为三个方面：

一是优化经济结构的现代化经济体系。涉及产业、城乡、区域和生态等方面。首先是创新引领、协同发展的产业体系。现代化产业体系的建设，归根到底是实体经济的发展，实体经济的发展需要科技创新、现代金融、人力资源协同发展。突出互联网、大数据和智能化与实体经济深度融合。其次是彰显优势、协调联动的城乡区域发展体系；一方面彰显城市和发达地区的优势，另一方面城乡区域协调联动发展，从而实现城乡区域的整体现代化。允许一部分地区在现代化进程中走得更快，但不能孤军深入，尤其要持续关注后发地区，与后发地区良性互动，融合发展。第三是资源节约、环境友好的绿色发展体系。我们要建设的现代化是人与自然和谐共生的现代化。围绕建设现代化的绿色发展体系推进现代化，既要创造更多物质财富和精神财富以满足人民日益增长的美好生活需要，也要提供更多优质生态产品以满足人民日益增长的优美生态环境需要。

二是转换增长动力的现代化经济体系，首先是体现效率、促进公平的收入分配体系。一方面是建立以效率为基础的分配体系，做大“蛋糕”。另一方面建立促进公平的分配体系，分好“蛋糕”。其次是多元平衡、安全高效的全面开放体系，朝着优化结构、拓展深度、提高效益方向转变，从而建立高质量的开放型经济体系。

三是现代化的调节体系。首先是建立统一开放、竞争有序的市场体系，充分发挥市场作用。其次是更好发挥政府作用，实现国家治理体系和治理能力现代化，建立起微观主体有活力，市场机制有效，宏观调控有度的现代化调节体系。

第二十三章

经济向高质量发展转变

引言　新发展理念和高质量发展

从改革开放到21世纪初的30多年间我国完成了经济起飞，创造了持续30多年高速增长的奇迹，实现了从低收入国家向中等收入国家的跨越。但伴随外部需求的减少、传统人口红利的消失，资源约束日益趋紧，环境承载能力接近上限，潜在经济增长率趋于下降，依靠要素低成本的粗放型、低效率增长模式已经不可能持续，高速增长的时代逐渐过去。

面对经济由高速增长转向中高速增长的新常态，2015年习近平同志在党的十八届五中全会上系统论述了“创新、协调、绿色、开放、共享”等五大发展理念。2017年习近平总书记在党的十九大报告中指出：“我国经济已由高速增长阶段转向高质量发展阶段，正处在转变发展方式、优化经济结构、转换增长动力的攻关期。2018年中央经济工作会议强调：“推动高质量发展是当前和今后一个时期确定发展思路、制定经济政策、实施宏观调控的根本要求”，“高质量发展”已成为新时代中国特色社会主义经济发展的新目标。

高质量发展是新发展理念的体现。我国经济高质量发展，是能够更好满足人民日益增长的美好生活需要的发展，是体现创新、协调、绿色、开放、共享发展理念的发展，也应是生产要素投入少、资源配置效率高、资源环境成本低、经济社会效益好的发展。其主要标志是：（1）创新成为第一动力的发展；（2）绿色成为普遍形态的发展；（3）重大比例关系协调的发展；（4）高质量对外开放的发展；（5）共享成为根本目的的发展。

由高速增长阶段转向高质量发展阶段，是我国经济在30多年高速增长之后突破结构性矛盾和资源环境瓶颈，实现更高质量、更有效率、更加公平、更可持续发展的必然选择，也是我国实现社会主义现代化的必由之路。

随着中国特色社会主义进入新时代，我国社会主要矛盾已经转化为人民日益增长的美好生活需要和不平衡不充分的发展之间的矛盾。这个矛盾在经济发展方面集中表现为供给结构不能适应需求结构的变化。结构性矛盾已经成为现阶段我国经济发展的主要矛盾，矛盾的主要方面在供给侧。这是发展不平衡不充分的表现，也是发展质量不高的表现。解决新时代我国社会主要矛盾，必须推动经济高质量发展。

党的十九大报告提出到2035年基本实现社会主义现代化的奋斗目标。国际经验表明，一个国家要从中等收入阶段进入高收入阶段，关键在于实现经济发展从量的扩张到质的提高这一根本性转变。当今世界，新一轮科技革命和产业变革正在蓬勃兴起，我们只有加快科技创新和产业转型升级步伐，才能在激烈的国际竞争中赢得主动，才能加快推进现代化事业。这也迫切要求加快推进我国经济高质量发展。

从经济周期演变的规律来看，要持续保持我国经济健康发展，必须推动经济发展质量变革、效率变革、动力变革，提高全要素生产率，从简单追求速度转向坚持质量第一、效益优先，从微观层面不断提高企业的产品和服务质量，提高企业经营效益。要坚持以供给侧结构性改革为主线，加快转变发展方式、优化经济结构、转换增长动力，加快推动产业结构升级，增加中高端产品和服务的供给，不断提高产品和服务的附加值和竞争力，在更高水平上实现供需结构的动态均衡。通过创新促进新技术、新产品和新业态发展，大力发展新兴产业，真正使创新形成的新经济动能成为推动我国经济增长的不竭动力，不断增强我国经济创新力和竞争力。要紧扣新时代我国社会主要矛盾的变化，针对更好满足广大人民对美好生活的多样化需求，更加注重平衡发展和结构优化，以平衡发展促结构优化和质量效益提高。

由高速增长转向高质量发展，必须坚持市场化改革方向，更好发挥市场配置资源的决定性作用，大幅减少政府对资源的直接配置，这是发展阶段变化后的历史选择。要以完善产权制度和要素市场化配置为重点，进一步深化市场经济体制改革，加快构建市场机制有效、微观主体有活力、宏观调控有度的经济体制，实现产权有效激励、要素自由流动、价格反应灵活、竞争公平有序、企业优胜劣汰。要全面实施市场准入负面清单制度，赋予企业更大的投资经营决策自主权，更好发挥并激励市场主体的创新动力和创造活力，从宏观上不断提高全社会资源配置效率、经济整体竞争力和经济增长的可持续性，加快实现经济发展由数量和规模扩张向质量和效益提升转变。

党的十八大以来，我国经济在保持中高速增长的同时，总体呈现出科技创新引领作用凸显、新旧动能加速转换的显著特征。我国经济逐步出现转向高质量发展的成效。具体表现在：

1. GDP 增长率从高速增长回落并稳定在中高速增长的区间内（见图 23－1）。

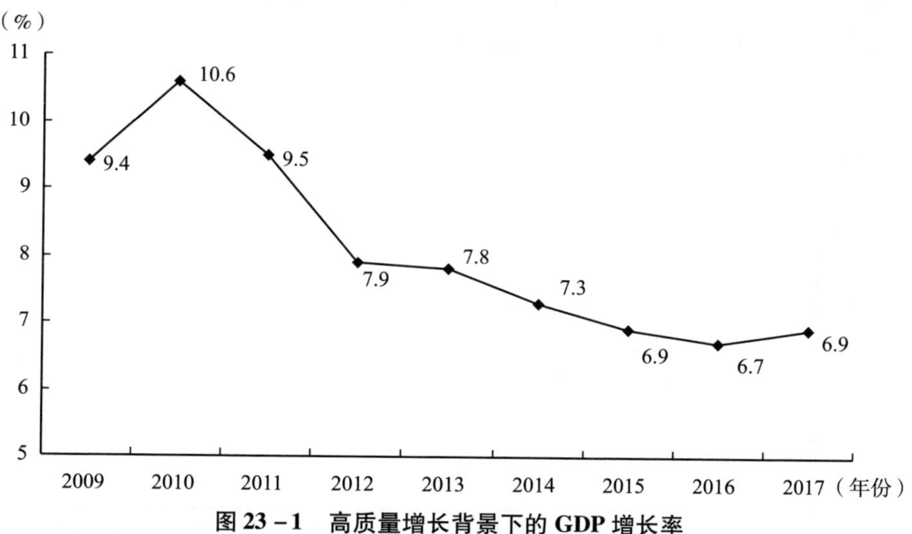

图 23－1　高质量增长背景下的 GDP 增长率

2. 产业结构调整取得显著成果，不论是从三次产业对 GDP 的贡献（见图 23－2）还是从三次产业对国内生产总值增长的拉动来看，第三产业的增长幅度巨大，并超越第二产业，稳居我国三次产业之首，特别是 2015 年我国实施供给侧结构性改革以来，第三产业比重增加更加迅速。

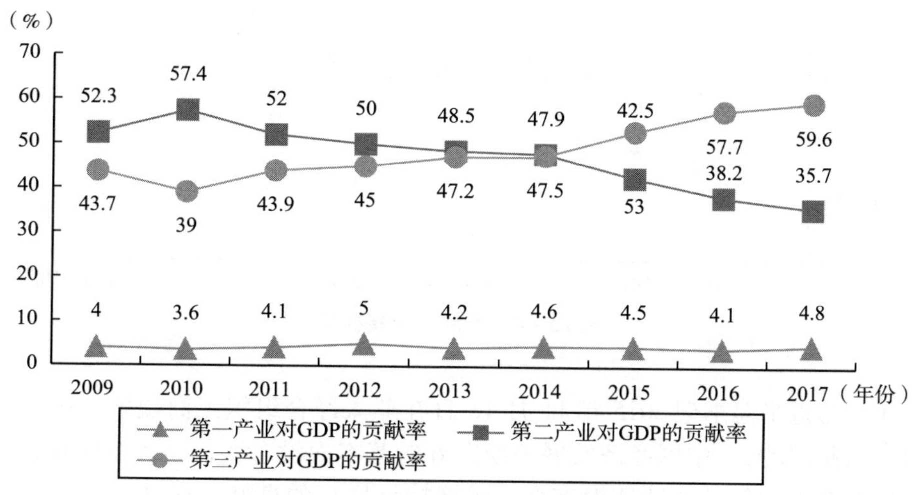

图 23－2　三次产业对 GDP 的贡献率

3. 科学技术进步明显，推动创新建设逐步发力，R&D 经费支出（见图 23 -3）与专利申请授权数（见图 23 -4）逐年稳步增长，且专利申请授权数在 2015 年供给侧结构改革启动后增加迅速，2018 年的授权数量较 2014 年已经翻了一番，说明供给侧改革中在创新驱动方面取得显著成效。

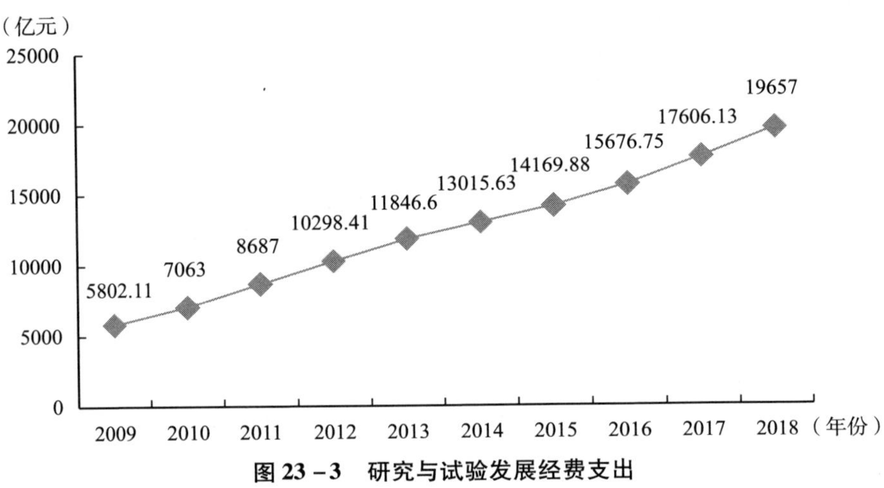

图 23 -3　研究与试验发展经费支出

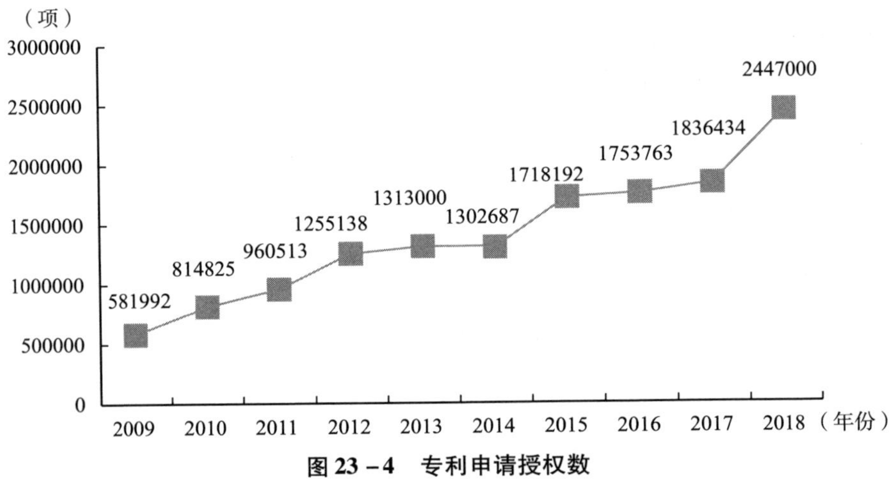

图 23 -4　专利申请授权数

正如习近平总书记 2015 年 11 月 18 日在亚太经合组织工商领导人峰会上的演讲中所指出的，“中国经济发展长期向好的基本面没有变，经济韧性好、潜力足、回旋余地大的基本特征没有变，经济持续增长的良好支撑基础和条件没有变，经济结构调整优化的前进态势没有变”①。

第一节　经济增长新常态和稳增长

一、新常态下中国宏观经济运行的总体特征

2014 年 5 月，习近平总书记在河南考察时首次使用新常态概念，同年 7 月 29 日在中南海召开的党外人士座谈会上，习近平主席又一次用新常态来概括当前经济形势。2014 年 11 月 9 日，习近平总书记在 APEC 工商领导人峰会上首次系统阐述了“新常态”。其中提出了新常态给中国带来的四个方面的发展机遇：“经济增速虽然放缓，实际增量依然可观”，“经济增长更趋平稳，增长动力更为多元”，“经济结构优化升级，发展前景更加稳定”，“政府大力简政放权，市场活力进一步释放”。

经过 30 多年高速增长后，原有的推动经济增长动力的衰减，中高速增长成为我国经济发展新阶段的新常态就有其客观必然性，主要表现是：第一，依靠资源供给、人口红利的出现瓶颈约束。第二，我国产业发展方式粗放，科技创新能力不足，科技与产业的融合力度不够。第三，外部需求出现常态性萎缩。2008 年世界金融危机至 2017 年底，全球经济增长由前 10 年（1998 ~ 2007 年）的年均 4.13% 下降为 2.42%，全球商品和服务贸易增速由年均 9.92% 下降为 3.55%。世界经济呈现出“总量需求增长缓慢、经济结构深度调整”的特征。第四，我国社会主要矛盾已经由过去的人民日益增长的物质文化需要同落后的社会生产之间的矛盾，转化为人民日益增长的美好生活需要和不平衡不充分的发展之间的矛盾。无效供给过剩与有效供给不足并存。这样，由中高速增长引起的经济新常态表现在以下三个方面：

1. 中高速增长速度。

我国从改革开放起到 2010 年的 31 年中 GDP 增长率平均为 9.9%，可以说是持续的高速增长。从 2012 年起我国经济增长正式告别 9% 以上的快速增长，2012 年和 2013 年的增速均为 7.7%，2014 年为 7.4%，2015 年为 7%，2016 年为

---

① 习近平：《发挥亚太引领作用　应对世界经济挑战——在亚太经合组织工商领导人峰会上的主旨演讲（2015 年 11 月 18 日）》，载于《人民日报》2015 年 11 月 19 日。

6.7%，2017 年为 6.9%，2018 年为 6.6%。与过去的高速增长不同，这种速度属于中高速增长（见图 23－5）。

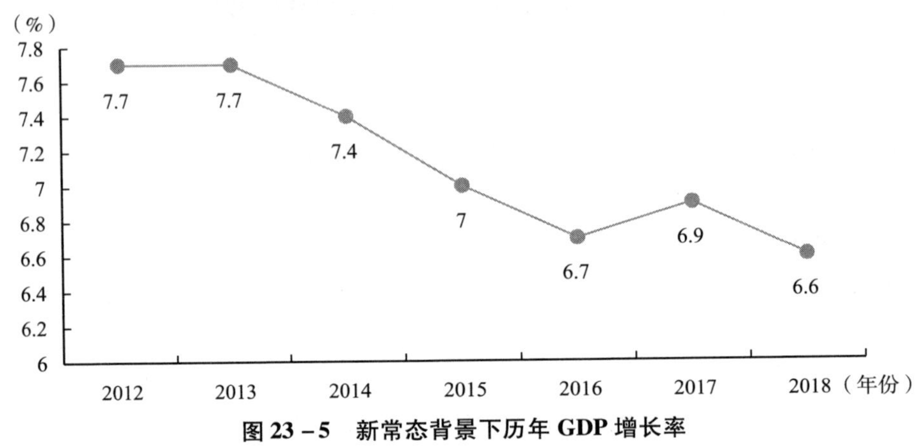

图 23－5　新常态背景下历年 GDP 增长率

虽然新常态表现为中高速增长，但经济持续下行绝不是新常态。习近平总书记在党的十八届四中全会的讲话中明确了速度的底线：确保到 2020 年实现国内生产总值和城乡居民人均收入比 2010 年翻一番的目标，必须保持必要的增长速度。中高速增长不是降低发展的要求，而是提高发展的质量，实现中高速增长的可持续。这就要求增长速度基础需由规模速度型向质量效率型转变，在低收入发展阶段所采取的单纯的以高投入谋求高速度的发展方式不能再延续到中等收入发展阶段。中高速增长不是自然形成的，是需要经过努力才能达到的。

2. 经济结构优化。

我国经济新常态的特征不只是转向中高速的速度状态，结构优化也经济运行的重要特征之一。结构优化的新常态表现为：经济结构调整从增量扩能为主转向调整存量、做优增量并举。速度的中高速需要结构的中高端支撑。现有的经济结构还是低收入发展阶段的结构，与追求高速增长的发展战略相适应。如：传统制造业比重高，服务业尤其是现代服务业比重过低；制造业主要处于中低端，即使是在高科技制造业中，大部分也处于“微笑曲线”的低端，关键技术和核心技术在国外；产能结构有效产能供给不足无效产能过剩；等等。进入中等收入发展阶段，经济增长转向中高速的新常态后，经济结构的再平衡就成为应有之义。其目标就是向中高端转型。

以往的结构调整基本上采取增量结构调整的方式，也就是靠新增投资结构来调节结构。这就是所谓的增量扩能方式。这种调整方式的后果是长期形成的过剩产能、污染产能和落后产能得不到淘汰和化解，日积月累，占用了大量的资源，严重拖累产业结构的转型升级。作为新常态的结构调整与以往的结构调整不同，是要在转型升级中进行结构调整。产业结构的中高端化，是建立在产业和科技创新基础上的转型升级。因此，作为新常态的结构结构调整是存量结构的调整。经济结构调整从增量扩能为主转向调整存量、做优增量并举成为新常态，一方面，需要着力优胜劣汰，淘汰过剩产能、污染产能、落后产能，同时要通过产业链的调整提高附加值。另一方面，需要腾出发展的空间和资源发展新产业、新业态，使产业结构得到根本性转型和提升。

3. 创新成为发展的动力。

新常态下经济运行的第三个特征是发展动力从主要依靠资源和低成本劳动力等要素投入转向创新驱动。在低收入阶段，受技术和资本缺乏的限制，物质资源和低成本劳动力相对宽松，经济增长的驱动力的常态是依靠物质资源和低成本劳动力投入，对外开放也主要靠资源禀赋的劳动力和物质资源方面的比较优势。进入中等收入阶段后，资源环境和低成本劳动力供给不可持续造成了经济增长的自然极限。突破这个极限的途径就是我国经济增长的驱动力需要由要素和投资驱动转向创新驱动。这个发展动力就成为新常态。创新驱动发展战略对中高速增长的贡献在于，研发并采用绿色技术，节能减排，实现可持续发展；创新战略性新兴产业，攀升高科技产业价值链中高端，推动产业结构中高端化，增强国家的整体竞争力。

所要转向的创新驱动的新常态，突出的是科学新发现转化为新技术的自主创新。由此形成创新驱动的内生增长。相应的体制安排是建设和完善国家创新体系，推动产学研协同创新，建立激励创新的体制机制。

以上分析表明，与中高速增长的新常态相伴，结构优化和创新驱动也成为新常态支撑中高速增长的新常态。由此，增长的质量和效益更高，增长的可持续性更强。我国经济发展进入新阶段还会产生许多新的经济现象，还会有新的经济现象成为新常态。经济学研究需要不断在经济规律性上对不断出现的新常态做出说明，从而不断地为经济发展新战略提供理论支撑。

二、经济下行压力和稳增长措施

虽然新常态表现为中高速增长，但经济持续下行绝不是新常态。

2013 年以后经济增速持续下行，既有新常态的合理性，也有拉动经济增长的“三驾马车”增速下滑的原因。主要表现在：一是社会消费品零售总额由

2014 年增长 12% 降到 2015 年增长 10.7%、2016 年增长 10.4%、2017 年增长 10.2%、2018 年增长 9%。二是外需疲弱，2014 年货物出口增长 4.9%、2015 年下降 1.8%、2016 年下降 1.9%、2017 年出口增速虽达 10.8% 但净出口额比上年减少了 4734 亿元。2018 年以来，中美贸易摩擦使我国的出口面临空前压力，出口对经济增长的贡献减弱，也为未来经济增长增加了新的不确定性。三是投资者对未来经济形式不看好就会导致投资增速下滑，从而使得经济增速进一步放缓。同时从企业角度来看，产能过剩使得企业的利润率下降，再加上去杠杆政策的实施，银行对制造业放贷趋势持续下滑，企业融资渠道受阻，融资成本上升。与此同时也出现了“脱实向虚”的倾向。

2018 年，美国拟对中国包含高科技产品在内的价值 2600 亿美元的出口产品加征 25% 的关税，挑起中美贸易战，加剧了中国经济下行压力。受中美贸易摩擦影响，2018 年人民币对美元汇率一度达到 6.97。证券市场也出现较大利空，市场投资热度下降。

面对经济下行压力，党中央国务院采取了一系列稳增长的应对措施。

1. 2013 年提出坚持稳中求进的工作总基调，统筹稳增长、调结构、促改革。

2013 年 7 月，中央政治局会议要求把握好宏观调控的方向、力度、节奏，使经济运行处于合理区间。积极释放有效需求，推动居民消费升级，保持合理投资增长，积极稳妥推进以人为核心的新型城镇化，促进房地产市场平稳健康发展；保持农业稳定发展，夯实粮食丰收基础；进一步激发企业活力，加大对中小微企业等的政策扶持和服务力度，进一步清费减负，拓宽企业融资渠道；加快推进产业结构调整，推动传统产业转型升级，积极培育和发展战略性新兴产业等。

2. 2014 年明确坚持宏观政策要稳、微观政策要活、社会政策要托底的基本思路。

2014 年 4 月，习近平指出要加大对实体经济的支持力度，夯实经济发展基础。要进一步简政放权，着力营造公平竞争市场环境。要加快调整优化经济结构，推动提质增效升级，加快发展生产性服务业，促进制造业结构调整和产业升级，推进重大节能环保、资源循环利用等技术装备产业化，支持企业设备更新和研发创新，加快中西部铁路、清洁能源等重点工程建设。要继续支持西部大开发、东北地区等老工业基地全面振兴，推动京津冀协同发展和长江经济带发展，抓紧落实国家新型城镇化规划。

3. 2015 年提出要把有质量、有效益的发展作为发展是硬道理战略思想。

2015 年 4 月，中央政治局会议认为积极的财政政策要增加公共支出，加大降税清费力度。稳健的货币政策要把握好度，注意疏通货币政策向实体经济的传导渠道。要注重发挥投资的关键作用，认真选择好投资项目，做到有市场，有长期回报。要整体推进财税、金融、投融资体制改革，解决好重大基础设施项目、市政项目、实体产业部分资金循环不畅问题。要注重扩大消费需求，有针对性地挖掘消费潜力，努力提高消费品质量和服务水平，培育新的消费增长点。要完善市场环境，盘活存量资产，建立房地产健康发展的长效机制。要把创新驱动发展作为我国经济实现动力转换的关键，推进企业技术改造，稳步有序推进化解过剩产能工作。

9月，政治局会议突出要深入实施创新驱动战略，推进大众创业、万众创新，增强发展动力和活力。要积极稳妥推进企业优胜劣汰，通过兼并重组、破产清算，实现市场出清。要帮助企业降低成本，包括降低制度性交易成本、企业税费负担、社会保险费、财务成本、电力价格、物流成本等，打出一套“组合拳”。要化解房地产库存，通过加快农民工市民化，推进以满足新市民为出发点的住房制度改革，扩大有效需求，稳定房地产市场。要扩大有效供给，保持有效投资力度，着力补齐短板。要防范化解金融风险，坚决守住不发生系统性和区域性金融风险的底线。要深化改革开放，继续深化简政放权、放管结合、优化服务，加大国企、财税、金融、社保等重要领域和关键环节改革力度，推出一批具有重大牵引作用的改革举措。要切实保障人民群众基本生活，保持社会和谐稳定。要抓好“一带一路”建设，促进国际产能合作，抓好重大标志性工程落地。要改善国内投资环境，保护外资企业合法权益，保护知识产权。

4. 2016年指出要稳定发展预期，增强市场信心。

2016年4月，中央政治局会议强调，宏观经济政策要增强针对性。要保持股市健康发展，充分发挥市场机制调节作用，加强基础制度建设，加强市场监管，保护投资者权益。要保持人民币汇率基本稳定，逐步形成以市场供求为基础、双向浮动、有弹性的汇率运行机制。要按照加快提高户籍人口城镇化率和深化住房制度改革的要求，有序消化房地产库存，注重解决区域性、结构性问题，实行差别化的调控政策。要保持就业基本稳定，在调整经济结构的过程中妥善处理员工就业问题，既帮助他们解决生活困难，又帮助他们提高再就业能力。要关注物价变化，保障有效供给，积极稳妥推进价格改革。要坚持基本经济制度，深化国有企业改革，促进非公有制经济健康发展，扩大对外开放，吸引外国资本来华投资。

10月，政治局会议指出，要有效实施积极的财政政策，保证财政合理支出，加大对特困地区和困难省份支持力度。要坚持稳健的货币政策，在保持流动性合理充裕的同时，注重抑制资产泡沫和防范经济金融风险。要落实供给侧结构性改革各项任务，抓紧完成年度重点改革任务。要创造良好发展预期，加强产权保护，做好市场沟通工作。要巩固投资有所企稳态势，推动消费平稳增长，促进对外贸易改善。

5. 2017 年强调推进经济结构战略性调整。

2017 年 2 月，政治局会议要求，要加强产业、区域、投资、消费、价格、土地、环保等政策协调配合。要深化重要领域和关键环节改革，以创新引领实体经济提质增效升级，释放国内需求潜力，增强内生发展动力，深入推进“三去一降一补”，力争取得更大成效。要推进农业供给侧结构性改革，促进农业稳定发展和农民持续增收。要积极主动扩大对外开放，打造国际合作竞争新优势。要加强生态环境保护，推动绿色发展取得新突破。

6. 2018 年决策层直面“稳中有变、变中有忧”的新情况，突出“六稳”导向。

2018 年 10 月，习近平指出要坚定不移推动高质量发展，实施好积极的财政政策和稳健的货币政策，做好稳就业、稳金融、稳外贸、稳外资、稳投资、稳预期工作，有效应对外部经济环境变化，确保经济平稳运行。要坚持“两个毫不动摇”，促进多种所有制经济共同发展，研究解决民营企业、中小企业发展中遇到的困难。围绕资本市场改革，加强制度建设，激发市场活力，促进资本市场长期健康发展。继续积极有效利用外资，维护在华外资企业合法权益。要改进作风，狠抓落实，使已出台的各项政策措施尽快发挥作用。

7. 2019 年在稳增长促改革调结构惠民生防风险的基础上，进一步提出“保稳定”。

2019 年 4 月，政治局会议要求，要把推动制造业高质量发展作为稳增长的重要依托，引导传统产业加快转型升级，做强做大新兴产业。要有效支持民营经济和中小企业发展，加快金融供给侧结构性改革，着力解决融资难、融资贵问题，引导优势民营企业加快转型升级。要坚持房子是用来住的、不是用来炒的定位，落实好一城一策、因城施策、城市政府主体责任的长效调控机制。要以关键制度创新促进资本市场健康发展，科创板要真正落实以信息披露为核心的证券发行注册制。要以高水平对外开放促进深层次改革，扩大外资市场准入，落实国民待遇。要做好重点群体就业工作，加强职业技能培训。

第二节　以供给侧结构性改革为主线

2015 年末，中央提出大力推进供给侧结构性改革，以破解新时代中凸显的结构性矛盾和长期增长因素的制约。针对我国经济发展中严重的结构性矛盾，党的十九大把供给侧结构性改革作为建立现代化经济体系的六大任务之首，供给侧结构性改革的核心是结构调整与优化，以提高供给体系的质量。供给侧结构性改革下出现的经济增速放缓，既符合经济发展规律，也是我国主动进行结构调整和优化的必然结果。

一、供给侧结构性改革的进程

自 2015 年提出供给侧结构性改革以来，党和国家领导人对此相当重视。短短几年间，党中央在中央经济会议和各种大型决策会议中对供给侧结构性改革做出多项重大决策部署（见图 23 –6）。

图 23 –6　供给侧结构性改革的政策演变

1. 2015 年底首次提出供给侧结构性改革，强调“三去一降一补”。

2015 年 11 月 10 日上午，中共中央总书记、国家主席、中央军委主席、中央财经领导小组组长习近平主持召开中央财经领导小组第十一次会议，研究经济结构性改革和城市工作。在本次会议中，习近平总书记首次提出“结构性改革”的概念：“在适度扩大总需求的同时，着力加强供给侧结构性改革，着力提高供给体系质量和效率，增强经济持续增长动力，推动我国社会生产力水平实现整体跃升。”2015 年 12 月的中央经济工作会议上提出：战略上要坚持稳中求进、把握好节奏和力度，战术上要抓住关键点，明确提出“去产能、去库存、去杠杆、降成本、补短板”的五大任务。

2. 2016 年系统阐述供给侧结构性改革的内涵。

2016 年 1 月 18 日，习近平总书记在省部级主要领导干部学习贯彻党的十八届五中全会精神专题研讨班中的讲话对供给侧结构性改革的概念进行了阐述：我们提的供给侧改革，完整地说是“供给侧结构性改革”，“结构性”三个字十分重要，简称“供给侧改革”也可以，但不能忘了“结构性”三个字。供给侧结构性改革，重点是解放和发展社会生产力，用改革的办法推进结构调整，减少无效和低端供给，扩大有效和中高端供给，增强供给结构对需求变化的适应性和灵活性，提高全要素生产率。

2016 年 1 月 26 日，中央财经领导小组第十二次会议，习近平总书记强调："供给侧结构性改革的根本目的是提高社会生产力水平，落实好以人民为中心的发展思想。要在适度扩大总需求的同时，去产能、去库存、去杠杆、降成本、补短板，从生产领域加强优质供给，减少无效供给，扩大有效供给，提高供给结构适应性和灵活性，提高全要素生产率，使供给体系更好适应需求结构变化。"

2016 年 1 月 27 日，习近平主持召开中央财经领导小组第十二次会议，研究供给侧结构性改革方案。习近平发表重要讲话强调：要在适度扩大总需求的同时，去产能、去库存、去杠杆、降成本、补短板，从生产领域加强优质供给，减少无效供给，扩大有效供给，提高供给结构适应性和灵活性，提高全要素生产率，使供给体系更好适应需求结构变化。

2016 年 12 月中央经济工作会议指出：2017 年要继续深化供给侧结构性改革。

3. 2017 年强调"破、立、降"。

2017 年 10 月 18 日，习近平同志在党的十九大报告中指出，深化供给侧结构性改革。建设现代化经济体系，必须把发展经济的着力点放在实体经济上，把提高供给体系质量作为主攻方向，显著增强我国经济质量优势。坚持质量第一、效益优先，以供给侧结构性改革为主线，推动经济发展质量变革、效率变革、动力变革，提高全要素生产率。

2017 年 12 月 18 ~ 20 日的中央经济工作会议要求重点在"破""立""降"上下功夫。"破"就是破除无效供给，把处置"僵尸企业"作为重要抓手，推动化解过剩产能；"立"就是培育新动能，强化科技创新，推动传统产业优化升级，培育一批具有创新能力的排头兵企业，积极推进军民融合深度发展；"降"就是降低实体经济成本，降低制度性交易成本，继续清理涉企收费，加大对乱收费的查处和整治力度，深化电力、石油天然气、铁路等行业改革，降低用能、物流成本。

4. 2018 年"巩固、增强、提升、畅通"的新导向。

2018 年 12 月 21 日中央经济工作会议认为，我国经济运行主要矛盾仍然是供给侧结构性的，必须坚持以供给侧结构性改革为主线不动摇，更多采取改革的办法，更多运用市场化、法治化手段，在"巩固、增强、提升、畅通"八个字上下功夫。"巩固"，是要巩固"三去一降一补"的成果，为我国经济持续健康发展创造前提条件，守住"稳"的大局，以"稳"促"进"。"增强"，是要增强微观主体活力，为我国经济持续健康发展打下牢固微观基础，提供"进"的动力，以“进”夯实“稳”的基础。“提升”，是要提升产业链水平，为我国经济持续发展巩固原有体系和规模优势，培育新竞争优势。“畅通”，是要畅通国民经济循环，为我国经济持续健康发展疏通“经络”，提供良好运行机理。

5. 2019 年突出减税降费，深化金融、农业领域改革。

2019 年 1 月 21 日，习近平在省部级主要领导干部防范化解重大风险专题研讨班讲话中针对经济运行稳中有变、变中有忧的经济形势，明确提出以供给侧结构性改革为主线的发展对策。供给侧结构性改革的着力点转向补短板、降成本和培育新动能。

2019 年的全国“两会”明确大力度的减税降费。2019 年降税费 2 万亿元，同时明确降电价、网价、物流价格等方面为实体企业降负的措施。开启供给侧改革的下半场。

2019 年第一季度，党中央对供给侧结构性改革的立足点正在转向金融和农业领域额。金融供给侧结构性改革任务是：平衡好稳增长和防风险的关系，精准有效处置重点领域风险，深化金融改革开放，增强金融服务实体经济能力，坚决打好防范化解包括金融风险在内的重大风险攻坚战，推动我国金融业健康发展。农业供给侧结构性改革任务是：发挥自身优势，抓住粮食这个核心竞争力，延伸粮食产业链、提升价值链、打造供应链，不断提高农业质量效益和竞争力，实现粮食安全和现代高效农业相统一。

二、供给侧结构性改革的目标与任务

供给侧的改革之所以称为结构性改革，原因是供给侧问题突出表现为结构性问题，可以归结为有效供给不足和无效产能并存。无效产能包括过剩产能、落后产能和污染产能。这种结构性矛盾是发展中国家的通病，属于长期问题。这种结构性矛盾可以归结为现行经济发展方式的症结：供给不能适应进入中等收入阶段以后消费需求的新变化。进入中等收入阶段后，解决了温饱问题后居民的消费需求开始转型，更为关注健康、安全、卫生、档次；而生产和服务还停留在低收入阶段的供给，追求数量，不重视质量，为生产而生产，势必产生现在的有效供给不足与无效供给和低端供给并存所导致的库存和过剩问题。由此就提出了结构性改革的任务：针对无效产能要去产能、去库存；针对有效供给不足要补短板、降成本。供给侧结构性改革，就是要从提高供给质量出发，用改革的办法矫正资源配置结构的扭曲，提高全要素生产率。

对供给侧改革要处理好两个关系：一是供给侧改革目标和当前所要推进的去

产能、去库存、去杠杆、降成本和补短板的任务。这些任务要在改革和发展中实现，而不能归结为供给侧结构性改革的目标。在提高全要素生产率中“降成本”，在提高供给体系质量和效率中“补短板、去产能和去库存”，在释放企业活力中“去杠杆和降成本”。二是供给侧改革和需求管理相互依存，供给侧的去产能、去库存离不开需求侧的“四两拨千斤”作用。供给侧的“补短板、去杠杆和降成本”需要需求侧的市场导向和市场机制的完善。概括起来，供给侧结构性改革目标有三个：一是提高全要素生产率；二是解决有效供给；三是释放企业活力。这意味着供给侧改革还是要推动发展。

1. 提高全要素生产率。

习近平指出“供给侧结构性改革，重点是解放和发展社会生产力，用改革的办法推进结构调整，减少无效和低端供给，扩大有效和中高端供给，增强供给结构对需求变化的适应性和灵活性，提高全要素生产率。”① 全要素生产率的主要说明因素是技术进步、管理水平、劳动力素质、要素使用效率，以及各生产要素的配置和组织效能，还包括企业制度和公司的组织结构效能。按此目标，供给侧的运行不仅关注要素的投入，而且更为关注技术，结构，效率，制度等方面的投入，也这就是习近平指出的：“优化现有生产要素配置和组合，提高生产要素利用水平，促进全要素生产率提高，不断增强经济内生增长动力。”② 质量变革、效率变革、动力变革就成为提高全要素生产率的基本途径。

根据提高全要素生产率要求，供给侧结构性改革的着力点主要在：(1) 补影响全要素生产率的要素供给的短板，其中最主要的短板是与人力资本相关的企业家供给和劳动力素质跟不上。不仅需要在改革中补上，还是需要长期关注的问题。(2) 矫正要素配置的扭曲，推动要素进入提供有效供给的领域，尤其是实体经济领域。(3) 突出创新驱动。这是提高全要素生产率的最为有效的途径。

转向创新驱动和人力资本替代，都需要改革推动。如果说创新是发展的新引擎，改革则是新引擎的点火器。供给侧改革发动起创新驱动的动力，就能激发出经济发展的新动力。

2. 建立有效供给的长效机制。

有效供给不足实际上是结构性短缺，一方面供给结构不能适应需求，不仅涉及供给的产品结构，还涉及供给品的数量和质量。另一方面低端和无效产能占用资源，造成库存和积压。归根到底还是现行供给体系停留在低收入阶段，表现

---

① 《习近平关于社会主义经济建设论述摘编》，中央文献出版社 2017 年版，第 98 页。

② 《习近平关于社会主义经济建设论述摘编》，中央文献出版社 2017 年版，第 108 页。

为：第一，处于低收入阶段的供给品的科技含量和技术档次低。第二，低收入阶段形成的存量结构造成有效供给不足和无效产能过剩并存。第三，低收入阶段的供给水平不能满足进入中等收入阶段的消费者对供给品的质量、安全和卫生的需求，不能提供消费者信得过的产品和服务。

供给侧改革的关键是提升供给的能力，建立有效供给的长效机制，提高供给结构的适应性和灵活性，并且赢得消费者。根据提高供给体系质量和效率的要求，供给侧的改革需要推动结构调整和优化。一方面加大力度调整存量结构，通过去库存和去产能，腾出被无效和过剩产能占用的资源；另一方面推动产业优化升级。从补市场供给“短板”考虑，特别要重视产品结构的调整和优化，在体制上解决企业供给的市场导向问题。

建立有效供给的长效机制，特别要重视企业家的作用。企业家的创新所推动的要素的新组合，对全要素生产率提高起着决定性作用。供给侧的结构性改革就是要推动经营者成为企业家，放手让企业家在市场决定资源配置的条件下集合要素，在企业家带动下提高供给体系的质量和效率，从而提高全要素生产率。

3. 激发企业活力。

一般说来，需求侧的经济学关注的是选择问题：在市场决定资源配置的条件下市场选择资源流向，进入哪个地区，哪个行业，哪个企业，由充分竞争的市场进行选择，这种选择对企业产生外部压力。供给侧的经济学则关注激励企业问题，其中包括减轻企业负担，减少对企业的行政干预，从而激发企业活力。在信息经济学中也要求在信息不完全条件下，建立激励性体制，克服影响供给质量和效率的道德风险之类的机会主义行为，并从机制上克服劣币驱逐良币状况。中国特色社会主义政治经济学的一个重大原则，就是坚持调动各个方面积极性。这也应该成为供给侧结构性改革的重大原则。

根据供给侧的经济学原理，“去杠杆”和“降成本”的目标都是激发企业活力，实质是给实体经济企业减负，以调动其增加有效供给的积极性。现在实体经济企业背负着“三座大山”：高税费，高利息和高负担。企业有产量无效益，许多企业成为“僵尸企业”。同时还有许多因为负债企业担保而产生的金融杠杆被投入“僵尸企业”的行列。因此，从发展的角度“去杠杆”和“降成本”，着力点是要使企业这个经济细胞活起来。就是说，救活和激活企业是关键。从改革的角度“降成本”，目标是为企业减负，让更多企业轻装上阵，并且激活“僵尸企业”。路径是为实体经济企业大力度减税、降息、减费（如五险一金问题）、降低企业债务负担。

“去杠杆”是针对企业金融债务过高而提出来的。企业过高的金融债务不仅造成过高的利息负担，还到了资不抵债的地步，有些地方企业之间的贷款联保还拖累了一批本身并无严重问题的企业。就是说，现在许多地方的企业已经形成了债务链条，应该更多的通过发展帮助企业“去杠杆”。从改革的角度“去杠杆”，指的是改革投融资体制。目前企业的融资结构基本上以银行贷款为主的间接融资。普遍遇到的问题是杠杆率太高，也就是资产负债率太高。去杠杆就是要求企业投融资结构更多的由通过银行的间接融资转向直接融资和股权融资的方式，从而在投融资体制结构上建立企业自我积累自我约束的机制。对某些有发展空间的高负债企业采取“债转股”的方式也可以进行尝试。与企业融资结构调整相适应，需要发展多层次直接融资的资本市场。

在党的十八届五中全会后，习近平总书记提出十个方面的工作重点转变，可以看做是推进供给侧结构性改革的路径：第一，推动经济发展，要更加注重提高发展质量和效益。第二，稳定经济增长，要更加注重供给侧结构性改革。第三，实施宏观调控，要更加注重引导市场行为和社会心理预期。第四，调整产业结构，要更加注重加减乘除并举。第五，推进城镇化，要更加注重以人为核心。第六，促进区域发展，要更加注重人口经济和资源环境空间均衡。第七，保护生态环境，要更加注重促进形成绿色生产方式和消费方式。第八，保障改善民生，要更加注重对特定人群特殊困难的精准帮扶。第九，进行资源配置，要更加注重使市场在资源配置中起决定性作用。要重视和善于激发微观主体活力。第十，扩大对外开放，要更加注重推进高水平双向开放。总之，推进供给侧结构性改革，是适应和引领经济发展新常态的重大创新，是适应国际金融危机发生后综合国力竞争新形势的主动选择，是适应我国经济发展新常态的必然要求。这不仅是党对我国经济工作的整体安排部署，也是我国在当前经济形势下，经济发展由高速增长转向高质量发展的必然有求。

三、供给侧结构性改革的成效

自 2015 年底开始供给侧结构性改革为高质量发展提供了良好的市场空间、效益基础、动力来源和制度环境。在高质量发展方面取得一系列成就。宏观经济成功企稳，经济运行稳定性增强；经济结构大为改善，经济韧性大幅提升；增长新动能成长迅猛，传统增长模式的制度基础和利益格局有效改变，经济发展的质量和效益显著提高。

据国家统计局数据，2019 年第一季度，国内生产总值 213433 亿元，按可比价格计算，同比增长 6.4%。从具体的统计数据分析，在经济下行的压力下，供给侧结构性改革基本上达到预期目标。

一是去产能去库存补短板取得明显成效。2017 年清理 1.4 亿吨“地条钢”产能，淘汰停建缓建煤电产能 5000 万千瓦以上。落后产能的淘汰，不仅为优质产能和新兴产业提供了有效发展空间，更为市场良性运转打下了基础，确保市场机制充分发挥作用。2018 年前三季度，得益于优质产能对落后产能的取代，全国生铁、粗钢和钢材产量同比分别增长 1.19%、6.07% 和 7.21%。2019 年一季度，全国工业企业产能利用率为 75.9%，其中黑色金属冶炼和压延加工业为 79.2%，同比提高 2.3 个百分点。3 月末，全国商品房待售面积同比下降 9.9%。2 月末，规模以上工业企业资产负债率为 56.9%，同比下降 0.2 个百分点。属于补短板领域的生态保护和环境治理业、铁路运输业投资同比分别增长 43.0% 和 11.0%，分别比全部投资快 36.7 个和 4.7 个百分点。

二在降成本方面，持续减税降费，为企业利润的提升创造了条件，使我国经济发展的质量和效益得到大幅提升。2018 年以来，一系列着眼于降低企业成本、激发市场活力的政策陆续出台，减税降费力度持续加大，制度性交易成本不断降低。国家统计局数据显示，2018 年前 10 个月，我国规模以上工业企业每百元主营业务收入中的成本为 84.27 元，比上年同期下降 0.25 元。据测算，全年预计可为企业降低成本超过 1.1 万亿元。2019 年一季度，规模以上私营工业企业增加值同比增长 10.6%，比上年同期加快 4.0 个百分点；民营企业进出口增长 9.9%，占进出口总额的比重为 40.6%，同比提高 2.3 个百分点。

三是创新引领作用增强，新动能成长壮大。一季度，工业战略性新兴产业增加值同比增长 6.7%，比规模以上工业快 0.2 个百分点；制造业技术改造投资增长 16.9%，比全部投资快 10.6 个百分点。信息传输业投资同比增长 35.5%，比上年同期加快 27.3 个百分点。医疗仪器设备及仪器仪表制造业、电子及通信设备制造业、航空航天器及设备制造业增加值同比分别增长 14.0%、9.4% 和 7.9%，增速均明显快于规模以上工业；移动通信基站设备、城市轨道车辆、新能源汽车、太阳能电池产量同比分别增长 153.7%、54.1%、48.2% 和 18.2%。全国网上零售额 22379 亿元，同比增长 15.3%；完成快递业务量 121.5 亿件，同比增长 22.5%。

四是产业转型升级加快。一季度，第一产业增加值 8769 亿元，同比增长 2.7%；第二产业增加值 82346 亿元，增长 6.1%；第三产业增加值 122317 亿元，增长 7.0%。[①] 其中，第三产业增加值占国内生产总值的比重为 57.3%，同比提

① 国家统计局：《一季度国民经济开局平稳　积极因素逐渐增多》，国家统计局网站，http://www.stats.gov.cn/tjsj/zxfb/201904/t20190417_1659936.html。

高0.6个百分点，比第二产业高18.7个百分点，第三产业对经济的拉动作用继续增强。高技术制造业、装备制造业增加值同比分别增长7.8%和7.3%，比规模以上工业快1.3个和0.8个百分点。

五是需求结构得到改善。一季度，最终消费支出增长对经济增长的贡献率为65.1%，比资本形成总额高53.0个百分点，消费基础性作用持续发挥。服务消费和发展享受型消费快速扩张，居民人均服务性消费支出同比增长11.9%，教育文化娱乐、医疗保健、交通通信消费支出同比分别增长20.6%、9.3%和7.8%，均快于居民人均消费支出；高技术产业投资同比增长13.8%；一般贸易进出口占全部进出口总额的比重为59.6%，同比提高1.3个百分点。

以上经济运行成效就如2019年4月19日，中共中央政治局会议分析研究经济形势指出的："主要宏观经济指标保持在合理区间，市场信心明显提升，新旧动能转换加快实施，改革开放继续有力推进，一季度经济运行总体平稳、好于预期，开局良好。"①

第三节　宏观经济领域政府更好发挥作用

高质量发展需要高质量的宏观调控。在过去的宏观调控状态中，政府试图通过调控市场的途径来贯彻国家宏观意图，但在实际上并不成功。特别是相机并随时出台宏观调控政策，实际上形成了"政策经济"，宏观调控手段成为推动经济增长的手段。一旦经济增速下降，就扩大货币投放，企业投资行为跟着货币政策走。经济增长变成货币供给量推动，而不是市场推动。这种由货币投放推动的经济增长，必然产生大量过剩的产能和资产泡沫，形成含有很大水分的低质量的增长。国家一旦实行紧缩性政策，又会产生经济迅速萎缩的效应，造成资源的严重浪费。在这种"政策经济"的常态中，严重弱化市场作用。2013年党的十八届三中全会把社会主义市场经济明确定义为市场对资源配置起决定性作用和更好发挥政府作用。由此推动了宏观经济领域政府作用的改革和完善。在市场决定资源配置的前提下，宏观调控需要创新，解决好市场决定和政府宏观调控的问题。不仅要通过市场决定资源配置来提高经济发展的效率，还要提高经济增长的质量，其路径是实现经济增长由国家的宏观调控政策推动转向市场推动。与此同时先后

① 《中共中央政治局召开会议　分析研究当前经济形势和经济工作　听取2018脱贫攻坚成效考核等情况汇报　审议〈中国共产党宣传工作条例〉中共中央总书记习近平主持会议》，央视网，http://news.cctv.com/2019/04/19/ARTIBMnqoEyXYH6LsnDgLVUg190419.shtml。

创新实施区间调控、定向调控、相机调控，适时适度预调微调，有效地稳定了市场信心和社会预期，有力地促进了经济稳定运行和结构优化升级。

一、宏观调控的目标和方式的完善

党的十八大要求“健全现代市场体系，加强宏观调控目标和政策手段机制化建设”。

在明确了市场对资源配置起决定性作用，政府就要相应退出这一领域，政府更好发挥作用就是在宏观经济领域如党的十八届三中全会所要求的“总量平衡、结构优化、防范风险、稳定预期”。

所谓总量平衡，就是宏观调控结构总水平、就业总水平、利率总水平，以实现宏观总量均衡。具体地说，通过货币政策和财政政策的松紧来影响总需求和总供给的变动，进而实现经济的扩张或收缩。就要防止高的通货膨胀率，又要防止高失业率。这是所有市场经济体制中都要明确的宏观调控目标。由于总量均衡是经济增长的综合反映，因此总量平衡目标又具体化为稳增长的要求，防止经济的大起大落。

结构优化则是中国宏观调控目标的特色。中国的结构不合理实际上是宏观问题，是当前我国经济发展中遇到的最为突出的问题，包括经济增长动力结构、城乡二元结构、产业结构、分配结构等等；而发展转型与促进结构调整是当前阶段不可逾越的重要发展目标，结构性政策更能应对中国当前的经济常态，同时能更有效地促进结构调整、加快转型。特别是在中国经济发展进入经济增长换挡期、结构调整阵痛期和前期政策消化期“三期叠加”的背景下，潜在增长平台下移、结构性减速及周期性力量共同作用。结构优化理应成为宏观调控目标。

防范风险就是党的十八届三中全会所强调的“防范区域性、系统性风险，稳定社会预期。”防范风险是在进入全球化经济和市场经济背景下提出来的。2008年爆发的世界金融危机就提出了经济风险的国际传递问题。市场经济条件下资本市场的发展，以及“脱实向虚”都可能潜伏系统性金融风险。经济的周期性波动也会产生风险。风险及不确定性，一旦成为现实，就可能使整个经济造成重大损失。因此，防范风险就成为我国新时代宏观调控的重要目标。党的十九大则把防范化解重大风险作为决战小康社会的三大攻坚战之一，要求重点是防控金融风险。

这样，我国的宏观调控目标就形成了“总量 + 结构 + 防风险”的组合。按此组合，2013 年的宏观调控的目标为“稳增长、转方式、调结构”。2014 年的宏观调控目标是“稳增长、调结构、促改革”。2015 年的宏观调控目标为“稳增长、调结构、转方式”。2016年扩充为“稳增长、调结构、惠民生、防风险”。2017～2019年的宏观调控目标都是“以供给侧结构性改革为主线，稳增长、促改革、调结构、惠民生、防风险”。

基于上述宏观调控目标的理念，调控手段就明确为定向调控。定向调控侧重于调结构，针对国民经济的短板，如服务业，以及薄弱环节如三农和小微企业，对象明确，精准发力，有针对性地降税、降费、降准、降息。这种“点穴式”调控、“滴灌式”调控，显然比“全身施疗式”“大水漫灌式”更为有效。

定向调控强调保持宏观政策的连续性、稳定性，搞好定向调控，适时适度预调微调，促进民生领域与新兴产业的发展，缓解社会经济发展的瓶颈制约，实现经济增长与结构优化的双重目标。定向调控的重要特点是坚持“总量稳定、结构优化”，不是一味地搞“大水漫灌”，而是抓住重点领域和关键环节，抓住经济发展中的突出矛盾和结构性问题，更多依靠改革的办法，更多运用市场的力量，有针对性地实施“喷灌”“滴灌”，从而更加有效地“激活力、补短板、强实体”。定向调控的核心内容是，针对小微企业和农村金融的定向降准、加快铁路建设以及加快棚户区改造等措施。其政策强调差异化和问题导向，有针对性地解决突出的矛盾与问题，实行定向减税和普遍性降费，拓宽小微企业税收优惠政策范围，扩大“营改增”试点。加快财政支出进度，积极盘活存量资金。灵活运用货币政策工具，采取定向降准、定向再贷款、非对称降息等措施，不断加大对经济社会发展薄弱环节的支持力度。同时完善金融监管，坚决守住不发生区域性系统性风险的底线。

就货币政策而言，央行多次采取定向降准和定向再贷款等操作，力图为小微企业和三农提供必要的资金支持，保证小微企业和三农的贷款增速维持较快增长水平。一方面，央行为缓解三农、小微企业的“融资难、融资贵”问题，有效发挥信贷政策支持再贷款的引导作用，包括支农再贷款和支小再贷款，为三农和小微企业“广开源”。另一方面，在坚持稳健货币政策的基础上，央行创新地对存款准备金率进行结构性调整，通过几次定向降准的方式，拓展资金来源，引导加大信贷投放，优化信贷结构，进一步有针对性地加强金融对三农和小微企业的支持力度。就财政政策而言，财政部也多次实施定向减税等调控手段，拓宽小微企业税收优惠范围，为小微企业减负。①

---

① 陈彦斌：《中国宏观调控的现实功用与总体取向》，载于《改革》2017年第3期。

二、宏观经济的合理区间和区间调控

中央在2013年创新宏观调控的思路和方式，提出“区间调控”概念，明确守住稳增长、保就业的“下限”和防通胀的“上限”，集中精力转方式调结构，保持宏观政策基本取消不动摇，以增强市场信心、稳定社会预期。2013年提出了区间调控的新思路，只要经济运行在合理区间，就保持宏观经济政策的稳定，把工作重点放在调结构、促改革上来，一旦滑出这一区间，则坚决进行相应的调整，防止危及改革发展稳定大局。区间调控的实施对于市场预期的平稳，对于市场主体信心的稳定都起到了极为重要的作用，因为它明确宣示政府不会容忍经济滑出合理区间。①

2015年10月21日中国国家主席习近平出席在伦敦金融城举行的中英工商峰会时指出：“当前，中国经济运行总体平稳，稳增长、促改革、调结构、惠民生、防风险都稳中有进，主要指标处于合理区间和预期目标之内。”习近平强调：“中国经济运行将始终保持在合理区间，不会硬着陆。”② 习近平在参加2015年亚太经合组织工商领导人峰会时也指出：“经济增长放缓的背景下，中国积极应对各种困难和挑战，经济运行在合理区间，保持平稳较快发展。”③ 2016年2月22日召开的中共中央政治局会议提出，2016年要“保持经济运行在合理区间”。④ 之后习近平同志也多次指出：“当前我国经济运行总体平稳、稳中有进，主要指标保持在合理区间。”⑤“各地区各部门要采取有效措施，做好稳就业、稳金融、稳外贸、稳外资、稳投资、稳预期工作，保持经济运行在合理区间。”⑥“要注重在稳增长的基础上防风险，强化财政政策、货币政策的逆周期调节作用，确保经济运行在合理区间，坚持在推动高质量发展中防范化解风险。”⑦

宏观经济运行的合理区间是指，根据宏观经济运行相关影响因素的综合判断，确定宏观经济的主要指标处在一个合理的区间内，并将其作为政府进行科学

① 李克强：部分省区经济形势座谈会，2013年7月9日。

② 习近平：2015年中英工商峰会致辞，2015年10月21日。

③ 习近平：《发挥亚太引领作用应对世界经济挑战》，2015年亚太经合组织工商领导人峰会，2015年11月18日。

④ 习近平：2016年中共中央政治局会议发言，2016年2月22日。

⑤ 习近平：2018年民营企业座谈会讲话，2018年11月1日。

⑥ 习近平：省部级主要领导干部坚持底线思维着力防范化解重大风险专题研讨班开班式上的讲话，2019年1月21日。

⑦ 习近平：中共中央政治局第十三次集体学习时的讲话，2019年2月22日。

宏观调控的目标取向和宏观调控政策运用的主要依据与要求。① 宏观调控要能达到预期目标的关键是准确判断合理区间的上限和下限，也就是准确测定人民群众对通货膨胀和失业率的承受程度。

增长率的上限即是通货膨胀的下限。根据经验数据，我国进入新世纪以来，通货膨胀率超过5%的有两个年份，即2008年的5.9%和2011年的5.4%。这两个年份的上年经济增长率均处于高位，即2007年的11.4%和2010年的10.3%。我国经济增长进入中高速增长以来通货膨胀率呈下降趋势，降到2012年的3.25%，2013年的2.6%。很明显，我国现阶段的通货膨胀率处于合理区间内。

经济增长率的下限，其决定因素有两个方面：一是居民收入水平不下降并有所提高。党的十八大确定的居民人均收入2020年比2010年翻一番的目标就是经济增长率下限的重要决定因素。二是失业率的上限。保就业需要稳增长。我国由高速增长转到中高速增长没有出现严重的失业问题，主要说明因素：一是新增劳动力人口明显减少。我国大陆劳动年龄人口2012年末比上年末减少345万人，2013年又比上年减少244万。与此同时，随着城市化水平提高，农业转移人口速度放慢。二是容纳就业人口多的服务业比重上升，因此就业弹性相应上升。

明确了宏观经济的合理区间，也就创新了区间调控方式。区间调控最大的创新点就是形成了“目标+区间”的新调控目标定位。区间调控好处有三：一是复合目标组成的区间目标代替单一目标，防止了顾此失彼。例如，由于存在结构性失业和自然性失业，如仅盯住失业率，搞不好会发生通货膨胀；如仅盯住增长率，当出现滞胀状态时就会进退失据。区间调控则是把经济增长率、通货膨胀率和失业率三个重要的宏观经济指标组合起来，分别作为经济运行的“上限”和“下限”，这就防止了单目标可能带来的风险。二是更易于稳定市场主体对政策的预期。经济运行不是线性的，它总会在一定范围内波动。用“区间”目标代替“点位”目标，增加了对运行波动的容忍度，增加了宏观政策的稳定度，防止了宏观政策的频繁调整，有利于市场预期的稳定，提高了宏观调控的精准度。三是在合理区间内国家不要随意出手调控经济。只是在达到或接近通货膨胀的下限或失业率的上限时才要实施紧缩或刺激的宏观调控政策。如果确有需要只是采取定向的微刺激。这就告别了过去相机抉择随时出手的宏观调控常态。这种宏观调控新常态的意义在于，宏观调控的政策手段不再成为推动经济增长的手段，给市场的自主作用留出更大的空间，真正实现我国由“政策经济”向市场经济的转变，

① 黄泰岩：《经济新常态下宏观调控的合理区间》，载于《光明日报》2015年6月10日。

从而实现经济增长由政府推动向市场推动的转变。[①]

三、区间调控和定向调控的结合效应

2013 年中央提出区间调控新思路，2014 年在区间调控基础上提出定向调控，通过对不同部门、不同群体有针对性降税、降费、降准、降息，着力解决小微企业、“三农”和新型行业的经营困难，增强他们的活力。这是宏观调控的精准化、定向化，是将宏观调控这一常规总量手段赋予了结构工具的内涵。从调控手段来看，与以往相比，除了运用行政性文件公告之外，宏观调控还更为灵活地运用经济、法律和技术手段，创新宏观调控方式，分类指导，有保有压，有扶有控，根据实际情况灵活、差别化地制定调控政策。同时，宏观调控的市场化特征也越来越明显，如在货币政策方面，除了灵活使用再贴现、再贷款、常备借贷便利、差别存款准备金率等工具稳定货币流动性外，还通过冻结续做长期票据、常备借贷便利等创新调控组合，处理好短期流动性与长期流动性的关系。

注重实施“定向调控”思路，把握经济运行合理区间的上下限，抓住发展中的突出矛盾和结构性问题，定向施策、聚焦靶心、精准发力，宏观效果明显。2015 年以来，为应对持续加大的经济下行压力，政府在“区间调控”基础上，实施“定向调控”和“相机调控”，强调要做好政策储备和应对预案，把握好调控措施出台的时机和力度，不断提高相机抉择的水平。2016 年后开始采取供给侧结构性改革举措，旨在调整经济结构，提升经济增长的质量和数量，减少无效和低端供给，扩大有效和高端攻击，增加公共物品和公共服务供给，使供给和需求协同促进经济发展，提高全要素生产率。这些宏观经济政策的调整有效地应对了全球性金融危机和世界经济整体衰退给中国经济发展带来的冲击，对中国经济的健康稳定发展具有重要的意义。

区间调控与定向调控各有侧重，区间调控侧重于稳总量，定向调控注重调结构。两者紧密结合，形成稳增长调结构合力，丰富了宏观调控的目标内涵和方式手段，是中国宏观调控实践对宏观调控理论的重大贡献。[②]

总的来说，区间调控和定向调控体现宏观调控方式机制化。2016 年的中共中央政治局会议指出：“要稳定和完善宏观经济政策，继续实施积极的财政政策和稳健的货币政策，创新宏观调控方式，加强区间调控、定向调控、相机调控，

---

① 洪银兴：《论中高速增长新常态及其支撑常态》，载于《经济学动态》2014 年第 11 期。

② 马建堂等：《新常态下我国宏观调控思路和方式的重大创新》，载于《国家行政学院学报》2015 年第 5 期。

为经济发展和结构性改革营造稳定环境。”① 2017 年的政府工作报告中也指出“要继续实施积极的财政政策和稳健的货币政策，在区间调控基础上加强定向调控、相机调控，提高预见性、精准性和有效性。”创新和完善宏观调控，对于我国经济持续健康发展、推动经济结构转型升级具有重要的现实价值。

① 《中共中央政治局召开会议讨论政府工作报告和“十三五”规划纲要草案》，新华社，http：//www.xinhuanet.com//politics/2016-02/22/c_1118121757.htm。

第二十四章

农业、农民和农村的全面振兴

引言　补农业现代化的短板

改革开放以来，我国农业在数亿劳动力转移出去后农业产量仍显著增加，解决了接近 14 亿人口的吃饭问题，这清晰地表明我国农业生产率在不断提高。但是，相比其他领域，农业仍然是弱势产业。根据木桶原理，现代化进程是由短板决定的。在历史进程中，农业为工业化作出了巨大贡献，也为之付出了代价。相比工业化、信息化，城镇化，我国的农业现代化仍然是四化同步的短板。就如习近平同志所指出的：即使将来城镇化达到 70% 以上，还有四五亿人在农村，农村绝不能成为荒芜的农村、留守的农村、记忆中的故园，城镇化要发展，农业现代化和新农村建设也要发展，同步发展才能相得益彰。基于农业在国民经济中的基础地位，以及补现代化短板要求，党的十九大提出乡村振兴战略，目标是直接以农业、农民和农村为现代化对象，推进农业现代化、农村现代化和农民现代化。

党的十八大以来，以习近平同志为核心的党中央在农业政策方面，将农业现代化发展趋势、规律与中国具体国情相结合，将农业发展转型、农村治理、农民增收等多领域问题整合为确保粮食安全（农业供给侧结构性改革）、推进农村承包土地“三权分置”、打赢脱贫攻坚战以及实施乡村振兴战略等几个重大问题，并围绕这几个重大问题进行顶层设计、全面改革。

第一，确保粮食安全既是大国农业的底线，也是农业现代化的基本要求。党的十八大以来，确保粮食安全连续作为中央农村工作的中心议题。针对粮食安全问题，习近平总书记在 2013 年的中央经济工作会议上强调指出：“中国人的饭碗任何时候都要牢牢端在自己手上。我们的饭碗应该主要装中国粮”。作为人口众多的大国，解决好吃饭问题始终是我国治国理政的头等大事。因此，保障粮食安全，既是中国未来社会稳定和宏观经济持续发展的前提，也是中央农业政策所聚焦的农业产业自身发展的长期核心问题。

第二，顺应农业发展的形势变化，推进以“三权分置”为中心内容的农村土地制度改革。“三权分置”的核心是在坚持农地集体所有制的基础上，在农户承包经营权的基础上分解出承包权和经营权，以此实现农民的多样化选择、土地的社会化配置和城乡要素的双向流动，并在农村经济效率提升和社会秩序平稳之间形成更优平衡。“三权分置”农地制度改革为发展现代农业、提升农业竞争力打下了扎实基础，必将有利于促进农业农村现代化的实现。

第三，坚决打赢扶贫攻坚战。打赢扶贫攻坚战主要通过精准扶贫来实现。从《中共中央关于打赢扶贫攻坚战的决定》以及《中共中央国务院关于打赢扶贫攻坚战三年行动的指导意见》等文件内容来看，精准扶贫的核心体现在因人而异、因地制宜、责任到人的全方位施策，从拓宽贫困农民的收入渠道、收入手段、收入能力、服务保障等多个方面入手，切实有效地提高贫困地区、贫困农民的收入和收入提高的可持续性，实现贫困农民从传统的依靠农业谋生的农业生产者向现代组织制度下的农业产业工人和新型职业农民转变。在农业现代化基本实现的第一个十五年期间，当城乡收入差距得到根本性扭转，农民生活较为富裕的时候，新时代的新型职业农民，才可能成为“从事农业生产经营，成为一项令人羡慕的体面职业。”①

第四，基本实现农业农村现代化，是未来“第一个十五年”中国农业改革发展的阶段性目标。基本实现农业农村的现代化，主要涉及农业领域的结构性改善、农村的生态宜居、农村领域的城乡基本公共服务均等化与城乡融合发展及乡村治理体制机制的完善等。其中，补齐农业农村现代化中的基本公共服务和乡村治理制度的短板，对“四化同步”的经济、产业均衡发展具有重要意义。② 党的十八大以来，国家对农村现代化的关注重心，更多地转向注重城乡基本公共服务均等化和乡村治理等涉及农村永续发展的基础条件、基本制度方面。在实施乡村振兴战略的大背景下，高质量的农村社区基本公共服务和有效的乡村治理又被赋予了引领乡村经济社会高质量发展、重构乡村物质文化生活模式和承载传统农耕

① “让农民成为体面的职业”是习近平总书记在2013年的中央农村工作会议上提出的。他指出：“农村发展，关键在人……通过富裕农民……让农民成为体面的职业。”2017年、2018年的中央一号文件对此的表述分别为让农民成为“令人羡慕的”“有吸引力”的职业。

② 洪银兴：《以三农现代化补“四化”同步的短板》，载于《经济学动态》2015年第2期。

文明的新内涵和新使命。

第一节　从农民承包地确权到三权分置

2016 年 4 月 5 日，习近平总书记在安徽省凤阳县小岗村的农村改革座谈会上指出："我国农村改革是从调整农民和土地的关系开启的。新形势下深化农村改革，主线仍然是处理好农民与土地的关系。"[①] 这表明要实现农村改革的目标，必须要关注农村土地制度的变革。农村土地制度是农村的基础性制度，农村其他的各种经济制度和社会制度，几乎都是农村土地制度的衍生物。[②] 农村土地制度的核心，一是土地的归属，即土地的所有权；二是土地的利用，即土地的经营方式。

一、开展农村土地承包经营权确权

改革开放之初，农业生产力水平较为低下，解决吃饭问题是当务之急，在坚持农村土地集体所有的前提下，把土地承包经营权赋予农户家庭，实行家庭联产承包责任制。事实上，家庭联产承包责任制是"两权分离"，充分调动了亿万农民群众的生产积极性，逐步解决了温饱问题，为国民经济的持续快速发展提供了基础支撑。这是我国农村改革的重大成果。但随着经济体制改革的不断深入与市场经济的不断发展，其自身的局限性也逐渐显现出来。一方面，土地承包以家庭为单位分散经营，经营规模狭小，制约了科学技术和农业机械化的推广普及，难以形成规模经济效益。另一方面，土地承包上的平均分配，阻碍了土地资源与劳动力、资本和技术等生产要素的优化配置。随着社会主义市场经济体制的不断完善，按照归属清晰、权能完整、流转顺畅、保护严格的产权制度要求，中央又部署开展了农村土地集体所有权、农户承包经营权的确权登记颁证，向农民"确实权、颁铁证"，稳定农村土地承包关系并保持长久不变，进一步夯实了制度根基。

确权登记颁证，稳定农户承包权。为了切实保障农民土地承包权益，为促进土地流转、深化农村土地制度改革打好基础，2009 年开始农业部启动土地承包经营权确权登记颁证试点工作，并不断扩大试点规模：2009～2010 年以村组为单

① 《习近平在小岗村主持召开农村改革座谈会》，http：//www. chinanews. com/gn/2016/04 - 28/7852799. shtml。

② 陈锡文、张征、罗丹：《中国农村改革四十年》，人民出版社 2018 年版，第 14 页。

位，以 8 个村为试点，探索整村推进；2011～2013 年以乡镇为单位，在数百个县开展试点。

2013 年，中央一号文件《关于加快发展现代农业，进一步增强农村发展活力的若干意见》对农村土地承包经营权确权在完善法律制度的基础上提出了时间上的具体要求，提出：全面开展农村土地确权登记颁证工作，用 5 年时间基本完成农村土地承包经营权确权登记颁证工作，抓紧研究完善相关法律制度从而实现现有土地承包关系稳定和长久不变的具体实现形式。2014 年中央一号文件对农村土地承包经营权确权登记颁证工作的形式进行了说明，提出：抓紧落实农村土地承包经营权确权登记颁证工作，依靠农民群众自主协商的方式解决确权工作中遇到的困难和难题，可采取确权确地和确权确股不确地的两种方式，将确权登记颁证工作经费纳入地方财政预算，中央财政给予补助。2014 年 11 月，中办和国办印发的《关于引导农村土地经营权有序流转发展农业适度规模经营的意见》要求建立健全农村土地承包经营权登记制度，并对农村土地承包经营权确权登记相关原则进行了说明，提出在充分尊重农民意愿的前提下确权到户到地，也可以确权确股不确地。2015 年，中央一号文件要求扩大土地承包经营权确权登记颁证工作整省推进试点范围，并明确了确权方式，即总体上确权到户，确权确股不确地的范围需要严格掌握。为了进一步贯彻 2015 年一号文件精神，2015 年 2 月农业部等六部门联合下发了《关于认真做好农村土地承包经营权确权登记颁证工作的意见》，在 2009 年开始的 1998 个县试点的基础上，从统一思想认识、明确总体要求、把握政策原则、抓好重点任务和加强组织领导等五个方面对 2015 年确权登记颁证工作做出了全面部署。2016 年的中央 1 号文件则把农村土地承包经营权的确权和“三权分置”改革结合在一起，提出继续扩大农村承包地确权登记颁证整省推进试点，依法推进土地经营权有序流转，鼓励和引导农户自愿互换承包地块实现连片耕种，研究制定稳定和完善农村基本经营制度的指导意见，加快推进房地一体的农村集体建设用地和宅基地使用权确权登记颁证，所需工作经费纳入地方财政预算。

根据农村农业部公布的数据，截至 2017 年 12 月底，全国 31 个省（自治区、直辖市）均开展了农村土地承包经营权确权工作，共涉及 2747 个县级单位，3.3 万个乡镇、54 万个行政村；承包地确权面积 11.59 亿亩，占二轮家庭承包制（账面）面积的 80% 以上。[①] 预计到 2018 年底，全国农村基本完成农村土地承包

① 《农村承包地确权工作进入收尾阶段》，http://www.moa.gov.cn/xw/zwdt/201805/t20180504_6141368.htm。

经营权的确权登记颁证工作。

二、三权分置是农地制度又一次重大创新

随着工业化和城镇化的深入推进，大量农业和农村剩余劳动力转移到城市和二三产业部门，使大量农村土地的承包权和经营权发生了事实上的分离。2016年底，全国拥有承包地的2.3亿农户中，已有近7000万农户部分或全部转移了承包地经营权。经营权转移的实践对在政策上落实严格保护农村土地的所有权和原承包户的利益，并赋予在流转土地上从事经营活动的主体的相应权益提出了迫切要求。解决好农业生产的效率问题和资源配置问题，适应现代农业对规模化、专业化和集约化的要求是新时期农村土地改革的方向。

2013年7月，习近平总书记在考察武汉农村综合产权交易所时，强调深化农村改革，完善农业基本经营制度，要“好好研究农村土地所有权、承包权、经营权三者之间的关系”，为农村土地改革的持续深入指明了方向。同年12月，中央农村工作会议指出“土地承包经营权主体同经营权主体发生分离，这是我国农业生产关系变化的新趋势”，对完善农村基本经营制度提出了新要求，进一步提出了经营权分离的重大改革设想。

2014年中央一号文件提出，“在落实农村土地集体所有权的基础上，稳定农户承包权、放活土地经营权，允许承包土地的经营权向金融机构抵押融资”。这是中央文件首次提出集体所有权、农户承包权和土地经营权相分离的政策思想，是稳定农村土地承包关系并保持长久不变的重大政策探索。同年，中共中央办公厅、国务院办公厅印发《关于引导农村土地经营权有序流转发展农业适度规模经营的意见》，提出“坚持农村土地集体所有，实现所有权、承包权、经营权三权分置，引导土地经营权有序流转，坚持家庭经营的基础性地位，积极培育新型经营主体，发展多种形式的适度规模经营，巩固和完善农村基本经营制度”。“三权分置”的政策规定正式提出，明确了农村土地制度改革的目标指向。

2015年中央一号文件首次就“三权分置”提出了修改法律法规的要求。[①] 同年，中共中央办公厅、国务院办公厅印发了《深化农村改革综合性实施方案》，指出“深化农村土地制度改革的基本方向是：落实集体所有权，稳定农户承包权，放活土地经营权”。至此，“三权分置”正式被确立为深化农村土地制度改

① 2015年一号文件第五部分，第28条关于健全农村产权保护法律制度中明确提出“抓紧修改农村土地承包方面的法律，明确现有土地承包关系保持稳定并长久不变的具体实现形式，界定农村土地集体所有权、农户承包权、土地经营权之间的权利关系”。

革的基本方向。

在明确了关于推进完善三权分置的原则、思路之后，中央在 2016 年即对制定出台“农村土地承包关系长久不变的具体规定”提出具体要求。为顺应现代农业发展趋势和农户保留土地承包权、流转土地经营权的需要，推动新型工业化、信息化、城镇化、农业现代化同步发展，2016 年 10 月 30 日中办、国办印发了《关于完善农村土地所有权承包权经营权分置办法的意见》，明确指出“将土地承包经营权分为承包权和经营权，实行所有权、承包权、经营权分置并行”，并对逐步形成“三权分置”格局、探索农村土地集体所有制的有效实现形式做出了三个方面的重要部署：一是始终坚持农村土地集体所有权的根本地位，明确强调“农村土地农民集体所有，是农村基本经营制度的根本”；二是严格保护农户承包权，“稳定现有土地承包关系并保持长久不变”；三是加快放活土地经营权，“赋予经营主体更有保障的土地经营权，是完善农村基本经营制度的关键”。2017 年 10 月党的十九大报告再次强调“巩固和完善农村基本经营制度，深化农村土地制度改革，完善承包地‘三权’分置制度”。

“三权分置”的提出，是继改革开放初期家庭承包经营制度之后的又一次重大制度创新。一方面，“三权分置”改革有利于落实集体所有权、稳定农户承包权，实现了土地承包关系保持稳定并长久不变，农民利益不受损，持续增加农民财产性收入，让广大农民平等参与现代化进程、共同分享现代化成果，促进农业基础稳固、农村和谐稳定、农民安居乐业；另一方面，“三权分置”改革放活了土地经营权，实现了市场在农村土地资源配置中起决定性作用，引导土地经营权规范有序流转，允许土地经营权向金融机构抵押融资，发展多种形式的农业适度规模经营，不断提高土地产出率、资源利用率、劳动生产率，不断提高农业质量效益和竞争力。

第二节　农业供给侧结构性改革

党的十八大以来，我国农业农村的发展不断迈上新台阶，已进入了新的历史阶段。农业的主要矛盾由总量不足转变为结构性矛盾，突出表现为阶段性供过于求和供给不足并存，矛盾的主要方面在供给侧。为此，必须深入推进农业供给侧结构性改革，加快培育农业农村发展新动能。

一、我国农业供给侧存在的结构性问题

2017 年 3 月全国“两会”期间，习近平总书记在参加四川代表团审议时讲话指出：“我国农业农村发展已进入新的历史阶段，农业的主要矛盾由总量不足转变为结构性矛盾、矛盾的主要方面在供给侧。”农业供给侧结构性矛盾主要表现在两个方面：第一，农作物总量不断增长下的品种结构不匹配问题，主要表现为农产品的生产结构和消费结构不匹配；第二，国内农作物的生产成本不断上升与国际粮食价格下跌共同导致的国内外粮食价格倒挂现象。

首先是粮食品种结构矛盾突出。我国农业供给侧存在的最主要的结构性矛盾是，生产出来的农产品在数量、种类或质量上无法满足市场上的需要。2004～2015 年的 12 年间，粮食产量每年增加 760 多亿斤，但是市场短缺的品种没有增产。从表象上看，我国粮食需求总量并没有平衡。2015 年我国粮食产量是历史最高水平的 12429 亿斤，2016 年为 12325 亿斤，2017 年达到 12358 亿斤；而这些年国内粮食的消费水平大致在 12800 亿～12900 亿斤之间。因此，我国每年有五六百亿斤的粮食供求缺口需要依靠进口。但是，如果分品种看，真正短缺矛盾最突出的是大豆。进入 21 世纪以来，我国对大豆消费的需求在快速增长，供求缺口越来越大。2017 年谷物及谷物粉进口 511.8 亿斤，占粮食进口总量的 19.6%，仅为当年国内谷物产量的 4.5%；大豆则进口 1910.6 亿斤，占进口粮食总量的 73.1%，为国内大豆产量的 6.57 倍，创下了历史纪录。国内粮食供求整个缺口只有五六百亿斤，但仅大豆就进了 1900 多亿斤。从总量平衡的角度看，大豆通过增加进口供求平衡了，但其他粮食品种实际上就会过剩。产量和进口量加总超过了需求量，库存就会增加。2014～2017 年，连续 4 年的粮食（包括大豆在内）的进口量都在 1 亿吨以上，即 2000 亿斤左右。正是由于重总量平衡而忽视品种结构，最终导致了高库存问题。根据 2017 年的数据计算，粮食库存按照消费量算，玉米差不多够 1.5 年、小麦差不多相当于年消费量的 84%、稻谷相当于年消费量的 71%，总体来看，我国小麦、稻谷、玉米三大谷物自给率为 95.5%，国内产需基本平衡。大豆、食用植物油明显缺乏，自给率分别仅为 12% 和 32.2%。[①]

其次是我国粮食生产成本持续攀升。导致我国粮食生产成本上升的原因主要是两个：一是农业生产要素价格的提高。从 2008 年到 2017 年，我国稻谷、小

① 陈锡文、张征、罗丹：《中国农村改革四十年》，人民出版社 2018 年版，第 330～331 页。

麦、玉米三种主粮的平均总成本从 562. 42 元/亩涨到 1081. 5 元/亩，上涨 0. 92 倍，特别是人工、土地、农资价格快速上涨。其中，人工成本占比上涨很快，2008 年占总成本的 31. 1%，2017 年达到总成本的 39. 6%；土地成本上升速度很快，从 99. 62 元/亩上升到 215. 5 元/亩，上涨了 1. 16 倍。[①] 国内快速上涨的粮食生产成本导致国内国际市场粮食价格倒挂，国产粮食在价格上缺乏市场竞争力。如国外玉米运到国内的价格，在配额内征收 1% 关税的情况下，完税落地成本价每吨不会超过 1600 元，而在我国东北地区生产的玉米收购成本就在每吨 2000 元以上，再加上收储的成本和运输成本，运到关内消费市场每吨不会低于 2200 元。因此，国内玉米在价格上与国际市场的玉米相比基本没有竞争力。此外，随着科技的进步，原本需要用玉米作原材料的工业和饲料产业，都有了可用的替代品。当前玉米的替代品主要有大麦、高粱、玉米干酒槽、木薯及木薯淀粉。而且，替代品种的价格比玉米更低，这又导致了替代品的大规模进口，进一步冲击了国内的玉米市场。2015 年，四个替代品进口总量达到了 3800 万吨，即 760 亿斤。同时，当年还进口了 463 万吨玉米，即 90 多亿斤玉米。玉米和玉米替代品进口总计 800 多亿斤，在国内玉米供求平衡的情况下，直接导致了国产的 800 多亿斤玉米不得不转为库存。[②] 二是政府的托市收购和临时储备政策导致农产品价格上涨。为保护农民的利益，鼓励农业生产的积极性，确保国家农粮产品的稳定而实施的托市收购和临时储备政策，进一步抬高了农产品的生产成本，提高了农业生产过程中的无效产能。例如，玉米临储价格在 2011 年、2012 年、2013 年连续涨价，2014 年与上一年持平，达到了 2. 24 元/公斤，与 2008 年首次执行临时储备政策的 1. 5 元/公斤相比，累计增长了 49. 3%。虽然 2015 年调整后的临储价格已经降到了 2 元/公斤，但也比最初启动政策时增长了 33. 3%。

二、推动实行农业供给侧结构性改革

农业供给侧结构性改革是指要在确保国家粮食安全的基础上，紧紧围绕市场需求变化，以增加农民收入、保障有效供给为主要目标，以提高农业供给质量为主攻方向，以体制改革和机制创新为根本途径，优化农业产业体系、生产体系、经营体系，提高土地产出率、资源利用率、劳动生产率，促进农业农村发展由过度依赖资源消耗、主要满足量的需求，向追求绿色生态可持续、更加注重满足质

① 陈锡文、张征、罗丹：《中国农村改革四十年》，人民出版社 2018 年版，第 331 页。

② 陈锡文、张征、罗丹：《中国农村改革四十年》，人民出版社 2018 年版，第 332 页。

的需求转变。

2015 年 12 月，中央农村工作会议首次提出“农业供给侧结构性改革”这一重要理论。会议强调，要着力加强农业供给侧结构性改革，提高农业供给体系质量和效率，使农产品供给数量充足、品种和质量契合消费者需要，真正形成结构合理、保障有力的农产品有效供给。当前，要高度重视去库存、降成本、补短板。加快消化过大的农产品库存量，加快粮食加工转化；通过发展适度规模经营、减少化肥农药不合理使用、开展社会化服务等，降低生产成本，提高农业效益和竞争力；加强农业基础设施等农业供给的薄弱环节，增加市场紧缺农产品的生产。要树立大农业、大食物观念，推动粮经饲统筹、农林牧渔结合、种养加一体、一二三产业融合发展。保障国家粮食安全是农业结构性改革的基本底线，要保稻谷、小麦等口粮，保耕地、保产能，保主产区特别是核心产区的粮食生产，确保谷物基本自给、口粮绝对安全。要充分发挥多种形式农业适度规模经营在结构性改革中的引领作用，农业支持政策要向规模经营主体倾斜，同时要注重让农民分享成果。要完善粮食等重要农产品价格形成机制和收储政策，为农业结构性改革提供动力。“农业供给侧结构性改革”这一崭新表述，通过中国最高级别的“三农”会议，首度进入公众视野。

2016 年 1 月，中央一号文件《关于落实发展新理念加快农业现代化实现全面小康目标的若干意见》提出，要高度重视去库存、降成本、补短板，加快消化过大的农产品库存量，加快粮食加工转化；通过发展适度规模经营、减少化肥农药不合理使用、开展社会化服务等，降低生产成本，提高农业效率和竞争力；加强农业基础设施等农业供给的薄弱环节，增加市场紧缺农产品的生产。要树立大农业、大食物观念，推动粮经饲统筹、农林牧渔结合、种养加一体、一二三产业融合发展。保障国家粮食安全是农业结构性改革的底线，要保稻谷、小麦等口粮，保耕地、保产能、保主产区特别是核心产区的粮食生产，确保谷物基本自给、口粮绝对安全。要充分发挥多种形式农业适度规模经营在结构性改革中的引领作用，农业支出政策要向规模经营主体倾斜，同时要注重让农民分享成果。要完善粮食等重要农产品价格形成机制和收储政策，为农业结构性改革提供动力。

2017 年 1 月，中央一号文件《关于深入推进农业供给侧结构性改革加快培育农业农村发展新动能的若干意见》中提出：（1）推进农业供给侧结构性改革，要在确保国家粮食安全的基础上，紧紧围绕市场需求变化，以增加农民收入、保障有效供给为主要目标，以提高农业供给质量为主攻方向，以体制改革和机制创新为根本途径，优化农业产业体系、生产体系、经营体系，提高土地产出率、资源利用率、劳动生产率，促进农业农村发展由过度依赖资源消耗、主要满足量的需求，向追求绿色生态可持续、更加注重满足质的需求转变。(2) 推进农业供给侧结构性改革是一个长期过程，处理好政府和市场关系、协调好各方面利益，面临许多重大考验。必须直面困难和挑战，坚定不移推进改革，勇于承受改革阵痛，尽力降低改革成本，积极防范改革风险，确保粮食生产能力不降低、农民增收势头不逆转、农村稳定不出问题。(3) 推进农业供给侧结构性改革，要坚持新发展理念，协调推进农业现代化与新型城镇化，以推进农业供给侧结构性改革为主线，围绕农业增效、农民增收、农村增绿，加强科技创新引领，加快结构调整步伐，加大农村改革力度，提高农业综合效益和竞争力，推动社会主义新农村建设取得新的进展，力争农村全面小康建设迈出更大步伐。

第三节　构建新型农业经营体系和培育新型职业农民

改革开放以来，我国的农业经营已经并正在发生着从家庭经营到多种经营模式并存的重大转变。和过去依靠众多同质的小农户从事农业生产活动的经营方式不同，多种经营并存使得主体多元成为中国现代农业经营体系最重要的基础特征。与此同时，随着工业化、城镇化迅速发展，大量农村人口和劳动力向城市迁移，家家包地、户户务农的局面发生了重大变化，农村劳动力大量转移外出，使得农业生产（尤其是农地流转后的规模经营、现代农业）越来越需要具有较高素质的新型职业农民来生产经营，因而，培育新型职业农民成为我国农业农村现代化的重中之重。

一、构建新型农业经营体系

2014 年 1 月，中共中央、国务院印发的《关于全面深化农村改革加快推进农业现代化的若干意见》，就构建新型农业经营体系从四个方面提出了建议：

一是发展多种形式规模经营。鼓励有条件的农户流转承包土地的经营权，加快健全土地经营权流转市场，完善县乡村三级服务和管理网络。探索建立工商企业流转农业用地风险保障金制度，严禁农用地非农化。有条件的地方，可对流转土地给予奖补。土地流转和适度规模经营要尊重农民意愿，不能强制推动。

二是扶持发展新型农业经营主体。鼓励发展专业合作、股份合作等多种形式的农民合作社，引导规范运行，着力加强能力建设。允许财政项目资金直接投向符合条件的合作社，允许财政补助形成的资产转交合作社持有和管护，有关部门要建立规范透明的管理制度。推进财政支持农民合作社创新试点，引导发展农民专业合作社联合社。按照自愿原则开展家庭农场登记。鼓励发展混合所有制农业产业化龙头企业，推动集群发展，密切与农户、农民合作社的利益联结关系。在国家年度建设用地指标中单列一定比例专门用于新型农业经营主体建设配套辅助设施。鼓励地方政府和民间出资设立融资性担保公司，为新型农业经营主体提供贷款担保服务。加大对新型职业农民和新型农业经营主体领办人的教育培训力度。落实和完善相关税收优惠政策，支持农民合作社发展农产品加工流通。

三是健全农业社会化服务体系。稳定农业公共服务机构，健全经费保障、绩效考核激励机制。采取财政扶持、税费优惠、信贷支持等措施，大力发展主体多元、形式多样、竞争充分的社会化服务，推行合作式、订单式、托管式等服务模式，扩大农业生产全程社会化服务试点范围。通过政府购买服务等方式，支持具有资质的经营性服务组织从事农业公益性服务。扶持发展农民用水合作组织、防汛抗旱专业队、专业技术协会、农民经纪人队伍。完善农村基层气象防灾减灾组织体系，开展面向新型农业经营主体的直通式气象服务。

四是加快供销合作社改革发展。发挥供销合作社扎根农村、联系农民、点多面广的优势，积极稳妥开展供销合作社综合改革试点。按照改造自我、服务农民的要求，创新组织体系和服务机制，努力把供销合作社打造成为农民生产生活服务的生力军和综合平台。支持供销合作社加强新农村现代流通网络和农产品批发市场建设。

2017 年 5 月，中办、国办又印发了《关于加快构建政策体系培育新型农业经营主体的意见》，从财政税收、基础设施建设、金融信贷、保险支持、市场营销、人才培养等 6 个方面，进一步系统构建了支持农民合作社等新型经营主体的扶持政策体系。目前，我国已经初步构建了以农民专业合作社法为核心、地方性法规为支撑、规章制度为配套的合作社法律法规体系。国家相继修订了《农民专业合作社法》《农民专业合作社登记管理条例》等，相关部门制定完善了合作社登记办法、年度公示报告、规范有序开展信用合作等配套制度，绝大多数省（区、市）还制定了地方性法规。

在中央文件的指导下、在各级政府的激励下，我国新型农业经营体系正在不断地加速形成，其具体表现为：在“统”层面，形成了集体经济、合作社、龙头企业、社会化服务组织等多元化、多形式的经营服务体系；在“分”的层面，涌现出普通大户、家庭农场、种养大户等多元经营主体共存的局面。[①] 截至 2017 年

---

① 张红宇：《关于深化农村改革的四个问题》，载于《农业经济问题》2016 年第 7 期。

9 月底，全国依法登记的农民合作社达 196.9 万家，是 2012 年的 2.86 倍，是 2007 年的 76 倍，特别是近 5 年年均增速达到 37.2%。农民合作社的服务领域不断拓宽，各类农民合作社生产经营涵盖了农业生产的产前、产中和产后各阶段，连接了农业经营的收购、营销、储运各环节，融合农村产业一产、二产、三产各业态，基本克服了农户家庭分散、小规模经营的困难，提高了农业的组织化、市场化程度。随着农民合作社内部组织不断健全，农民合作社带动农民入社经营和增产增收能力显著增强。全国入社农户超过 1 亿户，占全国总农户数的 46.8%，社均成员约 60 户。特别是涌现出了一批合作效益良好，农户收益显著、运行机制合理、社会影响较大的农民合作社组织，有力地促进了农业生产力的提高，并带动了农业农村生产关系的深刻变革与创新。①

多元化体现了我国现代农业经营体系的本质特征，它的产生既是历史传承的结果，又是经济社会条件不断变化衍生的必然。一方面，家庭农场大都产生于普通农户、种养大户，而合作社则是新时期农户自愿结合选择的组织形式，农业企业或源于乡镇企业，或是外来工商资本组合，各类新型农业经营主体根源于中国特殊的多元所有制形式，包括国有、集体所有、私有等；另一方面，不同的农业经营主体生成、发展，是城镇化、工业化快速发展推动城乡二元体制内在结构关系裂变组合的结果，形成了诸如农业共营制、产业化联合体以及其他形式的农业经营联盟。我国地区间经济社会发展的不平衡、农业资源禀赋的不均衡，决定了农业经营主体的多元化，也决定了我国农业经营模式的多样化选择。

从当前来看，我国多元化的农业生产经营主体有：（1）家庭农场。家庭农场以家庭为基本生产经营单位，以家庭成员为主要劳动力，具有产权关系清晰、治理结构单一、利益关系直接、监督成本较低等显著特点。在农产品直接生产过程中，家庭农场既能保证最大产出还能有效降低生产成本，相对于其他主体具有不可替代的优势。（2）农民合作社。农民合作社集生产主体和服务主体为一身，融普通农户和新型主体于一体，具有联系农民、服务自我的独特功能。农民通过合作化的组织形式，一是有助于降低交易费用。合作社对单个农户独立面对市场交易行为的大量替代，有效降低了农户与各类市场主体间的博弈要求，从而减少了交易费用。二是有助于降低生产成本。合作社为成员提供农资采购、作业服务、技术指导等团购服务，通过规模优势，不仅降低了单个成员成本，还能有效保证生产经营和服务作业的质量。三是有助于增加收入。合作社通过规模经营以及提

---

① 《2018 中国新型农业经营主体发展分析报告——基于农民合作社的调查和数据》，载于《农民日报》2018 年 2 月 23 日。

高议价能力实现优质优价、发展加工流通提供盈余返还，多途径提高了农业经营效益，增加了成员收入。四是有助于共享收益。合作社通过“一人一票”、按交易量（额）返还盈余的制度设计，确保所有成员，包括贫弱农民成员在内，都能平等享受服务和收益。(3) 农业企业。农业企业作为现代经营组织形式，产权明晰、治理结构完善、管理效率较高、技术装备先进、融资和抗风险能力较强，在物质投入、人力资本、技术开发等方面的优势是其他农业经营形式和组织方式难以复制的。(4) 社会化服务组织。社会化服务组织具有专业化特征，立足生产全过程，利用专业技术人员、专用设施装备、专门营销网络，可以为普通农户和其他经营主体提供市场信息、农资供应、绿色技术、废弃物资源化利用、农机作业及维修、农产品初加工、农产品营销等全方位生产性服务，通过这种统一服务连接千家万户，连片种植、规模饲养，形成服务型规模经营，实现小农户与现代农业发展有机衔接。

二、培育新型职业农民

拥有数量最多的具有较高人力资本的新型职业农民是农业农村现代化能否实现的关键。诺贝尔经济学奖获得者、现代农业经济和人力资本理论奠基人西奥多·舒尔茨指出：不断提升农民人力资本，是传统农业实现向现代农业转变的必要条件。农民农业生产能力和生产水平的高低，对农业剩余、农产品质量以及经营收入、进而对家庭生活水平、健康水平乃至后代的教育发展等方面都产生不同的影响。现代农业农村发展建设所要求的新型职业农民，必须具有较高的科学技术知识和实际应用能力、具有应对市场竞争及利益分配的谈判能力、具有较高的文明与健康程度。

在当前我国农村农业适龄劳动力逐渐短缺、质量下降，农业生产受到直接威胁的背景下，培育以农业生产经营为职业的新型职业农民，不但是农业生产的核心劳动力保证，更是维系农业农村存续的中坚力量。新型职业农民具有相对专业的农业生产技术和生产能力，具有基本的“理性人”意识。这既在一定程度上满足了农业现代化对农民素质的需求，也满足了农村现代化对新时期农村居民素质的需求。具体地说，第一，新型职业农民应具备一定程度的多样化就业技能，而且农村居民应具备能够支撑其多样化就业的健康程度。第二，新型职业农民应具备分工协作的能力，能够通过谈判、协调、合作等方式达到组织整体利益最大化。第三，新型职业农民应具备主动保护生态环境和生活环境，自觉维护生产生活规范的公共意识和工作态度。第四，新型职业农民具有一定的自然科学知识和学习能力。随着生产结构、产业结构的变化，能够通过主动的学习，掌握由生物技术创新所带来的新品种在生长特性、管理要求、经济前景及成本收益等与产生全过程有关的知识和技能。第五，新型职业农民具有一定的社会科学知识或素养。能够通过对自身所拥有的、或通过生产服务体系可得到的资源要素进行合理分配，通过要素配置结构的改善，实现更有效地生产和农产品更好的消费价值，最终增加收入。

随着工业化、城镇化的快速推进，大量农村劳动力持续向外转移，不少农村出现了务农劳动力老龄化和农业兼业化副业化现象。劳动力短缺和土地城镇化、资本技术水平弱等使农业农村基本要素持续萎缩，既制约了农业农村的发展，又使“谁来种地”问题日益突出。大力培育新型职业农民，不仅是建设新型农业生产经营体系的战略选择和重点工程，而且是促进城乡统筹、社会和谐发展的重大制度创新，更是转变农业发展方式、实现乡村振兴的有效途径。

2012 年中央一号文件聚焦农业科技，着力解决农业生产力发展问题，明确提出大力培育新型职业农民；2013 年中央一号文件突出农业经营体制机制创新，着力完善农业生产关系，进一步强调加强农业职业教育和职业培训。从 2012 年开始，中央连续六个 1 号文件，以及中办、国办多个重要文件都对职业农民培育作出了部署和安排。

2016 年中央 1 号文件单独列出一项，强调要定向培育新型职业农民，把职业农民培养成建设现代农业的主导力量，进一步强化了新型职业农民培育工作的重要战略地位。

2017 年 1 月 9 日，农业部出台《“十三五”全国新型职业农民培育发展规划》提出发展目标：到 2020 年全国新型职业农民总量超过 2000 万人。提出以提高农民、扶持农民、富裕农民为方向，以吸引年轻人务农、培养职业农民为重点，通过培训提高一批、吸引发展一批、培育储备一批，加快构建一支有文化、懂技术、善经营、会管理的新型职业农民队伍。2017 年 5 月 9 日，农业部遴选出首批 100 个全国新型职业农民培育示范基地名单。

2018 年 1 月 2 日，一号文件《中共中央国务院关于实施乡村振兴战略的意见》正式发布。在有关“大力培育新型职业农民”方面明确提出：全面建立职业农民制度，完善配套政策体系；实施新型职业农民培育工程；支持新型职业农民通过弹性学制参加中高等农业职业教育；创新培训机制，支持农民专业合作社、专业技术协会、龙头企业等主体承担培训；引导符合条件的新型职业农民参加城镇职工养老、医疗等社会保障制度；鼓励各地开展职业农民职称评定试点。

从各地实践来看，新型职业农民主要有以下几种类型：一是生产经营型。如种植养殖大户、家庭农场主、农民专业合作社骨干等。二是专业技能型。他们既包括从传统农民逐步转变而来的专业人员，也包括外出务工或学习之后获得各种农业技能的返乡农民工、复转军人或回乡务农的大学生等。三是社会服务型。如农业信息员、动植物防疫员或检疫员、农产品经纪人、农机手等。无论哪一种类型，他们都以农业为职业，拥有一定专业技能，是农村中有文化、懂技术、会经营、有组织的职业化群体。① 到 2017 年底，全国新型职业农民总体规模突破 1500 万人，他们活跃在农业生产经营各领域，成为发展新产业新业态的先行者、应用新技术新装备的引领者、创办新型农业经营主体的实践者，是农业农村经济发展和农村人才振兴的突出亮点。

第四节 实施乡村振兴战略

乡村振兴战略是习近平总书记 2017 年 10 月在党的十九大报告中提出的战略。党的十九大报告指出，农业农村农民问题是关系国计民生的根本性问题，必须始终把解决好“三农”问题作为全党工作的重中之重，实施乡村振兴战略。乡村振兴战略是党的十九大做出的重大决策部署，是决胜全面建成小康社会、全面建设社会主义现代化国家的重大历史任务。

一、建设美丽乡村

建设美丽乡村是在党的十八大之后提出来的。党的十八大报告指出：“建设生态文明，是关系人民福祉、关乎民族未来的长远大计。面对资源约束趋紧、环境污染严重、生态系统退化的严峻形势，必须树立尊重自然、顺应自然、保护自然的生态文明理念，把生态文明建设放在突出地位，融入经济建设、政治建设、文化建设、社会建设各方面和全过程，努力建设美丽中国，实现中华民族永续发展。”② 为了深入贯彻党的十八大精神，2013 年中央一号文件《中共中央、国务院关于加快发展现代农业进一步增强农村发展活力的若干意见》明确提出：“加强农村生态建设、环境保护和综合整治，努力建设美丽乡村。”自此，美丽乡村建设在中国农村如火如荼地开展起来。

---

① 文军：《大力培育新型职业农民》，载于《人民日报》2018 年 7 月 23 日。

② 《中国共产党第十八次全国代表大会文件汇编》，人民出版社 2012 年版，第 36 页。

2013 年 2 月，农业部办公厅发布《关于开展“美丽乡村”创建活动的意见》指导性文件，正式组织开展“美丽乡村”创建活动。该《意见》指出：美丽乡村创建活动，要以促进农业生产发展、人居环境改善、生态文化传承、文明新风培育为目标，从全面、协调、可持续发展的角度，构建科学、量化的评价目标体系，建设一批天蓝、地绿、水净，安居、乐业、增收的“美丽乡村”，树立不同类型、不同特点、不同发展水平的标杆模式，推动形成农业产业结构、农民生产生活方式与农业资源环境相互协调的发展模式，加快我国农业农村生态文明建设进程。为此，该《意见》还提出了美丽乡村创建活动的四大基本原则，分别是：(1) 以人为本，强化主体。明确并不断强化乡村在创建工作中的主体地位，把农民群众利益放在首位，发挥农民群众的创造性和积极性，尊重他们的知情权、参与权、决策权和监督权，引导发展生态经济、自觉保护生态环境、加快建设生态家园。(2) 生态优先，科学发展。按照人与自然和谐发展的要求，遵循自然规律，切实保护农村生态环境，展示农村生态特色，统筹推进农村生态人居、生态环境、生态经济和生态文化建设。(3) 规划先行，因地制宜。充分考虑各地的自然条件、资源禀赋、经济发展水平、民俗文化差异，差别性制定各类乡村的创建目标，统筹编制“美丽乡村”建设规划，形成模式多样的“美丽乡村”建设格局，贴近实际，量力而行，突出特色，注重实效。(4) 典型引路，整体推进。强化总结提升和宣传发动，向社会推介一批涵盖不同区域类型、不同经济发展水平的“美丽乡村”典型建设模式，发挥示范带动作用，以点带面，有计划、有步骤地引导、推动“美丽乡村”创建工作。同时，鼓励各地自主开展“美丽乡村”创建工作，不断丰富创建模式和内容。

从 2013 年正式启动，到 2017 年党的十九大召开之前，我国的美丽乡村建设稳步推进。一是将美丽乡村建设作为推进生态文明建设和深化社会主义新农村建设的重点工程来抓；二是改革创新乡村规划机制，提高乡村规划的科学性、覆盖率和实用性；三是开展自然环境生态保护，改造人居环境功能；四是传统村落和传统建筑得到有效保护，已有 453 个有重要保护价值的村落列入中国传统村落名录，实现村村建立档案、编制保护规划，越来越多的融自然、休闲、文化、旅游、养老于一体的美丽村镇正在建设中。①

① 《砥砺奋进的五年》编写组：《砥砺奋进的五年——从十八大到十九大》，中国统计出版社 2017 年版，第 82 页。

二、乡村振兴战略的提出

2017 年 10 月，习近平总书记在党的十九大报告中首次提出乡村振兴战略。为了贯彻落实党的十九大精神，2017 年 12 月，中央农村工作会议又首次提出了走中国特色社会主义乡村振兴道路，并提出让农业成为有奔头的产业、让农民成为有吸引力的职业、让农村成为安居乐业的美丽家园的美好远景。

2018 年 1 月，国务院公布了 2018 年中央一号文件，即《中共中央国务院关于实施乡村振兴战略的意见》，对乡村振兴战略的实现步骤进一步明确，指出实施乡村振兴战略“三步走”时间表：到 2020 年，乡村振兴取得重要进展，制度框架和政策体系基本形成；到 2035 年，乡村振兴取得决定性进展，农业农村现代化基本实现；到 2050 年，乡村全面振兴，农业强、农村美、农民富的目标全面实现。

2018 年 9 月，习近平在主持中共中央政治局第八次集体学习时，系统阐述了实施乡村振兴战略的“三总一保障”：乡村振兴战略的总目标——农业农村现代化；总方针——坚持农业农村优先发展；总要求——产业兴旺、生态宜居、乡风文明、治理有效、生活富裕；制度保障——建立健全城乡融合发展体制机制和政策体系。此外，习近平还特别强调：乡村振兴要坚持乡村全面振兴，抓重点、补短板、强弱项，实现乡村产业振兴、人才振兴、文化振兴、生态振兴、组织振兴，推动农业全面升级、农村全面进步、农民全面发展。

2018 年 9 月，党中央国务院发布《乡村振兴战略规划（2018 - 2022 年）》，制定了明确的“一个 5 年加两个 15 年”的“三阶段实施方案”。第一阶段，为 2018 ~ 2022 年的 5 年。到 2020 年，乡村振兴的制度框架和政策体系基本形成，全面建成小康社会；到 2022 年，乡村振兴的制度框架和政策体系初步健全。第二阶段，为 2020 ~ 2035 年的“第一个十五年”。到 2035 年，乡村振兴取得决定性进展，农业农村现代化基本实现。农业结构得到根本性改善，农民就业质量显著提高，相对贫困进一步缓解，共同富裕迈出坚实步伐；城乡基本公共服务均等化基本实现，城乡融合发展体制机制更加完善；乡风文明达到新高度，乡村治理体系更加完善；农村生态环境根本好转，生态宜居的美丽乡村基本实现。第三阶段，为 2035 ~ 2050 年的“第二个十五年”。针对“第一个十五年”期间实现的三农基本现代化进行再提升，在确保食物安全和绿色发展的前提下，全面建成以“农业强、农村美、农民富”为目标的农业发展长效政策体系和制度框架，实现社会主义乡村的全面振兴。

2019 年“两会”期间，习近平总书记在参加河南代表团审议时再次就乡村振兴作了重要讲话，明确指出乡村振兴是包括产业振兴、人才振兴、文化振兴、生态振兴、组织振兴的全面振兴，实施乡村振兴战略的总目标是农业农村现代化，总方针是坚持农业农村优先发展，总要求是产业兴旺、生态宜居、乡风文明、治理有效、生活富裕。

三、乡村振兴战略的具体部署

为了顺利实施并推进乡村振兴战略，中央从多个方面进行了具体战略部署：

第一，提升农业发展质量，培育乡村发展新动能。乡村振兴，产业兴旺是重点。必须坚持质量兴农、绿色兴农，以农业供给侧结构性改革为主线，加快构建现代农业产业体系、生产体系、经营体系，提高农业创新力、竞争力和全要素生产率，加快实现由农业大国向农业强国转变。这就需要从五个方面对提升农业发展质量作出部署：一是夯实农业生产能力基础，“深入实施藏粮于地、藏粮于技战略，严守耕地红线，确保国家粮食安全，把中国人的饭碗牢牢端在自己手中”；二是实施质量兴农战略，要求建立健全“质量兴农评价体系、政策体系、工作体系和考核体系”，重点提高基层监管能力；三是构建农村一二三产业融合发展体系，“延长产业链、提升价值链、完善利益链”；四是构建农业对外开放新格局，通过优化资源配置、节本增效，从而提升我国农产品的国际竞争力，“扩大高附加值农产品出口”；五是促进小农户和现代农业发展有机衔接，“统筹兼顾培育新型农业经营主体和扶持小农户，采取有针对性的措施，把小农生产引入现代农业发展轨道”。可见，农业发展质量的提升是培育乡村发展新动能的必然要求。

第二，推进乡村绿色发展，打造人与自然和谐共生发展新格局。乡村振兴，生态宜居是关键。良好生态环境是农村最大优势和宝贵财富。必须尊重自然、顺应自然、保护自然，推动乡村自然资本加快增值，实现百姓富、生态美的统一。为此，一要统筹山水林田湖草系统治理；二要加强农村突出环境问题综合治理；三要建立市场化多元化生态补偿机制；四要增加农业生态产品和服务供给。

第三，繁荣兴盛农村文化，焕发乡风文明新气象。乡村振兴，乡风文明是保障。必须坚持物质文明和精神文明一起抓，提升农民精神风貌，培育文明乡风、良好家风、淳朴民风，不断提高乡村社会文明程度。这就要求：一要加强农村思想道德建设；二要传承发展提升农村优秀传统文化；三要加强农村公共文化建设；四要开展移风易俗行动。

第四，加强农村基层基础工作，构建乡村治理新体系。乡村振兴，治理有效是基础。必须把夯实基层基础作为固本之策，建立健全党委领导、政府负责、社会协同、公众参与、法治保障的现代乡村社会治理体制，坚持自治、法治、德治相结合，确保乡村社会充满活力、和谐有序。为此，一要加强农村基层党组织建设；二要深化村民自治实践；三要建设法治乡村。坚持法治为本，树立依法治理理念，强化法律在维护农民权益、规范市场运行、农业支持保护、生态环境治理、化解农村社会矛盾等方面的权威地位。增强基层干部法治观念、法治为民意识，将政府涉农各项工作纳入法治化轨道；四要提升乡村德治水平；五要建设平安乡村。

第五，提高农村民生保障水平，塑造美丽乡村新风貌。乡村振兴，生活富裕是根本。要坚持人人尽责、人人享有，按照抓重点、补短板、强弱项的要求，围绕农民群众最关心最直接最现实的利益问题，真抓实干，把乡村建设成为幸福美丽新家园。这就要求：一要优先发展农村教育事业；二要促进农村劳动力转移就业和农民增收；三要推动农村基础设施提档升级；四要加强农村社会保障体系建设；五要推进健康乡村建设；六要持续改善农村人居环境，持续推进宜居宜业的美丽乡村建设。

此外，国家和政府还就实施乡村振兴战略从制度体制、农村人才培养等方面进行了部署与推动。

为了有效实施乡村振兴战略，在制度和体制机制上切实保证政策的延续性，增强改革的系统性、整体性、协同性，真正保障广大村民的利益。党的十九大报告再次对农村基本经营制度进行了明确规定：巩固和完善农村基本经营制度，深化农村土地制度改革，完善承包地“三权”分置制度。并明确提出保持土地承包关系稳定并长久不变，第二轮土地承包到期后再延长三十年。① 此外，乡村振兴战略强调在体制机制上创新，深化农村集体产权制度改革，保障农民财产权益，壮大集体经济，以增强农村活力。2018 年中央一号文件针对农村集体产权制度改革提出，“加快推进集体经营性资产股份合作制改革”，“资源变资产、资金变股金、农民变股东”，这是对农村集体经济新的实现形式和运行机制的重要探索。

实施乡村振兴战略，需要“培养造就一支懂农业、爱农村、爱农民的‘三农’工作队伍”。2018 年中央一号文件进一步指出，“实施乡村振兴战略，必须破解人才瓶颈制约。要把人力资本开发放在首要位置，畅通智力、技术、管理下乡通道，造就更多乡土人才，聚天下人才而用之”。为此，从五个方面对强化乡

---

① 一般而言，土地承包制第一轮大致以 1978 年开始到 1998 年结束；第二轮为 1998 ~ 2028 年；到期后再延长 30 年，那就是 2058 年。

村振兴人才支撑作出政策安排：一是大力培育新型职业农民，“全面建立职业农民制度，完善配套政策体系。实施新型职业农民培育工程”；二是加强农村专业人才队伍建设，“建立县域专业人才统筹使用制度”，并“推动人才管理职能部门简政放权”；三是发挥科技人才支撑作用，要求“全面建立高等院校、科研院所等事业单位专业技术人员到乡村和企业挂职、兼职和离岗创新创业制度”；四是鼓励社会各界投身乡村建设，通过建立合理有效的激励机制，吸引企业家、党政干部、专家学者、技能人才等；五是创新乡村人才培育引进使用机制，将“自主培养”和“人才引进”相结合，开发包括学历教育、技能培训、实践锻炼等多种方式并举的人力资源开发机制。

实施“乡村振兴”战略，核心是从根本上解决目前我国农业不发达、农村不兴旺、农民不富裕的“三农”问题。通过牢固树立创新、协调、绿色、开放、共享的五大发展理念，达到生产、生活、生态的“三生”协调，促进农业、加工业、现代服务业的“三业”融合发展，真正实现农业发展、农村变样、农民受惠，最终建成“看得见山、望得见水、记得住乡愁”、留得住人的美丽乡村、美丽中国。

总体而言，党的十九大报告把乡村振兴战略作为宏观经济发展的重大战略之一，这是基于我国现阶段发展的实际需要而确定的，是符合我国全面建成小康社会，迈向社会主义现代化强国的需要而明确的，是中国特色社会主义建设进入新时代的客观要求。城乡发展不平衡、农村发展不充分，是新时代中国社会主要矛盾的突出表现。实施乡村振兴战略，是全面根本解决中国农业、农村和农民问题，加快实现农业现代化的重大决策部署。

第二十五章

基本分配制度的完善

引言 共享发展成果

中国特色社会主义进入新时代后，在人民收入普遍提高的同时，收入分配领域也存在一些亟待解决的突出问题，如收入差距扩大问题、收入分配秩序不规范问题、部分群众生活比较困难问题。这就需要继续深化收入分配制度改革，基本要求是党的十九大所指出的，坚持按劳分配原则，完善按要素分配的体制机制，促进收入分配更合理、更有序。

我国 2010 年 GDP 为 40.1 万亿元人民币（5.88 万亿美元），超过日本的 5.47 万亿美元，仅次于美国，成为世界第二大经济体，打破日本 42 年世界第二的历史。中国 GDP 总量达到世界第二，是有其他重要指标的世界排名支撑的：第一大出口国，第二大进口国，第一大外汇储备国，第二大制造业大国（其中许多制造业产品产量居世界第一）。所有这些成就的取得得益于改革开放，其中包括收入分配体制改革：打破大锅饭的平均主义分配，提高了劳动效率；各种生产要素参与收入分配充分动员了各种创造财富的要素；允许一部分地区一部分人先富起来，充分释放了发展经济的潜力。在 GDP 迅猛增长的同时，城镇居民人均可支配收入和农村居民人均纯收入都有显著增加（见表 25 - 1）。显然，中国在进入新时代后，改革开放中形成行之有效的基本分配制度必须坚持并进一步完善。

表 25－1　　我国人均国内生产总值、城镇和农村居民人均纯收入比较

指标	1978 年	1988 年	1998 年	2008 年	2011 年
人均 GDP（元）	381 （222 美元）	1366 （367 美元）	6796 （821 美元）	23708 （3414 美元）	35181 （5447 美元）
城镇居民人均可支配收入（元）	343	1180	5425	15781	21810
农村居民人均纯收入	134	545	2162	4761	6977

在我国 GDP 总量达到世界第二的同时，人均 GDP2011 年就达 5447 美元，我国由低收入国家进入中等收入国家行列。从世界范围看，进入中等收入国家行列后面临的最大风险是“中等收入陷阱”。20 世纪东南亚、拉丁美洲的很多中等收入国家由于其在低收入阶段发展模式没有随着进入中等收入阶段而转变，加之外部条件的变化，被固化的发展机制锁定，人均收入水平长期得不到提高，贫富差距逐渐拉大，进入“中等收入陷阱”，人民共享发展成果的愿望难以实现。我国进入中等收入阶段以后，在低收入阶段存在的先富和后富的差距累积到已经非常严重，甚至成为可能陷入“中等收入陷阱”的威胁。产生“中等收入陷阱”的主要说明因素，在收入分配方面：首先，低收入国家进入中等收入国家水平时，由于收入水平的普遍提高，劳动成本明显增加，因此在国际竞争中无法在工资方面与低收入国家竞争，但科技和产业水准又无力同发达国家竞争。其次，多年效率优先的分配所产生的收入差距日积月累到中等收入阶段时达到顶峰（见表 25－2）。实践证明，收入拉开差距可以促进效率，但差距过大甚至出现贫富差距，低收入群体不能分享到增长的成果，也会导致增长，从而阻碍效率的进一步提高。尤其是在进入中等收入阶段后，居民的维权意识增强，不会容忍贫富两极分化。面对“中等收入陷阱”的威胁，在收入分配上不能再继续实行允许一部分人先富起来的大政策，而是要通过共享发展，让大多数人富起来。如果说允许一部分地区一部分人先富起来是富起来时代的发展战略和政策，那么进入强起来时代后就要直接提出逐步共同富裕的要求。如果发展不以最广大人民群众的根本利益为目标，不以全体人民共同享有发展的利益成果为追求，就会不可避免地造成两极分化，甚至酿成严重的危机。因此，提出共享发展的理念是对共同富裕理论的升华。

表 25－2　　1978～2012 年中国城乡居民收入差距

指标	1978 年	1979 年	1980 年	1981 年	1982 年	1983 年	1984 年
城乡居民收入差距	2.57:1	2.53:1	2.5:1	2.24:1	1.98:1	1.82:1	1.84:1
指标	1985 年	1986 年	1987 年	1988 年	1989 年	1990 年	1991 年
城乡居民收入差距	1.86:1	2.13:1	2.17:1	2.17:1	2.28:1	2.2:1	2.4:1
指标	1992 年	1993 年	1994 年	1995 年	1996 年	1997 年	1998 年
城乡居民收入差距	2.58:1	2.8:1	2.86:1	2.71:1	2.51:1	2.47:1	2.51:1
指标	1999 年	2000 年	2001 年	2002 年	2003 年	2004 年	2005 年
城乡居民收入差距	2.65:1	2.79:1	2.9:1	3.11:1	3.23:1	3.21:1	3.22:1
指标	2006 年	2007 年	2008 年	2009 年	2010 年	2011 年	2012 年
城乡居民收入差距	3.28:1	3.33:1	3.31:1	3.33:1	3.23:1	3.13:1	3.10:1

资料来源：根据历年《中国统计年鉴》相关数据计算所得。

经济发展进入新时代后，我国收入分配体制的完善和深化改革主要在两个方面推进。一是坚持并进一步完善按劳分配为主多种分配方式并存的基本分配制度；二是面对收入分配差距过于扩大的状况，不仅要扭转收入差距进一步扩大的趋势，还要着力缩小差距，逐步实现共同富裕。共享发展理念的提出为实现共同富裕提供了新思路。

党的十八大明确提出居民收入倍增计划：到 2020 年实现城乡居民人均实际收入比 2010 年翻一番，2013 年 2 月 3 日，国务院批转的发展改革委、财政部、人力资源社会保障部根据党的十八大精神制定《关于深化收入分配制度改革的若干意见》要求：力争中低收入者收入增长更快一些，人民生活水平全面提高。收入分配差距逐步缩小。城乡、区域和居民之间收入差距较大的问题得到有效缓解，扶贫对象大幅减少，中等收入群体持续扩大，“橄榄型”分配结构逐步形成。

习近平在 2016 年 11 月主持中央政治局集体学习马克思主义政治经济学时指出：要坚持和完善社会主义基本分配制度，努力推动居民收入增长和经济增长同步、劳动报酬提高和劳动生产率提高同步，不断健全体制机制和具体政策，调整国民收入分配格局，持续增加城乡居民收入，不断缩小收入差距。这可以说是在强起来时代收入分配制度改革和完善的基本指导思想。

共享发展理念的提出仍然是以社会主义本质特征作为出发点。这就是习近平总书记明确指出的：“消除贫困、改善民生、实现共同富裕，是社会主义的本质要求，是我们党的重要使命。”① 可见，从共同富裕的社会主义本质规定，到允许一部分地区一部分人先富起来的大政策，再到先富帮后富实现共同富裕，以及共享发展理念，形成了完整的社会主义条件下实现共同富裕的理论体系。按此要求，扶贫攻坚成为党的十九大明确的三大攻坚战之一。

习近平总书记在党的十八届五中全会上首次提出践行以人民为中心的发展思想。以人民为中心的发展思想，不是一个抽象的、玄奥的概念，体现在经济社会发展各个环节。以人民为中心的发展思想坚持人民主体地位，顺应人民群众对美好生活的向往，不断实现好、维护好、发展好最广大人民根本利益，做到发展为了人民、发展依靠人民、发展成果由人民共享。

进入新时代，人民对美好生活的需要不仅是提高收入，还涉及以下三个方面要求：一是居民家庭财产明显增加，居民的财产性收入随之增加。二是居民享有的更多的公共财富，特别是社会保障覆盖面扩大，城乡基本公共服务均等化。三是由效率性增长转向公平性增长，逐步实现共同富裕。这些就成为在新时代完善收入分配制度的新的内容。

第一节　缩小收入差距，共享发展成果

一、收入差距日益扩大的趋势

我国的市场化改革，在初期的 30 多年中实行允许一部分地区一部分人先富起来的大政策，坚持效率优先兼顾公平的原则，实行按劳分配为主体多种分配方式并存的分配制度，各种生产要素参与收入分配。所有这些措施极大地调动了各个方面发展经济的积极性，充分挖掘了发展的潜力，由此效率得到明显的提高。其积极效应应该得到充分的肯定。

但是上述只是以效率为中心的市场化改革也会产生公平得不到充分兼顾的负面效应，导致收入差距日益扩大。主要表现在：

一是地区差距明显扩大。主要表现在东中西部差距的扩大。虽然改革开放以来中西部地区经济也有显著的增长，但是相比东部地区，差距进一步扩大。2012

① 《习近平在部分省区市党委主要负责同志座谈会上强调确保农村贫困人口到 2020 年如期脱贫》，载于《人民日报（海外版）》2015 年 6 月 20 日，第 1 版。

年城市居民可支配收入，最高的四个地区：上海 40188 元，北京 36469 元，浙江 34550 元，广东 30227 元；最低的三个地区：甘肃 17157 元，青海 17566 元，黑龙江 17760 元。最低和最高的相差 2 倍之多。农民纯收入最高的四个地区：上海 17804 元，北京 16476 元，浙江 14552 元，天津 14026 元；最低的三个地区：甘肃 4507 元，贵州 4753 元，青海 5364 元。最高的和最低的相差 4 倍。贫困人口最多的是贵州 745 万，云南 661 万，湖南 640 万，河南 639 万。这里还只是指平均数的差距，如果考虑被平均数掩盖的高收入地区的高收入者收入和低收入地区低收入者的收入，差距会大得更多。

二是城乡居民收入差距明显扩大。我国城乡居民收入差距在 20 世纪 80 年代由于农业剩余劳动力转移和发展乡镇企业的原因，从 1982 年到 1985 年城乡差距明显缩小，在 2 以下。从 1986 年到 2001 年城乡差距扩大到 2 以上，从 2002 年起城镇居民收入明显快于农村，城乡收入差距明显扩大，2002 年收入与差距比达 3.11，2009 年最高达到 3.33，直到 2012 年差距仍然达到 3.10。具体趋势如表 25－2、图 25－1 所示。

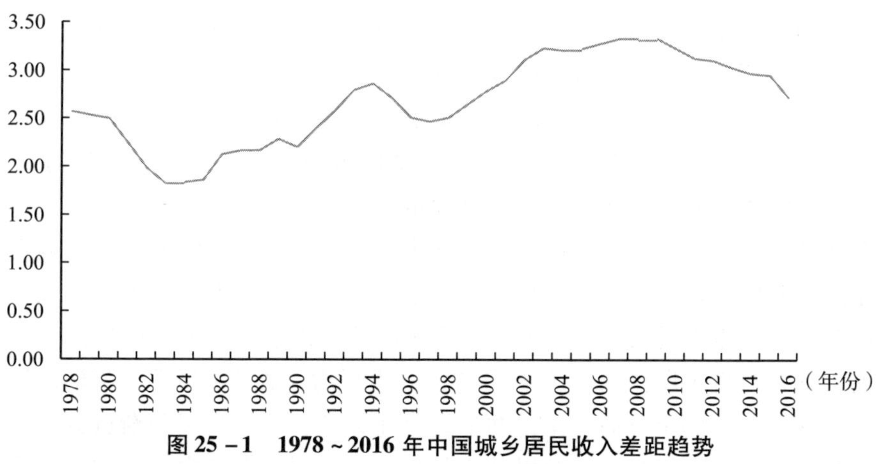

图 25－1　1978～2016 年中国城乡居民收入差距趋势

三是居民收入差距的基尼系数明显提高。基尼系数即国际通行的衡量贫富差距的系数，越是接近于 0，越是平等，越是接近于 1，越是不平等。警戒线为 0.40。我国的基尼系数如表 25－3 所示，2002 年的基尼系数只有 0.433，之后一路提高，2009 年最高达 0.49，到 2012 年还高达 0.474。

表 25-3　　　　2002~2012 年中国基尼系数

指标	2002 年	2003 年	2004 年	2005 年	2006 年	2007 年
基尼系数	0.433	0.439	0.439	0.47	0.46	0.48
指标	2008 年	2009 年	2010 年	2011 年	2012 年	
基尼系数	0.491	0.49	0.481	0.477	0.474	

注：2002~2007 年基尼系数数据来源于杨德才的《中国经济史新论》（经济科学出版社 2009 年版，第 868 页）。农村基尼系数来自各年《中国住户调查年鉴》。

二、缩小收入差距的理念和举措

针对越来越大的收入差距，早在 2007 年党的十七大就提出，初次分配和再分配都要处理好效率和公平的关系，再分配更加注重公平。逐步提高居民收入在国民收入分配中的比重，提高劳动报酬在初次分配中的比重。2012 年的党的十八大则明确提出：必须坚持走共同富裕道路。共同富裕是中国特色社会主义的根本原则。要坚持社会主义基本经济制度和分配制度，调整国民收入分配格局，加大再分配调节力度，着力解决收入分配差距较大问题，使发展成果更多更公平惠及全体人民，朝着共同富裕方向稳步前进。

党的十八大所明确的全面小康目标要求：收入分配差距缩小，中等收入群体持续扩大，扶贫对象大幅减少。社会保障全民覆盖，人人享有基本医疗卫生服务，住房保障体系基本形成，社会和谐稳定。

在允许一部分人先富起来的收入分配制度改革进行了 30 多年后，提出缩小收入差距和共同富裕，反映新时代的新要求，党的十八大报告所提出的发展成果由人民共享。习近平总书记在新发展理念中明确提出了共享发展的理念。所谓共享发展，就是习近平所说的“人人参与，人人尽力，人人享有”。共享发展理念的核心内涵归结为四个方面：全民共享、全面共享、共建共享和渐进共享。这四个方面相互贯通、有机统一：全民共享是目标，全面共享是内容，共建共享是基础，渐进共享是途径。根据共享发展的理念缩小收入差距的收入政策调整和收入分配体制改革思路主要涉及以下方面：

第一，千方百计增加居民收入。实现发展成果由人民共享，相应的收入分配体制改革的思路就是党的十八大所提的两个“同步”和提高“两个比重”：努力实现居民收入增长和经济发展同步、劳动报酬增长和劳动生产率提高同步，提高居民收入在国民收入分配中的比重，提高劳动报酬在初次分配中的比重。党的十八大以后按此要求推进收入分配改革，实现了居民收入与 GDP 同比增长，居民收入增速快于经济增速。2016 年全国居民人均可支配收入 23821 元，比 2012 年增长 44.3%，扣除价格因素，实际增长 33.3%，年均实际增长 7.4%，快于同期 GDP 年均增速 0.2 个百分点，更快于同期人均 GDP 年均增速 0.8 个百分点。[①]

第二，不再提效率优先兼顾公平，而是强调初次分配和再分配都要兼顾效率和公平，再分配更加注重公平。这个提法在党的十七大就提出，党的十八大作了重申，尤其是对初次分配阶段兼顾公平和效率提出了具体要求。党的十八大以后 2013 年国务院批转的《关于深化收入分配制度改革的若干意见》作了具体安排。尤其是从两头入手：一方面促进中低收入职工工资合理增长。建立反映劳动力市场供求关系和企业经济效益的工资决定及正常增长机制。另一方面加强国有企业高管薪酬管理（限薪）。对部分过高收入行业的国有及国有控股企业，严格实行企业工资总额和工资水平双重调控政策，逐步缩小行业工资收入差距。

第三，再分配更加注重公平。其具体要求如党的十八大所说，加快健全以税收、社会保障、转移支付为主要手段的再分配调节机制。2013 年《关于深化收入分配制度改革的若干意见》的具体部署包括：健全公共财政体系，完善转移支付制度，调整财政支出结构，大力推进基本公共服务均等化。加大税收调节力度，改革个人所得税，完善财产税，推进结构性减税，减轻中低收入者和小型微型企业税费负担，形成有利于结构优化、社会公平的税收制度。全面建成覆盖城乡居民的社会保障体系，按照全覆盖、保基本、多层次、可持续方针，以增强公平性、适应流动性、保证可持续性为重点，不断完善社会保险、社会救助和社会福利制度，稳步提高保障水平，实行全国统一的社会保障卡制度。特别是党的十八大以后加大了扶贫攻坚的力度。

党的十八大以后采取强有力的缩小收入差距措施，效果非常明显：[②]

就基尼系数衡量的居民收入差距来说，据国家统计局数据，2016 年全国居民人均可支配收入基尼系数为 0.465，比 2012 年的 0.474 下降 0.009。

就地区差距来说，2012 年以来，西部地区居民人均可支配收入年均增速为 10.3%，比中部地区高 0.4 个百分点，比东部地区高 0.9 个百分点，比东北地区高 1.8 个百分点。据国家统计局数据，2016 年东部地区与西部地区居民人均收入之比为 1.67（西部地区居民收入 =1），中部地区与西部地区居民人均收入之比为 1.09，东北地区与西部地区居民人均收入之比为 1.21。东部与西部、中部与西部、东北地区与西部收入相对差距分别比 2012 年缩小 0.06、0.02、0.08。

---

① 数据系根据《中国统计年鉴》2013 年、2017 年的数据整理而得。

② 下文数据系根据《中国统计年鉴》相关年份数据整理而得。

再就城乡差距来说，据国家统计局数据，2016 年城镇居民人均可支配收入 33616 元，比 2012 年增长 39.3%，实际增长 28.6%，年均实际增长 6.5%。2016 年农村居民人均可支配收入 12363 元，比 2012 年增长 47.4%，实际增长 36.3%，年均实际增长 8.0%。农村居民人均可支配收入年均实际增速快于城镇居民收入增速 1.5 个百分点。2016 年城乡居民人均可支配收入之比为 2.72（农村居民收入 =1），比 2012 年下降 0.16。2017 年城镇居民人均收入 36396 元，扣除价格因素实际增长 6.5%；农村居民人均收入 13432 元，扣除价格因素实际增长 7.3%。城乡居民人均收入倍差 2.71，比上年缩小 0.01。而如前所述，2012 年，城乡居民收入的倍差为 3.10。

第二节　坚持按劳分配完善按要素分配的机制

按劳分配为主体、多种分配方式并存的分配制度在我国改革开放中产生并不断完善。党的十八大以后，中央的历次决定都强调要坚持和完善这个分配制度。尤其是习近平总书记在 2016 年 11 月主持中央政治局学习时明确把它称为“社会主义基本分配制度”。党的十九大报告提出，必须坚持和完善我国社会主义基本经济制度和分配制度。在我国被称为“基本”的经济制度，一个是公有制为主体多种所有制经济共同发展的基本经济制度，一个是按劳分配为主体多种分配方式并存的分配制度。可见这个分配制度的重要地位。

进入新时代以来完善社会主义基本分配制度，根据党的十八大以来习近平讲话和中央决定，主要涉及以下两个方面：

一、完善生产要素参与收入分配的制度

党的十八大要求完善劳动、资本、技术、管理等要素按贡献参与分配的初次分配机制。完善的基本要求就是在初次分配阶段就要处理好公平与效率的关系。就是说，过去阶段各种生产要素按贡献参与收入分配是基于效率的考虑，而现在，各种生产要素参与收入分配也要处理好公平与效率的关系。就是说，不能如过去讲的初次分配讲效率，再次分配讲公平。现在，不能只是在再分配时讲公平，初次分配既要讲效率，又要讲公平。

生产要素参与收入分配。按贡献参与收入分配在党的十六大就提出，十八大强调要完善这种分配机制。2013 年 11 月党的十八届三中全会关于全面深化改革

若干重大问题的决定则进一步指出，健全资本、知识、技术、管理等由要素市场决定的报酬机制。这个表述就比过去的要素报酬的表述更进了一步。这个表述同这次全会确定的市场对资源配置起决定性作用的新表述是一致的。市场要决定各个要素的配置，要素的报酬就要由要素市场的供求决定。这样，总结已有的表述完整的要素报酬机制就取决于三个要素：一是要素的投入；二是要素的贡献；三是要素的供求。现实的收入分配是这三个要素的综合。基于这三大要素的报酬依据，不仅是收入分配，整个市场配置资源的机制都会是有效的。

二、坚持按劳分配为主体

按劳分配为主体不仅体现于初次分配的公平原则，更是社会主义制度的重要特征。进入新时代后，在生产要素参与收入分配后，如何体现按劳分配为主体?不仅是理论问题，更是实践问题。其现实问题是在各种生产要素参与收入分配以后，劳动收入在国民收入中的占比有下降的趋势。坚持按劳分配为主体实际上就有刹住这种下降趋势的要求。

坚持按劳分配为主体需要从改革和完善工资制度起。党的十八大提出，深化企业和机关事业单位工资制度改革，推行企业工资集体协商制度，保护劳动所得。紧接着 2013 年国务院批转的《关于深化收入分配制度改革的若干意见》又针对提高劳动报酬比重作了具体部署，内容包括：实施就业优先战略和更加积极的就业政策，扩大就业创业规模，创造平等就业环境，提升劳动者获取收入能力，实现更高质量的就业。深化工资制度改革，完善企业、机关、事业单位工资决定和增长机制。党的十八届三中全会强调：着重保护劳动所得，努力实现劳动报酬增长和劳动生产率提高同步，提高劳动报酬在初次分配中的比重。健全工资决定和正常增长机制，完善最低工资和工资支付保障制度，完善企业工资集体协商制度。

实际上，在参与收入分配中的劳动要素，指的只是生产一线的劳动。在这种收入分配结构中，资本要素、技术要素、管理要素的谈判能力更强。这里的非劳动生产要素无论是贡献，还是按供求，都更为强势，不可避免产生劳动报酬在收入分配中所占比重下降的趋势。仔细研究，参与收入分配的要素，其中，技术要素、管理要素在马克思主义政治经济学中实际上也是劳动要素，是复杂劳动要素，这种复杂劳动的报酬较简单劳动更高。在此背景下讲公平，讲劳动者报酬，不是简单的抛弃要素参与分配，而是要使劳动者增加所拥有的非劳动生产要素，如知识、技能等。其路径包括党的十八大报告和《关于深化收入分配制度改革的若干意见》所指出的提高劳动者职业技能，加大促进教育公平力度，健全技术要素参与分配机制。所有这些路径，可使一般劳动者拥有更多的非劳动生产要素，从而在获得劳动收入同时也能获得更多的其他要素的收入。这意味着劳动收入和劳动者收入不是同一概念。这样，虽然各种生产要素参与收入分配后，劳动报酬在其中的比重会下降，但不意味着劳动者的收入会下降。劳动者收入会随着其拥有更多的非劳动生产要素而提高。

在将技术、管理要素的收入归入劳动收入后，劳动收入占比问题就可归结为劳动收入与财产性收入（资本收入）的关系。针对劳动者因占有的财产性收入偏少从而收入占比下降的状况，党的十八大提出多渠道增加居民财产性收入的要求。紧接着国务院发布的《关于深化收入分配制度改革的若干意见》提出的增加居民财产性收入的渠道包括：（1）加快发展多层次资本市场，落实上市公司分红制度，强化监管措施，保护投资者特别是中小投资者合法权益；（2）推进利率市场化改革，适度扩大存贷款利率浮动范围，保护存款人权益；（3）丰富债券基金、货币基金等基金产品；（4）支持有条件的企业实施员工持股计划；（5）拓宽居民租金、股息、红利等增收渠道；（6）加强知识产权保护，完善有利于科技成果转移转化的分配政策，探索建立科技成果入股、岗位分红权激励等多种分配办法，保障技术成果在分配中的应得份额。

党的十八届三中全会关于全面深化改革的决定针对增加农民财产性收入渠道作了更进一步的规定：赋予农民更多财产权利。保障农民集体经济组织成员权利，积极发展农民股份合作，赋予农民对集体资产股份占有、收益、有偿退出及抵押、担保、继承权。保障农户宅基地用益物权，改革完善农村宅基地制度，选择若干试点，慎重稳妥推进农民住房财产权抵押、担保、转让，探索农民增加财产性收入渠道。建立农村产权流转交易市场，推动农村产权流转交易公开、公正、规范运行。党的十九大明确的三权分置的农村土地制度更是为农民获得土地收入创造了条件。

党的十八大以后完善社会主义基本分配制度取得了明显的效果。2016 年全国居民人均可支配收入 23821 元中，人均转移净收入 4259 元，比 2012 年增长 56.2%，年均增长 11.8%，占人均可支配收入的比重由 2012 年的 16.5% 提高到 2016 年的 17.9%，提高 1.4 个百分点（见图 25－2）。人均财产净收入 1889 元，比 2012 年增长 53.5%，年均增长 11.3%，占人均可支配收入的比重由 2012 年的 7.5% 提高到 2016 年的 7.9%，提高 0.4 个百分点。人均工资性收入 13455 元，比 2012 年增长 43.5%，年均增长 9.4%。人均经营净收入 4218 元，比 2012 年增长 33.0%，年均增长 7.4%。

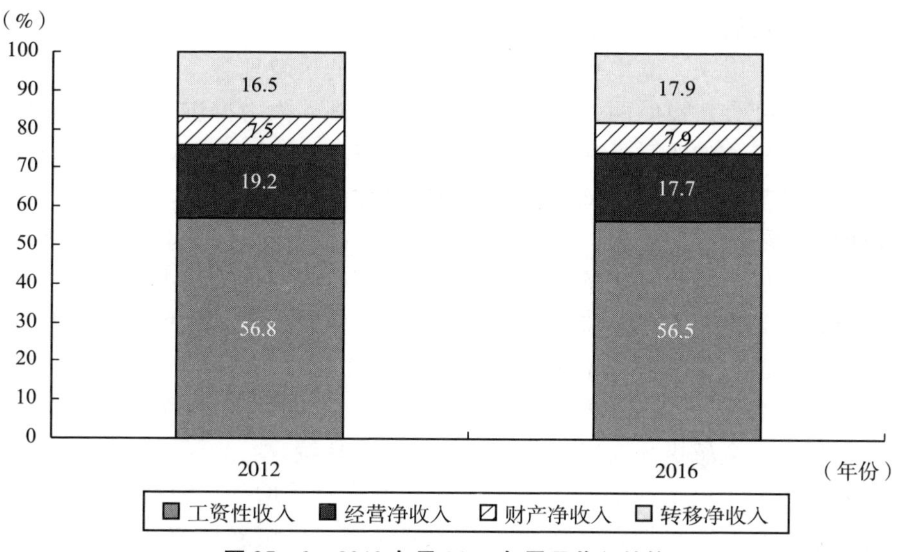

图 25－2　2012 年及 2016 年居民收入结构

第三节　改善民生和扶贫攻坚

习近平指出，消除贫困、改善民生、实现共同富裕，是社会主义的本质要求。党的十八大报告要求，加强社会建设，必须以保障和改善民生为重点。提高人民物质文化生活水平，是改革开放和社会主义现代化建设的根本目的。要多谋民生之利，多解民生之忧，解决好人民最关心最直接最现实的利益问题，在学有所教、劳有所得、病有所医、老有所养、住有所居上持续取得新进展，努力让人民过上更好生活。

一、改善民生

2012 年 11 月 15 日，习近平总书记在新一届中央政治局常委同中外记者见面时讲道："我们的人民热爱生活，期盼有更好的教育、更稳定的工作、更满意的收入、更可靠的社会保障、更高水平的医疗卫生服务、更舒适的居住条件、更优美的环境，期盼孩子们能成长得更好、工作得更好、生活得更好。人民对美好生活的向往，就是我们的奋斗目标。"① 这几个方面正是民生进一步改善的内容，

① 《习近平总书记系列重要讲话读本（2016 年版）》，学习出版社、人民出版社 2016 年版，第 212 页。

也是进入新时代后改善民生的方向。

党的十八大以来，党中央坚持以人民为中心的执政理念，把民生工作和社会治理工作作为社会建设的两大根本任务，高度重视、大力推进：一是优先发展教育事业；二是提高就业质量和人民收入水平；三是加强社会保障体系建设。面对城乡区域经济差距着力推进基本公共服务均等化。

根据习近平的经济思想，保障和改善民生要抓住人民最关心最直接最现实的利益问题，既尽力而为，又量力而行，一件事情接着一件事情办，一年接着一年干。坚持人人尽责、人人享有，坚守底线、突出重点、完善制度、引导预期，完善公共服务体系，保障群众基本生活，不断满足人民日益增长的美好生活需要，不断促进社会公平正义，形成有效的社会治理、良好的社会秩序，使人民获得感、幸福感、安全感更加充实、更有保障、更可持续。

随着一大批惠民举措落地实施，人民获得感显著增强。教育事业全面发展，中西部和农村教育明显加强。就业状况持续改善，城镇新增就业年均 1300 万人以上。城乡居民收入增速超过经济增速，中等收入群体持续扩大。覆盖城乡居民的社会保障体系基本建立，人民健康和医疗卫生水平大幅提高，保障性住房建设稳步推进。社会治理体系更加完善，社会大局保持稳定，国家安全全面加强。

在社会再生产过程中，收入分配与消费是直接联系在一起的。消费水平是基于收入分配水平实现的。居民消费水平的提高基于民生的改善。进入新时代后，随着人民消费水平提高，人民对民生改善的获得感越来越明显。据国家统计局数据，2016 年全国居民人均消费支出 17111 元，比 2012 年增长 33.1%，年均增长 7.4%。分城乡看，城镇居民人均消费支出 23079 元，比 2012 年增长 26.2%，年均增长 6.0%；农村居民人均消费支出 10130 元，比 2012 年增长 43.4%，年均增长 9.4%。2016 年全国居民人均食品烟酒支出 5151 元，比 2012 年增长 21.2%，年均增长 4.9%。食品烟酒支出占消费支出的比重（恩格尔系数）从 2012 年的 33.0% 下降至 2016 年的 30.1%，下降 2.9 个百分点。分城乡看，城镇居民人均食品烟酒支出 6762 元，比 2012 年增长 17.6%，年均增长 4.1%；城镇居民恩格尔系数从 2012 年的 31.4% 下降至 2016 年的 29.3%，下降 2.1 个百分点。农村居民人均食品烟酒支出 3266 元，比 2012 年增长 23.3%，年均增长 5.4%；农村居民恩格尔系数从 2012 年的 37.5% 下降至 2016 年的 32.2%，下降 5.3 个百分点。居民恩格尔系数的下降，标志着居民生活水平的进一步提高。

二、扶贫攻坚

改革开放以后，在允许一部分地区一部分人先富起来的同时，我国自 1986

年开展大规模扶贫，到2000年的十几年时间里，每年平均减少贫困人口639万人。从2001年到2010年的10年里，每年减贫673万人。中国科学院完成的《2012中国可持续发展战略报告》提出，中国的贫困人口压力依然巨大，按2010年标准贫困人口仍有2688万人，而按2011年提高后的贫困标准（农村居民家庭人均纯收入2300元人民币/年），中国还有1.28亿的贫困人口。

党的十八大确定的全面小康社会目标是：收入分配差距缩小，中等收入群体持续扩大，扶贫对象大幅减少。党的十八大以后，以党中央2013年首次提出精准扶贫为起点，以党的十八届五中全会和中央扶贫开发工作会议决策部署为标志，我国扶贫开发进入脱贫攻坚新阶段。为打赢脱贫攻坚战，党中央、国务院出台了一系列重大政策措施，举全党全国之力推进脱贫攻坚。习近平总书记17次主持召开扶贫重要会议，25次开展扶贫调研。

《2011－2020中国农村扶贫开发纲要》提出"到2020年稳定实现扶贫对象不愁吃、不愁穿，保障其义务教育、基本医疗和住房（简称'两不愁、三保障'）"。按这个目标要求，我国制定了现行农村贫困标准，即"2010年价格水平每人每年2300元"。国家统计局每年根据农村低收入居民生活消费价格指数，对此标准进行更新。至2014年，现行农村贫困标准为当年价每人每年2800元。虽然现行农村贫困标准在不同年份的数值不同，但代表的生活水平基本相同。

我国脱贫攻坚形势非常严峻。截至2014年年底，全国仍有7000多万农村贫困人口，不少群众贫困程度还很深，新时期脱贫攻坚的目标就是到2020年在现行标准下确保农村贫困人口实现脱贫，确保贫困县全部脱贫摘帽。2015年10月，党的十八届五中全会上习近平在《关于〈中共中央关于制定国民经济和社会发展第十三个五年规划的建议〉的说明》中指出："十三五"扶贫开发的目标是：到2020年，稳定实现农村贫困人口不愁吃、不愁穿，义务教育、基本医疗和住房安全有保障。实现贫困地区农民人均可支配收入增长幅度高于全国平均水平，基本公共服务主要领域指标接近全国平均水平。通过实施脱贫攻坚工程，实施精准扶贫、精准脱贫，7017万农村贫困人口脱贫目标是可以实现的。2011～2014年，每年农村脱贫人口分别为4329万、2339万、1650万、1232万。因此，通过采取过硬的、管用的举措，今后每年减贫1000万人的任务是可以完成的。[①] 2017年10月党的十九大明确提出坚决打赢脱贫攻坚战任务。这就是习近平总书记所讲的，让贫困人口和贫困地区同全国一道进入全面小康社会是我们党的庄严承诺。

---

① 习近平：《关于〈中共中央关于制定国民经济和社会发展第十三个五年规划的建议〉的说明》，http：//www.xinhuanet.com/politics/2015－11/03/c_1117029621_3.htm。

要动员全党全国全社会力量，坚持精准扶贫、精准脱贫，坚持中央统筹省负总责市县抓落实的工作机制，强化党政一把手负总责的责任制，坚持大扶贫格局，注重扶贫同扶志、扶智相结合，深入实施东西部扶贫协作，重点攻克深度贫困地区脱贫任务，确保到2020年我国现行标准下农村贫困人口实现脱贫，贫困县全部摘帽，解决区域性整体贫困，做到脱真贫、真脱贫。在2017年12月28日中央农村工作会议上，习近平总书记发表重要讲话，要求脱贫攻坚开创新局面，精准扶贫精准脱贫方略落地生效，6600多万贫困人口稳定脱贫，脱贫攻坚取得决定性进展。

扶贫的方式和相应的扶贫计划。根据习近平总书记的讲话，到2020年，通过产业扶持，可以解决3000万人脱贫；通过转移就业，可以解决1000万人脱贫；通过易地搬迁，可以解决1000万人脱贫，总计5000万人左右。还有2000多万完全或部分丧失劳动能力的贫困人口，可以通过全部纳入低保覆盖范围，实现社保政策兜底脱贫。

党的十八大以来的脱贫攻坚，表现出强烈的时代性特征，主要体现在五个方面：一是中央高度重视，形成了五级书记抓扶贫、全党合力促攻坚的生动局面；二是以改革为动力，强化顶层设计，通过脱贫攻坚推动农村供给侧结构性改革落到实处；三是以精准为要义，由过去主要依靠政策带动、“大水漫灌”式扶贫，向因村因户因人施策、“精准滴灌”式扶贫转变；四是注重动员各方，形成党政齐抓共管、社会各界广泛参与的大扶贫格局；五是敢于较真碰硬，实施最严格的考核评估和督查巡查，确保脱贫成效经得起实践和历史的检验。所谓精准扶贫就是习近平总书记指出的：必须在精准上出实招、在精准推进上下实功、在精准落地上见实效。要解决好“扶持谁”的问题，确保把真正的贫困人口弄清楚，把贫困程度、致贫原因等搞清楚，找对“穷根”，明确靶向，做到扶真贫、真扶贫，做到因户施策、因人施策。①

党的十八大以后脱贫攻坚取得显著成就。全国农村减贫规模年均超过1300万人。按现行国家农村贫困标准（2010年价格水平每人每年2300元）测算，全国农村贫困人口由2012年的9899万人减少至2016年的4335万人，累计减少5564万人，平均每年减少1391万人；全国农村贫困发生率由2012年的10.2%下降至2016年的4.5%，下降5.7个百分点，平均每年下降1.4个百分点（见图25－3）。② 2017年井冈山、兰考县已率先脱贫，再加上脱贫的其他贫困县，

---

① 《习近平总书记系列重要讲话读本（2016年版）》，学习出版社、人民出版社2016年版，第220页。

② 数据系根据2017年、2013年《中国统计年鉴》的数据整理而得。

使得贫困县数量实现历史上首次减少。

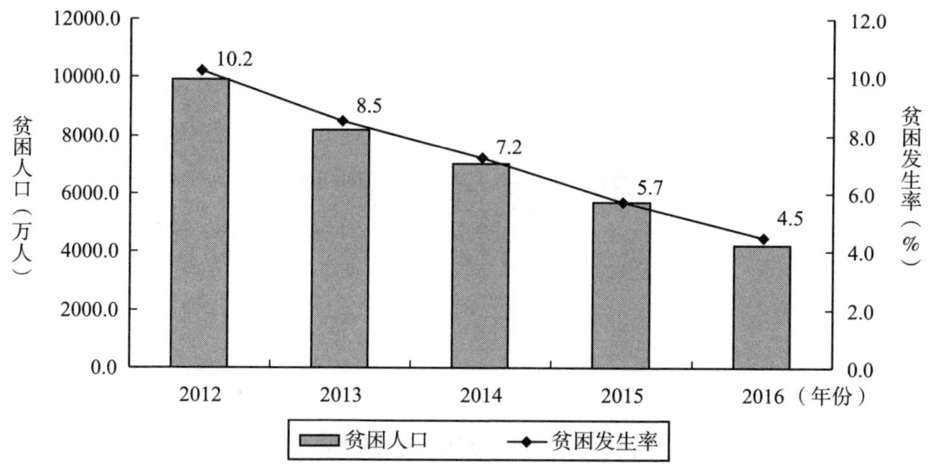

图 25－3　2012～2016 年全国农村贫困人口变化趋势

中国为全球减贫做出重大贡献。按照现行农村贫困标准测算，从 1978 年到 2016 年，中国农村贫困人口减少 7.3 亿，贫困发生率从 1978 年的 97.5% 下降至 2016 年的 4.5%。[①] 按照每人每天 1.9 美元的国际极端贫困标准，根据世界银行发布的最新数据，1981～2013 年中国贫困人口减少了 8.5 亿，占全球减贫总规模的 69.3%，为全球减贫做出重大贡献。联合国开发计划署 2015 年发布的《联合国千年发展目标报告》明确指出，“中国在全球减贫中发挥了核心作用”。中国精准扶贫的新理论、新实践也为全球减少贫困提供了中国范例。

① 数据系根据《中国统计年鉴》相关年份的数据整理而得。

第二十六章

开放发展新举措

引言　开放发展新理念

党的十八大以后，中国开放型经济发展进入转型关键期。十八届三中全会通过的《中共中央关于全面深化改革若干重大问题的决定》提出了构建开放型经济新体制的方向，指出“必须推动对内对外开放相互促进、引进来和走出去更好结合，促进国际国内要素有序自由流动、资源高效配置、市场深度融合，加快培育参与和引领国际经济合作竞争新优势，以开放促改革”。

传统开放型经济发展模式解决了中国经济发展中从人口负担到人口红利的转变，实现了产业结构和贸易结构由低技能劳动力密集型产业向资本技术密集型的提升，实现了中国从低收入发展中国家向中高收入发展中国家的转变。但是，目前中国开放型经济发展的内外部环境都发生了深刻的变化。

从外部环境看，首先以英国脱欧和特朗普当选美国总统为标志的逆经济全球化趋势现象，国际经济环境面临很大的不确定性。从内部环境看，中国的要素条件和市场条件都发生了显著的变化，因此开放型经济发展模式也存在转型的迫切性。从要素条件看，随着中国经济发展水平和教育水平的不断提升，中国低技能劳动力的禀赋优势逐步削弱，但是高技能劳动力的禀赋优势正逐步显现。从市场条件看，随着中国经济发展水平的提升，中国的市场条件也发生了显著的变化。中国居民收入水平已经达到了较高的水平，农村和城镇居民的消费水平到2014 年已经分别达到8680 元和25315 元。消费水平的提高意味着消费结构的升级，也就是在商品“价格—质量”属性中，消费者更加关注质量，对高质量高附加值的产品的需求增加。

在内部要素环境和市场环境发生根本性变化的情况下，中国开放型经济发展的重点也发生了相应的变化，从以招商引资促进出口以实现人口红利为主转向通过对外直接投资整合全球优势资源提升竞争力的阶段。

在内部要素环境和市场环境发生根本性变化的情况下，中国开放型经济发展的重点也发生了相应的变化，从以招商引资促进出口以实现人口红利为主转向通过对外直接投资整合全球优势资源提升竞争力的阶段。“适应经济全球化新形势，必须推动对内对外开放相互促进、引进来和走出去更好结合，促进国际国内要素有序自由流动、资源高效配置、市场深度融合，加快培育参与和引领国际经济合作竞争新优势，以开放促改革”。“扩大企业及个人对外投资，确立企业及个人对外投资主体地位，允许发挥自身优势到境外开展投资合作，允许自担风险到各国各地区自由承揽工程和劳务合作项目，允许创新方式走出去开展绿地投资、并购投资、证券投资、联合投资等。加快同有关国家和地区商签投资协定，改革涉外投资审批体制，完善领事保护体制，提供权益保障、投资促进、风险预警等更多服务，扩大投资合作空间”①。

为了顺利实现中国开放型经济发展模式的转型，服务于中国企业整合全球优势要素的需求，需要为中国企业贸易和投资提供良好的制度环境。党的十八届五中全会公报提出“积极参与全球经济治理和公共产品供给，提高我国在全球经济治理中的制度性话语权，构建广泛的利益共同体”，指出了提升中国在全球经济治理中的制度性话语权的需求，也说明了中国的目标是实现全球经济治理的合作共赢。但是，也应该清醒地认识到，这一过程不会是一帆风顺的，“我国在世界经济和全球治理中的分量迅速上升，但经济大而不强问题依然突出，我国经济实力转化为国际制度性权力依然需要付出艰苦努力”②。

适应经济全球化发展的趋势和国际经济格局的转变，构建“人类命运共同体”的理念被逐步提出和发展。“命运共同体”概念的本质是“合作共赢”，“世界各国联系紧密、利益交融，要互通有无、优势互补，在追求本国利益时兼顾他国合理关切，在谋求自身发展中促进各国共同发展，不断扩大共同利益汇合点。要加强南南合作和南北对话，推动发展中国家和发达国家平衡发展，夯实世界经济长期稳定发展基础。要积极创造更多合作机遇，提高合作水平，让发展成果更好惠及各国人民，为促进世界经济增长多作贡献”③。

---

① 《中共中央关于全面深化改革若干重大问题的决定（二〇一三年十一月十二日中国共产党第十八届中央委员会第三次全体会议通过）》，载于《人民日报》2013 年 11 月 16 日，第 2 版。

② 中共中央宣传部：《习近平总书记系列重要讲话读本（2016 年版）》，学习出版社、人民出版社 2016 年版，第 135 页。

③ 习近平：《共同创造亚洲和世界的美好未来—在博鳌亚洲论坛 2013 年年会上的主旨演讲》，引自《习近平谈治国理政》，外文出版社 2014 年版，第 331 页。

第一节　构建“人类命运共同体”

一、积极参与全球经济治理是中国开放型经济发展模式转型的需求

积极参与全球经济治理是本阶段开放型经济发展的重要特征。中国经济参与全球经济治理的需求来源于内外部环境的变化。从外部环境看，一方面，全球经济格局发生了深刻的变化，图 26－1 显示了以中国为代表的发展中经济体在全球产出、贸易和对外直接投资（OFDI）中的比重在 2000 年之后呈现显著增长的趋势。“发展中国家群体力量继续增强，国际力量对比逐步趋向平衡”①，为全球经济治理的改善提供了基础。

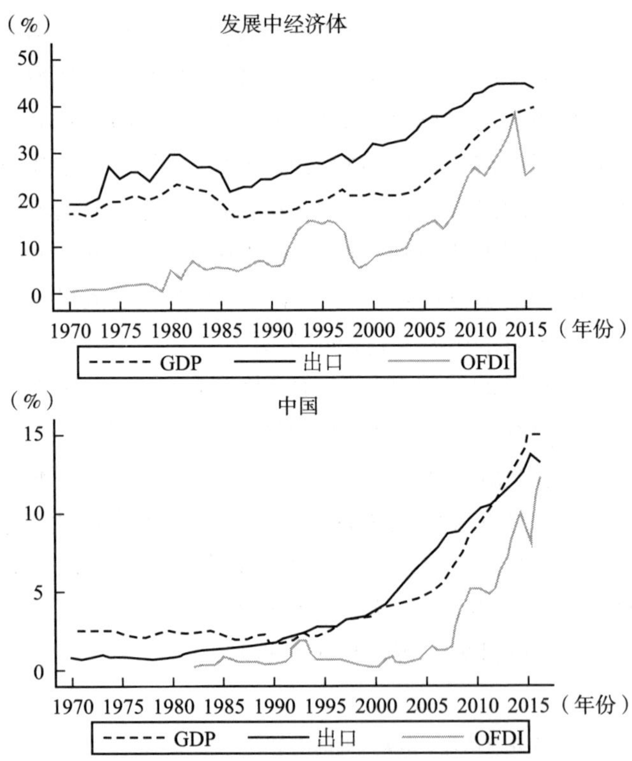

图 26－1　发展中经济体和中国 GDP、出口和 OFDI 占世界比重的变化（1970～2016）

① 《中共中央关于制定国民经济和社会发展第十三个五年规划的建议》，载于《人民日报》2015 年 11 月 4 日，第 1 版。

另一方面，随着全球经济在国际分工方式的演变，新一轮产业革命和产业变革蓄势待发以及“逆经济全球化”带来的贸易保护主义抬头，全球经济治理也在发生深刻的变革。

以美国贸易保护主义抬头等为主要标志的所谓“逆经济全球化”趋势加剧了世界经济环境的不确定性。“逆全球化”的出现与相关国家经济衰退、失业率增加、国内收入差距扩大等各种因素有关，但很多观点却将这些现象与贸易状况联系在一起，比如奥特等（Autor et al.，2013）认为中国的进口竞争冲击了美国国内市场，给美国的就业和工资水平带来了负面影响。[①] 应该看到，所谓的“逆全球化”并不意味着美国将通过退出经济全球化进程来发展国内经济，事实上这在世界各国通过价值链分工紧密联系在一起的情况下是无法实现的。“逆全球化”做法的本质认为目前的贸易规则体系不符合其最大化的国家利益，而将一系列所谓“逆全球化”行为作为谈判筹码，提升其在国际贸易规则制定中的博弈力量。为此，美国打出了“公平贸易”的旗号试图替代“自由贸易”。因此，不同经济体围绕国际经济秩序重构的博弈加剧及其带来的国际经济环境的不确定增加将可能成为未来世界经济发展的重要特征，这将加剧中国企业国际化经营面临世界经济政策环境的不确定性。

从内部环境看，中国开放型经济发展进入新阶段提出了对于全球经济治理的新需求，通过积极参与全球经济治理为中国开放型经济未来发展提供稳定可预期的国际经济环境必然成为政策方向。传统的开放型经济发展模式的重点是利用外资，促进出口，因此中国对于国际经济秩序的需求相对比较简单，就是为外资流入和对外贸易的顺利进行创造有利的国际环境。但是，在新的开放型经济发展模式中，我国需要为企业对外直接投资创造稳定可预期的对外直接投资环境。

积极参与全球经济治理也逐步成为中国开放型经济发展的政策方向，《中共中央关于制定国民经济和社会发展第十三个五年规划的建议》明确提出“发展更高层次的开放型经济，积极参与全球经济治理和公共产品供给，提高我国在全球经济治理中的制度性话语权，构建广泛的利益共同体”，“推动国际经济治理体系改革完善，积极引导全球经济议程，促进国际经济秩序朝着平等公正、合作共赢的方向发展。加强宏观经济政策国际协调，促进全球经济平衡、金融安全、经济稳定增长”，“推动多边贸易谈判进程，促进多边贸易体制均衡、共赢、包容发展，形成公正、合理、透明的国际经贸规则体系。支持发展中国家平等参与全球经济治理，促进国际货币体系和国际金融监管改革”。

---

① David H. Autor, David Dorn and Gordon H. Hanson, The China Syndrome: Local Labor Market Effects of Import Competition in the United States, *American Economic Review*, 2013, Vol. 103, No. 6, pp. 2121 – 2168.

二、人类命运共同体理念的提出与重要意义

2012 年 11 月，中共十八大明确提出倡导“人类命运共同体意识”，“在追求本国利益时兼顾他国合理关切，在谋求本国发展中促进各国共同发展，建立更加平等均衡的新型全球发展伙伴关系，同舟共济，权责共担，增进人类共同利益”。①

“命运共同体”的概念在不同场合被习近平主席多次提出和阐述，以此引领国际新秩序的构建。2013 年 3 月 23 日，在莫斯科国际关系学院的演讲中，习近平主席指出，“这个世界，各国相互联系、相互依存的程度空前加深，人类生活在同一个地球村里，生活在历史和现实交汇的同一个时空里，越来越成为你中有我、我中有你的命运共同体”②。

大国要想有效形成国际影响力，还需要解决自己和世界关系这样一个重要问题。改革开放以来，中国以超过预期的速度成为世界经济大国，这个问题开始摆在中国面前，“一个迅猛崛起的大国，其崛起本身会造成所处体系的深刻变迁”，此时如果能“理解到自我与世界的内在一致性，就能将其庞大的力量转化为对世界的建设性力量”③。“人类命运共同体”理念的提出和实践正是对这个问题的正面回答，党的十九大报告指出“倡导构建人类命运共同体，促进全球治理体系变革。我国国际影响力、感召力、塑造力进一步提高，为世界和平与发展作出新的重大贡献”④。“人类命运共同体”理念不仅符合经济全球化已经将各国利益捆绑在一起的基本现实，也体现了中国“负责任大国”的历史定位，正如党的十九大报告指出的“中国将继续发挥负责任大国作用，积极参与全球治理体系改革和建设，不断贡献中国智慧和力量”⑤。在这种理念指引下，中国将经济实力转化为国际影响力的方式和目标将和传统国际经济治理下以美国为代表的发达国家呈现本质差异，也将得到广大国家尤其是发展中国家越来越多的支持。

---

① 胡锦涛：《坚定不移沿着中国特色社会主义道路前进　为全面建成小康社会而奋斗——在中国共产党第十八次全国代表大会上的报告》，引自《中国共产党第十八次全国代表大会文件汇编》，人民出版社 2012 年版第 1 版，第 43 页。

② 习近平：《顺应时代前进潮流促进世界和平发展—在莫斯科国际关系学院的演讲（2013 年 3 月 23 日，莫斯科）》，《人民日报（海外版）》2013 年 3 月 25 日，第 2 版。

③ 施展：《枢纽》，广西师范大学出版社 2018 年版，第 2 页。

④ 习近平：《决胜全面建成小康社会夺取新时代中国特色社会主义伟大胜利——在中国共产党第十九次全国代表大会上的报告》，人民出版社 2017 年版，第 7 页。

⑤ 习近平：《决胜全面建成小康社会夺取新时代中国特色社会主义伟大胜利——在中国共产党第十九次全国代表大会上的报告》，人民出版社 2017 年版，第 60 页。

2018 年 3 月 11 日，第十三届全国人民代表大会第一次会议通过的宪法修正案，将宪法序言第十二自然段中“发展同各国的外交关系和经济、文化的交流”修改为“发展同各国的外交关系和经济、文化交流，推动构建人类命运共同体”。

三、中美经贸摩擦与中国的立场

2017 年新一届美国政府上任以来，在“美国优先”的口号下，抛弃相互尊重、平等协商等国际交往基本准则，实行单边主义、保护主义和经济霸权主义，对许多国家和地区特别是中国做出一系列不实指责，利用不断加征关税等手段进行经济恫吓，试图采取极限施压方法将自身利益诉求强加于中国，① 在此背景下中美贸易摩擦开始并且呈现愈演愈烈之势。

尽管中美贸易存在巨大差额是特朗普政府认定中美不公平贸易的理由之一，但是图 26 – 2 显示了一个基本事实：美国在 1990 年之后贸易逆差即开始呈现快速扩大的趋势，而中国贸易顺差的快速上升却开始于 2005 年，因此即便基于时间先后顺序上的考虑，将中国贸易顺差当作美国贸易逆差的原因也是不恰当的，

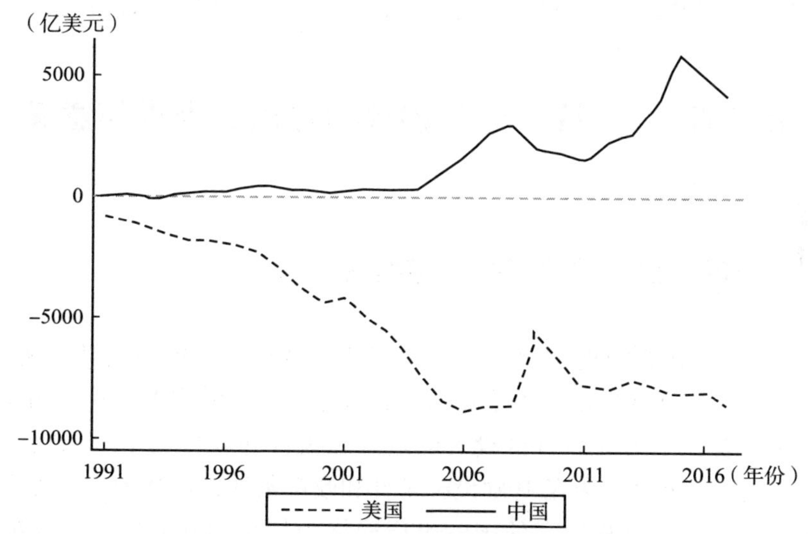

图 26 – 2　中国和美国对外贸易差额变化趋势

资料来源：UN COMTRADE 数据库。

① 中华人民共和国国务院新闻办公室：《关于中美经贸摩擦的事实和中方立场（2018 年 9 月）》，新华网，http：//www. xinhuanet. com/politics/2018 – 09/24/c_1123475272. htm。

更不用说中国对美出口中包含了大量进口成分。对于中美贸易差额背后的原因，美方当然清楚，美国借由中美贸易差额发起贸易摩擦的目标显然是要改变贸易规则，为美国经济发展提供更为有利的规则环境。

应该说目前世界经济秩序正处于变革期，而改变现有规则的动机来源于美国而非中国，因为维持目前的国际贸易体系是中国的利益所在。[①] 美国政府近期采取了一系列违背甚至破坏现行多边贸易规则的不当做法，严重损害了现行国际经济秩序。[②]

对于中美经贸摩擦，一方面要认识到问题的解决将是一个长期而艰难的过程，其中伴随着国际经济秩序的重构；另一方面也要看到未来中美经贸摩擦必然得到合理解决，毕竟经济全球化发展是大势所趋，中美经贸关系正常化符合两国的共同利益。

中国作为负责任的大国，在“坚定维护国家尊严和核心利益”的基础上，对外将“坚定维护并推动改革完善多边贸易体制”“坚定促进与其他发达国家和广大发展中国家的互利共赢合作”“坚定推动构建人类命运共同体”；在内部“坚定保护产权和知识产权”“坚定保护外商在华合法权益”“坚定深化改革扩大开放”，为中美经贸摩擦的解决和公平公正国际经济秩序的构建做出自己的贡献。

第二节 “一带一路”倡议的提出、推进与意义

一、“一带一路”倡议的提出与推进

“一带一路”构想的提出和推进与中国开放型经济发展战略转型密切相关。在传统以利用外资和促进出口为重点的开放型经济发展模式下，政策构建主要在于两个方面，首先是为外商直接投资的进入在硬件和软件两个方面提供便利条件，其次是为出口提供良好的基础设施条件和政策条件，包括为出口提供良好的外部环境。在以构建以我为主的国际生产网络为特征的开放型经济发展新模式下，中国需要为中国企业在全球范围内整合优势要素提升国际竞争力提供稳定可

① Morrison, W. M. (2013). Chinas economic rise: History, trends, challenges, and implications for the United States. CRS Report for Congress, RL33534.

② 中华人民共和国国务院新闻办公室：《关于中美经贸摩擦的事实和中方立场（2018 年 9 月）》，新华网，http://www.xinhuanet.com/politics/2018-09/24/c_1123475272.htm。

预期的制度环境。

随着中国劳动力成本的不断上升，中国产生了将低技能劳动力密集型环节转移至低成本区位的需求，“一带一路”倡议的提出可谓生逢其时。

表 26－1 列举了“一带一路”倡议提出和推进进程中经历的主要标志性实践，短短 4 年的时间，“一带一路”倡议完成了从被提出到不断落实直到写进《党章》成为党和国家的重要发展战略的过程。

表 26－1　“一带一路”倡议发展历程

时间	事件
2013 年 9 月	习近平在哈萨克斯坦纳扎尔巴耶夫大学发表重要演讲，投机用创新的合作模式，共同建设“丝绸之路经济带”，以点带面，从线到片，逐步形成区域大合作
2013 年 10 月	中国国家主席习近平应邀 10 月 3 日上午在印度尼西亚国会发表重要演讲，提出中国愿同东盟国家加强海上合作，使用好中国政府设立的中国—东盟海上合作基金，发展好海洋合作伙伴关系，共同建设 21 世纪“海上丝绸之路”
2013 年 12 月	中央经济工作会议：推进丝绸之路经济带建设，抓紧制定战略规划，加强基础设施互联互通建设。建设 21 世纪海上丝绸之路，加强海上通道互联互通建设，拉紧相互利益纽带
2014 年 3 月	李克强总理在《政府工作报告》中指出：抓紧规划建设丝绸之路经济带、21 世纪海上丝绸之路
2014 年 11 月	加强互联互通伙伴关系对话会 11 月 8 日下午在北京钓鱼台国宾馆举行。中国国家主席习近平在会上宣布，中国将出资 400 亿美元成立丝路基金
2015 年 2 月	推进“一带一路”建设工作会议 2 月 1 日在北京召开，“一带一路”建设工作领导小组成员亮相
2015 年 3 月	国家发展改革委、外交部、商务部联合发布了《推动共建丝绸之路经济带和 21 世纪海上丝绸之路的愿景与行动》
2015 年 12 月	亚洲基础设施投资银行正式成立
2016 年 8 月	习近平总书记 17 日在北京人民大会堂出席推进“一带一路”建设工作座谈会并发表重要讲话
2017 年 5 月	“一带一路”国际合作高峰论坛
2017 年 7 月	亚洲金融合作协会成立
2017 年 10 月	“遵循共商共建共享原则，推进‘一带一路’建设”写进党章

资料来源：作者整理。

二、"一带一路"建设对于我国开放型经济转型发展的重大意义

"一带一路"建设对于中国开放型经济发展具有重要意义，体现在以下四个方面。

第一，为中国企业构建"以我为主"的国际生产网络提供软硬件环境。通过"一带一路"建设一方面能够提升实现中国与"一带一路"沿线国家的互联互通的水平以及沿线国家的基础设施建设水平。此外，"互联互通"不仅仅是硬件设施上互联互通，更是制度安排上的互联互通，为中国企业到沿线国家直接投资塑造良好的制度环境。可预期的投资环境对于中国企业"走出去"的健康发展尤其重要，因为对外直接投资由于投资期限长等原因，相较于贸易面临更大的风险。

第二，为中国对外工程承包企业"走出去"带来机遇。中国工程承包企业在基础设施建设上具有显著优势，优势来源于：（1）中国大规模基础设施建设的经验，使得中国基础设施建设企业具备了较强的工程技术优势；（2）中国在高技能劳动力上禀赋优势逐步体现，也使得在需要大量高技能劳动力投入的基础设施建设体现出成本优势；（3）中国较为完备的工业体系也为中国企业对外工程成本提供了产业支撑。2015 年 12 月 25 日正式成立的亚洲基础设施投资银行也为沿线国家基础设施建设的资金需求提供了一个重要来源。

从需求角度看，"一带一路"沿线国家对于基础设施建设的需求非常旺盛，而且随着这些国家的经济发展，基础设施建设需求还会呈现不断增加的趋势，这为中国对外工程成本企业走出去提供潜在巨大市场需求的支撑。"根据总体基建投入约占 GDP 的5%估算，'一带一路'沿线对基建的需求或达到每年 1. 05 万亿美元，而中国对外承包完成额 2013 年仅为 0. 14 万亿美元，仅占其中的 13%"[①]。

"2015 年，中国企业对'一带一路'沿线的 50 个国家进行了直接投资，投资流量 189. 3 亿美元，同比增长 38. 6%，是对全球投资增幅的 2 倍，占当年流量总额的 13%。在'一带一路'沿线的 60 个国家承揽对外承包工程项目 3987 个，新签合同额 926. 4 亿美元，占同期中国对外承包工程新签合同额的 44%"[②]。

第三，为中国企业出口带来潜在巨大市场。随着与"一带一路"沿线国家经济一体化程度的加深、基础设施建设带来的互联互通以及相关国家的经济发展，

---

① 许元荣、秦大炜，《"一带一路"给产业发展带来多重机遇》，载于《第一财经日报》2015 年 3 月 3 日，http：//www. yicai. com/news/4580857. html。

② 《"一带一路"贸易合作大数据报告（2017）［简版］》，中国一带一路网，https：//www. yidaiyilu. gov. cn/wcm. files/upload/CMSydylgw/201703/201703241243039. pdf。

中国对沿线国家的出口也面临巨大机遇。中国出口机遇首先体现在与基础设施建设相关的行业，包括建筑业、装备制造业和基建材料行业；“一带一路”建设同时也为中国具有良好产业基础的信息通讯产业和智能制造相关产业的出口提供了巨大机遇。“互联互通”不仅意味着通过公路、铁路、航空和港口等基础设施建设将沿线国家连接在一起，也意味着互联网、物联网等连接在一起，带来了沿线国家信息基础设施建设需求。此外，随着沿线国家经济发展和提升信息化程度的需求，其对于信息通讯产业和智能制造相关产业带来越来越大的潜在市场需求。“从中国对沿线国家出口看，出口额最高的产品为‘电机、电气设备及其零件’，达 1165.9 亿美元。出口额排名前 10 位产品较 2015 年全部出现下降，‘电机、电气设备及其零件’的下降幅度最小。出口额第二位的产品是‘锅炉、机器、机械器具及零件’，出口额为 920.0 亿美元；其次为钢铁和塑料及其制品，出口额分别为 237.2 亿美元和 200.7 亿美元”①。

对于沿线国家的市场需求，还需要动态地加以理解。在“一带一路”建设不断推进下，沿线国家的经济发展将为中国企业提供越来越大的市场规模。

第四，“一带一路”建设是中国为全球经济治理提供中国方案的样板。当代全球经济治理框架的基本基础仍然是二战后伴随着 IMF、国际复兴开发银行（IBRD）、世界银行（WB）以及 WTO 的前身 GATT 的建立而建立的全球经济秩序。随着世界经济格局的演变，发展中经济体对全球经济治理框架产生了改善的需求，以使得发展中经济体有公平的发展机会。在这种背景下，“中国方案”被提出并成为中国参与全球经济治理的基本思路和原则。2014 年 3 月 28 日正在德国进行国事访问的国家主席习近平在德国科尔伯基金会发表演讲，提出了“中国方案”的概念，“中国的发展绝不以牺牲别国利益为代价，我们绝不做损人利己、以邻为壑的事情。我们将从世界和平与发展的大义出发，贡献处理当代国际关系的中国智慧，贡献完善全球治理的中国方案，为人类社会应对 21 世纪的各种挑战作出自己的贡献”②。

“一带一路”建设秉承恪守联合国宪章的宗旨和原则、坚持开放合作、坚持和谐包容、坚持市场运作和坚持互利共赢的共建原则，③《中国共产党章程》提

① 《“一带一路”贸易合作大数据报告（2017）［简版］》，中国一带一路网，https：//www. yidaiyilu. gov. cn/wcm. files/upload/CMSydylgw/201703/201703241243039. pdf。

② 习近平：《在德国科尔伯基金会的演讲（2014 年 3 月 28 日，柏林）》，中央政府门户网站，www. gov. cn。

③ 国家发展改革委、外交部、商务部，《推动共建丝绸之路经济带和 21 世纪海上丝绸之路的愿景与行动》，2015 年 3 月，http：//news. xinhuanet. com/world/2015－03/28/c_1114793986. htm。

出“遵循共商共建共享原则，推进‘一带一路’建设”。可见，“一带一路”建设的基本原则体现了“中国方案”的基本理念，“一带一路”建设也可以为中国参与全球经济治理提供一个样板。

第三节　以自由贸易试验区为代表的对外开放新体制

一、自由贸易区及其发展

自由贸易区这个概念存在两个截然不同但是容易混淆的含义。第一个就是 FTA（Free Trade Area），“自由贸易区应理解为在两个或两个以上独立关税主体之间，就贸易自由化取消关税和其他限制性贸易法规”；第二个就是 FTZ（Free Trade Zone），“FTZ 是缔约方境内的一部分，进入这部分的任何货物，就进口关税而言，通常视为关境之外”。本节所指的是第二个含义，也就是中国自由贸易试验区。2017 年 10 月 18 日，习近平在党的十九大报告中指出，赋予自由贸易试验区更大改革自主权，探索建设自由贸易港。

中国自由贸易区的发展开始于 2013 年中国（上海）自由贸易试验区的设立。中国（上海）自由贸易试验区，是中国政府设立在上海的区域性自由贸易园区，位于浦东境内，属中国自由贸易区范畴。2013 年 9 月 29 日中国（上海）自由贸易试验区正式成立，面积 28.78 平方公里，涵盖上海市外高桥保税区、外高桥保税物流园区、洋山保税港区和上海浦东机场综合保税区等 4 个海关特殊监管区域。2014 年 12 月 28 日全国人大常务委员会授权国务院扩展中国（上海）自由贸易试验区区域，将面积扩展到 120.72 平方公里。扩展区域包括陆家嘴金融片区、金桥开发片区和张江高科技片区①。其中，陆家嘴金融片区，共 34.26 平方公里，东至济阳路、浦东南路、龙阳路、锦绣路、罗山路，南至中环线，西至黄浦江，北至黄浦江。金桥开发片区，共 20.48 平方公里，东至外环绿带，南至锦绣东路，西至杨高路，北至巨峰路。张江高科技片区，共 37.2 平方公里，东至外环线、申江路，南至外环线，西至罗山路，北至龙东大道。

其后国务院先后批复成立中国（广东）自由贸易试验区、中国（天津）自由贸易试验区、中国（福建）自由贸易试验区；中国（辽宁）自由贸易试验区、

① http：//www.shanghai.gov.cn/nw2/nw2314/nw39309/nw39342/.

中国（浙江）自由贸易试验区、中国（河南）自由贸易试验区、中国（湖北）自由贸易试验区、中国（重庆）自由贸易试验区、中国（四川）自由贸易试验区、中国（陕西）自由贸易试验区、中国（海南）自由贸易试验区（见表 26－2）。

表 26－2　　　　　　　　　　中国自贸区概况

序号	自贸区名称	成立时间	实施范围（平方公里）
1	中国（上海）自由贸易试验区	2013 年 9 月 29 日	28.78（2014 年 12 月 28 日扩展至 120.72）
2	中国（广东）自由贸易试验区	2015 年 4 月 20 日	116.2
3	中国（天津）自由贸易试验区	2015 年 4 月 20 日	119.9
4	中国（福建）自由贸易试验区	2015 年 4 月 20 日	118.04
5	中国（辽宁）自由贸易试验区	2017 年 3 月 31 日	119.89
6	中国（浙江）自由贸易试验区	2017 年 3 月 31 日	119.95
7	中国（河南）自由贸易试验区	2017 年 3 月 31 日	119.77
8	中国（湖北）自由贸易试验区	2017 年 3 月 31 日	119.96
9	中国（重庆）自由贸易试验区	2017 年 3 月 31 日	119.98
10	中国（四川）自由贸易试验区	2017 年 3 月 31 日	119.99
11	中国（陕西）自由贸易试验区	2017 年 3 月 31 日	119.95
12	中国（海南）自由贸易试验区	2018 年 10 月 16 日	海南岛全岛

中国自贸区是中国适应中国开放型经济发展需要，在多年海关特殊监管区域设立的成功经验的基础上推出的具有改革开放试验性质的更为高级海关特殊监管区域。1990 年上海外高桥保税区的设立，标志着海关特殊监管区域在我国的起步，此后，中国批准设立了保税区、出口加工区、保税物流园区、跨境工业区、保税港区、综合保税区 6 类海关特殊监管区域。自 1990 年上海外高桥保税区设立以来（截至 2015 年 5 月），中国已批准设立了 121 个海关特殊监管区域，分布在 29 个省、自治区、直辖市，批准规划面积共计 465.9 平方公里。①

2012 年，《国务院关于促进海关特殊监管区域科学发展的指导意见》指出，“20 多年来，特殊监管区域在承接国际产业转移、推进加工贸易转型升级、扩大

① 郑汉龙：《海关特殊监管区域——促进投资贸易便利化的重要平台》，中国海关总署网站，http：//www.customs.gov.cn/publish/portal133/tab69665/。

对外贸易和促进就业等方面发挥了积极作用，但发展中也存在种类过多、功能单一、重申请设立轻建设发展等问题”，明确提出“稳步推进整合优化”[①]。比如上海自贸区就是在原来上海市外高桥保税区、外高桥保税物流园区、洋山保税港区和上海浦东机场综合保税区等4个海关特殊监管区域整合基础上形成的，其他自贸区情况也是如此。

二、自由贸易试验区的探索有助于开放新体制的构建

从中国自由贸易试验区的名称上就能看出自贸区建立的重要意图就是为改革开放的进一步深入，为开放型经济新体制的构建进行试验探索，“建立中国上海自由贸易试验区是党中央在新形势下推进改革开放的重大举措，要切实建设好、管理好，为全面深化改革和扩大开放探索新途径、积累新经验”。[②] 探索制度创新是自由贸易试验区建设的重要意图，因此“贸试区的发展不能再依赖于政策红利，必须探索出一条由制度创新驱动的发展道路”。[③] 以上海自由贸易试验区为例，“上海自贸试验区创造了第一张与国际接轨的外商投资负面清单、第一个符合国际规则的国际贸易‘单一窗口’、第一个联通境内外资本市场的自由贸易账户、第一份打破玻璃门弹簧门的‘证照分离’改革清单等一系列的‘第一’，形成了100多项向全国复制推广的制度创新成果……”[④]。

自由贸易试验区不是传统海关特殊监管区域，比如保税区的升级版，其建立的目标不是通过给予特殊优惠政策打造“政策洼地”，而是要通过探索建立“制度高地”。自贸试验区的改革涉及贸易（尤其是服务贸易）、金融、法律、政府职能转变等诸多方面，事实上是一个关于经济体制的全方位开放改革试验，改革的目的在于摸索出一套适合我国经济转型升级的开放型市场经济体制，而“对标国际先进经贸体制”恰恰就是以开放倒逼改革的手段。[⑤] 伴随着自贸区的成立，相关改革措施（见表26－3、表26－4）也被密集提出。

---

① 《国务院关于促进海关特殊监管区域科学发展的指导意见》，中国政府网，http：//www.gov.cn/zwgk/2012－11/02/content_2256060.htm。

② 《中共中央关于全面深化改革若干重大问题的决定（二〇一三年十一月十二日中国共产党第十八届中央委员会第三次全体会议通过）》，引自《人民日报》2013年11月16日，第2版。

③ 黄先海、陈航宇：《自由贸易试验区与开放倒逼改革》，载于《江海学刊》2017年第1期。

④ 《上海自贸区：四年新设企业5.2万家“这里是种苗圃不是栽盆景”》，中国（上海）自由贸易试验区网站，http：//www.china-shftz.gov.cn。

⑤ 陈波、张程程：《湖北自贸试验区：建设内陆型自贸试验区的探索》，载于《国际贸易》2017年第6期。

表 26－3　　国务院有关部门负责复制推广的改革事项任务分工表

序号	改革事项	负责部门	推广范围	时限
1	外商投资广告企业项目备案制	工商总局	全国	2015 年 6 月 30 日前
2	涉税事项网上审批备案	税务总局		
3	税务登记号码网上自动赋码			
4	网上自主办税			
5	纳税信用管理的网上信用评级			
6	组织机构代码实时赋码	质检总局		
7	企业标准备案管理制度创新			
8	取消生产许可证委托加工备案			
9	全球维修产业检验检疫监管			
10	中转货物产地来源证管理			
11	检验检疫通关无纸化			
12	第三方检验结果采信			
13	出入境生物材料制品风险管理			
14	个人其他经常项下人民币结算业务	人民银行		
15	外商投资企业外汇资本金意愿结汇	外汇局		
16	银行办理大宗商品衍生品柜台交易涉及的结售汇业务			
17	直接投资项下外汇登记及变更登记下放银行办理			
18	允许融资租赁公司兼营与主营业务有关的商业保理业务	商务部		
19	允许设立外商投资资信调查公司			
20	允许设立股份制外资投资性公司			
21	融资租赁公司设立子公司不设最低注册资本限制			
22	允许内外资企业从事游戏游艺设备生产和销售，经文化部门内容审核后面向国内市场销售	文化部		
23	从投资者条件、企业设立程序、业务规则、监督管理、违规处罚等方面明确扩大开放行业具体监管要求，完善专业监管制度	各行业监管部门	在全国借鉴推广	结合扩大开放情况

续表

序号	改革事项	负责部门	推广范围	时限
24	期货保税交割海关监管制度	海关总署	海关特殊监管区域	2015 年 6 月 30 日前
25	境内外维修海关监管制度			
26	融资租赁海关监管制度			
27	进口货物预检验	质检总局		
28	分线监督管理制度			
29	动植物及其产品检疫审批负面清单管理			

表 26－4　　各省（区、市）人民政府借鉴推广的改革事项任务表

序号	改革事项	主要内容	时限
1	企业设立实行“单一窗口”	企业设立实行“一个窗口”集中受理	2～3 年内
2	社会信用体系	建设公共信用信息服务平台，完善与信用信息、信用产品使用有关的系列制度等	
3	信息共享和综合执法制度	建设信息服务和共享平台，实现各管理部门监管信息的归集应用和全面共享；建立各部门联动执法、协调合作机制等	
4	企业年度报告公示和经营异常名录制度	与工商登记制度改革相配套，运用市场化、社会化的方式对企业进行监管	
5	社会力量参与市场监督制度	通过扶持引导、购买服务、制定标准等制度安排，支持行业协会和专业服务机构参与市场监督	
6	完善专业监管制度	配合行业监管部门完善专业监管制度	结合扩大开放情况

资料来源：表 26－3、表 26－4 均引自《国务院关于推广中国（上海）自由贸易试验区可复制改革试点经验的通知》，中国（上海）自由贸易试验区网站，http：//www. shanghai. gov. cn。

自由贸易试验区建立的一个重要成果就是确立了以负面清单管理为核心的投资管理制度，形成与国际通行规则一致的市场准入方式。上海自由贸易试验区负面清单按照《国民经济行业分类及代码》（2011 年版）分类编制，包括 18 个行业门类。S 公共管理、社会保障和社会组织、T 国际组织 2 个行业门类不适用负面清单。对负面清单之外的领域，将外商投资项目由核准制改为备案制（国务院规定对国内投资项目保留核准的除外）；将外商投资企业合同章程审批改为备案管理。

2016 年 1 月 27 日国务院发布适用于上海、广东、天津、福建四个自由贸易试验区的负面清单。《自贸试验区负面清单》依据《国民经济行业分类》（GB/

T4754－2011）划分为15个门类、50个条目、122项特别管理措施。其中特别管理措施包括具体行业措施和适用于所有行业的水平措施。《自贸试验区负面清单》之外的领域，在自贸试验区内按照内外资一致原则实施管理，并由所在地省级人民政府发布实施指南，做好相关引导工作。①

2013年，上海自由贸易试验区公布了第一批负面清单，条目数为190条，2014年缩减到139条，2015年进一步缩减到122条，约90%的行业对外资给予准入前国民待遇。② 应该看到，负面清单管理不仅仅只是一种管理手段或者市场准入措施的变革，更是开放型经济体制构建的重大变革，“要从推进国家治理体系和治理能力现代化的高度，充分认识实行市场准入负面清单制度的重要性和紧迫性”。③

应该注意到，2017年3月31日批准建立的7个自由贸易试验区中有5个处于内陆地区，明确地表明自贸试验区和传统海关特殊监管区域存在本质差异。传统海关特殊监管区域的大部分集中于东部地区，其目标主要是推动对外贸易和利用外资的发展。而自由贸易试验区建立的目标则是为构建开放型经济新体制，实现开放型经济发展模式转型提供一个有效的“试验田”，试验成熟后在更大范围推广。

随着自由贸易实验区发展的不断成熟，中国对外开放的水平的程度必然不断提高和加深。习近平主席在2018年博鳌亚洲论坛开幕式主旨演讲中指出，未来中国将采取一系列重大举措扩大对外开放，包括大幅度放宽市场准入；创造更有吸引力的投资环境；加强知识产权保护和主动扩大进口。④

第四节　制度性开放与主动开放新举措

一、制度型开放：对外开放新阶段

2018年12月中央经济工作会议首提“制度型开放”，会议指出“要适应新形势、把握新特点，推动由商品和要素流动型开放向规则等制度型开放转变”。

① http：//www. shanghai. gov. cn/nw2/nw2314/nw39309/nw39342/nw39347/u21aw1100127. html.

② 李光辉：《自由贸易试验区——中国新一轮改革开放的试验田》，载于《国际贸易》2017年第6期。

③ 国务院印发《关于实行市场准入负面清单制度的意见》，http：//www. shanghai. gov. cn/nw2/nw2314/nw39309/nw39342/nw39346/u21aw1100118. html。

④ 习近平：《开放共创繁荣，创新引领未来—在博鳌亚洲论坛2018年年会开幕式上的主旨演讲》，载于《人民日报》2018年4月11日，第3版。

制度型开放包括两层含义：第一就是改革中国开放型经济体制，更好地对标国际规则，建立一套与国际高标准贸易投资规则相接轨的基本制度框架“要放宽市场准入，全面实施准入前国民待遇加负面清单管理制度，保护外商在华合法权益特别是知识产权，允许更多领域实行独资经营。要扩大进出口贸易，推动出口市场多元化，削减进口环节制度性成本”。第二就是积极参与国际经济秩序的重构，提高规则变革中的话语权，“要推动构建人类命运共同体，积极参与世贸组织改革，促进贸易和投资自由化便利化”。

制度型开放的提出标志着中国开放型经济发展进入了更深层次的“全方位对外开放”，这对中国开放经济竞争优势的重构有着重要意义。首先，内部改革对标国际规则对于吸引高质量要素进入有着重要作用。高质量发展需要高质量要素作为支撑，高质量要素除了靠国内培育积累之外，吸引全球高质量要素流入也是有效路径。20 世纪 90 年代之后，大量 FDI 流入中国，其主要动机是整合中国廉价要素优势，实现低成本生产，因此其更关注生产成本。未来 FDI 流入的动机将出现显著变化，高新技术制造业或者高端服务业将是对外资更具吸引力的投资领域。高质量要素的流入更多关注制度环境，比如投资限制、知识产权保护、竞争环境以及技术转让规则等。因此，对标国际规则是中国开放型经济发展思路变化的内生需求。

此外，制度型开放也是中国企业走出去寻求外部资源的内生需求。在新的开放型经济发展模式下，中国需要融入经济全球化达到的一个重要目标是为企业整合全球资源塑造企业微观竞争力提供有利的环境。对外直接投资将是中国整合全球优势要素，构建国际竞争新优势的主要途径。粗略地看，产品价值链可以分为两类，品牌、研发、管理和营销等战略性资产密集型环节和成本竞争型的劳动密集型生产制造环节。中国需要构建国际竞争新优势，获取或者培育战略性资产，逐步建立在战略性资产密集型环节的竞争优势是实现竞争力来源转变的关键。通过对外直接投资进入具有战略性资产禀赋优势的区位，促进研发提升技术和管理水平以及品牌和国际营销网络的构建是中国企业获取战略性资产的有效途径。技术水平提升可以是自身研发的结果，而通过对外直接投资可以接近研发要素而有助于自身研发。一方面，技术水平的提升也可以是对外并购的结果，而且在很多情况下，通过并购获取技术要素可能比自身研发更具成本和效率优势，管理和品牌要素也是如此，这类直接投资的目标主要是美国和欧洲等发达经济体。另一方面，随着中国劳动力成本的提高，劳动密集型环节国际转移的动机也将增加。低成本要素寻找型对外直接投资主要指向是具有廉价要素禀赋优势的发展中经济体。此外，中国“所有权优势”使用型对外直接投资未来也将呈现增长的趋势，通过对外直接投资实现所有权优势将是中国企业对外直接投资的另一个重要方面，其指向包括发达经济体和发展中经济体。因此，中国需要一个稳定和可预期的对外直接投资和贸易环境帮助企业实现全球优势要素的整合，以及在特定产业发挥中国企业的竞争优势。

制度型开放的提出标志着中国将逐步实现国际竞争优势从建立在廉价要素禀赋基础上的成本优势转向制度优势，通过制度型开放为中国整合全球优势要素提供良好的制度环境，实现中国参与国际分工的角色转型，即从全球价值链的被动嵌入者转向主动整合要素的全球价值链的构建者，从生产环节的优势转向价值链优势。

二、中国国际进口博览会：主动向世界开放市场的重大举措

2017 年 5 月 14 日，习近平主席在“一带一路”国际合作高峰论坛开幕式上的演讲中宣布“中国将从 2018 年起举办中国国际进口博览会”。[①] 2018 年 11 月 5 日，首届中国国际进口博览会（下称“进博会”）在上海开幕，这表明“开放已经成为当代中国的鲜明标识。中国不断扩大对外开放，不仅发展了自己，也造福了世界。中国开放的大门不会关闭，只会越开越大”，“中国将坚定不移奉行互利共赢的开放战略，将始终是全球共同开放的重要推动者、世界经济增长的稳定动力源、各国拓展商机的活力大市场、全球治理改革的积极贡献者”[②]。

首届“进博会”取得了丰硕成果，国家贸易投资综合展共有 82 个国家（含中国）和世贸组织、联合国工发组织、国际贸易中心等国际组织参展，设立展台 71 个。企业商业展共有来自全球 151 个国家和地区的 3617 家企业参展。交易采购规模较大，按一年计，累计意向成交 578. 3 亿美元。在 2018 年 11 月 6 ~8 日的供需对接会上，来自 82 个国家和地区的 1178 家参展商、2462 家采购商进行了多轮现场“一对一”洽谈，达成进一步实地考察意向 601 项、意向成交 657 项。[③]

进博会“是个大平台，今后要年年办下去。不是一般性的会展，而是我们主

① 习近平：《携手推进“一带一路”建设——在“一带一路”国际合作高峰论坛开幕式上的演讲》，载于《人民日报》2017 年 5 月 15 日，第 3 版。

② 习近平：《共建创新包容的开放型世界经济——在首届中国国际进口博览会开幕式上的主旨演讲》，载于《人民日报》2018 年 11 月 6 日，第 3 版。

③ 资料来源：《首届中国国际进口博览会圆满闭幕》，“中国国际进口博览会”官网，https://www.ciie.org/zbh/bqxwbd/20190314/11600.html。

动开放市场的重大政策宣示和行动”①，其意义超出了博览会本身，其显示了中国推动建设开放型世界经济、推动构建人类命运共同体的信心和决心、责任和担当，标志着中国开放型经济发展进入了更高发展水平的新阶段。

进博会是世界上第一个以进口为主题的国家级展会，集外交、展览、论坛于一体，世贸组织、联合国贸发会议、联合国工发组织等国际组织担任合作单位，这使得进博会不仅成为世界各国分享中国发展和庞大国内市场机遇的重要途径和推动人类命运共同体建设的具体举措，也为新环境下经济全球化的发展提供公共合作平台，对于化解全球经济规则重构带来的经济全球化发展不确定性有着重要意义。进博会还是中国深化和“一带一路”国家合作的重要平台，推动中国和沿线国家的务实合作。进博会还有利在新环境下供给侧结构性改革的推进，出口有利于经济发展，进口对于经济发展和转型同样具有重要作用。不仅是资本品和中间品的进口能够提升国内生产的技术水平，消费品的进口也能通过促进竞争、培育市场和促进技术溢出等多种途径推动国内厂商生产技术水平的提升。党的十九大报告提出，中国特色社会主义进入新时代，我国社会主要矛盾已经转化为人民日益增长的美好生活需要和不平衡不充分的发展之间的矛盾。进博会有利于为国内消费者提供更多的商品选择，尤其是中高端商品，这对于更好满足人民利益增长的美好生活需求，激活国内中高端市场都有着重要意义。

三、外商投资准入负面清单管理：全方位扩大开放的重要举措

2018 年 6 月 28 日，国家发展改革委、商务部发布了《外商投资准入特别管理措施（负面清单）（2018 年版）》，2018 年版负面清单，大幅度放宽市场准入，清单长度由 63 条减至 48 条，共在 22 个领域推出开放措施（见表 26 –5）。主要开放措施包括：

一是大幅扩大服务业开放。本次修订外商投资准入负面清单，服务业开放是重点。金融领域，取消银行业外资股比限制，将证券公司、基金管理公司、期货公司、寿险公司的外资股比放宽至 51%，2021 年取消金融领域所有外资股比限制。基础设施领域，取消铁路干线路网、电网外资限制。交通运输领域，取消铁路旅客运输公司、国际海上运输、国际船舶代理外资限制。商贸流通领域，取消加油站、粮食收购批发外资限制。文化领域，取消禁止投资互联网上网服务营业

① 习近平：《开放共创繁荣 创新引领未来——在博鳌亚洲论坛 2018 年年会开幕式上的主旨演讲（2018 年 4 月 10 日，海南博鳌）》，载于《人民日报》2018 年 4 月 11 日，第 3 版。

场所的规定。

二是基本放开制造业。2018 年版负面清单，基本放开了制造业。汽车行业取消专用车、新能源汽车外资股比限制，2020 年取消商用车外资股比限制，2022 年取消乘用车外资股比限制以及合资企业不超过两家的限制。船舶行业取消外资限制，包括设计、制造、修理各环节。飞机行业取消外资限制，包括干线飞机、支线飞机、通用飞机、直升机、无人机、浮空器等各类型。

三是放宽农业和能源资源领域准入。农业领域，取消小麦、玉米之外农作物种子生产外资限制。能源领域，取消特殊稀缺煤类开采外资限制。资源领域，取消石墨开采、稀土冶炼分离、钨冶炼外资限制。①

表 26－5　　推出开放措施的 22 个领域

1. 取消小麦、玉米之外农作物新品种选育和种子生产须由中方控股的限制。 2. 取消特殊和稀缺煤类勘查、开采须由中方控股的限制。 3. 取消石墨勘查、开采的外资准入限制。 4. 取消稀土冶炼、分离限于合资、合作的限制，取消钨冶炼的外资准入限制。 5. 2018 年取消专用车、新能源汽车整车制造外资股比限制，2020 年取消商用车外资股比限制，2022 年取消乘用车外资股比限制以及合资企业不超过两家的限制。 6. 取消船舶（含分段）设计、制造与修理须由中方控股的限制。 7. 取消干线、支线飞机设计、制造与维修，3 吨级及以上直升机设计与制造，地面、水面效应航行器制造及无人机、浮空器设计与制造须由中方控股的限制。 8. 取消通用飞机设计、制造与维修限于合资、合作的限制。 9. 武器弹药制造不列入负面清单。 10. 取消电网的建设、经营须由中方控股的限制。 11. 取消铁路干线路网的建设、经营须由中方控股的限制。	12. 取消铁路旅客运输公司须由中方控股的限制。 13. 取消国际海上运输公司限于合资、合作的限制。 14. 取消国际船舶代理须由中方控股的限制。 15. 取消稻谷、小麦、玉米收购、批发的外资准入限制。 16. 取消同一外国投资者设立超过 30 家分店、销售来自多个供应商的不同种类和品牌成品油的连锁加油站建设、经营须由中方控股的限制。 17. 取消对中资银行的外资单一持股不超过 20%，合计持股不超过 25% 的持股比例限制。 18. 2018 年将证券公司、证券投资基金管理公司由中方控股改为外资股比不超过 51%。2021 年取消外资股比限制。 19. 2018 年将期货公司由中方控股改为外资股比不超过 51%。2021 年取消外资股比限制。 20. 2018 年将寿险公司外资股比由 50% 放宽至 51%。2021 年取消外资股比限制。 21. 取消测绘公司须由中方控股的限制。 22. 取消禁止外商投资互联网上网服务营业场所的规定。

资料来源：国家发改委：《〈外商投资准入特别管理措施（负面清单）（2018 年版）〉修订说明》，国家发改委网站，http：//www. ndrc. gov. cn/gzdt/201806/t20180628_890766. html。

外商投资准入负面清单管理不仅意味着中国对外开放的力度进一步加大，基本形成全行业开放的结局，更为重要的意义是中国利用外资的政策更加透明和规

① 参见《以更大力度推进对外开放——国家发展改革委有关负责人就 2018 年版外商投资准入特别管理措施（负面清单）答记者问》，国家发改委网站，http：//www. ndrc. gov. cn/zcfb/jd/201806/t20180628_890798. html。

范，2018 年版负面清单删除了“我国法律法规另有规定的，从其规定”的说明，加强了政策的稳定性和标准的一致性。负面清单管理措施是中国经济高质量发展的要求，“实践证明，过去 40 年中国经济发展是在开放条件下取得的，未来中国经济实现高质量发展也必须在更加开放条件下进行”[①]。通过负面清单管理进一步加大开放也是中国让世界共享中国经济发展红利，体现人类命运共同体理念的具体举措。

① 习近平：《开放共创繁荣创新引领未来——在博鳌亚洲论坛 2018 年年会开幕式上的主旨演讲》，载于《人民日报》2018 年 4 月 11 日，第 3 版。

主要参考文献

[1]［美］阿兰·G. 格鲁奇：《比较经济制度》，徐节文等译，中国社会科学出版社 1985 年版。

[2]［英］安格斯·麦迪森：《中国经济的长远未来》，楚序平等译，新华出版社 1999 年版。

[3] 编写组：《砥砺奋进的五年——从十八大到十九大》，中国统计出版社 2017 年版。

[4] 薄一波：《若干重大决策与事件的回顾（修订本）》，人民出版社 1999 年版。

[5] 蔡昉、都阳：《“文化大革命”对物质资本和人力资本的破坏》，载于《经济学》2003 年第 4 期。

[6] 蔡昉：《“工业反哺农业、城市支持农村”的经济学分析》，载于《中国农村经济》2006 年第 1 期。

[7] 常春风：《改革开放三十年：中国经济波动与宏观调控的回顾与反思》，载于《经济学家》2009 年第 2 期。

[8]《陈云文选》，人民出版社 1986 年版。

[9]《陈云文稿选集》，人民出版社 1982 年版。

[10] 陈吉元等主编：《中国农村社会经济变迁（1949－1989）》，山西经济出版社 1993 年版。

[11] 陈锡文、张征、罗丹：《中国农村改革四十年》，人民出版社 2018 年版。

[12] 陈彦斌：《中国宏观调控的现实功用与总体取向》，载于《改革》2017 年 3 月。

[13] 程连升：《筚路蓝缕：计划经济在中国》，中共党史出版社 2016 年版。

[14] 程漱兰：《中国农村发展：理论和实践》，中国人民大学出版社 1999 年版。

[15]［美］道格拉斯·诺思：《经济史上的结构和变革》，厉以宁译，商务印书馆 1992 年版。

［16］［美］道格拉斯·诺思：《制度、制度变迁与经济绩效》，杭行译，格致出版社、上海三联书店、上海人民出版社2008年版。

［17］《当代中国粮食工作史料》，中共中央党校出版社1991年版。

［18］《当代中国的煤炭工业》，中国社会科学出版社1989年版。

［19］《党的文献》编辑部：《共和国走过的路》，中央文献出版社1991年版。

［20］《邓小平文选》，人民出版社1993年版。

［21］董辅礽主编：《中华人民共和国经济史》，经济科学出版社1999年版。

［22］［日］宫崎犀一等编：《近代国际经济要览》，陈小洪等译，中国财政经济出版社1990年版。

［23］龚关：《中华人民共和国经济史》，经济管理出版社2010年版。

［24］房维中：《中华人民共和国国民经济和社会发展大事辑要（1949－1985)》，红旗出版社1987年版。

［25］费正清主编：《剑桥中华人民共和国史（1949－1965)》，上海人民出版社1990年版。

［26］龚育之：《从毛泽东到邓小平》，中共党史出版社1994年版。

［27］国家统计局综合司：《新中国五十年统计资料汇编》，中国统计出版社1999年版。

［28］国家统计局编：《中国工业的发展》，中国统计出版社1985年版。

［29］国家统计局编：《国民收入统计资料汇编（1949－1985)》，中国统计出版社1987年版。

［30］国家统计局编：《新中国五十年：1949－1999》，中国统计出版社1999年版。

［31］国家统计局编：《奋进的四十年》，中国统计出版社1989年版。

［32］国家统计局编：《我国的国民经济建设和人民生活》，中国统计出版社1958年版。

［33］国家发展改革委经济体制综合改革司、国家发展改革委经济体制与管理研究所：《改革开放三十年：中国从历史走向未来》，人民出版社2008年版。

［34］《关于建国以来党的若干历史问题的决议》，中共党史出版社2010年版。

［35］郭书田：《变革中的农村与农业》，中国财政经济出版社1993年版。

［36］郭庆旺：《中国经济增长“三驾马车”失衡悖论》，载于《财经问题研究》2014年第9期。

［37］何帆：《传统计划体制的起源、演进和衰落》，载于《经济学家》1998年第2期。

［38］洪银兴：《构建解放、发展和保护生产力的系统性经济学说》，载于《经济学家》2016 年第 3 期。

［39］洪银兴：《中国经济转型的层次性和现阶段转型的主要问题》，载于《西北大学学报（哲学社会科学版）》2006 年第 3 期。

［40］洪银兴：《中国特色社会主义政治经济学的最新成果》，载于《中国社会科学》2018 年第 7 期。

［41］洪银兴：《新型工业化道路的经济学分析》，载于《贵州财经学院学报》2003 年第 1 期。

［42］洪银兴：《市场对资源配置起决定性作用后政府作用的优化》，载于《光明日报》2014 年 1 月 29 日。

［43］洪银兴：《论中高速增长新常态及其支撑常态》，载于《经济学动态》2014 年第 11 期。

［44］洪银兴：《以三农现代化补“四化”同步的短板》，载于《经济学动态》2015 年第 2 期。

［45］洪银兴：《发展经济学与中国经济发展》，高等教育出版社 2002 年版。

［46］胡锦涛：《高举中国特色社会主义伟大旗帜为夺取全面建设小康社会新胜利而奋斗——在中国共产党第十七次全国代表大会上的报告》，人民出版社 2007 年版。

［47］《胡锦涛文选》，人民出版社 2016 年版。

［48］胡鞍钢：《中国政治经济史论（1949－1976）》，清华大学出版社 2007 年版。

［49］胡绳主编：《中国共产党的七十年》，中共党史出版社 1991 年版。

［50］黄泰岩：《经济新常态下宏观调控的合理区间》，载于《光明日报》2015 年 6 月 10 日。

［51］黄先海、陈航宇：《自由贸易试验区与开放倒逼改革》，载于《江海学刊》2017 年第 1 期。

［52］《建国以来毛泽东文稿》，中央文献出版社 1992 年版。

［53］《江泽民文选》，人民出版社 2006 年版。

［54］《江泽民论有中国特色社会主义（专题摘编）》，中央文献出版社 2002 年版。

［55］［美］吉尔伯特·罗兹曼主编：《中国的现代化》，国家社会科学基金“比较现代化”课题组译，江苏人民出版社 1988 年版。

［56］金冲及主编：《周恩来传》，中央文献出版社 1998 年版。

[57]《李先念文选》，人民出版社 1989 年版。

[58] 李德彬：《中华人民共和国经济史简编》，湖南人民出版社 1987 年版。

[59] 李成瑞：《十年动乱期间我国经济情况的分析》，载于《经济研究》1984 年第 1 期。

[60] 李光辉：《自由贸易试验区—中国新一轮改革开放的试验田》，载于《国际贸易》2017 年第 6 期。

[61] 李溦：《农业剩余与工业化资本积累》，云南人民出版社 1993 年版。

[62] 李扬、王国刚等：《中国金融改革开放 30 年研究》，经济管理出版社 2008 年版。

[63] 李宗植、张润君：《中华人民共和国经济史》，兰州大学出版社 1999 年版。

[64]《列宁选集》，人民出版社 1995 年版。

[65]《列宁专题文集》，人民出版社 2009 年版。

[66] 林毅夫等：《中国的奇迹：发展战略和经济改革》，上海三联书店、上海人民出版社 1994 年版。

[67] 林兆木等：《经济周期与宏观调控》，中国计划出版社 2008 年版。

[68] 柳随年等主编：《中国社会主义经济简史（1949－1983）》，黑龙江人民出版社 1985 年版。

[69] 刘国光等主编：《中国十个五年计划研究报告》，人民出版社 2006 年版。

[70] 刘国光等：《中国经济的两个根本性转变》，上海远东出版社 1996 版。

[71] 刘国光主编：《中国经济体制改革的模式研究》，中国社会科学出版社 1988 年版。

[72] 刘国光等：《2005 年：中国经济形势分析与预测》，社会科学文献出版社 2004 年版。

[73] 刘国良：《中国工业史（现代卷）》，江苏科学技术出版社 2003 年版。

[74] 刘鸿儒等：《变革——中国金融体制发展六十年》，中国金融出版社 2009 年版。

[75] 刘建平：《转型时期中国宏观经济调控研究》，武汉大学博士论文，2014 年。

[76] 刘满平：《中国宏观调控系统运行、转换与绩效研究》，武汉大学博士论文，2013 年。

[77] 刘树成、吴太昌主编：《中国经济体制改革 30 年研究》，经济管理出版社 2008 年版。

［78］刘树成：《运行与调控：中国宏观经济研究》，中国社会科学出版社2013年版。

［79］刘树成：《中国经济周期波动的新阶段》，上海远东出版社1996年版。

［80］刘树成：《新中国经济增长60年曲线的回顾与展望》，载于《经济学动态》2009年第10期。

［81］刘树成：《我国五次宏观调控比较分析》，载于《经济学动态》2004年第9期。

［82］刘树成、张平、张晓晶：《中国经济增长与周期波动》，载于《宏观经济研究》2005年第12期。

［83］刘迎秋：《中国非国有经济发展道路》，经济管理出版社2013年版。

［84］《刘少奇选集》，人民出版社1985年版。

［85］《刘少奇年谱》，中央文献出版社1996年版。

［86］《刘少奇论新中国经济建设》，中央文献出版社1993年版。

［87］《马克思恩格斯文集》，人民出版社2009年版。

［88］《马克思恩格斯选集》人民出版社2012年版。

［89］马泉山：《新中国工业经济史（1966－1978）》，经济管理出版社1998年版。

［90］马建堂等：《新常态下我国宏观调控思路和方式的重大创新》，载于《国家行政学院学报》2015年第5期。

［91］［美］曼昆：《经济学原理》（第二版），梁小民译，生活·读书·新知三联书店、北京大学出版社2001年版。

［92］《毛泽东选集》，人民出版社1991年版。

［93］《毛泽东文集》，人民出版社1999年版。

［94］《毛泽东著作选读》，人民出版社1986年版。

［95］《毛泽东书信集》，人民出版社1983年版。

［96］《毛泽东思想年编（1921－1975）》，中央文献出版社2011年版。

［97］南宁市经济体制改革委员会，南宁市人民政府经济研究中心编，《经济特区开放城市政策汇编》（上），广西人民出版社1992年版。

［98］农牧渔业部计划司：《农业经济资料（1949－1983）》，农业出版社1983年版。

［99］彭敏主编：《当代中国的基本建设》，中国社会科学出版社1989年版。

［100］任保平、洪银兴：《新型工业化道路：中国21世纪工业化发展路径的转型》，载于《人文杂志》2004年第1期。

[101] 芮明杰:《社会主义工业化论》,学林出版社 1993 年版。

[102]《三中全会以来重要文献选编》,人民出版社 1982 年版。

[103] 商业部商业经济研究所:《新中国商业史稿》,中国财政经济出版社 1984 年版。

[104]《十二大以来重要文献选编》,人民出版社 1982 年版。

[105]《十三大以来重要文献选编》,人民出版社 1991 年版。

[106]《十四大以来重要文献选编》,人民出版社 1996 年版。

[107]《十五大以来重要文献选编》,人民出版社 2000 年版。

[108]《十六大以来重要文献选编》,中央文献出版社 2006 年版。

[109]《十七大以来重要文献选编》,人民出版社 2009 年版。

[110]《十八大以来重要文献选编》(上),中央文献出版社 2014 年版。

[111]《十八大以来重要文献选编》(中),中央文献出版社 2016 年版。

[112]《十八大以来重要文献选编》(下),中央文献出版社 2018 年版。

[113] 盛洪主编:《现代制度经济学》,北京大学出版社 2003 年版。

[114] 世界银行:《2009 年世界发展报告:重塑世界经济地理》,清华大学出版社 2009 年版。

[115] 丛进:《曲折发展的岁月》,河南人民出版社 1996 年版。

[116] 苏星:《我国农业的社会主义改造》,人民出版社 1980 年版。

[117] 孙健:《中国经济通史》下卷,中国人民大学出版社 2000 年版。

[118] 王贵宸:《中国农村经济改革新论》,中国社会科学出版社 1998 年版。

[119] 王相钦主编:《中国民族工商业发展史》,河北人民出版社 1997 年版。

[120] 汪海波等:《中国现代产业经济史》,山西经济出版社 2011 年版。

[121] 汪海波:《新中国工业经济史》,经济科学出版社 1994 年版。

[122] 汪海波:《中华人民共和国工业经济史(1949 年 10 月—1998 年)》,山西经济出版社 1998 年版。

[123] 汪海波:《中国经济体制改革(1978—2018)》,社会科学文献出版社 2018 年版。

[124] 汪同三:《改革开放以来历次宏观调控及其经验教训》,载于《新金融》2005 年第 7 期。

[125] 吴敬琏:《当代中国经济改革》,上海远东出版社 2004 年版。

[126] 吴承明、董志凯等主编:《中华人民共和国经济史(1949 - 1952)》,社会科学文献出版社 2010 年版。

[127] 武力:《中华人民共和国经济史》,中国经济出版社 1999 年版。

［128］ 习近平：《决胜全面建成小康社会夺取新时代中国特色社会主义伟大胜利——在中国共产党第十九次全国代表大会上的报告》，人民出版社 2017 年版。

［129］ 习近平：《之江新语》，浙江人民出版社 2013 年版。

［130］ 习近平：《创新增长路径：共享发展成果——在二十国集团领导人第十次峰会第一阶段会议上关于世界经济形势的发言》，人民出版社 2015 年版。

［131］《习近平谈治国理政》第 2 卷，外文出版社 2017 年版。

［132］［美］西奥多·舒尔茨：《报酬递增的源泉》，李海明译，北京大学出版社 2001 年。

［133］ 谢鸿光：《2008 年以来经济运行与宏观调控以及未来展望》，载于《统计研究》2012 年第 11 期。

［134］ 杨德才：《新制度经济学》，南京大学出版社 2007 年版。

［135］ 杨德才：《中国经济史新论（1840 – 1949）》，经济科学出版社 2004 年版。

［136］ 杨德才：《中国经济史新论（1949 – 2009）》，经济科学出版社 2009 年版。

［137］ 杨德才：《我国农地制度变迁的历史考察及绩效分析》，载于《南京大学学报》2002 年第 4 期。

［138］ 杨德才：《改革开放以来外商直接投资在我国的真实效应分析》，载于《当代经济研究》2010 年第 10 期。

［139］ 杨坚白：《我国八年来的经济建设》，人民出版社 1958 年版。

［140］ 杨瑞龙主编：《国有企业治理结构创新的经济学分析》，中国人民大学出版社 2001 年版。

［141］ 易纲：《在深化改革开放中开创金融事业新局面》，载于《中国金融》2018 年第 23 期。

［142］ 于景森：《振荡中发展——新中国经济 30 年》，中央文献出版社 2006 年版。

［143］ 余泳泽：《异质性视角下中国省际全要素生产率再估算：1978 – 2012》，载于《经济学季刊》2017 年第 4 期。

［144］［美］约瑟夫·E. 斯蒂格利茨：《社会主义向何处去》，周立群等译，吉林人民出版社 1998 年版。

［145］［美］约瑟夫·E. 斯蒂格利茨：《经济学》，梁小民译，中国人民大学出版社 2000 年版。

［146］［美］约瑟夫·E. 斯蒂格利茨：《政府为什么干预经济：政府在市场

经济中的角色》，中国物资出版社 1998 年版。

[147] 赵德馨:《中国经济通史》第 10 卷，湖南人民出版社 2002 年版。

[148] 张红宇，《关于深化农村改革的四个问题》，载于《农业经济问题》2016 年第 7 期。

[149] 张庆中:《马克思主义的合作制理论与中国农业合作制的实践》，载于《中国农村经济》1991 年第 10 期。

[150]《中国工业五十年》，中国经济出版社 2000 年版。

[151]《中国的土地改革》编辑部:《中国土地改革史料选编》，国防大学出版社 1988 年版。

[152]《中国固定资产投资统计资料（1950－1985)》，中国统计出版社 1986 年版。

[153]《中国共产党第十八次全国代表大会文件汇编》，人民出版社 2012 年版。

[154] 中国社会科学院、中央档案馆编:《中华人民共和国经济档案资料选编: 1949－1952（工业卷)》，中国物资出版社 1996 年版。

[155] 中国社会科学院、中央档案馆编:《中华人民共和国经济档案资料选编: 1949－1952（商业卷)》，中国物资出版社 1996 年版。

[156] 中国物资经济学会编:《中国社会主义物资管理体制史略》，中国物资出版社 1983 年版。

[157]《中共中央文件选集》，人民出版社 2013 年版。

[158] 中共中央党校党史教研部:《中共党史文献选编（社会主义革命和建设时期)，中共中央党校出版社 1992 年版。

[159] 中共中央党史研究室:《中国共产党历史》第二卷，中共党史出版社 2011 年版。

[160] 中共中央宣传部:《“三个代表”重要思想学习纲要》，人民出版社 2003 年版。

[161] 中共中央宣传部:《习近平总书记系列重要讲话读本》，学习出版社、人民出版社 2014 年版。

[162] 中共中央宣传部:《习近平总书记系列重要讲话读本》，学习出版社、人民出版社 2016 年版。

[163] 中共中央宣传部:《习近平新时代中国特色社会主义思想三十讲》，学习出版社 2018 年版。

[164] 中共中央文献研究室:《习近平关于全面深化改革论述摘编》，中央

文献出版社 2014 年版。

［165］中共中央文献研究室：《习近平关于社会主义经济建设论述摘编》，中央文献出版社 2017 年版。

［166］中共中央文献研究室：《建国以来重要文献选编》，中央文献出版社 1993 年版。

［167］《中共中央关于全面深化改革若干重大问题的决定》，人民出版社 2013 年版。

［168］《中共中央关于建立社会主义市场经济体制若干问题的决定》，人民出版社 1993 年版。

［169］中华人民共和国国家农业委员会办公厅编：《农业集体化重要文件汇编》，中共中央党校出版社 1981 年版。

［170］中华全国手工业合作总社、中共中央党史研究室：《中国手工业合作化和城镇集体工业的发展》，中共党史资料出版社 1992 版。

［171］《周恩来年谱》，中央文献出版社 1997 年版。

［172］《周恩来选集》，人民出版社 1984 年版。

［173］周正庆主编：《证券市场导论》，中国金融出版社 1998 年版。

［174］周振华：《体制变革与经济增长》，上海三联出版社、上海人民出版社 1999 年版。

［175］周太和主编：《当代中国的经济体制改革》，中国社会科学出版社 1984 年版。

［176］朱文晖：《走向竞合》，清华大学出版社 2003 年版。

［177］曾培炎主编：《新中国经济 50 年》，中国计划出版社 1999 年版。

［178］曾璧钧、林木西：《新中国经济史（1949 – 1989）》，经济日报出版社 1990 年版。

［179］宗寒：《改革三十年亲历记》，上海人民出版社 2008 年版。

［180］［美］邹至庄：《中国经济转型》，徐晓云等译，中国人民大学出版社 2005 年版。

后　　记

2015年由我牵头的《中国特色社会主义政治经济学研究》被立项为中央马克思主义理论研究和建设工程重大项目、国家社科基金重大项目，2018年国家社科基金规划办公室委托我主持国家社科基金重大研究专项项目《新时代中国特色经济学基本理论问题研究》。在从事这些课题研究的过程中，我越来越感觉到经济史的重要性。要构建新时代中国特色经济学、要理解中国特色社会主义政治经济学，必须深入研究中华人民共和国经济史。中华人民共和国经济史是构建新时代中国特色经济学，尤其是建设和发展中国特色社会主义政治经济学的实践基础和理论基石。2019年恰逢中华人民共和国成立70周年，本书以“史论”为题，目的是为了在对新中国70年经济发展史进行系统史料梳理的同时，对其进行深刻的理论解读。这样，不仅可以加深我们对我国所取得的来之不易的巨大成绩的理解，也可以为更好地建设新时代中国特色经济学奠定坚实的学术基础。为此本书对结构和体系进行了创新：在结构上以站起来、富起来和强起来的中国经济分篇。在体系上不完全按时间顺序，而是按专题分章，体现经济史研究的问题导向。

杨德才教授是中国经济史专家。我是搞政治经济学的。我们俩联手组织撰写本书，目的是体现史论结合。编写组成员均为南京大学经济学院教师。参与本书写作的作者分工如下：第一章：杨德才；第二章：杨德才；第三章：杨德才；第四章：杨德才；第五章：杨德才；第六章：杨德才；第七章：赵华；第八章：杨德才；第九章：葛扬；第十章：夏江；第十一章：洪银兴；第十二章：尚长风；第十三章：夏江；第十四章：安礼伟；第十五章：武志伟；第十六章：耿强；第十七章：杨德才；第十八章：葛扬；第十九章：夏江；第二十章：尚长风；第二十一章：夏江；第二十二章：耿强、洪银兴；第二十三章：武志伟；第二十四章：杨德才、赵华；第二十五章：洪银兴；第二十六章：安礼伟；各篇的序言：洪银兴、杨德才。全书最后由我和杨德才统稿。

在本书即将付梓之际，首先要感谢中宣部和国家社科基金办公室，正是由于

《新时代中国特色经济学基本理论问题研究》专项项目，使我坚定了组织南京大学经济学专业的相关老师一起来研究中华人民共和国经济史的决心。还要特别感谢中国财经出版传媒集团经济科学出版社，尤其是吕萍副总经理对本书的热心支持与悉心指导，感谢责任编辑于海汛同志为本书顺利出版付出的辛劳。此外，本书的出版还得到“江苏省高校品牌建设工程（经济学）”的支持，对此亦表示衷心感谢。

在迎接中华人民共和国成立70周年大庆的日子里，我们坚持以习近平新时代中国特色社会主义思想为指导来编写这本著作；我们本着不忘初心牢记使命、总结过去开拓未来的责任来撰写这本著作。但由于我们的水平有限，书中肯定存在一些不完善的地方甚至是错误，欢迎读者批评指正。

洪银兴

2019年暑期